Heinrich Oppermann

Zur Geschichte des Königreichs Hannover von 1832 bis 1860

1. Band: 1832 - 1848

D1724019

Literaricon

Heinrich Oppermann

Zur Geschichte des Königreichs Hannover von 1832 bis 1860

1. Band: 1832 - 1848

ISBN/EAN: 9783959136495

Auflage: 1

Erscheinungsjahr: 2017

Erscheinungsort: Treuchtlingen, Deutschland

Literaricon Verlag UG (haftungsgeschränkt), Uhlbergstr. 18, 91757
Treuchtlingen. Geschäftsführer: Günther Reiter-Werdin, www.literaricon.de.
Dieser Titel ist ein Nachdruck eines historischen Buches. Es musste auf alte
Vorlagen zurückgegriffen werden; hieraus zwangsläufig resultierende
Qualitätsverluste bitten wir zu entschuldigen.

Printed in Germany

Cover: https://de.wikipedia.org/wiki/Datei:Flag_of_Hanover_1837-1866.svg,
Kalan, Flanker, 2008

Zur

Geschichte

des

Königreichs Hannover

von 1832 bis 1860

Dr. H. Albert Oppermann,

Obergerichtsanwalt in Nienburg.

***

Erster Band

1832 — 1848.

Leipzig 1860.

Otto Wigand.

Vorwort.

Der Titel des Werkes lautet nicht absichtlos „Zur Geschichte des Königreichs Hannover", der Verfasser war sich bewußt, daß er nicht eine Geschichte jener Zeit, sondern nur denjenigen Theil derselben schreiben könne, welcher durch Actenstücke und Urkunden zugänglich ist. Die neben dieser offenen Geschichte hinlaufende geheime Geschichte ist gegenwärtig noch zu sehr in Dunkel gehüllt und konnte vom Verfasser häufig nur geahnt werden. Die Stellung der deutschen Canzlei in London und des Grafen Münster zum Könige und die Stellung Münsters zu den Ministern in Hannover sind nur ungenügend bekannt. Die Entlassung Münster's war nicht Folge der Göttinger Unruhen, sondern der Feindseligkeit, die sich zwischen den Grafen Bremer und Münster entwickelt hatte. Bremer's rechte Hand, auch bei dieser Katastrophe, war aber, nachdem er seinen Jugendfreund Rehberg und die Reformationspläne hatte fallen lassen, der geheime Cabinetsrath Rose, ein Mann von ganz ungemeiner Geschäftsgewandtheit, der namentlich die Gabe besaß, im Gespräche wo nicht zu gewinnen, doch zu binden. Wer unbefangen mit ihm verkehrte, schreibt mir ein Mann, der dies viel that, kam sicher mit ganz anderen Ideen und Entschlüssen von ihm, als er zu ihm gegangen war.

Die geheime Geschichte jener Zeit muß noch Manches zu erzählen wissen, denn Hannover war damals eigentlich nur dem Namen nach Monarchie, in der That ein aristokratisch regiertes Land. Die Entfernung und gänzliche Entfremdung des Königs ließ dem Adel freies Spiel: nun aber war das Eigenthümliche, daß die Minister nicht

selbst arbeiteten, sondern durch eine ihrem Stande geradezu feind-
selige Dienerschaft gelenkt wurden. In einem so regierten Staate
mußte der Intrigue ein weites Feld offen stehen.

Der Verfasser hat in dieses Gebiet keinen Einblick gethan, er
hat sich darauf beschränkt, die Geschichte Hannovers zu schreiben, so
weit das Volk durch sein Organ, die Stände, dazu mitwirkte, selbst-
thätig war oder zu sein glaubte. Auch hiezu wären Andere berufener
und befähigter gewesen, namentlich der Mann, welcher auf die zweite
Cammer von 1830—37 den größten Einfluß übte. Dem Verfasser
fehlt es gerade aus dieser Zeit an der persönlichen Kenntniß der
einflußreichen Männer. Derselbe hat z. B. erst nachträglich erfahren
welchen großen Einfluß der Kammerherr v. Wallmoden, der Seite 56
durch einen Druckfehler als Amtmann bezeichnet ist, auf die erste
Cammer wie auf die Regierung übte. Während der Charakter der
Stände sich von 1820—30 durch eine fortwährend schärfere Scheidung
der beiden Cammern offenbarte, war doch Alles, was geschah, nur
Folge der Verbindung von beiden. Diese war aber hauptsächlich
durch Wallmoden vermittelt. Wallmoden hatte in Verbindung mit
Lünzel, den er weit übersah und lenkte, die durch Gesetz vom 5. Juli
1830 verkündete Herabsetzung der Ackerlandsgrundsteuer um 10 % erwirkt, an diese Verhandlungen knüpfte sich die Ablösung, der er
gleichfalls günstig gestimmt war. Durch seine Befreundung und das Zu-
sammenwohnen in Siemering's Schenke mit Stüve und jene Verbindung
mit Lünzel wurde das Zusammengehen beider Cammern ungemein erleichtert. Rose selbst hat erklärt, ohne Wallmoden und Stüve wäre das Staatsgrundgesetz nie zu Stande gekommen. Die von der Regierung vorgeschlagene Composition erster Cammer war Wallmodens Werk, er
wollte in der zweiten Cammer eine Art Führer der Bauern werden.
Daß er diesen Plan nicht durchsetzen konnte, schmerzte ihn tief. Wallmoden war mit Graf Schulenburg eng befreundet, der in der Verfassungscommission, namentlich der Subcommission derselben, welche
die erste Kunde von dem Zustande der Königlichen Cassen erhielt, die
größte Thätigkeit und Sachkunde entwickelte. Leider wurde derselbe

während der Diät von 1832 der öffentlichen Thätigkeit durch den unglücklichen Tod seines Sohnes entfremdet. Auch der in der Verfassungscommission noch sehr thätige Geheimerath von Münchhausen war durch Körperschwäche gehindert, an den Arbeiten der Stände selbst theilzunehmen. Wallmoden war es auch, der die erste Cammer bei einem Frühstück in Siemering's Schenke bewogen hatte, die Cavallerieexemtion aufzugeben, einen Beschluß, den man in den letzten Tagen der Sitzung mit aller Macht wieder herumzuwerfen versuchte, was aber nicht gelang.

Durch zahlreiche derartige Mittheilungen von mitwirkenden Persönlichkeiten würde das Werk sehr gewonnen haben. Der Verfasser hat sich beschränken müssen auf einen Auszug aus den ständischen Acten, so weit sie ihm zugänglich waren, wie er auf die höchst sparsamen Mittheilungen öffentlicher Blätter hinsichtlich seiner Kenntnißnahme über die Verhandlungen außerhalb der Cammer beschränkt war. Aber auch dieser Stoff war so umfangreich, daß derselbe nicht so rasch künstlerisch bewältigt werden konnte. Der Verfasser bietet daher nur einen rohen Bau, von theilweise unbehauenen Bausteinen, höchst ungleichmäßig ausgeführt. Aus dem, was blos Einleitung werden sollte, ist ein selbstständiges Buch geworden, und auch dabei fand sich, als der Druck schon fortgeschritten war, daß die Darstellung, wie sie ursprünglich niedergeschrieben, einen zu großen Raum einnahm. Es mußte beschnitten und gekürzt werden. So ist manches hinweg gelassen; unter anderem eine ausführlichere Geschichte der Wahlen von 1838—1840. Indeß hofft der Verfasser, daß das Werk auch so wie es ist, manche nützliche Kenntniß verbreite, daß es namentlich dazu beitrage, eine gewisse politische Bildung demjenigen Stande zuzuführen, der die große Aufgabe, welche die Gesetzgebung von 1848 ihm auferlegt hatte, sich nicht völlig gewachsen zeigte, in welchem aber die bedeutendste Kraft des Landes ruht. Möge unser Bauernstand sich losmachen von bureaukratischer und aristokratischer Bevormundung, möge er lernen, den ihm seit Jahrhunderten anerzogenen Egoismus zum Gemeinsinn zu erheben und die Kraft, die in ihm enthalten ist, zum Besten des Ganzen zu entfalten.

Der zweite Band des Werkes, der mit dem Jahre 1848 beginnt, wird von manchen Mängeln des ersten Bandes frei sein; der Verfasser hat seit jener Zeit zum Theil selbst mitgewirkt, er kennt die Persönlichkeiten, kennt auch einen Theil der geheimen Geschichte. Bleibt der europäische Friede erhalten und Deutschland ungefährdet, so hofft er denselben innerhalb Jahresfrist dem Drucke übergeben zu können.

Der Verfasser kann dieses Vorwort nicht schließen, ohne der brennenden Frage des Tages zu gedenken, der deutschen Sache. Die Beziehungen Hannover's zu Deutschland treten in dem hier geschilderten Zeitraume nur dürftig und meist in negativer Art hervor. Bei der großen Mehrzahl unserer Landsleute regte sich der Gedanke an das unzureichende der Bundesverfassung wohl nur in dem Verlangen nach einem Reichsgerichte, als der Bund in den Verfassungskämpfen seine Incompetenz aussprach; von Deutschland selbst hatte man nur das nebelhafte Bild aus Arndt's vielgesungenem Liede vom ganzen Deutschland. Pfizer's Gedanke von einer Einheit Deutschland's ohne Oesterreich hatte in Hannover wenig Eroberungen gemacht. Erst als Kombst die geheime preußische Denkschrift von 1822 veröffentlichte, als das Londoner Portfolio erschienen war, als David Strauß in den hallischen Jahrbüchern Preußen seine welthistorische Rolle von Neuem vorzeichnete, fing man auch in Hannover an, die Frage, wie aus dem unseligen Dualismus herauszukommen sei, zu discutiren, freilich nicht öffentlich, sondern mehr in Privatkreisen, namentlich in Göttingen. Als nun v. Bülow-Cummerow in seinem bekannten Buche es offen aussprach, „daß Preußen nur im Vereine mit Deutschland stark genug sei, allen Zufälligkeiten zu begegnen, wenn aber ersteres seinen Vortheil nicht erkenne, nicht an Preußen sich anschließe, und es entstehe ein neuer Kampf, Preußen um seiner eigenen Erhaltung willen gezwungen sei, sein Gebiet zu erweitern, bis es stark genug sei, seine Selbstständigkeit

zu bewahren", da wurde in Vielen der Gedanke rege, wie der aus
zwei Großstaaten und einer Mehrzahl mittlerer und kleinerer Staaten
bestehende Bund doch nur durch das Band gegenseitigen Vertrauens
zusammengehalten werde, und wie dieses Vertrauen schon in demselben Augenblicke, wo das Band geschlungen wurde, unheilbar verletzt
sei (Sachsen's Theilung), und man suchte nach Mitteln und Wegen,
um bei neuen Stürmen, wie sie 1840 von Westen drohten, den alten
deutschen Zwiespalt zu vermeiden. Ein Göttinger Professor, der jetzige Archivarius Schaumann, war es, der seine Geschichte des zweiten Pariser Friedens mit patriotischen Phantasieen begleitete und
darin jenes Mittel gefunden zu haben glaubte. Wenn die Regierungen der kleinen deutschen Staaten, meinte er, sich unter einander
einigten, so weit, daß sie in Beziehung auf äußere Verhältnisse als
eine neue zusammenhängende Großmacht daständen: erst dann
werde Deutschland nach Außen die ihm gebührende Vertretung finden;
es werde auch den Gefahren, welche demselben von einem oder dem
anderen seiner Theile drohen, vorgebeugt und zwischen dem Dualismus Oesterreichs und Preußens ein ausgleichendes Element eingeschoben sein, welches seine nachtheiligen Folgen abwenden würde.

Im Ganzen war das aber ein alt Baiersches Mittelchen des
Grafen Rechberg, mit dem Hintergedanken baierischer Hegemonie über
diese Staatengruppe, und der Professor bedachte nicht, daß Deutschland dann in drei Theile zerstiebe und daß die vorgeschlagene Einigung, die doch auch die Einheit der Vertretung nach Außen und Einheit der Kriegsverfassung voraussetzte, beinah unmöglich sei, da die
Kleinen unter einen wenig Mächtigern noch ungleich schwerer sich unter-
ordnen würden, als unter Preußen nach Pfizer's Argumenten. Daß
dieser Gedankengang aber namentlich in Hannover seine Anhänger
fand, war natürlich. Hier liebte man Preußen nicht, man dachte
an 1806, an die geheimen Artikel des Vertrages von Kalisch, man
wollte nicht einmal den Zollverein haben, viel weniger Preußisch
werden.

Die Jahre von 1848 bis 1858 haben die Situation klarer gemacht

und das Bewußtsein von dem Unzureichenden der gegenwärtigen
Zustände hat sich durch alle Schichten des Volkes verbreitet. Von
den Erklärungen und Bestrebungen von 1849 wollen zwar viele Personen, die jetzt am Ruder stehen, nichts mehr wissen; das Volk im
Ganzen und Großen ist seinen Bestrebungen nach größerer Einigung
treu geblieben. Diese Bestrebungen sind aber nicht auf eine Vernichtung der größeren, naturwüchsigen Einzelstaaten gerichtet; der Verfasser muß sich und wahrscheinlich alle seine Freunde, welche die
Erklärung vom 19. Juli 1859 unterzeichneten, dagegen verwahren, als
erstrebten sie einen Einheitsstaat, als wünschten sie, daß Hannover
in Preußen aufgehe, daß die staatlichen Besonderheiten der deutschen
Stämme zertrümmert würden. Der Verfasser glaubt an die Zukunft
Hannover's, sonst hätte er dies Werk nicht geschrieben. Die Ausbildung deutschen Lebens in einer Menge Stämme und Staaten,
hat, soweit erstere nur das Zeug zu den letzteren haben, ihre unverkennbaren Vorzüge und wie jedes geschichtlich Entstandene ihre Berechtigung. Also kein Zertrümmern dessen, was noch selbstständige Lebenskraft in sich hat, keine Vernichtung der Freiheit und Bildung,
die das Leben in diesen kleineren Staatsorganismen mit sich führt,
der Einheit wegen. Aber eine Form, welche die deutschen Staaten
enger verbündet, muß gefunden werden und das Verlangen nach
einer Vertretung des deutschen Volkes bei Leitung der deutschen Angelegenheiten ist ein so berechtigtes, daß es nicht zurückgewiesen werden kann. Das Mindeste, was man der von Westen wie von Osten
her täglich mehr drohenden Gefahr gegenüber in ersterer Beziehung
fordern muß, ist die Vereinigung der Kriegsgewalt und der diplomatischen Vertretung in eine Hand, wie außerdem Einheit des
deutschen Zoll- und Handelsgebiets, des Münzwesens, des Post-
und Telegraphenverkehrs. Oesterreich kann diese Führung nicht
übernehmen, nicht allein, weil es zu Hause reichlich zu thun hat,
sondern weil damit der Dualismus bleiben, die alte Eifersucht neue
Nahrung finden würde, weil man von Preußen das Unmögliche, eine
Unterordnung unter Oesterreich verlangen müßte, es kann nicht

einmal jene Reichseinheit in Zoll= und Handelssachen gewähren. Besser offene Scheidung als versteckter Zwiespalt. Eine Trennung Oesterreichs von dem deutschen Bundesstaate würde am leichtesten zu einer Einigung mit diesem führen, wie sie beiden Theilen Noth thut. Eine einheitlichere Ausbildung des Bundes und eine straffere Centralgewalt ist freilich nicht möglich, ohne daß die Einzelre= gierungen Opfer bringen. Allein, wenn man bedenkt, mit welcher Bereitwilligkeit in Hannover 1855 ein wesentlicher Theil der Souverainetät dem deutschen Bunde überlassen wurde, indem man diesem gestattete, die gesammten Verfassungsverhältnisse Hannover's zu ordnen und zu bestimmen, so darf man, wenn es die Ehre, ja die Existenz Deutschlands gilt, gewiß auf eine gleiche Opferfähigkeit hof= fen. Der Staat und das Volk Hannover's wird Großes nicht ver= lieren, wenn Hannover aufhört in Petersburg, Wien, London u. s. w. diplomatisch vertreten zu sein und das Kriegsheer wird in Ver= bindung mit den übrigen deutschen Heerkörpern unter einer Ober= leituug Preußens nicht unglücklich, sondern stärker sich fühlen als jetzt. Die kleinen und mittleren Staaten haben niemals irgend wel= ches Gewicht in die Wagschale gelegt; man hat ihnen im europäischen Concerte nie die kleinste Stimme gewährt. Oesterreich und Preußen haben im Wiener Congreß nur für sich gesprochen und gemäkelt; man ließ die Kleinen erst zu, als es nichts mehr zu verhandeln, zu theilen, zu bestimmen gab. Welche Rolle dieselben bei den Congressen der heutigen Tage gespielt, weiß Jeder; was aus einem Kriege ohne einheitliche Führung werden würde, kann auch der Laie vorhersehen. Eine Wiederaufnahme Rechbergscher Pläne durch Herrn v. d. Pfordten, die Versuche von Bamberg und Darmstadt, führen nicht zum Ziele, eine selbstständige Politik der Mittelstaaten ist nicht denkbar und welchen Schrei der Entrüstung nur der Gedanke an ein Anlehnen an das Ausland in ganz Deutschland hervorruft, hat Herr v. Borries er= fahren. Es ist erforderlich, daß alle nothwendigen Dinge im Wege der Verständigung und Vereinbarung sich ordnen, daß die Souveraine, von denen Opfer verlangt werden, diese in der Ueberzeugung von deren Nothwendigkeit bringen. Die Verhandlungen darüber dürfen aber nicht aufgefaßt werden als Sache der Diplomaten, sie sind wesentlich Volkssache, und ein offenes Aussprechen sollte man nicht scheuen, sondern zu befördern suchen.

Dies ist mein Glaubensbekenntniß.

Rienburg, Ende Mai 1860.

Inhalts-Verzeichniß.

Besoldungs= und Einkommensteuer, Eingangs= und Durchgangssteuer, Salzsteuer, Stempelsteuer; Budget von 18³⁴/₃₅; Finanzcommission, ständische Anträge; Aufhebung des Schatzcollegii und ständische Commissarien; Regulirung des Einquartierungswesens. Häuslings = Schutz= und Dienstgeld; Criminalgesetzbuch; zur Kritik desselben; revidirte Sportelordnung; Hof= und Staatsdienerwittwencasse und sonstige Anträge.

fung auf Geschäfte mit Vorbehalt der Competenzfrage; die Abreßcommission; die Abreßdebatte und Justizrath Hugo; Commission wegen der Competenzfrage; Dr. Lang als Vermittler; die Annahme der Commissionsanschläge; Hugo, v. Donstedt, Freubentheil, Meyer resigniren; Nichtveröffentlichung des Schreibens vom 16. März; Dr. Lang als Factotum; Syndicus Lang tritt ein und gewinnt Führerschaft; die Vertagung; Zusammenkunft in Bremen; Ergänzung der Cammer durch Wahlen; Atides stirbt; Incompetenzantrag Conradi's; der Präsident weigert sich abstimmen zu laffen; Vertagung der Debatte; der Langsche Verbefferungsantrag; Debatte und Annahme; namentliche Abstimmung; das Verhalten des Dr. Lang; die Vorstellung beim Bunde; Vertagung; Rückblicke auf das Land; die Osnabrücker Beschwerde beim Bunde; die Geburtstagsdeputation der Residenz unterbleibt; die Reise des Königs durch die nordwestlichen Provinzen; Artikel des Lang-Conradischen Antrags; Abstimmungen beim Bunde; Beschluß vom 6. Septbr.; Hannoversche Erklärung beim Bunde vom 29. Novbr.; Gustav Zimmermann.

Neuntes Capitel.

Loyalitätsabreffen in Hildesheim und Hannover, Münden, Osnabrück; Zusammenberufung der Stände; Tactik der Opposition; Detmold; Wehner; Aufhebung des Geheimen Rathscollegii und Errichtung eines Staatsraths; Proclamation vom 15. Februar; Zurücknahme des Verfaffungsentwurfes; Berufung der Stände; Schreiben an die Stände; die unvollzählige zweite Cammer; Befehl vom 21. Februar; die Polizei sucht Deputirte zum Eintritt in die Cammer zu zwingen; Syndicus Lang resignirt; Protestation von 28 Deputirten; Vorstellung der 29 an den Bund; Vertagung vom 3. März und für Resignirterklärung; das Tübinger Gutachten; Eröffnung des Staatsraths; Angriffe auf Dr. Lang und feine Vertheidigung; neue Wahlen; Stimmung am Bundestage; die Rothwendigkeit eines Rückschritts; Dr. Lang und die Bremervorder Erklärung; die Proclamation vom 3. Mai; die Stände im Juni 1839; Adresse und Erwiederungsschreiben; Budget; Ueberschüffe; die Beschwerde des hannoverschen Magistrats vom 15. Juni und 13. Juli; Königliche Proclamation vom 16. Juli; Aufregung in Hannover über die Suspendirung Rumann's; Oberamtmann Hagemann; Deputation und Maffenbewegung am 14. Juli; die Hannoversche Bürgerschaft; Criminaluntersuchung gegen den Magistrat; die Commission zur Entwerfung eines neuen Verfaffungsentwurfs; Steuerproceffe gegen das Finanzministerium; Bundestagsverhandlungen und Beschlüffe.

Zehntes Capitel.

Proclamation vom 10. September; Verfügungen an sämmtliche Obrigkeiten; v. Stralenheim sucht die Universität Göttingen zu bearbeiten; Loyalitätsabresse der Göttinger Zünfte; Verfolgungen der Anhänger des Staatsgrundgesetzes; polizeiliche Confinirungen; Verordnung vom 16. November 1839; die Beitreibung der Steuern betreffend; veränderte Tactik der Opposition; Streben nach Auflösung der Stände; Anträge Baierns beim Bunde in Betreff der Proclamation vom 10. September; Erklärung, daß Hannover den Bundestagsbeschluß mißverstanden habe; die Ansicht Stüve's von der Lage der Dinge; Adreffen der Residenz, Osnabrücks und Hamelns um Auflösung der Stände; die Syndicuswahl in Osnabrück wird unterfagt; Adreffe an den König und Antwort; eine polizeiliche Untersuchung wird in Osnabrück dem ordentlichen Polizeirichter entzogen; Aufregung; Abreffen; Zusammenkunft der Bremisch-Verdenschen Provinzialstände; die Deputirten der freien Grundbesitzer entfernen sich aus der Versammlung; Broschürenliteratur; David Strauß in den hallischen Jahrbüchern über die Garantien preußischer Zustände; Ministerconferenzen wegen des Verfaffungsentwurfes; Neujahrsgratulationen bei Rumann verboten; polizeiliche Untersuchungen; der Club in Lehe; Verordnung wegen unmangelhafter Befolgung der Gesetze und Verordnungen;

gierungsentwurfs; die sich entgegenstehenden Ansichten von Stadt und Land; das Resultat der Berathungen; Sieg des Regierungsentwurfs mit geringen Modificationen; der Gesetzentwurf einer allgemeinen bürgerlichen Proceßordnung, auf der Basis der Schriftlichkeit; Kampf für Oeffentlichkeit und Mündlichkeit; die Wegeordnung wird von zweiter Cammer abgelehnt; Verbesserung des Medicinalwesens; Siege der öffentlichen Meinung, welche sich durch ständische Anträge offenbarten; Antrag auf Interpretation und Beschränkung des Wilddiebstahlsgesetzes von 1840; wiederholte Anträge wegen eines Gesetzes, Entschädigung des Wildschadens betreffend; Antrag auf Reform des Criminalprocesses; Petitionen und Anträge wegen Verbesserung des Rechtszustandes der Juden; Anträge wegen der Deutsch-Katholiken; Anträge: wegen Aufhebung der Personalexemtionen von den Gemeindelasten, und von Wegebaudienst; wegen Beschränkung der Verwaltungsbehörden in baupolizeilicher Hinsicht; wegen Wahl der Oberappellationsräthe auch auf Nichtmitglieder der Obergerichte; wegen Aufhebung des Stationgeldes und der Vorschriften wegen Nebenpositiren; wegen Reform des Advocatenstandes; wegen der Beschwerden der Stadt Stade; wegen Abhülfe des Nothstandes in specie Unterstützung der Volksschullehrer; wegen Naturalbequartierung der Cavallerie; endlich der wohl motivirte Antrag beider Cammern auf Oeffentlichkeit der ständischen Verhandlungen; das Königliche Niemals.

Ende des ersten Bandes.

Beilagen.

Erstes Capitel.

Wer sich der für die heutige Zeit unglaublichen Entwerthung des Grundeigenthums in den Jahren 1829—32, und ihrer lange dauernden Folgen
erinnert, der wird gern glauben, daß als die Wellen der von Frankreich
ausgegangenen Revolution 1831 nicht gar sanft an das so lange Zeit durch
den Adel regierte und nach dessen Meinung nur zum Aderbau bestimmte
Hannoverland schlugen, die große Menge in dem anscheinend bereitesten Mittel
der Steuererleichterung die nächste Hülfe aus der augenblicklichen Noth zu
finden wähnte, und daß der durch Eigenbehörigkeit und Meierverhältnisse nie-
dergedrückte Bauernstand sich nach der schon seit 1830 in Aussicht gestellten
Ablösung sehnte, um dadurch zuerst wahres Eigenthum an der von ihm
bebauten Scholle zu erlangen. Indeß ist es jedenfalls zu viel behauptet,
wenn Stüve in seinem Sendschreiben von 1832 sagt: das Land habe 1831
nur eine Erleichterung von der Steuerlast, der Bauernstand Ablösung verlangt.

Das Verlangen der gebildeten unabhängigen Mittelstände, der Gelehrten, der Stadt- und Patrimonialrichter, mancher Beamten, der Advocaten,
der Kaufleute und Lehrer an den Gymnasien, selbst der freien Bauern in
den bremischen Marschen und in Ostfriesland hatte eine mehr ideelle Richtung, ging auf die Schaffung einer Constitution, bei der man bald an die
Charte Louis Philipps oder ein weiter hinaufliegendes französisches Muster-
bild, oder an die jüngst ins Leben gerufenen sächsischen und hessischen
Verfassungen dachte. Die Tendenzen des gebildeteren Theils der Urheber und
Theilnehmer am Göttinger-Osteroder Aufruhr war namentlich auf Erreichung
einer solchen Constitution gerichtet. Der Verfasser hat in den zufällig zu
seinen Händen gelangten Nachlaßpapieren des Privatdocenten Dr. Schuster
noch den Entwurf einer Musterverfassung für mittlere deutsche Staaten gefunden. Die Stüve'sche Schrift von 1832, über die gegenwärtige Lage,
bezeugt selbst, daß viele damals durch ein Verfassungswerk Abhülfe aller
Gebrechen zu erreichen glaubten, während er selbst über diesen Standpunkt
schon hinaus war und nur von dem Inslebenbringen gebesserter Verwal-
tungsgrundsätze in die Verfassung Heil erwartete.

Alle nach Verfassungsfeststellung Begierigen, und ihre Anzahl war im
Zunehmen, blickten 1831 auf die allgemeine Ständeversammlung, indem
sie von dieser viel mehr verlangten und erwarteten, als dieselbe nach ihrer
Composition wie nach sonstigen bedingenden Verhältnissen leisten konnte.
Dennoch wurde dadurch das Ansehen der Stände bedeutend gehoben und
dadurch die Macht derselben, welche sich in den Jahren von 1820—1830
höchstens im Verhindern bekundet hatte, verstärkt. Vielfache Petitionen, an
den König direct wie an den Vicekönig gerichtet, sprechen den Wunsch nach
Verfassungsveränderungen aus. Die Regierung selbst konnte nicht umhin
anzuerkennen, daß etwas geschehen müsse, um gerade in dieser Beziehung die

1

öffentliche Meinung zu befriedigen, und sie war es, welche nicht nur in der Eröffnungsrede des Vicekönigs ihre Bereitwilligkeit auf solche Verfassungs- veränderungen einzugehen, wenn sie nur mit ruhiger Besonnenheit Erwägung aller Verhältnisse und unter Beibehaltung zweier Cammern geschehe, andeutete, sondern auch den Deputirten der Residenz, Stadtrichter Kern, veranlaßte, am 28. März 1831 in zweiter Cammer den Antrag zu stellen:

„daß Se. Königl. Hoheit der Vicekönig ersucht werden möge, dem Lande eine zeitgemäße Verfassung als Staatsgrundgesetz zu verleihen, zu deren Ausarbeitung die nöthigen Anordnungen zu treffen und selbige den Stän- den wenn irgend möglich während gegenwärtigen Zusammenseins zur Be- rathung vorzulegen."

Die zweite Cammer beschloß auf Antrag des Deputirten der Stadt Uelzen, Senators Keußel, schon in erster Berathung mit 45 gegen 8 Stimmen:

„daß Se. Majestät geruhen möge, unter Mitwirkung landständischer Commissarien, und zwar von je 7 Mitgliedern jeder Cammer, eine zeitgemäße Verfassungsurkunde entwerfen und den Ständen baldthunlichst vorlegen zu lassen",

welcher Beschluß indeß auf Stüves Antrag dahin verbessert wurde, daß er lautete:

„Stände erkennen in dem Zustande der gegenwärtigen Grundgesetze des Königreichs, die theils durch Aufhebung der Reichsverfassung, theils durch Vereinigung des Landes in ein Ganzes ihren Zusammenhang und ihre alte Bedeutung verloren haben, und in den Verhältnissen der gegenwär- tigen Zeit die unabänderliche Nothwendigkeit, noch vor dem Schlusse dieses Landtages ein Grundgesetz zu Stande zu bringen, das, auf dem beste- henden Recht beruhend, solches ergänze, zeitgemäß verbessere und vorzüglich durch klare Gesetzesworte die Verfassung vor Zweifel und Angriff schütze. — Wie nun Stände der Ansicht sind, daß ein solches Werk — das wichtigste, das ihnen obliegen kann, — nur durch einhelliges Zu- sammenwirken Sr. Majestät des Königs und der getreuen Stände gelingen könne; so haben sie beschlossen, Se. Königl. Hoheit den Vice-König zu ersuchen: daß Höchstderselbe geruhen wolle, kraft der Jhm übertragenen Gewalt, oder nach zuvor eingeholter Allerhöchster Genehmigung, Königliche Commissarien zu ernennen, um gemeinschaftlich mit ständischen Commissarien, ohne einigen Verzug, ein Staatsgrundgesetz zu entwerfen und diesen Entwurf noch dem gegenwärtigen Landtage zeitig vorlegen zu lassen. Zugleich haben Stände beschlossen, ihrerseits jenen Königlichen Commissarien 7 Mitglieder aus jeder Cammer als ständische Commissarien beizuordnen."

Die erste Cammer trat diesem Beschlusse unter der Modification bei, daß der Entwurf der neuen Verfassung von der Regierung selbst vorgelegt würde und kam dahin ein ständischer Beschluß zu Stande.

Welchen Werth man damals von Seiten zweiter Cammer auf dies Verfassungswerk legte, beweisen am besten die Motivirungen der verschie- denen Anträge. Selbst Stüve wollte nicht früher die Steuern bewilligt haben, als bis der von Rumann gestellte, von erster Cammer anfangs hart- näckig abgelehnte Antrag auf Vereinigung der Cassen, wie der Antrag auf Oeffentlichkeit der Verhandlungen an den König abgegangen sei.

Die Vereinigung der Domanial- und Landescasse wurde von der Regierung aus gedoppeltem Grunde für erwünscht gehalten, einmal um das Vertrauen des Landes herzustellen, sodann weil sie am besten wußte, daß die Domanial= casse zur Zeit nicht Ueberschüsse abwerfe, sondern an einem nicht unbedeutenden Deficit leide, ohne daß in nächster Zeit Aussicht sei, dasselbe zu beseitigen. Unter Einwirkung der Regierung bequemte sich endlich die erste Cammer, einen Conferenzvorschlag dahin anzunehmen, daß Stände um Vereinigung der Cassen und Bestimmung einer angemessenen Civilliste unter der Voraussetzung bäten, daß dadurch die Lasten des Landes dauernd nicht erhöht würden. Als man sich am 28. April dahin geeinigt, wählte man denn auch ohne die Königliche Rückantwort zu gewärtigen, um ständischer Seits die möglichste Beförderung der Sache eintreten zu lassen, Anfangs Mai die ständischen Commissarien. Am 16. Juni wurde den Ständen die Mitthei= lung, daß der König ihren Anträgen wegen des Staatsgrundgesetzes und der Cassenvereinigung seine Zustimmung ertheilt habe; am 24. Juni wur= den dieselben vertagt.

Durch Convocationsschreiben des Cabinetsministeriums vom 1. Novbr. 1831 wurde die ständische Commission zur Prüfung des Staatsgrundgesetz= entwurfs auf den 15. Novbr. nach Hannover berufen und trat an diesem Tage zusammen. Der Entwurf des Staatsgrundgesetzes wurde dieser Com= mission zuerst vorgelegt. Sie bestand aus sieben Königlichen Commissarien, nämlich: Sr. Excellenz Staats= und Cabinets=Minister v. Schulte, dem Geheimerath v. d. Wisch, dem Geheime Cabinetsrath Rose, dem Kammerherrn und Schatzrath v. Reden, dem Geheime Canzleirath Wedemeyer, Hofrath Dahlmann aus Göttingen und dem Canzleirath Ubbelohde. Die erste Cam= mer hatte folgende sieben Commissarien gewählt: Kammerherr und Schatzrath Graf v. Knyphausen, Geheimerath Graf v. d. Schulenburg, Geheimerath Präsident v. Schele, Kurhessischer Geheimerath v. Münchhausen, Excellenz Feldzeugmeister v. d. Decken, Ritterschaftspräsident v. d. Decken, Kammer= herr v. Wallmoden. Die zweite Cammer hatte erwählt: den Schatzrath Stüve, Syndicus Künzel, Stadtdirector Rumann, Dr. jur. Freudentheil, Dr. jur. Sennes, Justizrath Kettler, Dr. Theodor Meyer.

Die Commission ist vom 15. Novbr. 1831 bis zum 14. Februar 1832 thätig gewesen. Allein nach Erlaß der Proclamation vom 13. Januar 1832, wodurch die seit dem 23. Januar 1826 einberufene Versammlung aufgelöst wurde, entstanden in derselben Zweifel, ob die ständischen Commissarien sich über den 22. Januar hinaus als solche betrachten dürften, oder als Privat= personen, die der Regierung Rath ertheilten; die Ansichten wichen ausein= ander, allein man hielt sich berechtigt und verpflichtet, das angefangene Werk zu vollenden. Die Verhandlungen der Commission in 75 Protocollen, für erste Cammer fünf Foliobände umfassend, für zweite Cammer in einem unförmlichen Bande, wurde in beiden Cammern am 4. Juni 1832 unter der ausdrücklichen Bedingung übergeben und von ihnen angenommen, daß ein Abdruck erst nach vorgängiger Genehmigung beider Cammern und des Königlichen Cabinetsministerii soll geschehen dürfen. Wozu dieser Vorbehalt, ist mir nicht ganz erklärlich, da das Extrablatt zu der „Hannoverschen Zei= tung", zu Nr. 118 bis 128 vom Jahre 1832 ausführliche Mittheilungen aus den Verhandlungen brachte, von einem Mitgliede nach gleichzeitigen Privatnotizen und aus eigener Erinnerung aufgeschrieben, welche „wenn

1*

auch keinen Anspruch auf Authenticität, doch auf Wahrheit, wie ein Einzelner solche auffaßt", machten und machen durften. Die Mittheilung geschieht zu dem Zwede, um die demnächstigen Berathungen der Cammer zu verkürzen, zu bewirken, daß die, welche nachher zu entscheiden haben, durch die Mittheilung dieser Discussionen ein schon reiferes Urtheil über die Sache selbst mitbringen. Dieselbe unterscheidet sich von denen der Originalprotocolle, die ich während meiner ständischen Thätigkeit eingesehen und verglichen habe, hauptsächlich dadurch, daß die Namen fehlen und die ganze Darstellung derjenigen Argumente, welche der Regierungsansicht am nächsten stand, größere Ausdehnung gestattet, die Schärfen und Spitzen der Discussion, welche in der Commissionsverhandlung öfterer hervortraten, mildert, und nur referirend berührt.

Wer den spätern Verhandlungen mit Aufmerksamkeit folgt, dem wird es nicht schwer, die einzelnen Persönlichkeiten, deren Ansichten hier entwidelt worden, herauszufinden, man kann voraus wissen, daß die Regierungscommissarien, namentlich Rose, zu vermitteln und derjenigen Ansicht, die sich bei der Regierung gebildet hatte, die Majorität zu verschaffen suchten, daß **Dr. Sermes sich berufen glaubte, in specie** die Rechte der katholischen Kirche hier vertreten zu müssen, daß Stüve die Rechte der evangelischen Kirche, dem Staate, der die Neigung hatte sie zu einer Staatsanstalt zu machen, gegenüber zu wahren strebte. Im Ganzen waren diese Verhandlungen eine Vorbereitung nicht nur zu den Verhandlungen der Cammern selbst, sondern hauptsächlich zu den Conferenzverhandlungen beider Cammern über die Differenzen, die von den Matadoren der Commission abermals ausgekämpft wurden. Das Werk der Commission — der Entwurf wie er aus der Berathung der Commission hervorgegangen, — wurde auf Antrag erster Cammer vom 8. Juni, dem zweite Cammer zustimmte, gedruckt.

Wie sehr man damals auf ständische Rechte selbst in den kleinsten Dingen der Regierung gegenüber achtete, während man in den letzten Jahren im Kleinen wie im Großen eine Mißachtung dieser Rechte von oben gezeigt hat, die von einer Mißachtung von Seiten der Stände selbst, wenigstens der Majorität, beinah noch übertroffen wird, — davon giebt ein Vorfall in der ersten Sitzung Beweis. Der Cabinetsminister v. Schulte eröffnete die Versammlung, der vorzusitzen er stolz sei, da sie nicht nur einen so großen Zwed vor Augen habe, sondern auch aus den ausgezeichnetsten Mitgliedern beider Cammern bestehe, indem er über die Zeit der Arbeit einige Vorschläge machte, es für zwedmäßig erklärte, daß ein Protocoll geführt würde und dem Canzleirath Ubbelohde diese Protocollführung zuwies.

Der Graf v. d. Schulenburg war dagegen der Meinung, daß die Commission als eine wesentlich ständische, sich ihren Präsidenten und Protocollführer selbst wählen müßte, Aumann schloß sich der Protestation gegen Ernennung eines Präsidenten durch die Regierung an, auch Stüve u. A. Der Cabinetsminister versicherte, die Rechte der Stände hätten nicht gekränkt werden sollen; die Wahl eines Präsidenten könne er nicht zugeben, daß der Protocollführer durch die Commission gewählt werde, dagegen sei nichts zu erinnern. Letzteres geschah und fiel die Wahl einstimmig auf den auch von der Regierung vorgeschlagenen Ubbelohde.

Ueber die Behandlung kam man dahin überein, daß ein Geheimer Cabinetsrath über die einzelnen Capitel des Entwurfes referire und die ständifchen Mitglieder einen Correferenten wahlten. Die Verhandlungen sollten vertraulich sein.

Es verdient vielleicht bemerkt zu werden, daß Dahlmann in diesen Commissionsverhandlungen wo möglich noch schweigsamer war, als später in der zweiten Cammer bei Berathung des Staatsgrundgesetzes selbst. Nur in Beziehung auf das Alpha und Omega unseres Verfassungsstreites nun schon seit beinahe 30 Jahren, ja eigentlich seit 1818, die Stellung der Provinziallandschaften zu der allgemeinen Ständeversammlung, mögen einige kurze Mittheilungen hier folgen.

Schon vor Zusammentreten der Commission, ja noch vor Erscheinen des Entwurfes, hatte sich die Lüneburgsche Landschaft an den König mit dem Antrage gewandt: es möge bei Abfassung des Staatsgrundgesetzes den Provinziallandschaften eine angemessene Wirksamkeit erhalten und keinesfalls der allgemeinen Ständeversammlung die Beschlußnahme über das gedachte Gesetz allein überlassen, sondern vielmehr vor Ertheilung der allerhöchsten Sanction die Provinziallandschaften über den Entwurf vernommen werden. Der König erwiderte darauf: Durch das Staatsgrundgesetz werde die Erhaltung der Provinziallandschaften in einer angemessenen Wirksamkeit berücksichtigt und übrigens bestimmt werden, daß deren innere Einrichtung mit den Provinziallandschaften selbst berathen werden solle. Deshalb haben in den Entwurf nur einige ganz allgemeine Bestimmungen über die Provinziallandschaften aufgenommen werden können; eine Berathung des Entwurfes mit den Provinziallandschaften sei um so weniger zulässig, als es sich hier um ein allgemeines Gesetz für das ganze Königreich handele.*)

Von ähnlichen Schritten der Bremisch-Verdenschen, Hildesheimer und Calenberger Landschaft und der vielbesprochenen Vorstellung der Hoyaischen Landschaft wird erst später die Rede sein.

Der Standpunct der Regierung, welche einseitig namentlich 1818 in die innere Organisation der Provinziallandschaften eingegriffen hatte, war bei Abfassung des Entwurfs offenbar noch der, die Organisation der Provinziallandschaften nur theilweise als allgemeine Landesangelegenheiten zu betrachten und vor das Forum der allgemeinen Stände zu bringen, weshalb der § 7 des Cap. VI. lautete: „die inneren Verhältnisse jeder Provinziallandschaft können nur mit deren Zustimmung abgeändert werden".

Schon während der Commissionsberathungen, als von Stüve das Bedürfniß einer durchgreifenden Reform, auf den Basen einer Vertretung des Bauernstandes und einer Zwei-Curienverfassung begründet wurde, und als die Regierung auf den Wunsch der Commission am 27. December diejenigen Rescripte vorlegte, welche im Jahre 1818 an die Provinziallandschaften erlassen sind und die jetzt dem größeren Publico in Lichtenberg's zur Beurtheilung des Rechtspunctes in der provinziallandschaftlichen Frage p. 56—69 offen liegen, scheint sich indeß die Ansicht der Regierung geändert zu haben, indem sie das Forum der allgemeinen Gesetzgebung auch für diese Frage als das zutreffende erachtete und die Provinziallandschaften dadurch zu beruhigen suchte, daß die Einzelheiten provinziell und nach vorgängigen Berathungen mit den Landschaften geordnet werden sollten. Der Ritterschaftspräsident v. d.

---

*) Lichtenberg zur Beurtheilung p. 70.

Decken machte nämlich gegen die Stüve'schen Vorschläge geltend, daß jede veränderte Einrichtung, namentlich auch die Vertretung des Bauernstandes hier (d. h. staatsgrundgesetzlich) nicht ausgesprochen werden dürfe, ohne vorhergängige Zustimmung der Provinzialstände. Der Geheimerath v. Scheele, welcher sich mit den Stüve'schen Grundsätzen selbst einverstanden erklärte, glaubte indeß, daß dieselben die Verhältnisse der Provinziallandschaften berührten, in Beziehung auf welche hier nichts festgesetzt werden könne. Feldzeugmeister v. d. Decken und Kammerherr v. Wallmoden beriefen sich sogar auf § 56 der Wien. Schlußacte zum Schutz der Provinziallandschaften, und v. Münchhausen meinte, daß dadurch der Regierung Rechte auf Aenderungen in die Hand gegeben würden, welche sie gar nicht besitze.

Dagegen machte Rumann darauf aufmerksam, daß aus den Rescripten von 1818 hervorgehe, daß die Regierung solche Rechte fortwährend ausgeübt habe und namentlich die Lüneburger Landschaft die Nothwendigkeit solcher Modificationen anerkannt habe, Stüve, daß der § 56 der Wien. Schlußacte, der sich an Art. 13 der Bundesacte anlehne, den Provinziallandschaften gar keinen Schutz gewähren solle, sondern den allgemeinen Ständen, und daß am 15. Mai 1820 das Recht der Zustimmung zu den Gesetzen doch keineswegs zu den anerkannt besessenen Rechten der Provinziallandschaften gehört habe. Man sprach sich sowohl von Seiten der landesherrlichen Commissarien wie der Mitglieder zweiter Cammer dahin aus, daß der § 7 zu weit gehe, wenn er den Provinzialständen ein Zustimmungsrecht gäbe, das sie nicht besessen.

Geheimer Cabinetsminister v. Schulte schlug deshalb vor, statt Zustimmung zu setzen: nach vorgängiger Verhandlung und Berathung, welcher Vorschlag mit 15 gegen 5 Stimmen angenommen wurde, so daß der § 7 ganz wegfalle, dagegen § 2 am Schlusse hinzugefügt werde: Abänderungen der inneren Verhältnisse der Provinziallandschaften können nur nach vorgängiger Verhandlung zwischen dem Ministerio (man wollte mit keinen untergeordneten Behörden zu thun haben) und den Provinzialständen stattfinden. Es soll eine Vertretung des Bauernstandes allgemein eingeführt werden.

Daß man von Seiten der Commission, mindestens der Mehrheit derselben, das Recht der allgemeinen Gesetzgebung ohne provinziallandschaftliche Zustimmung die künftige Verfassung der Provinziallandschaft in ihren Hauptgrundzügen festzustellen nicht bestritt, beweiset eben diese Feststellung durch Commissionsbeschlüsse selbst, in welcher Beziehung, wie wir sehen werden, später die allgemeine Ständeversammlung noch weiter ging.

Was die Zusammensetzung der Stände anlangt, so wollte der Regierungsentwurf bekanntlich eine ganz andere erste Cammer. Dieselbe sollte wesentlich aus Majoratsherren bestehen, und aus vom Könige ernannten Mitgliedern, welche indeß den dritten Theil der bei ihrer Ernennung vorhandenen übrigen Mitglieder der ersten Cammer, außer den Prinzen des königlichen Hauses, nicht übersteigen sollten. Dagegen sollten 14 Deputirte der Ritterschaften in zweiter Cammer Platz finden. Dieser Plan fand weder bei den ständischen Mitgliedern erster noch zweiter Cammer Anklang. Bei den ersteren nicht, weil Majorate von Vielen nicht gestiftet werden könnten, schon weil ihre Güter Mannslehen seien, wie Geheimerath v. Scheele bemerkte, und weil das Erscheinen in der Cammer in jedem Jahre, unter jeden Verhältnissen eine Last sei und so ohne besondere Verpflichtung auf eine Cammer von Majoratsherren gar nicht zu rechnen sei, hauptsächlich aber wohl, weil die Bevorzugung Einzelner aus ihrer Mitte vielen Rittern nicht gefiel, und weil man in der Versetzung der gewöhnlichen Ritter in die zweite Cammer sogar eine Degradation erblickte.

Stüve war es namentlich, der in der Sitzung des letzten Jahrestages diesen Plan einer bittern Kritik unterzog. Die erste Cammer ermangele jeder Basis, da Majorate eine Grundlage seien, die so gut wie gar nicht existirten und man würde dazu schwerlich 24 qualificirte Rittergutsbesitzungen finden. Die vom Könige ernannten Mitglieder würden einen hohen Rath bilden, der mit sammt den Majoratsherren unmöglich ein gleiches Recht mit zweiter Cammer beanspruchen könne. Dieselben würden etwa über ein jährliches Einkommen von 100,000 Thlr. verfügen und keine 10,000 Thlr. Steuern bezahlen, man könne ihnen also nicht so viel Recht einräumen als der ganzen übrigen Masse, welche 3½ Millionen (wie viel jetzt?) Steuern bezahle. Durch den Eintritt der ritterschaftlichen Deputirten in die zweite Cammer werde die Vertretung des Grundbesitzes den Städten gegenüber zu sehr verstärkt, der Grundbesitz erlange dort gleichsam eine gedoppelte Repräsentation, während Industrie und Gewerbe unvertreten seien. Die Stellung der Ritter in zweiter Cammer werde außerdem eine verkehrte sein, da man dieselben immer als eine Art Wortführer der ersten Cammer in zweiter ansehen würde. Wer sich für die Stüve'schen Ansichten interessirt, kann dieselben in dem Extrablatte Nr. 124 der Hannov. Ztg. 1832 Seite 725 weiter verfolgen.

Diesen Gründen stimmte selbst Herr v. Scheele bei; die Mitglieder zweiter Cammer hatten aber außerdem noch andere Gründe, die zum Theil nicht laut wurden oder die man zwischen den Zeilen lesen muß — sie wollten den Adel, so lange er seine Exemtionen nicht aufgebe und sich den Gemeinden völlig anschließe, isoliren und auf seine eigene Kraft oder Schwäche reduciren.

An eine Reform der ersten Cammer durch Hinzuziehung der nicht ritterschaftlichen großen Grundbesitzer oder der Intelligenz, der Wissenschaft, des Handels und Schulwesens, wagte man damals noch kaum zu denken; wir haben seitdem erlebt, daß es selbst ohne Ritter ging. Daß bei den ersten Abstimmungen der Beschluß Majorität erlangt hatte, dem Könige die Wahl 12 lebenslänglicher Mitglieder zu gestatten, welcher erst bei der Schlußberathung wieder fiel, erregte den Zorn der Commissarien erster Cammer in hohem Maaße und hatte zur Folge, daß man sich bei Berathung über die Composition der zweiten Cammer von Seiten der Mitglieder erster Cammer mit den Regierungscommissarien gegen die Commissarien zweiter Cammer vereinigte und so Anträge der letzteren, daß die Stifter wegen ihrer Bedeutungslosigkeit wegfallen müßten, zuerst verwarf und einige Anträge stellte, denen ein komischer Anstrich nicht fehlte, z. B. daß der König auch in die zweite Cammer 12 Mitglieder deputiren solle.

Später als die Regierungscommissarien, die bei der Erörterung über die Composition der Cammern sich von der Discussion zurückgezogen hatten, wieder Theilnahme zeigten, vereinigte man sich mit diesen dahin: daß die Universität einen Deputirten, die Consistorien vier, von denen zwei protestantische Geist-

liche fein mußten, bekommen sollten, daneben ein Deputirter des Oberschul=
collegiums und drei vom Könige zu ernennende wegen des Klosterfonds.

Hinsichtlich der übrigen Composition zweiter Cammer wurde der Antrag
des **Dr.** Eermes, die Zahl der Deputirten wesentlich, etwa um ⅓ zu ver=
mindern, namentlich die Vertretung der Städte zu beschränken, sowie der
Antrag desselben, die Zahl der Deputirten des Bauernstandes um 14 zu
vermehren, verworfen, obgleich sich für letztern Antrag die meisten Mitglieder
erster Cammer aussprachen, weil durch den Beschluß: zwölf lebenslängliche
Mitglieder in die Erste Cammer zu bringen, dort die Repräsentation des
Grundeigenthums vernichtet sei. Es wurde dagegen von Rumann, Lüntzel,
Freudentheil hervorgehoben und verdient noch immer von neuem hervor=
gehoben zu werden: daß in zweiter Cammer das städtische Interesse immer
hintenangesetzt, das ländliche kräftig gefördert sei; Anträge, die dem Bauern=
stande bedeutende Vortheile sichern, seien nicht von diesen ausgegangen,
sondern von den Städtern.

Was Stüve bei dieser Gelegenheit über den Streit zwischen Stadt und
Land und die oberflächliche Ansicht, in Austragung dieses Streites in den
Cammern das Hauptinteresse des Staats zu suchen, sagte, verdient noch
immer im Extrablatt zu Nr. 125 S. 733 der „Hannov. Ztg." nachgelesen
zu werden.

Den Hoyaischen und Diepholzischen Flecken ertheilte man zwei Depu=
tirte, statt des einen, den man der Regierung wollte.

Die Summe des Einkommens für die Ritterschaftsdeputirten wurde auf
600 Thlr. erhöhet, die Begünstigungen der Besoldeten nur in Beziehung auf
Gemeindebeamte beibehalten, hinzugefügt, daß Jeder, der ein Einkommen
von 1200 Thlr. aus Gewerben oder Wissenschaft 3 Jahre versteuert, wählbar
sein solle. Im Ganzen muß auf die Commissionsvorschläge selbst verwiesen wer=
den, und sei hier nur noch erwähnt, daß die Commission sich mit dem Cap. VII.
über die Finanzen, mit denen die Stände ihre Berathungen anfingen, zuletzt
beschäftigte. Die Commission hatte auf ihren Wunsch schon am 7. Januar
1832 Nachrichten über den Finanzzustand mitgetheilt erhalten und zwei
Mitglieder jeder Cammer, denen ein Regierungscommissarius beigesellt war,
als Subcommission erwählt. Dieser waren namentlich Uebersichten aus den
sieben letzten Rechnungsjahren vorgelegt. Diese Subcommission hatte die
Ueberzeugung gewonnen, daß in der königlichen Generalcasse für Domainen
und Regalien in Verbindung mit der Salariencasse ein feststehendes Deficit
von 240,000 Thlr. sein werde, welches, da für Schuldenabtragung regelmäßig
zu sorgen, Apanagen und Wittthümer zu bewilligen, die Lasten des Baues
2c. Königlicher Schlösser zu tragen sei, noch steigen müsse. Eine Herstellung
des Gleichgewichts erachtete man ohne Cassenvereinigung für nicht ausführ=
bar, diese scheine daher als das Resultat dringender Verlegenheit, nicht
als Mittel zur Erleichterung der Lasten des Volkes. Um die Aenderungen
in den Ansichten von 1832, 1856, 1857, 1858 etwas klar zu stellen,
wollen wir einige Specialitäten herausheben. Es kann dabei das in den
Anlagen abgedruckte Staatsgrundgesetz zur Vergleichung herangezogen werden.

Im § 1 (§ 122 des St.=G.=G.) hatte der Regierungsentwurf zunächst das
Wort Krongut gebraucht, und war die Regierung dabei von der Ansicht
ausgegangen, in diesem Paragraph niederzulegen, daß der König keineswegs

seine Rechte am Domanio aufgebe oder beschränke. Von Seiten der Commission hielt man für unnöthig, statt Krongut, Staatsgut zu sagen, oder die Rechte des Landes vorzubehalten, da das nicht Aufgegebene von selbst bestehe. Man wollte also den Rechtszustand ganz unberührt lassen, eine Uebertragung des Eigenthums der Domainen auf das Land ist von der Majorität nicht gewollt. Das Land sollte eine Garantie für die Rente, Krondotation genannt, geben, und das Eigenthumsrecht intact bleiben. Im Jahre 1856 wollte man die Verhältnisse nicht intact lassen und ist 1857 dahin gelangt, den unbestimmten Begriff Fideicommiß, der unmöglich auf alle z. B. durch Staatsverträge erlangten Domainen und noch weniger auf den rein publicistischen Begriff Regalien paßt, statt des Begriffs Krongut, gesetzlich festzusetzen.

Im § 2 (§ 123) hält man für unmöglich, das Aequivalent bei Ablösung der Zehnten und Gefälle in Grundeigenthum anzulegen und strich eine desfallsige Bestimmung des Entwurfes.

§ 3, jetzt Anfangs des § 124, blieb unverändert, man fand darin eine Garantie, daß neben den Rechten der Krone an dem Krongute diesem die Qualität des Staatsguts nicht fehle.

Im Jahre 1857 sind ganz neue Grundsätze in die Verfassung gekommen, man hat innerhalb des Finanzcapitels, das wie das ganze St.=G.=G. schon ein Vertrag war, einen zwischen König und Ständen abgeschlossenen Vertrag angenommen, vermöge dessen sich der König verpflichtet, die gesammten Aufkünfte aus den Domainen und Regalien nach Abzug der Bedarfsummen für sich und das Königliche Haus in die Königliche Generalcasse abzuliefern und sie dort, vereinigt mit den Steuererträgen verwenden zu lassen. Man hat also 1857 jeden Gedanken an Staatsgut bei Domainen und Regalien entfernt, und der Uebereinkunft des § 4 den Character einer privatrechtlichen geben wollen. Außer dem Genügeleisten bekannter persönlichen Ansichten, hat man damit einen gewissen Schutz bezweckt, für den Fall, daß die kleineren und mittleren Staaten Deutschlands einmal von den größeren verschlungen würden. Ob ein Verfassungsparagraph in solchem Falle, der eine gänzliche Auflösung der bestehenden Staatenverhältnisse mit sich führen würde, Schutz verleihen könne, und ob der, welcher so mächtig, eine Mediatisirung zu erwirken, Fett= und Fleischstücke liegen lassen würde, ist eine andere Frage. Keinenfalls scheint es vorsichtig, daß man Dingen rein publicistischer Natur, wie den Regalien, die den Steuern so nahe stehen, und die kein Staat entbehren kann, den privatrechtlichen Character eines Fideicommisses aufgezwängt hat; denn daß in dieser Beziehung das Wort keinen Schutz verleihen werde, ist doch wohl klar.

Zu § 4. Der Regierungsentwurf bestimmte die Bedarfsumme, außer den Zinsen der 600,000 Pst. St. auf 500,000 Thlr. Conv.=Mze., bemessen nach dem, was früher Georg II. bei seiner Anwesenheit 1753 verwendet, theils nach dem, was in ähnlichen deutschen Staaten verwendet würde. Die ständischen Commissarien waren der Meinung, daß Niemand der Ansicht sei, den König im Genusse vorhandener Mittel beschränken zu wollen; allein wo Mittel fehlten, da sei es ein höchst verderblicher Grundsatz, ein Maaß des Bedürfnisses in andern Verhältnissen finden zu wollen, als gerade in den Mitteln. Die Mehrzahl der Deputirten erster Cammer ging sogar so weit, gestützt auf den ständischen Antrag, nach welchem Cassenvereinigung nur

stattfinden sollte, wenn dadurch die Lasten des Landes dauernd nicht ver=
mehrt werden sollten, den § 4 ganz abzulehnen, theils nur die Summe von
500,000 Thlr. incl. jenes Zinsgenusses bewilligen zu wollen. Wenn letztere
Summe auch den Mitgliedern zweiter Cammer genügend schien, so trugen
sie doch Bedenken, so bestimmte Anträge zu stellen, und hielten hier jenes
Markten und Dingen gehässig und der Stellung der Stände unwürdig. Bei
nochmaliger Darlegung sei von des Königs väterlicher Gesinnung eine Ent=
schließung zu hoffen, die unbedingten Beifall der Stände finden werde.
Diese Ansicht erhielt schließlich die Majorität.

Zu § 5, Ausscheidung eines Domainencomplexes betreffend, stand die
Sache 18$^{11}/_{32}$ anders als 18$^{46}/_3$. Damals machte Wilhelm IV. diese
Ausscheidung oder vielmehr das Recht derselben zu einer Bedingung, an
welche seine Einwilligung zur Cassenvereinigung geknüpft werden sollte, 1856
bestand die Cassenvereinigung in Folge freiwilligen Anerbietens Ernst Augusts,
dann kraft publicistischer Vereinbarung von 1848, von welcher einseitig
sich zu lösen und sich auf den Standpunct der Cassentrennung wieder zu
stellen, der Zweck der Verordnung vom 7. September 1856 war. Auch
Wilhelm IV. fand in der Beibehaltung von Grundeigenthum eine größere
Sicherstellung der Rechte seines Hauses, und hatte eine Abneigung gegen
den Ausdruck Civilliste. Er war aber in der begünstigten Lage, Bedingun=
gen stellen zu können, während man 1857 zuerst die Rechtsfrage erheben
konnte, welcher Zustand, der der Cassentrennung oder Cassenvereinigung
rechtlich bestehe; gegen die Cassenvereinigung waren vom Ausschusse des
Bundes keine Monita gemacht.

Im Jahre 1832 nun waren die ständischen Commissarien beinahe ein=
stimmig der Meinung, die Theilung der Domainen werde die Administration
zerstören und für die Staatsfinanzen sehr vermehrte Kosten herbeiführen.
Der König werde die ausgeschiedenen Güter entweder nicht hoch nutzen und
dadurch leiden, oder er werde gezwungen sein, zu fiscalisiren und dadurch
in eine unglückliche Stellung gegen das Land gerathen, wenn nicht beides
zusammentreffe, was das wahrscheinlichste sei. Die Ausführung sei das
Schwierigste. Selbst bei der größten Loyalität werde bei dem Anschlage eine
Schwankung von 12 bis 15 Procent nicht zu vermeiden sein und aller Ver=
muthung nach das Resultat immer zum Nachtheile der Stände ausschlagen.

Diese Bedenken wurden von der Regierung zugestanden — die damalige
Regierung hielt ständische Concurrenz bei dem Geschäfte der Ausscheidung
aber für wünschenswerth und glaubte, daß eben dadurch die Bedenken gegen
die Ausscheidung beseitigt würden. Man setzte deshalb im § 5 (§ 126)
statt des Wortes Anschlag:

>„deren im Einverständnisse mit den Ständen auszumittelnder Ertrag
>500,000 Thlr. Conv.=Mze. beträgt";

und sicherte dadurch die unmittelbare ständische Einwirkung.

Im Jahre 1857 legte man das ganze Ausscheidungswerk in die Hände
von 4 königlichen und 4 ständischen Commissarien, ohne die Bedenken zu
beachten, die der Ausschuß über das Finanzcapital 1856 gegen eine solche
Ausscheidungsweise mit Recht, wie die Zeit gelehrt, geltend gemacht hatte.

Der Entwurf des Staatsgrundgesetzes enthielt keinen Maaßstab für die
Art und Weise, wie die Ausscheidung zu bewerkstelligen und erschwerte diese

dadurch, wie nicht zu verkennen war; die Ausmittlungsweise, welche 1857 beliebt wurde, erleichterte die Sache sehr, das beweiset die Schnelligkeit, mit der die Ausscheidungscommissarien ihr Werk vollendet haben, aber daß der gewählte Maaßstab noch größeren Schwankungen unterworfen sei, als man 1832 glaubte, und daß das Resultat zum Nachtheil der minder gut unterrichteten ständischen Commissarien ausfallen müsse, das hat der Erfolg gezeigt.

Hinsichtlich der übrigen Verhandlungen seien hier nur noch die über die Budgetsbewilligung zu § 18 des Entwurfes § 110 des St.-G.-G. erwähnt, welche die schwierigsten waren und zu einer fünftägigen Discussion Veranlassung gaben. Nach dem Entwurfe ging man davon aus, den Ständen zwar hinsichtlich der Einnahmen das volle Bewilligungsrecht zu belassen, hinsichtlich der Ausgaben dasselbe aber sehr bedeutend zu schmälern, weil bei getrennten Cassen der König die Ausgaben völlig frei geordnet habe. Die Commissarien der Stände bestritten dies, da das unbestritten in Ausübung gewesene Princip, daß das Domanium für Alles hafte, und die Steuern nur in subsidium bewilligt worden, die Möglichkeit in die Verwaltung einzugreifen gegeben habe, wenn sie, die Domanialrechnungen untersuchend, gefunden, daß Einiges überflüssig gegeben werde. Der Entwurf zeige deutlich die Absicht, die Rechte der Stände zu schmälern, er zeige Mißtrauen und errege solches. Wie wichtig auch die Vollendung des Staatsgrundgesetzes für das Landes sei, ein Grundgesetz ohne Bewilligungsrecht sei gar nichts werth, enthalte nur Zerstörung der Rechte des Landes.

Nach langer Debatte kamen endlich Vorschläge zu Tage, die im Wesentlichen das enthielten, was später der § 110 des Staatsgrundgesetzes festsetzte; man brachte in die Sache den Mittelbegriff der Regulative, welche mit Zustimmung der Stände festgestellt, bis zur Abänderung der Regierung zur Richtschnur dienen sollten. Die Bedeutung dieses, der Hannoverschen Verfassung eigenthümlichen Systems ist in „der Vertheidigung des Staatsgrundgesetzes" p. 279 flg. weitläufiger auseinandergesetzt. Es ist unzweifelhaft, daß man 1832 in der Commission und den Ständen, nicht nur Maximalsätze bestimmen wollte, sondern auch die Zahl der Stellen und die Durchschnittsätze, wenn man von Regulativen sprach.

Während bei neuer Festsetzung des Finanzcapitels die Majorität der Commission von 1856 und die Opposition von 1857 auf die Bestimmungen des Staatsgrundgesetzes hinauswollte, hat man 1857 eine neue Bestimmung getroffen, deren Tragweite sich zur Zeit noch nicht ganz übersehen läßt, die aber den Begriff der Regulative wesentlich anders gestaltet und dahin zu führen scheint, was man 1832 auf das Bestimmteste vermeiden wollte, daß jede Ausgabe, die zu irgend einem dauernden Zwecke einmal bewilligt ist, die Heiligung erlangt und niemals zurückgenommen, oder auch nur vermindert werden kann.

Der Regierungsentwurf von 18 $^{31}/_{32}$ bestimmte im § 23, daß es bei der althergebrachten einjährigen Bewilligung der Steuern bleibe; man hat 1857 eine zweijährige Budgetprüfung vorgezogen und damit die Last der langdauernden Sessionen eingeführt.

Am Schlusse der Sitzungen kam noch der characteristische Antrag vor, das Staatsgrundgesetz im Entwurfe den Provinziallandschaften vorzulegen, damit diese wenigstens, so weit es ihre Verhältnisse betreffe, denselben debattirten. Der Antrag wurde abgelehnt.

Wir haben bei diesen Verhandlungen absichtlich so lange verweilt, weil der Entwurf, wie er aus der Commission hervorgegangen, in den wesent- lichsten Puncten später auch von den Cammern genehmigt ist, und das Verständniß der Cammerdebatten dadurch erleichtert wird.

Die Literatur über den Entwurf kam für die Arbeiten der Commission sämmtlich zu spät, sie scheint auch auf die ständischen Beschlüsse wenig Ein- wirkung gehabt zu haben. Der Entwurf fand einen warmen Lobredner in „Pöliß Beleuchtung des Entwurfes"; vom radical-liberalen Standpuncte aus wurde derselbe scharf, zum Theil scharfsinnig kritisirt von dem damals in Göttingen lebenden Gustav v. Strube „Commentar zu dem Entwurfe eines Staatsgrundgesetzes", Rinteln 1832. Das siebente Heft desselben enthält einen eigenen Entwurf, „wie solcher dem Wesen des Staats, dem Geiste der Zeit, den Bedürfnissen des hannoverschen Volkes und billigen Rücksichten auf be- stehende Verhältnisse entsprechen mögte". Gut sind die „Bemerkungen ver- anlaßt durch den Entwurf" vom A.-A. Bening, Hannover 1832.

Zu erwähnen sind noch: Gans Verhandlungen über die Angelegenhei- ten des Königreichs Hannover, Braunschweig 1832, und von Bobungen Untersuchungen über den Entwurf eines Staatsgrundgesetzes; Hannover 1832.

Zweites Capitel.

Erweiterungen des Wahlrechts. Zusammenberufung der Stände Wahlbewegungen und ihr Resultat. Zusammentritt der Stände. Büreauwahlen. Zur Characteristik der zweiten Cammer. Adreßberathung. Anträge auf Oeffentlichkeit der Verhand- lungen. Diätenfrage.

Während die Staatsgrundgesetzcommission noch in bester Thätigkeit war, wurde durch Proclamation vom 13. Januar die am 24. Juni 1831 ver- tagte alte Ständeversammlung aufgelös't und eine neue Ständeversammlung auf den 30. Mai berufen. Kurz darauf wurde (Gemäßheit der 1831 ge- faßten ständischen Beschlüsse, die Verordnung die Wahl der Deputirten der Städte zur allgemeinen Ständeversammlung betreffend, vom 2. Februar 1832, erlassen. Dieselbe bezweckte neben den bisher bei der Wahl allein thätigen Magistrat und Bürgervorstehern — ein neues Element aus der Bürgerschaft selbst heranzuziehen und verordnete daher die Zuziehung einer Anzahl Wahl- männer zu den Wahlen, welche der Zahl der Mitglieder des Magistrats gleichkomme. Jeder stimmberechtigte Bürger war wahlfähig und sofern er zum Bürgervorsteher wählbar war, auch wählbar. Das so zusammengesetzte Wahl- collegium wählte den Deputirten nach absoluter Stimmenmehrheit und fer- tigte, nachdem es sich von der Qualification desselben überzeugt hatte, die Voll- macht aus. Der Dirigent des Magistratscollegiums fungirte als Wahlcommissair.

Unter dem 22. Februar erschien dann auch die Verordnung, die Theil- nahme der Deputirten des Bauernstandes an der allgemeinen Ständever- sammlung betreffend. Nach dem Patent vom 7. December 1819, sollten unter Vorbehalt der Rectification als Deputirte von freien Grundbesitzern zugelassen werden: 1) von Calenberg-Grubenhagen Einer, 2) von Lüneburg

Einer, 3) von Bremen=Verden Sechs, 4) von den Hoya= und Diepholz=
schen Freien, die in der Rittermatrikel stehen Zwei, von den übrigen
Freien Einer, 5) von Osnabrück, Meppen, Lingen Drei, 6) von Hildes=
heim Einer, 7) vom ostfriesischen dritten Stande Fünf, 8) vom Lande Ha=
deln Zwei, 9) von dem Flecken Bentheim und den Freien der Grafschaft
Bentheim Einer, 10) von der Grafschaft Hohnstein Einer.

Die neue Verordnung beließ es hinsichtlich der Deputirten in der Pro=
vinz Ostfriesland, den bremischen Marschen, dem Lande Hadeln und der
Grafschaft Hohnstein, hinsichtlich der Zahl und Wahlart beim Alten.

Dagegen sollten an den Wahlen der freien Gutsbesitzer in den übri=
gen Provinzen von jetzt auch die erblichen Besitzer der bisher pflichtigen Höfe
Theil nehmen, und zwar in der Weise, daß aus Calenberg, Göttingen, Gru=
benhagen Drei, aus Lüneburg Drei, aus den bremischen Geestdistricten und
dem Herzogthum Verden Zwei, aus den Grafschaften Hoya und Diepholz Einer,
aus dem Fürstenthum Osnabrück Drei, aus Areuberg=Meppen und Lingen
Einer, aus Hildesheim Einer, aus Bentheim Einer gewählt wurden. Die
Wahlberechtigten sollten Bevollmächtigte, diese Wahlmänner, Letztere den De=
putirten wählen. In der Regel sollte jede Gemeinde einen Bevollmächtig=
ten wählen, doch auch mehrere kleinere Gemeinden zusammengelegt werden
können. An den Wahlen zum Bevollmächtigten sollten alle Gemeindemit=
glieder Theil nehmen, welche nach den bestehenden Einrichtungen ein voll=
gültiges Stimmrecht in der Gemeinde hatten. Passiv wählbar zum Bevoll=
mächtigten war jeder, der Gemeindevorsteher sein konnte (d. h. in der Regel
jeder Wahlfähige). Für jeden obrigkeitlichen Bezirk (Amt oder Stadt resp.
Flecken und Patrimonialgericht) sollte in der Regel ein Wahlmann erwählt
werden, ausnahmsweise kleinere Patrimonialgerichte mit einem anderen Ge=
richte oder Amte zusammengelegt werden. Die Bevollmächtigten eines Be=
zirks wählten unter sich einen Wahlmann nach einfacher Stimmenmehrheit.
Göttingen, Grubenhagen, Calenberg bildeten drei Wahldistricte, die jeder
einen Deputirten wählten. In den übrigen Landestheilen blieb es der Be=
stimmung der Landdrostei überlassen, nach Maaßgabe der Localumstände die
Wahl der Deputirten in einer Versammlung vornehmen lassen oder mehrere
Wahlbezirke zu bilden. Die Landdrostei ernannte einen Wahlcommissair,
unter dessen Leitung die Wahl der Deputirten nach absoluter Stimmenmehr=
heit statthatte. Dieser Wahlcommissair durfte aber nicht gewählt werden.
Jeder Deputirte mußte die Qualification nach dem Patente von 1819 haben
und mit ländlichen Grundstücken im Königreiche ansässig sein. Die Ko=
sten wurden unter den zur Wahl berufenen Gemeinden und Grundbesitzern
repartirt.

Die Landdrosteien zu Osnabrück und Stade erließen dann speciellere
Wahlordnungen in Beziehung auf diese Provinzen, nicht die übrigen Land=
drosteien.

Diese Vermehrung der Repräsentation des Bauernstandes war von der
ersten Cammer gern gesehen und befürwortet, indem dieselbe in den Streit
um die Steuern, namentlich Grundsteuern nur einen Streit zwischen Stadt
und Land sah, und durch die Verstärkung der bäuerlichen Vertretung ein
Uebergewicht über die Städte in zweiter Cammer zu gewinnen hoffte. Die
Rechnung war indeß nicht ganz richtig. Zum ersten Male sah Hannover

eine sich über das ganze Land erstreckende Wahlbewegung, die sich von oben herab nicht maßregeln ließ. Auch war von Wahlumtrieben Seitens der Regierung nicht die Rede. Die Ritterschaften wählten zu ihrem Repräsentanten nicht, wie in neuerer Zeit wohl geschehen, junge Beamte und Richter, die noch eine Carriere machen wollten, sondern die Liste strotzte von Oberappellations=, Regierungs=, Land=, Cammer=, Kriegs= und Geheimenräthen, Drosten, Obersten u. s. w. Unter den jüngeren Leuten, die gewählt waren, befanden sich die strebsamsten und ehrgeizigsten Köpfe des Adels, der Hofgerichts= und Amtsassessor v. Borries, Hofgerichtsassessor v. Lütten von der Bremischen Ritterschaft, der Amtsassessor von Reden (Statistiker) von der Hoyaschen Ritterschaft, Canzleiassessor v. Bar von der Osnabrückschen Ritterschaft.

Was die zweite Cammer anlangte, so war es der Regierung kaum gelungen, ihre hauptsächlichsten Arbeiter und alte Stützen in der zweiten Cammer durch die Stifter gewählt zu sehen. Das Consistorium zu Hannover hatte den Geheimen Cabinetsrath Rose gewählt, das Consistorium zu Aurich dagegen den derben Justizrath Kettler I., von den Städten hatte nur Hameln ganz im Sinn der Regierung gewählt, den Archivrath Dr. Pertz, Clausthal den Oberbergrath Albert. Die Stadt Norden hatte im Sinne des Provinzialgeistes und der eigenen Provinzialverfassung den Justizrath Grafen v. Inn= und Knyphausen gewählt. Von ländlichen Wahlbezirken war nur der Deputirte der Grafschaft Hohnstein, Regierungscandidat, nämlich Geheime Canzleirath Wedemeyer, vielleicht konnte man den Deputirten der Hoyaschen Freien, Moorcommissair Wehner noch hierher rechnen.

Von den übrigen Grundbesitzern waren aber unter andern gewählt Dr. jur. Lang zu Achim, Syndicus Dr. Nolte aus Diepholz, Dr. Staßhorst, Hofrath Buch, **Dr. jur.** Sermes, **Dr. jur.** Klenze, Amtsassessor Schrader, Kreiseinnehmer Köhler, lauter Männer, die mehr als bloße Bauern waren und zu gebildet, um die Intentionen der ersten Cammer zu fördern.

Die Städte hatten nicht mehr wie früher in Hannover wohnende Mitglieder der Regierung gewählt, sondern schickten entweder ihre Bürgermeister oder Syndiken, einige hatten auch Advocaten gewählt, so Lüneburg den **Dr. jur.** Theodor Meyer, Harburg den Advocat Erich, die Hoyaschen Flecken den **Dr. jur.** Christiani, Alfeld Weinhagen, Stade den **Dr. jur.** Freudentheil, die Stadt Nordhorn den Amtsassessor Beuing. In Göttingen hatte nach hartem Wahlkampfe der Professor Saalfeld über den Syndicus Ebell, der als conservativ galt, gesiegt. Die Stadt Uslar hatte den sehr liberalen Superintendenten Dr. Crome gewählt, schon Mitglied der provisorischen Ständeversammlung und Verfasser des von Luden 1818 herausgegebenen Buches: das Königreich Hannover nach seinen öffentlichen Verhältnissen. Celle den Oberappellationsrath Dr. Gruner. Nienburg, Osnabrück, Emden, Leer schickten die Kaufleute Breusing, Bruns, Bode, Vissering. Alle liberalen Führer und Redner von 1831 waren gewählt, alle Gewählte wollten für liberal gelten mit Ausnahme der wenigen Regierungsstimmen. Die Wahlen des dritten Standes in Ostfriesland sind indeß nur theilweise zu Stande gekommen. Das in der Anlage I. mitgetheilte Verzeichniß der Mitglieder beider Cammern giebt ein vollkommenes Bild des Wahlresultats. Die Hoffnungen, welche das Land auf diese Ständeversammlung, nament=

lich auf die zweite Cammer, setzte, waren bei weitem größer als sie bei einem also componirten Zweicammersystem hätten sein sollen. Man dachte nicht daran, daß die Widerstandslust der ersten Cammer seit Beschwichtigung des polnischen Aufstandes u. s. w. gewachsen war.

Die Cammern wurden am 30. Mai programmgemäß, zunächst durch Gottesdienst in der Neustädter Hof- und Stadtkirche eröffnet. Der Vicekönig Herzog von Cambridge begab sich dann in feierlichem Zuge, unter Geläute aller Glocken und Kanonendonner zum ständischen Hause, wo er am Portale durch den Erblandmarschall Grafen von Münster empfangen wurde. Die Begleitung formirte sich im Vorzimmer der ersten Cammer in der Ordnung paarweise, so daß der Geheime Cabinetsrath Rose und der Geheime Cabinetsrath Freiherr von Falke, also der Hauptbegründer des Grundgesetzes und der Mann, der es hauptsächlich zu Grabe tragen half, den Reigen eröffneten. Auf den Generalsecretaire folgten die Mitglieder des Cabinets selbst, dann der Erblandmarschall, dann der Vicekönig, welcher unter dem Thronhimmel Platz nehmend, die in der Anlage II. mitgetheilte Rede ablas.

Die erste Cammer präsentirte zum Präsidenten den Geheimenrath v. d. Decken, den Oberappellationsrath Graf von Kielmansegge, den Land- und Schatzrath von Rheden, und nachdem der an erster Stelle Genannte zum Präsidenten bestätigt war, die beiden vorhin Genannten und den Geheimen rath von Münchhausen zu Vicepräsidenten.

Zum Generalsyndicus wurde Drost v. Hodenberg und zum Vicegeneralsyndicus der Landrath v. Pestel gewählt.

Die zweite Cammer präsentirte den Stadtdirector Rumann, Syndicus Lüntzel und Hofrath Buch, und nachdem ersterer als Präsident bestätigt war, wobei der Vicekönig sein besonderes Wohlgefallen über die Wahl ausgedrückt hatte, wurden Lüntzel, Stüve und Dahlmann zur Stelle des Vicepräsidenten präsentirt und ersterer bestätigt. Zum General- und Vicegeneralsyndicus wurden Schatzrath Eichhorn, der diese Stelle länger bekleidet hatte, und Canzleirath Wedemeyer mit 38 gegen 21 auf Freudentheil fallende Stimmen gewählt. Damit war das Büreau der Cammern fertig. Es wurden die Mittheilungen der Regierung an die Stände verlesen, welchen Act indeß Lüntzel schon durch einen Antrag auf Zulassung von Zuhörern zu unterbrechen versuchte, womit derselbe jedoch auf Stüves Antrag bis nach vollendeter Vorlesung zurückgewiesen wurde. Dieser Vorgang in der ersten Sitzung ist charakteristisch. Auf der einen Seite ein oft nicht zeit- und ortgemäßes Drängen, die liberalen Forderungen jener Zeit in ihrer ganzen Allgemeinheit auf die Tagesordnung zu bringen und mit den gängigen Redensarten vertheidigen. Auf der andern Seite wurde von Stüve alles Theoretisiren beständig beklagt und bekämpft, alle allgemeinen Anträge auf ein gewisses Maaß und Ziel modificirt, und nur Anträge von praktischen Erfolgen, wenn auch minder glänzend, gestellt. Die Cammer selbst fiel in den meisten Fällen ihren Vicepräsidenten ab und Stüve zu.

Blicken wir auf die Gewählten, so sehen wir eine durch Capacitäten jeder Art ausgezeichnete zweite Cammer. Unter den nicht von der Regierung abhängigen Deputirten war die bei weitem größte Mehrzahl vollkommen intelligent, um den wichtigen Verhandlungen mit selbstständigem Geiste folgen zu können, die Mehrzahl derselben sogar zu selbstständig, mit eigener

Ansicht und eigenem Urtheil versehen, und daher sehr schwer sich unterord-
nend. Ein Drittel der Cammer, wenn nicht mehr, hielt sich mindestens
befugt, selbst Führer zu sein. Daher die Schwierigkeit der Verhandlungen,
daher die Masse der Anträge. An Königlichen Dienern, wie man heute zu
Tage sagen würde, waren incl. des Oberappellationsraths Gruner und Ju-
stizraths Kettler nur 13 in der Cammer, von denen sich die Hof- und Canz-
leiräthe Hüpeden und Dürr, der Obersteuerrath Dommes, Archivrath Perk,
Obersteuerrath Baring durch Schweigsamkeit auszeichneten. Dazu kamen zwei
Professoren, Dahlmann und Saalfeld, vier Geistliche, 16 städtische Beamten, 8 Advocaten, 18 Grundbesitzer, darunter ein Lieutenant, zwei Posthalter und ein pensionirter Amtsschreiber (d. h. Amtsassessor) und der Moorcommissair Wehner, damals schweigsam wie das Grab. Endlich vier Kaufleute:
Breusing, Bode, Bruns, Bijsering. Außer Rose ragte zunächst Stüve hervor,
der unzweifelhaft nicht nur die weitreichendsten ständischen Erfahrungen, größere
Kenntniß von den Hannoverschen Zuständen, dem Finanzwesen u. s. w. hatte,
als die Uebrigen, sondern auch durch eigenes Nachdenken und vielfache Beschäftigung mit den staatlichen Zuständen sich überall ein eigenes Urtheil gebildet hatte, von dem er sehr schwer abwich. Daher sagte das ständische Epi-
gramm von ihm: ich bin der Herr dein Gott, du sollst keine andere Göt-
ter haben neben mir. Stüve hatte dabei eine staunenswerthe Arbeitskraft;
wenn man bedenkt, daß fast keine Commission, keine Conferenz ohne ihn
beschickt wurde, so ist es mehr als glaublich, daß er täglich 14 bis 15
Stunden arbeitete. An Beredtsamkeit wurde Stüve wohl von Christiani
übertroffen, namentlich einer solchen, die die Zuhörer hinriß; Stüve sprach
ohne Bilder, aber immer durchdacht, klar, verständlich, er ließ sich selten in
Eifer kommen. Eine eigentliche Scheidung nach gemeinsamen Grundsätzen,
also eine Scheidung in Parteien und Fractionen gab es nicht. Die Mitglieder der Regierung hatten sich zwar auf die erste Bank links vom Präsidenten (in der jetzigen ersten Cammer) gesetzt, dahinter Hermes, Stüve,
Gruner, Bode, dann die Bremenser und die beiden Ostfriesen dritten Standes, dahinter einige Bürgermeister, und auf der letzten Bank Perk, Dahlmann, Dommes, Wehner, Hübner u. s. w. — Die erste Bank zur Rechten
des Präsidenten nahmen Saalfeld, Lünkel, Lang, Crome ein, dahinter freilich Erich, Weinhagen, Freudentheil u. a., indeß war die Trennung nach
Parteien nicht durchgreifend, weil es keine solche, sondern nur mehr
oder weniger liberale Individuen gab. Selbst wenn man nach den ziemlich
abgenutzten Kategorien, Linke, Centrum, Rechte zählen wollte, käme man
nicht weiter, weil man eine Grenze, wo die Linke aufhöre, nicht findet, und namentlich in Bestimmung eines eigentlichen Centrums schwan-
kend wird, da hier gerade die provinziell gesinnten und schweigsamen Deputirten eigentlich den Ausschlag gaben.

Will man aber einmal nach diesem Modus zählen, so lassen sich Lünkel, Saalfeld, Christiani, v. Honstedt, Crome, Weinhagen, Nolte, Erich
zur äußersten Linken; Theodor Meyer, Bodungen, Freudentheil, A. A.
Bening, Senator Keussel, Syndicus Oppermann, Amtsschreiber Strohmeyer,
Breusing, Westerhausen, Behne, Beckmann, Böttcher, Lübbres, Ledebour,
Möllmann, A. A. Schrader, Dr. Stasshorst, Hermes, Thedinga, Weber
zur Linken; Stüve, der gescheidte aber vielredende Sandvoß, Justizrath Kett-

ler, Oberappellationsrath Gruner, Bruns, Ebert, Horkel, Hübner, Köster, Pastor Meyer, Thorwirth, Bode, Wiesenhavern, Wicht, v. Zwehl zum Centrum zählen. Dr. Lang und Klenze schwankten zwischen der Linken und dem Centrum, entschieden sich aber beim Finanzcapitel für die Stüve'sche Ansicht, während beide bei der Ablösungsordnung an der Spitze der äußersten Linken kämpften. Freudentheil zeigte immer eine starke Hinneigung zu Stüve, weshalb Christiani spottete: ein treuer Knecht war Fridolin und in der Furcht des Herrn. Ganz provinziell bremisch gerirte sich der Deputirte Abides, Wortführer seiner Landsleute, und die beiden Deputirten des Landes Hadeln, welche auch oft genug die Bevorzugung, die dieses Ländchen genösse, hören mußten, wie der einzige Deputirte der ostfriesischen Grundbesitzer, der erschienen war, Ihedinga.

Die Regierung war durch Rose ausgezeichnet vertreten, auch war Bedemeyer wohl erfahren, nicht nur in der Cammerpraxis, sondern auch in Führung des groben Geschützes, die übrigen Adjudanten waren aber kaum bei Specialfragen aus ihrem Gebiet dazu zu vermögen, das Wort zu ergreifen. Man weiß kaum, konnten oder durften sie nicht reden. Dahlmann sprang selten ein, Perth hatte genug mit der Redaction des Landtagsblatts und desfallsigen Reclamationen zu thun. Da andere Anhaltspunkte fehlen, so werde ich bei den wichtigsten Fragen die namentlichen Abstimmungen mittheilen, wonach jeder Leser sich das hier gegebene unvollständige Bild ergänzen mag.

Nachdem die Cammer über die Legitimationsprüfungen, bei denen sich vielerlei Mängel vorfanden, mit lobenswerther Eile hinweggegangen, wurde vom Generalsyndicus eine Dankadresse an Se. Königliche Hoheit den Vicekönig und die Ernennung von 3 Mitgliedern zur Entwerfung beantragt. Die Linke drang auf mehr Mitglieder und setzte bei erster Berathung 5 durch, welche Zahl bei zweiter Berathung auf 3 ermäßigt wurde. Die Wahl fiel auf Stüve mit 44, Lünzel mit 32, Christiani mit 31 Stimmen. Eine Adreßdebatte, die sich am 6. Juni entsponnen hatte, gab den zuerst in die Versammlung Eingetretenen Gelegenheit sich auszusprechen. Breusing lenkte den Blick auf die Nothwendigkeit einer weiteren Ausbildung des deutschen Bundes, namentlich in Beziehung auf die Art. 13, 18, 19. Seit 17 Jahren erwarte man vergeblich Erfüllung der gegebenen Versprechungen. Christiani verglich die Thronrede mit der englischen, die namentlich, was den Geldpunkt anlange, viel anders laute, und beklagte die kränkende Aeußerung im Ministerialschreiben: daß Bewilligung der Diäten zur Verlängerung der ständischen Debatten beitragen könnte. Lünzel führte eine ganze Reihe von Wünschen auf; Saalfeld wollte der Celler Staatsgefangenen gedacht und eine Verwendung des Vicekönigs bei dem Könige für dieselben erwähnt sehen, was Stüve und Andere für unpassend hielten.

Die erste Cammer hatte den Geheimen Rath von Münchhausen, Generalfeldzeugmeister v. d. Deden und Consistorialrath Brandis zu Gliedern der Adreßcommission erwählt, welche dann diejenige Adresse, die in der Anlage III. enthalten ist, und die Beistimmung der Cammer fand, entworfen. Das Königl. Schreiben vom 11. Mai über das Staatsgrundgesetz, in der Anlage IV. mitgetheilt, legt die Ansichten der Regierung namentlich in Beziehung auf den Commissionsentwurf dar.

Im Postscriptum I. das Reglement betreffend, war auf den Antrag der Stände vom 30. April 1831, Oeffentlichkeit der Verhandlung durch Zulassung von Zuhörern, erwiedert, daß Se. Majestät eine solche theilweise Aenderung des Reglements, bis zur Publication des Staatsgrundgesetzes, welches diese Oeffentlichkeit zulasse, für bedenklich erachteten. Es müsse bei den Bestimmungen des bisherigen Reglements sein Bewenden behalten.

Am 7. Juni kam der Antrag Lünzels auf Oeffentlichkeit zur Verhandlung und hielt dieser eine lange Rede, in welcher er die Vorzüge der Oeffentlichkeit hervorhob, v. Honstedt und Crome lasen in gleichem Sinne längere Aufsätze vor, Th. Meyer, Saalfeld, Kettler, Thorwirth, Brune, Weinhagen u. A. sprachen sich dafür aus, den praktischen Antrag machte jedoch Sermes und fand dieser dahin mit großer Majorität Annahme: Daß die sofortige Zulassung von Zuhörern zu den ständischen Verhandlungen unter provisorischer Annahme der im Entwurfe des revidirten Reglements enthaltenen Beschränkungen beschlossen und deren allerhöchste Genehmigung bei dem königlichen Ministerio in Antrag gebracht werde.

Dieser in dritter Berathung einstimmig angenommene Antrag (in zweiter Berathung am 8. Juni wurde durch Wedemeyer's Ausfälle die Cammer in eine sehr gereizte Stimmung versetzt), fand am 16. Juni in erster Cammer nicht eine einzige Stimme für sich, wurde vielmehr einstimmig abgelehnt. Die zweite Cammer beschloß deshalb eine Conferenz und wählte Stüve, Christiani, Lünzel zu deren Mitgliedern. Die Conferenz hatte sich bei entschiedener Abneigung der ersten Cammer zu den Verhandlungen über das Staatsgrundgesetz Zuhörer zuzulassen, dahin geeinigt, die Regierung zu ersuchen, in den Sitzungen beider Cammern, welche nicht das Staatsgrundgesetz beträfen, die Oeffentlichkeit zuzulassen, welcher Vergleichsvorschlag von zweiter Cammer, nicht aber von der ersten angenommen wurde. Dort erhoben sich am 12. Juli nur 8 Stimmen für denselben.

Zweite Cammer beantragte nun eine erneuerte Conferenz, welche erste Cammer ablehnte und dadurch die gereizte Stimmung zweiter Cammer in hohem Grade vermehrte. Es behielt also vorläufig bei der mit Genehmigung der Präsidenten eingeführten Publication der Verhandlungen sein Bewenden, wonach die erste Cammer ihre Verhandlungen ohne Nennung der Namen selbst dann, wenn namentliche Abstimmung beliebt war, mittheilte, in zweiter Cammer verschiedene Cammermitglieder sich in die Berichterstattung für die Hannoversche Zeitung theilten. Es wurde dies den Berichterstattern aber zu viel, abgesehen von dem Aerger und Verdruß der täglichen Reclamationen. Endlich vereinigten sich die beiden Cammern zu einem Vortrage vom 8. September, die Zulassung von Schnellschreibern betreffend, indem sie auf diese Weise größere Vollständigkeit und Richtigkeit der Zeitungsmittheilungen zu erlangen hofften, aber unter folgenden Modificationen: das Ganze sollte ein Versuch sein, die Schnellschreiber sollten unter der Verantwortung der Redaction der Hannoverschen Zeitung stehen und darauf verpflichtet werden, ihre Notizen Niemandem anders als dieser mitzutheilen. Ihre Mittheilungen sollten öffentlichen Character nicht haben und so oft ein Mitglied es verlange, sollten sie die Gallerien verlassen.

In der Antwort vom 28. September erklärte das Ministerium, daß es sich bei der bestimmten entgegengesetzten Entschließung Sr. Majestät bewogen gefunden habe, die Befehle Sr. Majestät zu erbitten, und da Se. Majestät voraussetze, daß die Zulassung dieser Einrichtungen für die Mitglieder beider Cammern eine Veranlassung mehr sein werde, alles zu vermeiden, wodurch die gesetzlichen Grenzen der freien Aeußerung auf eine die Ruhe Hannovers oder des gesammten Deutschlands gefährdende Weise überschritten werden könne, so habe derselbe den Wunsch der Stände in allen Punkten genehmigt.

Am 1. October wurden dann die ersten Schnellschreiber zugelassen. Es ist aber sehr zweifelhaft, ob die Berichterstattung in der Hannoverschen Zeitung dadurch gewann.

Die Stände hatten durch Schreiben vom 24. Juni 1831 auf Bewilligung von Reisekosten und Diäten für auswärtige Mitglieder der Stände angetragen, um dem vorzubeugen, daß aus der Versammlung nicht ein Hannoverscher Club besoldeter Staatsdiener werde. Durch Postscript II. vom 10. Mai erklärte die Regierung, daß der König Bedenken gegen diese Anträge hege, einmal, weil die Lasten des Landes vermehrt würden, sodann, daß die Landtage sich verlängeren würden. Für die Dauer des gegenwärtigen Landtags sollten Reisekosten und Diäten bewilligt werden, für die Zukunft wolle Se. Majestät ein Gleiches unter der Bedingung zugestehen: 1) daß die in Hannover wohnenden Personen die Hälfte der Diäten bekämen, 2) daß Se. Majestät diese Einrichtung wieder aufheben oder modificiren könne, wenn sich Uebelstände dabei herausstellten.

Bei der Berathung dieses Gegenstandes entschuldigte Rose die Fassung des Postscripts, und versicherte, daß damit nichts Kränkendes beabsichtigt sei. Stände beschlossen, Königliches Cabinetsministerium zu ersuchen, sich bei Sr. Majestät dahin verwenden zu wollen, daß Zahlung von Diäten an einheimische Deputirte überall nicht gestattet werden möge. Sie gingen dabei von dem Gesichtspunkte aus, daß die Diäten lediglich eine Kostenentschädigung für auswärtige Deputirte sei, womit denn die Heranziehung der Diäten zur Steuer, wie sie von der Steuerverwaltung später in's Werk gesetzt ist, sich nicht reimt. Außerdem wollten die Stände diesen Punkt grundgesetzlich oder doch im Reglement festgesetzt wissen. Wir haben geglaubt, diesen Gegenstand hier erwähnen zu müssen, da die Nichtzahlung von Diäten in dem Jahren 1838/40 zu Wahlumtrieben benutzt wurde.

Daß schon in den ersten Sitzungen eine große Menge von Uranträgen aller Art gestellt wurde, ist selbstverständlich. So wurde am 7. Juni beantragt: von Saalfeld: Preßfreiheit; Westerhausen: Abschaffung des Häusler-, Schutz- und Dienstgeldes; v. Bodungen: Beschränkung des Militairs auf den bundesmäßigen Bestand, und Verwendung der Regierung beim Bundestage auf Herabsetzung auch dieses Bestandes; Dr. Lang: Aufhebung der Cavalleriebequartierung und gleichmäßige Vertheilung auf alle Stände; Weinhagen: Revision der Sporteltare; Abildes: Veränderungen der Principe über Stellvertretung im Militair; Klenze: auf Aufhebung der den Deputirten zugestandenen Diäten für diese Sitzung, unter Vorbehalt darüber zum Besten des Landes zu disponiren.

Wir werden diese und ähnliche Anträge nur insofern weiter erwähnen, als sie zu ständischen Beschlüssen Veranlassung geben.

Drittes Capitel.

Das Staatsgrundgesetz in den Cammern.

§ 1. Das Finanzcapitel.

Der Präsident zweiter Cammer, Rumann, brachte am 7. Juni eine Ordnungsmotion hinsichtlich der Berathung des Staatsgrundgesetzes vor, dahin gehend:

1) Beide Cammern folgen derselben Ordnung bei Discussion der verschiedenen Capitel der Gesetzentwürfe.

2) Das Resultat jeder beendigten Discussion wird sofort als Ganzes der andern Cammer mitgetheilt.

3) Die Discussion beginnt mit Cap. 7 über die Finanzen, dann folgt Cap. 6 von den Landständen, die fernere Reihenfolge bleibt der Vereinbarung überlassen.

4) Für die Dauer der ganzen Discussion wird eine stehende Conferenz von 5 Mitgliedern excl. der Generalsyndiken jeder Cammer ernannt, welcher die Meinungsverschiedenheiten beider Cammern zur Ausgleichung und vorläufigen Redaction überwiesen werden.

Zu dem 4. Antrage stellte Christiani den Antrag, zu jedem Capitel eine besondere Conferenz zu wählen, weil die verschiedenartigsten Kenntnisse dazu gehörten, die einzelnen Capitel des Staatsgrundgesetzes zu beurtheilen, und wurde von Buch, Reuffel, Sermes, Sandvoß, Weinhagen, Bode, Saalfeld unterstützt, während Stüve, Eichhorn, Th. Meyer, Rose, Wedemeyer für den Antrag des Präsidenten stimmten.

Freudentheil stellte den Verbesserungsantrag, daß die ständige Conferenz aus sieben Mitgliedern bestehe. Dieser Antrag fand die Majorität, und hielt der Präsident damit den Antrag Christiani's für beseitigt, brachte jedoch mit Freudentheils und der Cammer Einwilligung denselben zur Abstimmung und wurde solcher nun mit Majorität angenommen. Der Grund dieser Majorität lag nahe. Bei einer ständigen Conferenz konnten immer nur 5 Mitglieder auf die Ehre hoffen, derselben anzugehören, bei dem Christianischen Vorschlage konnten möglicher Weise 40 Conferenzmitglieder gewählt und so der Ehrgeiz Vieler befriedigt werden.

Die erste Cammer nahm diesen Ordnungsantrag nur mit Modificationen an, welche Stüve und Dahlmann dahin deuteten, nach Berathung des Cap. 7 zu dilatiren. Ein solches Hinausschieben hielt aber auch Rose für gefährlich, weil die Regierung in allen Reformen gehemmt sei. Man beschloß eine Conferenz, in welche man Stüve, Rumann, Rose, Christiani wählte. Die Conferenzbeschlüsse lauteten dahin:

ad 1) Der Beschluß zweiter Cammer wird angenommen.

ad 2) Der Beschluß erster Cammer wird genehmigt, dahin lautend: Das Resultat wird sofort (aber nicht als ein Ganzes) mitgetheilt, jedoch sind die Cammern erst dann an ihre Beschlüsse gebunden, wenn sie sich über das ganze Staatsgrundgesetz werden geeinigt haben.

ad 3) Mit Cap. 7 wird angefangen, dann folgt Cap. 6, dann Cap. 2, 3, 4, 5, 8 und 1 nebst Schluß.

ad 4) Es wird eine Conferenz von 6 Mitgliedern gewählt, von denen 3 bleibend sind, 3 zu jedem Capitel gewählt werden.

Diese Vorschläge fanden in beiden Cammern Billigung; und wurden wie schon hier bemerkt werden mag, in diese stehende Conferenz gewählt, von erster Cammer Kammerherr von Wallmoden, Regierungsrath von Pestel, Drost von Honstedt; von zweiter Cammer Stüve, Rose, Theodor Meyer.

Die Berathung selbst begann in beiden Cammern am 30. Juni, nachdem bis dahin, wie wir gesehen, die zweite Cammer über mancherlei Dinge zum Theil sehr stürmisch verhandelt hatte. Die Concentration der Thätigkeit auf einen so bestimmten Gegenstand bewirkte fortan eine größere Ruhe der Verhandlung.

In erster Cammer wurde am 30. Juni des wichtigen Umstandes erwähnt: daß bei Eröffnung der Commissionsverhandlungen der Präsidirende Namens der Regierung erklärt habe: „es sei keineswegs die Absicht Sr. Majestät des Königs, auf dem Wege des Vertrages die Verfassungsurkunde entstehen zu lassen, sondern es solle dieselbe lediglich eine Erklärung des Königs über die Rechte der Unterthanen sein", ein Umstand, der durch Verlesung des Protocolls constatirt wurde. Man glaubte aber, daß in der Vorlage des Staatsgrundgesetzes zur Berathung der Stände und jener Erklärung ein Widerspruch zu befinden sei, glaubte, daß jene Erklärung den Ständen keine Verbindlichkeiten auferlegen könne und ließ sich dieselbe nur zur Nachricht dienen. In erster Cammer pflegte man die Verhandlungen der Commission über die zur Berathung stehenden Punkte aus dem Protocolle vorzulesen. Ein auf ein gleiches Verfahren gerichteter Antrag des Dr. Nolte in zweiter Cammer wurde als zu zeitraubend abgelehnt.

Man stellte in erster Cammer bei Anfang der Berathung über das Finanzcapitel folgende Anträge:

1) Stände mögen beschließen, das Staatsgrundgesetz nur mit dem Vorbehalte anzunehmen, daß es nicht eher gesetzliche Kraft erhalte, als bis dasselbe auch von sämmtlichen Provinziallandschaften angenommen worden, damit diesen Gelegenheit gegeben werde, die ihren bisherigen Rechten entgegenstehenden Bestimmungen, durch besondere Verhandlungen mit der Regierung auf verfassungsmäßigem Wege auszugleichen;

2) Stände mögen beschließen, das Staatsgrundgesetz nur mit dem Vorbehalte anzunehmen, daß es nicht eher gesetzliche Kraft erhalte, bis mit sämmtlichen Provinziallandschaften über die ihren bisherigen Rechten entgegenstehenden Bestimmungen des Staatsgrundgesetzes verhandelt worden, und etwaige Abänderungen ihrer Rechte und Einrichtungen auf verfassungsmäßigem Wege festgestellt sind;

3) es möge im Protocolle ausdrücklich bemerkt und bevorwortet werden, daß man nur mit Vorbehalt der Rechte der Provinzialstände zur Berathung des Staatsgrundgesetzes schreite.

Es ist kaum glaublich aber wahr, daß der erste dieser Anträge, welcher das Recht der allgemeinen Stände zu Gunsten der Provinzialstände verneinte, welcher das Unmögliche verlangte: die Zustimmung von sieben verschiedenen Provinziallandschaften, mit den verschiedensten Einrichtungen, so daß eine Landschaft, vielleicht nur ein Theil, die Ritterschaft in einer Landschaft, nur nein zu sagen brauchte, damit das Staatsgrundgesetz nicht entstehe, nur mit zwei Stimmen abgelehnt wurde; 19 gegen 17 Stimmen lehnten denselben ab.

Der zweite Antrag, zu dessen Begründung eben so led als unwahr behauptet wurde, die Meinung des Volkes sei für die Provinzialstände, schon deßhalb, weil die allgemeinen Stände als ein Erzeugniß des verhaßten Centralisationssystems erscheinen, wurde zwar mit 27 gegen 9 Stimmen verworfen, dagegen der dritte Antrag mit 24 gegen 12 Stimmen angenommen, ein Antrag, welcher viel oder wenig sagte, je nachdem man ihn deutete.

Es machte sich die erste Cammer durch Annahme dieses Antrages unter Aufgebung ihrer eigenen, ihr nach dem Patente von 1819 verliehenen und damals viel höher als die Rechte in den Provinziallandschaften geschätzten und zu schätzenden Befugnisse, zum bloßen Sachwalter und Fürsprecher der Provinziallandschaften, sie verneinte den einheitlichen Staat und seine Consequenzen aus Furcht, daß die allgemeine Gesetzgebung in ihre Privilegien eingreifen, das Exemtionswesen mit Stumpf und Stiel ausrotten möge. Es kam dies Argument deutlich zu Tage in der Aeußerung: „die Provinzialstände müßten eine Sicherheit gewähren gegen den Mißbrauch der Gewalt der allgemeinen Stände, welcher nicht immer unterbleibe und eben so sehr zu fürchten sei, als Mißbrauch der Regierungsgewalt.“ Wäre es auch nicht ausgesprochen, welche andern Momente hätten einen solchen Beschluß rechtfertigen können, wonach die erste Cammer auf einen wesentlichen Theil der allgemeinen Gesetzgebung zu Gunsten einer Einrichtung verzichtete, die seit ihrer unglückseligen Wiederinslebenrufung durch Graf Münster kaum das allergeringste Zeichen von Lebenskraft und von Existenz überhaupt gegeben hatte? Die übrigen Argumente für und gegen finden sich: Ert.-Bl. z. H. Z. 1832 Nr. 158, p. 1019 ffg.

Aus der ersten Berathung dieses Capitels ist nur wenig hier zu bemerken, es mögte denn der Merkwürdigkeit wegen die warme Lobrede sein, welche der Freiherr von Reden (der bekannte Statistiker, damals Amtsassessor und Deputirter der Hoyaschen Ritterschaft) der Diemembration und Veräußerung der Domainen hielt, indem er ausführte, in unserm Königreiche könne auf solche Weise erspart werden:

1) an Deich-, Syhl- und Wasserbaukosten, jährlich der damalige Anschlag 108,930 Thlr.

2) An Remissionen und Ausfällen 80,000 Thlr.

3) An den auf dem Domanio ruhenden Abgaben, damals jährlich 61,000 Thlr.

4) An den Steuern vom Domanio, damals jährlich 85,000 Thlr.

5) An den Baukosten die damals angegebene Summe von 200,000 Thlr.; eine Ansicht, die der bisher gängen und geben so sehr widersprach, daß es auffallen muß, wie sie noch 14 gegen 24 Stimmen für sich gewinnen konnte.

Die Abneigung gegen die Cassenvereinigung offenbarte sich sowohl durch den angenommenen Antrag, die einzelnen §§ nur mit dem Vorbehalte der Frage über die Cassenvereinigung zu berathen, als durch einen Vorbeschluß zu § 4 (Krondotationssumme), welcher die Entscheidung über den Inhalt dieses § abhängig machte von dem Berichte einer zur nochmaligen Untersuchung der Rechnungspapiere der Generalcasse angeordneten Commission. Die Ansicht, daß es mit dem Staatsgrundgesetze überhaupt so große Eile nicht habe, trat hervor, als man, ehe noch dieses Capitel einmal zu Ende berathen war, in erster Cammer den Beschluß faßte, auf eine Vertagung vom 21. Juli bis 3. September anzutragen. Als dieser Antrag, aber von zweiter Cammer einstimmig abgelehnt war, gab man nach; der Antrag auf eine Conferenz anzutragen, fiel nämlich mit 13 gegen 23 Stimmen.

Die zweite Cammer lehnte auch eine nochmalige Prüfungscommission ab, wornach die erste Cammer nicht mehr darauf bestand, und so begann man mit der dritten Berathung, so reich an Wechsel der Ansichten und Abstimmungen wie wohl noch selten eine ständische Discussion. †)

Zunächst ließ man den früher erwähnten Vorbehalt wegen der Cassenvereinigung fallen, und als die Frage wegen Zustimmung der Provinziallandschaften durch Wiederholung des obigen Hauptantrags wieder zur Discussion kam, beschloß man: Die Discussion darüber bis zu der Schlußberathung über das Staatsgrundgesetz auszusetzen. Es wurde in dieser Berathung von Seite der ersten Cammer der Zusatz zu § 2 gemacht, der später der Hauptsache nach (§ 123 des St.-G.-G.) zum Gesetz erhoben ist, daß das Krongut ohne Genehmigung der Stände rechtsgültig so wenig verschuldet als verpfändet werden könne, was man 1857 in erster Cammer vergessen zu haben scheint. Obgleich die erste Cammer die Hauptprincipien des Entwurfes in der Sitzung vom 14. Juli angenommen, indem sie die drei Fragen:

1) Soll der Betrag der Krondotation in einer bestimmten Summe festgesetzt werden?
2) In der im § 4 angegebenen Summe?
3) Soll eine Ausscheidung der Substanz mit abgesonderter Administration Statt haben?

mit 21 gegen 16 Stimmen bejaht hatte, wurde doch, als § 4 zur Discussion kam, die ganze Sache wieder in die Luft gestellt. Der unzweifelhaft vielleicht interessantesten Debatte über § 4 und 5 ist ein besonderes Extrablatt zu Nr. 169 der H. Z. gewidmet; wir können hier aber nur auf diejenigen Anträge Rücksicht nehmen, welche die Billigung der Majorität erhielten, und auf den Geist, welcher in den Verhandlungen hervorleuchtete, einige Blicke werfen.

In letzterer Beziehung gingen die meisten Verbesserungsanträge aus der Anschauung hervor, daß die Vortheile der Cassenvereinigung dadurch zum größten Theile wieder aufgehoben würden, wenn durch die Ausscheidung eines Domanialcomplexes als Krondotation nicht nur eine gedoppelte Administration und zwei Cassen nöthig würden, sondern noch eine besondere Krondotationsdienerschaft neben der übrigen Königlichen Dienerschaft entstehe; alle Verbesserungsanträge in dieser Beziehung mußten aber an der Abneigung des Königs gegen eine Civilliste scheitern. Daneben machte sich auch schon hier die Ansicht geltend, welche in der Cassenvereinigung eine Verletzung der Würde des Throns und des monarchischen Princips sah, weil die Krondotation doch nur eine versteckte Civilliste sei und der König dadurch zum Söldner des Staats werde. Man ging so weit, die Behauptung auszusprechen, deren Ungereimtheit die Zeit der Cassenvereinigung erwiesen hat, daß künftig der König nicht mehr im

---

†) Vergl. Extrablatt zu Nr. 168 der H. Z. S. 1127.

Stande sein werde, aus eigenen Mitteln und ohne die Stände erst zu fragen, auch nur ein Bataillon zusammenzuziehen. Diese Ansicht, daß Cassenvereinigung eine Verletzung des monarchischen Princips sei, königlicher als der König und seine Minister selbst, wußte sich, da sie selbst unter den Standesgenossen keine Majorität fand, in das Ohr des Thronnachfolgers zu schmeicheln, und sie war es, die 1837 zur Geltung gebracht wurde.

Auch der Gesichtspunkt wurde hervorgehoben, daß durch die Cassenvereinigung eine Verminderung der Einnahme des Domanii eintreten würde, indem alle Abgaben, welche den Charakter einer Steuer trügen, nach und nach fallen würden, die Ziseigelder mit 112,000, die Häuslingsschutz- und Dienstgelder mit 100,000 Thlr., die Einnahmen von Zwang- und Bannrechten u. s. w., als wenn es nicht eben einer der Hauptzwecke der Vereinigung gewesen wäre in dieser Hinsicht helfen zu können. Endlich wurde von dieser extrem royalistischen Seite als Grund gegen die Ausscheidung die Schwierigkeit der Ausmittelung hervorgehoben. Taxationen seien unsicher, wie man wisse; falle eine solche zum Nachtheile des Königs aus, so werde früher oder später die verlangte Summe des Reinertrages vervollständigt werden müssen; geschehe dieselbe zum Nachtheile des Landes, so erwachse dadurch ein Schaden, der niemals wieder ersetzt werde. — (1857!)

In Erwägung aller vorgebrachten Gründe, nahm man mit 20 gegen 16 Stimmen zunächst den Antrag an, welcher lautete:

Den § 4 und die darauf Bezug habenden §§ pure anzunehmen, — machte diesen Beschluß aber dadurch wieder unwirksam, daß man schließlich einen Antrag dahin:

Wie Stände es zwar mit Dank anerkannten, daß Seine Majestät Sich haben bereitwillig finden lassen, in ihren vorjährigen Antrag auf Vereinigung der Cassen hinein zu gehen, jedoch rücksichtlich der bei diesem Antrage von Ständen ausgesprochenen Voraussetzung, daß durch eine solche Vereinigung die Lasten des Landes nicht dauernd würden erhöht werden, für jetzt noch Bedenken tragen müßten, über die ihnen vorgelegten Vorschläge sich zu erklären, da Ständen die Ueberzeugung, daß jene Voraussetzung in Erfüllung treten werde, noch gänzlich abgehe; sie vielmehr Königliches Ministerium ersuchen müßten, Ständen wenigstens eine approximative Nachweisung, wie das angebliche Deficit in beiden Cassen würde gedeckt werden können, mitzutheilen,

mit 19 gegen 17 annahm.

In der Sitzung vom 16. Juli änderte man abermals die Ansicht. Es wurde zu § 6 eine Commission zur Prüfung dieses und der folgenden §§ vorgeschlagen, und dabei der Antrag gemacht:

es möge den Proponenten früherer Anträge unbenommen bleiben, solche dieser Commission ebenfalls zur Prüfung zu überweisen,

welcher angenommen wurde, so daß nunmehr die Commission auch alle 4 oder 5 am Tage vorher verworfenen Anträge nochmals zu prüfen hatte, wenn der Antragsteller dieses wünschte.

In diese außerordentliche Commission wurden Schatzrath Graf Knyphausen, Geheime Rath v. Schele, Drost v. Hodenberg, Kriegsrath v. Hattorf und Justizrath v. Wangenheim, also wahrscheinlich die früheren An-

tragſteller ſelbſt, gewählt. Die übrigen §§ veranlaßten keine wichtigen
Abänderungen mit Ausnahme einer Erweiterung des § 27 zu Gunſten der
Provinzialſtände, die wir unten erwähnen werden.

Die vorhin erwähnte Commiſſion brachte in der Sitzung vom 20. Juli
nun den Vorſchlag, § 4 alſo zu faſſen:

Um den Finanzhaushalt zu regeln und ſicher zu ſtellen, beſtimmt der
König den Betrag der für den Unterhalt, und die Hofhaltung des Königs,
der Königin, ſo wie der minderjährigen Prinzen und Prinzeſſinnen aus den
Einkünften des Kronguts zu verwendenden Summen. Es will jedoch der
König zu ſolchem Zwecke ohne beſondere Zuſtimmung der allgemeinen Stände
des Königreichs, nicht mehr als 500,000 ℳ; aus den Einkünften des Kronguts verwenden. Außerdem verbleiben dem Könige für gleiche Zwecke zur
freien Dispoſition die Zinſen der 600,000 Pfd. Sterl. ꝛc.

Dieſer Antrag war damit bekämpft, er enthalte nur eine verdeckte Ci-
villiſte, in dieſer Beziehung ſei aber der Wille des Königs unabänderlich.
Er wurde mit 20 gegen 17 Stimmen abgelehnt und damit auch eine Modification des § 6, welche dem Könige das Recht, einen Domanialcom-
plex auszuſcheiden, reſervirte.

Es wurde nur § 4 mit einer unweſentlichen Modification angenommen.

Dagegen wurde zu § 5 der weſentliche Zuſatz beſchloſſen, daß der Ertrag des auszuſcheidenden Domanialcomplexes im Einverſtändniß mit
den Ständen gefunden werden müſſe, eine Modification, von der
die erſte Cammer 1856 und 1857 leider nichts wiſſen wollte.

Die übrigen in erſter Cammer vorgeſchlagenen Aenderungen waren
weſentlicher Natur nicht. Zu § 12 begehrte man vom Miniſter die Gründe
zu wiſſen, die es unthunlich machten, die Kloſtercaſſe mit der Generalcaſſe
zu vereinigen, jedenfalls aber, daß den Ständen jährlich Rechnung über
die Verwendungen aus dieſer Kloſtercaſſe vorgelegt werde.

Selbſt die gewichtigen § 18, 19 gaben beinah zu gar keiner Discuſſion Veranlaſſung, es wurde nur zu § 18 eine andere Faſſung vorgeſchla-
gen, und weiter gehende Anträge, weil ſich Stände ſonſt durch die Theilnahme bei Feſtſtellung der Regulative zu ſehr in die Adminiſtration miſchen
würden — „ſich zu Regenten des Landes aufwerfen könnten" mit 17 gegen
16 Stimmen verworfen.

Zu § 27 wurde in Gemäßheit des ſchon bei zweiter Berathung gefaßten Beſchluſſes der Zuſatz beliebt: Den Provinziallandſchaften ſoll die
ihnen bisher verfaſſungsmäßig zuſtehende Befugniß der Mitwirkung bei Be-
ſetzung der Stellen bei der oberſten Caſſenverwaltungsbehörde, unter Vorbehalt der nach veränderten Verhältniſſen etwa nothwendigen Modificationen,
verbleiben. Die Verwendung der zur Tilgung der Landesſchulden ausgeſetzten
Summen ſoll unter Mitwirkung gedachter Behörde geſchehen. Auch ſoll
dieſe Behörde bei Ausſtellung von Obligationen ꝛc. mitwirken, obgleich
dagegen erinnert war, derſelbe ſtehe hier am unrechten Orte, über die
Rechte der Provinzialſtände ſei im Cap. VI. die Rede, der Beſchluß
ſei präjudicirlich, weil er die Beibehaltung des Schatzcollegii ausſpreche,
ohnerachtet die Verwaltung eine andere Form erhalten müſſe; — 1856
und 1857 ließ die Majorität der erſten Cammer die weſentlichſten Befugniſſe des Schatzcollegii fallen.

In Consequenz dieses Beschlusses wurde denn auch im § 28 das Recht der allgemeinen Stände, lebenslängliche Commissionen zur Prüfung der Landesrechnungen zu ernennen, gestrichen. Nachdem so die einzelnen §§ in dritter Berathung festgestellt waren, kam am 25. Juli das ganze Finanzcapitel zur Berathung. Dabei wurde der Beschluß zweiter Berathung, die Cassenvereinigung vorläufig abzulehnen bis die fragliche Nachweisung vom Ministerium gegeben sei, mit 25 gegen 11 Stimmen bei namentlicher Abstimmung verworfen, ein gestellter Verbesserungsantrag im ähnlichen Sinne mit 23 gegen 13 Stimmen verworfen und das Capitel im Ganzen mit 23 gegen 13 Stimmen angenommen. Unter denen, die ihr Votum gegen die Annahme motivirten, war ein Mitglied, welches sich stets zu Gunsten der Cassenvereinigung ausgesprochen hatte, und welches lediglich deshalb dissentirte, weil es im zweiten Absatze des § 19, wie er angenommen, das Grab ständischer Wirksamkeit, Ansehens und Einflusses, sehe.

Die Berathungen in zweiter Cammer wurden mit der berühmten Rede des Geheimen Cabinetsraths Rose eröffnet, welcher über die Vergangenheit der Königlichen Cassen für alle, welche nicht Mitglieder der Staatsgrundgesetzcommission gewesen waren, das erste Licht verbreitete und das Dunkel, welches bis dahin über den Einkünften der Domanialverwaltung gelegen, lüftete. Die Rede ist in der Hannov. Zeitung Extrablatt zu Nr. 157 pag. 1009—1012, außerdem aber Hannov. Portfolio, Band II. S. 361 abgedruckt, auf welche Quellen wir hier verweisen. Die Rede veranlaßte denn auch andere Cammermitglieder, ihre Ansichten über das vorliegende Capitel wie über das Staatsgrundgesetz überhaupt auszusprechen. Klenze zweifelte, daß es zeitgemäß gewesen, mit einem solchen Gesetzentwurfe hervorzutreten, durch welchen sowohl in Beziehung auf die Wirksamkeit, als auf die Zusammensetzung der Cammern, die Kraft der Volksrepräsentation aus ängstlichen Rücksichten so sehr geschwächt sei, daß dies Element des Staats fortan keinen Werth behalten werde. In der Cassenvereinigung, wie sie vorgeschlagen, sehe er nur die Gewißheit sofortiger Vermehrung und die unsichere Hoffnung einer zukünftigen Erleichterung des auf dem Lande lastenden Druckes; er suche vergebens nach Garantien gegen die künftige Ausbeutung selbstsüchtiger oligarchischer oder aristokratischer Interessen. Er zweifle, ob das, was dem Volke genommen werden sollte, durch das, was man ihm biete, aufgewogen werde. Die Form, worin so viel Bedingungen, deren Inhalt er für unheilsam halte, als Königliche Entschließungen verkündet seien, lasse es nicht zu, den Entwurf als bloße Vorarbeit zu behandeln.

Stüve sah die Sache nicht so trübe an, die Verhandlungen der Commission hatten in ihm die Ueberzeugung erweckt, daß Gutes für das Land daraus hervorgehen werde. — Auch das Finanzcapitel fand er nicht so unbefriedigend. Die Bestimmungen des § 19 freilich, die erst nach schwieriger Debatte so zu Stande gekommen, entspreche seinen Wünschen nicht, die Forterhebung der Steuern auf ein Jahr nach der abgelaufenen Bewilligung halte er für gefährlich, nicht nur für die Stände, sondern auch für die Regierung. Man müsse bei Durchführung der Neugestaltung weit genug, aber nicht zu weit schreiten, sorgfältig erwägen, denn die Berathung gehe über die Grenzen Hannovers hinaus, sie betreffe Deutschland, in welchem, nach Annahme des Staatsgrundgesetzes für eine bestimmte Richtung der

Ausschlag gegeben sei. Er wünsche sich, wie Jedem, Kraft und Mäßigung, damit Niemand es sich vorzuwerfen habe, daß durch ihn, im entscheidenden Augenblicke, das Heil des deutschen Vaterlandes verscherzt sei.

Lünßel glaubte, daß durch das Zweicammersystem und die Aufrechterhaltung der Provinziallandschaften ein viel zu aristokratisches Element in dem Entwurfe sei. Die Bestimmungen über das Verhältniß des deutschen Bundes genügten ihm nicht; es sei bedenklich, den Bund über das Innere des Landes unbedingt herrschen zu lassen.

Saalfeld hielt Verfassungen, welche auf vertragsmäßigem Wege zu Stande kämen, für die wünschenswerthesten, das Staatsgrundgesetz sei aber, der Sache nach, größtentheils eine octroirte Verfassung, da das Königliche Rescript vom 11. Mai über die wichtigsten Punkte entscheide und beinah die Möglichkeit einer Discussion abschneide. Verfassungen sollten allerdings auf dem Bestehenden beruhen, nicht aber auf dem was die Zeit längst verworfen habe, wie z. B. Provinziallandschaften und Lehnwesen. Wenn der Entwurf nicht die durchgreifendsten Aenderungen erfahre, könne er ihm die Zustimmung nicht geben. Aus der Discussion über das Capitel heben wir folgende Einzelheiten hervor.

Ein in der Sitzung vom 3. Juli von dem Deputirten der Stadt Norden, Justizrath Grafen v. Knyphausen, gestellter Antrag auf Vorbehalt der Rechte einzelner Provinziallandschaften, erregte, obgleich, wenn irgend eine Landschaft einen Grund zu solchem Vorbehalt hatte, dies die Ostfriesische war — einen wahren Sturm in der Cammer und führte die Discussion auf Antrag vieler Mitglieder zu einem Ordnungsrufe. Der Antragsteller zog darauf den Antrag vorläufig zurück. Derselbe stand am 15. September dann zur Berathung, wo nach der Resignation des Herrn Grafen, der sich in Zweiter Cammer nicht wohl fühlte, der ostfriesische Abgeordnete Thedinga sich denselben angeeignet hatte. Die Cammer beschloß indeß den Antrag nicht in Erwägung zu ziehen.

Ein Antrag von Seiten v. Honstedts, Nolte's und anderer Linkseitigen: statt Krongut, Staatsgut zu setzen, wurde verworfen.

Zu § 2 wurde eine veränderte Fassung beschlossen.

Zu § 4 wurde auf Antrag Lünßels beschlossen, im Begleitschreiben dem Könige den dringenden Wunsch der Stände vorzulegen, daß derselbe geruhen wolle, in Betracht der bedrängten Lage des Landes, seiner erschöpften Finanzen und Hülfsquellen gnädigst nochmals in Erwägung zu nehmen, ob und (Zusatz der Conferenz) in welcher Maaße demselben durch eine Beschränkung der Krondotation eine Erleichterung zu Theil werden könne. Der Antrag wurde mit 39 gegen 22 Stimmen angenommen; dagegen stimmte Stüve.

Zu § 5 wurde auf Lünßels Antrag beschlossen, Sr. Majestät dem Könige in einer begleitenden Vorstellung die dringende Bitte vorzulegen, daß derselbe gnädigst geruhen möge, den Belauf der Krondotation, ganz oder doch hauptsächlich in Baarzahlungen anzunehmen, deren Betrag auf eine von Sr. Majestät mit Zuziehung der Stände zu bestimmende Gütermasse, oder auf gewisse, zu diesem Zwecke auszuscheidende Einnahmen zu radiciren sei —, in Verbindung mit dem eventuellen Gesuche, auf die vorbehaltene selbsteigene Administration der Krondotation verzichten und solche den übrigen

Finanzbehörden gnädigſt überlaſſen zu wollen. Im Jahre 1857 beeilten ſich die Majoritäten der beiden Cammern Se. Majeſtät die ſelbſteigene Adminiſtration zu Füßen zu legen.

Auf Stüves Antrag wurde die Faſſung des Commiſſionsentwurfs, von welcher die Regierung hier abgegangen, wieder hergeſtellt und beſtimmt, daß zu der Ausſcheidungsart und dem Ausſcheidungsbetrage ſtändiſche Zuſtimmung erforderlich ſei.

Zu § 16 wollte Saalfeld, daß die Verwaltung der Krondotation den Finanzbehörden des Landes überwieſen werde; ſein Antrag fand aber keine Majorität. In zweiter Berathung wurde ein Zuſatz beliebt, daß Stände im Falle erwieſener Deterioration der ausgeſchiedenen Krongüter darauf aufmerkſam machen dürften. Dieſer Vorſchlag fand die Genehmigung der erſten Cammer nicht, und wurde ſpäter der Conferenzvorſchlag angenommen, wonach das Nichteinmiſchungsprincip anerkannt, aber minder ſtark ausgedrückt wurde, als im Entwurfe.

Zu § 19 erhob ſich am 9. Juli bei erſter, 12. Juli bei zweiter Berathung die lebhafteſte Discuſſion über das Steuerbewilligungsrecht. Ein Antrag von Saalfeld und Lüntzel, dem § hinzuzufügen: das Budget der Ausgaben muß alljährlich der Ständeverſammlung zur Prüfung und Bewilligung vorgelegt werden, — wurde abgelehnt.

In zweiter Berathung wurde ein Verbeſſerungsantrag Freudentheils, welcher die Rechte der Stände bei der Bewilligung mehr wahren ſollte, mit großer Majorität angenommen. Die Verkündigung der Bundestagsbeſchlüſſe vom 28. Juni 1832, welche die ſtändiſchen Verhandlungen unter die Aufſicht des Bundes ſtellten und das Steuerverweigerungsrecht ſo gut wie aufhoben, waren vom größten Einfluſſe auf die Annahme dieſer Anträge, welche von Seiten Roſe's und der Regierungsvertreter ſehr beklagt wurde. Zu § 24 wurde auf Theodor Meyers Antrag hinzugefügt: In dem jährlich erforderlichem Ausſchreiben (der Steuern) ſoll der ſtändiſchen Bewilligung beſonders erwähnt werden, ohne welche weder die Einnehmer zur Einforderung berechtigt, noch die Unterthanen zur Entrichtung verpflichtet ſind.

Der § 25, welcher ein einjährliches Forterhebungsrecht der Steuern feſtſetzte, wurde mit großer Majorität geſtrichen. Die erſte Cammer hatte ihn beibehalten, und mag hier erwähnt werden, daß aus der Conferenz ein Vorſchlag dahin hervorging und Annahme fand, welcher das Forterhebungsrecht auf 6 Monate beſtimmte.

Zu § 26 wurde ein Verbeſſerungsantrag Lüntzels, die Anleihebefugniß der Regierung von 1 Million Thaler auf 500,000 Thlr. zu ermäßigen, verworfen; ebenſo ein Antrag deſſelben zu § 28, welcher das Mitverwaltungsrecht der Stände in Beziehung auf die Steuern conſervirt zu ſehen wünſchte.

In der dritten Berathung machte der Geheime Cabinetsrath Roſe vergebliche Anſtrengungen, die Faſſung des Entwurfes gegen die angenommenen Verbeſſerungsvorſchläge wieder zur Geltung zu bringen. Zu § 19 erneuete ſich namentlich am 25. Juli die heftigſte Discuſſion und wurden nicht weniger als 8 Verbeſſerungsanträge von Roſe, Stüve, Sermes, Breuſing, Lüntzel, Chriſtiani, Freudentheil, Klenze geſtellt. Davon wurden ein Antrag Roſe's auf Herſtellung des urſprünglichen Entwurfs nebſt einem Verbeſſerungsantrage Stüve's abgelehnt, ein Antrag Buchs einſtimmig abgelehnt und bei namentlicher Abstimmung ein Antrag des **Dr.** Sermes mit 34 gegen 26 Stimmen angenommen, welcher dahin lautete: Nach erfolgter Festhellung sollen die Regulative zwar auf Antrag der Stände jederzeit einer Revision unterzogen werden, jedoch bis zum Schluffe des, der Feststellung zunächst folgenden Landtags der ständischen Bewilligung zur Norm dienen, insofern nicht schon früher ein Anderes zwischen König und Ständen ausgemacht ist. Wird die Ständeversammlung noch vor dem regelmäßigen Schluffe des Landtags aufgelöst, so sollen die einmal festgesetzten Regulative noch so lange in Kraft bleiben und der ständischen Bewilligung zur Norm dienen, als es ohne die erfolgte Auflösung geschehen müßte.

Die Regierung, welche den in zweiter Berathung angenommenen Freudentheilschen Antrag als mit einer Verweigerung der Cassenvereinigung gleich erachtete, erklärte sich auch gegen den Sermes'schen Vorschlag, der das Uebel zwar mildere, aber auf denselben Principien beruhe, und daher einer Ablehnung des ganzen Capitels gleichkomme.

Für den Antrag des **Dr.** Sermes stimmten die HH. Abides, Bedmann, Bening, v. Bodungen, Böttcher, Breusing, Christiani, Crome, Freudentheil, Harms, v. Houstedt, Hortel, Jansen, Kleuze, Lang, Lange, Ledebour, Lübbede, **Dr.** Meyer, Michaelis, Möllmann, Nolte, Oppermann, Saalfeld, Schmelde, Schrader, Sermes, Stafhorst, Stromeyer, Thorwirth, Vissering, Weber, Wiesenhavern, Wicht. Gegen denselben die HH. Albert, Baring, Barth, Behue, Bruns, Dahlmann, Dommes, Dürr, Ebert, Eichhorn, Erich, Gruner, Gündell, Hüpeden, Hübener, Kettler, Graf v. Inn- und Knyphausen, Lünzel, Pastor Meyer, Pertz, Rose, Sandvoß, Stordmann, Stüve, Vocke, Wedemeyer, Weinhagen, v. Zwehl; damit fielen die übrigen Anträge.

In der Sitzung vom 26. Juli wurde sodann das Finanzcapitel im Ganzen angenommen, gegen das sich nur Saalfeld und Christiani erklärten. Rose bemerkte, er hätte sich ebenfalls gegen dasselbe erklären können wegen § 19, hoffe aber, daß hier noch eine Vermittlung möglich sei. Es galt jetzt durch Conferenzen die Meinungsverschiedenheiten beider Cammern auszugleichen, wozu sich indeß Anfangs gar nicht Zeit finden wollte, weshalb Stüve am 17. August einen Ordnungsantrag dahin einbrachte: im Voraus bestimmte Tage zu Conferenzverhandlungen zu bestimmen — denselben aber zurückzog, als der Generalsyndicus erklärte, daß die Hindernisse, welche eine Conferenzzusammenkunft bisher gehindert, beseitigt seien. Die Arbeiten der Conferenzen begannen am 30. August, am 7. September konnte der Generalsyndicus aus derselben referiren. Außer der oben schon erwähnten ständischen Commission (Stüve, Rose, Th. Meyer) hatten Christiani, Kleuze und Freudentheil an den Conferenzen Theil genommen.

Die Conferenzvorschläge zu den ersten 18 §§ erregten keine Schwierigkeit, desto mehr aber die neue Fassung des zweiten und dritten Absatzes des § 19, welche die Conferenz nach dreitägiger Verhandlung beschlossen hatte und welche mit der Fassung, die die Sätze im § 140 des Staatsgrundgesetzes später erhalten, wörtlich übereinstimmt, und im wesentlichen diejenige Grundlage hatte, von welcher der in der dritten Berathung mit 35 gegen 28 abgeworfene und vielfach getadelte Stüve'sche Antrag ausgegangen war.

Lünzel trat zunächst als entschiedener Gegner des Conferenzvorschlages

auf, drang auf namentliche Abstimmung und erklärte den Antrag des Deputirten aus Meppen, der von zweiter Cammer angenommen war, für das
Minimum der ständischen Freiheit. Ihm stellte sich Freudentheil zur Seite,
weil er dauernde Regulative für gefährlich hielt, da sie Ersparniß erschwer-
ten und die Stände bei Festsetzung zu einem Minimum drängten. Besonders bedenklich seien sie beim Militäretat, weil hier gerade dringend und
mit Grund Ersparniß verlangt würde.

Saalfeld glaubte, daß bei dem Conferenzvorschlage vom ständischen Bewilligungsrecht wenig bleibe und § 24 seine Bedeutung verliere.

Klenze ging noch weiter und behauptete, daß wir zugleich Bestehen
und Fortschreiten des Repräsentativsystems über Deutschland, und Europa's
Zukunft in der Hand hielten; aber nur um in einer stundenlangen Rede
zunächst zu zeigen, wie in der Conferenz mit den größten Anstrengungen
nichts zu erlangen gewesen sei, und wie er trotz aller seiner Bedenken gegen das Princip der Regulative dennoch für den Conferenzvorschlag stimmen würde. Die Rede war ein Meisterstück, und sie war es, welche Klenze, wie
man behauptete, seine Carrière in den Staatsdienst bahnte. Sermes, Nolte,
Weinhagen vertheidigten dagegen den früheren Beschluß, während Sandvoß,
wie in der dritten Berathung den Stüve'schen Antrag, hier den Conferenzbeschluß vertheidigte. Christiani erörterte: er habe schon in der Conferenz
erklärt, was in seiner Macht stände daran zu wenden, daß der Beschluß
hier falle; er machte darauf aufmerksam, daß mit Annahme des Beschlusses
es unmöglich sein werde, wie 1821, an dem Militairetat zu sparen, oder
wie dies Jahr 100,000 Thlr. davon herabzusetzen, was unzweifelhaft wahr
ist und sich in seinen Erfolgen nicht nur bei dem Militair-, sondern auch
bei dem Civiletat nach dem 1837 angenommenen Finanzcapitel wiederum
ebenso äußern wird.

Es sprachen in der länger als 7stündigen Sitzung noch Stüve, Rose
für, Christiani, Freudentheil, Dr. Nolte gegen den Conferenzantrag, worauf namentliche Abstimmung eine Gleichheit der Stimmen ergab, nämlich,
für den Vorschlag stimmten:

Advices, Albert, Baring, Barth, v. Bodungen, Bruns, Dahlmann,
Dürr, Ebert, Eichhorn, Horkel, Hüpeden, Hübener, Kettler, Klenze, Kö-
ster, Lang, Pastor Meyer, Perk, Rose, Sandvoß, Stüve, Thorwirth,
Vocke, Wedemeyer, Wiesenhavern, Wicht, v. Zwehl.

Gegen denselben stimmten die HH. Beckmann, Behne, Bening,
Böttcher, Breusing, Christiani, Crome, Erich, Freudentheil, Harms, v.
Honstedt, Keuffel, Ledebour, Lübbecke, Lübbers, Lünzel, Dr. Th. Meyer,
Möllmann, Dr. Nolte, Oppermann, Saalfeld, Schrader, Sermes, Staff-
horst, Stromeyer, Thedinga, Weber, Weinhagen.

So war Gleichheit der Stimmen; die Entscheidung lag in der Hand
des Präsidenten Rumann — welcher als Mitglied der Ständeversammlung
von 1831 den ersten Antrag auf die Cassenvereinigung gemacht hatte. Präsident: Meine Herren! ich glaube, meine Pflicht gegen mein Vaterland erfordert, daß ich für den Conferenzvorschlag stimme!

Damit war der schwierigste Punkt zu Gunsten der Regierung und der
Regulative entschieden, das gewichtigste Hinderniß des Staatsgrundgesetzes,
wie die Hannov. Zeitung sich ausdrückte, überwunden. Die übrigen Con-

ferenzvorschläge, die wir zum Theil schon erwähnt, fanden keine Schwierig-
keit. Am Schluß der Berathung in der Sitzung vom 10. September trug
Christiani darauf an, nunmehr über das ganze Capitel, wie dies nach den
Conferenzbeschlüssen liege, nochmals abzustimmen, unterstützt von Nolte,
Crome, Saalfeld u. a. gegen Stüve, Klenze, Th. Meyer, Bobungen.
Der Präsident lehnte eine solche nochmalige Abstimmung als reglements-
widrig ab.

In erster Cammer machten die Conferenzvorschläge nicht die Schwierigkeit, welche man erwartet hatte, vielleicht weil die Reihen sehr gelichtet
waren; der Vorschlag zu § 19 wurde in der Sitzung vom 11. September
bei namentlicher Abstimmung mit 20 gegen 7 Stimmen angenommen, nur
der Conferenzvorschlag zu § 27, die Beschlüsse auf Mitwirkung der Provinziallandschaften bei Besetzung der Stellen der oberen Cassenverwaltungs-
behörden, aufzugeben, fand keine Zustimmung, vielmehr entschied sich eine
eminente Majorität dagegen — und wurde erst, nachdem nochmals Conferenzverhandlungen zugelegt waren, eine Nachgiebigkeit erster Cammer erzielt.

§ 2. Cap VI. Von den Landständen.

Die ständische Commission hatte, wie schon oben erwähnt war, den
Regierungsentwurf zu diesem Capitel vielfach modificirt, indem sie zwar
nichts Neues schuf, sondern das Alte mit wenigen Modificationen beibehielt.
Obgleich die Commission sich gerade hier beinah einstimmig gegen das Regierungsproject ausgesprochen hatte, legte die Regierung den Ständen doch
den ursprünglichen, von der Commission nicht genehmigten Entwurf mit
geringen Abweichungen vor. Das Cap. 6 kam in erster Cammer am 28. Juli,
in zweiter Cammer am 26. Juli zur Berathung. Einstimmig waren beide
Cammern darin, daß der Regierungsentwurf, wonach die erste Cammer
außer den persönlich Berechtigten aus 24 Majoratsherren und aus einer
verhältnißmäßigen Anzahl von Mitgliedern, welche der König lebensläng-
lich ernenne, bestehen solle, zu verwerfen sei. Im übrigen gingen die
Beschlüsse beider Cammern ziemlich weit auseinander. Was die Provinzialstände anbetrifft, so sollten nach Intention der ersten Cammer dieselben
mit allen ihren alten Rechten, die schwerlich jemand genau kannte, wie
Stüve bemerkt, aufrecht erhalten und der allgemeinen Ständeversammlung
gleich gesetzt werden. Man versuchte sogar, ihnen die directen Steueran-
gelegenheiten zu übertragen, ein Antrag, der nur mit 18 gegen 14 Stimmen fiel, so wie Vertretung der kirchlichen Interessen für sie anzusprechen.
Stärkung der Rechte der Provinzialstände auf Kosten der allgemeinen Stände
war das Streben. Abänderungen ihrer Verfassung sollte nur mit ihrer
Zustimmung ins Leben gerufen werden können. Während die Regierung
dieselben nur mit ihrem Rathe hören wolle, verlangte man in erster Cammer
das Zustimmungsrecht.

Gesetze, welche nicht den größten Theil des Königreichs betrafen, sollten nur mit ihnen berathen werden; kämen provinzielle Verhältnisse bei
allgemeinen Gesetzen in Betracht, so sollten die betreffenden Gesetzentwürfe
von ihnen erst begutachtet werden. Zwölf Ritter verlangten sogar, daß
alle Gesetzentwürfe von den Provinzialständen zuerst begutachtet werden
sollten. Herr Assessor v. Reden hielt zwar in erster Cammer eine lange

Rede im Sinne mehr der Regierung und suchte die Nothwendigkeit einer Reform darzuthun, allein er überzeugte die Ritter nicht.*) Die zweite Cammer dagegen wollte auf Stüve's Antrag die Provinzialgesetze von der durch Annehmen und Verwerfen zu ertheilenden Zustimmung der allgemeinen Stände abhängig machen, und stimmte der Regierung bei, daß eine bloße **Verhandlung** der Provinziallandschaften mit dem Ministerio genügte, um dieselben neu zu organisiren. Man hielt mit der Regierung dafür, daß ein Zustimmungsrecht der Provinzialstände unräthlich und zerstörend für die allgemeine Gesetzgebung sei und ein Rathhören genüge.

Die Schwierigkeiten, die verschiedenen Ansichten in der Conferenz zu vereinigen, waren enorm, es bedurfte 22 Sitzungen, um überhaupt erst zu Beschlüssen zu kommen, die dann aber wieder von den Cammern abgelehnt wurden und die Nothwendigkeit verstärkter Conferenzen mit Zuziehung von Regierungscommissairen herbeiführten. In der eilften Stunde, im März 1833, kam man aber zu einem Vergleich, indem man die Provinzialstände als **ständische** Corporationen aufrecht erhielt, ihnen das Zustimmungsrecht zu Provinzialgesetzen gab und allgemeine Grundsätze, namentlich ein Zweicuriensystem aufstellte, wonach dieselben binnen 3 Jahren reorganisirt, und zu welchem Ende zwischen der Regierung und den einzelnen Landschaften weitere „**Verhandlungen**" zugelegt werden sollten, §§ 72 bis 82 des Staatsgrundgesetzes. Nach den Erläuterungen, welche der Berichterstatter Stüve über die Conferenz in der Sitzung zweiter Cammer vom 26. November 1832 (Hannov. Ztg. p. 2271 und 2279) gab, erklärt es sich nicht, was man sich unter den zuzulegenden Verhandlungen eigentlich dachte, so viel indeß scheint unzweifelhaft, daß man weder in erster noch zweiter Cammer damit den Sinn verband, daß die Provinzialstände die Insleben führung des in Gemäßheit des Grundgesetzes ausgeführten Reorganisationsentwurfes etwa dadurch hindern könnten, daß sie bei den fraglichen Verhandlungen ihre Zustimmung verweigerten. Die zweite Cammer nahm die ursprünglichen Conferenzvorschläge mit Ausnahme des § 5 an; die erste Cammer lehnte in der Sitzung vom 6. December die §§ 4 bis 7 der Conferenzbeschlüsse ab.

Die zweite Cammer beschloß darauf am 14. December nach Analogie eines Vorganges vom Jahre 1821 eine verstärkte Conferenz von 10 Mitgliedern unter Zuziehung von Regierungscommissarien zu beantragen; die erste Cammer lehnte am 15. December diesen Antrag bei namentlicher Abstimmung mit 22 gegen 11 ab, weil es wünschenswerth sei, daß diese Conferenz erst beim Schluß der ganzen Berathung gewählt werde. Ueber die Beschlüsse der neuen Conferenz, die in dem Staatsgrundgesetze selbst zum Gesetz geworden sind, wurde in erster Cammer in vertraulicher Sitzung referirt und deren Annahme beschlossen; man kennt daher die Motive nicht. In zweiter Cammer gelangte man in der Sitzung vom 11. März, weniger in der Ueberzeugung das Richtige und Zweckmäßige getroffen zu haben, als aus Ermüdung und Liebe zum Frieden zur Annahme. Gegen die Motivirung, mit welcher diese Vorschläge der Regierung zugesendet wurden, ward

---

*) Die Provinziallandschaften des Königreichs Hannover — aus einer Rede, gehalten von Dr. Fr. v. Reden, Amtsassessor in Westen, Hannover 1832, bei Bernhard Culemann.

am 18. März von Seiten vieler Mitglieder zweiter Cammer zu Protocoll protestirt.

Was die Composition erster Cammer nach dem Regierungsentwurf anlangte, so fand man in erster Cammer in derselben eine Vernichtung der Aristokratie. Nicht der bloße Grundbesitz, **erblich bevorzugter Stand** gehöre zur ersten Cammer, „**ein Stand, der den Sinn entferne mit den Gewerbtreibenden und den nach Verbesserung Streben= den wetteifern zu wollen,**" hörte man motiviren. Der Adel werde zum Werkzeuge herabsinken, man werde einen Reichsrath, aber keinen Adel mehr haben. Der Adel im ganzen Lande sei voll Unwillen. Man stimmte mit zweiter Cammer darin überein, daß die bestehende Composition erster Cammer beizubehalten sei, nur darüber war Meinungsverschiedenheit, ob vom Könige drei oder vier Mitglieder zur ersten Cammer zu ernennen, und ob diese Ernennung auf Lebenszeit oder auf die Dauer eines Landtags geschehen solle. Man einigte sich endlich zu der Bestimmung Nr. 13 des § 94 des Staatsgrundgesetzes. Da der Grund zur Stiftung von Majoraten mit dem Regierungsentwurfe gefallen war, so drang man in zweiter Cammer auf Erschwerung solcher Stiftungen und Freudentheils Antrag zu § 95, daß ein reines Einkommen von 6000 Thlr. das Minimum zur Erlangung einer erblichen Virilstimme sein müsse, fand Beifall, auch in erster Cammer, wo die minderbegüterten Ritter mit Eifersucht auf die mit Virilstimmen bevorzugten Standesgenossen blickten. — Der fernere Antrag Freudentheils zu Nr. 12 des § 94, daß an den Wahlen der ritterschaftlichen Deputirten alle Besitzer landtagsfähiger Güter jedes Standes Theil nehmen sollten, ward von zweiter Cammer zum Beschluß erhoben, mußte aber in der Conferenz beim Widerstande erster Cammer aufgegeben werden. Die Composition zweiter Cammer anlangend, so hätte die erste Cammer, wenn auch nicht gerade 14 Ritter, doch gern 14 Deputirte des größeren Grundbesitzes, welche mindestens 50 Thlr. Grundsteuer zahlten, in die zweite Cammer eingeschmuggelt, nachdem das Regierungsproject, welches die Vertretung der Ritterschaften in die zweite Cammer werfen wollte, abgelehnt war. Bei dem entschiedenen Widerstande zweiter Cammer ließ man die desfallsigen Beschlüsse aber fallen.

In zweiter Cammer wollte eine Minderheit zunächst überall vom Zweicammersystem nichts wissen. Der Antrag Saalfelds auf ein Eincammersystem fiel jedoch in der zweiten und dritten Berathung, am 22. August und resp. 30. August, indem sich nur 15 Stimmen, nämlich: Behne, Böttcher, Christiani, Crome, Erich, v. Honstedt, Keussel, Lange, (nicht der eifrige Vertheidiger des Eincammersystems im Jahre 1848, Schatzrath Lang, dieser stimmte vielmehr für das Zweicammersystem), Lübbers, Lünzel, Nolte, Saalfeld, Bode aus Emden, Weber, Weinhagen. Eventuell hatte Christiani einen Antrag gestellt auf Bildung einer ersten Cammer, hervorgehend durch Wahl aus den Vertretern selbst, der eine Nachbildung der Norwegischen Verfassung bezweckte. Dieser Antrag wurde hauptsächlich von Dahlmann bekämpft, welcher meinte, die Norwegische Verfassung habe häufiger fehlgegriffen, als irgend eine andere, sie trage den Geruch der französischen Constitution von 1791 und der spanischen Cortesverfassung, löse das Königreich in seinem Wesen auf. Christiani's Antrag fiel am 31. August mit 16 gegen 44 Stimmen.

3

Hierauf kam dann noch ein Antrag Weinhagens zur Abstimmung, welcher, wenn der Commissionsvorschlag angenommen würde, den Tag der Publicirung des Staatsgrundgesetzes für einen Tag des Unglücks für das Land erklärte, dahin, daß der Regierungsentwurf angenommen werde, also Majorate und Reichsrath. Für diesen Antrag erhoben sich nur 20 Stimmen: Behne, Böttcher, Crome, v. Honstedt, Jansen, Kettler, Lange, Lübbede, Lübbers, Lünzel, Nolte, Saalfeld, Schrader, Sermes, Stromeyer, Thedinga, Vode, Weber, Weinhagen, v. Zwehl, indem die Regierung durch Rose erklärte: sie halte das Regierungssystem zwar für das beste, allein es sei ein Ganzes, und tauge nur als solches; auf einen Theil einzugehen, den andern zu verwerfen, sei nicht heilsam, deshalb stimme sie gegen den Antrag. —

Was die Vertretung der Stifter betraf, welche die Regierung als landtagsfähige Corporationen beibehalten wollte, so wurde die von der Regierung vorgeschlagene Reform, wonach 3 Stimmen auf die obere Verwaltung des Klosterfonds übertragen werden, 3 Stimmen den Stiftern verbleiben, aber nur durch Mitglieder des geistlichen Standes oder Mitglieder des höheren Schulwesens geführt und zu deren Wahl höhere Geistliche der Provinz zugezogen werden sollten, angenommen. Von den zwei Deputirten des Domcapitels wurde auf Antrag Theodor Meyers einer gestrichen, indem man befürwortete, daß, wenn ein zweites Domcapitel errichtet würde, dies mit Hildesheim alterniren werde. Hinsichtlich der Gesammtzahl der Deputirten der Städte und Flecken erhob sich eine Fluth von Anträgen, indem Lünzel für das gewerbreiche Osterode, das bisher mit Einbeck zusammen wählte, Crome für Duderstadt, Behne für die Calenbergschen Städte, Hortel für Lingen u. s. w. Deputirte begehrten. Die Zahl wurde zu Gunsten Osterode's und Duderstadt's von 35 auf 37 erhöht, wie man dem Wahlverbande der Bentheimschen Städte den Flecken Bentheim hinzulegte.

Ueber die Vertheilung der ländlichen Deputirten erhob sich ein noch größerer Streit, und man sah, daß man es bei dem Alten lassen müsse, da die beiden Hauptelemente Stadt und Land im richtigen Verhältniß zu stehen schienen und jede einzelne Aenderung eine große Menge Reclamationen hervorrief. Nur der Antrag Michaelis, dem Verdenschen einen Deputirten mehr zu geben, wofür natürlich Dr. Lang mit seiner ganzen Beredtsamkeit eintrat, fand Beifall. Als ein Eincammersystem nicht durchgedrungen, wollte Saalfeld mindestens keine Gleichberechtigung beider Cammern, die zweite Cammer sollte in allen Geldsachen allein debattiren, die erste Cammer nur annehmen oder verwerfen, geschähe Letzteres, so solle ein Durchzählen stattfinden. Er blieb in Minorität.

Was die Rechte der allgemeinen Stände anlangt, so hatte die erste Cammer den Regierungsentwurf ohne Weiteres adoptirt; die zweite Cammer verlangte einige geringe Erweiterungen und Präcisirung einzelner Bestimmungen, warf aber alle Anträge Lünzel's, Saalfeld's, v. Honstedt's 2c., welche das was die liberalen Theorien und süddeutsche Praxis als richtig aufstellten, zu erlangen suchten, ab. Zu § 86 des Staatsgrundgesetzes hatte die zweite Cammer den Zusatz beschlossen: zu einer Vermehrung des Heers über den nach den Bundesgesetzen erforderlichen Bestand, so wie zu dessen Verwendung für Zwecke, welche dem Königreiche fremd sind, ist jedoch die Zustimmung der Stände erforderlich. Die erste Cammer lehnte diesen Zusatz ab, weil dies überall nicht zuzugestehen sei, und vereinigte sich in der Conferenz zu dem Zusatze: Das Heer soll jedoch nie für ein dem Königreiche fremdes Interesse benutzt werden. (Lombardei?)

So wollten Lünzel, Saalfeld, Freudentheil der Regierung zu § 85 des Staatsgrundgesetzes weder Zusätze noch Redaction der Gesetze gestatten, obgleich Stüve das Redigiren für eine Kunst erklärte, welche die Stände nicht verständen, drangen aber mit ihrem Antrage nicht durch; die Bestimmungen des § 86 wurden auf v. Bodungen's Antrag präcisirt.

Zu § 11 des Entwurfes (§ 87) wurde Theodor Meyer's Antrag, daß f. g. Nothgesetze von selbst erlöschen, falls nicht 4 Wochen nach Zusammenkunft der Stände dieselben genehmigt wären, bei Stimmengleichheit nur durch die Stimme des Präsidenten in dritter Berathung aufrecht erhalten. In den Conferenzverhandlungen ist die ganze Diät an die Stelle der 4 Wochen getreten.

Zu § 88. Ist das Recht der Stände auf Initiative durch Dahlmann's Antrag präcisirt; § 89 ist durch Stüve präcisirt; ein weiter gehender Antrag Freudentheil's, welcher das Recht der Selbstvertheidigung bei Verfassungsverletzungen durch Publication nicht bewilligter Gesetze wahren wollte, fiel. Daß diese Präcisirung nicht schütze, scheint Stüve wenigstens geahndet zu haben, indem er aussprach: einen Schleier für die Gewalt werde man immer haben. Zu § 92 nahmen Stände auf Stüve's Antrag die Mitwirkung bei solchen Verträgen in Anspruch, welche eine Einwirkung auf die innere Gesetzgebung des Landes hervorbrächten.

Die Vermögensqualification der Deputirten anlangend, so drang man in zweiter Cammer darauf, daß die Einkommensumme der ritterschaftlichen Deputirten von 300 auf 600 Thlr. erhöhet werde, was zwar von einigen Seiten Widerspruch in erster Cammer fand, aber als Conferenzvorschlag genehmigt war. Die zweite Cammer wollte das Einkommen der Grundbesitzer in derselben auf 200 Thlr., das Einkommen an Kunst und Wissenschaft von 1200 Thlr. auf 800 Thlr. herabgesetzt wissen. Sie erlangte in den Conferenzen nur, daß bei dem gewöhnlich geringer besoldeten Gemeindebeamten ein Gehalt von 400 Thlr. genügen sollte, und für Gewerbe, Kunst und Wissenschaften ein Einkommen von 1000 Thlr. In letzterer Beziehung war es namentlich die Furcht erster Cammer vor dem Eintritt vieler Advocaten, welche ein Herabgehen hinderte. In zweiter Cammer wollten zwar Saalfeld, Bodungen, Lünzel, Crome, Theodor Meyer, v. Honstedt, daß jede Vermögensqualification wegbleibe, blieben aber in der Minorität; sprach doch selbst Freudentheil dagegen.

Die Wahlart anlangend, so war man in erster Cammer der Ansicht, daß es als Princip aufgestellt werden müsse, daß überall ex gremio gewählt werde; während in zweiter Cammer Weinhagen, Sandvoß, Christiani den ganzen § 99 des Staatsgrundgesetzes gestrichen wissen wollten, um allgemeine Wahlfreiheit zu bekommen. Die Ansicht der Regierung, wonach die Ritter und die Grundbesitzer, Grundbesitzer aus der Provinz selbst wählen mußten, behielt die Majorität. Ein Antrag Saalfeld's auf directe Wahlen zu § 101 erhielt nur sehr geringe Unterstützung. Zu § 102 hatte die erste Cammer in erster Berathung den Zusatz beschlossen, daß das Verbrechen, welches von der Mitgliedschaft der Ständeversammlung ausschließe, entehrend sein müsse; ward aber bei der zweiten Berathung inne, daß dieser Beschluß liberal sei und nahm ihn zurück.

Zu § 108 beschloß die erste Cammer, daß Majoratsherren sich durch volljährige Söhne vertreten lassen könnten, als Grund dafür ward angeführt, daß den Söhnen derselben Gelegenheit gegeben werden müsse, sich zu bilden; die Ständeversammlung also eine Bildungsanstalt für die Söhne des reicheren Adels!

Zu § 113 hatte die zweite Cammer, unter Ablehnung eines auch einseitig auf Beschwerden und Anklagen gerichteten Antrags Saalfeld's, beschlossen, daß jede Cammer das Recht haben solle, einseitig eine Adresse zu beschließen. In dieser Beziehung ist indeß von erster Cammer in den Conferenzen eine Nachgiebigkeit nicht erlangt. Auch der auf Sandvoß Antrag gefaßte Beschluß zweiter Cammer zu § 114, daß jede Cammer das Recht haben solle, auf Zuordnung landesherrlicher Commissarien zu ihren Sitzungen antragen zu können, fand bei erster Cammer keinen Beifall und führten die Conferenzverhandlungen zu keinem Resultate, obgleich die Zweckmäßigkeit der Bestimmung einleuchtend war.

Vergleicht man dasjenige, was die Majorität der zweiten Cammer zu diesem Capitel beantragt, mit den liberalen Theorien jener Zeit, die namentlich in der G. Struve'schen Kritik des Staatsgrundgesetzes einen Ausdruck fanden, so muß man sagen, daß die Majorität sich zu den bescheidensten Wünschen und Anträgen bekannte. Als am 3. Septbr. nach beendeter dritter Berathung über das Capitel 6 als Ganzes abgestimmt und dasselbe mit 35 gegen 19 Stimmen angenommen wurde, motivirte Saalfeld sein Gutachten dahin: er halte es für einen Fluch für das Land. Dieser Ausdruck fand vielfache Mißbilligung. Im Lande selbst aber war man mit dem Capitel keineswegs zufrieden; die Liberalen aller Orte theilten vielmehr die Ansicht Christiani's, daß das Zweicammersystem, die Composition erster Cammer, die erschwerenden Wahlbedingungen mit dem Wohle des Landes unvereinbar seien. Die erste Cammer schien damals mit dem Erzielten wohl zufrieden, und sie konnte es sein, da sie in allen wesentlichen Punkten ihren Willen erreicht hatte, und da, wo Vergleiche geschlossen waren, die Aussicht in die Zukunft, welche sich immer mehr der Reaction zuneigte, ihr die Gewähr zu geben schien, daß zwischen Beschließen und Inslebenführen noch eine große Mitte liege, welche günstig angewendet, die Aufhebung der Exemtionen, Reform der Provinziallandschaften u. s. w., mogten sie auch im Staatsgrundgesetze vorgeschrieben sein, auf dem Papiere stehen ließ.

§ 3. Das zweite, dritte und vierte Capitel des Staatsgrundgesetzes.

Das Capitel 2 des Staatsgrundgesetzes von dem Könige, der Thronfolge und Regentschaft veranlaßte in den Ständen die wenigste Discussion, die geringsten Abweichungen beider Cammern, bot überhaupt keine Schwierigkeit besonderer Art. Es kam dies theils aus der theoretischen, wenig practischen Natur desselben, weßhalb Stüve bei der Verhandlung denn auch den Wunsch aussprach, man möge alles nicht unmittelbar Praktische wo möglich nicht zum Gegenstande einer Discussion machen, theils daher, weil sich die Interessen der Ritter und der übrigen Stände hier nicht kreuzten. Wenn dennoch durch die Publication des Staatsgrundgesetzes hier am meisten redigirt und geändert ist, so hat das kaum in der Sache selbst seinen Grund gehabt, wie denn die Aenderungen auch höchst unwesentlicher Natur waren. Namentlich hat der § 10 des Entwurfes, der spätere § 11 des Staats= grundgesetzes: „Eine Regentschaft tritt ein, wenn der König entweder minderjährig oder sonst an der eigenen Ausführung der Regie= rung verhindert ist" — welcher bekanntlich bei der späteren Aufhebung des Staatsgrundgesetzes eine Rolle spielte, in beiden Cammern zu einer Discussion überall nicht Veranlassung gegeben, sondern ist angenommen, wie er von der Regierung vorgeschlagen war. Ob man damals regierungs= seitig an die Blindheit des Sohnes des Herzogs von Cumberland dachte, läßt sich schwer ermitteln. Die Stände erwiesen sich zu delicat, diesen Um= stand auch nur im entferntesten anzuregen. Dasselbe war der Fall mit § 9 (§ 13 des Staatsgrundgesetzes) über die Antretung der Regierung durch ein Patent, in welchem der König bei seinem Königlichen Worte die unver= brüchliche Festhaltung der Landesverfassung versichert, „worauf die Huldi= gung erfolgt." Die Bedeutsamkeit dieses § lernte man erst 1837 durch die Patente vom 5. Juli und 1. November, wie die sich daran knüpfenden Folgen kennen, und glaubte 1848 durch die vorsichtige und gegen alle Wortklaube= rei geschützte Fassung des § 2 des Gesetzes vom 5. September 1848 ein Sicherungsmittel gefunden zu haben. Allein obgleich das Patent, wodurch Georg V. die Regierung antrat, in Gemäßheit dieses Verfassungsparagraphen abgefaßt und dessen Versicherung der Festhaltung der Verfassung im ständi= schen Archive niedergelegt ist, ist jener § so wie andere wesentliche Verfas= sungsbestimmungen doch durch die Octroyirung vom 1. Aug. 1855 auf Grund eines Bundestagsbeschlusses vom 19. April 1855 vernichtet und der § 14 des Landesverfassungsgesetzes von 1840 an seine Stelle gesetzt.

Die erste Cammer brachte zu § 6 (§ 11 des Staatsgrundgesetzes) den Wunsch zum Begleitschreiben, die Zweifel hinsichtlich der Erbfolge in der weibli= chen Linie durch ein Hausgesetz zu entscheiden, welchem die zweite Cammer beistimmte. Die zweite Cammer brachte zu § 2 auf Christiani's Antrag eine Verweisung auf die ständischen Rechte, bestimmte zu § 12 (§ 16 des Staats= grundgesetzes) auf Reußel's Antrag, daß der nicht aus den Agnaten erwählte Regent mindestens 25 Jahre alt sein müsse — auf Rolte's Antrag eine Modification zu § 19 (§ 23 des Staatsgrundgesetzes), daß während einer Regentschaft die verfassungsmäßigen Rechte der allgemeinen Stände= versammlung nicht abgeändert werden durften, wohl aber sonst unwesentliche aber dringende Abänderungen in Einrichtungen und Befugnissen derselben. Beide erhielten die Genehmigung erster Cammer, wie ein fernerer Antrag Rolte's, zu § 18, daß die Beeidigung des Regenten, wenn die allgemeine Ständeversammlung versammelt sei, in dieser geschehe, der jedoch mit dem Staatsgrundgesetz nicht publicirt ist, da er die Genehmigung Wilhelm's IV. nicht erhielt.

Auf Antrag beider Cammern wurde beschlossen, daß der Regent im Lande wohnen müsse, so wie, daß das zu erlassende Hausgesetz den Stän= den mitzutheilen sei.

Das Cap. 11. kam am 2. September in zweiter Cammer zur ersten, am 11. September zur dritten Berathung; als am letzten Tage über das Capitel als Ganzes abgestimmt werden sollte, trug Christiani darauf an, diese Abstimmung auszusetzen, bis die Cammer sich über die demnächstigen Conferenzbeschlüsse erklärt habe, weil durch diese das ganze Capitel vielleicht eine andere Gestalt gewinne. Er bezog sich auf die Erfahrungen bei Cap. VII., und wurde von Breusing, Lünkel, Nolte, Saalfeld, Schrader unterstützt, von Eichhorn, Stüve, Rose und Klenze bekämpft, weil die früheren Beschlüsse über die Behandlung des Staatsgrundgesetzes entgegen ständen. Der Präsident entschied sich vorläufig, bis das Haus etwa Anderes beschließe, für eine Behandlung wie bei Cap. VII.

Darauf wurde das Capitel als Ganzes angenommen. Zu größerem Zwiespalt gab seiner Natur nach schon das dritte Capitel von den Rechten und Pflichten der Unterthanen Veranlassung, da hier die Exemtionsfrage praktisch wurde. Der Regierungsentwurf wollte, daß die bereits aufgehobenen Exemtionen von allgemeinen Staatslasten aufgehoben blieben, die Realexemtionen, welche noch beibehalten worden, gegen angemessene Entschädigung oder durch Uebernahme der Last auf die allgemeine Landescasse beseitigt würden. Die zweite Cammer hatte mit großer Majorität die Aufhebung aller bestehenden Exemtionen von den Staatslasten beschlossen.

Die erste Cammer dagegen hatte die Aufhebung der Freiheit von der Unterhaltung des Heeres ohne Entschädigung ausgesprochen, dagegen folgenden Zusatz beschlossen: — Jedoch verbleibt Denjenigen, welchen im Rescripto ad mandatum Regis vom 18. Januar 1822 die Befreiung bestätigt worden ist, die fernere Freiheit von der ordinairen Naturaleinquartierung.

Die nach dem oben genannten Rescripte außerdem noch bestehenden Realexemtionen können gegen vorgängige Entschädigung beseitigt werden; jedoch verbleibt den bisher Exemten das Recht, die Landfolgen, Hoheitsdienste und Kriegerfuhren durch billige Geldbeiträge zu reluiren.

In den Conferenzen, wozu außer den ständigen Mitgliedern Stüve, Rose, Th. Meyer von zweiter Cammer A.-A. Bening, Christiani, Klenze, gewählt waren, wurde es erreicht, daß die Mitglieder erster Cammer das von zweiter Cammer aufgestellte Princip anerkannten, dagegen den bisher Exemten das Recht zugestanden war, die Naturalleistungen durch Geldbeiträge zu reluiren. In zweiter Cammer wurde diese Ausgleichung nach einigen Widersprüchen angenommen, in erster Cammer dagegen verwarf man am 20. December die Conferenzvorschläge, wobei sonderbare Motive zu Tage kamen. Ein Mitglied äußerte: diese Exemtion müsse als ein Ehrenrecht behandelt und aufrecht erhalten; ein anderes: die Hauptlast, die Cavallerieverpflegung habe man übernommen in der Hoffnung, daß die Anfechtungen damit ein Ende haben werden, mehr zu übernehmen sei präjudiziell für Cap. IV., indem man dann schon gewissermaßen in die Gemeindeverhältnisse eintrete. Wiederholte Conferenzen brachten wenig Aenderung in die Sache; die neuen Vorschläge wurden in erster Cammer, in der Einige immer darauf zurückkamen, man habe die Exemtion von der Cavallerieverpflegung dem Rescripte ad mandatum vom 18. Januar 1822 zuwider nicht aufgeben sollen, man habe in die Exemtion von der Grundsteuer gegen Entschädigung nicht einwilligen sollen, man habe sich

nicht den Chausseediensten und der Militairpflicht unterwerfen sollen, frei=
lich heftig bekämpft, bei der Abstimmung am 4. März 1833 indeß mit 24
gegen 6 Stimmen angenommen. Die Majorität hatte sich überzeugt, daß
die Exemtion nicht mehr zu halten und das Recht der Reluition doch
schon etwas sei. *) In zweiter Cammer wurden diese neuen Conferenzvor=
schläge am 5. März 1833 angenommen. Das Erwiederungsschreiben sprach
sich über diese Fragen sehr ausführlich aus.

Auf Antrag der ersten Cammer, dem man in zweiter in dieser Rich=
tung nicht widersprach, wurde dann, um die Besitzer der ritterschaftlichen
Güter in den Stand zu setzen, ihre Besitzungen auf angemessene Weise zu=
sammen zu halten, ein § eingeschoben, welcher die Ablösbarkeit vom Lehns=
nerus gewährleisten, und daneben die Erhaltung größerer Rittergüter durch
Errichtung von Majoraten und Fideicommißstiftungen (§ 29 des Staats=
grundgesetzes) bezielen sollte. Man drang im Begleitschreiben um gleichzei=
tige Regulirung dieser Verhältnisse mit der Ablösungsordnung und dem
Staatsgrundgesetze. —

Der § 3 des Entwurfes (§ 30 des Staatsgrundgesetzes), die Religions=
freiheit betreffend, gab in zweiter Cammer zu einer großen Menge von Ver=
besserungsanträgen Veranlassung. In der zweiten Berathung, am 17. Sep=
tember, wurden sieben Verbesserungsanträge verworfen. Die dritte Bera=
thung fand am 20. September statt. Der Gleichstellung der Juden nahm
sich v. Bodungen sehr an, unterstützt von Saalfeld, Weinbagen und Freu=
dentheil. Es war jedoch bei dem Widerspruche Rose's, Gruner's, Kettler's
an keine Majorität für diesen Antrag zu denken, man wurde auf das ver=
heißene Gesetz vertröstet. Die erste Cammer machte den Zusatz, daß die Mit=
glieder aller Religionen und Secten sich den bürgerlichen und politischen Ver=
pflichtungen unterwerfen müssen, ohne sich auf ihre Religionslehren oder
auf die Glaubens= und Gewissensfreiheit berufen zu können, welcher den
Beifall zweiter Cammer fand. § 4 (§ 31 des Staatsgrundgesetzes.) Schon
bei der ersten Berathung am 12. September trug Lünzel auf Aufhebung
des privilegirten Gerichtsstandes und Trennung der Administration von der
Justiz an. Stüve, in den Grundsätzen übereinstimmend, fand es doch un=
thunlich, sämmtliche Privilegien aufzuheben, bevor die nothwendige Reor=
ganisation der Gerichte eingetreten sei, besonders wegen der Realexemtionen,
da viele der Güter in Concursen begriffen, die bei den Mittelgerichten an=
hängig seien. Gruner erklärte das Aufhören dieser Privilegien sei eine
Wohlthat, die aber erst mit Trennung der Justiz von der Administration
möglich werde. Er trug auf Aufhebung der Gröbrer Constitution an, wie
auf Unterordnung aller Gerichte unter das Oberappellationsgericht. Die Lün=

---

*) Schon im folgenden Jahre behauptete aber die erste Cammer das Gegentheil,
und es erhob sich ein heftiger Streit zwischen beiden Cammern darüber wie der
§ 28 des Staatsgrundgesetzes zu erklären sei. Die erste Cammer interpretirte die
Befugniß des Exemten, die Naturalquartierung abzulehnen sei ohne einer Pflicht zur
Reluition zu gedenken festgestellt, während die zweite Cammer diese Pflicht in dem
zweiten Satze des § 28 ausdrücklich ausgesprochen sehen wollte, und dem Exemten
nur das Recht zugestand, die Naturalquartierung gegen Relution von sich abzulenken.
Vergl. H. Z. 1834 № 177, p. 1515. Da sich 1834 die Regierung auf die Seite
der ersten Cammer neigte, so ist der Streit erst durch § 8 des Verfassungsgesetzes
von 1848 ausgetragen.

telſchen wie Gruner'ſchen Anträge wurden mit großer Majorität, 31 von 50 Stimmen, angenommen. Bei zweiter Berathung brachte Lünßel die Auf= hebung der Patrimonialgerichte, welche mit Landgütern verbunden, zur Sprache, was vielſeitig Anklang fand und durch einen umfaſſenden Antrag Bening's dahin: im Begleitſchreiben die Regierung zu erſuchen, die geſammte Gerichtsverfaſſung in allen Inſtanzen zu revidiren und nach den Grundſä= tzen 1) der Trennung der Juſtiz von der Adminiſtration, 2) der Aufhebung der Patrimonialgerichte, 3) der Aufhebung des privilegirten Gerichtsſtandes, 4) der Aufhebung der Göhrder Conſtitution von 1719, geſetzlich zu ordnen, zum Beſchluſſe der Cammer erhoben wurde. In dritter Berathung wurde ein Weinhagen'ſcher und ein Freudentheil'ſcher Antrag, welcher dies inner= halb 3 Jahren ausgeführt wiſſen wollte, mit 26 gegen 24 Stimmen ab= gelehnt.

In der erſten Cammer wollte man indeß den privilegirten Gerichtsſtand geſetzlich geſchützt und aufrecht erhalten wiſſen in Beziehung auf Beſitzer landtagsfähiger Rittergüter und den landſäſſigen Adel, die höheren Staats= diener, die höhere Geiſtlichkeit und die Offiziere. Die von der Conferenz zuerſt vorgeſchlagene Ausgleichung ſcheiterte an dem Widerſtande in erſter Cammer am 20. December und wurde erſt am 4. März 1833 eine Annahme der neuen Conferenzbeſchlüſſe erzielt, deren Inhalt mit dem § 31 des Staats= grundgeſetzes harmonirt, alſo von der Regel, daß die Gerichte erſter Inſtanz für alle Unterthanen dieſelben ſein, zum Beſten der Ritter und des land= ſäſſigen Adels, namentlich auch in der Zukunft Ausnahmen beſtehen laſſen wollte. Im Begleitſchreiben war dann freilich der Antrag geſtellt, die ge= ſammte Gerichtsverfaſſung in allen Inſtanzen zu revidiren, wobei die An= ſicht ausgeſprochen war, daß wenn dies geſchehen ſei, auch die noch ver= bleibenden Ausnahmen aufgehoben werden müßten.

Man legte in erſter Cammer Gewicht darauf, daß man den privilegir= ten Gerichtsſtand vorläufig rette, man möchte im Voraus wiſſen, welche Reihe von Jahren darüber hingehen würde, ehe man den Ständen Geſetze wegen Reorganiſation der Gerichtsverfaſſung vorlegte, wie wir denn ohne das Jahr 1848 ſchwerlich die Trennung der Juſtiz von der Adminiſtration und andere Wohlthaten des Gerichtsverfaſſungsgeſetzes, das man erſt im Jahre 18³⁵/₃₉ wieder verſtümmelte, erhalten hätten.

Zu § 6 (33 des Staatsgrundgeſetzes) wurde auf Lünßel's Antrag von zweiter Cammer der Zuſatz beſchloſſen, daß allgemeine Confiscation des Ver= mögens unzuläſſig ſei; auch die erſte Cammer hatte dieſen Zuſatz beſchloſſen. Ein Antrag Bodungen's, die Freiheit der Wahl des Berufs hier auszuſpre= chen, wurde abgelehnt.

Zu § 7 wurde auf Antrag der zweiten Cammer diejenige ſchärfere Faſſung zur Sicherheit der Unterthanen gegen ungeſetzliche Verhaftungen be= ſchloſſen, welche § 34 des Staatsgrundgeſetzes bietet. Die erſte Cammer trat nach den Conferenzverhandlungen dieſem Beſchluſſe bei.

Zu § 10 des Entwurſes (§ 37 des Staatsgrundgeſetzes) wurde in der Sitzung vom 21. September zweiter Cammer hauptſächlich auf Freudentheil's Antrag ein nach der Conferenz von erſter Cammer angenommener Verbeſſe= rungsvorſchlag gemacht, über den ſich Stände in dem Erwiederungsſchreiben, wie nachſteht, auslaſſen:

Die Bestimmungen im 3ten a linea:

„Die Verfügung der Verwaltungsbehörden selbst gehört nicht zur Compe=
tenz der Gerichte; — lediglich die Frage, ob und welche Entschädigung
dem Verletzten gebühre, fällt ihrer Entscheidung anheim",
erachten Stände für bedenklich. Durch die höchst allgemeine Fassung des er=
steren Satzes wird der Rechtsschutz wesentlich gefährdet; denn wenn auch al=
lerdings die provisorische Verfügung von der Verwaltungsbehörde getroffen
und von dem Richter nicht verändert werden kann, so muß doch nach bis=
her hier im Lande befolgten Grundsätzen die definitive Bestimmung und die
Entscheidung über das Recht selbst dem Gerichte nothwendig verbleiben, und
darf die gerichtliche Cognition nicht bloß auf den Entschädigungspunkt be=
schränkt werden.

Hierbei wird auch die Verwaltung, da die einstweilige Ausführung
ihrer Verfügung nie durch die Gerichte gehemmt werden darf, überall nicht
gelähmt, und eine Competenzverwirrung kann um so weniger eintreten, als
die Fälle des Staatsnothrechts, wo nur Entschädigung zulässig, in den §§
8 und 9 genau normirt; in diesem § 10 selbst aber — außer den Staats=
verträgen — ausdrücklich auch die verfassungsmäßig erlassenen Gesetze und
damit auch die gesetzmäßig dem Rechtsgange entnommenen Regiminalsachen
der Cognition der Gerichte nach wie vor unstreitig entzogen und vor deren
Einmischung sicher gestellt sind. Aus diesen Rücksichten haben Stände jene
beiden Sätze gestrichen, und den verbleibenden Satz im 3ten a linea:

„die Gerichte können die Ausführung von Verfügungen der Verwaltungs=
behörden nicht hemmen",
unter Beifügung des Worts: „einstweilige" vor „Ausführung" mit dem
folgenden a linea verbunden. Es ist dies um deßwillen hervorgehoben,
weil das Landesverfassungsgesetz vom Jahre 1840 im § 40 die Competenz
der Gerichte stark beschnitt und alle innerhalb ihrer Zuständigkeit von einer
Verwaltungsbehörde gemachten Verfügungen, d. h. so ziemlich alle und jede
Verfügungen der Recognition der Gerichte entzog. Durch § 10 des Ge=
setzes vom 5. September 1848 wurden dann die Grenzen der richterlichen
Competenz wieder so erweitert, wie Stüve und Andere schon 1832 dies als das
allein Richtige vertheidigt hatten. Durch § 3 der Verordnung vom 1. August
1855 ist aber das 1848 vereinbarte, einseitig wieder aufgehoben und gegen=
wärtig der § 40 des Landesverfassungsgesetzes von 1840 wieder in Kraft.

Zu § 11 (§ 38 des Staatsgrundgesetzes) war in zweiter Cammer auf
Stüve's Antrag ein Zusatz beschlossen, der die Genehmigung erster Cammer
nicht fand und von dem man in der Conferenz abstrahirte, dagegen wurde
auf Antrag erster Cammer hier gebeten, diejenigen Justizsachen, welche durch
die Göhrder Constitution den Gerichten entzogen, die herrschaftlichen Meier=
angelegenheiten, den Gerichten wieder zu überweisen, was indeß erst 1843
geschah.

Zu § 12 wollte man auch mündliches Petitionsrecht an den König nicht
ausgeschlossen wissen, wie es der Entwurf that; die zweite Cammer beschloß
noch einen Zusatz, welcher den einzelnen Unterthanen sowohl, als auch Ge=
meinden und Corporationen gestattete, ihre Anträge g e m e i n s c h a f t l i c h
zu berathen und auf verfassungsmäßigem Wege vorzubringen mit Vorbe=
halt eines, die näheren Bestimmungen enthaltenden Gesetzes, allein die erste

Cammer fand diesen Zusatz, der von Christiani stammte und der hessischen Verfassungsurkunde entnommen war, so gefährlich, daß sie ihm die Zustimmung verweigerte und zweite Cammer denselben in den Conferenzen des lieben Friedens wegen aufgab.

Zu § 13 wurde beantragt, das Preßgesetz baldthunlichst vorzulegen, allein bis zum Jahre 1848 wurde solche Vorlage vergeblich erwartet. Außerdem war ein neuer § 14 auf v. Hanstedt's Antrag von zweiter Cammer dahin beschlossen: „das Postgeheimniß ist unverletzlich", — welcher Beschluß bei erster Cammer keinen Beifall fand und deshalb in den Conferenzen aufgegeben wurde.

Das Capitel IV. von den Gemeinden und Körperschaften war wieder eins von denjenigen, bei denen die entschiedensten Differenzen beider Cammern zum Vorschein kamen, weil hier wieder die Interessen der ritterschaftlichen Güter, welche ihre Freiheit von Gemeindeabgaben behalten wollten, in's Spiel traten. Es hat diese Angelegenheit in ihrer Ausführung bis auf den heutigen Tag ihre volle Erledigung nicht gefunden und die Exemtionsgelüste erster Cammer sind im Jahre 1858 im Ganzen dieselben gewesen, wenn sie auch nicht so kühn hervortraten als 1832 *).

Die erste Cammer wollte durch ihre Beschlüsse die Gesetzgebung über die Anschließung jedes Einwohners und jedes Gutes an eine Gemeinde, wo möglich der allgemeinen Gesetzgebung gänzlich entziehen und den Provinziallandschaften überweisen, um so, wie Christiani sich ausdrückte, man wisse wen zum Gärtner zu machen. Außerdem aber wollte sie nur, daß im Staatsgrundgesetze principiell ausgesprochen werde, daß die Bildung oder Veränderung der Ortsgemeinde rc. der Uebereinkunft der Betheiligten vorbehalten bleibe, und daß jedes Grundstück nur einer bestimmten, zu einer Gemeinde, Domaine oder einem Gute gehörigen Feldmark zugerechnet werde, daß also auch ein Rittergut möglicher Weise eine eigene Feldmark habe.

In zweiter Cammer verkannte man nicht, daß manches Detail zweckmäßig provinziell geordnet werde, war aber unzweifelhaft darüber, daß man die allgemeinen Grundsätze im Staatsgrundgesetze aussprechen müsse. Als erster dieser Grundsätze wurde auf Stüve-Freudentheil's Antrag zu § 1 ausgesprochen: daß Exemtionen von Gemeindelasten nicht stattfinden sollten, und daß, wenn solche durch ausdrückliche mit der Gemeinde abgeschlossene onerose Verträge erworben seien, sie mittelst Entschädigung der Berechtigten nach einem von Freudentheil näher detaillirten Maaße aufgehoben werden; und daß jeder Landeseinwohner einer bestimmten Gemeinde des Königreichs angehören und zu deren Lasten verhältnißmäßig beitragen solle.

Verfolgt man die leitenden Gedanken, welche bei dieser Gelegenheit in der ersten Cammer laut wurden, so lassen sich dieselben auf folgende

---

*) Seitdem dies geschrieben, sind dieselben crass genug in № 33 und 37 bis 38 der „Neuen Hannov. Ztg." von 1859 in einem Aufsatze, die Stellung der Rittergüter in der Amtsvertretung und in den Gemeinden, hervorgetreten und lassen dem ungezügelten Haß eines hoffentlich nur geringen Theils der Rittergutsbesitzer gegen Stüve in voller Maaße die Zügel schießen, ohne im mindesten die selbstsüchtigen Ansichten zu verdecken. Freilich geschieht das zur Vertheidigung der „in der göttlichen Anordnung der Dinge begründeten" bevorzugten Stellung der Rittergüter gegen die anmaßliche Ableugnung von Seiten der nivellirenden Demokratie.

zurückführen. Aus der Vereinigung der Rittergüter mit den Gemeinden
werde für die Gutsbesitzer kein Vortheil, sondern nur Nachtheil erwachsen.
Das Stimmrecht werde nicht wichtig werden; politischen Einfluß werde
der Anschluß nicht gewähren, weil die Gemeinde zu klein sei und zu
wenig aufgeklärt. Dagegen werde Abhängigkeit von den Ortsbeamten entstehen und die zu übernehmenden Gemeindelasten, Armencasse, Wegeunter-
haltung, Kosten der Gemeindebeamten und Bauten würden nicht unbedeutend sein. Auch sei nicht abzusehen, wie man die Canzleifässigkeit aufrecht
erhalten wolle, wenn man sich anschließe. Die Anschließung müsse ganz dem
freien Willen der Gutsbesitzer überlassen bleiben. Von einer Seite wurde
die Vorschrift, als durch Nothwendigkeit oder Zweckmäßigkeit geboten,
nicht angesehen, sondern als Zweck derselben angegeben, man provinzialisire
(?) wie man früher contractisirt habe, um dem Namen nach die allgemeinen
Staatslasten zu verringern, diese Lasten aber auf andere Weise den Unterthanen als Provinzial-Communallasten wieder aufzubürden, und so das Budget herabzusetzen. Bei erster Berathung, am 17. September, wurden die §§ 1 bis 3 abgelehnt, ohne etwas anderes an die Stelle zu setzen.

Bei der zweiten Berathung, am 24. September, wurde zwar der Regierungsvorschlag vertheidigt und darauf aufmerksam gemacht, daß der Anschluß der Rittergutsbesitzer an die übrigen Grundbesitzer nothwendig sei,
um nach gesunkener Macht der Auctorität weniger allein zu stehen und durch
eine Verbindung mit vielen Besitzern gegen die unruhigen oder gefährlichen
Nichtbesitzer aller Stände eine stärkere neue Stütze zu erhalten, auch nicht
die schwere Stellung allen übrigen Gemeindemitgliedern gegenüber behaupten zu müssen, vielmehr durch mehrere Gleichheit der Interessen, welche wichtiger sei als Wahlen, die Möglichkeit größern Zutrauens zu eröffnen, aber
ohne sichtlichen Einfluß. Es wurde eine Specialcommission erwählt, die ersten sieben §§ und die in Beziehung darauf gestellten Anträge zu prüfen.
Es verdient bemerkt zu werden, daß nach dem Berichte dieser Commission, am
27. September, der bestehende Zustand als unhaltbar anerkannt
wurde, daß man auf die Regierungsprincipien deshalb nicht eingegangen
war, weil sich für dieselben bei erster Berathung keine Stimme erklärt habe,
weshalb man einen Mittelweg zwischen den bestehenden und den Regierungs-
vorschlägen gewählt habe, und dadurch namentlich dem Uebelstande begeg-
net sei, daß die Cremten unter die Herrschaft des Ortsbauermeisters
gestellt würden. Aus den Berathungen erster Cammer kam ein ganz
neues System zu Tage, welches, wenn es auch 1833 gesetzliche Sanction
nicht fand, doch deshalb hier besonders hervorgehoben zu werden verdient,
weil es auf das spätere Landesverfassungsgesetz von 1840 unverkennbaren
Einfluß übte und noch heute als Ideal einer Anzahl Ritter dasteht. Dies
System umfaßte die §§ 1 bis 7, welche nach dem Beschlusse erster Cammer
also lauten sollten:

„§ 1. Die Verfassung und Verwaltung der Stadt- und Landgemeinden, welche
letztere in den verschiedenen Landestheilen entweder als Ortsgemeinden oder als
Kirchspielsgemeinden, oder auch neben einander bestehen, sollen durch die, unter
Zustimmung der betreffenden Provinziallandschaft zu erlassenden Gemeindeordnungen regulirt werden.“

„§ 2. Bei Ausführung solcher Gemeindeordnungen soll unter Berücksichtigung der

örtlichen Verhältnisse und Beziehungen auf eine angemessene Gestaltung der Land=
gemeinden Bedacht genommen werden, um den Anschluß der Domainen und Güter
zu erleichtern."

„§ 3. Die Bildung neuer und die Veränderung der bestehenden Ortsgemeinden,
wie auch der Anschluß der Domainen, Güter und einzelnen Höfe, bleibt der Ueber=
einkunft der Betheiligten vorbehalten. Bevor ein solcher Anschluß erfolgt ist, bleiben
die Güter ꝛc. rücksichtlich ihrer öffentlichen Beziehungen in ihrer bisherigen Stellung.

„§ 4. Jedes Grundstück soll einer bestimmten, zu einer Gemeinde, Domaine,
oder einem Gute gehörigen Feldmark zugerechnet werden."

„§ 5. (§ 3 des Ministerialentwurfs, jedoch in veränderter Fassung.) Die Art
und Weise, wie die in Folge neuer Bildung oder Abänderung von Gemeindever=
bänden Eintretenden zu den Gemeindeangelegenheiten mitzuwirken haben, so wie die
Concurrenz derselben zu den Gemeindelasten und die vorgängige angemessene Ent=
schädigung der von solchen Lasten bisher rechtlich befreit gewesenen, sollen unter
Berücksichtigung des Bestehenden und der Localverhältnisse für jede Gemeinde nach
vorgängiger Berathung und Verhandlung zwischen den Gemeinden und dem neu
Eintretenden durch gütliche Uebereinkunft, oder in Gemäßheit der mit Zustimmung
der Provinzialstände darüber zu erlassenden gesetzlichen Bestimmungen nach folgenden
Grundsätzen geordnet werden:

1) Der Gemeindeverband trifft nur die öffentlichen Beziehungen und kann nur in
   Folge einer gütlichen Vereinbarung auf privatrechtliche Verhältnisse ausgedehnt
   werden.
2) Die Feststellung des Beitragsverhältnisses der eintretenden Güter und Besitzun=
   gen zu den Gemeindelasten, deren Naturalleistung von den Besitzern jederzeit mit
   Gelde reluirt werden kann, soll nach Maaßgabe des solchen Gütern und Be=
   sitzungen zu Statten kommenden Antheils an den diesen Lasten zum Grunde
   liegenden Zwecken geschehen, und dabei eine Ausgleichung wegen der den ein=
   tretenden Gütern und Besitzungen etwa besonders obliegenden zum Nutzen des
   Gemeinwesens gereichenden ähnlichen Lasten Statt finden
3) Den eintretenden Gütern und Besitzungen soll ein der Concurrenz zu den Ge=
   meindelasten und ihrem Umfange entsprechendes Stimmrecht in Gemeindeangele=
   genheiten beigelegt werden, und den Besitzern ganzer Güter das Recht vorbehalten
   bleiben, solches in den Gemeindeversammlungen durch einen Bevollmächtigten
   oder schriftlich auszuüben.
4) Einzelne in dem Bezirke einer Gemeinde belegene Grundstücke, die bisher nicht
   in deren Verbande gewesen sind, und kein Zubehör eines in derselben belegenen
   Hauses oder Hofes ausmachen, sollen zu den Gemeindelasten nur in so weit
   beitragen, als solches hergebracht ist, oder die betreffenden Lasten solche einzelne
   Grundstücke mit interessiren und die Vertheilung nach dem Grundbesitze geschieht.
   Es soll jedoch den Besitzern solcher Grundstücke das Recht zustehen, ihren Bei=
   trag stets in Gelde zu entrichten."

„§ 6. (§ 4 des Ministerialentwurfs, jedoch mit einer Veränderung.) Die Auf=
nahme neuer Mitglieder in ein Gemeinde, welche nicht durch Geburt, Verheira=
rathung oder aus einem anderen in den Gesetzen bestimmten Grunde ein Recht darauf
haben, so wie die Ansetzung neuer Anbauer darf nicht ohne Zustimmung der Ge=
meinde verfügt werden, in welche sie als Mitglieder eintreten sollen."

„§ 7. Die Concurrenz der Gemeindeglieder sowohl zu Gemeindelasten, als auch
zu angemessener Armenfürsorge, wird durch besondere Gemeindeordnungen unter
sorgfältigster Berücksichtigung des Bestehenden, nicht minder der örtlichen Verhält=
nisse und Interessen, unter Zustimmung der betreffenden Provinziallandschaften
näher regulirt werden."

Die Beschlüsse zweiter Cammer, von dem Grundsatze ausgehend, daß
der Ursprung aller Cremtionen nicht im Rechte, sondern in der Gewalt basire
(Sitzung vom 27. September 1832), im Gegensatze zu der 1859 zuerst
nach kreuzritterschaftlichem Muster vorgebrachten Behauptung, daß die Crem=
tionen in der göttlichen Weltordnung begründet sein, kamen etwa im Gan=
zen auf dasjenige heraus, was im Jahre 1848 in freier Vereinbarung mit
der Adelscammer beschlossen und durch die §§ 12, 13, 14, 15, 16 des

Gesetzes vom 5. September 1848 gesetzlich festgestellt ist. Die Conferenz hätte eine schwere Arbeit unter zwei so principiell entgegenstehenden Beschlüssen eine Vereinigung zu schaffen. Dennoch geschah es. Was die Conferenzvorschläge bezielen, das sagt am besten das im Anhange mitgetheilte Erwiederungsschreiben der Stände. (Siehe Anlage V.). Daß Stüve auf die Conferenzvorschläge großen Einfluß geübt hat, besonders durch eine gewisse Nachgiebigkeit, der man von der andern Seite nur durch gleiche Nachgiebigkeit entsprechen konnte, daß er manche Mitglieder der Ritterschaft von der Zweckmäßigkeit und Nützlichkeit der Maaßregel überzeugte, glauben wir gern, daß er allein die fraglichen Bestimmungen in das Staatsgrundgesetz gebracht, müssen wir entschieden bezweifeln. Die Grundsätze, um die es sich handelte, waren beinah Gemeingut zweiter Cammer und wurden von Rose nur schwach bekämpft, indem er warnte, weiter zu gehen, als die unbedingte Nothwendigkeit erheische. Den eigentlichen Mitgliedern der Linken, Lüntzel, Saalfeld, v. Honstedt, Freudentheil, Dr. Lang gingen die Stüve'schen Anträge nicht weit genug. Das zeigte sich am deutlichsten, als am 26. Februar 1833 die Conferenzvorschläge in zweiter Cammer zur Berathung standen. Dr. Lang (der spätere Schatzrath) erklärte sich für die unbedingte Ablehnung aller Vorschläge, v. Honstedt äußerte, daß die Exemten durch dieselben den höchsten Triumph feierten; Christiani, obgleich selbst Conferenzmitglied, war dagegen. Ja bei der großen Abneigung, namentlich der bäuerlichen Grundbesitzer gegen dieselben hätte es sich sehr darum gehandelt, ob dieselben Annahme gefunden, wenn nicht die erste Cammer die Annahme des Conferenzbeschlusses über die Aufhebung der Cavallerieverpflegung (zum Cap. 3) von der Annahme dieser Anträge abhängig gemacht hätte. Die Annahme derselben geschah auch nur mit 31 gegen 22 Stimmen; von den für die Annahme Stimmenden sprachen mehrere, u. a. Abides, der Vater des jetzigen Deputirten, ausdrücklich aus, daß sie nur jenes Vorbehalts wegen für die Anträge stimmten. Es stimmten aber für die Conferenzanträge:

Abides, Baring, Barth, Behne, Blumenhagen, Dahlmann, Dommes, Türr, Ebert, Eichhorn, Grothmann, Gruner, Harino, Hene, Horkel, Hüpeden, Klenze, Ledebur, Pastor Meyer, Michaelis, Möllmann, Nolte, Perz, Rose, Sermes, Stasshorst, Stordmann, Stüve, Wedemeyer, Webner, Widst; gegen dieselben: Böttcher, Bruns, Christiani, Crome, Donner, Erich, Heyple, v. Honstedt, Reufsel, Lang, Lübbecke, Lübbers, Lüntzel, Mattbaei, Oppermann, Saalfeld, Schrader, Slupfer, Stromeyer, Weinhagen, Wiesenhavern, v. Zwehl.

Von den übrigen §§ des Capitels machte besonders der §10 (§ 53 des Staatsgrundgesetzes), welcher die Gemeindeverhältnisse der Städte ordnete und gleichsam die Grundzüge einer Städteordnung enthielt, die meiste Schwierigkeit. Zunächst drangen Lüntzel, Bening und Andere auf Erlassung einer allgemeinen Städteordnung. Principiell war dem Rose entgegen, weil eine solche zwar vielerlei Bequemlichkeit mit sich führe, aber, da man nur allgemeine Grundsätze aufstellen könne, entstehe ein Mittelding, das niemand befriedige und auf Centralisation hinauslaufe. Stüve war zwar an sich nicht gegen eine Städteordnung, da sie die gründlichste Hülfe gewähre, sondern nur zur Zeit, weil bei den vorliegenden vielen Arbeiten noch in Jahren nicht daran gedacht werden könne; so auch Bodungen, Breusing. Bening machte darauf aufmerksam, daß die von Rose hervorgehobenen Uebelstände durch Localstatuten neben der Städteordnung beseitigt werden könnten. Die Majorität entschied dafür, die Hauptzüge grundgesetzlich zu fixiren, daneben aber den Vorbehalt einer allgemeinen Städteordnung zu machen. Sodann wurden die von der Regierung im Entwurfe aufgestellten Grundsätze angegriffen, namentlich der, daß zur Besetzung der Stelle des Vorsitzenden im Magistrate drei Personen zur Auswahl präsentirt werden müßten — dessen Streichung auf Lünkel's Antrag auch beschlossen war. — Rose, das Organ der Regierung, wollte das Verweigerungsrecht der Regierung, als etwas, was nur theoretisch da sein müsse, was practisch aber kaum ausführbar sei, betrachtet wissen. „Welche Umstände, rief er in der Sitzung vom 25. September, müssen nicht da sein, um einen Mann geradezu zu verwerfen? Welche Härte würde das sein! welcher Makel für den Verworfenen!" Wenn Rose unsere Tage noch erlebt hätte, würde er gesehen haben, daß solche Härten sehr häufig vorkommen, daß Makel geworfen wird auf Leute, die in ihrer Stadt im größten Ansehen stehen, daß überhaupt von dem Verweigerungsrechte ein so starker Gebrauch gemacht wird, daß die Ausnahme zur Regel geworden ist.

Unter den Grundzügen wurde Bodungen's Antrag aufgenommen, daß der Magistrat alljährlich einen von den Bürgervorstehern genehmigten Haushaltsplan, so wie einen Auszug aus den abgenommenen städtischen Rechnungen durch den Druck bekannt zu machen habe, wie hauptsächlich auf Stüve's Antrag, hinsichtlich der Polizeiverwaltung ad Nr. 6 des §, ein Beschluß gefaßt wurde, welcher nach der Redaction und unwesentlichen Aenderungen in den Conferenzen also lautete:

„6) Der Magistrat ist in allen städtischen Gemeindeangelegenheiten die einzige ausführende und verwaltende Behörde; inzwischen hat, was die Ausübung der Polizei betrifft, die Regierung das Recht, unter den Mitgliedern des Magistrats die Person zu bezeichnen, welche die städtische Polizei zu besorgen hat, auch wo besondere Umstände solches erforderlich machen, eine eigene Polizeibehörde anzuordnen. Es soll jedoch in den Fällen, wo die Verwaltung der Polizei nicht dem gesammten Magistrat verbleibt oder übertragen wird, der Geschäftskreis der städtischen Polizei in den einzelnen Städten durch Verhandlung mit denselben genau festgestellt, und dabei der Grundsatz befolgt worden, daß dem Magistrate die Besorgung alles desjenigen verbleibt, was die Gewerbsverhältnisse, die Einrichtung, Verwaltung und Beaufsichtigung der städtischen Güter und Anstalten, so wie der für gemeinsame städtische Zwecke bestimmten Privatanstalten zum Gegenstande hat."

und der Regierung mit folgenden ständischen Motiven zuging:

Wenn die Nr. 6 dagegen eine bedeutende Abänderung erlitten hat, so konnte zwar das Interesse der Regierung nicht verkannt werden, sich eine gewisse Einwirkung in die Polizeiverwaltung zu sichern; indeß konnten Stände das Recht, eine besondere Polizeibehörde anzuordnen, der Regierung nicht so unbedingt einräumen, als solches durch den Entwurf proponirt war. Eine unmittelbare Einwirkung von Seiten der Regierungsbehörde in die städtischen Angelegenheiten kann nur in den gesetzlich bestimmten Fällen zulässig erscheinen, weßhalb eine sichernde Bestimmung im Eingange aufgenommen, wogegen die Concurrenz bei der Polizei durch die folgenden Bestimmungen festgestellt ist. Wenn hier die Grenzen dieser Concurrenz theils schon näher bestimmt sind, theils aber durch Verhandlungen mit den einzelnen Städten näher bestimmt werden sollen, so wird solches der Regierung nur angenehm sein können, damit unangenehme Conflicte vermieden werden. Bei der, der Regierung in den Fällen, wo besondere Umstände solche erforderlich machen, eingeräumten Befugniß der Anordnung einer eigenen Polizeibehörde, müssen Stände jedoch bevorworten, daß durch Anordnung einer solchen eigenen Polizeibehörde den Städten keine vermehrte Kosten erwachsen dürfen.*)

*) Actenstücke der 4. allgemeinen Ständeversammlung, Erste Dlät, Heft XV. p 1255.

Die erste Cammer hatte zu dem Regierungsentwurfe dieses § überall keine Aenderungen beschlossen, so daß es in der Conferenz sich weniger um eine Vereinbarung mit erster Cammer als mit der Regierung handelte. Diese wurde denn dahin getroffen, daß die zweite Cammer den Vorbehalt einer allgemeinen Städteordnung, welcher die erste Cammer principiell zuwider war, aufgab und der vorhin erwähnte Absatz Nr. 6 mehr im Sinn der Regierung abgefaßt wurde. In den Verhandlungen über die Conferenzvorschläge wurde zunächst der Antrag Christiani's auf Abstimmung über die einzelnen Sätze des § verworfen. Die Majorität betrachtete die Conferenzverhandlungen mit Stüve nicht mehr als ein Vergleich= sondern ein Schlußverfahren. In namentlicher Abstimmung stimmten gegen die Conferenzvorschläge am 27. Februar 1833 nur: Böttcher, Crome, Hepple, Lang, Lüntzel, Matthaei, Michaelis, Oppermann, Sluyter, Weinhagen.

Der § 15 über die Landgemeinden (§ 54 des Staatsgrundgesetzes) war im Entwurfe äußerst dürftig. Auf Antrag v. Honstedt's in zweiter Cammer kam der Zusatz hinzu, daß die Verfassung und die Verwaltung der Landgemeinden mit Berücksichtigung der örtlichen Verhältnisse geordnet werden sollte — ein Antrag, der auf eine Landgemeindeordnung hinauslief. Dieser Antrag fand in erster Cammer den entschiedensten Widerspruch, man glaubte dort, wie ein Mitglied namentlich am 27. Februar 1833 aussprach, daß die Erlassung von Gemeindeordnungen, selbst von principiellen, zum Umsturz aller bestehenden Verhältnisse (wobei man wohl schon damals an die göttliche Weltordnung dachte, welche den Rittergütern eine so bevorzugte Stellung gegeben habe) führen würde. Es war die Einsicht, daß wenn das Wesen der Landgemeinden gesetzlich geordnet würde, sich der Mißbrauch der exemten Stellung der Rittergüter in keiner Beziehung werde aufrecht erhalten lassen, und daß ohne Gemeindeordnungen alle Grundsätze, die das Staatsgrundgesetz verfassungsmäßig ausspräche, nicht viel zu bedeuten haben würden.

In der Conferenz scheint dieser Antrag, so wie überhaupt alle nicht von Stüve ausgegangenen Anträge, die Vertheidigung die er verdiente, nicht gefunden zu haben, wenigstens ward er aufgegeben. In zweiter Berathung brachte Herr Lieutenant Köster aus Borgstedt einen Antrag dahin: „Den Landgemeinden steht die eigene Verwaltung ihres Vermögens, die Regulirung ihrer übrigen innern Gemeindeverhältnisse und der ihnen obliegenden Gemeindeabgaben und Leistungen, sowie die Handhabung ihrer Flur= und Feldmarkspolizei unter obrigkeitlicher Aufsicht, nicht weniger die eigene Wahl ihrer Gemeindebeamten, letzter jedoch mit Vorbehalt obrigkeitlicher Bestätigung, zu," — welcher, obgleich er von Stüve bekämpft wurde, weil er zu sehr in das Specielle eingehe, obgleich Klenze, Dr. Staßhorst, Amtsassessor Schrader, Abicés gegen denselben sprachen, mit 26 gegen 16 Stimmen angenommen wurde.

In den Conferenzen wurde das Wesentliche dieses Antrags aufrecht erhalten, die Bestimmung, daß die Gemeinden ihre Gemeindebeamten selbst wählen, erhielt jedoch eine Bestreitung durch den Zusatz: Ausnahmen von dieser Regel können sowohl auf den Grund bestehender Berechtigungen, als besonderer Verhältnisse in den Gemeinden stattfinden, den Lang mit Recht für vieldeutig hielt, während Christiani in dem Worte können einigen Schutz suchte.

Der § 14 blieb unverändert; der § 15 erhielt den Zusatz: daß den ritterschaftlichen Corporationen ihre statutenmäßigen Rechte, d. h. wie es im Begleitschreiben ausgedrückt wurde, die Befugniß zur Errichtung provinzieller Vereine behuf Erhaltung ihrer Güter, verbleiben sollen. Da man die Wirkungen der Ablösungsordnung damals noch nicht übersehen konnte, so wurden diese von Seiten erster Cammer immer als äußerst schlimm und im Verein mit Aufhebung der Exemtionen zum Ruin der Güter führend, ausgemalt. Der Ausdruck selbst schien auf ein Mehreres deuten zu können, weshalb er von den Conferenzmitgliedern so gedeutet wurde, wie im Begleitschreiben später adoptirt ist. Damit fand das Capitel IV. am 27. Februar seine Erledigung in erster, wie zweiter Cammer.

§ 4. Die Cap. V. VIII. I. und der Schluß des Staatsgrundgesetzes. Allgemeines über die Conferenzen. Abstimmung über das ganze Staatsgrundgesetz.

Wenn in Betreff des Capitels 5 von Kirchen und Schulen die Beschlüsse beider Cammern auseinander gingen, so hielt es doch nicht schwer, einen Vereinigungspunkt zu finden, denn darüber stimmten beide Cammern überein, daß bei Berathung wesentlicher Veränderung der Kirchenordnungen und Liturgien, die Zuziehung von Laien in der protestantischen Kirchenverfassung tief und wesentlich begründet sei, — so wie daß die Art und Weise der Zusammenberufung einer solchen Versammlung besondern gesetzlichen Bestimmungen vorbehalten bleiben müsse. Zu § 8, die Communicationen mit dem Päpstlichen Stuhle ꝛc. betreffend, wurde das Wort „amtlich" eingeschoben in Berücksichtigung, daß die Protestationen des Bischofs von Hildesheim und des Generalvicars Lüpke zu Osnabrück hauptsächlich gegen diesen Punkt, als die Freiheit des Gewissens verletzend und gegen die Bestimmungen des westphälischen Friedens verstoßend, gerichtet waren. Weitergehende Anträge des **Dr.** Sermes fanden keinen Anklang.

Die Stände ersuchten ferner die Regierung: den Königlichen Consistorien die Besetzung der Pfarrstellen von 900 Thlr. an, wieder zurückzugeben, wie auf eine angemessene Regulirung der geistlichen Accidenzien Bedacht zu nehmen. Daß die erste Cammer das Vermögen der Damenstifter und Klöster zu § 68 des Staatsgrundgesetzes gleichfalls gesichert haben wollte, war wohl natürlich.

Zu § 69 suchte man den Gemeinden eine entschiedenere Mitwirkung bei der Verwaltung des Kirchenvermögens zu sichern, indeß ist bekannt, daß diese allgemeinen Bestimmungen nicht hinreichten, den Consistorien die Alleinentscheidung zu entziehen und daß erst die Gesetzgebung von 1848 sich hier Bahn brach. Auch der Versuch, die Stellung der Kirchendiener durch eine Präcisirung der §§ 66 und 67 mehr zu sichern, namentlich durch den Zusatz: daß die Bestätigung der von den Gemeinden ꝛc. Gewählten nicht ohne erhebliche Gründe verweigert werden dürfe, hat sich im Ganzen noch als ungenügend erwiesen. Eben so verhielt es sich mit dem Antrage: daß Königliches Ministerium auf die baldmöglichste Ausführung einer gründlichen allgemeinen Verbesserung des Volksschulwesens Bedacht nehmen möge.

Zu § 71 bemerkten Stände ausdrücklich, daß sie aus dem Klosterfonds auf eine Verbesserung der Lage des geistlichen und Schulstandes hofften.

Das Capitel wurde von zweiter Cammer am 2. October in Berathung genommen, die dritte Berathung am 11. October vollendet, der Bericht über die Conferenzvorschläge am 12. Januar erstattet, wobei über ein Ueberwiegen der Consistorialinteressen in der Conferenz geklagt wurde.

Cap VIII. **Von den oberen Landesbehörden und der Staatsdienerschaft.**

Nach einer Bemerkung Dahlmann's in seinem Buche zur Verständigung pag. 42 hatte die Ueberschrift dieses Capitels bei der Berathung des Entwurfes zu einer eindringlichen Verhandlung Veranlassung gegeben, in Folge deren die Worte Dienerschaft in Staatsdienerschaft abgeändert waren. In den beiden Cammern fand man den Ausdruck Staatsdienerschaft angemessen. Die erste Cammer hatte zu dem Entwurfe nur wenige und im Ganzen unwesentliche Modificationen beschlossen. In der zweiten Cammer, wo das Capitel am 12. October zur ersten, am 19. October zur zweiten und am 23. October zur dritten Berathung kam, waren dagegen wesentlichere Veränderungen beschlossen, noch entschiedenere beantragt, ohne angenommen zu werden.

Zuerst war die Ministerverantwortlichkeit Gegenstand heftiger Debatte. Saalfeld wollte Verantwortlichkeit der Minister für Verfassungsverletzungen, auch wenn sie aus Fahrlässigkeit oder Irrthum entsprungen sein. Klenze, der die ganze Lehre für unpraktisch hielt, wollte nur Verantwortlichkeit bei absichtlicher oder durch grobe Fahrlässigkeit verschuldeter Verletzung der Verfassung —, während Stüve gegen Gleichstellung von dolus und culpa lata als unzweckmäßig und gefährlich eiferte. In erster Berathung wurde Klenze's Antrag angenommen. In der zweiten Berathung wurde ein Antrag Stüve's angenommen, daß im allgemeinen jeder Minister dem Könige und Lande für Verletzung des Staatsgrundgesetzes in einer von ihm contrasignirten oder unterschriebenen Verfügung verantwortlich sei und den Ständen deshalb eine Beschwerde oder der Weg Rechtens, wegen absichtlicher Verletzung aber eine Anklage zustehen solle; der v. Honstedtsche Antrag, diese Verantwortlichkeit auf grobe Fahrlässigkeit auszudehnen, ward abgelehnt. Auch bei der dritten Berathung kämpften Saalfeld, Klenze, Sandvoß, Weinhagen, von Honstedt, Lützel und Bodungen noch einmal für die Aufnahme der groben Fahrlässigkeit, gegen Stüve, der leichtsinnige Anklagen der Stände befürchtete, und gegen Roje, welcher die Königliche Auctorität mit Füßen getreten erachtete, wenn der Antrag angenommen werde. Zu der Conferenz wurde der Antrag etwas modificirt, wie jetzt § 151 lautet. Der § 152 wurde dem Antrage Stüve's gemäß angenommen. Zu 155 hatte v. Bodungen zuerst Streichung beantragt, welcher Antrag abgelehnt ward, dagegen wurde eine Wunschbezeugung, die Entlassung und Beförderung von Militairpersonen betreffend, angenommen, aber in zweiter Berathung auf Antrag Roje's zurückgenommen, damit es auch nicht den Schein haben könne, als wollten Stände sich in innere Militairangelegenheiten mischen. Der Schlußsatz dieses §, daß das Militair nur auf Requisition der Civilbehörden einschreiten könne, ist auf Antrag Sandvoß hinzugefügt.

Zu § 156 beantragte Freudentheil, den Gerichten selbst die Competenz zuzugestehen, über die Frage, ob eine Sache zur gerichtlichen Entscheidung geeignet sei; eventuell die Entscheidung über Competenzconflicte dem Oberappellationsgerichte zuzuweisen, und wurde darin nicht nur von der Liberatorenfraction der Versammlung, sondern hauptsächlich von Stüve unterstützt.

4

Dieſer führte namentlich in der Sitzung vom 16. October aus: ihre Geſetze zu kennen, wären die Gerichte allernächſt verpflichtet, daher auch die ihren Wirkungskreis betreffenden. Verwaltungsbeamte ſeien weniger auf Geſetze, als auf das öffentliche Wohl angewieſen, bei ihnen würde ſich immer der Einfluß individueller Anſicht einſchleichen. Der Antrag wurde mit großer Majorität angenommen und in den beiden folgenden Abſtimmungen, obgleich Roſe große Anſtrengungen machte, die Zurücknahme zu Wege zu bringen, aufrecht erhalten. Was Roſe nicht zu Stande bringen konnte, brachte die erſte Cammer zu Stande, die von der Competenzbeſtimmung der Gerichte nichts wiſſen wollte; in der Conferenz vereinigte man ſich endlich zu der Competenzconflictenbehörde, welche der § enthält, in der man mindeſtens mehr Sicherheit fand, als in dem Geheimerathscollegio.

Bei § 157 wurde auf Stüve's Antrag die Entlaßbarkeit ſämmtlicher Gemeindebeamte durch den König beſeitigt, die Regelung der Staatsdienſtverhältniſſe durch Gemeindebeamte beſonderen Geſetzbeſtimmungen vorbehalten.

Zu § 158 war der auf Lützels Antrag gefaßte Beſchluß zweiter Cammer, daß im Civil und Militair keine Bevorzugungen der Geburt wegen erfolgen ſollen und daß Uebertragung eines Staatsamts für gleiche Dienſtverrichtungen, gleiche Vorzüge und gleiche Auszeichnung gewähren ſolle, in der Conferenz dahin abgeſchwächt, daß es nun heißt: daß der Unterſchied der Geburt überall kein Recht auf Vorzüge irgend einer Art begründe. Daß zu § 161 von der liberalen Seite der Cammer der Antrag geſtellt wurde, daß das Militair auf die Verfaſſung beeidigt werde, war eben ſo ſelbſtverſtändlich, als daß Stüve dieſem Antrage widerſprach und derſelbe abgelehnt wurde.

Der urſprüngliche Lützel-Sandvoßſche Antrag auf Beeidigung aller Civilſtaatsdiener auf die Verfaſſung, hat im Geſetze Ausdruck gefunden.

Der erſte Satz des § 162, daß kein Civilſtaatsdiener ſeiner Stelle willkürlich entſetzt werden könne, iſt auf Antrag erſter Cammer in das Geſetz aufgenommen. Daß die völlige Entlaſſung vom Richteramte nur durch Urtheil und Recht verfügt werden könne, iſt einer der wenigen angenommenen Anträge des Profeſſors Saalfeld. Ueber die Conferenzbeſchlüſſe ward am 18. Januar 1833 berathen und beſchloſſen.

Das Capitel I. Allgemeine Beſtimmungen, ſowie der Schluß des Staatsgrundgeſetzes — kamen am 25. October in zweiter Cammer zur Berathung.

Zu § 1 fand ein Antrag Freudentheils: Beſtandtheile des Königreichs können nur unter Zuſtimmung der allgemeinen Stände abgetreten werden, den Beifall der Stände. Zum § 2 hatte Strube in ſeinem Commentar zum Staatsgrundgeſetze zu zeigen verſucht, daß der Inhalt deſſelben, wonach Hannover ein Glied des Bundes ſei, zunächſt eine Unwahrheit enthalte, da der deutſche Bund lediglich ein völkerrechtlicher Verein der deutſchen ſouverainen Fürſten und freien Städte ſei,*) den freien Städten ſtände entgegen „monar

*) Art. 1 der deutſchen Bundesacte: Die ſouverainen Fürſten und freien Städte Deutſchlands mit Einſchluß Ihrer Majeſtäten des Kaiſers von Oeſterreich und der Könige von Preußen, von Dänemark, und Niederlande, und zwar der Kaiſer von Oeſterreich und der König von Preußen, beide für ihre geſammten, vormals zum deutſchen Reiche gehörigen Beſitzungen, der König von Dänemark für

chische Staaten", von denen nicht die Rede. Habe der Bund so eigentlich nichts mit dem Staate und Volke zu thun, so sei die Begründung des Bundes deutscher Fürsten und freien Städte, und jeder in Folge derselben gefaßter Beschluß, falls derselbe nicht dem Zweck jedes einzelnen Staats entspreche, für diesen unverbindlich und könnte auch nicht durch Verkündigung von Seiten des Königs Gültigkeit erlangen. Erhalte § 2 die gesetzliche Kraft, so sei die ganze Staatsverfassung und Verwaltung, die ganze politische Existenz des Königreichs in die Hände der Bundesversammlung gelegt. Durch die Bestätigung dieses § würde der Bundesversammlung und dem Könige ein weißes Blatt mit der Unterschrift übergeben (carte blanche) um nach Belieben darüber zu schreiben, was ihnen gefiele: Aufhebung der ständischen Verfassung, Verbot der Druckerpressen u. s. w.

Die Wiener Cabinetsconferenzen von 1834 und das Jahr 1855 haben gelehrt, daß diese Voraussetzungen das Richtige getroffen hatten. In der zweiten Cammer ignorirte man dieses Raisonnement; man fühlte zwar, daß jede Garantie dafür fehle, daß Bundesbeschlüsse keine Verletzung der Verfassung enthielten, allein sowohl die Vorschläge v. Honstedts, dem ersten Satze des § 1 des Staatsgrundgesetzes hinzuzufügen: vorbehältlich der verfassungsmäßigen Rechte des Landes, als der Antrag Weinhagen's, vor verkündigt das Wort verfassungsmäßig einzuschieben, fanden keine Majorität. Zu der Anschauung, die eben schon damals druckschriftlich niedergelegt war, daß es zwei Mittel gebe, Beschlüsse des Bundes rechtmäßiger Weise Verbindlichkeit für die deutschen Völker zu schaffen, entweder indem man sie den Ständen hinterher zur Genehmigung vorlege, oder indem man dem Volke an Verhandlungen der Bundesangelegenheiten durch gewählte Vertreter einen Antheil einräume, erhob sich niemand.

Stüve, der den Bund für das einzige Mittel hielt, von den größeren Staaten nicht ganz unterdrückt zu werden, vertheidigte auf Grund des § 58 der Wiener Schlußacte den § 2, und Christiani vermochte mit aller seiner Beredtsamkeit nicht einmal seinen Freund Theod. Meyer, oder Dr. Lang zu überzeugen. Man strich in zweiter Berathung freilich den zweiten Satz des §, daß Bundestagsbeschlüsse durch Publication verbindliche Kraft erhielten, stellte solchen aber auf Antrag Stüve's in dritter Berathung wieder her, und gewährte dadurch, daß dieser § 2 im Verfassungsgesetze von 1840 wie von 1848 stehen blieb, die Möglichkeit zu den Octrovirungen vom 1. August 1855.

Zum Schluß des Staatsgrundgesetzes wurde, auf Sandvoß Antrag, eine Gleichheit des Verfahrens bei Anträgen der Regierung und Stände auf Veränderungen dahin beschlossen, daß solche nur in Gemäßheit eines auf zwei nacheinander folgenden Diäten gefaßten gleichmäßigen Beschlusses angeordnet werden können.

Die erste Cammer stimmte dem bei. Damals verstand man unter Diät ein solches Zusammensein der Stände, welches mit der Bewilligung eines Budgets verknüpft war, später hat sich diese Bedeutung verallgemeinert. So war in zweiter Cammer am 27. October 1832 die dritte Berathung

---

Holstein, der König der Niederlande für das Großherzogtum Luxemburg, vereinigen sich zu einem beständigen Bunde, welcher der Deutsche Bund helfen soll.

des Schluß-§ beendet; die erste Cammer war am 18. October fertig. Aber damit war die Sache selbst noch lange nicht fertig. Beide Cammern hatten sich zu dieser Zeit nach den schwersten Kämpfen lediglich über das Capitel 7 geeinigt, wo ihre Interessen doch nicht aus einander gingen, sondern zusammen liefen. Die schweren Monate kamen jetzt erst, die Monate jener Arbeit, von der keine Zeitung berichtet, jener Arbeit, die beständig mit der größten Aufregung verbunden war, weil es galt, den Unverstand, die Eitelkeit und den krassesten Egoismus mit Ruhe zu bekämpfen, in der Voraussicht, daß das nach unsäglicher Arbeit zu Stande gekommene Vergleichswerk in der eigenen Cammer mit Undank, selbst von den Gesinnungsgenossen, aufgenommen wurde, die nicht begreifen konnten, warum man nicht einen günstigern Vergleich erlangt habe. Außer den ständigen Conferenzmitgliedern, waren es meist Christiani, Freudentheil, Sandvoß, Klenze, welche auf diesen Kampfplatz mit erster Cammer berufen waren. Hier war es, wo die Tendenzen und Absichten der Ritter denn auch nackter und ungeschminkter in ihrem ganzen Egoismus hervortraten und bei den Conferenzmitgliedern die entschiedensten Bedenken hervorrufen mußten gegen das Zweicammersystem. Die Verhandlungsart in den Conferenzen ist eine andere als in den Cammern, es galt entweder zu überzeugen und zu sich herüberzuziehen, oder Hartnäckigkeit und Eigenwillen der Hartnäckigkeit und dem Eigenwillen entgegen zu setzen, um den augenscheinlichen Beweis zu liefern, daß dann gar nichts zu Stande komme; zur rechten Zeit grob zu sein, die Wahrheit ungeschminkt zu sagen oder auch zu überlisten; einen Ausdruck in Vorschlag zu bringen, der der ersten Cammer mehr zusagte, obgleich er dem Tendenzen der zweiten Cammer nicht widersprach. Ganz neue Fassungen zu bringen, die von den ursprünglichen Beschlüssen beider Cammern abwichen aber wenigstens die eigene Ansicht festhielten, war die Stärke Stüve's, wie überhaupt die Conferenzmitglieder in sich alle Eigenschaften vereinigten, die auf Erfolge rechnen durften. Allein die Mitglieder erster Cammer wurden durch das Standesinteresse zusammengehalten und zogen immer denselben Strang, während die Mitglieder zweiter Cammer nicht einmal immer große Geneigtheit für den eigenen Cammerbeschluß zeigten, und Rose namentlich sehr dabei interessirt war, daß nur Etwas zu Stande komme, eben so der Generalsyndicus zweiter Cammer mit Rose zu stimmen pflegte. Doch wirkte Rose noch versöhnend und mildernd auf erste Cammer und ohne seine Anwesenheit würden die meisten Conferenzen resultatlos verlaufen sein.

Die Verhandlungen in den Conferenzen und die Relationen und Beschlußnahmen über Conferenzbeschlüsse zogen sich bis zum 11. März 1833 hin, an welchem Tage in zweiter Cammer die Anzeige erfolgte, daß die letzten Conferenzbeschlüsse zu Cap. 6 von erster Cammer angenommen seien.

Es wurde darauf das Staatsgrundgesetz als Ganzes mit den beliebten Modificationen zur Annahme verstellt und gegen drei Stimmen angenommen. Es stimmten nämlich Superintendent Cronie, v. Honstedt und Sermes gegen das Gesetz, Letzterer weil das Cap. 5 die Freiheit und Verfassung der katholischen Kirche afficire; Lüntzel, indem er die Gründe für und gegen das Gesetz zusammenstellte, sprach sich für dasselbe aus. Bei der zweiten Abstimmung über das Ganze motivirten Crome und v. Honstedt ihre Vota. Ersterer, dessen Votum in der Hannoverschen Zeitung 1833 p. 611 abgedruckt ist, war hauptsächlich wegen des beibehaltenen Zweicammersystems und der Composition der ersten Cammer, welcher der Regierungsentwurf bei weitem vorzuziehen sei, gegen das Gesetz, zumal die Erfahrung gerade bei Berathung dieses Gesetzes ergeben habe, wie das Ausgleichungsmittel zwischen zwei Körpern und Willen der obigen Composition, die Conferenzen, zu einem vernünftigen Ziele nicht geführt hätten. Er wünschte, daß das Cap. VI. noch einmal zur Berathung vorgelegt werde.

v. Hondstedt, dessen Votum l. c. p. 578 abgedruckt ist, fand gleichfalls das Grundübel der Verfassung in dem, dem Lande 1819 aufgedrungenen Zweicammersysteme, das jetzt legalisirt und grundgesetzlich festgestellt werde und in der Composition erster Cammer, der auch er den Regierungsentwurf weit vorzog. Das System, sagte er, erhält in Trennung und immerwährendem Zwiespalt: die großen und berechtigten Grundbesitzer gegen die kleinern und pflichtigen Grundbesitzer — die Begütertsten im Lande gegen die Minderbegüterten — den Adel, gegen den Bürger und Bauernstand — diejenige Classe, die im Besitze der wichtigsten Staatsämter und im Genusse der Herrschaft ist, gegen das regierte Volk. In dieser Trennung erkannte der gesunde Sinn des hannoverschen Volks schon längst die Quelle seiner Leiden; sie erscheint in mannichfacher Hinsicht von unausbleiblich übeln Folgen für das Gesammtwohl des Staats. Das bisher bestandene, so complicirte und so überaus kostspielige System der Staatsverwaltung erschöpft den gesunkenen Erwerb der Nation und untergräbt deren Wohlstand. Eine gründliche Abhülfe dieses so tief eingerissenen Uebels ist bei jener Trennung der Vertreter des Landes niemals zu hoffen. Denn vor allen in dieser wichtigen Angelegenheit stehen die Interessen desjenigen Standes, der in erster Cammer vertreten wird, denen des Bürger- und Bauernstandes am schroffsten entgegen. Jene Trennung wird zur unversiegbaren Quelle des innern Zwiespaltes der bürgerlichen Gesellschaft; der leidenden Menschheit wird der ersehnte innere und äußere Frieden, dieses unentbehrliche Element des Glücks und der Zufriedenheit, nicht gewährt, sondern ein Zustand des gegenseitigen Mißtrauens und der Unbehaglichkeit erhalten, der, wenn äußere Veranlassungen hinzukommen, wie die Geschichte aller Zeiten und selbst die jüngste unseres Vaterlandes lehrt, gar leicht zu gewaltsamen Katastrophen führt. Die Uebel der Trennung der Vertreter der Stände in zwei Cammern werden vermehrt durch die strenge Consequenz, womit das Princip der Gleichheit der Rechte dieser beiden Cammern durchgeführt, und somit jede active Kraft und selbstständige Wirksamkeit der einzelnen Cammern gelähmt ist. Diese gänzliche Machtlosigkeit der einzelnen Cammern wird vervollständigt durch die Bestimmungen des § 19 des Capitel 7, wodurch dem Lande das alte wohlbegründete ständische Volksrecht, die Verwendung der Steuern nach eigenem freien Ermessen zu bewilligen, entzogen und jeder einzelnen Cammer, so wie beiden Cammern zusammen, auch ihre negative Kraft und ihre wahre politische Bedeutung genommen wird. Dieses, die politische Bedeutung der ständischen Vertretung vernichtende System wird wiederholt in den Provinziallandschaften mit zwei Curien, gleichen Rechten und entgegenstehenden Interessen. Die einzige, noch übrig bleibende ständische Wirksamkeit, hinsichtlich der Gesetzgebung, wird theils schon an sich durch das, jeder wesentlichen Veränderung des bestehenden Zustandes hem-

mend in den Weg tretende Zweicammersystem, theils durch die zweckwidrigen
Beschränkungen der activen und passiven Wahlfähigkeit, in einem Grade pro-
blematisch, daß das ganze ständische Institut nun seinen wahren Werth für
das Wohl des Landes verliert, und dem Unbefangenen als ein Hemmrad
der Wirksamkeit einer thätigen und wohlwollenden, dem civilisirten Lande
und dem aufgeklärten Zeitalter, dem wir angehören, entsprechenden Regierung erscheint. — So viel Wahrheit in diesen Worten ist, so verkannte
v. Honstedt doch das Eine, worauf alles ankam, daß unter den gegebenen
Umständen ein anderes und besseres Staatsgrundgesetz nicht zu erreichen war
und daß dieses Gesetz dem bisherigen Zustande bei weitem vorzuziehen war.
Wir verweisen in dieser Beziehung gerade auf das in Beilage VI. abgedruckte
Votum Christiani's. Zu einem Eincammersysteme, wie es Hannover genützt
haben würde, d. h. ohne Vorwiegen des adligen Elements, und mit gerechter Vertheilung, konnte man nur kommen auf dem Wege der Octrovirung, niemals auf dem Wege einer Vereinbarung mit erster Cammer. Hätte
Wilhelm IV. 1831 eine derartige Verfassung ohne ständische Mitwirkung
erlassen, so möchte es möglich gewesen sein, den seit 1819 gleichfalls octrovir-
ten Zustand der Form der provisorischen Ständeversammlung wieder zu nähern. Aber ob durch einen solchen Schritt 1831 das Richtige getroffen
wäre, ob man nicht eine Cammer geschaffen hätte, die entweder ganz Werkzeug der Aristokratie, oder Spielball der Regierung gewesen wäre, steht sehr
dahin. Die Stände von 1831 wollten auch von einem solchen Experimente
nichts wissen, sie wollten ein vertragsmäßiges Grundgesetz und das jetzt
durch Cammerbeschlüsse vollendete drückte den Willen der Majoritäten beider
Cammern aus; es war so gut als damals möglich.

Wir haben die Entstehung des Staatsgrundgesetzes sorgfältig und gewissenhaft verfolgt und dürfen nun an jeden Unbefangenen die Frage richten, ob diejenige Schilderung der Entstehung des Staatsgrundgesetzes der
Wahrheit gemäß ist, welche die Königlich Hannoversche Regierung in ihrer
Erklärung vom 27. Juni 1839 dem Bundestage gegeben hat, ob von Unten nach Oben „mit frecher und ungestümer Hast getrieben war", ob in der
zweiten Cammer „die Sprache der Revolution mit schamlosem Uebermuthe
sich vernehmen ließ", ob es wahr ist, daß „kein Mittel unbenutzt blieb, der
ständischen Gewalt das Uebergewicht über die Regierung zu gewinnen." *)
Wir haben von dem Allen in den ständischen Verhandlungen nichts gefunden,
aber wir müssen auch eine andere Behauptung als mit den Acten nicht übereinstimmend bezeichnen, welche sich in der unterthänigsten Denkschrift in Beziehung auf jene Erklärung findet **) dahin: „daß die äußersten Mitglieder der Opposition kein Grundgesetz gewollt hätten, daß ihr Streben vom
30. Mai 1832 bis zu Ende dahin gegangen sei, den Landtag zu sprengen,
daß sie gegen das Staatsgrundgesetz votirt." Von einer solchen Partei ist
nach den ständischen Mittheilungen keine Spur zu finden. Das Staatsgrundgesetz wurde gegen drei Stimmen angenommen und diese drei, Crome, v. Honstedt und Dr. Sermes, bildeten keine Partei, sondern standen zum Theil
auf ganz entgegengesetztem Standpunkte. Auch diejenigen Mitglieder der Op-

*) Hannov. Portfolio II. S. 180.
**) Hannov. Portfolio II. S. 314.

position, welche schon 1831 mit dem Stüve'schen Antrage, daß das Staats=
grundgesetz auf dem bestehenden Rechte beruhen solle, unzufrieden waren und
die dasselbe lieber ihrer Theorie nachgebildet hätten, ließen diese Opposition
fallen, als es sich in der Schlußabstimmung um Annahme oder Nichtan=
nahme handelte.

Neben dem Staatsgrundgesetze war den Ständen auch durch P. S. vom
30. Mai ein neues Reglement vorgelegt, das schon durch die künftige Oef=
fentlichkeit der Verhandlungen unter Zulassung von Zuhörern bedingt war.
Eine Anzahl §§ waren ihrer besonderen Wichtigkeit wegen in das Staats=
grundgesetz selbst aufgenommen. Der Entwurf hielt sich in der Hauptsache
an das alte, dem englischen Vorbilde entnommene Reglement, hielt nament=
lich den Unterschied zwischen berathenden Sitzungen, in denen der General=
syndicus, und förmlichen Sitzungen, in denen der Präsident präsidirte, auf=
recht, entschied einige wenige Controversen der Cammerpraxis gemäß.

Die Stände erklärten sich im Wesentlichen mit dem Entwurfe einver=
standen, behielten, bei Ablehnung des Regierungsentwurfs hinsichtlich der Com=
position erster Cammer, die Freiwilligkeit des Erscheinens der sämmtlichen
Mitglieder erster Cammer bei, nahmen strengere Vorschriften hinsichtlich der
Beurlaubungen an, sprachen sich über die Nothwendigkeit der Beziehung von
Diäten und Reisekosten für die auswärtigen Deputirten aus.

Eine wesentliche Verbesserung erhielt der § 43, indem man in Gemäß=
heit der in dieser Diät gemachten Erfahrungen festsetzte, daß keine Cam=
mer den Antrag der anderen auf eine Conferenz behuf Ausgleichung abwei=
chender Beschlüsse ablehnen könne. —

Diejenigen Aenderungen, welche im Laufe der Diät, hinsichtlich ausschei=
dender und neu eintretender Deputirter vorkamen, sind in der Anlage I.
am Schlusse erwähnt. Es verdient noch bemerkt zu werden, daß der bisherige
Generalsecretair Oehlrich im Anfang der Diät als Landdrost nach Aurich ver=
setzt wurde und an seiner Stelle der jetzige Generalsecretair Merkel gewählt
wurde.

Viertes Capitel.

Ablösungsordnung; Bundesbeschlüsse; Göttinger Gefangene; Budget für 18³²/₃₃;
Herabsetzung des Militairetats; Branntweinsteuer; Anträge wegen einer Gewerbe=
und Hauftrordnung; Aufhebung von Zwangs= und Bannrechten; wegen einer allge=
meinen Hypothekengesetzgebung; gegenseitiger Gewährung von Rechtshülfe in Civil=
sachen von Seiten deutscher Bundesstaaten u. s. w.; Besteuerung des Harzes;
Verbesserung der Volksschullehrer; Cavalleriebequartirung, ständischer Beschluß vom
15. März; Landescconomiewesen; Mittheilungen der Regierung über Reduction und
Formation des Militairs; Budget für 18³³/₃₄, erstes halbes Jahr; Absicht der
Regierung die Stände im Herbst nochmals zu berufen; Vertagung.

Hinsichtlich der Ablösungsordnung hat Steinacker in seinem Aufsatze Han=
nover im 6. (erste Ausgabe 7.) Bande des Welcker'schen Staatslexikons, einem
Ausspruche des Artikels Hannover im Conversationslexikon der Gegenwart fol=
gend, der wahrscheinlich von ihm selbst herrührt, gesagt: „zugleich benutzte
man die nach der alten Ordnung gewählten Stände, noch ein Ablösungsgesetz

durchzubringen, und dies kam auch, freilich den Erwartungen derjenigen, welche von dieser wichtigen Operation vor allem eine gerechte Erleichterung der Lage der Pflichtigen erwartet hatten, wenig entsprechend, wirklich zu Stande." — Dieses Urtheil, das später öfter wiederholt ist, leidet in jeder Beziehung Mangel an Sachkenntniß. Die neue Ordnung der Stände selbst war nach dem Staatsgrundgesetze so wenig anders, daß man von den neuen Cammern sich kaum ein günstigeres Resultat versprechen konnte; in der That waren denn auch die Wahlen von 1833 viel mehr zu Gunsten der Regierung ausgefallen, als die von 1831. Außerdem aber drangen die Stände auf Vorlage der Ablösungsordnung, und waren diese Cammern, welche die Principien des Gesetzes vom 10. November 1831 berathen hatten, weit eher im Stande, das Ausführungsgesetz selbst zu vollenden, als andere Stände, von denen man nicht wußte, wie sie ausfallen würden. Hätte man die Berathung der Ablösungsordnung nicht so beeilt, so wäre es sehr fraglich gewesen, ob 1834 das Ablösungsgesetz überhaupt noch zu Stande gekommen wäre. Außerdem haben sich in materieller Beziehung die Pflichtigen selbst nie beklagt, sondern das Gesetz als größte Wohlthat anerkannt.

Als der Ministerialentwurf der Ablösungsordnung mit Schreiben vom 16. August den Ständen überreicht war, stellte Stüve in zweiter Cammer den Antrag, eine gemeinschaftliche Commission von 7 Mitgliedern aus jeder Cammer zu wählen, um diesen Entwurf zu prüfen und zugleich Vorschläge zur Vereinfachung der Berathung des 350 Paragraphen umfassenden Gesetzes zu machen. Die erste Cammer lehnte diesen gewiß zweckmäßigen Vorschlag ab und war erst durch eine Conferenz zur Annahme zu bewegen; sie wählte am 8. September als Mitglieder dieser Commission die Herren: J.=R. v. Wangenheim wegen Calenberg=Grubenhagen, O.=A.=R. Graf v. Kielmansegge wegen Lüneburg, A.=R. v. Reden wegen Hoya und Diepholz, H.=G.=Ass. v. Lütcken wegen Bremen und Verden, G. Rath v. Schele, und da dieser ablehnte, O.=H.=G.=Ass. v. Bar wegen Osnabrück, Amtmann v. Wallmoden wegen Hildesheim, Graf v. Knyphausen=Herrenbehr wegen Ostfriesland.

Die zweite Cammer wählte: v. Hobstedt, Stüve, Stafshorst, Amtsschreiber Stromeyer, Freudentheil, Sermes, Klenze. Die Commission begann ihre Arbeiten sofort und beendete dieselben in 26 Sitzungen, so daß am 25. October die gedruckten Commissionsvorschläge den Cammern vorgelegt werden konnten. Die Vorschläge zur Abkürzung des Verfahrens, welche die Commission machte und die zweite, nicht aber die erste Cammer, annahm und befolgte, haben sich zweckmäßig erwiesen, so daß sie mit geringer Modification später in die Geschäftsordnung aufgenommen werden konnten. Bei der ersten Berathung sollten nämlich nur Ansichten ausgesprochen, keine Anträge gestellt werden, in zweiter Berathung Anträge nur schriftlich eingegeben werden, während man sich in der dritten Abstimmung aller neuen Anträge enthalten solle; wohl sollte die Wiederholung und Modificirung früherer Anträge hier zulässig sein. Es ist nicht am Orte hier weitläuftiger in die Verhandlungen dieses Gesetzes einzugehen, bemerkt sei nur, daß am 5. November die Bauern und ihre Vertreter, Dr. Lang, Klenze, unter Beistand von Lünkel, Freudentheil u. a. den Versuch machten, gegen den im Gesetze vom 10. November 1831 festgestellten Grundsatz der Capitalisirung zum 25fachen Betrage eine solche zum 20fachen durchzusetzen, mindestens bei herrschaftlichen Meiern. Der Versuch wurde nur mit 2 Stimmen Mehrheit abgelehnt. Ebenso wurde, um diesseits zu weiterer Verzögerung der Ablösungsordnung keine Veranlassung zu geben, der Antrag des A.-A. Schrader die aus der Leibeigenschaft herrührenden Gefälle: des Sterbefalls, Besthaupts, Baulebung, Freibriefe und Ehecontracts-gelder ohne Entschädigung aufzuheben, mit 44 gegen 5 Stimmen verworfen.

Nach der Berathung in beiden Cammern stellten sich mehrere hundert Differenzen heraus, zu deren Ausgleichung eine Commission von 3 Mitgliedern jeder Cammer gewählt wurde. Die erste Cammer wählte: G.-M. v. Schele, H.-G.-A. v. Borries, A.-A. v. Marschalck, (A.-R. v. Prestel). Die zweite: Stüve, Christiani, Dr. Lang. Die Conferenz kam seit Weihnachten fast täglich zusammen, war aber erst Ende Januar im Stande ihre Vorschläge vorzulegen. Obwohl nun die zweite Cammer mit möglichster Zurücksetzung der eigenen Meinung die Conferenzvorschläge annahm, um nur zu Ende zu kommen, befolgte man in erster Cammer ein entgegengesetztes Princip, man lehnte ab und suchte hinzuzögern, gleichsam, als ob man vom Zufalle oder von der Regierung eine Hülfe erwarte. Auch neue Conferenzen führten nicht einmal in der Conferenz selbst zu Resultaten, da die Mitglieder erster Cammer statt nachgiebiger zu werden, hartnäckiger wurden.

Als endlich Mitte Februar die Sehnsucht, der Diät nun bald ein Ende zu machen, immer allgemeiner wurde, als in zweiter Cammer Stüve laut wurde und sich über das Verhalten erster Cammer beklagte, scheint die Regierung endlich ihre Einflüsse in erster Cammer aufgeboten zu haben und es kam am 9. März durch Annahme der letzten Conferenzvorschläge von erster Cammer bei namentlicher Abstimmung von 19 gegen 9 Stimmen auch dieser Gegenstand zur Erledigung.

Der Bundesbeschluß vom 28. Juni wurde durch Verordnung vom 14. Juli 1832 auch in Hannover publicirt, an demselben Tage, da dies geschah, brachte Christiani den von vielen Seiten unterstützten Antrag in die Cammer: „gegen diesen Bundesbeschluß, insofern derselbe die Verfassung des Landes, die Rechte des Königs, der Stände und des Volks verletzende Bestimmungen enthalte, sofort feierlichst zu protestiren, so wie Se. Königl. Majestät um Vertretung der Rechte des Landes und für jene Protestation beim Bundestage zu bitten.“

Die erste Antwort darauf war ein Schreiben der Königl. Regierung an die Stände vom 16. Juli, in welchem dieselbe erklärte, daß Se. Majestät aus Achtung vor der Reichsverfassung keinen Anstand genommen habe, Maßregeln Ihre Unterstützung zuzusagen, welche von Ihren hohen Mitverbündeten als nothwendig in Antrag gebracht, um dem Bunde, wie den einzelnen Regierungen diejenige Kraft zu erhalten, welche zu Erfüllung ihrer Bestimmung erforderlich und geeignet sei, größerm Uebel zu begegnen.

Den Ständen ward dann in Beziehung auf die Verhältnisse und Rechte des Bundes, die unter den gegenwärtigen Umständen erforderliche Vorsicht und Discretion anempfohlen, damit dem Präsidenten erleichtert werde die ihm hierunter obliegenden Verpflichtungen mit gewissenhafter Sorgfalt wahrzunehmen.

Die erste Cammer nahm in der Sitzung vom 18. Juli den Antrag, dies Schreiben lediglich zu den Acten zu nehmen, mit großer Majorität an. Die Gründe dafür waren: es liege eine Nothwendigkeit zu den Bundesbeschlüssen vor und dieselben enthielten nichts, die Verfassung oder Rechte des Landes Verletzendes. Der Antrag auf ein Bedauern Sr. Majestät gegenüber, daß in mehren deutschen Staaten Vorfälle von so beunruhigender Art sich ereignet, daß dadurch jene Beschlüsse als gerechtfertigt erscheinen könnten, mit der Hoffnung, daß Se. Majestät nie zugeben werde, daß zu irgend einer Zeit in Beziehung auf Hannover jenen Beschlüssen eine Deutung gegeben werde, durch welche die hergebrachten verfassungsmäßigen Rechte des Landes verletzt sein könnten, wurde abgelehnt.

Die zweite Cammer beschloß dagegen in einer vertraulichen Sitzung vom 21. Juli, in welcher der Gegenstand nach der Hannoverschen Ztg. mit großer Ruhe, Besonnenheit, Mäßigung und Kraft erwogen, das Schreiben an eine gemeinschaftliche Commission beider Cammern zu verweisen. Dieser Beschluß wurde am 23 Juli nach dreistündiger vertraulicher Debatte, in der es stürmischer zugegangen sein soll, wiederholt, und zugleich bestimmt, daß die Commission auch in Erwägung ziehen solle, in wie weit die Erfüllung des Art. 19 (Handel, Verkehr, Schifffahrtseinigung) der Bundesacte mit zu berücksichtigen sei. Auf Freudentheils Antrag wurden derselben am 1. August auch die Bundestagsbeschlüsse vom 5. Juli überwiesen, um zu erwägen, ob und was in Ansehung derselben von den Ständen zu unternehmen sei.

Die zweite Cammer wählte auch Christiani, Stüve, Rose und Freudentheil zu Commissionsmitgliedern; die erste Cammer G.-R. v. Schele, O.-A.-R. Graf v. Kielmansegge, Cam. v. Wallmoden, Freiherr v. Hammerstein-Equord. Es war vorher zu sehen, daß diese Commission nicht für einen Protest gegen die Beschlüsse stimmen würde, man brachte es daher nur zu einer Antwort an Königl. Ministerium in Form einer Petition, welche mit vieler Umschreibung die Bundesbeschlüsse auf eine solche Deutung beschränkten, wodurch die ständischen Rechte aufrecht erhalten wurden. Zugleich war die Hoffnung auf endliche Erfüllung der Verheißungen des Art. 19 erwähnt. Die Mitglieder erster Cammer behielten sich vor, daß, wenn das Schreiben in vorgelegter Maaße von zweiter Cammer nicht angenommen werden solle, die erste Cammer dann auch nicht weiter gebunden sei.

Obwohl sich nun in erster Cammer verschiedene Stimmen erhoben, welche meinten: „jede Untersuchung der Beschlüsse sei bedenklich und gefährlich, Jeder müßte das Gefühl haben, daß es in Frankfurt eine höchste Gewalt gebe; dies Gefühl gehe verloren, sobald man annehme, daß Unterthanen das Recht haben, solche Beschlüsse zu beurtheilen, und wenn man frage, ob man auch schuldig sei, sie zu befolgen", welche also für Bundesbeschlüsse beinahe religiöse und infallible Auctorität in Anspruch nahmen, und andere, welche in der Antwort eine Beleuchtung der Bundesbeschlüsse fanden, die auf ein anmaßliches Auslegen derselben hinausgehe, so theilte doch die Majorität die Meinung der Mitglieder der Commission, welche erklärte, die Erwiederung könne weder dem Bunde noch der Regierung unangenehm sein, und nahm dieselbe am 18. August an. Das projectirte Erwiederungsschreiben findet man pag. 1446 der Hannov. Ztg.

Am 25. August referirte nun Stüve ausführlich über den Gang der Commissionsverhandlungen, und rieth zur Annahme des Antrags, obgleich er einer bestimmt gefaßten Erklärung den Vorzug gegeben haben würde. Christiani und Freudentheil, welche in der Commission dissentirt hatten, legten

die Gründe für diesen Dissens ausführlich vor, indem sie durch die Bundesbeschlüsse die Verfassung des Landes verletzt erachteten; auch die Folgerungen,
welche daraus gezogen werden müßten, beeinträchtigten die Verfassung. Beide
waren auch gegen eine ausdrückliche Anerkennung der Heilsamkeit des deutschen Bundes „da man die Segnungen desselben höchstens schweigend zu erwarten habe.“ — Wolle man etwas Rechtsbeständiges thun, so könne solches
nur in einer Verwahrung gefunden werden, die er beantrage. Rose sah
die Bundesbeschlüsse nicht für gefährlich an und vertheidigte die Nothwendigkeit derselben. Kein Staat habe sich ihnen entziehen können, ohne den
Zerfall von Deutschland herbeizuführen. Er rieth zur Annahme, da es besser
sei, die vorliegende Erklärung zu beschließen, als nichts zu thun. Er erklärte zugleich, daß die Hannoversche Regierung bei dem Bunde den Antrag
gestellt, zur Ausführung des Art. 19 zu schreiten, überhaupt jetzt nun auch
die Punkte zu berücksichtigen, welche zum innern Wohle Deutschlands gereichen möchten. Theodor Meyer, der zunächst für die Verwahrung stimmte,
machte den eventuellen Antrag, neben jener Erklärung bei der Regierung
auf eine Versicherung des Königs dahin anzutragen, daß durch die Bundesbeschlüsse die verfassungsmäßigen Rechte der Stände nicht haben verletzt werden
sollen. Dieser Antrag erhielt, nachdem der Antrag Christiani's in der Minorität geblieben, mit 36 gegen 20 Stimmen Annahme.

Die erste Cammer lehnte den Meyerschen Zusatz zu der Erklärung ab,
und als zweite Cammer hierauf auf eine Conferenz antrug, lehnte dieselbe
auch diese Conferenz ab. Die erste Cammer hatte also nicht nur das Mittel
in jeder Conferenz auf ihrem Kopfe zu beharren, nein zu sagen, sondern
es stand ihr auch das eclatantere Mittel zu, jeden Versuch zu einer Vereinbarung durch Conferenzen, durch Ablehnung der Conferenzen selbst abzuschneiden, von welchem sie in diesem Falle durch einen am 3. September mit 14
gegen 13 Stimmen gefaßten Beschluß Gebrauch machte. Nun blieb zweiter
Cammer nichts übrig, als das Schreiben vom 16. Juli ohne Erwiederung zu
den Acten zu legen. Als dies nach vertraulicher Berathung am 6. September beschlossen war, brachte Christiani sofort einen Antrag ein, auf Niedersetzung einer Commission von 5 Mitgliedern zweiter Cammer, um zu erwägen, was bei gegenwärtiger Lage der Sache rücksichtlich der Bundestagsbeschlüsse vom 28. Juni zu thun sei. Dieser Antrag stand am 8. September
zur Berathung, wurde von Saalfeld bekämpft, weil man gestern (am 7. September) das ständische Bewilligungsrecht aufgegeben, also durch Bundestagsbeschlüsse nicht mehr gefährdet werden könne, von Freudentheil, v. Bobungen,
Nolte, Lang, Klenze, Sermes jedoch unterstützt und gegen Rose und Stüve,
der eine Commission nicht für nothwendig, und da man daran schon so viele
habe, nicht mehr für wünschenswerth hielt. Lünzel hatte Recht, wenn er
von einer Commission nichts erwartete, da, wenn etwas Gutes aus ihr her-
vorginge, die erste Cammer doch nein sage. Er wollte, daß die Cammer
einfach und kräftig zu Protocoll protestire, das Einzige, was ihr nach dem
bisherigen Gange der Sache übrig bleibe. Der Antrag Christiani's wurde
indeß angenommen, auch am 10. September erneuert, allein es ist eine solche
Commission niemals gewählt und die Sache still zu Grabe getragen, wie
Rose es vorher gesagt hatte.

Der Advocat Gans in Celle hatte verschiedene Petitionen für die Oste-

röder und Göttinger Gefangenen eingereicht, um die Haftentlassung und Abolition durch die Stände befürwortet zu sehen. Als diese Angelegenheit am
28. Juni in zweiter Cammer zur Sprache kam, wurde die Sitzung eine der
stürmischsten in der Diät. Die Osteröder und Göttinger Gefangenen waren
ihrem ordentlichen Richter entzogen und einem commissarischen Gerichtshofe,
der Justizcanzlei zu Celle, überwiesen. Der Proceß war in der weitläufig-
sten Art angelegt, die geringfügigsten Thatsachen sollten juristisch constatirt
werden, während an jenen Tagen in Göttingen eine solche Aufregung, ein
solcher Wirrwarr geherrscht hatte, daß es unendlich schwer war, auch nur
einmal die eclatantesten Thatsachen festzustellen. Bei der großen Anzahl der
Verhafteten mußte die Folge dieser Behandlung der Untersuchung, mehr zu
suchen als zu finden war, nothwendig die sein, daß die Einzelnen nur in
großen Zwischenräumen zum Verhör gezogen werden konnten und daß eine
Dauer der Untersuchung von 7 bis 8 Jahren mehr als wahrscheinlich war,
wie sich später auch bestätigte. Die Verhafteten klagten außerdem über
Strenge und Härte in der Behandlung; während von Seite der Regierung
behauptet wurde, sie selbst zögen durch Leugnen und Querelen die Sache in
die Länge. Das ganze Land fühlte Theilnahme für dieselben, hatten sie
doch den Anstoß gegeben, daß das Regiment des Grafen Münster gefallen
und daß seit 1831 die Aussicht zum Bessern vorhanden war. Es hat sich
das Volk niemals ausreden lassen, daß es den Fortschritt hauptsächlich den
Unruhen in Osterode und Göttingen verdanke, welche den in England wohnenden Könige die Augen über das Regiment im Lande öffneten. Hatte
der Deputirte der Stadt Göttingen sich im Eifer für seine Stadtgenossen
und Wähler wohl hinreißen lassen, zu ihrer Vertheidigung mehr zu sagen,
als an diesem Orte zweckmäßig war, die Verhafteten als Patrioten und
Märtyrer darzustellen, so gab dies gewiß dem Deputirten der Universität,
Dahlmann, noch nicht die Befugniß, die Thaten derselben so schwarz zu
malen, als er that. Dahlmann sprach von Auflehnung gegen Alles was
unter den Menschen hochgehalten und würdig ist — während Einsetzung
eines Gemeinderaths, Bewaffnung und verschiedene Proclamationen die Thaten
der Göttinger ausmachten und gemeine Verbrechen in der Göttinger Woche
überhaupt nicht vorgekommen; er sprach von Verführung der studirenden
Jugend, Versuchen die bewaffnete Macht zu verführen, Bewaffnung gegen
die bewaffnete Macht u. s. w., während er doch selbst hätte wissen sollen,
wie viel von dem Allen was geschah auf die Burschlosität zu geben, und
wie eben diejenigen, welche als Anstifter bezeichnet waren, durch Elemente,
welche allein der Universität angehörten, weit über den ursprünglichen Zweck
der Bewegung hinausgerissen und die Studenten zum Theil weniger Ver-
führte als Verführer waren. Selbst Stüve, der sich sonst zum Vertheidiger
der Dahlmannschen Worte, die einen wahren Sturm erregten, aufwarf,
stimmte für eine Commission, an welche die Petitionen zu verweisen seien.
Zu dieser Commission wurden Stüve, Rose, Freudentheil, Dr. Christiani
und Syndicus Landvoß gewählt. Der Commission wurden die Petitionen
der Städte Lüneburg, Hildesheim, Stade, Diepholz u. s. w. für die Gefangenen gleichfalls zugewiesen. Dieselbe war indeß Ende Juli noch nicht
in Thätigkeit getreten, und erst, nachdem vielmals wegen ihrer Thätigkeit
interpellirt war, im October, wurde von dem Referenten Freudentheil die

Relation an den Correferenten Sandvoß abgeliefert, der indeß aus der Commiſſion trat und durch Nolte erſetzt wurde. Die Vorarbeiten waren im Januar zu Ende, dann circulirten die Acten; allein am 12. März theilte Freudentheil dem Hauſe mit, daß bis dahin der Zuſammentritt der Commiſſion noch nicht möglich geweſen ſei. Derſelbe fürchtete, daß die Sache zu Grabe getragen werden ſolle, und frage an, ob die Cammer über die Sache votiren wolle, ohne den Commiſſionsbericht erhalten zu haben. Die Cammer lehnte dies ab, und iſt die Commiſſion, in der die Anſichten ſo verſchieden waren, als Perſonen in derſelben ſaßen, wie Chriſtiani bemerkte, niemals zu einer Berichterſtattung gekommen.

Die Regierung that aber nicht wohl und nicht klug daran, daß ſie die Stimme des Volkes überhörte und die Betheiligten nicht begnadigte; das Volk ſah auch ſpäter, als 1838 das Urtheil erfolgte, in dieſem weniger Strafe als Rache.

Ueber ſonſtige Arbeiten und Anträge der Stände iſt noch folgendes zu berichten. Das Budget pro 18⁴⁴/₄₅ war den Ständen durch Poſtſcriptum 8 mitgetheilt und von dieſen an eine Finanzcommiſſion verwieſen von 3 Mitgliedern jeder Cammer, zu der Schatzrath v. Reden, G. Leg.-Rath v. Grote, Ritterſch.-Präſident v. d. Decken, Stüve, Breuſing, Schatzrath Eichhorn gewählt waren.

Die ſchon am 19. Juni eingebrachten Anträge dieſer Commiſſion wollten die Steuereinnahmen zu den veranſchlagten 3,458,459 Thalern bewilligt wiſſen für das ganze Jahr, den Ausgabeetat anlangend jetzt nur zum Zweck einer auf 6 Monate beſchränkten Bewilligung berathen. Zugleich wurde auf eine Verſtärkung der Commiſſion aus zwei Mitgliedern jeder Cammer angetragen, um namentlich die Prüfung des Ausgabeetats für das zweite Semeſter gehörig vornehmen zu können.

Die erſte Cammer hatte dieſe Anträge in erſter Berathung angenommen, bei zweiter Berathung erhielt der Antrag auf 6monatliche Bewilligung des Ausgabeetats Stimmengleichheit, 18—18, und wurde durch die Stimme des Präſidenten verworfen, und der Antrag auf einjährige Bewilligung mit 22 Stimmen angenommen.

In der zweiten Cammer wurde dagegen von Chriſtiani der Antrag geſtellt, auch die Einnahmen nur auf 6 Monate zu bewilligen, und obgleich Dahlmann darin verſteckt eine Steuerverweigerung fand und den Antrag ſehr heftig als unwirkſam, weil keine Erleichterung ſchaffend, als ungerecht, weil das Vertrauen ſtörend und als unpolitiſch bekämpfte, wurde derſelbe doch von großer Majorität angenommen und gegen die erſte Cammer aufrecht erhalten. Conferenzen halfen zu keinem Ziel, ſo wurde der Regierung durch Schreiben vom 31. Juni angezeigt, daß die erſte Cammer die Steuern auf ein Jahr, die zweite nur auf 6 Monate bewilligt habe, daß eine ſtändiſche Bewilligung daher nur auf 6 Monate vorliege.

Bei der Berathung der Steuern wurde in erſter Cammer der Antrag geſtellt und angenommen, der Regierung zu empfehlen, Vorſchläge über die Beſteuerung der Zeitungen zu machen. Der Zweck, das Land vor überflüſſigen Tagblättern zu bewahren, wurde dabei offen eingeſtanden. Auch der Antrag, „die Auctoren zu ſtempeln“, wurde gemacht, der Witz iſt uns unverſtändlich geblieben.

Bei dem Ausgabebudget war es zunächst der Militairetat, woran man Ersparungen wünschte; Saalfeld wollte Pläne vorgelegt wissen, wonach jährlich 400,000 Thaler erspart würden, so daß 1 Million blieb, denn höher war der Militairetat, der jetzt auf das Doppelte gestiegen, damals nicht — die Cammer nahm aber mit 58 gegen 8 Stimmen einen Beschluß an, welcher eine Ersparung von 100,100 Thaler bezweckte.

Die erste Cammer war gleichfalls der Ansicht, daß am Militairetat erspart werden könne und müsse, allein der Modus zweiter Cammer fand keine Zustimmung, weshalb denn das ständische Schreiben vom 22. August (A. St. IV. 9. pag. 700) also lautete: „In Ansehung der bedeutendsten Ausgabe der Landescasse, der Kosten des Militairetats, hat zwar eine Vereinbarung beider Cammern zu einem bestimmten Beschlusse bislang nicht erreicht werden können; beide Cammern sind aber gleichmäßig von der allgemein anerkannten Nothwendigkeit durchdrungen, daß erhebliche und namhafte Ersparungen in den Ausgaben des Militairetats, und deshalb ohne allen Aufschub zur Ausführung gebracht werden können und müssen, weil die bezüglichen Ersparungspläne durchaus unabhängig bleiben von dem Plane der Cassenvereinigung, der allgemein anerkannte große Nothstand des Landes aber überall keinem weiteren Bedenken mehr Raum läßt. Da nun Stände die völlige Unmöglichkeit einsehen, den bisherigen Beitrag ad statum militiae für die Folge zu leisten, und da eine Ausgleichung der obwaltenden Differenzen beider Cammern über diesen Gegenstand ohne Erfolg versucht ist, wiewohl beide Cammern in ihren Wünschen für den Zweck der Ersparung völlig einverstanden sind, und es um so mehr bedauern, daß sie sich in den Mitteln zur Erreichung jenes Zwecks bislang nicht haben vereinbaren können; so finden Stände in diesen zusammentreffenden Umständen um so dringender Veranlassung, Königliches Cabinetsministerium so inständig als möglich zu ersuchen, die so sehnlich erwarteten Ersparungspläne nunmehr binnen allerkürzester Zeit und jedenfalls so früh vorzulegen, daß Stände dadurch in den Stand gesetzt werden, noch im Laufe dieser Diät einen definitiven Beschluß über die nach solchen Plänen für das Rechnungsjahr 1. Julius 18 12/33 erforderlichen Summen zu fassen."

In demselben Schreiben drangen Stände auf Vereinfachung und Decentralisation der Civilverwaltung, wodurch sie auch eine Verminderung der Verwaltungskosten zu erzielen hofften. — Als man die ordentliche Prüfung des Ausgabebudgets für das zweite halbe Jahr beendigt hatte, waren beide Cammern darüber einverstanden, daß das ordinarium des Militairetats um 100,000 Thlr. herabzusetzen sei; sie bewilligten aber diese 100,000 Thlr. sofort nach Maaßgabe des Bedarfs im extraordinario, um keine Verlegenheiten herbeizuführen. Erwiderung vom 16. Febr. 1833. (A. St. IV. 13. pag. 946.)

Nicht ohne entschiedenen Widerstand von Seiten der Brennerei betreibenden Adeligen und Grundbesitzer war das am 1. Mai 1833 verkündete Gesetz über die Branntweinsteuer in den Cammern durchgegangen, welches statt der bisherigen Besteuerung nach dem Rauminhalte der Destillirapparate und nach der Dauer ihres Gebrauchs, die Versteuerung nach dem Rauminhalte der Maischbottige setzte. Auch wurde in der That die Steuer von 24 Quartier Maischbottigeraum von 12 Pfennige C.-M., wie die Regierung vorgeschlagen, auf 9 Pfennige herabgesetzt.

Durch Erwiderung vom 11. Juli wurde dem Ministerio die möglichste Beschleunigung einer allgemeinen Gewerbeordnung, einer Hausirordnung und eines Gesetzes wegen Aufhebung und Ablösung von Zwangs- und Bannrechten ans Herz gelegt und der Wunsch hinzugefügt, Sachverständige aus dem Gewerbsstande hinzuzuziehen; unter demselben Tage wurde der dringende Wunsch nach einem allgemeinen Hypothekengesetze, der noch heute unbefriedigt ist, erneuert, so wie der schon von der provisorischen Ständeversammlung ausgesprochene Wunsch nach einer allgemeinen Medicinalordnung.

Auf Schreiben vom 20. Mai 1832, wegen Uebergangs zu einem neuen Münzfuße, hatten Stände die Annahme des 21 Guldenfußes als sicherste und gründlichste Hülfe gegen die schon 1831 ihnen hervorgehobenen Uebelstände empfohlen.

Auf Langs Antrag vom 8. September wurde Königliches Ministerium ersucht, bei dem Bundestage dahin zu wirken, daß die Verpflichtung der deutschen Bundesstaaten zur gegenseitigen Gewährung der Rechtshülfe in Civilsachen förmlich ausgesprochen und anerkannt werde — ein Wunsch, der jetzt nach 27 Jahren noch immer unerfüllt geblieben ist.

Auf Antrag von Abides trugen Stände unter dem 4. October darauf an, daß die Beschränkung der Stellvertretungsdistricte auf je zwei Regimentsbezirke aufgehoben und die Stellvertretungsbefugniß über das ganze Königreich oder auf jeden dienstpflichtigen Hannoveraner ausgedehnt werde.

Auf Antrag des A.-A. Bening erneuerten Stände die Anträge von 1820 und 1821 wegen Aufhebung des Bösthaupts in der Grafschaft Bentheim.

Auf Antrag des Syndicus Oppermann aus Burtehude wurde darauf angetragen: daß unter Aufhebung der Generaldirection des Wasserbaues, die Geschäfte derselben, so weit sie sich auf die technische Leitung des Wasserbaues und die Angelegenheiten der Deich- und Strompolizei beziehen, den Königlichen Landdrosteien zugewiesen, und nähere Bestimmungen über die Grenzen der Einmischung der Techniker erlassen würden.

Auf Weinhagens Antrag wurde eine Revision der Sportelordnung, Herabsetzung der Taxe für Confirmationen und liquide Schuldsachen dem Ministerio empfohlen.

Durch Schreiben vom 22. November machten Stände das Königliche Ministerium auf das dringende Bedürfniß eines umfassenden, die Landentwässerung und Bewässerung, so wie Wasserstau und Vorfluth bei Mühlen betreffenden Gesetzes aufmerksam.

Auf Sandvoß Antrag, der eine ausführliche Debatte hervorrief, wurde beantragt: daß der Harz statt des bisher für Consumtions- und Eingangs-, Gewerbe-, Einkommen-, Besoldungs-, Personen-, Häuser- und Stempelsteuer gezahlten aversi von jährlich 5000 Thaler, diese Steuern, insbesondere Consumtions- und Eingangssteuer gleich den übrigen Landestheilen unterworfen und in das allgemeine Steuersystem vom 1. Juli 1833 an gezogen werde. Dabei wurde dem Ermessen der Regierung überlassen, bei der Personen- und Gewerbesteuer die beiden untersten Classen ganz cessiren zu lassen.

Im hohen Grade erfreulich war, daß die Stände nicht nur der Verbesserung des Volksschulwesens bei Cap. V. des Staatsgrundgesetzes Erwähnung thaten, sondern den gewiß großen Schritt freiwillig sich bereit zu erklären, eine Beihülfe von jährlich 5000 Thaler für die Dauer von 5

Jahren auf die Landescasse zu übernehmen, so fern das Ministerium die Ueberzeugung gewönne, daß es ohne solche Beihülfe nicht gehe und in so fern die Klostercasse nicht im Stande sein sollte, diese Beihülfe schon früher zu bestreiten. Sprachen Stände dabei auch aus, daß die Verbesserung der Schulen in der Regel Sache der Schulgemeinden bleiben müsse, so konnten sie doch in einzelnen Fällen die Dringlichkeit einer Beihülfe von Seiten des Staats nicht verkennen. Der Antrag war von Pastor Meyer ausgegangen und lautete ursprünglich entschiedener.

Unerledigt blieben die im Postscriptum 13 angeregten Steuer = und Zollverhältnisse. Es war zwar von beiden Cammern eine siebengliedrige Commission erwählt und wurden dieser eine große Anzahl Petitionen von verschiedenen Städten, Gilden und Einzelnen überwiesen; die Commission brachte es aber zu einem weiteren Antrage nicht, als sich einen landesherrlichen Commissair auszubitten, der ihr in der Person des Obersteuerraths Dommes zugewiesen wurde. Damals trat die Frage des Anschlusses an den preußischen Zollverein zum ersten Male Hannover nahe. Es mag bemerkt werden, daß die Petitionen aus den Küstengegenden, die dann in die schärfer zu controlirende Zollgrenze fallen würden, sich entschieden gegen den Anschluß aussprachen, während Kaufleute und Fabrikanten zu Osnabrück, Bramsche, Osterode und Einbeck schon damals solchen Anschluß befürworteten.

Man mußte im Jahre 1833 glauben, daß die noch heute unerledigte Frage der Cavalleriebequartierung der Hauptsache nach erledigt sei. Denn nachdem die Regierung den Ständen durch Schreiben vom 25. October 1832 (A. St. IV. pag. 779) ausführliche Mittheilungen über Bequartierung und Verpflegung der Cavallerie gemacht hatte, die noch immer sehr reichhaltiges und schätzenswerthes Material enthalten, und da sie zu durchgreifenden Maaßregeln nicht entschlossen war, vorschlug: „den Infanterieservice, so weit er von den Garnisonstädten getragen werden müsse, unter Verminderung der Gesammtsumme im Verhältnisse zu der Erleichterung, welche für das platte Land aus der Verminderung der Quartiersportionen hervorgehen werde, auf alle Garnisonstädte nach dem Fuße der directen Steuern und des Licents zu vertheilen; hinsichtlich der Cavallerie aber die in Osnabrück und Ostfriesland bestehenden Einrichtungen, mit unbedeutenden Aenderungen, auf die alten Provinzen auszudehnen, und zugleich alle bis dahin bestandenen Exemtionen sowohl von der Servicepflicht, wie von der Einquartierungslast in den Garnisonorten und in den Quartierständen aufzuheben, jedoch nicht nur den bisher Befreiten das Recht zur Ablehnung der Naturaleinquartierung zu belassen, sondern auch nach Umständen die in Osnabrückschen bestehenden Personalbefreiungen allgemein zuzugestehen,“ erklärten Stände in der Erwiederung vom 15. März 1833, daß in Gemäßheit der im Staatsgrundgesetze ausgesprochenen Grundsätze: die Prästationen der Landeseinwohner für die Truppen sowohl auf dem Lande, als in den Städten und Flecken, bald thunlichst und spätestens mit dem 1. Juni 1834 auf die allgemeine Landescasse übernommen würden, und ersuchten das Cabinetsministerium, hierauf bei Feststellung des Militairetats Bedacht zu nehmen. Die gemachten Propositionen wurden nur als einstweilige Aushülfe für 1834 genehmigt.

Eine ähnliche Erleichterung sollte aber auch den Garnisonstädten, durch

Abſatz an ſtädtiſchen Services zu Theil werden. Das war ein Beſchluß, durch welchen mit wenig Worten eine Laſt von etwa 300,000 Thalern auf das Budget gewälzt wurde, auf das Budget, welches zur Zeit noch an einem Deficit litt, zu deſſen Deckung die Stände durch Schreiben vom 16. Februar 1833 eine Anleihe genehmigt hatten.

Auf Webers Antrag hatte die zweite Cammer den Beſchluß gefaßt, Königliches Miniſterium zu erſuchen, vor Erlaſſung der neuen Gewerbeordnung auf dem platten Lande keine Conceſſionen zu ertheilen. Die erſte Cammer hatte dieſen Beſchluß abgelehnt, ein Conferenzvorſchlag wollte denſelben im Weſentlichen aufrecht erbalten, wurde aber von erſter Cammer abgelehnt, weil er von den Deputirten der Städte ausgegangen und den Intereſſen des platten Landes widerſtreite.

Ein von Weſterhauſen eingebrachter und von der zweiten Cammer angenommener Antrag auf Beſchränkung der Weidegerechtſame wurde von erſter Cammer abgelehnt, da die Sache vor die Provinzialbehörden gehöre.

Auf den Antrag von 1831, die Regulirung der bürgerlichen Verhältniſſe der Juden, hatte Königliches Miniſterium erwiedert, der ausgearbeitete Geſetzentwurf habe noch nicht vorgelegt werden können. Stände empfahlen bei Ueberſendung von 26 Petitionen die möglichſte Beſchleunigung der Vorlegung.

Eine Verbeſſerung des Landesöconomieweſens durch Aufhebung des Landesöconomiecollegii und Uebertragung der Geſchäfte deſſelben auf die Landdroſteien fand Beiſtimmung der Stände, von denen die desfallſigen Vorſchläge ausgegangen waren.

Das waren die hauptſächlichſten Arbeiten der Stände, und wir können jetzt zum Schluß übergeben, den Erſparungen und Vereinfachungen, welche das Miniſterium gegen das Ende der Diät verhieß.

Durch Schreiben vom 1. März, das Budget des Rechnungsjahrs 18³³/₃₄ betreffend, erklärte das Cabinetsminiſterium: es ſei die Abſicht des Königs, durch eine neue Organiſation der Armee eine jährliche Erſparung von 140,000 Thalern eintreten zu laſſen, außerdem aber die Cavalleriequartierſtände um 900 fl. g. Quartierportionen zu vermindern, wie auch eine Herabſetzung an Officierſervice und Grasgeldern eintreten zu laſſen. Dies bedeutende Reſultat ſollte durch eine veränderte Formation der Cavallerie und Infanterie bewirkt werden, welche erſtere aus 8 Regimentern zu 4 Schwadronen, auf 4 Regimenter zu 6 Schwadronen, die Infanterie aus 12 Regimentern zu 2 Bataillons künftig auf 16 Bataillons zu 5 Compagnien, wodurch etwa 100 Officiere erſpart würden, reducirt werden ſollte.

Die Erſparungen an der Civilverwaltung würden noch bedeutender ſein. Indeſſen ſei eine Vorlegung dieſer Pläne an die Stände zwar nicht gerade unmöglich, wenn man dieſelben vor Ablauf des Rechnungsjahrs noch einmal verſammeln wollte, allein damit ſeien verſchiedene Inconvenienzen verbunden, auch erfordere die Ausführung der jetzt berathenen Gegenſtände Zeit, namentlich müſſe das Staatsgrundgeſetz ſchleunigſt zu Ende geführt werden, weshalb eine ausnahmsweiſe Maaßregel beantragt werde, nämlich: daß mit einſtweiliger Ausſetzung des vollſtändigen Budgets für das ganze Rechnungsjahr, die jetzige Bewilligung für das halbe Jahr vom 1. Juli bis 31. December 1833 verlängert werde und dann im Herbſt bei Wiederverſammlung der

Stände, das vollständige Budget für 18³³/₃₄ nebst den Resultaten der Revision des ganzen Steuersystems und den darauf begründeten Entwürfen zu veränderten Steuergesetzen den Ständen vorgelegt werde. —

Die Regierung hatte also damals noch die Absicht, wie dies Rose bei der Verhandlung dieses Gegenstandes am 5. März offen aussprach, diese Stände im Herbst noch einmal zu berufen, theils um Differenzen und Anstände, welche sich etwa wegen des Staatsgrundgesetzes an höchster Stelle ergeben, auszugleichen, theils um das Budget prüfen und bewilligen zu lassen. —

Die Andeutung, daß solche Anstände in London noch erfolgen könnten, und mehrere andere Umstände verbreiteten einige Besorgnisse wegen Publication des Staatsgrundgesetzes, so wie darüber, daß die in dem königlichen Schreiben vom 11. Mai 1832 enthaltenen Versicherungen der Ersparung am Militair- und Civiletat erst 3 Jahre nach Publication des Staatsgrundgesetzes ins Leben gerufen werden sollten, die 3 Jahre, welche das Schreiben vorbehalte, also nicht vom 11. Mai datirten, — Besorgnisse, die durch Stüve einen Ausdruck fanden. Er hegte namentlich das Bedenken, daß wenn Stände unerwünscht vor Publication des Staatsgrundgesetzes noch einmal zusammenberufen würden, man noch das Budget von 1835 und 1836 werde bewilligen müssen, ohne auf die Ersparungspläne eingehen zu können. Wäre eine Zusammenberufung der gegenwärtigen Stände nothwendig und ohne Zweifel gewesen, so hätte man durch Niedersetzung von Commissionen, welche die Dinge vorbereiteten, helfen können. Stände durften sich aber von ihrem Standpunkte der Ansicht nicht hingeben, daß noch Communicationen wegen des Staatsgrundgesetzes nöthig sein würden, weshalb denn Stüve bloß den gründlich motivirten Antrag stellte: daß, falls im Herbst eine nochmalige Einberufung der Stände erforderlich sei, diese nicht später als am 1. October erfolgen möge, der die Annahme des Hauses fand.

Die erste Cammer, welche diesen Antrag verwarf, nahm denselben in der Conferenz an, freilich ohne die schärfere Begründung Stüve's und nachdem man statt 1. October, Anfangs Herbst gesetzt hatte.

Die ständische Erwiederung auf das Budgetschreiben, vom 13. März datirt, lautete nun dahin:

„Die Bewilligung der, für das laufende Rechnungsjahr festgestellten Budgetseinnahmen und Ausgaben ausnahmsweise auf das halbe Jahr vom 1. Julius bis 31. December d. J., jedoch unter dem vom Königlichen Ministerio gemachten Vorbehalte, hiemit zu verlängern, daß die in Folge der Discussion des, den Ständen demnächst zeitig und vollständig vorzulegenden Budgets, sowohl bei den Einnahmen, als bei den Ausgaben zu treffenden Modificationen noch im Laufe des kommenden Rechnungsjahrs der Landescasse zu Gute kommen."

Am 14. März hatte Kleuze den Antrag auf Vertagung gestellt, am 18. März versammelte man sich in der Erwartung dieser Vertagung, um die große Menge der Erwiederungsschreiben verlesen zu hören, welche noch an die Regierung abzulassen waren. Diese Sitzung, in der es wirklich noch einige Monita Christiani's zu erledigen gab, was durch Communication mit erster Cammer durch Präsidium geschah, dauerte 10 Stunden, von Nachmittags 1 Uhr bis Abends gegen 11 Uhr, weshalb die Hannoversche Zeitung es für ihre Pflicht hielt, die Namen derjenigen Cammermitglieder, welche in der ermüdendsten aller Sitzungen bis zu dieser Stunde ausgeharrt hatten, mitzutheilen, wie folgt: Abikes, Behne, Blumenhagen, Böttcher, Bruns, Christiani, Crome, Dahlmann, Dommes, Donner, Dürr, Ebert, Eichhorn, Erich, Freudentheil, Gruner, Harmes, Heye, Heyßle, Hortel, Hüpeden, Hübener, Lang, Lübbede, Lünkel, Matthäi, Pastor Meyer, Michaelis, Möllmann, Nolte, Oppermann, Perk, Rose, Rumann, Schrader, Sermes, Sluyter, Stordmann, Stromeyer, Stüve, Wedemeyer, Wiesenhavern, Wicht, von Zwehl. —

Der Präsident Rumann nahm mit herzlichen Worten Abschied. Die erste Cammer, welche am 18. März nur ungern dem Wunsche der zweiten folgte, Abends 7 Uhr noch einmal zusammenzutreten, erledigte die Schreiben gleichfalls 10½ Uhr Abends und trennte sich mit dem Rufe: Es lebe der König!

Fünftes Capitel.

Von der Publication des Staatsgrundgesetzes bis zur wirklichen Cassenvereinigung.

§. 1.

Die Reaction in Deutschland. Publication des Staatsgrundgesetzes. Abänderungen ständischer Beschlüsse. Wahlen. Zur Charakteristik zweiter Cammer. Bureauwahlen. Legitimation des von der Hoyaischen Ritterschaft gewählten Bürgerlichen zur ersten Cammer. Oeffentlichkeit Adresse und Acceptation des Staatsgrundgesetzes. Das Budget. Competenzconflictengesetz. Ersparungen am Militairetat. Das Münzgesetz. Die Diätenfrage. Criminalgesetzbuch. Antrag auf Creditanstalten behuf Ablösungen.

Nach dem Schlusse der Stände trat ein Ereigniß ein, welches, an sich beinah bedeutungslos, und nur erklärlich durch die Beschränktheit der Ansichten, welche den Studenten auf den kleinen Universitäten anerzogen wurden, für Deutschland sehr beklagenswerthe Folgen hatte: das so genannte Frankfurter Attentat vom 11. April 1833. Kaum hundert Studenten von verschiedenen meist süddeutschen Universitäten wollten den Bundestag in Frankfurt aufheben; die Constablerwache war erstürmt und es fehlte nicht viel, so wäre das Wagstück geglückt, Frankfurt in den Händen einiger Dutzend Studenten gewesen. Was dann weiter? Ob man einen deutschen Kaiser proclamiren wollte, oder blos Freiheit proclamiren, und darauf hoffte, daß ganz Süddeutschland zufallen würde, ob man von den französischen Republikanern Hülfe hoffte! die Acten schweigen noch heute darüber. — Was burschilöser Uebermuth, unpolitisches Verkennen der wahren Weltlage, Sucht sich hervorzuthun gewesen war, wurde als das schlimmste Zeichen für die Existenz einer im Finstern schleichenden Partei angesehen, und die deutsche Presse und die Universitäten mußten es zunächst entgelten; die Censur wurde strenger wie je, die Controlemaßregeln über Universitäten wurden verschärft, die Concessionen, die man den Ständen noch im vorigen Jahre gemacht hatte, zurückgezogen und beschränkt, das Paßwesen mit der rücksichtslosesten Härte ausgeübt.

In Frankreich hatte der große Bürgerkönig und Börsenheld die unbändigen Freiheitsgelüste zu dämpfen vermocht; er hatte seine Septembergesetze erhalten und war als der Mann gepriesen, der die Ruhe Europas erhalten habe. Die französischen Cammern folgten willenlos seinen Winken, die Charte erwies sich als eine papierene. Italien und Polen waren vollständig beruhigt. Gentz war 1832 gestorben, aber Metternich lebte noch und sein ganzes Streben ging dahin, nicht nur das revolutionaire System, sondern auch das Princip der Theilung der Gewalten, das Repräsentativsystem mit denselben Mitteln wie es seit 1817 versucht war, zu unterdrücken und die „gute Sache" zu fördern.

Das waren keine gute Zeiten für die Geburt einer Verfassung; denn die Winke und Rathschläge aus Wien, reichten sie auch nicht unmittelbar an das Ohr Wilhelms IV., so reichten sie doch nach Hannover, vielleicht ohne daß Rose davon nur eine Ahnung hatte. Die lange Zeit, die man auf die Berathung des von den Ständen motivirten Verfassungsentwurfs verbrachte, läßt sich nur durch das Dazwischentreten auswärtiger Einwirkungen erklären. Monat auf Monat verstrich, ohne daß man etwas von dem Staatsgrundgesetze hörte, endlich Anfangs October brachte die Gesetzsammlung das Publicationspatent, datirt Windsor Castle den 26. September (Anlage VIII.). Wir haben gesehen, daß die Stände von der Ansicht ausgingen, dasselbe würde so publicirt werden, wie es aus den Conferenz- und Cammerbeschlüssen hervorgegangen war. Rose selbst hatte erklärt, daß wenn der König noch Veränderungen belieben sollte, die Stände von 1832 nochmals würden zusammenberufen werden. Dennoch war nun eine Anzahl von Aenderungen, wenn auch wenig wesentliche, vorgenommen.

Die Stände hatten seit 1820 das Zustimmungsrecht bei allen denjenigen Landesgesetzen in Anspruch genommen, durch welche den Staatsbürgern eine Last auferlegt werden sollte. Ob ihnen ein weiteres Zustimmungsrecht zustehe, darüber konnte man streiten*). Die Aenderungen, die man vorgenommen, waren theilweise nur Redactionsänderungen, theils betrafen sie das Familienstaatsrecht und bedurften ständischer Genehmigung nicht, zum Theil waren ständische Anträge verworfen. Nach der von der Regierung geltend gemachten Ansicht, welche den Ständen ein weiter gehendes Zustimmungsrecht als zu Steuern absprach, war der König zu solchen einseitigen Aenderungen vollkommen befugt. Eine genaue Zusammenstellung und Beurtheilung dieser Aenderungen findet sich im Hannoverschen Portofolio I. Seite 225, außerdem erhellen dieselben aus den Anlagen VIII. und IX. Es erscheint zweifellos, daß die Regierung bei einseitiger Vornahme dieser Aenderungen von den Zweckmäßigkeitsrücksichten geleitet war, die Rose in zweiter Cammer anführte, und es ist kein Grund, an irgend eine Arglist oder einen Hintergedanken zu glauben. In den öffentlichen Blättern jener Zeit finden wir keine Spuren, daß diese einseitigen Abänderungen großes Aufsehen gemacht hätten, obgleich sie in den Kreisen der Führer von 1832 gewiß höchst ungern gesehen wurden, war doch im Allgemeinen die Geburt des Staatsgrundgesetzes selbst mit großer Gleichgültigkeit im Lande aufgenommen. An Festlich-

---

*) Vergleiche Reyscher, Zeitschrift für deutsches Recht II. S. 26.

leiten, wie sie vor wenigen Jahren in dem benachbarten Kurheffen zur Con=
ftitutionsbegründung ftattgefunden, dachte Niemand.

Es wurde nicht einmal in den öffentlichen Blättern auf die Wichtigkeit
des Staatsgrundgefetzes aufmerkfam gemacht; das Volk wurde nicht über den
eigentlichen Inhalt belehrt, noch viel weniger wurden die Dinge näher be=
fprochen, die zum Ausbau des Verfaffungswerks gefchehen mußten. Erft als
man das Staatsgrundgefetz bedrohte, brachten die Osnabrücker Unterhaltungs=
blätter Belehrungen über die Vorzüge deffelben vor dem Zuftande unter dem
Patente von 1819. Daß die liberale und conftitutionelle Partei es in der
Zeit von 1831 in Hannover nicht einmal zu einem Organe in der Preffe
gebracht hatte, war theils aus Zwiefpalt unter Liberalen und den Anhängern
Stüve's, theils aus gewohnter Misachtung der Macht der Preffe, theils aus
den Schwierigkeiten zu erklären, welche einer neuen Zeitung in Hannover in
den Weg gelegt waren, hauptfächlich beruhte es aber auch wohl in dem Mangel
jedes journaliftischen Talents im Lande. Es lag die Gleichgültigkeit, mit
der das Staatsgrundgefetz aufgenommen wurde, aber zu allererft in der Zeit
felbft, die, wie wir gefehen, eine Zeit der Reaction war. In einer folchen
Zeit pflegen eben die lauteften Schreier und Maulhelden die erften zu fein,
welche predigen: es kann jetzt ja doch alles nicht mehr helfen, wir müffen
uns duden und **beffere Zeiten** abwarten. Die große Menge, welche im
Schweiße ihres Angefichts ihr tägliches Brot verdienen muß, welche an die
eigene Familie, an die Zukunft der Kinder denkt, bedarf aber der beftän=
digen Anregung, wenn fie für öffentliche Dinge das Intereffe behalten foll.
Dazu fehlte aber zuerft die Freiheit der Preffe. Ein kleiner Kern Tüch=
tiger, welcher noch gegen die Reaction zu reagiren unternimmt, fteht
bald vereinzelt, verliert das Vertrauen zum Volke, dann zu fich felbft.
Gleichgültigkeit und Antipathie gegen alle öffentliche Dinge hatten fich auch
über dem Lande Hannover abgelagert, als das Staatsgrundgefetz publicirt
wurde.

Nicht einmal die Feinde des Staatsgrundgefetzes regten fich. Nur der
engere Ausschuß der Calenberg=Grubenhagenfchen Landfchaft fprach in einer
Eingabe an die Regierung fein Bedauern darüber aus, daß in dem Staats=
grundgefetze über die wefentlichften Rechte der Landfchaft, ohne fie deshalb
zuvor zu vernehmen, verfügt worden fei, und refervirte fich in diefer Be=
ziehung alle Rechte und Zuftändigkeiten, fowohl im Allgemeinen, als was
die Curieneinrichtung betreffe. Das gefchah aber fo ftille, daß das größere
Publicum erft nach vielen Jahren von diefem Schritte überhaupt etwas er=
fuhr. Waren die Provinziallandfchaften von der Nothwendigkeit ihrer eigenen
Reform überzeugt oder fühlten fie ihre eigene Nichtigkeit, oder wollten fie
nur den Zeitpunkt abwarten, wo die Regierung mit den Reformationsplänen
ihnen näher trete, um den Kampf gegen die allgemeine Gefetzgebung zu be=
ginnen? Daß diejenigen Männer, welche das Staatsgrundgefetz als ihre
Schöpfung betrachten mußten, welche darauf die Hoffnung einer gedeihlichen
Fortentwickelung Hannovers gründeten, wie Stüve, Th. Meyer, Freudentheil,
Bobungen, Keuffel, fo gar nichts thaten, um auch die Liebe des Volks für
diefes ihr Kind zu erweden, mag damit entfchuldigt werden, daß fie, die fo
lange durch ftändische Thätigkeit ihren Berufsgefchäften entzogen waren, zu=
nächft diefen wieder ihre Kräfte widmen mußten. Es läßt fich aber nicht

leugnen, daß in diesen Kreisen ein pedantisches Vorurtheil, eine gewisse Vor=
nehmthuerei gegen das Zeitungswesen gang und gäbe war.

In England sind es die Staatsmänner und Fachmänner selbst, welche die
Leiter schreiben, oder die Journalisten schreiben solche nach Besprechungen und
Anleitungen von ihnen; in Deutschland überläßt man das alles Literaten
und klagt dann hinterher über Ungründlichkeit, Theoretisiren u. s. w. Die
Hannover'sche Zeitung, möchte das Volk sie immerhin als Regierungsorgan
ansehen, hatte sich unter Pertz's Redaction eine große Verbreitung zu ver=
schaffen gewußt, sie wäre trotz alles Mangels an Leichtigkeit der Bewegung,
trotz der schwerfälligen und pedantischen Gelehrsamkeit, die man ihr auf
Schritt und Tritt ansah, der Ort gewesen, den man benutzen konnte und
mußte, um die Hannoveraner über das Staatsgrundgesetz selbst aufzuklären,
die Mißstände zu erörtern, welche durch Specialgesetze noch zu heben seien,
der Regierung für die zu erwartende Gesetzgebung gleichsam vorzuarbeiten.
Sie blieb aber still und stumm in dieser Beziehung, und Herr Magister Ley
suchte lieber nach französischen Anekdoten.

Die Stände waren durch Proclamation vom 26. September aufgelös't;
neue Wahlen wurden angeordnet und drei Verordnungen vom 9. October
1833, die Wahl der Deputirten der sechs Mannesstifter, die Wahl der
städtischen, und die Wahl der nichtritterschaftlichen Deputirten der Grund=
besitzer betreffend, in Folge ständischer Ermächtigung erlassen, regelten für
diesmal die Wahlen statt eines Wahlgesetzes.

Die Wahlbewegung war nur in wenigen Städten von einiger Bedeu=
tung. Es zeigte sich ein großer Mangel an geeigneten Persönlichkeiten.
Männer deren Namen über das ganze Land verbreitet waren, gab es wenige.
Es wurde der Regierung nicht schwer, an allen Orten, wo ihr der bisherige
liberale Deputirte unliebsam war, entweder einen Staatsdiener oder mindestens
eine genehme Persönlichkeit an die Stelle zu bringen. So wurde von Har=
burg, das mit dem Projecte eines Hafens schwanger ging, statt Dr. Erich's,
Baurath Mosengel, von den Hoyaischen Flecken statt des unbequemen
Christiani's. Justizrath Wiesen, von Nienburg der dringend empfohlene, in
Nienburg selbst gänzlich unbekannte Cammerconsulent Klenze, von den
Diepholzischen Flecken der Generalauditeur Reinele gewählt, in Alfeld statt
Weinhagen's, Oberjustizrath Jacobi. Auffallend war, daß die Bauern in
so großer Zahl Beamte wählten. Die beiden ersten Wahlbezirke der Calen=
bergischen Grundbesitzer wählten Beamte, eben so die Göttingenschen und
die Hohnsteinschen s. g. Provinzialstände; die Hoyaischen Freien wählten den
Amts=Ass. v. Trampe, die Hildesheimschen Grundbesitzer den Klosterrath v.
Lochausen und den liberalen Justizrath Lünzel, die Ostfriesischen Grundbesitzer
einen Assessor und einen Amtmann. Die Städte wählten zum größten Theil
ihre Bürgermeister und Syndiken. Christiani war nicht gewählt und trat
erst 1834 für Quakenbrück ein. So kam eine Versammlung zu Stande, von
der die Anlage X. nähere Kunde giebt. Es war eine Cammer von Beam=
ten, wie Louis Philipp sich dieselbe nicht besser wünschen konnte. — 34 Staats=
diener, 18 städtische Beamtete, 5 Advocaten, 5 Kaufleute und Fabrikanten,
4 Geistliche und 18 Grundbesitzer bildeten etwa die zweite Cammer. Rechnet man
Klenze nicht unter die Staatsdiener, sondern unter die Advocaten, so ändert
das wenig. Die Juristen und unter ihnen wieder die Staatsdiener über=

wogen alle übrigen Elemente des bürgerlichen Lebens in ganz unverhältniß-
mäßiger Weise. War es damals bei den Staatsdienern auch noch nicht dahin
gekommen, wie in späteren glorreichen Tagen, wo die Abstimmung eines Generalsecretairs in Gemäßheit seiner gewissenhaften Ueberzeugung seine Entlassung und Entfernung zu Folge hatte, durfte damals vielmehr jeder Staatsdiener seine Meinung frei äußern, auch wenn sie nicht mit der des Ministers
übereinstimmte, hingen doch namentlich der Opposition, die sich in erster
Cammer bildete, eine Anzahl jüngerer Hofgerichts- und Justizcanzleiassessoren
an, und stieß die Regierung in zweiter Cammer bei einzelnen Fragen sogar
auf eine Art Staatsdieneropposition, so waren diese Staatsdiener doch im
Großen und Ganzen von der Regierung abhängig und stimmten in den
meisten Principienfragen mit derselben.

Unter den Deputirten der Städte befand sich eine Mehrzahl tüchtiger
Juristen, aber außer Stüve kein Mann von staatsmännischem Blick; eben so
fehlte es an volkswirthschaftlicher Bildung und Einsicht in die Organisation
der Verwaltung. Kenntniß der so lange im Dunkeln gehaltenen Finanzen
wurde überall erst in diesem Landtage und zwar hauptsächlich nur von den
Mitgliedern der Finanzcommission erworben. Einsicht in die Verwaltung einer
Stadt genügt noch nicht zu der Einsicht in Staatsdinge, zu gesetzgeberischer
Tüchtigkeit; sie beengt vielmehr häufig den Gesichtskreis auf das Locale
und läßt was die eigene Stadt und Provinz nicht angeht, meist als gering
erscheinen. Auch erzeugt sich bei den Vertretern größerer Städte leicht eine
Ueberschätzung der eigenen Wichtigkeit, die sie ungeneigt macht, sich der Mei-
nung anderer unterzuordnen; sie legen bei ihrer Stimme das Gewicht der
Stadt, die sie vertreten, mit in die Wagschale, wollen auf alle Weise, durch
Wahlen in Commissionen u. s. w. honorirt sein und fühlen sich persönlich
verletzt, wenn eine andere Meinung als die, welche sie ausgesprochen
haben, siegt. Solche eitle Persönlichkeiten, wie z. B. der Magistratsdirector
Ebell für Göttingen war, sind dann leichte Beute der Regierung. Was
aber der Versammlung vor allem fehlte, das waren Männer, die wenigstens
eine Ahnung von der ungemeinen Kraftentwicklung hatten, der durch den
beinah gänzlich fehlenden Eigenhandel, durch industrielle Unternehmungen,
Hebung des Gewerbes und der Fabriken, Hannover fähig war. Man
glaubte allgemein, industrielle Unternehmungen nur durch Schutzzölle heben
zu können, glaubte, Hannover habe zum Eigenhandel keinen Beruf, weil an
seinen Grenzen, ja beinahe im Binnengebiet gelegen, zwei Welthandelsstädte,
Hamburg und Bremen, einmal da seien, und mit ihnen Concurrenz nicht
möglich sei. Aber man zog diese Städte nicht an sich, sondern sonderte sich
möglichst von ihnen ab, beging also einen doppelten Fehler. Zu einer
principiellen Opposition war in Hannover keine Veranlassung. Der Herzog
von Cambridge war beliebt, man traute ihm, wie dem König Wilhelm IV.,
nur das Beste zu und schob alles, was etwa Mißliebiges geschah, auf die
Einwirkung gewisser Umgebungen. Man konnte kaum sagen, daß Mißliebiges
geschah; das Uebel war aber, daß in vielen Dingen Nichts, alles aber
langsam geschah. Die Hannoverschen Beamten pflegten, wenn sie ein Rescript erhielten, in welchem ihnen von den oberen Behörden etwas „fördersamst" zu thun auferlegt wurde, zu sagen, oder mindestens zu denken,
fördersamst heißt längstens in einem halben Jahre, ja wohl gar in einem

Jahre; der verschärfte Befehl mit „unverzüglich" wurde interpretirt, als beiße das, mindestens in sechs Wochen, und folgte dann ein „Ange=sichts dieses" so glaubte der Beamte viel zu thun, wenn er die Auflage innerhalb acht Tagen wirklich erledigte. So ging es in allen Branchen des Staatsdienstes, namentlich auch der Justiz und am langsamsten wieder in der Consistorialjustiz. Eine Appellation, die nach dem Tribunale in Celle gelangte, ward schnell erledigt, wenn sie nach drei Jahren erledigt war. Das steckte selbst die Advocaten an. Verfasser hat Collegen gekannt, die es aussprachen, sie könnten gar keine Appellation rechtfertigen, wenn nicht die Frist abgelaufen sei, und die regelmäßig vor der Erledigung jeder Auflage um Restitution bitten mußten. Dieser Schlendrian, diese Energielosigkeit beim Handeln war der Hauptübelstand, über den man klagen konnte. Die Minister hielt man für schwach aber gutmüthig, desto größere Stücke gab man auf den G. C.=Rath Rose, der für die Seele des Ministeriums galt. Er hatte so häufig versichert, daß dasjenige, was man verfassungsmäßig ge=wahrt, ehrlich gehalten werden solle, daß ein Zweifel daran gar nicht auf=kommen konnte. Rose hatte ein Beschwichtigungstalent, das jede principielle Opposition schon an sich schwer gemacht haben würde. Opposition machte daher jeder Deputirte eigentlich nur auf eigene Hand, nach seinem indivi=duellen Standpunkte zu der eben vorliegenden Sache und das war denn ein Grund der Weitläuftigkeit der Verhandlungen. Parteien gab es nicht, das Wort war sogar verpönt; Dr. Lang machte es sogar noch 1838 der Cammer zum Vorwurf, daß sich sogar Parteien zu bilden anfingen. Nur ein einziger Punct war es, der einer Art von Opposition einigen Zusammenhalt gab, weil die unabhängigen Männer in der Cammer hier gemeinsame Grundsätze hatten. Es war dies das von 1831 herübergekommene Thema der Erspa=rungen in der Civil= und Militairverwaltung, das sich an die feste Versicherung des Königs von Windsor Castle den 11. Mai 1832 knüpfte, wonach Er=sparungen von 300,000 Thalern ins Leben gerufen werden sollten. Hätte man damit, wie bei vielen der Fall war, lediglich eine Steuererleichterung im Auge gehabt, so würde das die staatsmännische Einsicht der Opposition nicht hoch gestellt haben, dieses Anklammern an das Königliche Versprechen der Ersparungen hatte seinen tieferen Grund vielmehr in der Hoffnung, daß dessen Erfüllung nicht möglich sein werde ohne zu einer durchgreifenden Ver=einfachung der Organisation zu kommen. Man hoffte auf diese Weise nicht nur zur Aufhebung der getrennten Domanial= und Forstverwaltung, der getrennten Verwaltung der directen Steuern und des Cassenwesens, sondern namentlich auch zu einer besseren Organisation der Aemter und Gerichte, der Consisto=rien und Obergerichte, wo möglich zu einer Trennung der Administration von der Justiz zu kommen.

Ohne Parteien auch keine Führer. Stüve behauptete zwar, vermöge seiner von allen Seiten anerkannten überwiegenden Einsicht und Kenntniß, eine hervorragende Stellung, allein dieselbe war mit der eines Parteiführers nicht zu vergleichen, da er heute die für sich hatte, die morgen ihm ent=gegen stimmten. Leute von dem Ehrgeize des Dr. Lang vermochten sich Stüven nie unterzuordnen, sondern mußten immer in einer oft kleinen Mo=dification und Redaction ihr Recht behaupten. Ja Lang scheute sich nicht auf eine Sonderung von Stadt und Land hinzuarbeiten, wenn es galt, Stü=

vesche Anträge dadurch zu kreuzen und eigenen Anträgen die Majorität zu
sichern. Man suchte sich zwar am gemeinsamen Mittagstisch in Siemerings
Schenke (jetzt Römischer Kaiser) über einzelne Dinge und Fragen zu verstän=
digen, außerdem gab es aber keine Vorberathungen und Vorversammlungen.
Wohl aber gab es provinzielle Coterien, welche durch Concessionen abge=
funden werden wollten und unter diesen hielten namentlich die Bremenser
am festesten zusammen und unterstützten ihre Landsleute Freudentheil und
die beiden Lange in allen Puncten.

Eine auffallende Erscheinung ist die, daß in den fünf Diäten von 1833
bis 1837 nur einmal in zweiter Cammer auf namentliche Abstimmung an=
getragen ist, diese geschah aber in vertraulicher Sitzung. Es lassen sich daher
die Deputirten nach Kategorien beinah gar nicht sondern. Ein Centrum gab
es nicht mehr, Stüve wurde von Diät zu Diät weiter nach links gedrängt,
je mehr er an dem guten Willen der Regierung, die Grundsätze der Ver=
fassung wirklich ehrlich ins Leben zu führen, zweifeln mußte. Dr. Lang
zeigte dagegen mannigfache Geschmeidigkeit und Wechsel der Ansichten.

Erst als es sich in der Diät von 1837 bei Gelegenheit der Regulative
um die wichtigsten Principienfragen handelte, schien sich eine Partei um das
Votum dissensus des Kleeblatts Lang, Stüve, Lang bilden zu wollen,
allein die eintretenden Ereignisse störten diese Parteibildung.

Die neuen Cammern traten am 5. December 1833 zusammen. Der
Vicekönig Herzog von Cambridge eröffnete die Versammlung mit einer Rede,
in welcher er sagte: Gewohnt und entschlossen die ertheilten Zusagen offen
und redlich zu erfüllen, rechnet der König mit Zuversicht darauf, daß die
Liebe seiner Unterthanen und die kräftige Unterstützung der Stände ihm die
Ausführung im Geiste der Eintracht und des gegenseitigen Vertrauens er=
leichtern werden. Der höchste Wunsch des Vicekönigs selbst werde erfüllt sein,
wenn Regierung und Stände, in freundlichem Zusammenwirken, dem Lande
wie dem gesammten Deutschland bewiesen, daß sie das Gute nicht allein
gewollt, sondern auch zu erreichen verstanden haben. Es komme nicht darauf
an, daß geändert, sondern daß dauernd gebessert werde. Als Gegenstände
der ständischen Thätigkeit wurde das Lehnswesen erwähnt. Die Ausarbei=
tung einer Obergerichtsordnung sei angeordnet, die Revision der gesammten
Gerichtsverfassung werde Gegenstand sorgfältiger Erwägung sein. Der Zu=
stand der Criminalgesetzgebung fordere Abhülfe und sei die Berathung
des Criminalgesetzbuches um so wünschenswerther, als die Militair= und Po=
lizeistrafgesetzgebung davon abhingen. Das Hypothekenwesen bedürfe noth=
wendig der Verbesserung (auf die wir 1859 noch immer warten), zur Aus=
führung der Bestimmungen des Staatsgrundgesetzes, über die Rechte und
Verhältnisse der Provinziallandschaften und der Gemeinden seien Einleitungen
getroffen. Mit der Bearbeitung einer Gewerbeordnung sei die Regierung
beschäftigt. Die Formation der Armee sei vollendet und sollten die des=
fälligen Anschläge vorgelegt werden. Das Budget werde vorgelegt werden,
die Ersparungspläne für die Civilverwaltung seien in Arbeit begriffen.
Neben den wichtigen Arbeiten hätten die Stände noch die große Pflicht zu
erfüllen, von dem Rechte der öffentlichen Verhandlungen keinen Misbrauch
zu machen. Das Wesen der Staatsgesellschaft und die Verhältnisse zum

Teutschen Bunde führten Beschränkungen mit sich, welche ohne Gefahr nicht überschritten werden dürften. —

Den Ständen wurde daneben ein Schreiben Seiner Königlichen Hoheit und des Königlichen Cabinetsministeriums vom 5. December mitgetheilt, das Staatsgrundgesetz betreffend *), welches sich hinsichtlich der einseitig vorgenommenen wesentlicheren Aenderungen des Staatsgrundgesetzes auf das Publicationspatent bezog, die minder wichtigen Veränderungen aber als lediglich bessere Redactionen, welche dem wahren Sinne der Worte entsprächen, wie er von Regierung und Ständen wirklich beabsichtigt sei, zu rechtfertigen suchte. Die Stände schritten dann sofort zu der Bureauwahl.

Die erste Cammer wählte als Candidaten zur Präsidentur den Canzleidirector Grafen v. Kielmansegge, Generalseldzeugmeister d. d. Deden und Generalerbpostmeister Grafen v. Platen-Hallermund, von welchen Ersterer bestätigt wurde. Nachdem der zum Vicepräsidenten gewählte Graf v. Platen die Annahme abgelehnt, wurden Kammerherr v. Reden, Regierungsrath v. Pestel und Oberhofmarschall v. Wangenheim gewählt und davon der Erstgewählte bestätigt. Zum Generalsyndicus wurde der Drost v. Honstedt, zum Vicegeneralsyndicus der H.-G. Ass. v. Lütken erwählt.

Die zweite Cammer präsentirte zum Präsidenten den Stadtdirector Rumann, Schatzrath Stüve und Schatzrath Eichhorn, ersterer wurde bestätigt; zum Vicepräsidenten Lünzel, Theodor Meyer, Sandvoß, von denen gleichfalls der erstere bestätigt wurde. Schatzrath Eichhorn wurde zum Generalsyndicus und der Geheime Canzleirath Wedemeyer zum Vicegeneralsyndicus ernannt, wonach diese beiden wichtigen Stellen von Mitgliedern der Regierung eingenommen waren, was der Regierung mit Recht wichtiger schien als die Vicepräsidentenwahl.

Hinsichtlich der Legitimationsprüfung muß hier eine Differenz beider Cammern erwähnt werden, welche nicht ohne Einfluß auf das spätere Geschick des Staatsgrundgesetzes geblieben ist. Die Hoyaische Ritterschaft d. h. die Besitzer der in der Matrikel der Hoyaischen Ritterschaft stehenden Güter, die, wenn sie nicht von Adel sind, in specie den Namen Freie führen, war durch das Ministerium zur Wahl ihrer nach § 94 des Staatsgrundgesetzes zu erster Cammer berufenen drei Deputirten aufgefordert und der präsidirende Landrath hatte die adeligen wie nichtadeligen (die Freien) Ritterguts-besitzer zu dieser Wahl auf den 28. Novbr. 1833 nach Hoya convocirt. Es traf sich, daß dort die Freien die Zahl der gering erschienenen Adeligen fast um das Doppelte übertrafen. Da die Adeligen, welche man wohl in specie Ritter zu nennen pflegte, besorgt waren, daß nur Freie aus der Wahlurne hervorgehen würden, kam man überein, für diesmal zwei Ritter und einen Freien zu wählen und wählte den Kriegsrath v. Bremer, Cammerrath und Landrath v. Voß und den Moorcommissair Wehner. Die erste Cammer erkannte auf Antrag des Generalsyndicus v. Honstedt diese Wahlen als gültig nicht an, (alle drei Deputirte waren aber in erste Cammer schon eingetreten und fanden sich im Besitzstande), weil sie nicht ordnungsmäßig (?) stattgefunden, und insonderheit auch dem M.-C. Wehner die passive Wahlfähigkeit abgehe. Königliches Ministerium sollte dabei zu gleicher Zeit ersucht werden: „daß bei bevorstehender Revi-

---

*) Actenstücke V. 1. S. 4.

fion und Organifation der Provinziallandfchaften jeden Zweifel darüber: ob den nichtadeligen Mitgliedern ritterfchaftlicher Corporationen die paffive Wahl= fähigkeit als Deputirte zur erften Cammer zuftehe oder nicht, durch die Ge= fetzgebung möge gehoben werden."

Der Grund diefes Antrages war der offen ausgefprochene, daß die erfte Cammer nachträglich ausdrücklich für eine Adelscammer erklärt werde. Dies war im Staatsgrundgefetze nicht gefchehen, denn, obgleich der Antrag Freudentheils zu Nr. 12 des § 94 von erfter Cammer abgelehnt war, waren hinfichtlich der Vertretung der Ritterfchaften neue Grund= fätze nicht aufgeftellt, fondern die Beftimmung des § 94 Nr. 12 war nur eine Beibehaltung der Beftimmung des Patents vom 7. December 1819 in deffen Anlage unter Nr. 13. — Dies Patent wollte aber bei Octrovirung des Zweicammerfyftems keine Adelscammer, wie das Königliche Refcript vom 5. Januar 1819 klar ausfprach in den Worten: „Wir haben bei diefer Abtheilung in zwei Cammern keine ftrenge Abfonderung der Stände beabfichtigt, wie fich theils aus Obigem von felbft ergiebt, indem die Prä= latur an keinen Stand gebunden ift, und den Ritterfchaften der Provinzen, wofelbft die Befitzer landtagsfähiger Güter ohne Rückficht auf adeligen Stand zu Landtage erfcheinen, das Recht unbenommen bleibt, von ihren nichtadeligen Mitgliedern Deputirte zu wählen rc."

Als darauf die allgemeine proviforifche Ständeverfammlung in ihrem Vortrage vom 10. Mai 1819 doch noch Bedenken äußerte, wegen Ifolirung des Adels von der Nation, wegen Trennung der Stände durch das höchften Orts befchloffene Zweicammerfyftem und durch die Componirung der zwei Cammern, erfolgte die Königliche Erklärung vom 16. October 1819, worin in Erwiederung auf diefes Bedenken gefagt ift: „Die Hauptbeftimmungen Unfers Refcripts vom 5. Januar 1819 wollen wir als unwiderruflich ange= fehen wiffen — — — — — Die behauptete Ifolirung des Adels ift bei der neuen Eintheilung der Cam= mern weniger als bei den mehrften ritterfchaftlichen Curien der Provinzial= landfchaften anzutreffen; denn nicht nur können die nichtadeligen Befitzer ritterfchaftlicher Güter in allen den Provinzen als Deputirte erwählt werden, wo fie als folche Zutritt zu den Provinziallandfchaften haben, fondern es ift die in die erfte Cammer gefetzte Geiftlichkeit und Prälatur an keine Ge= burt gebunden. Auf der andern Seite ift es in der zweiten Cammer den Stiftern, Städten und freien Güterbefitzern unbenommen, fowohl Adelige als Nichtadelige zu ihren Deputirten in die erfte Cammer zu wählen."

Die Ritterfchaft der Hoyaifchen Provinzialftände hatte nun früher auch am 22. December 1819 bei der erften Wahl zu der neugebildeten erften Cammer, zwei Freie (nichtadelige Mitglieder) ohne allen Widerfpruch gewählt. Daß erfte die Wahl aus perfönlichen Gründen ablehnten und daher in die erfte Cammer nicht wirklich eintraten, war zufällig. Die erfte Cammer war es ge= wefen, welche hauptfächlich gewünfcht hatte, die Beftimmung des Patents vom 7. December 1819 hinfichtlich der Compofition erfter Cammer beizubehalten zu fehen. Die Stände hatten in dem Erwiederungsfchreiben zum Entwurfe des Staatsgrundgefetzes ausgefprochen: „Da jedoch die zur ritterfchaftlichen Ma= trikel gehörenden Freien in der Provinz Hoya die Rechte der Ritterfchaft verfaffungsmäßig theilen, fo müffen Stände hier die

Voraussetzung aussprechen, daß sie jenen Rechten durch die erwähnte Be=
stimmung nicht haben präjudiciren wollen.""*) Die Ritterschaft selbst hatte
auch nicht den geringsten Zweifel erhoben, daß die Freien so gut wie die
adeligen Ritter activ wie passiv wahlfähig seien; diese Zweifel waren erst
durch den Generalsyndicus aufgefunden, und nahm nun erste Cammer gern
Gelegenheit, dieselben geltend zu machen. In zweiter Cammer fand diese
Tendenz von allen Seiten Widerspruch, namentlich erklärte sich Rose in der
Sitzung vom 20. December 1833 (bei geräumten Tribünen) sehr entschieden
für das Recht der Freien in die erste Cammer gewählt zu werden, denn die
Regierung hatte damals noch die ernstliche Absicht, die Provinzialstände zu
reorganisiren, wobei ihr Ansichten, wie sie in erster Cammer aufgestellt waren,
nicht zusagten. Die zweite Cammer beschloß daher gegen die alleinige Stimme des
A.=Aff. v. Trampe (jetzigen Landraths und Präsidenten der ersten Cammer
im Jahre 18⁴⁷/₄₀): „Die sämmtlichen Vollmachten für die erste Cammer,
mit Einschluß derer für die fraglichen drei Deputirten der Hoyaischen Ritterschaft,
als völlig genügend anzunehmen, indem zweite Cammer überall keinen Grund
aufzufinden vermocht hat, weshalb die Ordnungsmäßigkeit der fraglichen
Wahl überhaupt, oder die passive Wahlfähigkeit des Herrn Moorcommissairs
Wehner mit Recht in Zweifel gezogen werden können."

Es kam zur Conferenz, wo beide Theile hartnäckig auf ihrer Mei=
nung beharrten, und endlich der Vergleichsvorschlag angenommen wurde:
„Königliches Cabinetsministerium zu ersuchen, da hinsichtlich der Deputirten
der Hoya= und Diepholzischen Ritterschaft über die Gültigkeit der am 28. No=
vember v. J. zu Hoya vorgenommenen Wahl Zweifel erhoben worden, behufs
deren weiterer Prüfung die betreffenden älteren und neueren Acten den
Ständen mitzutheilen."

Dieser Vorschlag wurde von beiden Theile angenommen, wobei indeß
die zweite Cammer ausdrücklich erklärte: daß darin keine Anerkennung des
Vorhandenseins von Zweifeln Seitens der zweiten Cammer liegen solle.
So ist die Sache beruhen geblieben.†)

Die zweite Cammer beschloß am 7. December auf Antrag ihres Prä=
sidenten die Zulassung von Zuhörern in ihre Versammlung, beschränkt durch
die Anzahl der nur vorhandenen Plätze auf etwa 120 durch Karten legitimirte
Zuhörer. Jeder Deputirte erhielt alle 14 Tage eine solche auf 14 Tage
gültige Karte zur Verfügung, den Rest vertheilte der Präsident. Die erste
Cammer scheute auch jetzt noch die Oeffentlichkeit und ließ wie bisher durch
eines ihrer Mitglieder Berichte für die Hannoversche Zeitung ohne Namens=
bezeichnung der Redner anfertigen.

Die erste Cammer hatte die Ernennung einer Commission zur Ent=
werfung einer Dankadresse auf die Thronrede beantragt; als dieser Antrag
am 10. December in zweiter Cammer zur Berathung kam, entstand zum
ersten Male im Beisein von Zuhörern eine sogenannte Adreßdebatte, von

---

*) St. A. IV. 15. S. pag. 1266.
†) Historische Beleuchtung der in der ersten Cammer der allgemeinen Stände=
versammlung vorgebrachten Hauptgründe gegen die Wahl eines nichtadeligen Depu=
tirten der Hoyaischen Ritterschaft. Leipzig, bei F. A. Brockhaus 1834. (Als Ma=
nuscript gedruckt.)

der die Hannoverſche Zeitung rühmte, ſie ſei in einem Geiſte geführt, welcher die Reiſe der Cammer bekunde. Der Deputirte von Bobungen beantragte nämlich Dank für das Staatsgrundgeſetz, welches, ſo verſchieden man auch darüber urtheilen möge, immer als Glück für das Land zu betrachten ſei, Dank ferner für die Zuſage: die dem Lande ertheilten Zuſicherungen offen und ehrlich erfüllen zu wollen — eine Zuſage, die bei den Beſürchtungen, welche man von dem bevorſtehenden Miniſterialcongreß in Wien hege, für Hannover eine ſolche Furcht vor Schmälerungen zugeſicherter conſtitutioneller Rechte nicht aufkommen laſſen werde. Endlich ſei es nöthig, dem Könige zu erkennen zu geben, wie ſich die Stände mit den nachträglich beliebten Aenderungen des Staatsgrundgeſetzes einverſtanden erklärten, damit es nicht den Anſchein gewinne, als ob die Verfaſſung durch dieſe einſeitig ge= troffenen Abänderungen octroyirt ſei. Lüntzel, Stüve, Theodor Meyer beklagten ſich mehr oder weniger bitter über die Art und Weiſe der Publication des Staatsgrundgeſetzes; von Honſtedt beſtätigte, daß die Publication des Staatsgrundgeſetzes nicht den erwarteten Eindruck im Lande gemacht habe, glaubte, daß dies viel weniger der Publicationsart zuzuſchreiben, als weil der geſunde Sinn des Volkes fühle, daß hinſichtlich der materiellen Inter= eſſen nicht das darin liege, was man gewünſcht habe. Er brachte zugleich die Anregung, daß um die Wirkſamkeit der Ablöſungsordnung zu erhöhen, in der Adreſſe die Bitte ausgeſprochen werde, der König möge der Errichtung einer Landescreditcaſſe ſeine Unterſtützung verleihen, da ohne eine ſolche Unterſtützung dieſe ſchwerlich in's Leben zu rufen ſei. So hat von Honſtedt das Verdienſt, dasjenige Inſtitut zuerſt angeregt zu haben, das jetzt als Vorbild für ganz Deutſchland in Hannover beſteht. — Stüve äußerte, daß er in der Thronrede einen durchgreifenden Plan der neuen Organiſation und Erſparniſſe zu finden gehofft, daß er aber nur Planloſigkeit gefunden. Es ſei darin von einer Obergerichtsordnung die Rede, während gerade die Untergerichtsordnung ſehr mangelhaft ſei, und man ſich durch Organiſation der Obergerichte die Hände binde für die ge= wünſchte Reorganiſation der geſammten Juſtizpflege. Die Polizeigeſetzgebung ſei wichtiger, als die Criminalgeſetzgebung, weil mit der Polizei die geſammte Population in Berührung komme, mit jener nur die Verbrecher. Er habe ferner gehofft, daß durch die Schritte der Hannoverſchen Regierung beim Bundestage etwas für den freien Verkehr erwirkt worden; von Osnabrück bis Hannover habe er vier Gränzen zu paſſiren und überall Grenzplackereien. Nur wo Handel und Gewerbe blühten, ſei auch Geldumlauf und könne eine ſolche Stockung des Verkehrs und ein ſolches Leiden, wie in den letzten Jahren, nicht eintreten. Roſe entſchuldigte die Art und Weiſe der Publication des Grundgeſetzes mit dem bei Wiederberufung der vorigen Ständeverſammlung nothwendig verknüpften Verzuge, dem Verluſt von Zeit und Kraft und namentlich mit der Beſorgniß, daß, wenn man wegen der wenigen und unweſentlichen, in das Staatsgrundgeſetz aufgenommenen Aenderungen noch= mals habe verhandeln wollen, die Beſürchtung nahe gelegen, daß auch andere Puncte wieder berührt und aufs Neue damit in Verbindung gebracht wären, ſo daß man von der Gewährung der Letzteren die Zuſtimmung zum gan= zen Staatsgrundgeſetze abhängig gemacht haben würde. —

Allein gerade der Umſtand, daß der Punkte wenige und daß ſie unweſent=

lich waren, hätte die Rathgeber des Königs veranlassen sollen, von allen solchen Aendernngen abzurathen.

Die Adreßcommission brachte die in der Anlage XI. mitgetheilte Adresse zur Annahme, in der ausdrücklich jene Aenderungen, die einseitig vom Könige getroffen waren, acceptirt wurden, wiewohl nicht ohne Widerstreben erster Cammer, so daß man nun sowohl nach civilrechtlicher als publicistischer Analogie annehmen mußte, das Staatsgrundgesetz sei in allen Punkten auf vertrags= mäßigem Wege zu Stande gekommen.

Ob die Agnaten die Zustimmung gegeben hatten, danach ist öffentlich nicht gefragt, allein wie das Königliche Cabinetsministerium Dahlmann durch Rescript vom 21. April 1834 die Versicherung gab: Die Königlichen Prinzen haben zu dem Hausgesetze ihre Zustimmung ertheilt, was noth= wendig eine Zustimmung zu dem Staatsgrundgesetze, dessen Anhang es war, voraussetzte, so wurden auch auf Privatanfragen beruhigende Versicherun= gen in dieser Beziehung ertheilt und eben dadurch öffentliche Interpellationen beseitigt. Es hieß, der Herzog von Cumberland habe zwar bei einigen Punkten, z. B. der Oessentlichkeit, der Diätenzahlung, andere Ansichten, habe sich jedoch beruhigt, als sich sein Königlicher Bruder in Beziehung auf bestehende Geldverpflichtungen sehr generös gezeigt. Man war zu delicat. Auch durfte man erwarten, daß wenn einer der Agnaten wirklich der Ansicht war, seine Rechte würden durch das Staatsgrundgesetz beeinträchtigt, derselbe offen und laut protestiren würde. Denn seit wann protestirt man in der Tasche? fragte Dahlmann später mit Recht.

Die den Ständen gemachten Vorlagen waren in Betracht der großen Aenderungen, welche das Staatsgrundgesetz in allen Zweigen des Staats= lebens forderte, wenn die ausgesprochenen Grundsätze in's Leben geführt werden sollten, sehr mager. Man war aber bereit, dies mit den großen Vorbereitungsarbeiten zu entschuldigen. Zunächst war den Ständen das Budget vom 1. Juli 1833/3, vorgelegt durch Postscriptum 4 vom 5. De= cember, indem die Steuern für das zweite Semester noch der Bewilli= gung bedurften.

Die Bewilligung der Steuern mit 3,000,000 Thlrn. 9 Ggr. wurde durch Erwiederungsschreiben vom 28. December ausgesprochen mit der vom Ministerium selbst beantragten Beschränkung, daß die von den vorigen Ständen bewilligte erhöhte Branntweinsteuer erst mit dem 1. Juli 1834, statt mit Januar ins Leben trete und daß in Ansehung der Grundsteuer eine Rein= position der durch Reclamationen ausfallenden Beträge auch in diesem Rech= nungsjahre nicht eintrete. Eine Schärfung der Controle der Eingangssteuer wurde namentlich im Interesse der Branntweinbrenner in den Grenzbezirken gewünscht. Der Antrag wegen Besteuerung des Harzes wurde wiederholt.

Hinsichtlich des Ausgabebudgets wurden einige Bemerkungen aus dem vorigen Budget wiederholt, und dasselbe zu 3,073,611 Thalern bewilligt; das zu 49,000 Thalern angeschlagene Deficit sollte durch Anleihen gedeckt werden.

Durch Verordnung vom 14. November 1833 war die Competenzcon= flictenbehörde den Bestimmungen des Staatsgrundgesetzes gemäß gebildet. Es fehlte aber darin an einer gesetzlichen Bestimmung, was im Falle einer unter den Mitgliedern der Behörde entstandenen Stimmengleichheit ge= schehen solle. Die Regierung hatte Vorschläge in dieser Beziehung an die Stände gelangen lassen, wonach das Loos die Zuziehung eines stellvertretenden Mitgliedes aus der einen oder andern Section entscheiden solle.

In der zweiten Cammer, in welcher man in erster Berathung einen Antrag Stüve's zu Gunsten der Justiz angenommen hatte, wurde man in zweiter Berathung ängstlich, das Staatsgrundgesetz dadurch zu durchlöchern und wurden schließlich alle Verbesserungsanträge und auch der Vorschlag der Regierung abgelehnt. Die Conferenz fand das Auskunftsmittel, daß bei Stimmengleichheit zunächst immer der Justizminister den Ausschlag gebe, bei Behinderung desselben das älteste Mitglied aus dem Justizcollegio. Die Cammern nahmen den Vorschlag an, der dann zum Gesetz erhoben wurde.

Die einzige größere und wichtigere Vorlage, die fertig geworden war, bestand in den Ersparungen am Militairetat. Es hatte sich schon im vorigen Jahre herausgestellt, daß die Ersparungen von 100,000 Thalern, welche die Stände 1823 gefordert hatten, eigentlich gar nicht gemacht waren, wenigstens nicht durch Reductionen und neue minder kostspielige Formationen, sondern dadurch, daß man die Ordonnanzanschläge, namentlich für Verpflegung ansehnlich herabsetzte, was bei den wohlfeilen Fruchtpreisen jener Jahre freilich möglich war, aber auf die Dauer sich als unstatthaft ergeben mußte.

Die Ersparungen sollten gemacht werden weniger durch Verminderung des Effectivbestandes des Heeres, welches nur um 1236 Mann und 395 Pferde vermindert und auf 19,361 Mann und 2719 Pferde festgesetzt ward, als durch neue Formation und Ordonnanzirung, wodurch namentlich das Officiercorps um 152 Stellen vermindert ward. Außerdem wurden eine Menge Nebenbezüge, eine den Dienstbedarf bei weitem überschreitende Zahl von Rationen und Portionen, welche an einzelne Officiere verabreicht waren, beseitigt, dagegen die mehrfach unverhältnißmäßig gering gestellten Gagen erhöhten. Die Einrichtungen der Generalkriegscasse waren der Zeit noch sehr complicirt, so daß man mit den bloßen Zahlen zu einer richtigen Anschauung nicht kam.

Die gesammten Ausgaben des sogenannten quantum ordinarium ad statum militiae betrugen nach dem dauernden Abkommen von 1823 die Summe von 1,400,000 Thalern, hierin steckten jedoch 34,000 Thaler Kosten der Kartenanstalten und 24,481 Thaler für Landgensdarmerie, also 58,481 Thaler, welche fortan aus dem Kriegsetat wegfielen und auf den Etat des Ministeriums des Innern übertragen wurden, so daß für das Militair selbst blieb:

1,341,518 Thaler.

Dazu kamen aber noch: 1) extraordinaire Verpflegungskosten während des Einstellungsmonats und der einmonatlichen Exercierzeit   30,000

2) Zuschuß zum Infanterieservice (außer den 41,733 Thalern nämlich, welche die Garnisonstädte zu zahlen hatten)   36,700 „

Summa 1,408,218 Thaler.

Zu dieser Summe mußte die Königliche Casse eigentlich beitragen 381,111 Thaler. Da aber die Kriegscasse die Kosten der Gesandschaften mit 16,000 Thalern bestreiten mußte, welche eigentlich zu den Ausgaben des Ministeriums der auswärtigen Angelegenheiten gehörten, so betrug der Beitrag der Königlichen Casse nur 365,111 Thaler und die Generalsteuercasse hatte also zu zahlen 1,043,107 Thaler. Die Ausgabe der Kriegscasse war aber um 15,220 Thaler höher, als die aus diesen beiden Beiträgen sich ergebenden Summen, indem dieselben an Commandanturgefällen, Baukostenbeiträge einzelner Städte, Erstattungen aus den Cassen der Artilleriebrigade und der Cavallerieregimenter an Auskünften für abgängige Armatur, Montirungs= und Equipagestücke — namentlich aber auch aus Pacht, Canon für Ländereien in den Städten, die früher Festungen gewesen waren (Hameln, Nienburg, Stade) so hoch angeschlagen ward, obgleich sich nach der Meinung Stüve's die wirklichen Einnahmen aus diesen Dingen viel höher belaufen sollten. Es sollten nun erspart werden an dem eigentlichen Militairetat 123,818 Thaler, an den Verpflegungskosten während der Einstellungs= und Exercierzeit 14,000 Thaler und an Servicezuschüssen 2,200 Thaler, indem die Kriegscasse die Verpflegung während der Einstellungs= und Exercierzeit für eine Aversionalsumme von 16,000 Thaler übernehmen wolle.

Stände bewilligten den Vorlagen gemäß mit geringer Ermäßigung dieses sogenannte dauernde (cf. § 140 des Staatsgrundgesetzes) Militairabkommen, wonach nun die Gesammtausgaben des Militairetats auf 1,590,000 Thaler festgesetzt wurden, von denen 15,200 Thaler die Kriegscasse aus ihrem Einkommen trug, 365,111 Thlr. 13 Ggr. die Königliche Casse beisteuerte und den Rest mit 1,209,668 Thlrn. 21 Ggr. die Landescasse trug, wobei sie zu übersehen schienen, daß die Ersparung an Verpflegungskosten nur eine scheinbare war, indem bei dieser Position nur der wirkliche Bedarf, nicht die veranschlagten 30,000 Thaler zur Auszahlung gekommen waren. Dagegen übernahmen Stände an transitorischen Ausgaben die jährliche Gesammtsumme von 85,000 Thalern, indem sie die Härten einer Reduction in Beziehung auf die Officiere nach Möglichkeit zu mildern bestrebt waren. Diese Ersparungen hatten einen großen Namen, Lehzen würdigt dieselben aber gewiß gerecht, wenn er sagt, daß ihr Hauptgewinn vorerst beinah nur darin bestand, daß die Ersparungen, welche 18⁴²/₂₃ gemacht werden sollten, aber nicht gemacht waren, jetzt wirklich gemacht wurden.*)

Anträge der zweiten Cammer auf Befürwortung beim Bunde auf eine Herabsetzung der Contingente für den Frieden, und eine Erläuterung der Bundesmilitairverfassung waren an dem entschiedenen Widerstande der ersten Cammer gescheitert. Dagegen wurde auf Wunsch derselben die Bitte ausgesprochen, daß eine Cadettenschule eingerichtet werden möge, so weit dies ohne Erhöhung des Bedarfs für den Militairetat möglich sei, wogegen erste Cammer genehmigte, daß der Antrag zweiter Cammer, daß die zur Armirung und Uniformirung nöthigen Gegenstände wo möglich von inländischen Fabrikanten bezogen werden, in das Begleitschreiben aufgenommen werde.

Das hauptsächlichste Gesetz, welches den Ständen vorlag, war das Münzgesetz, welches den Uebergang vom 20= zum 21=Guldenfuße erzielte. Die Debatte über dies Gesetz war in der zweiten Cammer eine der unerquidlichsten, indem man nicht nur das Princip des Ueberganges zum 21=Guldenfuße, für den sich Stände in letzter Diät schon erklärt hatten, von Seiten namentlich

---

*) Lehzen, Hannovers Staatshaushalt II. pag. 147.

Bremischer und Hadelnscher Deputirten angriff, sondern namentlich die Frage, ob den Staatsdienern wegen ihres Gehalts künftig die Differenz zwischen dem alten und dem neuen Münzfuße mit 8 Pfennig auf den Thaler vergütet werden solle, auf eine pfennigsuchende Weise tractirte. Obgleich nämlich die Commission schon vorgeschlagen hatte, daß die Maßregel der Agiovergütung nur als eine transitorische behandelt werden, dagegen auf fernere Anstellungen, Gehaltszulagen und Beförderungen nicht angewendet werden sollte, so stellte doch Lünkel den Antrag, daß diese Agiovergütung ganz wegfalle, ein Antrag, der, wie Rose richtig bemerkte, den Anforderungen der Gerechtigkeit widersprach, und der merkwürdiger Weise dennoch den Beifall Stüve's fand, der sich desselben sehr eifrig annahm. Die Debatte über diese Frage wurde in allen drei Berathungen mit einer Lebhaftigkeit geführt, die einer bessern Sache würdig war, und artete in Animositäten gegen das Staatsdienerthum aus, welche den Ständen viel geschadet hat.*) Dr. Lang trug auf namentliche Abstimmung an, welche in vertraulicher Sitzung vorgenommen werden mußte und als Resultat Stimmengleichheit ergab. Der Präsident erklärte sich für die Agiovergütung. Es würde jedenfalls dem Lande ein großes Opfer erspart haben, wenn man sich statt dessen dem Antrage des Syndicus Lang aus Verden geneigt erklärt hätte, welcher, von Sermes unterstützt, die Decimaltheilung durchgeführt haben wollte, wobei man eine Mark oder 10 Groschen als Einheit annehmen könne. Von Seiten der Regierung konnte diesem Vorschlage nichts entgegengesetzt werden, als daß man in allen Dingen darauf sehen müsse, was die Menschen gewohnt seien und 10 sich nur in zwei gleiche Theile theilen lassen, während 12 in 2, 4, 6 aufgehe.

Die Bremenser setzten bei dem Münzgesetz einige transitorische Begünstigungen ihrer Provinz durch, wie Stände überhaupt den dringenden Wunsch zu erkennen gaben, daß Königliche Regierung die mit den benachbarten Staaten angeknüpften Verhandlungen wegen Abschließung einer Münzconvention möglichst bald zu einem erwünschten Ziele führen möge.

In der ersten Cammer verfocht man mit großer Hartnäckigkeit eine Agiovergütung von 9 Pfennigen auf den Thaler und war erst nach wiederholten und verstärkten Conferenzen eine Nachgiebigkeit zu erlangen. In der Conferenz kam es zu Heftigkeiten, wie die Mitglieder erster Cammer sie noch nicht erlebt zu haben erklärten und wurde über den zur Nachgiebigkeit rathenden Beschluß der verstärkten Conferenz in erster Cammer namentlich abgestimmt. — Demnächst kam auch die Diätenfrage in Folge eines Regierungsschreibens noch einmal auf die Tagesordnung und erregte eine weitläufige Discussion, da die Commission um den Landesfinanzen eine Erleichterung

---

*) Man hat von Seiten der eifrigsten Vorkämpfer in dieser Sache Folgendes als Grund derselben angeführt: es sei der Anfang des Kampfes gegen die Besoldeten gewesen, der sich bei den Regulativen noch in ganz anderer Art hervorthun müsse. „Die ungeheure Zahl der Staatsdiener," sagt Dr. Lang seinen Wählern, „ruht nicht weniger schwer auf dem größten Theile der deutschen Staaten als die Geistlichkeit auf Spanien, und ist es nicht möglich hier irgend zu einem Heile zu kommen, wenn die Stände nicht jede Gelegenheit ergreifen, welche dahin führen kann, dem Unwesen Schranken zu setzen." Abgesehen von der Uebertreibung hätte dieß Stände nur antreiben sollen, auf Vereinfachung der Verwaltung zu dringen, nicht aber die Agiovergütung zu bestreiten.

6

zu verschaffen, einen Diätensatz von 2½ Thaler vorgeschlagen hatte, welcher von der ersten Cammer auch angenommen war. Schließlich vereinigte man sich auf eine Entschädigung von 3 Thalern für den Tag, unter Aufhebung jeder Entschädigung von Seiten der Wahlcorporation. — Am 19. März 1830 war die Ständeversammlung durch die Regierung aufgefordert, eine Commission zur Berathung eines Criminalgesetzbuches und einer Criminalproceßordnung zu erwählen; dieß war geschehen, der Entwurf jener Gesetze war der Commission mitgetheilt und hatte dieselbe ihr Geschäft im Jahre 1831 vollendet. Die Arbeit des Staatsgrundgesetzes hatte indeß die Sache in den Hintergrund gedrängt.

Die Thronrede selbst, später ein Schreiben des Cabinetsministeriums vom 16. December 1833 nahm die Sache wieder auf, und die Stände beschlossen eine nochmalige commissarische Prüfung. In diese Commission wurden von erster Cammer der Drost von Honstedt, H.-G.-Ass. von Lütken und Canzleiassessor v. Düring, von zweiter Cammer C.-J.-R. Jacobi, A.-Ass. Bening und Justizrath Wiesen gewählt, Stüve hatte abgelehnt und Freudentheil zu Gunsten Wiesen's verzichtet. Einer solchen Prüfung wurde auch das Schreiben wegen Errichtung einer Staatsdienerwitwencasse zugewiesen.

Dr. Lang hatte den Gedanken v. Honstedt's aufgefaßt und den Antrag gestellt, die Regierung aufzufordern, Pläne zu einem Creditinstitute vorzulegen, durch welches den Pflichtigen bei Ablösung der Gefälle durch Capital es möglich gemacht werde, die Capitalien zu einem billigen Zinsfuße zu erlangen. Der Antrag fand in zweiter Cammer allgemeinen Beifall, nicht so in erster Cammer, wo es noch immer Deputirte gab, die erklärten, die Ablösung sei das größte Unglück für den Bauernstand, die größte Verletzung für den Berechtigten (Hannov. Ztg. 1833 pag. 2123) und der Cammer könne nicht zugemuthet werden, diese Verletzungen von Privatrechten noch zu vergrößern, noch mehr Steuern zu zahlen. Eine Stimme hielt dafür, daß die Ablösungsordnung nur Popanz, nur vorgeschoben sei, um die verhaßte Aristokratie zu vernichten, die Gebundenheit des Vermögens wegzuschaffen, zu mobilisiren. — Man beschloß das Institut nur als Privatcreditcasse dem Ministerium zu empfehlen. Es wurde dann auch in Conferenzverhandlung nur eine Wunschäußerung dahin vereinbart: „daß zum Zweck der Ablösung der Gefälle, durch Privatcreditvereine oder auf sonstige Weise es dem Pflichtigen möglich gemacht werde, die Geldmittel zur Capitalablösung gegen billige Zinsen zu erlangen, mit dem Ersuchen, daß Königliches Ministerium in Berathung ziehen wolle, ob und wie solcher Zweck zu erreichen sei."

Durch Schreiben vom 8. Februar 1834 wurden Stände selbst vertagt, während die oben erwähnten Commissionen weiter tagten.

§ 2.
Arbeiten der Diät des Jahres 1834.

Steuern: Grundsteuer, Häusersteuer, Schlacht- und Wahllicent, Personensteuer, Besoldungs- und Einkommensteuer, Eingangs- und Durchgangssteuer, Salzsteuer, Stempelsteuer. Budget von 1834,35. Finanzcommission. Ständische Anträge. Aufhebung des Schatzcollegii und ständische Commissarien. Regulirung des Einquartierungswesens. Häußlings-Schutz- und Dienstgeld. Criminalgesetzbuch. Zur Kritik desselben. Revidirte Sportelordnung. Hof- und Staatsdienerwitwencasse und sonstige Anträge.

Die Vorlagen, welche der am 12. Mai beginnenden zweiten Diät gemacht wurden, waren der umfassendsten Art und nahmen die unausgesetzte Thätigkeit der Stände bis zum 17. September in Anspruch. Und dennoch hatte die Regierung nicht die Ersparungspläne in der Civilverwaltung und die Dienstregulative vorgelegt, weil dies eine vorgängige Revision der ganzen Staatsverwaltung erfordere, eine Vereinfachung des Dienstes und der Competenz der Behörden, und weil die Ersparungen selbst durch die 150,000 Thaler Zuschuß, welche der König von der Krondotation leiste, vorläufig gedeckt würden. Zunächst war es die Revision des gesammten Steuersystems, auch der indirecten Steuern durch den Vertrag mit Braunschweig, welche den Ständen neben dem zum erstenmale vollständigen und vereinigten Budget vorlagen, und daneben ein Gesetz über das Lehnswesen, ein Hypothekengesetz, die in voriger Diät an Commissionen verwiesenen Gesetze, der Gesetzentwurf eine Staatsdienerwittwencasse und den Criminalcodex betreffend, die Uebernahme der Cavallerieverpflegung und des Infanterieservices auf die Generalcasse, die Aufhebung des Häuslings- Schutz- und Dienstgeldes. —

Die Regierung glaubte, wenn diese Dinge zeitig erledigt würden, in nächster Diät den Ersparungsplan und die sich darauf beziehenden Regulative, so wie die Gewerbeordnung vorlegen zu können. Wir wollen zunächst die Revision des Steuersystems ins Auge fassen, welche, was die directen Steuern anbetrifft, bis auf geringe Ausnahmen bis zum Jahre 18$^{18}/_{39}$ der Steuererhebung zur Norm gedient hatten und die bis 1855 jene bedeutenden Ueberschüsse abwarf, deren zweckmäßige Verwendung den Ständen zu Zeiten Sorge machte.

In Betreff der Grundsteuer waren 1826 jährlich 1,350,000 Thaler Conv.-Mze. bewilligt, wovon 1830 jedoch $^1/_{10}$ an der Adergrundsteuer erlassen wurde, so daß von da an nur 1,260,000 Thaler in Einnahme kommen sollten. Diese kamen aber nicht in Einnahme, da in Folge der gegen die Veranschlagung erhobenen Reclamationen in den Jahren von 1826 bis 1833: 346,369 Thaler — als zu viel gezahlt — restituirt waren. Da die Grundsteuer nach Quoten über die verschiedenen Provinzen vertheilt war, welche die Ausfälle selbst wieder zu tragen hatten, so hätte, nachdem die Reclamationen beendigt, diese sogenannte Reimposition erfolgen können. Man hatte sich aber von der Zweckwidrigkeit des ganzen Quotensystems überzeugt, das, anstatt Gleichheit hervorzubringen, nur noch größere Ungleichheit hervorrief, und so machte die Regierung den Antrag: 1) daß die an der Grundsteuer bis 1. Juli 1834 ausfallenden Summen nicht reimponirt, sondern niedergeschlagen würden; 2) daß die gesammte Grundsteuersumme im Betrage von 1,300,000 Thalern Courant nach gleichem Verhältnisse auf das ganze Königreich vertheilt werde, und 3) von den der Verwaltung vorbehaltenen Rectificationen der Grundsteuerbeträge aus dem Grunde der Ertragsfähigkeit, für die Zukunft abstrahirt werde; welchen Stände annahmen und dabei den Wunsch aussprachen, daß die nach Conventionsmünze berechneten Steuercapitalien nicht umgerechnet, sondern die sich ergebenden Summen als Reinertrag in Courant angesetzt würden.

Die Häusersteuer war durch Beschlüsse der zweiten allgemeinen Ständeversammlung*) in der Art in Verbindung mit der Grundsteuer gesetzt, daß keine allein je sollte erhöht werden können. Das Ministerium beantragte jetzt diese

---

*) Actenstücke II. 3. S. 182.

Verbindung aufzuheben und die Häusersteuer von etwa 53,000 Thaler auf 132,000 Thaler zu erhöhen. Stände gingen hierauf ein, doch so, daß auf den in der Conferenz durchgesehten Antrag erster Cammer die Steuer ¼ geringer sein sollte als das Ministerium vorgeschlagen hatte. Dieselbe stufte in 26 Sätzen von 5 Ggr. bis 20 Thalern ab. Die großen Ungleichheiten der Veranlagung kamen schon 1834 zur Sprache, beruhten aber in der ursprünglich mangelhaften Gesetzgebung vom 20. December 1822 und 3. Juni 1826, und wollten Stände, ohne daß die Principien über die Veranlagung nicht rectificirt würden, sich auf eine größere Erhöhung nicht einlassen.

Auch in die Erhöhung des Mahl- und Schlachtlicents willigten Stände, obgleich die Bestimmungsart durch eine große Menge Petitionen als die drückendste und unzuträglichste dargestellt wurde; sie suchten dagegen durch bessere Regulirung der Besteuerungsgrundsätze Erleichterung zu schaffen. Ein Antrag Bodungens auf Abschaffung des Licents stieß in zweiter Cammer auf Widerstand der Grundbesitzer und trat die Schattirung zwischen Stadt und Land hier deutlich hervor. —

Die Personen-, Besoldungs-, Gewerbe- und Einkommensteuern, wenn sie auch früher schon bestanden, haben ihren Character und ihre Bedeutung durch die Gesetzgebung von 1834 erhalten, an der man erst 1858 änderte. Die Personensteuer wurde aus einer Kopfsteuer mehr Familiensteuer nach Einkommen, es wurden 12 Classen, die niedrigste zu 1¼ Thaler, bis zu 56 Thaler, gebildet und eine Abstufung der Steuerpflichtigen versucht, wobei in den ständischen Verhandlungen natürlich die verschiedensten Ansichten sich kreuzten. Die auseinandergehenden Meinungen beider Cammern vereinigten sich in der Conferenz zur Annahme der Ministerialpropositionen. Man modificirte das Gesetz nur etwas zum Vortheil der Wittwen und unverheiratheten Frauenzimmer. Die Gewerbesteuer blieb auf der alten Basis, nur zog man die höheren Classen wie auch die außerhalb der Classen Angesetzten etwas stärker heran. Bei der Besoldungs- und Einkommensteuer hatte die Regierung einen mit der Größe der Einnahmen steigenden Steuersatz und zwar bei der Besoldungssteuer zu ¼, bei der Einkommensteuer von ½ bis 5 Procent vorgeschlagen; Einnahmen unter 100 Thaler sollten steuerfrei bleiben. Die erste Cammer widersetzte sich einer steigenden Scala, als dem Principe der absoluten Steuergleichheit entgegen und als gefährlich, weil das System der Progression zu Eingriffen in das Privateigenthum führe. Die zweite Cammer dagegen wollte wenigstens bei der Besoldungssteuer eine noch größere Steigerung, weil gerade dadurch die wahre Gleichmäßigkeit erreicht werde, die § 28 des Staatsgrundgesetzes im Sinne habe.

In der Conferenz vereinigte man sich endlich dahin, daß die Besoldungssteuer, unter Freilassung eines Einkommens von 100 Thalern, nach der Größe desselben ¼ bis 3 Procent betrage und daß zwischen 750 bis 1000 Thaler eine Classe zu 1¼ Procent gebildet werde, daß das vererbliche Einkommen von 150 Thalern an durch einen festen Satz von 2½ Thaler getroffen werde, wobei Branntweinbrenner und Bierbrauer, wie bisher, zur Einkommensteuer herangezogen werden sollten, während man das Einkommen aus einer Wissenschaft oder Kunst unter die Besoldungssteuer brachte, weil es nicht erblich sei. Es half nichts, daß sich Lünzel,

Freudentheil, Christiani gegen diesen Conferenzvorschlag erklärten, er war in der elften Stunde gemacht, Anfangs September, als man drängte fertig zu werden.

Was die Eingangs=, Ausgangs= und Durchgangssteuer anlangte, so ist das Schreiben vom 12. Mai 1834, den Zollvertrag mit Braunschweig anlangend, zwar in vertraulicher Sitzung berathen, man weiß jedoch, daß beide Cammern demselben gern ihre Genehmigung gaben, indem mit wenigen Ausnahmen Regierung und Cammern noch auf der niederen Stufe jener nationalwirthschaftlichen Ansicht standen, welche Hannover als Ackerbau treibendes Land in den Schwindel industrieller Unternehmungen nicht hineingezogen haben wollte, und zufrieden waren in dem Glauben, dem Lande seinen Transitohandel erhalten zu haben.

Zu jener Zeit war freilich noch immer Hannovers Klage gegen Hessen=Cassel wegen Erfüllung des Eimbecker Vertrags beim Bundestage anhängig, um dort nie entschieden zu werden, während Hessen Preußen zugefallen und Hannover der Weg nach dem Süden verschlossen war. Der preußenfeindliche Plan eines mitteldeutschen Zoll= und Handelsvereins war längst als gescheitert zu betrachten und es galt Braunschweig zu gewinnen, um mindestens die schwierige Bewachung des Harzes vereint zu theilen. Obgleich Osnabrück und Ostfriesland eine Verbindung mit Preußen lieber sahen, erhielt doch der Vertrag große Majorität; die Sache kam aber in diesem Jahre nicht zum Abschluß, da die Braunschweigschen Stände Schwierigkeiten machten, welche vor ihrer Vertagung nicht erledigt wurden.

Die Salzsteuer wurde der Münzveränderung wegen von 9 Ggr. Conventionsmünze auf 9 Ggr. 3 Pfennige für den Centner festgesetzt, gegen die Absicht der Regierung.

In Beziehung auf die Stempelsteuer hatte die Regierung gleichfalls eine Revision eintreten lassen, beabsichtigte aber keine wesentliche Erhöhung, da diese Steuer auf Grundsätze einer durchaus richtigen Besteuerungstheorie sich nicht zurückführen ließe, sondern wollte nur den Verlust an Agio gedeckt haben. Die Vorschläge der Regierung würden aber doch eine wesentliche Erhöhung enthalten haben, wenn die Stände ihre Genehmigung dazu ertheilt hätten, daß jeder schriftlich abgefaßte Contract der Steuer unterliege. Dies wurde abgelehnt, weil es zu der gehässigsten und lästigsten Bewachung des Privatverkehrs führe, im übrigen wurden die Vorschläge der Regierung mit einigen geringen Modificationen angenommen. Leider erhob sich aber über die Zweckmäßigkeit und Unzweckmäßigkeit einiger Ansätze, die sehr selten vorkamen, eine so lange Debatte, daß die „Landesblätter" nachrechneten, die Debatte über Erhöhung des Stempels bei Anstellung von Procuratoren habe den gesammten Ertrag dieser Steuer in 112½ Jahre im Voraus verschlungen. Beide Cammern geriethen wegen einzelner Puncte in Differenzen, die nicht einmal durch die gewöhnlichen Conferenzen ausgeglichen wurden, und den Schluß der Diät um einige Tage verzögerten. Eine Aenderung trat schon 1844 ein, über die wir später berichten werden.

Es mag schon hier bemerkt werden, daß die Erträge der Steuern 1834 viel zu gering veranschlagt waren, was man indeß den Ständen nicht zum Vorwurf machen darf, da sich die Entwickelung, der man durch die Ablösungsordnung und die freiere Bewegung überhaupt entgegenging, nicht vorhersehen ließ. Die ganze Steuererhöhung brauchte nur zu betragen 300,000 Thaler, weil so viel die Entschädigung für die Cavalleriebequartierung kosten würde, davon sollten 140,000 Thaler durch die indirecten Steuern aufgebracht werden, 160,000 Thaler durch die Erhöhung der directen Steuern. Die Last der Cavalleriebequartierung war dem Grundeigenthümer abgenommen; alle directen Steuern waren dagegen erhöht mit Ausnahme der Grundsteuer, und zum Theil nicht unbedeutend erhöht: ein Besoldeter mit 1000 Thaler, der bisher an Besoldungs- und Personensteuer 17 Thaler 8 Ggr. gezahlt hatte, mußte fortan 29 Thaler bezahlen. Für den Grundbesitzer, der 30 Thaler Grundsteuer bisher zahlte, trat dagegen in den Landestheilen, die unentgeltlich Naturalquartier hatten leisten müssen, mindestens eine Erleichterung um 10 Thaler jährlich ein, während die Häusersteuer für ihn um 15 Ggr. 4 Pfennige erhöht war. Daß diese Begünstigung der Grundsteuer der Gerechtigkeit und Gleichmäßigkeit, welche im § 28 des Staatsgrundgesetzes versprochen war, nicht entsprach, das wagten zwar die „Landesblätter" damals zu sagen, aber den wahren Grund für diese Erscheinung wagten sie nicht anzugeben. Dieser war aber nur der, daß bei der Art der Cammercomposition die Regierung schwer die Einwilligung zweiter Cammer zur Erhöhung der Grundsteuer erhalten haben würde, niemals aber die Einwilligung erster Cammer, in der man schon die geringe, den Grundeigenthümer treffende Erhöhung der Häusersteuer kaum durchsetzte. Doch läßt sich für die Nichterhöhung der Grundsteuer im Jahre 1834 noch sagen, daß die Calamitäten, die auf den Grundbesitzern gelastet hatten, kaum überwunden und der Werth des Grundeigenthums im langsamen Steigen begriffen war; wenn man aber in späterer Zeit, als neue Steuererhöhungen nöthig wurden, auf demselben Wege fortgeschritten ist, aus denselben Gründen, so zeigt das die Fehlerhaftigkeit des Systems der Cammercomposition in hohem Maaße.

Wir wenden uns von den Steuern sofort zur Budgetsbewilligung selbst. Durch Schreiben vom 27. Juni wurden zunächst die Forterhebungen der jetzigen Steuern bis dahin bewilligt, daß die Erhebung der neuen Steuern eintreten konnte. Das Budget vom 1. Juli 18³¹/₃, umfaßte zum ersten Male den gesammten Staatshaushalt — wie für die Regierung die Aufstellung eine neue Arbeit gewesen, so war die Prüfung für die Stände neu und schwierig. In die Finanzcommission hatte die erste Cammer den Ritterschaftspräsidenten v. d. Decken, Geh.-Leg.-Rath Grote, Kammerherrn v. Reden, Grafen v. Lütken, Geh.-Rath v. Schele, Hof-Ger.-Assess. v. Borries und Kammerherrn v. Wallmoden gewählt — später zur Ergänzung namentlich in Beziehung auf den Vertrag mit Braunschweig noch den Drosten v. Hodenberg, Kriegsrath v. Hattorf, Consist.-Dir. Brandis.

Die zweite Cammer wählte: G.-C.-R. Rose, Schatzrath Stüve, Dr. Lang, Obersteuerrath Dommes, Syndicus Sandvoß, Schatzrath Eichhorn und Th. Meyer. Die Commission hat mit dem angestrengtesten Fleiße gearbeitet, aber, wie der Berichterstatter über das Einnahmebudget Dr. Lang in zweiter Cammer offen erklärte, doch wenig genützt, da ihr das hauptsächlichste Material fehlte und man nur auf das Finanzwerk von Ubbelohde und die Kenntnisse, die dem einen oder andern Commissionsmitgliede von der Domanialverwaltung etwa beiwohnten und die man mitzutheilen für gut sand, angewiesen war. Die Regierung hatte sich, wie Lebzen bemerkte von der ihr zur Gewohnheit gewordenen Zurückhaltung nicht ganz frei machen können. Die Anordnung des Budgets war, da man den bei getrennten Cassen nothwendigen Modus beibehalten hatte, noch in der Art getroffen, daß das Einnahmebudget sämmtliche Verwaltungs= und Administrationskosten der Domainensachen u. s. w. enthielt, wodurch denn das Ausgabebudget selbst um mehrere Millionen kleiner erschien, als es in der That war.

Die Stände beschränkten sich deshalb auf allgemeine Bemerkungen und Bevorwortungen, unter denen auch die, daß mit der Bewilligung der unter den Einnahmen stehenden Ausgabepositionen, die Anordnung des jetzi= gen Budgets nicht als feststehend angesehen werde.

Sie baten, daß ihnen eine Uebersicht vorgelegt werden möge, aus welcher sich die Consistenz des Domanialvermögens beurtheilen lasse.*)

Die Vereinigung der Cassen erfolgte am 1. Juli 1834 im wesentlichen so, daß alle Einnahmen und Ausgaben in einer Hauptrechnung gebucht, das Schuldenwesen in Eins verschmolzen und die Verwaltung aller Cassen dem Finanzministerio übergeben wurde, mochten auch die Königliche Casse wie die Generalsteuercasse und eine daneben stehende Generalwegbaucasse noch ferner äußerlich getrennt fortexistiren. Stände wünschten in ihrer Er= wiederung vom 12. Juni, weil sie für sämmtliche Schulden und Lasten der bisherigen Königlichen Casse einzustehen, auch das sämmtliche etwa beim Rechnungsabschlusse übrige Vermögen zu bekommen und sprachen die Zuver= sicht aus, daß das Vermögen nicht etwa benutzt werde, um Ausgaben, welche in die Rechnungsperiode nach dem 1. Juli 1834 fielen, ohne die verfassungs= mäßige ständische Zustimmung zu bestreiten. Eben so wünschten sie eine Uebersicht, aus welcher sich ein Ueberschlag des bei der gänzlichen Auflösung des seitherigen Haushalts der gesonderten Cassen verbleibenden Ueberschusses machen lasse. Die nähere Weise, wie dies verstanden wurde, gab das Schreiben an. Ferner erklärten sich dieselben damit einverstanden, daß mit dem 1. Juli die Functionen des Schatzcollegii gänzlich aufhörten. Sie wollten sich indeß dazu nicht entschließen, schon jetzt ständische Commissarien auf Lebensdauer zu wählen, sondern nur auf die Dauer eines Landtags. Diesen Commissarien wurde in Gemäßheit des § 118 des Staatsgrundgesetzes das Recht vindicirt, die Originalschuldverschreibungen selbst mit zu unter= schreiben, während die Regierung meinte, eine Nachsignatur der Concepte sei genügend.**)

Die erste Cammer wählte zu Commissarien dieser Art den Ritterschafts= präsidenten v. d. Decken und den Kammerherrn Schatzrath zu Inn = und Knyphausen = Lütetsburg, und nachdem dieser abgelehnt hatte, den Canzlei= director Grafen v. Kielmansegge; die zweite Cammer den Dr. jur. Lang zu Achim und Syndicus Dr. Sandvoß. Diese Commissarien sollten keinen fixen Gehalt, sondern nur Diäten und Reisekosten gleich Mitgliedern der Stände beziehen, indem sie viermal im Jahre in Hannover zusammentraten, um ihre Geschäfte zu erledigen, welche indeß hauptsächlich nur in Controle des Staatsschuldenwesens und Mitvollziehung der Obligationen bestanden, da

---

*) Actenstücke V. 2, Seite 715.
**) Actenstücke V. 2, Seite 4—722, 779. Verordnung vom 25. Juni 1834 und Gesetz vom 30. Juli 1834.

die ihnen nach § 10 des Gesetzes vom 30. Juli vorzulegenden Etats über die sämmtlichen im zuletzt verflossenen Vierteljahre stattgefundenen Einnahmen und Ausgaben der Generalcasse, so dürftig gehalten wurden, daß sie nur die allgemeinste Uebersicht, nicht aber eine Einsicht in die Sache gewährten.

Eine der wichtigsten Vorlagen war die über Regulirung der Einquartierungen.*) Die Regierung erklärte zunächst, daß eine vollständige Casernirung der Cavallerie und Artillerie nicht möglich sei, daß vielmehr in dem beiweitem größten Theile des Königreichs die ordinaire Leistung von Naturalquartieren fernerhin bestehen bleiben müsse, daß diese dagegen vergütet werden solle nach beigefügtem Maaße. Stände erwiederten dagegen, daß sie eine solche Nothwendigkeit zur Zeit nicht anerkennen könnten; da indeß erst Erfahrungen zu sammeln, in wiefern die von jetzt an zu zahlenden Geldentschädigungen von Einfluß auf die Wünsche der Einwohner seien, so eigne sich die Sache noch nicht zu einer dauernden Regulirung. Stände erklärten sich vielmehr unter ziemlich bedeutenden Modificationen zu Gunsten des Quartierpflichtigen damit einverstanden, daß die Vorschläge der Regierung bis zum 1. Juli 1837 ins Leben geführt würden, und trugen darauf an, „daß Untersuchungen über die Wünsche der einzelnen Landestheile in Bezug auf die Beibehaltung oder Beseitigung des Naturalquartiers angestellt und deren Resultate den Ständen mit den hierauf sich beziehenden weiteren Vorschlägen für die künftige Einrichtung vor dem 1. Juli 1837 zur definitiven Erklärung mitgetheilt werden." Auch wünschen Stände, für den Fall der theilweisen oder allgemeinen Beibehaltung des Naturalquartiers jene Vorschläge von einer vollständigen Auseinandersetzung derjenigen Principien begleitet zu sehen, nach denen die Quartierfähigkeit, die Umquartierungen, so wie die Leistungen der einzelnen Quartierwirthe zu beurtheilen sind, damit eine möglichst völlige Gleichstellung der quartierfähigen Einwohner im ganzen Königreiche bewirkt werde. Sollten dann wider Erwarten Landesherr und Stände über eine künftige definitive Einrichtung sich vor dem 1. Juli 1837 nicht haben vereinigen können, so erkennen letztere es an, daß die einstweilige fernerweite Bewilligung der Zahlungen behuf Bequartierung und Verpflegung der reitenden Artillerie und Cavallerie, welche Stände für jetzt nur bis zu diesem Termine auf die Generalcasse übernehmen, nach denselben Principien geschehen müsse, welche nach dem Eingange des § 140 des Staatsgrundgesetzes den jährlichen Bewilligungen der für den Dienst nothwendigen Ausgaben zur Norm dienen.

„Solchem nach wird denn während des vorbezeichneten Provisorii die Naturalbelegung allerdings die Regel ausmachen müssen. Wenn indessen Königliches Cabinetsministerium es bereits thunlich gefunden hat, auf Anträge in der einen oder anderen Provinz, welche gänzliche Abschaffung aller ordinairen Naturalbequartierung oder doch eine Beschränkung derselben auf gewisse Ortschaften oder Gegenden bezielen, hineinzugehen, und nicht zu verkennen ist, daß nach den örtlichen Verhältnissen einzelne Gegenden vom Naturalquartier völlig frei zu lassen sind; so wünschen Stände ferner, daß es der hochpreislichen Regierung, in sofern nicht überwiegende militairische

---

*) Vergleiche Actenstücke V. 2, pag. 14 und 768 Pehlen, Staatshaushalt II. pag. 182.

Rücksichten entgegenstehen, gelingen möge, etwaige Anträge solcher Landes=
theile, welche die Naturalbequartierung ihrem Interesse nicht entsprechend
halten sollten, dadurch entgegen kommen zu können, daß die betreffenden
Truppenabtheilungen durch freiwillige Uebereinkunft, wobei den bisherigen
Quartierpflichtigen jedenfalls der Vorzug zu lassen sein wird, anderweit
untergebracht werden, ohne jedoch die Generalcasse dadurch mehr zu belästigen."

„Vorbehältlich einer solchen freiwilligen Uebereinkunft aber erachten
Stände für unvermeidlich, daß — während durch die jetzigen Bestimmungen,
auch abgesehen davon, daß sie nur provisorisch getroffen werden, dem § 28
des Staatsgrundgesetzes noch keine vollständig genügende Ausführung gegeben
werden kann — bis zu einer dem Staatsgrundgesetze entsprechenden defini=
tiven Einrichtung, in den alten Provinzen die Naturalbequartierung auch
auf die bisher Quartierpflichtigen beschränkt bleibe, in den neuen Provinzen
aber die bisherigen solcherhalb bestehenden Einrichtungen beibehalten werden."

„Eine Erwiederung auf die Bemerkung im Schreiben des Königlichen
Cabinetsministerii, welche die auf Casernement oder größere Vergütung ge=
richteten Wünsche einzelner Landestheile und die dadurch bewirkte Kosten=
vermehrung betrifft, scheint Ständen nach ihren obigen Erklärungen vorläufig
nicht nothwendig zu sein, und wenden sie sich daher jetzt zu den vom König=
lichen Ministerio proponirten Grundsätzen, nach welchen die nachgewiesenen
ordinairen Quartierstandesprästationen für die Artillerie und Cavallerie zu
leisten und als allgemeine Staatslast auf die Generalcasse zu übernehmen
sein werden."

Die Modificationen der Stände betrafen hauptsächlich Erhöhung der
Entschädigung für die Quartiergeber. Hinsichtlich der Infanterie übernahmen
sie nicht nur das ordinaire Servicequantum von etwa 38,154 Thalern auf
die Generalcasse, sondern auch den gesammten übrigen Militairservice mit
Einschluß des Frauen= und Kinderservices. Dagegen verblieben den Gar=
nisonstädten vorerst die ihnen obliegenden s. g. Nebenleistungen behuf
Casernementsprästationen, so wie anderer Militairbauwerke und Einrichtungen.
Da Stände jedoch nicht zu übersehen vermochten, inwiefern diese Lasten der
gleichmäßigen Tragung der Staatslasten widerstrebten, verlangten sie, daß
die Regierung deshalb Nachforschungen anstelle und deren Resultate ihnen
mittheile (was beiläufig bemerkt, bis heute noch nicht geschehen, aber auch
bei der Begierde vieler Städte nach Garnisonen wohl kaum nöthig ist).

Gleichzeitig wurde eine Vergütung für Kriegerfuhren, die bis dahin
umsonst geleistet werden mußten, von den Ständen beschlossen. Diese erklärten,
wie sie sich nicht verhehlten, daß durch ihre Beschlüsse die auf 300,000 Thaler
veranschlagte jährliche, auf die Generalcasse zu übernehmende Summe um
ein Bedeutendes werde überstiegen werden, da sie jedoch die Principien des
Staatsgrundgesetzes haben zur Anwendung bringen wollen, so würden sie ihre
Beruhigung darin finden, wenn dieser Zweck erreicht sei. Sie bewilligten
in der Voraussetzung, daß die militairischen Maßnahmen danach getroffen
wären, die nöthigen Summen rückwärts bis zum 1. Juli 1831.

Dies Resultat war aber erst nach langen Kämpfen erzielt, nach Kämpfen,
welche sich schon in der Commission beider Cammern, welche die Regierungs=
vorlagen prüfte, angesponnen, in den Cammern fortgesetzt, in Conferenzen
weiter fortgesetzt und endlich nur durch Abstimmungen, in denen in zweiter

Cammer eine von Dr. Lang für diese Frage, vorzüglich aus den Vertretern des Bauernstandes, künstlich geschaffene, natürlich vorübergehende Parteibildung den Sieg davon trug, erledigt wurden.

Der Kampf in den Commissionen hatte, wie der Berichterstatter erwähnte, nicht dazu geführt, daß eine der sich entgegenstehenden Ansichten durchdrang, man hatte daher ein Drittes in Vorschlag gebracht, das eigentlich keine Partei befriedigte.

Die Last der Cavalleriebequartierung hatte bisher allein auf dem Bauernstande gelegen; im § 28 des Staatsgrundgesetzes war sie als Staatslast anerkannt, allein den bisher Privilegirten auch das fernere Privilegium zuerkannt, gegen Reluition das Naturalquartier ablehnen zu können. Jetzt sollte die practische Ausführung dieses Grundsatzes angebahnt werden; nun aber erklärte die Regierung, die Naturalquartierung nicht entbehren zu können, es mußte sonach der Unterschied zwischen Pflichtigen und Exemten bestehen bleiben, da die Exemten jenes Recht hatten, Naturalquartierung abzulehnen. Da nun die Mitglieder erster Cammer das Unangenehme der Naturalquartierung selbst nicht fühlten, so stimmten sie der Regierung bei, welche die Naturalquartierung, die außerdem bei weitem wohlfeiler war als das Casernement, für absolut nothwendig erklärte, da das ihren pecuniairen Interessen am angemessensten war, und sie zunächst von der Furcht einer Erhöhung der Grundsteuer befreite.

Die Mitglieder zweiter Cammer gingen principiell davon aus, daß den Bestimmungen des § 28 des Staatsgrundgesetzes und des Beschlusses vom 15. März 1833 nur ein Genüge geschehe bei völliger Aufhebung der Cavalleriebequartierung und Einführung des Casernements. Da sie indeß damit nicht durchdrangen, begnügten sie sich, die Entschädigung der Quartiergeber zu vervollständigen. Dr. Lang stand mit seiner Ansicht, ein Provisorium bis 1837 herzustellen, in der Commission ganz allein. Die Commissionsvorschläge fanden aber in beiden Cammern nicht den gewünschten Beifall, in beiden wurden entgegengesetzte Zusätze zu denselben beschlossen. In der ersten Cammer hatte man beschlossen: 1) voran die Erklärung zu stellen, daß Stände es nicht verkennten, wie dem Könige das Recht zustehe, über die Dislocation der Truppen zu verfügen, sofern dem Lande keine vermehrte Last dadurch auferlegt werde; 2) die wiederholte Anerkennung des vollkommenen Rechts der Exemten auf Verschonung mit der Naturalquartierung und Verpflegung; 3) die Erklärung, daß unter der im § 28 des Staatsgrundgesetzes bestimmten Generalisirung der Einquartierungs- und Verpflegungspflicht nichts anders zu verstehen sei, als daß diese Verpflichtung zwar beibehalten, aber den Quartierwirthen dagegen eine gleiche Vergütung aus der Landescasse bezahlt werde.

Die erste Cammer wollte also dem § 28 eine Deutung geben, die dem Wortlaute widersprach und an die man weder 1832 noch 1833 gedacht hatte, da man sonst nicht davon hätte sprechen können, welche Opfer man durch Uebernahme der Cavalleriebequartierung und Verpflegung schon gebracht habe.

Die zweite Cammer wollte dagegen an die Spitze den Vorbehalt gestellt wissen, daß die Gelder zu diesen Ausgaben nicht durch Anleihen, sondern durch Steuern aufzubringen seien, sodann aber 2) die Erklärung, daß die im § 28 den Exemten beigelegte Befugniß zur Nichtannahme der ordinairen Naturalquartierung weiter nichts bedeute, als das Recht, die auf sie wie auf jeden andern zu repartirende Naturalquartierung auf eigene Kosten auszumiethen oder auszmiethen zu lassen. Dieser Antrag war von Christiani gestellt, und von Freudentheil, Stüve, Sermes, Sandvoß und vielen Andern war diese Ansicht als die allein richtige Interpretation nach dem historischen Hergange verfochten, nur der Deputirte Nienburgs, der Cammerconsulent Klenze, nebst Rose und Wedemeyer verfochten die Ansicht erster Cammer. Die zweite Cammer hatte nun in die Conferenz, welche bei den sich so entgegenstehenden Beschlüssen nöthig wurde, vier Mitglieder gewählt, welche sich entschieden für den Christianischen Antrag erklärt hatten, nämlich Dr. Lang, Stüve, Abides und Dr. Christiani, von denen die drei ersteren auch Commissionsmitglieder gewesen waren. Die erste Cammer hatte den Geb.-Rath v. Falle, Kriegsrath v. Bremer, Drosten v. Hodenberg, Canzlei-Assess. v. Düring erwählt. In der Conferenz kam man abermals auf einen Ausweg, der die Sache lediglich unentschieden ließ, indem man sich über zweideutige Worte einigte, welche die erste Cammer gänzlich anders auslegte, als die zweite; der oben mitgetheilte ständische Beschluß ist nämlich eben dieser Conferenzvorschlag, über welchen aber in zwei Theilen abgestimmt wurde, indem über den letzten Satz „vorbehältlich u. s. w." besonders abgestimmt werden mußte, da er eine besondere Principienfrage entschied.

Man hatte auch diesen Conferenzbeschluß nur dadurch erzielt, daß Dr. Lang und Abides mit dem Syndicus der Cammer der Majorität beigestimmt hatten, während Christiani schon in der Conferenz versichert hatte, er werde, was an ihm liege, in zweiter Cammer alle seine Kräfte daran setzen, daß die Conferenzbeschlüsse verworfen würden. Und das that er denn auch in der Sitzung vom 22. Juli, unterstützt von Stüve, Freudentheil, v. Bodungen, Lünkel, Krimping, Sermes. Stüve überreichte schriftliche Notate aus der Conferenz zu Protocoll. Auf der andern Seite wurden diese Vorschläge namentlich von Dr. Lang vertheidigt, obgleich er erklärte: auch er blicke mit Widerwillen und Ekel auf die Conferenzbeschlüsse, weil er wahrzunehmen glaube, daß der jetzige bedauerliche Zustand nur durch das große Mißtrauen der Regierung gegen die zweite Cammer, und das daraus folgende Mißtrauen der zweiten Cammer gegen die Regierung herbeigeführt sei. Dr. Lang stimmte aber dennoch für diese Vorschläge, weil nach seiner laut genug ausgesprochenen und oft genug wiederholten Ansicht damit nichts aufgegeben werde. Den auf seinen eigenen Antrag gemachten Vorbehalt, daß die Kosten nicht durch Anleihen aufgebracht werden sollten, erklärte er für unpractisch. Weßhalb Klenze und andere den Conferenzbeschlüssen beitraten, ließ Klenze nicht zweifelhaft, indem er sich im Sinne erster Cammer erklärte und den Vorwand gebrauchte, er halte es mehr im Interesse der Unterthanen, wenn er zunächst auf die zeitlichen Güter sehe; worauf Stüve witzig und in Beziehung auf die bekannte Verschwendung so wie auf den Uebertritt Klenze's in den Staatsdienst, äußerte: der Deputirte für Nienburg thue sehr wohl daran, wenn er zunächst auf die zeitlichen Güter sehe.

Nach einer zweitägigen Debatte wurde der erste Conferenzvorschlag mit 46 gegen 25 Stimmen angenommen, worauf Stüve erklärte, nun auch für den zweiten Vorschlag stimmen zu wollen, er erkläre jedoch zu Protocoll, daß

er nun und nimmermehr eine andere Interpretation dieses Beschlusses anerkennen werde, als die, daß nur hinsichtlich der nicht erfolgten Herbeiziehung der
Exemten die nicht vollständige Vollziehung des Staatsgrundgesetzes anerkannt
werde. Auch Dr. Lang trat dieser Erklärung bei, Christiani verwahrte die
Rechte des Landes zu Protocoll. Rose bat: in's Protocoll zu nehmen, daß
er den Satz annehme wie er dastehe und sich über Sinn und Auslegung
desselben in gar keine Consequenzen einlasse.*)

*) Es hat dem Verfasser eine niedergeschriebene Rede vorgelegen, welche der
Dr. Lang zu Achim nach beendigter Diät in einer Versammlung seiner Wähler zu
Bremervörde ich weiß nicht ob wirklich gehalten oder zu halten beabsichtigt hat.
Danach hinge die Sache so zusammen. Lassen wir Lang selbst sprechen: Als der
Commissionsentwurf in die Cammern kam galt es zuerst meine Ansicht (ein Provisorium
bis 1837 zu schaffen, wobei man durch Ablehnung des Naturalquartiers im Jahre
1837 dessen Aufhebung erzwingen könne) durchzusetzen, dann aber auch Beschlüsse zu
veranlassen die das Interesse erster Cammer verletzten, damit unter dem Schutze dieser
Beschlüsse und gegen Aufgebung derselben auch die Mitglieder erster Cammer sich zu
meiner Ansicht hinneigten. Dazu bot ein treffliches Mittel die Frage, ob die Exemten
mit Naturalquartier zu belegen und dies von ihnen zu reluiren sei, welche verschieden
beantwortet werden konnte, jenachdem man die Entschädigung, welche aus der Staatscasse den Bequartierten geleistet wurde, als vollständig ansah oder nicht. War die
Entschädigung vollständig, so konnten die Exemten nichts zu reluiren haben, weil sie
dann vom Staate den ganzen Betrag des Reluitionswerthes wieder erhalten hätten;
war sie dagegen unvollständig, so mußte von den Exemten so viel zugeschossen werden
als sie zu wenig betrug. Man konnte nun im Allgemeinen, wenigstens nicht auf
eine für jeden Fall zutreffende Weise, behaupten daß sie vollständig sei und eben
daher konnte es nicht schwer fallen den Exemten eine Reluitionspflicht in der Beschlußnahme zweiter Cammer aufzulegen, obwohl es sicher genug war daß ein solcher
Beschluß in erster Cammer niemals auch nur eine einzige Stimme gewinnen würde.
Der Antrag, die ganze Einrichtung bis zum Jahre 1837 als ein Provisorium hinzu-
stellen, gewann daher nicht bloß die Majorität, sondern zugleich auch der Antrag, daß
die Exemten, welche ein Naturalquartier nicht wollten, selbiges reluiren müssen.
In der Conferenz ging hieraus die Angelegenheit, wie ich es vorausgesehen hatte: es
wurde nämlich mein Antrag, welcher das Ganze bis zum Jahre 1837 als Provisorium
hinstellte, durch welchen dann jede Einrichtung beseitigt war und Alles der Beschlußnahme der zweiten Cammer anheim fiel, indem diese jede neue Einrichtung, welche
ihr nicht gefiel durch ihr Nein beseitigen konnte, angenommen; während für die
Dauer des Provisorii den Exemten die Reluitionspflicht nicht auferlegt wurde; es
kam aber nun darauf an in der zweiten Cammer die Elemente zu beschwichtigen, die
zur Durchsetzung meiner Ansicht einmal aufgeregt waren, welches um so schwieriger
erschien, als der aufgegebene Beschluß über die Reluitionspflicht der Exemten ganz
dem Geiste angemessen war, der in der zweiten Cammer leicht Anklang findet und
dem auch ich selbst provisorisch ungern entsagte, weshalb man so leicht eine Annahme
der Conferenzbeschlüsse nicht erwarten konnte. Dazu kam, daß viele Männer von
Einfluß dem Conferenzvorschlage sich widersetzten, namentlich der Schatzrath Stüve,
weil er überhaupt keine Entschädigung für das Naturalquartier wollte und der
Dr. Christiani, weil es seinem Systeme widerstritt irgend einer Beschlußnahme beizutreten, die eine Begünstigung der Exemten wenn auch nur temporair beibehielt.
Beide warfen sich daher mit aller Kraft auf diese für die Dauer des Provisorii festgestellte Befreiung der Exemten, zugleich suchten sie aber auch die Frage zu verdächtigen, ob das Provisorium, welches ich gewollt hatte, wirklich erreicht sei, indem
sie hervorhoben, daß mein Antrag den Zusatz erhalten hätte, daß die Ausgabe,
welche für jeden Cavalleristen bewilligt sei, als eine nothwendige auch nach der
Dauer des Provisorii fortlaufende angesehen werden solle. Wie wenig aber auch
dieser Zusatz den Beifall derer haben mochte, welche die endliche Beseitigung des
Naturalquartiers nicht wollten, so war er mir doch um so lieber, als ich eine Rückkehr zu dem Bisherigen unter keiner Bedingung wünschen konnte, und als ich es vor-
aussah, daß eine allgemeine Casernirung die Kosten eher vermehren als vermindern

In der ersten Cammer dagegen erklärte der Referent, daß die Mitglieder der Cammer darüber einig gewesen, daß die fraglichen Worte nur den Sinn hätten: daß gegenwärtig die Ausgleichung unter den Quartierpflichtigen noch nicht habe erfolgen können, und daß dies einstimmig erklärt sei. Auch hier wurden die Conferenzvorschläge angenommen. Gegen Ende der Diät kam nun aber durch Ministerialschreiben vom 1. September der Antrag an die Stände: da durch Verzögerung der Ausführung des Braunschweigschen Vertrages die Steuererträge nicht reichen würden, die hinsichtlich der Vergütung der Cavalleriebequartierung nöthigen Kosten zu decken, die Stände genehmigen möchten, daß die erforderlichen Geldmittel durch Anleihen beschafft würden. Obgleich sich nun Stüve und Christiani diesen Anträgen auf das eifrigste widersetzten, wobei Stüve ein trübes Bild über den Rückgang der Finanzen seit 1830 entwarf und äußerte, man wolle jetzt ein System des Schuldenmachens befolgen, das sei aber ein Finanzsystem, wobei man das Land zu Grunde richte, und wenn man ein so ruinöses System befolge um das Staatsgrundgesetz in Ausführung zu bringen, so wäre es besser, das Staatsgrundgesetz gar nicht auszuführen, und den Antrag stellte, die Vergütung für die Cavallerieverpflegung zu suspendiren bis zum 1. Januar und mit diesem Zeitpunkte auch die Steuererhöhung ins Leben treten zu lassen, so konnte er mit diesem Antrage doch nicht durchdringen, weil viele von denen, welche noch vor wenigen Monaten unbedingt gegen eine Anleihe waren, jetzt die Entschädigung für die Bequartierung auch nicht einmal bis zum 1. Januar missen wollten. Das Nichtzusammenhalten und Auseinanderfallen der Opposition zeigte sich so recht bei der Verhandlung vom 9. September: da kämpften Stüve, Christiani, Freudentheil, Theod. Meyer auf der einen, Rose, Wedemeyer, Lünzel, Lang I., Lang II., Abldes, v. Hanstedt auf der andern Seite. Die erste Cammer gab zu der Anleihe gern ihre Zustimmung.

Die Häuslings-Schutz- und Dienstgelder waren Abgaben, welche die dürftigste Classe der Einwohner des Landes trafen, für den Schutz, den der Landes- oder ein anderer Gerichtsherr den Häuslingen gewährte, und Dienstgelder dafür, daß der Häusling seine Wohnung auf einem dem Gutsherrn pflichtigen Gute genommen hatte.

Die Regierung beantragte, das Häuslings-Schutz- und Dienstgeld, insoweit diese Prästationen den öffentlichen Cassen zu Gute kämen, mit etwa 25,000 Thalern jährlich aufzuheben und auch die etwa Privatpersonen oder Corporationen rechtmäßig zustehenden Häuslingsabgaben, im Betrage von etwa 8,000 Thalern, jedoch gegen Entschädigung der Berechtigten und unter der Voraussetzung der Erhöhung der Personensteuer um diese Summe, aufzuheben.

Die Stände erkannten in einer Erwiederung vom 16. September das Gewicht der Gründe des Antrags in Beziehung auf das Häuslings-Schutz-

---

konnte. Nach zweitägiger heftigster Debatte gelang es, den Conferenzantrag durchzusetzen. Nachdem er dann hervorgehoben, daß alle Bremenser mit Ausnahme seines Freundes Hennen, für seinen Conferenzantrag gestimmt, und nachdem er die Abstimmung des Herrn Stüve zu verdächtigen gesucht hat, als Streben die Sache zu stürzen, fährt er fort: es muß mich freuen mit einer Kraftanstrengung wie sie nur mir zu Gebote stand errungen zu haben was für das Interesse des Standes den ich vertrat (Bauernstand) zu erringen war.

geld, das wenigſtens im Bremiſchen die Natur einer Steuer trage, an, nicht ſo in Beziehung auf das Dienſtgeld, das ſie mehr für eine gutsherr= liche, durch Ablöſung zu beſeitigende Abgabe hielten, weßhalb ſie, da man die Zuläſſigkeit einer etwaigen Trennung nicht überſehen könne, vor ihrer definitiven Erklärung noch nähere Auskunft wünſchten.

Auch dieſer ſtändiſche Beſchluß war die Vereinigung zweier entgegen= ſtehenden Cammerbeſchlüſſe, indem die erſte Cammer die Regierungsvorſchläge gänzlich abgelehnt, die zweite Cammer dieſelben angenommen hatte.

Die Geſetzentwürfe über Allodification von Lehnen und die Grund= ſätze über Einrichtung des Hypothekenweſens kamen nicht mehr zur Berathung, ſondern waren an Commiſſionen verwieſen. Dagegen hatte die Commiſſion wegen des Criminalgeſetzbuches ihre Arbeit, einen Bericht von 78 Seiten in Quart zu dem Berichte der früheren Commiſſion von 104 Seiten, ſo wie Vorſchläge behuf Abkürzung des Berathungsverfahrens, vollendet und vor= gelegt. Die Verhandlungen ſelbſt begannen am 3. Juni und dehnten ſich wie bekannt, über die Diäten der Jahre 1835, 36, 37 aus. Es iſt hier nicht der Ort, näher in das Detail dieſer Verhandlungen einzugehen, wir verweiſen diejenigen, die ein beſonderes Intereſſe dafür haben, auf: „Zacha= riä's Aufſatz im Archiv für Criminalrecht," Jahr 1835, „Freudentheil" daſelbſt 1838 und 1839, und „Leonhard" Commentar über das Criminalgeſetzbuch. Der competenteſte Beurtheiler, Mittermaier, in ſeiner Schrift die Strafgeſetz= gebung in ihrer Fortbildung I. S. 28, ſagt über die Verhandlungen: „In den ſtändiſchen Verhandlungen bemerkt man einen Kampf der zwei Cammern, bei welchem die erſte Cammer faſt überall die Abſchreckungstheorie vertheidigte, und die meiſten Beſchlüſſe der zweiten Cammer, welche größere Milde in dem Strafſyſtem und in den Strafdrohungen bezweckten, verwarf. In beiden Cammern fehlt es nicht an practiſch fruchtbaren und geiſtvollen Berathungen, vorzüglich in der zweiten Cammer waren mehrere wichtige Anträge auf Be= ſtimmungen geſtellt, welche in den ſpäteren Geſetzbüchern für Sachſen und Würtemberg Eingang fanden, während die Majorität der Cammermitglieder ſich oft ohne genügende Gründe gegen die Anträge erklärte. Man bemerkte, daß die Hannoverſchen Cammern die erſten in Deutſchland, die in conſtitu= tionellen Staaten ein Strafgeſetzbuch zu berathen hatten, noch jener Mate= rialien entbehrten, welche freilich den ſpäteren Cammern ihre Berathung erleichterten." Dieſes Urtheil iſt ſehr milde, wie wir an einigen Beiſpielen nachweiſen wollen. In erſter Cammer fand ſich niemand, der gegen die Todesſtrafe überhaupt auch nur ein Wort vorzubringen unternahm; in zweiter Cammer begründete Lünkel ſeinen Antrag auf Abſchaffung der Todesſtrafe ſowohl bei der erſten Berathung am 3. Juni, als bei der zweiten am 9. Juni auf eine warme und gründliche Weiſe, konnte aber in Allen Be= rathungen nur 10 Stimmen dafür gewinnen, indem die angebliche Praxis ſich anmaßte, alle philoſophiſch = rechtliche Gründe als philantropiſche Träumereien und Gefühlsſchwärmereien darzuſtellen. Als Vertheidiger der Todesſtrafe warfen ſich auf: Freudentheil, Richter, Bueren, Sermes, Jacobi, Dürr, Roſe, ja man äußerte ſogar, daß wenn der Antrag die Zuſtimmung der Stände fände, dann aus dem ganzen Geſetze nichts würde. Als Art der Vollſtreckung der Todesſtrafe hatte der erſte Entwurf Enthauptung durch das Fallbeil aufgeſtellt, der zweite, dem ſich beide Commiſſionen angeſchloſſen,

Enthauptung durch das Schwert, weil das Fallbeil an die Revolutionsgräuel erinnere. In erster Cammer nahm man in zweiter Berathung die des Fallbeils an, ließ solche in dritter Berathung aber wieder fallen, und als die zweite Cammer sich für diese Hinrichtungsart mit eminenter Majorität entschied, setzte man ihr in der Conferenz mit gewohnter Weise den Beschluß erster Cammer entgegen, so daß eine abermalige Halbheit Frucht der Conferenz war, man beschloß nämlich des Mittels der Hinrichtung gar nicht zu erwähnen, die Wahl desselben vielmehr der Regierung zu überlassen, was zweite Cammer nach längerem Sträuben adoptirte.

Beide Commissionen hatten jede Schärfung der Todesstrafe entweder für grausam oder für leeres Spiel erklärt, insbesondere sich gegen das Hinschleppen zum Richtplatz auf einer Kuhhaut ausgesprochen. Die zweite Cammer nahm die Commissionsanträge an, die erste aber wollte die geschärfte Todesstrafe beibehalten wissen durch Schleifung auf einer Kuhhaut, und wußte diesen Beschluß in den Conferenzen durchzusetzen. Während Stände im allgemeinen aussprachen, daß die Todesstrafe möglichst beschränkt werden müsse, droht kein deutsches Strafgesetz so häufig Todesstrafe; nämlich Artikel 119 (Hochverrath), 124 (Landesverrath), 139 (thätliches Vergreifen an dem Könige), 165 (Mord, Todtschlag, Brandstiftung beim Aufruhr begangen), 175 (schwerster Fall des Zweikampfs), 183 (elf Fälle der Brandstiftung an Gebäuden), 184 (zwei ausgezeichnete Fälle der Brandstiftung an anderen Gegenständen), 188 (Strandung), 189 (Ueberschwemmung), 190 (gemeingefährliche Vergiftung), 211 (Meineid), 227 (Mord), 228 (Todtung durch Gift, welches nur in der Absicht zu beschädigen gegeben wurde), 229 (ausgezeichneter Mord), 231 (Todtschlag bei bestimmter Absicht zu tödten), 234 (Rückfall hinsichtlich eines Kindesmordes), 328 (vierter Grad des Raubes), 329 (Raubmord), 330 (Anführer von Räuberbanden bei Verübung schwerer Raubthaten), 332 (Rückfall beim Raube hinsichtlich der Anführer und Häupter von Banden). —

Die erste Cammer drang auch auf Prügel als Verschärfung der Kettenstrafe, die zweite Cammer war damit zufrieden, daß die Kettenstrafe durch zwei andere Mittel geschärft werde, die außer dem Baierischen kein anderes Criminalgesetzbuch kannte. Unser Criminalgesetzbuch ist bekanntlich in ganz Deutschland anrüchig, theils wegen der enorm harten Strafen, mit denen es Eigenthumsverletzungen belegt, theils wegen der großen Anzahl von Fällen ausgezeichneten Diebstahls, die es eingeführt hat, so daß man sprichwörtlich zu sagen pflegt, es gehöre in Hannover eine ganz besondere Kunst und Wissenschaft dazu, einen einfachen Diebstahl zu begehen.

Die Vorschläge der zweiten Commission, welche das Minimum des Strafmaaßes herabsetzen wollten und von der zweiten Cammer angenommen waren, scheiterten an dem Widerspruche der ersten, welche, wie Leonhard berichtet: überhaupt bemüht war, die Strafbedrohungen des einfachen, wie des ausgezeichneten Diebstahls erster Classe noch hinaufzuschrauben.

Diese auf Schärfung gerichtete Ansicht erster Cammer trug denn auch wesentlich dazu bei, die Lehre vom ausgezeichneten Diebstahl zweiter Classe und dessen Bestrafung zum Gegenstande unzähliger Controversen zu machen.

Die Grundzüge eines Gesetzes wegen Einführung einer allgemeinen Medicinaltaxe und einer Verordnung über Ausübung der Wundarzeneikunst, fanden, obgleich sie die Anforderungen an die von den Ständen gewünschte allgemeine Medicinalordnung nicht erschöpften, Zustimmung der Stände. Der denselben zu Grunde gelegte Gesichtspunkt war der, den Medicinalpersonen eine billige Vergütung ihrer Bemühungen zu sichern, zugleich aber auf angemessene Beschränkung der bis dahin den öffentlichen und Gemeinde= caffen obliegenden großen Ausgaben zu wirken.

Die revidirte Sportelordnung für die Untergerichte und die Gerichts= gebührentaxen für das Oberappellationsgericht und die Mittelgerichte wurden im Ganzen den Anträgen der Regierung gemäß angenommen.

Es war den Ständen auch ein Ministerialschreiben über das Chaussee= bauwesen, im allgemeinen der Entwurf einer Wegeordnung vorgelegt, wofür dieselben der Regierung ihren Dank bezeugten, sich damit einverstanden er= klärten, daß die Aufhebung der unentgeltlichen Chausseedienste zur Zeit noch nicht thunlich sei, ihre weiteren Erklärungen über Wegebauordnung und Organisation der Wegebaubehörden aber hinausschoben. —

Die Commission wegen der Hof= und Staatsdienerwitwencaffe hatte zwar, nachdem sie mit Erlaubniß der Regierung einen Rechnungsverständigen zugezogen, ihre Arbeiten in 16 Sitzungen vollendet, war aber von einem gänzlich anderen System ausgegangen; es sollte kein Zwang gegen Unver= heirathete stattfinden, die Beiträge der Mitglieder sollten nach der Probabi= litätsrechnung eingerichtet werden und etwa das Doppelte von dem betragen, was das Ministerium gefordert, d. h. statt 3 bis 5 Procent der Besoldung, 6 bis 10 Procent. — Die Angelegenheit kam in erster Cammer noch zu einer sehr gründlichen Erörterung, nicht aber in zweiter Cammer. —

Bei Uebersendung einer Petition wurden die früheren Anträge auf baldige Vorlegung eines Gesetzes über die Abwendung und Vergütung der Wildschäden in Erinnerung gebracht. Für das Volksschulwesen geschah wenig, man genehmigte die Regierungsproposition wegen vorläufiger Verwendung der einstweilen bewilligten 5000 Thaler für die Seminarien zu Alfeld und Osnabrück und die katholischen Normalschulen zu Hildesheim und Osnabrück, den übrigen Betrag zu temporairen Unterstützungen.

Die Regierung zeigte an, daß eine Commission zur Prüfung der Er= richtung von Creditinstituten behuf Ablösung von ih= niedergesetzt sei.

Hinsichtlich der Post drangen Stände zum ersten Male auf Aufhebung der persönlichen Postfranchisen, durch welche außer den Postpersonen einige Buchhandlungen in Hannover und Göttingen hauptsächlich begünstigt waren, wie sie auch die völlige Aufhebung des schon von Schlözer bekämpften Sta= tionsgeldes zur Erwägung der Regierung stellten.

Das waren die hauptsächlichsten Arbeiten der Diät, die aber nicht hingehen konnte, ohne daß Freudentheil in Beziehung auf die Göttinger Gefangenen einen Antrag einbrachte, welcher bewirken sollte, einmal daß die Untersuchung beschleunigt würde und sodann daß, unter Uebersendung ver= schiedener eingegangener Petitionen, Begnadigung eintreten möge. Der Antrag theilte das Schicksal der früheren, er wurde am 3. September mit 34 gegen 29 Stimmen abgelehnt.

Sechstes Capitel.

Von 1835 bis zur Thronbesteigung Ernst August's.

§ 1.

Rückblicke auf die Wiener Ministerialconferenzen. Das Schlußprotokoll vom 12. Juni,
Dikt von 1835. Lehnsallodificationsgesetz, Grundzüge des Hypothekengesetzes, Budget.
Ständische Anträge. Dr. Lang und die Eisenbahnen.

Die Reaction in Deutschland in Beziehung auf politische Maßregelungen
hatte im vorigen Jahre in den Wiener Ministerialconferenzen ihren Gipfel=
punkt erreicht. In Wien waren nämlich Minister aller deutschen Staaten
zu Conferenzen versammelt, um noch neue Mittel und Wege zu suchen, jede
freiere Lebensbewegung zu unterdrücken. Auch Hannover hatte dazu Herrn
von Ompteda entsandt, obwohl weder Stände, noch das hannoversche Volk,
noch namentlich die Universität Göttingen irgend welche Veranlassung auch
nur zu irgend welchen Klagen gegeben hatten. In Süddeutschland gab es
in den Cammern eine heftigere, im Reden kühnere, in den Cammern zu=
sammenhaltendere Opposition, die an der allen polizeilichen Maßregelungen
feindlichen Bevölkerung einen starken Rückhalt hatte, und in der Staats=
dienerschaft selbst ihre hauptsächlichsten Stützen. Die Streitigkeiten mit
den Regierungen waren die vielsachsten, anscheinend oft geringfügigsten.
Ob diese Opposition immer practisch handelte, ob es klug war nach Ver=
fassungsverletzungen gleichsam zu suchen und Ministeranklagen zu erheben
vor Gerichten, die vor der Entscheidung corrigirt und purificirt werden konnten,
wie in Cassel, war eine andere Frage. Untersucht man die einzelnen Fälle
solcher Streitigkeiten, z. B. den v. Gagern'schen in Darmstadt, so überzeugt
man sich leicht, daß das Unrecht sehr häufig auf Seiten der Regierungen war.
Man hat in jener Zeit sehr häufig gewitzelt und gespöttelt über die
liberalen Phrasen der Cammerhelden. Was wollen aber alle diese Phrasen
sagen, gegen die Phrasen mit denen Staatscanzler Fürst Metternich in Wien
die Conferenzen eröffnete. Hören wir: „Aus den Stürmen der Zeit ist
eine Partei entsprossen, deren Kühnheit, wenn auch nicht durch Entgegen=
kommen, so doch durch Nachgiebigkeit, bis zum Uebermuth gesteigert ist.
Jede Autorität anfeindend, weil sie selbst sich zur Herrschaft berufen wähnt,
unterhält sie mitten im allgemeinen politischen Frieden einen innern Krieg,
vergiftet den Geist und das Gemüth des Volkes, verführt die Jugend, be=
thört selbst das reifere Alter, trübt und verstimmt alle öffentlichen und
Privatverhältnisse, stachelt mit voller Ueberlegung die Völker zu systematischem
Mißtrauen gegen ihre rechtmäßigen Herrscher auf, und predigt Zerstörung
und Vernichtung gegen Alles was besteht. Diese Partei ist es, welche sich
der Formen der in Deutschland eingeführten Verfassungen zu bemächtigen
gewußt hat. Ob sie diesen scheinbar gesetzlichen, langsamen und sichern
Weg, oder den des offenen Aufruhrs einschlage, immer verfolgt sie den
nämlichen Zweck. Planmäßig fortschreitend, begnügte sie sich zuerst damit,
in den ständischen Cammern den Regierungen gegenüber eine Opposition zu
gewinnen. Allmälig ging ihr Streben weiter; die gewonnene Stellung sollte
thunlichst verstärkt werden; dann galt es, die Regierungsgewalt in möglichst

7

enge Grenzen einzuschließen; endlich sollte die wahre Staatsgewalt nicht länger in dem Staatsoberhaupte concentrirt bleiben, sondern die Staats= gewalt in die Omnipotenz der ständischen Cammern verpflanzt werden. Und in der That dürfen wir uns nicht verhehlen, daß die Partei mit größerem oder geringerem Erfolge, leider! ihren Zweck hie und da zu erreichen ge= wußt, und daß, wenn nicht bald dem überfluthenden Strome dieses Geistes ein hemmender und rettender Damm entgegengesetzt, und in dem mächtigen Entwickelungsgange der Fortschritte dieser Faction ein Abschnitt gemacht wird, in Kurzem selbst das Schattenbild einer monarchischen Gewalt in den Händen mancher Regenten zerfließen könnte ꝛc. ꝛc." Das waren die banalen Phrasen, mit der man jede liberalere Bewegung in Leben, Kunst und Wissenschaft brandmarkte und was mehr war verfolgte und ihr durch Prä= ventivpolizei zuvorzukommen suchte. Und die Mittel dazu? Das Schluß= protocoll der Wiener Conferenzen, vom 12. Juni 1834, ist jetzt kein Ge= heimniß mehr.

Der Artikel 1 setzt fest, daß das Princip, wonach die volle Souverainetät bei den Fürsten sei, durch landständische Verfassung nur in der Aus= übung bestimmter Rechte gebunden werden könne und im vollen Umfange unverletzt zu erhalten sei, daß die Regierungen daher keine mit dieser Sou= verainetät unvereinbare Erweiterung ständischer Befugnisse zugestehen dürfen. Wenn Stände in der Absicht ihre Befugnisse zu erweitern Zweifel über den Sinn einzelner Stellen aus den Verfassungsurkunden erregen, so werden die Regierungen die den obigen Grundsätzen entsprechende Deutung aufrecht erhalten, sollten sich Stände bei dieser Deutung nicht beruhigen, so wird die Regierung das Bundesschiedsgericht anrufen, das danach zusammengesetzt ist jene Deutung aufrecht zu erhalten. Stände können von ihren eigenen Beschlüssen oder von jenen einer früheren Ständeversammlung, wenn diese von der Regierung genehmigt sind, ohne deren Zustimmung nicht abgehen. Ver= ordnungen haben verbindliche Kraft und sollen die Regierungen den etwa gegen dieselben gerichteten Competenzübergriffen der Gerichte standhaft be= gegnen. Ein Nichtanerkennen solcher Verordnung durch die Stände kann die Regierung in Handhabung derselben nicht hemmen. Ueberhaupt kann der Gang der Regierung durch ständische Einsprüche, in welcher Form diese immer vorkommen mögen, nicht gestört werden. — Die Regierungen werden nicht gestatten, daß die Stände über die Gültigkeit der Bundesbeschlüsse berathen und beschließen. Die Regierungen werden Ständeversammlungen, welche die zur Handhabung der Bundestagsbeschlüsse vom 28. Juni 1832 erforder= lichen Leistungen verweigern, nöthigenfalls auflösen und soll ihnen in einem solchen Falle Hülfe des Bundes zugesichert sein.

Bedingungen, welche bei Bewilligung der zur Führung der Regierung erforderlichen Steuern nach Artikel 2 der Bundesbeschlüsse vom 28. Juni 1832 unzulässig sind, können auch unter der Benennung von Voraussetzungen oder unter irgend einer andern Form nicht geltend gemacht werden. Artikel 20. Das Recht der Steuerbewilligung ist nicht gleichbedeutend mit dem Rechte, das Staatsausgabenbudget zu regeln. Die Regierungen werden diesen Unterschied bei den Verhandlungen über das Budget genau im Auge be= halten, und die durch die einzelnen Landesverfassungen gezogenen Grenzen mit gehöriger Sorgfalt für den erforderlichen Dispositions- und Reservefonds strenge beobachten lassen. Aus diesem Unterschiede folgt: daß Ständen das Recht, einzelne innerhalb des Betrages der allgemein bestimmten Etatssummen vorkommende Ausgabeposten festzusetzen oder zu streichen, nicht zusteht, insofern ihre Zustimmung dazu nicht ausdrücklich durch Verfassungen oder Gesetze vorbehalten ist. Werden bereits erfolgte Ausgaben von den Ständen (worunter in jenen Staaten, deren Stände in zwei Cammern getheilt sind, immer beide Cammern verstanden sind) nicht anerkannt oder gestrichen, so können letztere zwar eine Verwahrung für künftige Fälle einlegen oder nach Umständen einen andern nach der Verfassung des Landes zulässigen Weg einschlagen; es können aber dergleichen als wirklich verausgabt nachgewiesene Summen nicht als effective Cassenvorräthe von den Ständen in Anschlag gebracht werden. Die Frage über die Rechtmäßigkeit einer wirklich erfolgten Ausgabe wird auf verfassungsmäßigem Wege entschieden, und wenn diese Entscheidung verneinend ausfällt, so steht nur competenter landesherrlicher Behörde, und nicht den Ständen, der Ausspruch über die Ersatzverbindlichkeit zu.

Artikel 23. Man wird den Grundsatz festhalten, daß Staatsbeamte zu ihrem Eintritt in die ständischen Cammern der Genehmigung des Landesherrn bedürfen.

Artikel 24. Die Regierungen werden einer Beeidigung der Militairs auf die Verfassung nirgends und zu keiner Zeit Statt geben.

Artikel 25. Die Regierungen werden zur Bewirkung eines gleichförmigen und kräftigen Vollzuges des Artikel 5 des Bundesbeschlusses vom 28. Juni 1832, und der demselben vorausgegangenen Vorschriften der Schlußacte, in Betreff der Oeffentlichkeit landständischer Verhandlungen, insoweit nicht durch die bestehenden Geschäftsordnungen bereits genügend fürgesorgt ist, die nöthigen Anordnungen treffen, und zu diesem Ende ihre, den Ständesitzungen beiwohnenden Commissarien mit den geeigneten Instructionen versehen.

Artikel 26. Man wird insbesondere darüber wachen, daß die Präsidenten der ständischen Cammern nicht verabsäumen, die Redner wegen Mißbrauchs des Wortes (sei es zu Angriffen auf den Bund oder einzelne Bundesregierungen, sei es zur Verbreitung die rechtmäßigen Staatsordnungen untergrabender oder ruhestörender Grundsätze und Lehren) zur Ordnung zu verweisen, und nöthigenfalls die weitern verfassungsmäßigen Einschreitungen veranlassen. Sollte eine Ständeversammlung in ihrer Mehrheit solche ahndungswürdige Ausfälle einzelner Mitglieder billigen, oder denselben nicht entgegentreten, so werden die Regierungen, nach erfolgloser Anwendung anderer ihnen zu Gebote stehender Mittel, die Vertagung und selbst die Auflösung der Cammern unter ausdrücklicher Anführung des Grundes verfügen.

Die Artikel 28 bis 37 enthalten dann Vorschriften über Censur, Verminderung der Tagsblätter, Zeitungscautionen. Die Censoren sollen Männer von erprobter Gesinnung sein, Censurlücken sollen nicht geduldet werden, der Buchhandel soll organisirt werden. Die Artikel 38 bis 56 beschäftigen sich mit den Universitäten und privaten Lehr- und Erziehungsanstalten. Der Artikel 57 entzieht die Polizei- und Criminalerkenntnisse der Actenversendung. Der Artikel 58 prägt den freien Städten ein, diese Bestimmungen gehörig zu halten. Der Artikel 59 erklärt, daß weder bestehende Verfassungen noch Gesetze diesen vertragsmäßigen Verbindlichkeiten hindernd in den Weg treten sollen, solche Hindernisse sollen vielmehr beseitigt werden.

Diese Vereinbarungen waren von allen Gesandten unterzeichnet, keiner hatte ernstlich Widerspruch gewagt. Waren hiedurch nicht alle Verfassungs=urkunden, alle Staatsgrundgesetze so gut wie vernichtet, zum leeren Schein und Puppenspiel herabgewürdigt? Was blieb vom Constitutionalismus noch übrig? Die Bestimmungen des Staatsgrundgesetzes über Budgetsbewilligung hielten sich zwar gänzlich in den durch Artikel 20 bis 22 bestimmten Gränzen, aber wie leicht war es, diese Gränzen noch enger zu ziehen und das ganze Recht illusorisch zu machen? — Alle Ständeversammlungen waren den Re=gierungen gegenüber rechtlos gestellt und das Schiedsgericht, welches bald darauf durch den Bundesbeschluß vom 30. October 1834 ins Leben gerufen werden sollte, gewährte den Ständen keine Aussicht auf Erfolge. Die Be=schlüsse der Conferenz waren aber zu scharf und wurden daher bald schartig; sie sind vielleicht nur am Orte ihrer Geburt ganz zur strengen Durchführung gekommen. Für das deutsche Volk war es ein Glück, daß in dieser politisch = trüben Zeit seine Strebungen von der Politik ab, auf das Gebiet der Volks=wirthschaft gerufen wurden, wozu die Verbreitung der Eisenbahnen und das immer stärkere Umsichgreifen des Preußischen Zollvereins mit Nothwendigkeit drängte.

Was Hannover betrifft, so folgte es auf diesem Gebiete noch nicht so=gleich nach, es war noch in dem politischen Ausbau begriffen. Diesen aber anlangend können wir es uns sehr wohl erklären, daß wenn bei Männern wie Rose wirklich die redliche Ueberzeugung und der Wille herrschte, das Staatsgrundgesetz müsse Wahrheit werden, sie sich in ihrem Streben gehemmt fühlen und ermatten mußten. So erklärt sich denn auch zum Theil der Stillstand in Ausführung verfassungsmäßiger Bestimmungen, die seit 1835 Jedem auffallen muß, der die ständischen Actenstücke ansieht. Namentlich die am 14. Januar 1835 eröffnete dritte Diät zeichnete sich durch ihre Kürze aus. Die Regierung legte nämlich den Ständen außer dem Budget keine neue Vorlagen vor und erwartete nur baldige Erledigung der älteren Vorlagen, damit sie längere Zeit gewinne und sich im Stande sehe, die ver=sprochenen Ersparungspläne und die Regulative in nächster Zeit vorzulegen. Sie empfahl zunächst möglichste Beschleunigung des Vertrags mit Braun=schweig. Da Modificationen an diesem Vertrage nicht möglich waren und man die Beendigung der Sache schon aus dem Grunde wünschte um mit den indirecten Steuern zum Abschlusse zu kommen, so war die ständische Zustimmung bald erlangt. Eine Opposition, welche die rechtliche Haltbar=keit des Nachsteuergesetzes angriff, blieb in der Minderheit. Es wurde ferner das Lehnsgesetz erledigt. Es bezweckte dies Gesetz nur die Ablösung der kleinen Lehne, indem schon die Regierung von dem Grundsatze ausging, daß landtagsfähige Lehngüter, welche zur Grundsteuer mit 70 Thalern be=schrieben oder welche einen reinen Ertrag von wenigstens 600 Thalern liefer=ten, von der Allodificationsbefugniß ausgeschlossen sein sollten. Allein die Erledigung, welche das Lehnsgesetz fand, war eine wahre Mißgestaltung. Die verschiedenen Interessen erster und zweiter Cammer hatten eine Menge einander sich durchkreuzender Beschlüsse hervorgerufen, daß die Conferenzen nicht im Stande waren so Heterogenes zu vereinigen. Nachdem bis zum Ueberdruß gestritten war, vereinigte man sich doch, zerriß die Einheit des Gesetzes, that mit unsicherer Hand, wie Wachsmuth sich ausdrückt, große Eingriffe in wichtige Rechtsverhältnisse, schaffte ein buntes und controversenreiches Gesetz. Die erste Cammer, von dem Grundsatze ausgebend, daß die Erhaltung der Monarchie hauptsächlich auf Conservation der Rechte des Adels beruhe, wollte die Erhaltung angesehener Familien des Adels in ihrem bisherigen Wohlstande und der damit verknüpften Repräsentation als Hauptgrundsatz durchsechten, wogegen ihr an einer Conservation der Rechte der Agnaten wenig lag. Sie war zum Theil königlicher als der König selbst, indem mehrere Mitglieder dem Könige den Einfluß auf die Grundbesitzer, den er durch Verleihung der Lehne auf die Beliebenen ausgeübt habe, gegen seinen Willen zu conserviren, und auch bürgerliche und bäuerliche Lehne mit einem Einkommen von 300 Thalern und darüber von der Allodification ausgeschlossen wünschten. — Das Gesetz ist erst 1848 in diesem Punkte wesentlich geändert.

Die Grundsätze des Hypothekengesetzes, welches die Regierung vorgelegt, waren mangelhaft, unklar und nicht durchgreifend; sie wollte freilich Begründung der Hypotheken auf Realcredit und Specialität der Pfandrechte, aber Aufhebung aller Privatpfandrechte. Stände erklärten sich mit beiden Grundsätzen zwar einverstanden, wollten inzwischen die Privathypotheken nicht ganz fallen lassen, und indem sie die allgemeinen Grundsätze mehrfachen Modificationen unterzogen, stellten sie den sehr weitgehenden Antrag:

„daß Königliches Ministerium die nöthigen Revisionen der in den verschiedenen Landestheilen besteh nden Provinzialgesetze, Statuten und sonstigen besonderen Rechtsnormen, so weit solche mit dem Credit= und Hypothekenwesen in Beziehung stehen, erforderlichen Falles durch Geschäftsmänner, die von den verschiedenen Rechtsgeschäften der Unterthanen erfahrungsmäßige Kenntniß besitzen, anordnen werde, um genaue Bestimmungen darüber einzuleiten, welche von jenen Rechtsnormen durch die bestehenden allgemeinen Gesetze bereits als abgeschafft zu betrachten, und welche in Folge derselben, so wie der gegenwärtig aufgestellten Grundsätze, zu Erhaltung eines geordneten Rechtszustandes annoch abzuschaffen oder abzuändern sein möchten",

welcher denn ein Grund gewesen oder als solcher vorgeschoben ist, daß wir mit unserer Hypothekengesetzgebung noch immer auf dem alten hundertmal als unhaltbar bezeichneten Standpuncte stehen geblieben sind. Auch hier ging es ohne Differenzen und Conferenzen zwischen beiden Cammern nicht ab.

Die Berathung des Criminalgesetzbuches schritt in erster Cammer bis zur Berathung des Cap. 15, in zweiter bis zur Berathung des Cap. 10 des speciellen Theiles vor.

Mit dem Budget legte die Regierung den Ständen die erbetenen Uebersichten des Restfonds der Domanialcasse bei der Cassenvereinigung vor. — Stände bewilligten das auf 6,042,892 Thalern veranschlagte Ausgabebudget im Betrage von 6,036,938 Thalern, indem sie einzelne Modificationen eintreten ließen. Sie erinnerten dabei an die Reorganisation der Provinzialstände, wünschten, daß die den Communen noch obliegenden Militairaushebungskosten auf die Generalcasse übernommen würden, fingen an, die

Nützlichkeit der Ausgaben für die Flora Hannoverana zu bezweifeln. Die Einnahmen — nach Abzug der damit verbundenen Ausgaben — wurden zu 6,043,846 Thalern veranschlagt und bewilligt. Es wurden dabei wegen der sehr hohen Kosten der Forstverwaltung Aufklärungen erbeten, die Regierung ersucht, auf eine Verminderung der Kosten des Bauetats hinzuwirken, namentlich auf Verminderung der Officialgebäude und Veräußerung der Krongutsmühlen Bedacht zu nehmen. Ueber die Verhältnisse des Harzes und der Bergbandlung sah man Mittheilungen entgegen. Hinsichtlich der Posten wurden detaillirtere Mittheilungen erbeten und die im vorigen Jahre auf Beseitigung der persönlichen Postfranchisen gemachten Anträge wiederholt.

In Beziehung auf die Personen= und Gewerbesteuer gaben mehrere Petitionen Veranlassung, die Regierung in besonders drückenden Fällen zu Erleichterungen durch die Administration zu bevollmächtigen. Wegen Mahl= und Schlachtficents wurde auf Vorlage eines Gesetzes angetragen. Endlich wurde der Zeitpunkt zu einer Herabsetzung des Zinsfußes der Landesschulden für günstig erachtet, auch gewünscht, daß die kündbare Landesschuld theilweise durch Versuren in unkündbare Schuld verwandelt werde, zu welchem Zwecke Stände auf die Benutzung der Ablösungscapitalien hinweisen, welche freilich damals erst die Höhe von 70,000 Thalern erreicht hatten. —

Ueber eine Petition vieler Einwohner aus Hildesheim um Errichtung eines homöopathischen Lehrstuhls wurde nach lebhafter Discussion mit 41 gegen 24 Stimmen zur Tagesordnung übergegangen. —

Zum ersten Male in dieser Diät wurde durch einen Antrag des Dr. Lang die Eisenbahnfrage in das Gebiet ständischer Erörterungen gezogen. Wenn der Antrag desselben, die Regierung zu ersuchen vor definitiver Beschlußnahme über die Errichtung von Eisenbahnen mit den Ständen in Communication treten zu wollen, auch nicht zum ständischen Beschlusse erhoben wurde, da erste Cammer denselben einstimmig ablehnte, weil eine Veranlassung zu einem solchen Antrage überall noch nicht vorhanden sei, so ist doch über die Verhandlungen zu berichten, da sie den Beweis liefern, wie selbst kluge Leute, wenn sie einseitige Interessen verfolgen, vorbei schießen und sich blamiren können. Es muß hierbei vorausgeschickt werden, daß mit den Verhandlungen über den Braunschweiger Zollvertrag von dort die Idee ausgegangen war, eine Eisenbahn von Harburg zu bauen, die sich von Burgdorf ab einmal nach Hannover, daneben östlich nach Braunschweig abzweigen sollte, wodurch man beiden Orten den Transitohandel Hamburgs zu erhalten hoffte. Diejenigen weiterschenden Mitglieder des braunschweigischen und hannoverschen Handelsstandes, welche dies Project erdacht, waren weiter vorgegangen, hatten durch englische Ingenieure sich Gutachten geben lassen und mit englischen Capitalisten wegen des Geldpunkts angeknüpft, und der Engländer Taylor hatte eine Broschüre zu Gunsten des Unternehmens in Druck erscheinen lassen. Man hatte auch die Regierung angegangen, von der eine Commission niedergesetzt war, die sich mit Vorarbeiten, Nivellements, Verkehrsermittelungen beschäftigte. Es ist kaum anders anzunehmen, als daß zunächst provinzielle Eifersucht, welche Harburg, das Lüneburgische und hauptsächlich die Residenz durch ein solches Unternehmen gegen das Bremische bevorzugt glaubte, Lang zu seinem Antrage veranlaßte. Denn dieser Antrag hatte troß der Allgemeinheit seiner Fassung,

wie Lang offen erklärte, keine andere Absicht, als die Stände zu der
Aeußerung zu veranlassen, daß sie die Anlegung von Landeseisen=
bahnen als ein dem Lande verderbliches Unternehmen be=
trachteten. Lang erörterte seine Ansichten in einer langen wohlpräparirten
Rede, in welcher er sich mehrfach bemühte witzig zu sein. Seine Haupt=
gründe waren, Eisenbahnen seien für den Verkehr im Innern nicht noth=
wendig, Chausseen thäten dasselbe, diese thäten aber vor allen dem Bre=
mischen Noth. Was den Transitoverkehr anlange, so sei dieser dadurch
begründet, daß zwischen den Seestädten und dem Binnenlande ein Zwischen=
raum liege, der sich nicht übersteigen lasse, diesen Zwischenraum durch Eisen=
bahnen verkürzen, heiße sich aus Angst vor dem Tode selbst den Tod geben.
Die Residenz habe alles was sie zur Zerstreuung billigermaßen verlangen
könne, sie habe Uniformen, Theater, Paraden, Pferde=, Gewerbe= und
Kunstvereine, eine polytechnische Schule und sogar eine Ständeversammlung,
allein sie sei unersättlich, strebe immer nach Neuem, so nach Eisenbahnen. Wolle
er sich auf Specialinteressen berufen, so hätte er noch anführen können, daß
Harburg und Lüneburg, wenn dies Project zu Stande komme, zu Grunde
geben müßten.

Zum Vertheidiger der Eisenbahnen warf sich zunächst Stüvel in intui=
tiver Ahnung auf, daß es sich hier um Verwirklichung eines großen Ge=
dankens handele, und daß bei Ausführung solcher Pläne nach einer richtigen
Politik, geringere und Specialinteressen nachstehen müßten, in der klar aus=
gesprochenen Ansicht, daß die Annäherung der südlichen Provinzen an Weser
und Elbe den Handel und Verkehr ungemein beleben würden und daß
Freiheit und größere Beweglichkeit im Handel und Verkehr die Grundlagen
der Blüthe des Landes, daß Zeitgewinn Geldgewinn sei; die Cultur des
Bodens, der Absatz der Landesproducte würden gewinnen, der Eigenhandel,
woran es fehle, sich mehren. Auch v. Honstedt, der jetzt nicht mehr nöthig
hatte seine Gedanken in schriftlichen Aufsätzen niederzulegen, sprach sich mit
Gründen, aus dem Productenreichthum der Provinz Lüneburg hergenommen,
wie aus allgemeinen Gründen für Anlegung von Eisenbahnen aus. Theo=
dor Meyer mußte, im Interesse des von ihm vertretenen Lüneburg, die
Langsche Tendenz vertheidigen, denn daß Lüneburg den stärksten Verlusten
entgegen ging, war vorherzusehen. Der Baurath Mosengel glaubte es der
Vertretung Harburgs schuldig zu sein, sich gleichfalls gegen Eisenbahnen
zwar nicht im Allgemeinen, sondern hier im Lande zu erklären; Syndicus
Lang trat auf Seite seines Sohnes; Stüve sprach sich zweifelhafter aus.
Wenn derselbe das allgemeine Interesse mit der möglichst großen Summe
von Privatinteressen verwechselte und die Summe der Privatinteressen, die
gegen die Anlage sprächen, für größer hielt, als die dafür sprächen, so
war das ein doppelter volkswirthschaftlicher Irrthum. Nur Dr. Matthäi
aus Verden sah klar, er machte auf die Gefahr aufmerksam, wenn Antwerpen
durch Eisenbahnen mit dem Rheine und Hamburg mit Berlin und Magdeburg
verbunden würden, Hannover mit seinem Steuerverein und Transite auf dem
Trocknen säße. Freudentheil hielt die Acten für noch nicht geschlossen.

Man hat hinterher diese Polemik gegen das Eisenbahnwesen damit zu
vertheidigen gesucht, daß man Hannover von der materiellen Abhängigkeit
von England loszureißen gesucht habe, allein wenn auch in der Langschen

Motivirung einmal hervortrat, daß er von dem Wunsche ausgehe, von Hannover den Anschein fern zu halten, als ob der Einfluß ausländischer Speculanten hier viel vermöge, und Stüve sagte, warum wir von Engländern eine Eisenbahn uns bauen lassen sollten, welche unserem Korne ihre Häfen verschlössen, so hat doch die folgende Diät noch mehr gezeigt, daß dies der Grund nicht war, weßhalb die zweite Cammer vor dem gebildeten Deutschland sich in ein schlechtes Licht setzte, und deshalb von deutschen, namentlich aber von englischen Zeitungen hart angegriffen wurde. Dr. Grote verbreitete in den Landesblättern mit offener Schadenfreude einen Artikel aus — dem Sun vom 9. April 1833, in welchem gesagt war, daß diese Stupid-Opposition gegen die Eisenbahnen von dem kraftlosen Frost einiger demokratischen Advocaten ausgegangen sei, die sich dadurch den Beifall des Pöbels verdienen wollten.

Sobald die Frage angeregt war, kamen dann sehr bald Spediteure, Frachtfuhrleute, Gastwirthe u. s. w. mit Petitionen gegen das Eisenbahnwesen. Voran ging die Stadt Nienburg, bei dem Ministerium eine Petition mit großen Zahlen und Berechnungen über den Schaden, welchen Eisenbahnen stiften würden, einzureichen, von der Herr Klenze eine Abschrift auch den Ständen mittheilte. Celle petitionirte für die Eisenbahn. — Es ist noch der Niedersetzung einer Commission zu erwähnen, welche die Gesetze und Verordnungen und in deren Folge erlassenen Instructionen in Beziehung auf die Frage prüfen sollte, ob sie ihrem wesentlichen Inhalte nach mit den ständischen Beschlüssen übereinstimmten. Wenn die Entstehung dieser Commission nicht etwa eine geheime Geschichte hat, oder den Versuch enthielt, den Mangel eines bleibenden Ausschlusses zu ergänzen, so muß mindestens das Resultat ihrer Arbeit als ein wenig Fruchtbringendes erscheinen, weshalb es denn auch wohl bei dem Drucke des Commissionsberichts blieb. Nur in einer Beziehung sprach sich dieser energisch aus, indem man in einem Rescripte der Landdrostei Lüneburg, welches dem § 6 der Verordnung vom 10. November 1831 die Auslegung gab, daß derselbe noch eines besonderen Ausführungsgesetzes bedürfe, eine Vorenthaltung der Rechte der Pflichtigen sah, und das Ministerium um eine möglichst zu beschleunigende Bekanntmachung in dem Sinne bat, daß die Gerichte im Wege der Execution wie des Concurses pflichtige Grundstücke verkaufen konnten, ohne daß es dazu eines Weiteren bedürfe, als der Anzeige bei dem Gutsherrn.

§ 2.

Vierte Diät 1=36.

Die Erwartungen der Stände hinsichtlich Vorarbeiten zum Austau des Staatsgrundgesetzes werden abermals getäuscht. Apanage-Reglement; Gesetz über Maaß und Gewicht; Conferenzen wegen des Criminalgesetzbuches; Landdragonerordennanz; Budget und Anschluß Oldenburgs an den Steuerverein; Volksschulgesetze; die erste Cammer sucht Exemtionen aufrecht zu erhalten. (Eisenbahnen.)

Die vierte Diät der allgemeinen Ständeversammlung wurde sehr spät auf den 9. Mai 1836 einberufen. Die Regierung entschuldigte diese verspätete Einberufung damit, daß sie bei ihren Beschäftigungen wegen der Regulative und Ersparungspläne keine Störung habe eintreten lassen wollen, weil sie nur so gehofft hätte, diese Dinge noch in dieser Diät vorlegen zu können. Nun vermögte sie zwar nicht, schon jetzt desfallsige Mittheilungen zu machen, das Resultat der Berathungen liege dem Könige zur endlichen

Entschließung vor. Indeß werde die Thätigkeit der Stände für viele und zum Theil wichtige Anträge in Anspruch genommen, da aber die Jahreszeit schon weit vorgerückt sei und die Regierung sich auch noch mit der Organisation der Provinzialstände zu beschäftigen habe, so wünsche sie eine sehr kurze Diät, damit dann die folgende Diät früh angefangen und so lange fortgesetzt werde, bis die Geschäfte erledigt seien. Es war Budget und Hausgesetz als das hauptsächlich zu Erledigende bezeichnet, daneben neue Gesetzentwürfe über Maaß und Gewicht, Exemtionsvergütungscapitalien, Volksschulen, von den älteren: das Criminalgesetzbuch und die Staatsdienerwittwencasse.

Während die erste Cammer sehr zufrieden, daß von Gesetzen die zur Ausführung des Staatsgrundgesetzes nöthig, außer dem Entwurfe eines Aufruhrgesetzes abermals nicht die Rede war, das Schreiben zu den Acten zu nehmen beschloß, unterzog zweite Cammer das Verfahren der Regierung einer eben so wahren als herben Kritik; Stüve sagte, daß die Ausführung des Staatsgrundgesetzes für die Regierung kein Gegenstand der Eile mehr zu sein scheine, sonst hätte die Aufhebung des privilegirten Gerichtsstandes, die Regulirung der Gemeindeverhältnisse nicht so ganz in Vergessenheit gerathen können, während man ein Domicil- und ein Schulgesetz vorlege, die ohne Regulirung der Gemeinden keine Basis hätten. Er stellte den Antrag, daß der Wunsch ausgesprochen werde, die Regierung möge in der Folge die Stände möglichst in den ersten Monaten des Jahres berufen. Mehre stimmten ihr bei, namentlich kam auch zur Anregung, daß hinsichtlich der Organisation der Provinzialstände nicht die geringste Aufklärung gegeben sei. Rose suchte sich in einer langen Rede, die eigentlich nichts sagte, diplomatisch aus der Sache zu ziehen, er glaubte, die Regierung sei von der Ansicht ausgegangen, daß die Stände sich Anfangs Juli vertagen würden, um dann Ende October wieder versammelt zu werden. — Es konnte schon um diese Zeit Keinem entgehen, daß die Regierung alle diejenigen Dinge, wobei die Aufhebung der Exemtionen in Frage kam, absichtlich hinauszögerte und es zeigte die große Schwäche der zweiten Cammer, daß sie bei dieser Gelegenheit es zu keiner anderen Aeußerung brachte, als das von vielen Seiten ausgesprochene Bedauern über die Lage der Sache und in dem Vertagungsschreiben vom 10. Juli nur zu der zuversichtlichen Hoffnung, daß in nächster Diät, welche möglichst noch im Herbst zu berufen, die Regulative vorgelegt würden. Das Schweigen der zweiten Cammer erklärt sich wohl, aber rechtfertigt sich nicht durch das Uebergewicht, welches die Regierung in derselben hatte; noch weniger konnte der Widerstand, den die erste Cammer einem etwaigen Antrage entgegensetzte, maßgebend sein. Von den vorgelegten Entwürfen wurde das Apanagereglement für das Königliche Haus, welches einen integrirenden Theil des von Dahlmann entworfenen Hausgesetzes bilden sollte, mit einer Delicatesse behandelt, die bei den betreffenden Personen bessere Anerkennung hätte finden sollen, als sie gefunden. Die Stände erkannten an, daß das Gesetz durchgängig auf den Grundsätzen der Gerechtigkeit und Billigkeit beruhe und wagten nur einige Bedenken zu berühren. Sie glaubten im Geiste des Entwurfes zu handeln, wenn sie § 1 unter der Voraussetzung annahmen, daß, im Falle späterhin der König Landesherr eines andern Staates z. B. des Herzogthums Braunschweig sein sollte, anderweitige Bestimmungen über das Appanagewesen erforderlich sein dürften, und baten, nur im Fall diese Voraussetzungen ungegründet sein sollten, um eine weitere Erklärung.

Es wurde ferner ohne große Meinungsverschiedenheit ein Gesetz über die Exemtionscapitalien angenommen, wodurch die Dispositionsbeschränkungen, denen die Landesschuldverschreibungen, durch welche die Exemten von der Grundsteuer entschädigt waren, bisher unterworfen, wieder aufgehoben wurden, da man bei der Ausführung dieser durch Gesetz vom 3. Juni 1826 angeordneten Maaßregel auf unübersteigliche Schwierigkeiten gestoßen war.

Bei den Verhandlungen des Gesetzes über Maaß und Gewicht, das ohne wesentliche Modification angenommen wurde, zeigte sich einmal wieder der Provinzialismus mit seinen Anträgen auf provinzielle Ausnahmen in seiner ganzen Breite. Lünzel suchte auch hier wieder den Gedanken der deutschen Einheit zur Geltung zu bringen und drückte er den Wunsch aus, daß man wenigstens das preußische Maaß angenommen hätte, um zu einer größeren Einheit zu gelangen. Das Gesetz, Einführung eines gleichen Wagengleises, erregte weniger Schwierigkeit und wurde mit wenigen Modificationen angenommen.

Hinsichtlich des Criminalgesetzbuches konnten die Conferenzen wegen abweichender Beschlüsse beider Cammern beginnen, kamen aber nicht zu Ende, weshalb Stände den Wunsch aussprachen, daß die Conferenzmitglieder, Landdrost Meyer, Drost v. Honstedt und Canzlei-Assessor v. Düring von erster Cammer, nebst deren A.-G.-Syndicus, H.-G.-A. von Lütden und Oberjustizrath Jacobi, Dr. Lang und Justizrath Kettler nebst Generalsyndicus Schatzrath Eichhorn von zweiter Cammer, 14 Tage vor dem nächsten Zusammentreten der Stände zur Fortsetzung der Conferenzen mögten einberufen werden. Bei Berathung der Ministerialmittheilung über Postfranchisen kamen mancherlei Mißbräuche zur Sprache, die in der Folge abgestellt wurden.

Eine neue Ordonnanz für das Landdragoner-Corps wurde nebst den dadurch erforderlichen höheren Kostenanschlägen bewilligt, doch gaben Stände ihre Genehmigung nicht dazu, daß den Offizieren der Austritt aus dem Corps und das Avancement in der Armee vorbehalten bleibe, waren gegen die Einführung eines Handgeldes und befürworteten die Verminderung der berittenen Landdragoner um wenigstens 60 Mann und Vermehrung der unberittenen; hielten die Verwendung derselben zum Dienst der Steuerverwaltung nicht mehr für erforderlich; drangen auf Beseitigung der Vermehrung der Landdragoner, die auf Kosten des Criminalfonds geschehen war, und baten endlich um Aufklärung, was zu den Erfordernissen eines Naturalquartiers für Landdragoner gehöre.

Das Budget wurde ohne sonderliche Anträge bewilligt, und zwar die Ausgaben zu 6,064,629 Thlr. — Zum Chausseebau waren, statt der geforderten 100,000 Thlr. nur 80,000 Thlr. bewilligt; man ermächtigte die Regierung jedoch zu Anleihen im Betrage von 150,000 Thlrn., um schneller bauen zu können. Die erste Cammer wollte die Administration des Wegebaus an die gewöhnlichen Verwaltungsbehörden verwiesen wissen, was in zweiter Cammer Zustimmung nicht fand.

Zu einem Entwässerungscanal im Hadelnschen wurden 58,000 Thlr., zur Unterstützung eines Schutzbaus der Stadt Emden 50,000 Thlr. bewilligt.

Hinsichtlich der Besetzung der Aebtissinnen für die Calenbergschen Klö=
ster durch adelige Damen, erhob sich bei Gelegenheit der Mittheilungen über
die Verwendungen des Klosterfonds zwischen beiden Cammern ein durch Con=
ferenzen nicht zu erledigender, im Ganzen höchst unpractischer Streit, indem
die zweite Cammer die desfallsige Bestimmung der Calenbergschen Klöster=
ordnung mit dem § 158 des Staatsgrundgesetzes, wonach die Geburt keine
Vorrechte erzeugen sollte, in Uebereinstimmung gesetzt zu sehen wünschte,
während die erste Cammer dies gesetzlich feststehende Recht des Adels ge=
schützt haben wollte.

Der Vertrag, durch welchen Oldenburgs Anschluß an den hannover=
braunschweigschen Verein besiegelt war, erhielt als gern gesehen die ständische
Bewilligung ohne Anstand.

Wenn im Conversationslexicon der Gegenwart und beinah wörtlich im
Staatslexicon, der Ständeversammlung ein Vorwurf darüber gemacht wird,
daß das Volksschulgesetz in dieser Diät nicht zu Stande kam, und gesagt
wird, der Verlust am allgemeinen Vertrauen, welcher die Ständeversammlung
deshalb getroffen, sei nicht ohne Rückwirkung auf die Verfassung selbst geblie=
ben, so ist dieser Vorwurf ungerecht. Allerdings lag das Volksschulwesen
sehr tief im Argen, wie man aus dem Regiminalschreiben sah, wonach es
damals also bestellt war, daß die Hälfte aller Stellen mit nicht über 75 Thlr.
dotirt waren, daß 1171 Stellen nicht über 50 Thlr., 436 sogar nicht über
26 Thlr. hinausgingen, allein die Hülfe war um so schwieriger, wenn man
nicht etwa aus dem Staatssäckel sofort ungefähr 200,000 Thlr. opfern wollte,
da man auch den Gemeinden diese Last nicht ganz aufbürden konnte, theils
weil ihre Zustände noch ungeordnet, die Exemtionen noch nicht beseitigt
waren, theils weil die dünn bevölkerten Provinzen Lüneburg, Meppen,
Lingen, ein Theil Hoyas u. s. w. sich nicht nach einem Maaßstabe scheeren
ließen mit den Provinzen dichterer Bevölkerung. Der Regierung und Be=
amtenwillkür, die diese Dinge so hatte vorkommen lassen, alles in die Hand
geben, wollte man auch nicht; die Provinzialstände damit zu behelligen,
ehe die Reorganisation derselben eingetreten war, hatte endlich noch größere
Schattenseiten. Dazu kam noch, daß jede Provinz verschiedene Wünsche
hatte, daß in der ersten Cammer nicht nur von Seiten der Adeligen, son=
dern in zweiter zu Gunsten der Beamten und Honoratioren rc. Exemtionen
beantragt wurden. Die Verschiedenheiten der Ansichten gaben sich schon
bei der ersten Berathung am 25. und 26. Mai kund und nachdem das
Gesetz nach Abstimmung über dessen einzelne §§ mit 34 gegen 31 Stim=
men abgelehnt war, konnte ein Anderes nicht geschehen, als daß man das=
selbe an eine Commission verwies, zu der die zweite Cammer Justizrath
Kettler, Stüve, Dr. Lang und Pastor Meyer, die erste Cammer H.=G.=R.
von Borries, Consistorialrath Dr. Brandis, Canzleiassessor von Bar und
Drost von Hodenberg wählte. Wenn die so zusammengesetzte Commission es
zu einheitlichen Beschlüssen nicht, sondern nur zu Majoritätsbeschlüssen brachte,
so darf das kein Wunder nehmen. Die Commissionsanträge kamen nur in
erster Cammer zur Berathung, stießen hier in allen Hauptprincipien auf
entschiedenen Widerstand. Der erste Satz des § 1 lautete: jeder Landesein=
wohner muß dem Verbande einer bestimmten Volksschule angehören, stieß
sofort auf Widerspruch, und wurde abgelehnt, man erblickte in demsel=

ben lediglich die Auflage einer neuen Steuer für die gebildeten Claſſen, ohne daß letztere Nutzen davon hätten; den eigentlichen Grund aber führte ein ſiebentes Mitglied an: die Schulpflichtigkeit ſei keine allgemeine Staatslaſt, ſondern nur eine Verpflichtung derjenigen Volksclaſſen, die davon Nutzen hätten, wogegen alle übrigen, ohne daß dieſerhalb von Exemtionen die Rede zu ſein brauche, davon frei ſeien. Bliebe die fragliche Beſtimmung des § 1, ſo könne dieſe Freiheit nur im Wege der verhaßten Exemtion erreicht werden, und werde bei dem allgemeinen Kriege gegen alle Exemtionen über kurz oder lang vielleicht beſeitigt werden; — das heißt: der Adel wollte auch hier außer den Gemeinden ſtehen.

Von den Commiſſionsmitgliedern wurde dies Princip, auf das das ganze Geſetz baſiren mußte, gar nicht vertheidigt, und wenn ein Geiſtlicher anführte, daß ſchon die alten Kirchenordnungen beſtimmten, daß alle Unterthanen zur Erhaltung des Volksſchulweſens mit verpflichtet ſeien, ſo machte das nicht den geringſten Eindruck. Der Art. 4 wollte dem Schulvorſtande das Recht geben, daß bei Beſetzungen von Schulſtellen durch das Conſiſtorium vom Superintendenten zwei Perſonen nach vorgängiger Rückſprache mit dem Schulvorſtande in Vorſchlag zu bringen ſeien. Dagegen eiferte ein Mitglied der Commiſſion, der ſchon dort ſein votum dissensus abgegeben habe — „Gemeindewahlen ſei der Anfang des Republicanismus, für Kirche und Schulen eben ſo nachtheilig als der Republicanismus für den Staat". Der Artikel wurde abgelehnt. Aehnlich ging es mit den übrigen principiellen Commiſſionsvorſchlägen. Daß bei derartigen Beſchlußfaſſungen in erſter Cammer die zweite Cammer keine große Luſt bezeugte, die Berathung des Geſetzes in dieſer Diät noch vorzunehmen, war natürlich, auch war die Zeit, welche die Regierung zum Zuſammenſein der Stände feſtgeſetzt hatte, längſt verfloſſen, und man ſehnte ſich nach Vertagung, es war alſo kein günſtiger Zeitpunct, ein wichtiges Geſetz zu erledigen, bei welchem eine große Anzahl Differenzen in den Beſchlüſſen beider Cammern vorher zu ſehen waren.

Auch der Geſetzentwurf, die Domicilordnung betreffend, wurde von den Cammern an eine Commiſſion verwieſen. Gleichfalls das Schreiben des Miniſteriums, die Creditanſtalt zur Ablöſung von Grundlaſten betreffend. Daſſelbe ging von der Anſicht aus, daß allgemeine Anſtalten zur Beförderung der Capitalablöſungen unter unbeſchränkter Garantie des Staates nicht rathſam ſein, legte dafür den Plan einer Creditanſtalt für Zehntablöſungen vor: es wollte Privatcreditanſtalten zu oben bezeichnetem Zweck nicht ganz verbieten, aber doch von der Genehmigung der Regierung abhängig machen. Commiſſionsmitglieder waren: Kammerherr von Reden, Ritterſchaftspräſident von der Decken, Canzleidirector Graf von Kielmansegge und Landrath von Adelebſen, Dr. Lang, von Honſtedt, Dr. Sermes und Amtsaſſeſſor Bening (mit Stüve, der zurücktrat, durch Stimmengleichheit gewählt). — Ein Geſetzentwurf über die Zuſammenlegung der Grundſtücke und das Verfahren in Gemeinheits- und Verkoppelungsſachen kam überhaupt nicht zur Berathung, dagegen wurde auf v. Honſtedts Antrag jetzt zum erſten Male der ſeitdem vielfach wiederholte Vortrag an Königliches Miniſterium erlaſſen: Die Vorlegung der geſetzlichen Beſtimmungen über die Rechtsverhältniſſe der durch Ablöſung freigewordenen Höfe und deren Beſitzer möglichſt zu beſchleunigen.

Während Rose in voriger Diät noch erklärt hatte, ob Eisenbahnen dem Lande wirklich vortheilhaft seien, werde man erst in 50 Jahren beurtheilen können, bis jetzt scheinen ihm dieselben ein nothwendiges Uebel zu sein, schien die Regierung durch die Verhandlungen mit Braunschweig, wo namentlich der Finanzdirector von Amsberg den Eisenbahnbau sehr protegirte, eine günstigere Meinung bekommen zu haben. Der Taylorsche Plan war weniger an dem patriotischen Gefühl der Hannoveraner gescheitert, als an der Hartnäckigkeit Taylors der Regierung Concessionen zu machen. Es hatte sich in Hannover und in Braunschweig seitdem ein Comittee gebildet. Das hannoversche Comittee hatte, als den hannoverschen Interessen am meisten entsprechend, eine Linie vor Augen, welche der Leine entlang bis zur Aller fortliefe, unweit Hudemühlen diese überschreite und sich bei Walsrode in zwei Arme theile, von denen der eine über Verden nach Bremen, der andere nach Harburg führe. Gleichzeitig sollte eine Eisenbahn zwischen Harburg, Lüneburg, Boitzenburg und Wismar Nord- und Ostsee verbinden. Inzwischen war in dem oben erwähnten Zollvertrage mit Braunschweig diesem ein Antheil an einer zu den Hansestädten führenden Bahn versprochen und dies veranlaßte das Comittee nach weitläufigen Verhandlungen mit der Regierung und dem braunschweiger Comittee, den Walsroder Plan fallen zu lassen, und eine Bahn von Hannover und Braunschweig nach Burgdorf als Knotenpunct, von da über Celle, Lüneburg nach Harburg und eine zweite Bahn von Hannover, Hudemühlen, Verden, Bremen vorzuschlagen. Dem Comittee standen genugsame Geldmittel zu Gebote. Die Regierung nahm den Plan auf, ließ Nivellirungen anstellen und brachte, da man sich in der Regierung selbst nicht hatte einigen können, wenige Tage vor der Vertagung, am 15. Juli, ein Schreiben an die Stände, worin sie die Nothwendigkeit von Eisenbahnen darlegte, sich über die nähere Richtung zwar nicht bestimmt aussprach, jedoch ein Expropriationsgesetz vorlegte und die Stände aufforderte, vorläufig eine Commission zu wählen zur Prüfung des Entwurfes, damit die Stände bei ihrer nächsten Zusammenkunft im Stande wären, baldmöglichst ihre Erklärungen abzugeben. Die erste Cammer entsprach diesem Antrage, beschloß eine gemeinschaftliche Commission aus 4 Mitgliedern jeder Cammer zu ernennen und das Ministerium zu ersuchen, die Cammern so zeitig zu berufen, daß deren Arbeiten bis zur nächsten Wiederversammlung der Stände beendigt sein könnten. Die zweite Cammer nahm am 16. Juni in einer vertraulichen Abendsitzung, die bis nach 10 Uhr dauerte, die Sache in Berathung, und stellte Christiani den Antrag, die Berathung bis dahin auszusetzen, wo die Stände anderweit versammelt seien. Als Hauptgrund wurde dafür angeführt, daß die Cammer nicht zahlreich genug mehr beisammen sei. Die Debatte war sehr lebhaft, allein so sehr man formelle Gründe auch vorschob, man blickte deutlich durch, daß die Abneigung gegen die Eisenbahnwesen überhaupt das wahre Motiv sei. Mit 36 gegen 27 Stimmen wurde der Antrag angenommen und durch folgende Gründe zu rechtfertigen versucht: daß während die übrigen deutschen Staaten fortwährend in einem Systeme Temporisirens und gegenseitigen Beobachtens beharrten, ein so bedeutender Vorschritt wie die Niedersetzung einer ständischen Commission behuf des Expropriationsgesetzes auf der einen Seite auch den Nachbarstaaten nur einen um so stärkeren Impuls zur Verwirklichung von Eisenbahnplänen ge-

ben, auf der andern Seite in Folge des natürlich wachsenden Vertrauens zu dem
Unternehmen, den schon im Lande beginnenden höchst gefährlichen Actien=
Schwindel vor der Zeit auf eine verderbliche Weise befördern und heimisch
machen würde. Der enragirteste Fürsprecher des Antrags war Dr. Lang,
welcher die Besorgniß zu verbreiten strebte, durch Ernennung einer Commis=
sion würde die Convertirung der Staatsschuld und Herabsetzung des Zins=
fußes verhindert werden. Eine Conferenz führte zu keiner Einigung der
Cammern, sondern jede derselben legte in dem Schreiben vom 20. Juni
(A. St. V. 4 617) ihre besonderen Gründe vor.

Dieser Cammerbeschluß hat der zweiten Cammer in der öffentlichen
Meinung sehr geschadet. Denn obgleich die Fürsprecher desselben sich den
Dank und das Lob ihrer Wahlcorporationen erwarben, überhaupt die Ma=
jorität der Landeseinwohner gegen Eisenbahnen voreingenommen waren, so
war doch die Intelligenz des gesammten Landes der Neuerung günstig und
blickte tadelnd auf eine Opposition herab, die nicht auf der Höhe der Zeit
stand. Das was die Regierung verlangt hatte, eine Commission, welche
zeitig vor der nächsten Diät zusammentreten sollte, um die Sache zu prüfen,
konnte unmöglich von irgend welchem Nachtheile sein.

Ob ein Eisenbahnbau im Jahre 1837 von Harburg nach Hannover,
Braunschweig unternommen, den Bau der Hamburg=Berliner Bahn verhin=
dert hätte, mag sehr zweifelhaft sein. Deshalb der Opposition Vorwürfe
zu machen, ist ungerecht, dagegen darf sich diese auch nicht mit dem zufäl=
ligen Erfolge entschuldigen, daß die Verzögerung bewirkt habe, daß die Re=
gierung den Plan von Staatsbauten aufgenommen und daß man es ihr zu
danken habe, daß unsere besten und rentabelsten Bahnen nicht in die Hände
von Gesellschaften gekommen seien, während dann dem Staate höchstens
übrig geblieben sei, die West= und Südbahn zu bauen. Denn ein solcher
Erfolg lag ganz außerhalb des Strebens der Opposition, welche sich Staats=
eisenbahnen noch mehr entgegengesetzt haben würde als Privatbahnen. —

Als das Erwiederungsschreiben wegen der Eisenbahnen vorgelesen war,
wurden die Stände vertagt.

§ 3.
Die Diät des Jahres 1833.

Die Klagen über gesetzgeberische Unfähigkeit der Stände — vollständig berathene
Gesetzentwürfe; Eisenbahncommission; Budget — Verwendung der Ueberschüsse; Na=
turalbequartierung der Cavallerie; das Criminalgesetzbuch, Cap. XIII. desselben von
Verletzung des Jagd= und Fischereirechtes; nicht vollendete Arbeiten; Schulgesetz;
Gesetz über Polizeistrafverfahren und die Fremtionen; die projectirte Organisation
der Civilbehörden; Commissionsbericht; votum dissensus von Lang I., Stüve und
Dr. Lang; die Opposition in erster Cammer; Sieg der Regierung in zweiter Cammer.
Der Tod des Königs.

Mit jeder Diät waren die Klagen über die Art und Weise, in welcher
die Stände ihr Gesetzgebungsrecht ausübten, lauter geworden, einmal nament=
lich von Seiten der Staatsdiener, welche die Gesetzgebungskünstler vornehm
bekrittelten, und immer bald dieses bald jenes zu tadeln hatten, sodann
aber von Seiten des großen Publikums. Jeder, der von der Befugniß
Gebrauch machte, die Tribüne zu besuchen, glaubte sich berechtigt, die Lang=
weiligkeit und Langsamkeit der Verhandlungen zu tadeln, jeder der in der
Provinz nur die Verhandlungen in den Cammern las und denselben Gegen=

stand regelmäßig sechsmal, bei Conferenzen auch wohl sieben und achtmal aufgetischt bekam, und nicht frisch gebacken, sondern im trockensten Auszuge, konnte das Höhnen nicht unterdrücken, und glaubte sich berechtigt deshalb die Stände verantwortlich zu machen. Wie anders lesen sich da die Berichte aus den englischen Parlamentsverhandlungen, aus den französischen und süddeutschen Cammern, aus deren Debatten die Zeitungen in kurzen Spalten das Pikanteste zusammenstellen? Stüve hat in der Vertheidigung des Staatsgrundgesetzes p. 217 die Cammern gegen diese Beschuldigungen gerechtfertigt, und da die Beschuldigungen stehen bleiben werden, so lange das System erhalten bleibt, da wir sie 1849 wie 1859 wiederholen hörten, so möge hier Einiges wiederholt werden von dem was Stüve sagt:

„Man hört eine Verhandlung über Worte, die man nicht vor Augen hat, Sätze, die man nicht kennt, nichts Rednerisches, nichts von Leidenschaft, selten einmal eine Grobheit, und so gebt es nicht bloß einzelne Tage, nein wochenlang, und wenn man meint, zu Ende zu sein: so fängt dieselbe Berathung zum zweiten und dritten Male von vorn wieder an. Dies ermüdet, man langweilt sich, immer dieselben Gründe wieder zu finden, und sehr oft auch dasselbige Resultat. Man fragt, wozu ein solches Verderben der kostbaren Zeit doch nütze? Und da es bei Verhandlungen dieser Art nicht fehlen kann, daß oft auch irrige Ansichten gehegt und mit größter Beharrlichkeit vertheidigt werden: so tadelt man noch schärfer, daß die Ständeversammlung mit dergleichen Nichtigkeiten die Zeit hinbringe, und zieht ferner den Schluß, daß eine Versammlung, in der so leere Ansichten Vertheidigung finden, zur Prüfung der Gesetzvorschläge unfähig sei, ohne dabei zu fragen: ob denn dergleichen Beifall finde oder nicht? was doch über den Werth der Versammlung allein entscheiden könnte." —

Daß diesen Meinungen etwas Wahres zu Grunde liege, leugnet Stüve nicht, aber er führt aus, wie die wirkenden Ursachen theils in der Form der Verfassung (dem Zweicammersystem), theils in dem Gegenstande der Gesetzgebung, endlich in der Form der Berathung (Reglement und Gebrauch) liegen. Um den Nutzen ständischer Theilnahme an der Gesetzgebung darzulegen, weist er auf die Erfahrung eines Jeden, dem Gesetzgebungsarbeiten obgelegen haben, ob nicht die Berathung einer größeren Versammlung, der Eifer, die Leidenschaftlichkeit einer solchen selbst nöthig sei, um die Entwürfe in allen ihren Wirkungen und Folgen zu erörtern, ob nicht selbst die Uebertreibung und der Streit dazu dienen, Vieles an's Licht zu ziehen, was in der Ruhe des gewöhnlichen Geschäftsganges übersehen oder übergangen wird. Er weist nach, daß die Stände auch schon indirect nützen, indem die Gesetzentwürfe sorgfältig vorgearbeitet würden. Von jeder größeren Versammlung sei die Möglichkeit nicht zu trennen, daß Thorheit, Eitelkeit, Eigensinn und Leidenschaft sich geltend machen. — Waren die ständischen Verhandlungen langweilig, so lag dies auch an den Gegenständen der Gesetzgebung, welche sich nicht mit großen und entscheidenden Fragen, häufig nicht einmal mit Grundprincipien beschäftigte. Es handelte sich überall mehr um zweckmäßige Ausführung, Berücksichtigung der Individualitäten, vorsichtige Beschränkungen, provinzielle Besonderheiten, Verhandlungen, Zollverträge, Medicinalund Taxordnungen, Budgetverhandlungen haben einmal nichts Fesselndes.

Wenn diese Beschuldigungen gesetzgeberischer Unfähigkeit gegen die Stände nun aber von den in Hannover erscheinenden Landesblättern wöchentlich wiederholt und variirt wurden, so konnte das auch seinen Eindruck nicht verfehlen, es machte die große Menge, die wie wir gesehen etwas anderes erwartete, irre. Es schien als habe man in Voraussicht künftiger Ereignisse schon früh angefangen die Stände zu miscreditiren. Leider hatte die Majorität zweiter Cammer durch ihre Behandlung der Eisenbahnfrage in letzter Diät der Kritik noch einen materiellen Anhalt gegeben, der bis zu der neuen Versammlung aushielt.

Als die Stände 1837 am 6. Januar wieder zusammen, traten wurden sie mit einer Menge neuer Vorlagen überhäuft, welche, wenn die rückständigen Arbeiten daneben erledigt werden sollten, die Arbeitszeit eines ganzen Jahres erfordert haben würden. Es konnte scheinen, als wolle man die Stände mit Arbeiten erdrücken, und es begreift sich bei solcher Lage der Geschäfte schwer, wie dieselben noch immer die Regierung um Erlassung von Gesetzen angeben mochten, die in der That nicht eilten, wenn sie überhaupt nothwendig waren, z. B. eines Gesetzes, die bei Veräußerung von Dotalgrundstücken zu beobachtende Form betreffend. Es würde diese Diät als die wichtigste des ganzen Landtages zu bezeichnen sein, wenn die den Ständen gemachten Vorlagen vollendet und ins Leben getreten wären, denn unter denselben war die seit Jahren erwartete über die Regulative d. h. über die ganze neue Organisation des Civildienstes. Da indeß der Regierungsantritt des Königs Ernst August die Arbeiten unterbrach, und auch nicht einmal die vollendeten Gesetze verkündet wurden, so wird es erlaubt sein, über die ständischen Arbeiten mehr ein Inhaltsverzeichniß als eine umfassendere Mittheilung zu geben, und nur hier und da einige Bemerkungen über die Verhandlungen einzuflechten. Vollendet wurde zunächst der aus voriger Diät herübergegangene Entwurf eines Gesetzes, die Maßregeln bei Störung der öffentlichen Ruhe und Ordnung betreffend *), ein Gesetz, das jede hemmende Verantwortlichkeit der Organe der vollziehenden Gewalt so gut wie gänzlich vernichtete. Die Temperamente, welche die Stände hineinbrachten, um nicht die schwankende Meinung eines Einzelnen darüber ent scheiden zu lassen, ob das Gesetz im vorliegenden Falle zur Anwendung zu bringen sei, würden keinen genügenden Schutz gewährt haben. Es war vielleicht ein Glück, daß der Entwurf nicht publicirt wurde, weil derselbe mit Gesetzesrecht bekleidet in der nächsten schweren Zeit die einen oder andern Beamten zu Schritten ermutigt hätte, die jetzt aus Furcht vor Verantwortung unterblieben. Auch das Gesetz über die Gefangenhaltung in polizeilichen Werkhäusern fand mit geringen Modificationen den Beifall der Stände. **)

Die Eisenbahnangelegenheit betreffend, hatte die zweite Cammer das Regierungsschreiben vom 15. Juli 1836 am 13. März in vertraute Berathung genommen, in welcher Künkels Antrag, dem Beschlusse erster Cammer gemäß 4 Mitglieder zu einer gemeinschaftlichen Commission zu wählen, mit 43 gegen 28 Stimmen angenommen wurde. Dr. Lang vertheidigte auch hier die Ansicht, daß bei der durch Eisenbahnen bedrohten Existenz vieler

*) St. A. R. V. 5. S. 122.
**) St. A. R. V. 5. S. 124.

Tausender, nur im Falle entschiedener und nachgewiesener Nothwendigkeit zu
deren Bau geschritten werden dürfe. Die zweite Cammer wählte Syndicus
Lang, Hausmann, Theod. Meyer und Stüve in die Commission, welche
man sämmtlich nicht für Freunde des Eisenbahnwesens hielt, wogegen die
erste Cammer v. Knyphausen, v. König, v. Hattorf und v. Houstedt, an dessen Stelle
später Graf Bremer trat, zu Commissionsmitgliedern ernannte. Diese Herren
galten für Freunde des Unternehmens. Die Commission begann ihre Arbeiten sofort und brachte nach wenig Tagen einen Bericht an die Cammern,
nach welchem diese von dem Ministerium die in dem Erwiederungsschreiben
vom 31. März näher angegebenen Aufklärungen forderten, die durch Erwiederung vom 24. April vollständig gewährt wurden. *) Als die Stände
vertagt wurden, hatte die Commission ihre Arbeiten noch nicht vollendet,
doch beweist das zu den Acten gelieferte Material, daß sie fleißig gearbeitet hatte.

Das auf ständischen Antrag zu erlassende Gesetz über das Verfahren in
Gemeinheitstheilungs- und Verkoppelungssachen, welches eine Vereinfachung
und Kostenersparung dadurch bezweckte, daß es den Commissionen in erster
Instanz das förmliche Entscheidungsrecht zuwies, wurde mit geringen wohlbegründeten Modificationen einzelner Punkte angenommen; auch das Gesetz
über Verkoppelung der Grundstücke fand die ständische Zustimmung. **)
Wie auch dies Gesetz in erster Cammer Veranlassung geben konnte, die Klagen über die noch immer nicht aufhörenden Eingriffe der Gesetzgebung in
und auf das Privateigenthum der Adligen (rectius Rittergutsbesitzer) zu
erneuern, ist unbegreiflich, die Thatsache bewies nur, daß die Freiheit, auch
wenn sie sich auf volkswirthschaftlichem Gebiete fand, wenn es sich blos um
die Freiheit der Benutzung des Grundeigenthums handelte, die Rittern und
Bauern gleich lieb sein mußte, in erster Cammer ein Stein des Anstoßes
war. Mehrfache Petitionen wegen Wildschäden bestimmten Stände, die Gesetzgebung wegen Erstattung von Wildschäden in Erinnerung zu bringen, Petitionen wegen des Jagdrechts erregten in erster Cammer stürmische Verhandlungen. — Erledigt wurde der Gesetzentwurf, wegen Behandlung erkrankter
Armen, die der Gemeinde, worin sie erkrankt sind, nicht angehören. Desgleichen ein neuer Entwurf eines Gesetzes, die Errichtung einer Wittwencasse
für Hof- und Civildienerschaft betreffend. Dieser Entwurf war an Stelle
des bereits 1831 mitgetheilten eingebracht. Aus den Ueberschüssen der
Schuldentilgungscasse wurden 63,050 Thlr. zur Deckung der Uebergangs-
periode, ferner aus derselben Casse auf die nächsten 5 Jahre jährlich
13,000 Thlr. — und ein ordentlicher vorläufig auf 2,600 Thlr. festgesetzter
jährlicher Beitrag für die Wittwencasse bewilligt.

Stände wünschten den Beitritt der städtischen Beamten und Patrimonialrichter zu erleichtern, indem sie ein neues Auskunftsmittel in Vorschlag
brachten. Sie erkannten die Unthunlichkeit an, das Institut auf Pfarrgeistliche anzuwenden und ersuchten, auf die Errichtung einer Wittwencasse
für Pfarrgeistliche baldthunlichst Bedacht zu nehmen. Sie beantragten: daß
auch das Lehrer- und Verwaltungspersonal der Gymnasien und der höheren

---

*) St. A. R. V. 5. S. 134 und 349.
**) St. A. R. V. 5. 367, 394.

Lehranstalten, soweit für deren Wittwen nicht bereits auf eine andere Weise gesorgt sei, zur gegenwärtigen Wittwencasse zugelassen werde, insofern für die verhältnißmäßigen Einschüsse Rath geschafft werde.

Auch wegen der Creditanstalt behuf Erleichterung der Ablösung genehmigten Stände die vorgelegten Entwürfe unter wenigen einzelnen Abänderungen, beantragten aber: Königl. Regierung wolle in Erwägung ziehen, ob die zu errichtende Creditanstalt nicht eine Ausdehnung auch auf Dienste, auf die durch Firirung ungewisser Gefälle entstandenen Renten, so wie auf die noch nicht in Renten verwandelten ungewissen Gefälle erhalten könne, sie wollten jedoch nicht, daß die Erlassung des Gesetzes, welches die Anstalt blos auf Zehntablösungen beschränkte, dadurch aufgehoben werde. Daneben wurde auch das Gesetz über Errichtung von Privatcreditanstalten zur Beförderung der Ablösung von Grundlasten genehmigt. Statt bei dieser Gelegenheit einfach das Princip zu bekämpfen, daß solche Anstalten einer Genehmigung und fortdauernden Ueberwachung von Seiten der Regierung bedürften, suchte man ständischerseits die Fälle zu bestimmen, in welcher eine Genehmigung nicht zu versagen sei. Bei gehöriger Oeffentlichkeit wacht das Publicum über solche Anstalten besser als die Regierung, die angebliche Ueberwachung durch die Regierungen verleitet das Publicum leicht zu größerem Vertrauen als eine solche Privatgesellschaft verdient, wie wir dies in unsern Tagen in Cassel erlebt haben. Zu den Arbeiten, deren Erledigung nicht wenig Schwierigkeit verursachte, gehörte das Gesetz über die Rechtsverhältnisse der Juden; die Stände waren es, welche den wichtigen Grundsatz von der Gleichheit der Rechte und Pflichten der Juden beschränkten und den Nothhandel treibenden Juden gar keine Rechte zugestehen wollten, sie wollten dieselben nicht einmal ausnahmsweise zu Staats- und Gemeindeämtern zugelassen wissen, sie bürdeten ihnen alle Pflichten der Gemeinden ihres Wohnortes auf, allein es sollte ihnen bei der Ausübung politischer Rechte der Gemeinden kein Stimmrecht zustehen, also weder Wahlrecht zu Gemeindeämtern, noch zur Landesvertretung. Man führte dafür an, daß von ihrem Einflusse in den Gemeindeverhältnissen Nachtheil zu besorgen sei. Man beschränkte die selbstständige Besetzung und erschwerte die Aufnahme derselben in den Gemeinden, kurz das Gesetz blieb nicht blos weit hinter den Erwartungen der Juden, sondern wie Stände selbst erklärten, auch hinter den Propositionen der Regierung zurück.*) Daß dieser Umstand auf die Beurtheilung der Cammern in der außerhannoverschen Presse nicht ohne Einfluß blieb, ist selbstverständlich.

Auch ein Pensionsregulativ für die Civilstaatsdienerschaft wurde mit einigen Modificationen genehmigt **), ein Gesetz, dessen Erlassung die Staatsdienerschaft selbst auf das eifrigste betrieb, als aus England die Kunde von einer Erkrankung des Königs und der Möglichkeit einer Thronfolge herüber kam. Das Gesetz, die Aufhebung der von den Häuslingen zu entrichtenden schutzherrlichen Abgaben betreffend, fand in der veränderten Gestalt, in welcher es in dieser Diät vorgelegt war, ständische Genehmigung. ***)

Erlebigt in der zwölften Stunde, am 26. Juni, wurde auch das Budget

---

*) St. u. R. V. 5. S. 484.
**) daselbst S. 504.
***) daselbst S. 517.

für 18¹²/₃₄. *) Man war aus der Deficitperiode in die der Ueberschüsse getreten, denn während 18³⁴/₃₅ noch ein Deficit von 38,986 Thlr. vorhanden war, schloß die Rechnung für 18³⁵/₃₆ mit einem kaum zur Hälfte geahneten Ueberschuße von 446,038 Thlr., welchen das Ministerium nicht besser anzuwenden wußte, als daß davon etwa 150,000 Thlr. zur Tilgung der wegen des vormaligen Königreichs Westphalen zu übernehmenden Schuld (d. h. Ansprüche der Unterthanen Hannovers an die Regierung des vormaligen Königreichs Westphalen), 200,000 Thlr. zur Schuldentilgung, und 100,000 Thlr. zur Bezahlung von Eremtionsvergütungsbeträgen, verausgabt werde; die Stände genehmigten diese Verwendung. Die Regierung hatte für die Einnahmen von veräußerten Domanialpertinenzien, Officialgebäude gekauft und wollte das für eine Vermehrung der Domainen angesehen wissen. Stände zeigten, daß sie auch das Interesse der Krone zu wahren wußten; sie mißbilligten diese Verwendungen, da sie eine Sicherung des Betrages der Revenüen nicht enthielten, sie wünschten die Anschaffung solcher Gebäude lediglich in den Bauetat aufgenommen, und dasjenige was etwa für den Verkauf von veräußerten Gebäuden aufgenommen werde, den laufenden Einnahmen zugewiesen zu sehen. Für Herstellung der durch Windsturm vom 29. November 1836 beschädigten Domanialgebäude wurden 31,000 Thlr. bewilligt. Bei dieser Gelegenheit mag erwähnt werden, daß auch das Jahr 1837 sich durch ein außerordentliches Naturereigniß auszeichnete, den hohen Schneefall vom 7. bis 9. April, welcher jegliche Communication im Lande auf mehrere Tage unterbrach und selbst in den Städten die Communication zu Wagen zwei Tage unmöglich machte. Ende Mai, als man es kaum noch erwartete, verursachte die Auflösung dieser Schneemassen in den Elb- und Weergegenden viele Ueberschwemmungen und Deichbrüche; da die Marschen schon bestellt waren, richtete das Hochwasser großen Schaden an.

Die für das Jahr 18³⁰/₃₇ erwarteten, auf 231,000 Thlr. veranschlagten Ueberschüße sollten den Anträgen der Regierung gemäß zunächst zur Bezahlung des Restes der auf die Grundsteuereremtionsvergütungen zu zahlenden Abrundungen und kleineren Capitalbeträge (für die größeren wurden Obligationen ausgestellt) verwandt, das übrigbleibende sodann zur schnelleren Beförderung des Chausseebaues verausgabt werden. Damit wollte man jedoch keine Erhöhung der jährlich für diesen Bau bewilligten 80,000 Thlr. aussprechen, sondern es sollte lediglich ein Vorschuß auf diese Bewilligung gewährt werden. Für Cavallerieverpflegung wurden p. m. 245,000 Thlr. bewilligt. Die Regierung hatte, da über die Ausführbarkeit und Zweckmäßigkeit der Cavalleriebequartierung Untersuchungen angestellt waren, und die 1834 getroffenen Einrichtungen (oben Seite 88 sqd.) nur bis zum 30. Juni 1837 Dauer haben sollten, durch Schreiben vom 3. April **) die Gründe dargelegt, aus denen sie, abgesehen von den auf 1 Million veranschlagten Baukosten und von dem, was die Unterhaltung der Casernen erfordern würde, eine Casernirung aus militairdienstlichen Gründen für unmöglich erklärte und Fortdauer der Einrichtung von 1834 beantragte. Stände behielten sich bei der Bewilligung ihre besondere Rückantwort auf dieses

---

*) St. A. R. V. 5. S. 529.
**) St. A. R. V. 5. S. 135.   Vergl. Lehzen II S. 187.

8* •

Schreiben vor, welche indeß wegen der eintretenden Vertagung und Auflö=
sung nicht erfolgte —, so besteht der Zustand von 1834 noch in diesem
Augenblicke. Ein Antrag, auf 6 Jahre jährlich 3000 Thlr. für zu begrün=
dende Rennpreise und zur Unterstützung der Trainiranstalt zu bewilligen,
wurde im Budget abgelehnt. Verschiedene vorjährige Budgetsanträge, die von
der Regierung noch nicht erledigt waren, wurden wiederholt und das Aus=
gabebudget mit 6,040,566 Thlr. bewilligt, das Einnahmebudget mit
6,093,378 Thlr. mit der allgemeinen Bedingung, die sich etwa ergebenden
Ueberschüsse zur Schuldentilgung zu verwenden. Zum Einnahmebudget
wurden die Anträge, auf möglichste Verminderung der Domanialbaukosten
Rücksicht zu nehmen, wiederholt. Die Stände sprachen ihre Verwunderung
aus über das fortwährende Fallen der Einnahme der Posten und beantrag=
ten eine Erleichterung der Actenversendung, die freilich ganz enorm tarifirt
war. Sie gingen von der Ueberzeugung aus, daß hierdurch der Verkehr
werde gehoben werden. Hätten in zweiter Cammer nicht über 2/3 Juristen
gesessen, so würde der Gedanke nahe gelegen haben, was für Acten gelte
werde auch bei übrigen Kaufmannsgütern und bei Briefen eintreten, eine
Herabsetzung der Taxe müsse also eine Vermehrung des Einkommens zur
Folge haben. — Obgleich sich die Stände überzeugten, daß in mehreren
Städten die Perceptions= und Controlekosten des Mahl= und Schlachtlicents
in gar keinem Verhältnisse zu der Einnahme ständen, sprachen sie doch den
Wunsch für die Erhaltung dieser Steuer aus, sie beantragten sogar zu
untersuchen, ob nicht noch mehr Städte zu dieser Steuer heranzuziehen seien.
       Das Criminalgesetzbuch anlangend, so waren die Conferenzmitglieder
schon vor der Zusammenberufung der Stände zu ihrer Arbeit zusammen
geladen, wegen Behinderung eines Mitgliedes aber erst später zusammenge=
treten. Sie hatten ihre Arbeiten so zeitig beendet, daß die Cammern selbst
über die Beschlüsse nur noch abzustimmen brauchten. Hier war vorzüglich
das bei der Publication ausgelassene Cap. 13 von der Verletzung des
Jagd= und Fischereirechts der Stein des Anstoßes, indem die erste Cammer
diese Gerechtsame als ein Kleinod ansah, das man mit den schwersten Stra=
fen schützen müsse, und deßhalb die auf mildere Bestrafung gerichteten
Anträge der zweiten Cammer als den Versuch ansah das Jagdrecht zu be=
seitigen. Die Conferenz hatte das ganze Capitel neu umgearbeitet, aber
auch diese Umarbeitung fand keine Gnade in den Augen der ersten Cammer.
Man sprach sich selbst noch bei Gelegenheit dieser Conferenzvorschläge über
die früheren Beschlüsse der zweiten Cammer dahin aus: man habe diesel=
ben mit einer gewissen Nichtachtung zurückgewiesen, Niemand habe es der
Mühe werth gehalten, nur ein Wort darüber zu äußern, man habe diesel=
ben ohne Weiteres durchfallen lassen. *) Erst nach wiederholten Conferenz=
verhandlungen einigte man sich auch hier am 28. Juni. Man war nun
mit dem Gesetze überhaupt fertig und beschäftigte sich eben mit der Redac=
tion des Erwiederungsschreibens an die Regierung, als die Vertagung eintrat.
       Zu den nicht vollendeten Arbeiten gehörte zunächst das Schulgesetz.
Hier konnten sich die Cammern nicht einigen, da das Adelshaus auf der
früher erwähnten Exemtion bestand, ferner das Gesetz das Verfahren in

---

*) Hannov. Ztg. 1837. S. 711.

Polizeiſtraſſachen betreffend. Den Grund des Zwieſpalts bildete wiederum die Cremtion, welche die erſte Cammer für den Adel in Anſpruch nahm, man wollte den Beſißer ritterſchaftlicher Güter und den Adel überhaupt nicht unter die Aemter geſtellt ſehen, das ſei entwürdigend. *) Es wurde daher § 18 des Entwurfes: „ein bevorzugter Gerichtsſtand findet in dem nach dieſem Geſeße zu behandelnden polizeilichen Straſſachen nicht ſtatt" — mit eminenter Majorität, wie es in dem Berichte hieß, zurückgewieſen. Der Vorſchlag, den Gutsbeſißern ſelbſt, wie in Preußen, die Polizei zu übertragen, fand wegen der damit verbundenen Koſten keinen Anklang. Selbſt als die Mitglieder zweiter Cammer in wiederholter Conferenz einem Antrage zugeſtimmt hatten, welche die Rittergutsbeſißer und den landſäſſigen Adel für ſeine Perſon von dem Gerichtsſtande der Unterbehörden befreite, und dieſen nur die Unterſuchung zuwies, war die erſte Cammer noch nicht zufrieden. Nun beherzigte die zweite Cammer den ſchon früher von Stüve ausgeſprochenen Rath, die Sache die ſich im Jahre 1837 nicht zweckmäßig erledigen laſſe, lieber liegen zu laſſen als ſie unzweckmäßig zu ordnen. Gehe man davon aus, ſagte er ſehr wahr, jederzeit zu beſchließen was für den Augenblick zu erreichen ſei, ſo komme man in endloſe Verwirrung. Hätte die Regierung den Muth gehabt, der erſten Cammer gegenüber offen zu erklären, daß das Cap. IV. des Staatsgrundgeſeßes Wahrheit werden, die Cremptionen im Gemeindeweſen aufhören und der privilegirte Gerichtsſtand überhaupt fallen müſſe, ſo würde man im Adelshauſe vielleicht minder eigenſinnig geweſen ſein.

Unerledigt blieben die Geſeßentwürfe: über die Befreiung von Gemeindelaſten, ſo wie über die Theilnahme der Staatsdiener an derſelben **); das Geſeß wegen Anmeldung, Eintragung und Beſtätigung von Contracten ***); das Geſeß die Ueberweiſung der Gerichtsbarkeit der Conſiſtorien an die weltlichen Gerichte betreffend ****), ein Geſeß das die Hannoveraner noch heute mit Sehnſucht erwarten.

Ein Antrag Chriſtiani's auf baldige Vorlegung eines Preßgeſeßes wurde von erſter Cammer abgelehnt; dagegen auf Antrag Stüve's die Regierung um Vorlegung eines Geſeßes, die Wahlen zur allgemeinen Standeverſammlung betreffend, erſucht. Auf Anlaß einer Petition des Advocatenvereins zu Hannover wird die Regierung erſucht, in Erwägung ziehen zu wollen, wie dem Geſchäftsrückſtande des Oberappellationsgerichts abzuhelfen ſei.

Unerledigt blieb endlich die gewichtigſte aller Vorlagen, die über die Regulative. Wir müſſen zum Verſtändniß der ganzen Geſchichte dieſer Diät hier etwas länger verweilen, denn obgleich die Regulative nicht ins Leben geführt wurden, brachte man bei wiedereingeführter Caſſentrennung die Etats von 1837 in der Hauptſache zur Anwendung, und die Organiſation von 1852 läßt ſich kaum beurtheilen, wenn man nicht die im Jahre 1837 beabſichtigten Maßregeln kennte. Das Poſtſcriptum I. *****), die

---

*) Vergl. Berth. des St.G.G. S. 83. Hannov. Ztg. 1832. S. 734 flgd.
**) St. A. R. V 5. S. 114.
***) daſelbſt S. 443.
****) daſelbſt S. 478.
*****) daſelbſt S. 2.

Organisation des Civildienstes und die Dienstregulative betreffend, ging von dem Grundsatze aus: das Bestehende im Ganzen nicht anzutasten. Man wollte aber die geltenden Gesetze durch Aufhebung der Einrichtungen, welche nur in früheren Zuständen ihren Grund hatten, und Aenderung einiger sonstiger Punkte mit dem Staatsgrundgesetze und besonders mit den Bestimmungen über die Cassenvereinigung in Einklang bringen.

Da schon die Aufhebung der getrennten Verwaltung der directen Steuern, die Aufhebung der Generalsteuercasse und der Kreiscassen, der gesonderten Verwaltung der Gemeinheitstheilungssachen, des Landesöconomiecollegii durchgeführt, auch eine Generaldirection der indirecten Abgaben und Zölle bereits ins Leben gerufen war, so bliebe noch durchzuführen: 1) Aufhebung einer getrennten Domanialverwaltung d. i. der Domainencammer und 2) der getrennten Forstverwaltung d. i. der Oberforstämter, deren Functionen unter oberster Leitung des Ministeriums auf die Landdrosteien übergehen sollten, 3) durchgreifende Veränderungen der evangelischen Consistorien, und 4) Aufhebung der administrativen Absonderung des Harzes. — Veränderte Einrichtungen der Ministerien und Landdrosteien waren dadurch bedingt. Unverändert sollten bleiben das Ober-Appellationsgericht, die Obergerichte, das Generalpostdirectorium. Wegen der Baubehörden waren noch besondere Vorlagen in Aussicht gestellt. Die Obergerichte sollten nicht geändert werden, denn Aufhebung des privilegirten Gerichtsstandes, welche verfassungsmäßig bei entsprechender Veränderung der Gerichtsverfassung erfolgen sollte, ward nicht beabsichtigt. Eben so wenig ward an die Trennung der Administrationen von der Justiz gedacht, oder vielmehr: „Se. Majestät hatten es durchaus nicht anräthlich betrachtet, solche eintreten zu lassen", obgleich man diese seit 1814 in den Städten für durchaus nothwendig anerkannte. Man strebte jetzt mit aller Macht danach, im Wege vertragmäßigen Uebereinkommens die Städte zur Abtretung ihrer Jurisdiction zu bewegen. Die Aemter sollten in ihrer unorganischen und ungleichmäßigen Weise, hier ein Amt mit 1000 und weniger Einwohner, dort eins mit 26,000 Einwohner bestehen bleiben, nur hinsichtlich der Besoldungen sollten Aenderungen eintreten. Zu diesem Zwecke war zunächst ermittelt, welche Diensteinnahmen in dem Normaljahre 1832 (um die durch Königl. Rescript vom 11. März 1832 verheißenen Ersparungen nach damaligem Zustande zu bemessen) stattgefunden. Man kam zu folgendem Resultate:

Für das Jahr 1832 wurden ermittelt *) die Diensteinnahmen

I. der Beamten
    1) an Besoldungen (369,000 ℳ Conv.-Münze)
        und Werth der Dienstwohnungen . . . . . . 408,500 ℳ Cour.
    2) an Sporteln und ähnlichen Bezügen . . . .   70,000 „   „
                              478,500 ℳ Cour.

II. der Amtsunterbedienten 223,500 ℳ Conv.-Mze.,
    wovon etwa die Hälfte in Sporteln bestand . . . 234,500 ℳ Cour.

III. der Rentmeister und rechnungsführenden Beamten   51,000 „   „
                              764,000 ℳ Cour.

---

*) Actenstücke V. 5. S. 24. Hannov. Portfolio II. S. 261.

Uebertrag = 764,000 ℛ. Cour.

wovon an Sporteln, die zur Casse gezogen worden,

wieder abgehen . . . . 127,000 „ „

so daß noch bleiben = 637,000 ℛ. Cour.

Nach dem 1823 festgestellten Etat sollten 130 erste Beamtenstellen vorhanden sein und davon ⅕ = 2000 Thlr., ¼ = 1800 Thlr. und ³/₅ = 1500 Thlr. Conv. Münze nebst Dienstwohnung oder eine Geldentschädigung (gewöhnlich 200 Thlr.) erhalten. Die Besoldungen der zweiten und dritten Beamtenstellen, deren Zahl noch nicht ganz fest stand, war in Abstufungen für jene auf 900 bis 1200 Thlr. nebst Dienstwohnung oder einer Vergütung für dieselbe (gewöhnlich 100 Thlr.), für letztere hingegen auf 300 bis 600 Thlr., wozu nur ausnahmsweise eine Dienstwohnung kam, bestimmt. Es waren aber 1832 angestellt: 133 erste Beamte, von welchen 8 weniger als 1500 Thlr., 71 von 1500—2000 Thlr., 34 von 2000—3000, 16 von 3000—4000 und 4 über 4000 Thlr. bezogen. Ihre Besoldungen insgesammt betrugen 282,000 Thlr., statt der etatsmäßigen 213,000 Thlr. Couv.-Münze. Außerdem hatten 217 von ihnen Dienstwohnungen, und 22 auch noch Haushaltspachtungen. *) Von den dritten Beamten hatten 31 bis 600 Thlr (unter ihnen 28 = 300 und 400 Thlr.), 51 von 600 bis 800 Thlr. (unter ihnen 48 = 600 bis 700 Thlr.); ferner mit Inbegriff der Dienstwohnung oder der Entschädigung dafür 43 = 1000 Thlr., 60 = 1100—1500 Thlr. und 11 == 1500—2000 Thlr. Ueberdies bezogen die ersten Beamten regelmäßig und von den zweiten und dritten wenigstens 61 Fourrage oder eine Vergütung dafür.

Unter den Bezügen, welche die Beamten hatten, finden sich in den Commissionsacten über die Regulative manche Dinge eigenthümlicher Art aufgezählt; zu diesen sonderbaren Rechten, die bei den verschiedenen Aemtern vorkommen, gehören unter andern: freies Mahlen, Schweine, Mast, Zehntgänse, Fische, Wein, Federspulen, Hundefelle, Eier, Hafer, Hühner, Ochsenzungen, Handschuh und Halfter, Landgerichtsgelder von den Töpfern zum Düngen, Hundelager (in Wölpe), Weihnachtsgeld, 150 Fuder Torf (Diepenau), Kuhweiden, Wachs, Honig, Hechte, Theer, Aale u. s. w. Am reichsten waren diese Nebenbezüge im Amte Ilten, wo ihr jährlicher Ertrag über 400 Thlr. geschätzt war.

Die Dienstregulative von 1837 wollten nun die Zahl der besoldeten Beamten auf 360 steigern (122 erste, 123 zweite und 115 dritte) und die ersteren mit 1600 — 2000 Thlr., die zweiten Beamten mit 900 bis 1200 Thlr., die dritten mit 300—600 Thlr. besolden; daneben sollten als Zulagen für erste und zweite Beamte 6000 Thlr. und für extraordinaire Arbeitshülfe 10,000 Thlr. in den Etat aufgenommen werden. Das Ministerium berechnete, daß nach diesen Plänen im Ganzen 181,766 Thlr. gegen das Jahr 1832 erspart werden würden.

Die Cammern verwiesen diese Vorlage an eine gemeinsame Commission von 8 Mitgliedern jeder Cammer, und wählten, die erste Cammer: Hofgerichtsassessor Gräfe von Lütcken, Geheimen Rath von Schele, Ritterschafts-

---

*) Außerdem hatten 7 andere Beamte Hauptpachtungen der Klostercammer.

präsidenten v. d. Decken, Canzleidirector Graf v. Kielmansegge, Geheimen Cabinetsrath v. Falcke, Canzleiassessor v. Düring, Cammerrath v. Voß, Landrath v. Hodenberg; die zweite Cammer: Geheimen Cabinetsrath Rose, Schatzrath Stüve, Syndicus Dr. Lang, Dr. Lang, Geheimen Canzleirath Wedemeyer, Generalauditeur Reinecke, Syndicus Lünzel, Regierungsrath Heinichen.

Die Commission verlor viel Zeit mit Hin- und Hersprechen; nach vier= monatlicher Arbeit legte sie am 16. Mai einen gedruckten Bericht von 30 Quartseiten nebst Anlagen dazu auf 46 Seiten vor. Während der Bericht in der Hauptsache die Regierungsvorlagen gut hieß, wollte er 12,000 Thlr. an den Aemtern ersparen. Dagegen ward für die anderen Dienstzweige eine Erhöhung von 6420 Thlr. beantragt, von denen 3600 Thlr. den Justizräthen, 1000 Thlr. den Feldmessern, 800 Thlr. dem Ministerium für Ablösungssachen, 100 Thlr. dem jüngsten Secretair bei dem Oberappellationsgerichte zu Gute kommen sollten. Stüve und die beiden Langs ließen ein votum dissensus von 34 Seiten drucken, dessen Schluß dahin lautete: „Die Unterzeichneten haben in allen diesen Puncten vergebens versucht, ihre entgegenstehende Ueberzeugung in der Commission geltend zu machen. Allein die Sache ist zu wichtig, der Eid ihnen zu heilig, als daß sie sich durch die Mehrheit könnten binden lassen. Demnach geben sie ihr pflichtmäßiges Gutachten da= hin ab:

daß die Regulative, so wie solche gegenwärtig beschaffen sind, zu verwerfen seien:

1) Weil dieselben in der Organisation des wichtigsten Dienst= zweiges keine Garantie der Dauer in sich tragen, vielmehr zu alten Män= geln neue Elemente der Auflösung in dieselbe gelegt sind, und endlich die Rechte der Unterthanen nicht durch gesetzliche Form gewahrt werden.

2) Weil dieselben nicht geeignet sind, durch Vereinfachung der Ver= waltung das Gleichgewicht des Haushalts herzustellen und die versprochene Ersparung nicht in sich tragen, namentlich

3) Weil bei denselben ganz andere, der Casse ungleich ungünsti= gere Principien befolgt sind, als beim Militairetat, was der ausdrücklichen Zusage, daß beim Civiletat eine noch bedeutendere Ersparung als bei diesem erfolgen solle, widerstreitet.

4) Weil der hauptsächlichste Etat in sich zu kostbar, und auf eine das richtige Verhältniß der Verwaltung störende Weise dotirt ist.

5) Weil gegen den klaren Inhalt des Staatsgrundgesetzes andere Ausgaben als Gehalte und Pensionen durch dieselben der jährlichen, nach freiem, an kein Regulativ gebundenen Ermessen zu ertheilenden ständischen Bewilligung entzogen sind.

Sie werden diese Ansicht in ihrer endlichen Abstimmung festhalten, wenn es ihren Bemühungen nicht gelingen sollte, in der Discussion der Cammern diese Hauptmängel hinweg zu räumen.

Hannover, den 16. Mai 1837.

       Lang.   Stüve.   Lang.“

Es hat dieses votum dissensus später eine besondere Berühmtheit noch dadurch erlangt, daß die Königlich Hannoversche Regierung dasselbe am 27. Juni 1839 dem Bundestage bei ihrer bekannten Erklärung vorlegte,

um den Beweis zu liefern, „zu welchen Versuchen des Mitregierens und Mit-
verwaltens damals einige Mitglieder der zweiten Cammer, den jetzt als ganz
unbedenklich, ja als die ständischen Rechte beschränkend geschilderten § 140 des
Staatsgrundgesetzes benutzt hätten.“ Es ist dasselbe im Bande II. des Hannoverschen Portfolio Seite 242 vollständig abgedruckt und wir können dahin
verweisen.

In der ersten Cammer fanden nun aber die Aufhebung der getrennten
Domanial= und Forstverwaltung, wie die Erweiterung des Geschäftskreises der
Landdrosteien die entschiedenste Opposition, an deren Spitze der Geheime
Rath v. Schele stand, unterstützt hauptsächlich vom Grafen v. Münster, welcher die Organisationen von 1823 in Schutz nahm. Eine bei der zweiten
Berathung in erster Cammer am 27. Mai beginnende Debatte endete, wie
das die Cammer noch nie erlebt hatte, erst am 2. Juni und zwar mit einer
Niederlage der Regierung, mit 23 gegen 21 Stimmen ward die Beibehaltung der Domainencammer und der Oberforstämter beschlossen*). In der
dritten Berathung am 12. Juni, in welcher der Kampf von neuem begann,
ging die siegende Majorität soweit, den Landdrosteien auch diejenigen Befugnisse zu entziehen, welche sie seit 1823 in Beziehung auf die Domanial=
verwaltung ausgeübt hatten**). Es ward mit 25 gegen 21 Stimmen beschlossen: die unter Oberaufsicht und Controle des Ministerii verbleibende
Central=Verwaltung der Domainen und Forsten beizubehalten und ihren
Wirkungskreis in der Maße zu erweitern, daß derselben auch die ganze bisher von den Landdrosteien wahrgenommene präparatorische Bearbeitung der
Domanialsachen und die denselben zu selbstständiger Entscheidung im Jahre
1823 übertragene Verpachtung einzelner Domanialpertinenzien, der Meier=,
Dienst= und Zinsviehsachen wiederum überwiesen werden, auch daß die bisherige Forstadministration, mit Ausnahme zweier etwa einzuziehender Oberforstämter, beibehalten bleibe. Der hier siegenden Aristokratie wurde von
Seiten eines Mitgliedes der Regierung vergeblich entgegen gehalten — daß
der König allein das Recht der Verwaltung und Organisation ausübe, daß
auch 1823 ohne alle Concurrenz der Stände die Civilorganisation vorgenommen sei und der König die Stände jetzt gar nicht frage, wie er organisiren solle, sondern ihnen nur mittheile, wie er organisiren wolle, damit die beabsichtigten Ersparungen eingerichtet würden. Es werde nur die
finanzielle Zustimmung zu den Dienstregulativen erfordert. Diese könne allerdings von den Ständen verweigert werden. Wenn das geschähe, so habe
das aber nur den Erfolg, daß der fragliche Dienstzweig dann noch nicht definitiv geordnet sei.

Gerade Diejenigen, die in dem votum dissensus Stüve's und der
Langs 1839 einen Versuch des Mitregierens sahen, obgleich dort in Form
bescheidener Bedenken Wünsche und Ansichten ausgesprochen war, was hier
als Bedingung hingestellt wurde, waren es, die hier ein Mitregiment in
der That beanspruchten und durchsetzten. Wären die Namen der zwanzig
redenden Mitglieder in den Verhandlungen genannt, man würde höchst wahrscheinlich mehrere Namen von Mitgliedern der gegenwärtigen Regierung in

---

*) Hannoversche Zeitung 1837 p. 1502 ffg.
**) Daselbst p. 1679 ffg.

dieser Majorität erblicken, die 1858, als auch organisirt wurde, ganz entgegengesetzt sprachen. Wie unendlich viele Gründe auch für den Majoritätsbeschluß geltend gemacht wurden, das Publicum hat sich nie von der Meinung abbringen lassen, daß es hauptsächlich die s. g. adeligen Forstcarrieren und einige fette Stellen in der Domainencammer waren, deren Aufrechterhaltung man erzielen wollte.

In zweiter Cammer nahm die Sache einen entgegengesetzten Verlauf, dort war und blieb die Regierung in der Majorität. Anfangs schien es, als wolle man sich, auf diese Majorität stützend, das votum dissensus todtschweigen. Es bedurfte wenigstens vieler Anstachelungen, ehe Wedemeyer (in Abwesenheit Rose's) dasselbe auf eine ungeschickte, unredliche und plumpe Weise angriff *). Aber mit wie schlagenden Argumenten ihn auch Stüve in die Enge trieb, so sehr ihn auch Dr. Langs Pathos bedrängte, wie kräftig Freudentheil dem Letztern bald im Baß, bald im feinsten Discant secundirte, als am 6. Juni nun auch Rose ins Feuer ging **) — wurde trotz des erneuerten Angriffes durch Syndicus Lang, Dr. Matthaei, Christiani, Stüve, der Commissionsantrag mit 39 gegen 25 Stimmen angenommen. Das votum dissensus enthält eine große Menge praktischer Vorschläge in Beziehung auf die Organisation der Verwaltung, von denen die meisten durch die spätern Stüveschen Organisationen ins Leben gerufen wurden, theils werden sollten. Ob das Rechenexempel desselben richtig ist, daß bei weitem nicht die vom Ministerium angegebenen Summen, nicht einmal die 160,000 Thlr., welche nach des Königs Willen erspart werden sollten, sondern nur 60,000 Thlr. erspart würden, wenn man dieselben Principien zu Grunde lege, die man bei den Ersparungen im Militairetat angewendet hatte, ist gleichgültig für die Geschichte, wer sich dafür interessirt, mag nachrechnen. Das aber mußte klar sein, wollte man die Justiz von der Verwaltung trennen, wollte man die Gerichte organisiren und den privilegirten Gerichtsstand aufheben, so durfte man in die Ersparung von 160,000 Thlrn. nicht den Hauptgesichtspunct setzen.

Das starre Festhalten bloßer Ersparungspläne mußte der Regierung außerordentliche Schwierigkeit bereiten, wenn sie sich zu angemessenen Organisationen entschloß.

Was werden sollte, als die Beschlüsse beider Cammern so gänzlich entgegengesetzt lagen, wußte weder Ministerium, noch hatten die erste und zweite Cammer eine Ahnung davon. Der Eindruck im Lande war ein gemischter, da die Kenntnisse, welche dazu gehörten, um hier über das Richtige entscheiden zu können, noch zu wenig, selbst in den gebildeteren Ständen verbreitet waren und das Material namentlich beinah gänzlich unzugänglich war. Dieser Unsicherheit sollte aber bald ein Ereigniß von größerer Bedeutung ein Ende machen. Durch Schreiben vom 24. Juni ließ der Vicekönig den Ständen die Trauerbotschaft zugehen, daß Wilhelm IV. am 20. Juni zu seinen Vätern versammelt und in Folge der Erbfolgeordnung die Regierung an Seine Majestät den König Ernst August übergehen werde. Letzterer wolle sich unverzüglich nach Hannover begeben und habe zugleich befohlen, daß bis zu Aller-

---

*) Hannoversche Zeitung 1837 S. 1580.
**) Daselbst S. 1626.

höchst Ihrer weiteren Verordnung alles in dem bisherigen Gange verbleiben solle. Die Stände erließen am 26. Juni eine Condolenzadresse an die Königin, beeilten den Schluß der Budgetsbewilligungen, da das Steuerjahr zu Ende ging und begannen die zweite Berathung über den Gesetzentwurf, die Gerichtsbarkeit der Consistorialbehörden betreffend.

Die Hannoverschen Landesblätter aber begrüßten diesen Thronwechsel mit einem pereat der Schlendrianokratie und mit einem Hurraaaah!!! auf den Fürsten mit eigenem selbstständigen Willen. Un roi, qui règne -- mais qui gouverne aussi! (Qui gouverne!!).

Dem Wissenden genug.

Siebentes Capitel.

Von der Thronbesteigung Ernst Augusts bis zur Berufung der allgemeinen Ständeversammlung vom 26. Juni 1837 bis 4. Januar 1838.

Die Vertagung der Stände; Rumann; zur Charakteristik desselben; das Patent vom 5. Juli; die Prüfungscommissionen; angeblicher Sieg der öffentlichen Meinung; das hundertjährige Jubiläum der Universität Göttingen; das Patent vom 1. November; die gratulirenden Deputationen und die Huldigung in Lüneburg; die Protestation der Sieben; die Verbreitung derselben; die Rotenkircher Affaire; die Entlassung und Vertreibung der Sieben; der Abschied; Epoche der deutschen Geschichte; die Huldigungsreverse; der Magistrat zu Osnabrück thut die ersten Schritte zur Vertheidigung des Staatsgrundgesetzes; Jahresschluß; Verordnung vom 7. Januar; Proclamation vom 7. Januar; das Schatzcollegium; die Reversvollziehung in Osnabrück.

König Wilhelm IV., der Gerechte, war ohne Kinder am 20. Juni 1836 gestorben. Während in England die weibliche Linie mit der männlichen gleiche Successionsrechte hat, und die Tochter des verstorbenen Herzogs von Kent, Victoria, zur Thronfolge berufen war, galt in Braunschweig-Lüneburg der Vorzug des Mannesstammes, und danach war der Herzog von Cumberland, Ernst August, Thronfolger. Seit 123 Jahren waren die Könige Englands Beherrscher von Hannover gewesen und dieses hatte von jener Verbindung manche Vortheile, aber auch mancherlei Nachtheile erlitten. An die ersteren dachten die Hannoveraner damals nicht, denn wer dachte überhaupt damals an die Schutzlosigkeit deutscher Nordseeküsten und an die Möglichkeit, daß ein kleines Volk wie die Dänen es je wagen würden, Ems, Weser und Elbe zu blokiren. Die Entfernung des Königs selbst, bei der damals noch unsicheren und langsamen Verbindung über den Canal doppelt weit, war ein Uebel, das man tief fühlte. Wie anders mußte es kommen, wenn der König selbst sehen konnte, wie es im Lande stand; wenn man weder die Vermittlung einer deutschen Canzlei in London noch anderer Zwischenträger bedurfte. Verdankte doch der alles überwiegende Einfluß des Adels eben dieser Entfernung des Königs seinen Ursprung und seine Fortdauer. Wie mußte Hannover, bisher nur das Hoflager eines Vicekönigs, als Residenz eines Königs, der den Glanz liebte, erst erblühen. Genug die große Mehrzahl des Volkes sah in der Lostrennung von England nur ein freudiges, dem Lande Glück verheißendes Ereigniß und erwartete die Ankunft Ernst August's mit Ungeduld.

Ueber den Charakter und die Gesinnungen des neuen Königs war man nur in engeren Kreisen unterrichtet und hier wohl nicht ohne Sorge um das Bestehende; im größeren Publikum waren englische Zeitungen nie verbreitet gewesen und deren Erzählungen von dem Herzoge hatten in deutschen Zeitungen nie Aufnahme gefunden und wurden erst bei den späteren Ereignissen bekannter.

Ernst August traf am 28. Juni in Hannover ein und versicherte den ihn beglückwünschenden Stadtdirector Rumann, der zugleich Präsident zweiter Cammer war, er wolle den Hannoveranern ein gerechter und gnädiger König sein. Der Jubel in Hannover war groß.

Am folgenden Tage, als die Stände sich beeilten, ihre letzten Geschäfte zu beenden, namentlich das Erwiederungsschreiben zum Entwurf des Criminalgesetzbuches nach erledigten Differenzen zu redigiren und abzulassen, kam gänzlich unerwartet das von v. Schulte unterzeichnete Vertagungsschreiben vom 29. Juni, dahin lautend: „Wir finden Uns bewogen, die hierselbst versammelten Stände, wie hierdurch geschieht, zu vertagen. Wir verbleiben Euch mit geneigtem und gnädigem Willen beigethan. Ernst August."

Es gelangte dieses Schreiben zunächst an die erste Cammer, wurde eröffnet und vorgelesen; die Cammer ging mit einem „Es lebe der König!" auseinander. Hierauf wurde dasselbe dem Präsidenten zweiter Cammer überbracht.

Da durch Dahlmanns Angriff ein längerer Streit über diese Sache entstanden ist und auch die Geschichtschreibung schon angefangen hat, den Präsidenten der zweiten Cammer aus seinem Verhalten einen Vorwurf zu machen[*]), so muß der Vorgang näher besprochen werden.

Rumann, Präsident zweiter Cammer, war Sohn des 1827 als Geheimer Rath verstorbenen Ernst August Rumann, 1837 etwa 55 Jahr alt, als Regierungsrath zuerst in Aurich, dann in Hannover und seit Anfang der 20ger Jahre Stadtdirector daselbst und Präsident einer großen Anzahl von städtischen Collegien. Er war ein kluger und geistreicher Kopf und besaß eine seltene Menschenkenntniß, durch die er die Menschen zu benutzen verstand. Geneigt wie er war, von allen Menschen eher das Böse als das Gute zu glauben, hatte er etwas vom Polizisten in seinem Wesen. Als Magistratschef wußte er überall seinen Willen durchzusetzen und wo er Conflicte mit dem Ministerium oder selbst mit dem Vicekönig fürchtete, wußte er diese zu umgehen und sich in streitigen Fragen unmittelbar an den König selbst zu wenden. Er liebte sein Hannover und die Hannoverschen Bürger hielten die größten Stücke „auf ihren Stadtdirector". Es ist durchaus nicht unwahrscheinlich, daß er beabsichtigte, sich, unter Beiseitesetzung des Ministeriums, mit dem Könige zum Besten der Residenz, vielleicht des Landes in unmittelbaren Bezug zu setzen. Seinem Character, voll Ehrgeiz und Egoismus, sieht es nicht ähnlich, daß er gegen den soeben in die Residenz eingezogenen König zum Widerstand hätte auffordern sollen, selbst wenn er hätte

---

*) Dahlmann zur Verständigung. Rumanns Erklärung im Hamburger Correspondenten vom 21. Mai 1838. Entgegnung daselbst in der Nr. des 29. Mai Stüve's Brief zur Rechtfertigung Rumanns in Gutkows Telegraph für Deutschland 1839 Nr. 152. Literarisch-kritische Blätter der Börsen-Halle 1840 Nr. 1774 vom 15. Januar. Rotteck-Welckersches Staatslexicon VI. p. 471 (zweite Auflage).

überſehen können, was die nächſte Zukunft brachte. Er that, wenn wir dem Zeugniſſe Stüve's und den Protocollen der zweiten Cammer trauen dür= fen, indem er zu Bemerkungen über das Vertagungsſchreiben aufforderte, ſogar mehr als er zu thun ſchuldig war. Wir glauben aber, daß er keine Oppoſition in der Cammer, ja nicht einmal ein Eingehen auf den Fall wünſchte, denn ſonſt hätte ſich die Sache anders einleiten laſſen. Da das Vertagungsſchreiben nämlich zuerſt an den Präſidenten der erſten Cammer gekommen und dieſe alsbald auseinander gegangen war, ſo iſt es nach der Localität, welche die erſte Cammer zu der zweiten damals einnahm, nicht anders möglich, als daß das Präſidium wenigſtens, ſchon ehe das Schreiben in ſeine Hand gelangte, wußte, was in der erſten Cammer vorging. Bei der Dienſtbefliſſenheit der Regiſtratoren und Pedelle iſt es außerdem undenk= bar, daß man dem Präſidenten dieſe wichtige Nachricht ſollte vorenthalten haben. Wollte er dieſe, noch ehe das Schreiben eintraf, in der Cammer verbreitet wiſſen, ſo genügte es, durch den Pedellen ein Mitglied heraus= zurufen und ihm, von dem, was zu erwarten ſtand, einen Wink zu geben; wie ein Lauffeuer würde ſich die Nachricht verbreitet haben.

So aber dachte man in der Cammer an keine Vertagung; man glaubte mit Sicherheit erwarten zu dürfen, daß eine ſolche nicht eintreten würde, ehe die laufenden Geſchäfte beendigt, ehe namentlich das Schreiben wegen des Criminalgeſetzes erlaſſen und damit ein Geſetz zur Publication reif geworden wäre, das die proviſoriſche Ständeverſammlung von 1816 als eins der dringendſten Bedürfniſſe bezeichnet hatte und an dem ſeit 1823 Commiſſio= nen und Stände gearbeitet. Die Cammer wurde förmlich überraſcht. Ru= mann verlas das Reſcript und forderte zu Bemerkungen darüber auf. Stüve erhob ſich und ſagte: er glaube nicht, daß Se. Majeſtät die Regierung ſchon angetreten hätten — einen Antrag knüpfte er daran nicht. Stüve ſchreibt: „Ich würde in jener allgemeinen Conſternation nicht die Beſinnung gefunden haben zu ſprechen ohne die Aufforderung Rumanns. Mit den Worten, die ich ſagte, war meine ganze Kraft erſchöpft; ich wußte und konnte nichts mehr und ſetzte mich nieder, um mich zu ſammeln, da ich hoffte, Chriſtiani werde fortfahren. Rumann hat mich nicht unterbrochen." Alles ſchwieg. Rumann löſ'te nun die Cammer auf. Daß der Präſident die von Stüve erhobenen Bedenken hätte aufnehmen, wie das Converſationslexicon der Ge= genwart und Steinader von ihm verlangt, heißt die Befugniſſe des Präſi= denten verkennen. Eher müßte man die Cammer anklagen, denn ſie war in der That eine ſolche, deren Majorität jeden Antrag, der ſich an das Be= denken Stüve's etwa geknüpft hätte und auf Widerſtand gegen die Verta= gung hinausgelaufen wäre, verworfen hätte. Das mogten auch Chriſtiani und Andere bedenken, welche lieber ſchwiegen als ſich der Gefahr ausſetz= ten, ihre Anträge abgelehnt und die Cammer blamirt zu ſehen. Wenn Stüve ſelbſt damals im Stande geweſen wäre, die Sache genau zu prüfen, würde auch er, ſtatt einen ſolchen Antrag zu ſtellen, vermuthlich eben ſo argumen= tirt haben, wie der Osnabrücker Magiſtrat, der in der Beſchwerde an den Bund (Portfolio I. S. 13) erklärte, daß eine Ständeverſammlung, die ſich von der ſtrengern Form entfernt, Verhandlungen vornimmt, nachdem ihre Sitzung von der Regierung geſchloſſen, ſelbſt die Looſung zu Gewaltthätig= keiten giebt.

Ein ständischer Beschluß war übrigens ja ohnehin nicht mehr zu fassen, da die erste Cammer auseinander gegangen war; der § 13 des Staatsgrundgesetzes lautete außerdem nicht so entschieden, daß er zu der Annahme berechtigt hätte, der König habe vor dem Erlaß des fraglichen Patents die Regierung noch gar nicht angetreten und dürfe seinen Regierungsact vornehmen, bevor er das Patent mit dem Gelöbniß, die Verfassung halten zu wollen, verkündet. Der König hatte noch keinen Act gethan, der eine Aufhebung der Verfassung irgend befürchten ließ, das Verfassungsrescript war contrasignirt, das Patent, welches den Regierungsantritt in Gemäßheit des § 13 verkündigte, konnte unter der Presse sein. Eine Widersetzlichkeit der einzelnen Cammern, worin hätte sie auch bestehen können? In einem Protest zu Protocoll? In einem Sitzenbleiben? Eine Rede Mirabeaus läßt sich nur einmal mit Effect und Pathos deuten, jede Wiederholung wäre Komödie. Sie würde nur die öffentliche Meinung für die Gewalt gewonnen haben, während die Handlung selbst unnütz und erfolglos gewesen wäre. Daher keine Anklage gegen Rumann, keine Anklage gegen die Cammer, die ja doch nur Anklagen gegen das Volk sein würden, welches solche Cammern wählte.

Die Ständemitglieder waren kaum in ihre Heimath zurückgekehrt, als das Patent vom 5. Juni erfolgte (Siehe Anlage XI.), welches den Regierungsantritt verkündete und neben den üblichen Versicherungen, daß die angelegentlichsten Wünsche und Bestrebungen Sr. Majestät auf das Glück und die Wohlfahrt des Landes gerichtet seien, daß das Staatsgrundgesetz dem darauf gerichteten Wünschen in vielen Puncten nicht entspreche, die Erklärung ertheilt, daß Ernst August in dem ihn weder in formeller, noch materieller Hinsicht bindenden Staatsgrundgesetze, eine hinreichende Gewähr für das dauernde Glück der Hannoveraner nicht finden könne. „Inzwischen", hieß es weiter, „ist es fern von Uns, Unsere Königliche Entschließung über diesen hochwichtigen Gegenstand vor der sorgfältigsten Prüfung aller dabei in Betracht zu ziehenden Verhältnisse zu fassen." Nach solcher Entschließung würden die allgemeinen Stände berufen werden, um ihnen die Königlichen Entschließungen zu eröffnen.

Es war von den auf das Staatsgrundgesetz beeidigten Staats- und Cabinetsministern die Contrasignatur des Patents nicht verlangt, sondern der König hatte den Geheimen Rath v. Schele als Staats- und Cabinetsminister berufen und die Verpflichtung desselben auf das Staatsgrundgesetz aus dem Eide eigenhändig gestrichen. Dieser hatte auch das Patent unterzeichnet. Und das hatten die auf die Verfassung beeideten Minister, das hatte der Vater der Verfassung, der Geheime Cabinetsrath Rose gebildet, ohne ihren Abschied zu fordern. Wenn Ernst August bei diesem ersten Schritte zum Umsturz der Verfassung bei seinen nächsten Räthen auf Widerstand gestoßen wäre, wenn diese Geheimen und andern Räthe, wie es in dem früheren Diensteide derselben hieß, „das Maul aufgethan hätten, um den Fürsten von ungerechtem Beginnen und unbilligen Händeln abzumahnen", so würde dem Lande ein großes Unglück haben erspart werden können. Aber dieselben scheuten sich nicht, zusammen mit einem Manne, der ihnen in den letzten Jahren die stärkste Opposition gemacht hatte, von dem sie voraussehen konnten, daß er Entlassung oder gänzliche Unterordnung unter seinen Willen, gegen sie im Schilde führte, im Dienste zu bleiben. Es gab nun in Hannover fünf Minister, welche auf die Verfassung beeidigt waren und einen, der nicht beeidigt war, und diese bildeten ein Cabinet. Wie solches mit dem Eide und mit der Ehre der bisherigen Minister vereinbar, mußten diese am besten beurtheilen.

Es gab, wie Dahlmann es treffend ausspricht, eine gedoppelte Regierung, eine, welche das Staatsgrundgesetz noch immer handhabte und es zu schützen Miene machte, und eine andere, welche dasselbe für unverbindlich für den König erklärte, es aber vor der Hand noch weiterer Untersuchung anheimstellte, ob es dessen ungeachtet fortbestehen solle oder nicht.

Der König selbst berief nun eine Commission behuf Prüfung der Rechtsbeständigkeit des Staatsgrundgesetzes, zu deren Vorsitzenden der neue Cabinetsminister von Scheele bestimmt wurde, neben ihm Justizrath v. Bothmer und Graf Wedel.

Kurz nach der Verkündigung des Patents hielt auch die Königin mit dem Kronprinzen ihren Einzug. Der Stadtdirector Rumann überreichte ihr bei dieser Gelegenheit ein schlechtes Gedicht, das die Deutung zuließ, als werde die Vernichtung der Verfassung darin wie eine Großthat gepriesen. Rumann hat später diese Handlung damit entschuldigt, daß er das Gedicht nur flüchtig gelesen habe und durch die Nachricht vom Tode seines Bruders bestürzt gewesen sei, indeß zählte man nach diesem Vorgange Rumann zu denen, auf welche man im Interesse des Staatsgrundgesetzes nicht mehr rechnen dürfe. Seitdem wurde er sehr häufig zur königlichen Tafel befohlen.

Das Patent vom 5. Juli erregte eine unglaubliche Bewegung unter allen Gebildeten im Lande; mogte man das Staatsgrundgesetz noch so kühl aufgenommen, über die Wirksamkeit der Ständeversammlung noch so leichtfertig abgeurtheilt haben, so fühlte doch jeder, was es zu bedeuten habe, wenn ein einziges königliches Wort den ganzen öffentlichen Rechtszustand auf den Kopf stellen, willkürlich das Werk vernichten dürfe, das mit so großen Anstrengungen geschaffen war. Angesichts der Majorität, welche die frühere Regierung in der zweiten, der jetzige Minister v. Schele als Führer der Opposition in der ersten Cammer besessen hatte und welche auch die neue Regierung für sich gehabt haben würde, begriff man den Grund zu einer solchen Antastung des Bestehenden nicht, da dem Könige etwa mißliebige Bestimmungen auf gesetzlichem Wege aus dem Staatsgrundgesetze geschafft werden konnten. Beim Suchen nach Gründen für die ungeheuerliche Maaßregel war es zunächst der Finanzpunct, an den man denken mußte.

Dahlmann erzählt, daß von 2½ Millionen Thaler Privatschulden Ernst Augusts, ja von noch größeren Summen allgemein die Rede war; kein Wunder, daß als Zweck und Ziel der angedrohten Umwälzung, selbst auf die nahe Gefahr hin, den eben durch die Cassenvereinigung geordneten Staatshaushalt aufs Neue zu zerstören, lediglich die Abschüttelung der lästigen ständischen Finanzcontrole galt. Als Preis der Beihülfe von Seiten des Adels wurde Zurücknahme der Ablösungsordnung und Wiederherstellung der Cremtionen bezeichnet, da man wußte, daß der Cabinetsminister v. Scheele der entschiedenste Feind der Ablösungsordnung und der eifrigste Vertheidiger der Cremtionen gewesen war. Die Staatsdienerschaft fühlte sich unsicher und für den Fall des Umsturzes der Rechtsordnung jeder Willkür Preis gegeben, und dem Hasse nach zu urtheilen, mit welcher das Organ der

Scheleschen Partei die Hannoverschen Landesblätter von Dr. Grote die „Aristokratie der Staatsdienerschaft" bisher verfolgt hatte, war diese Besorgniß nicht unbegründet.

Während sich auf das Land der Alp einer ängstlichen Spannung lagerte, der die Gemüther stark in der Furcht vor drohenden Unbilden aller Art, unsicher in der Wahl der Mittel zur Abwehr derselben machte, war die deutsche Presse redlich bestrebt, überall das Ihrige zum Schutz der in Frage gestellten Verfassung zu thun. Zuerst waren es die Zeitungen, welche mit Ausnahme etwa des Journal de Francfort und des politischen Wochenblatts die Unantastbarkeit des Staatsgrundgesetzes aus allen möglichen Gesichtspuncten vertheidigten. Ihnen folgten die außerhannoverschen Stände, wo immer sie in Deutschland während der Zeit vom Juli bis September versammelt waren. Die zweite Cammer in Baden sprach einstimmig, die in Sachsen mit 52 gegen 9 Stimmen, in Baiern mit 52 gegen 40 Stimmen die Erwartung aus, die Regierung würde durch ihre Gesandten am Bundestage dahin wirken wollen, daß in Hannover der verfassungsmäßige Zustand nach Bundesrecht geschützt werde. Dann kam das schwere Geschütz der Gelehrten und Fachmänner, die Gutachten und Brochuren, voran der immer thätige Professor Wurm in Hamburg. Es galt eine Frage, die auch dem schlichtesten Bürger verständlich war, die nämlich, ob ein Fürst über jedem Gesetze stehe, ob ein Fürst seinen Staats- und Cabinetsminister nach Weise der Stuarts vom Gesetz dispensiren könne, ob deutschen Ständen im Deutschen Bunde ein Rechtsschutz gegen Willkür überhaupt zur Seite stehe. Das glaubte man damals noch ziemlich allgemein. Man kannte noch nicht die Beschlüsse der Geheimen Ministerconferenzen in Wien, deren Sinn kein anderer ist, als der, daß jeder Fürst thun kann, was er will und daß, wenn er nicht durchkommt, ihm die anderen Fürsten beistehen.

So ging der Juli hin. Im Anfang August brachte die Hannoversche Zeitung selbst die Nachricht, daß der Justizcanzleidirector Leist in Stade mit einer zweiten Arbeit über das Staatsgrundgesetz betraut sei. Die erste Commission, unter Schele's eigenem Vorsitz, hatte also ihre Arbeiten vollendet und das Gutachten mußte nicht nach des Königs Wunsche ausgefallen sein, sonst wäre es unzweifelhaft veröffentlicht. Die Hannoversche Zeitung, damals die Hannoversche Presse vorstellend, stand unter der Oberleitung des Biographen Stein's, des Oberbibliothekars Pertz, eines gebornen Hannoveraners, dem die Regierung so viel Vertrauen schenkte, daß sie ihn von der Censur dispensirte. Unterredacteur war Dr. Ley, ein ängstlicher, fleißiger Mann von vielem Wissen, der in Göttingen eine verunglückte Professorencarriere gemacht hatte; ein Postrath Friesland half. Bis 1837 hatte die Zeitung eine deutsche Färbung und eine gewisse Selbstständigkeit bewahrt; im Ausland hatte sie manche gute Correspondenten und Mitarbeiter. Pertz selbst, der Freund Dahlmanns, der das Staatsgrundgesetz mit hatte schaffen helfen, war innerlich gegen dessen Vernichtung. Seit dem Eintritte des Cabinetsministers v. Schele waren ihm aber die Hände gebunden.

Neben der Hannoverschen Zeitung gab Dr. Grote, ein Mann von großem Verstande zwar und bedeutenden Detailkenntnissen in der Geschichte und Münzkunde, aber durchweg gesinnungslos, wöchentlich einmal die Hannoverschen Landesblätter heraus. Dieselben beschäftigten sich in der Zeit von

1833—37 hauptſächlich damit, die ſtändiſchen Verhandlungen lächerlich zu machen, die Koſten, welche die Stände verurſachten, in jeder Woche aus= zurechnen, den Deputirten vorzuhalten, wie ſie von ihren 3 Thalern Diä= ten in der Reſidenz auf das Angenehmſte und Behaglichſte in lauter Luſt und Herrlichkeit lebten, was wohl der Grund ſei, weshalb die Landtage ſeit Erlaſſung des Staatsgrundgeſetzes eben ſo viel Monate als früher Wo= chen dauerten. Zugleich und das iſt immerhin anzuerkennen, erfuhren auch die Misbräuche der Verwaltung, z. B. das Connexionsweſen mit ſeiner Be= förderung der Mittelmäßigkeit, das Cumuliren der Stellen u. ſ. w. wohl eine gerechte Rüge, und für Gewerbefreiheit, Eiſenbahnen, Judenemanci= pation ſah man die Landesblätter in die Schranken treten, zu einer Zeit, wo ſelbſt viele ſ. g. Liberale und die Doctrinärs in Hannover davon noch nichts wiſſen wollten. Daß dieſe geſinnungsſüchtige Preſſe über das Patent vom 5. Juli frohlocte und je eher je lieber zur Beſeitigung des Staats= grundgeſetzes anrieth, war ſelbſtverſtändlich.

Dagegen kam den Anhängern des Staatsgrundgeſetzes eine zufällige Hülfe von außen. Ende Juli waren in England neue Parlamentswahlen auszuſchreiben und die whigiſtiſch=radicalen Blätter bemächtigten ſich der Hannoverſchen Sache mit einer wahren Gier als einer willkommenen Hand= habe, um dem bisherigen Hauptführer der Tories in keineswegs ſchonender Weiſe beizukommen. Mit ihren Wendungen und Argumenten aus dem Ge= biet der Logik und der Thatſachen, glich die Sprache, die uns ſtellenweiſe cyniſch vorkommen mag, einem Köcher voll giftiger, aber fernbintreffender Pfeile. Alte längſt vergeſſene Thaten wurden aufgewärmt, das geheimſte Privatleben des Herzogs von Cumberland den Blicken des Publicums blos= gelegt, der Verſuch, die Verfaſſung als unverbindlich darzuſtellen, in bit= terſter Weiſe ausgedrückt. Damals wagte es noch die Times, Ernſt Auguſt zu vertheidigen und dieſe Darſtellungen, denen es freilich an Unrichtigkeiten und Uebertreibungen nicht fehlte, als Parteimanöver zu charakteriſiren; ſie wies darauf hin, wie ja noch nichts geſchehen ſei und die Frage erſt einer Commiſſion zur Prüfung unterbreitet ſei. (Times vom 2. Auguſt.)

Waren es Warnungen aus England, da ſpäter auch die Times eine Aufhebung der Verfaſſung tadelte und die engliſchen Tories jede Mitwir= kung dabei auf das Entſchiedenſte ableugneten — war es das Gutachten der erſten Commiſſion, welches dem Gerüchte zufolge wenigſtens theilweis zu Gun= ſten des Staatsgrundgeſetzes ausgefallen war: kurz im Anfang Auguſt glaubte man in wohlunterrichteten Kreiſen, daß die Wagſchale des königlichen Wil= lens ſich der Erhaltung des Staatsgrundgeſetzes zuneige, und die Hanno= verſche Zeitung vom 5. Auguſt konnte ſprechen: „In wenig Monaten wer= den alle Verhältniſſe, welche des Königs Majeſtät einer Unterſuchung be= dürftig hält, vollkommen klar vorliegen, die allerhöchſte Entſchließung gefaßt, die vertagte allgemeine Ständeverſammlung wieder zuſammen berufen ſein und wir zweifeln nicht, daß dann gegenſeitige Offenheit und gegenſeitiges Vertrauen vollkommen ſein werden, um die für König und Land nothwendige Verſtändigung in den geſetzlichen Formen zu bewirken. Was auf dieſe Weiſe, auf der Grundlage des Rechts, durch freie Verſtändigung und vertrauensvolle Vereinigung zu Stande gekommen ſein wird, dem bleibt die Billigung des Landes, der Beifall der Zeitgenoſſen und das ehrende Urtheil

9

der Nachwelt gewiß." Und wie leicht war es, zu einem glücklichen und gedeihlichen Ende zu kommen! Der König durfte nur erklären, die Gutachten der Commission hätten ihn von der formellen Gültigkeit des Staatsgrundgesetzes überzeugt, oder, wenn auch Zweifel an der formellen Gültigkeit übrig geblieben, so sollten diese doch zur Ehre dieses Rechts auf sich beruhen bleiben — materiell enthalte das Staatsgrundgesetz aber Bestimmungen, welche die Königlichen Rechte verletzen, weshalb er die vertagte allgemeine Ständeversammlung zusammen berufe, um mit ihr über diese Puncte sich zu zu vereinbaren. Herr v. Schele wäre dann freilich unmöglich geworden, sofern man ihm doch nachträglich noch den Eid auf das Staatsgrundgesetz abgenommen hätte. Den König hätte man auf den Händen getragen; und die Opposition, die sich einer Aenderung des Finanzcapitels unter Stüve und Christiani widersetzt, würde in noch größerer Minorität geblieben sein, als „die Theoretiker" von 1832.

Noch mehr als jene oben mitgetheilte Redactionsäußerung verleitete aber ein officiöser Artikel, der an der Spitze desselben Blattes stand, die Hannoveraner zu dem Glauben an ein gutes Ende der Sache. Derselbe lautete:

„Die sich widersprechenden, fast durchgehends gänzliche Unkenntniß der factischen Umstände verrathenden Urtheile in öffentlichen Blättern des Auslandes über das Königliche Regierungsantrittspatent vom 5. Juli d. J. geben Anlaß zu folgenden berichtigenden Erläuterungen, die im Inlande zum Theil kaum erforderlich scheinen könnten.

Man kann die leidenschaftlichen Vorwürfe von geschehener einseitiger Aufhebung des Staatsgrundgesetzes vom Jahre 1833 übergehen, da das Königliche Patent zu klar das Gegentheil ausdrückt. Aber auch eine Suspension des Grundgesetzes, in Hinsicht der Verwaltung, mithin aller Wirkungen desselben, ist nicht erfolgt. Alles gehet in dem vorigen Gange fort, wie auch das Patent ausdrücklich vorschreibt. Man kann unter solchen Verhältnissen ohne das offenbarste Unrecht nicht eine factische Suspension darin suchen, daß der König das im Grundgesetz vorgeschriebene Antrittspatent, welches die Aufrechthaltung der Verfassung ausspricht, nicht ausgestellt habe. Denn da Seine Majestät die formelle und materielle Gültigkeit des Grundgesetzes nicht anerkennt, und gerade diese Frage, so wie die der Nützlichkeit jenes Gesetzes, einer Prüfung hat unterziehen wollen: so hieße es gleich von vorn herein die Frage entscheiden, wenn man die Ausstellung jenes Antrittspatents verlangen wollte; ein Verfahren, das man nie in irgend einem Rechtsstreite von einer der beiden Parteien verlangen wird; es wäre völlig grundlos, in dem bisherigen Verfahren einen gewaltthätigen Angriff auf das Grundgesetz behaupten zu wollen; es ist nichts geschehen, als was in eines Jeden Befugniß liegt, nämlich seine Ansprüche aufzustellen, und erst dann, wenn sie auf ungesetzmäßige Art verfolgt werden sollten, würde sich die Frage stellen, in wie weit das Recht verletzt worden. Es ist hier weder der Ort, noch jetzt schon an der Zeit, die formellen und materiellen Mängel des Grundgesetzes auszuführen; es giebt deren, und sogleich bei der Promulgation des Gesetzes wurden namentlich auch erstere von Sachkundigen gerügt, insonderheit daß dem Artikel 56 der Wiener Congreßschlußacte entgegen gehandelt sei, den man jetzt aus Unkenntniß der factischen Umstände oft für die Gültigkeit des Grundgesetzes in öffentlichen Blättern angeführt hat, in welcher Beziehung wir nur bemerken wollen, daß die im Jahre 1819 gegründete Ständeversammlung, mit welcher das Staatsgrundgesetz in den Jahren 1832 und 1833 berathen ward, in Rücksicht auf mehrere Puncte, welche in dem vom Könige genehmigten Gesetze aufgenommen sind, nicht ihre Zustimmung gegeben hat, mithin die damals in anerkannter Wirksamkeit bestehende Verfassung nicht auf dem durch den Artikel 56 vorgeschriebenen Wege verändert worden ist. Einstweilen legen wir einen Werth darauf, daß man nicht Voraussetzungen verbreitet, die, wie wir mit gutem Grunde behaupten dürfen, völlig irrig sind. Nichts berechtigt, zu vermuthen, der König wolle überhaupt allgemeine Stände dem Lande entziehen, oder alle seit dem Grundgesetze erlassene Gesetze würden aufgehoben werden, bloß deshalb, weil sie ein Ausfluß dieser gesetzgebenden Gewalt sind. Das Ablösungsgesetz und die Ablösungsordnung sind vor dem Grundgesetze erschienen; sie stehen mithin in gar keiner Beziehung zum Königlichen Patent. Zu keiner Zeit dienten alle Domanialeinkünfte willkürlich nur zur unbeschränkten Disposition des Landesherrn; diese alten deutschen und hiesigen Landesverhältnisse können nicht dem Lande entzogen werden, und ohne Zweifel darf wohl behauptet werden, daß solches nie des Königs Absicht gewesen. Ob aber durch die neueren finanziellen Einrichtungen rücksichtlich der Domainen das Land erleichtert, ob das Budget in Folge derselben vermindert worden, weiß das ganze Königreich. Nicht minder dürften auch in anderen Beziehungen viele Stimmen sich für eine angemessenere ständische Theilnahme und kürzere Dauer der Sitzungen aussprechen. Unbefangene Landeseinwohner werden, so hoffen wir gewiß, mit Ruhe und Vertrauen zu ihrem Könige, Allerhöchstdessen Eröffnungen an die Stände erwarten, und alle Königliche Diener, ihrer Pflicht eingedenk, sich beeifern, irrthümliche Ansichten und Besorgnisse zu vernichten. — Die in einem öffentlichen Blatte gegebene Andeutung, als ob eine Note eines großen Hofes Anlaß zur Niedersetzung einer Prüfungscommission des Grundgesetzes gegeben haben sollte, ist durchaus irrig. Wir können aus guter Quelle versichern, daß die Absicht einer Prüfung dieser Art schon vor Erlassung des Patentes Statt fand."

Die große Masse, zur Hoffnung leichter geneigt als zur Furcht, gab sich alsbald dem Gedanken an eine friedliche Lösung und dem gutmüthigen Glauben hin, es sei die öffentliche Meinung gewesen, die hier zum ersten Male einen großen Sieg errungen. Namentlich in Göttingen, wo bis dahin die Aufregung über das Patent vom 5. Juli groß gewesen war, ließ man alle Besorgnisse fahren; ging man hier doch am 17. September einer Feier entgegen, an der nicht nur das ganze Land, sondern ganz Deutschland theilnahm, dem hundertjährigen Jubiläum der Georgia Augusta, dieser, als Pflanzschule der Gelehrsamkeit und der Bureaukratie, selbst in andern Welttheilen, viel genannten Berühmtheit. Göttingen strahlte unter tausend Zurüstungen im vollen Glanze seines unsterblichen Namens und seines europäischen Rufes. Und doch mußten Moritz Carriere und Theodor Creuznach, damals ein paar junge Verse machende Studenten, es empfinden, wie schwer es sei, inmitten dieses steifleinenen Hofraths- und Professorenthums die Köpfe zu finden, denen sich mit einigem Schick der übliche Festsonnettenkranz aufsetzen ließe. Spreu hatte sich damals noch nicht vom Weizen ge-

sondert. Nicht an Gelehrsamkeit und Wissen, wohl aber an wahrer frucht-
bringender Wissenschaft und echtem Mannessinne hat es in der Uni-
versitätsstadt nur zu häufig gefehlt; insbesondere jetzt, wo an der hofräth-
lichen Reputation schon die Art lehnte, die sie nicht viel später jämmerlich
zerschlug, wäre es grundverkehrt gewesen, von dem großen und freien
Georg-August-Schüler A. v. Humboldt, der von Berlin seine alma mater
zu grüßen herüber kam, auf den freien und großen Sinn ihrer Lehrer zu
schließen.

Einigen gelehrten Popanz und eine langweilige Predigt des Professor
Liebener, die selbst den König Ernst August ungeduldig machte, abgerechnet, wurde das Fest von Alt und Jung mit einer burschilosen Lustigkeit
gefeiert, die alle Sorgen vor der Zukunft betäubte. Der Königsball in der
Reitbahn mit seiner grandiosen Unordnung, erinnerte, wie Graf Reinhard
meinte, lebhaft an die Bälle Louis Philipps in den Tuilerien. Die bedeutendsten Persönlichkeiten Deutschlands waren in den Tagen vom 17. bis
20. September in Göttingens Mauern versammelt. Es fehlte auch nicht
der Mann, der hier als Schüler Pütters und Böhmers deutsches Staats-
und Reichsrecht docirt, dann seine, in den dem besten Lehrbuche über öffentliches deutsches Recht niedergelegten Grundsätze, mit bonapartistischen Poli-
zei- und Administrationsmaximen wohl zu vereinen und sich im Westphalen-
reich, wie später unter der wiederhergestellten Regierung wohl zu betten gewußt hatte, — der Justizcanzleidirector Leist, in dessen Händen damals
das Schicksal des Staatsgrundgesetzes schwebte. Ernst August hatte ihn zum
Vorsitzenden der Commission berufen, welche die Gültigkeit des Staatsgrundgesetzes prüfen sollte.

Das Zusammensein in Göttingen scheint von den ständischen Mitgliedern von 1832—37 nicht benutzt zu sein, wegen der Zukunft irgend welche
Verabredungen zu treffen.

Der October kam und noch immer wußte man nicht mit Sicherheit,
wie das Gutachten der Commission ausgefallen sei; es hieß, die Majorität,
Justizrath v. Bothmer und Leist, nach anderen Bothmer und Graf v. Wedel, hätten sich für die Rechtsbeständigkeit des Staatsgrundgesetzes ausgesprochen. Dann brachten öffentliche Blätter wieder die Nachricht, daß dem Canzleidirector Leist eine neue Berichterstattung aufgetragen sei, wobei ihm eine
andere Basis als die seiner Ueberzeugung vorgeschrieben sei. Merkwürdig,
daß die volle Wahrheit bis jetzt verhüllt ist, nur so viel steht fest, daß Justizrath v. Bothmer sich für die Rechtsbeständigkeit des Staatsgrundgesetzes
aussprach.

In Osnabrück bemühte man sich inzwischen, die Vortheile, welche das
Staatsgrundgesetz dem Lande schon gebracht habe und noch bringen werde,
im Volks- und Unterhaltungsblatte zu beleuchten. Die Augsburger Allgemeine
Zeitung brachte in ihrer Beilage vom 7. October einen Artikel, welcher eine
Art von Instruction für die Mitglieder der vertagten Ständeversammlung
beziehungsweise für die Wähler enthielt. Man sieht aus diesen Aufsätzen,
daß Stüve deren muthmaßlicher Verfasser, oder Detmold unter Stüve's Einfluß schreibend, nur an die Zusammenberufung der vertagten Stände, höchstens an eine Auflösung und Neuwahl auf der Basis des Staatsgrundgesetzes dachten. Man beschränkte sich von Seiten der Anhänger des Staats-

grundgesetzes darauf, in den Zeitungen vor einem Rechtsbruche zu warnen, man rieth, noch zur rechten Zeit inne zu halten, damit die Wirrnisse nicht unlösbar und wohl gar über die Grenzen Hannovers hinausgezerrt würden. Directe Bitten an den König um Aufrechterhaltung des Rechtszustandes wagte man in dieser Zeit der Erwägung nicht; sie hätten geradezu als eine Verletzung der schuldigen Ehrerbietung ausgesehen. Man würde, meint die Osnabrücker Vorstellung, den Bittenden mit Recht haben tadeln können, daß er Voraussetzungen wage, die eine Rechtsverletzung durch Se. Majestät selbst statuirten. Eine Zusammenkunft der Führer zweiter Cammer fand, so viel wir haben in Erfahrung bringen können, nicht Statt. Das Reisen in jener Zeit war schwierig, besonders in den nördlichen Landestheilen, denen es an Chausseen noch sehr mangelte. Telegraphische Verbindungen gab es in jener Zeit nur zwei in der Welt, die Steinheilsche in München und die zuerst 1831 von Gauß und Weber in Göttingen errichtete, welche von dem magnetischen Observatorium bei der Sternwarte, über den Johannisthurm nach dem physikalischen Cabinette führte. Die Postverbindungen waren höchst sparsam, langsam und theuer.

So standen die Dinge, als das Patent vom 1. November erschien. Dasselbe erklärte das Staatsgrundgesetz für erloschen, die vertagte Ständeverfassung für aufgelöst, sämmtliche Königliche Diener würden von ihren auf das Staatsgrundgesetz geleisteten Eiden entbunden, den getreuen Unterthanen eröffnet, daß ihnen vom 1. Juli 1838 an jährlich 100,000 Thlr. an Personen- und Gewerbesteuer erlassen werden solle. Daneben wurde den Unterthanen versichert, daß die Gefühle Sr. Majestät für sie die eines Vaters für seine Kinder seien. Schließlich wurden Uebelgesinnte gewarnt, durch ihre Handlungen Se. Majestät nicht in die traurige Nothwendigkeit zu versetzen, die ganze Strenge des Gesetzes gegen sie in Anwendung zu bringen. Dies Patent (vergl. Anlage XIII.) war von Schele contrasignirt.

Durch Patent vom 31. October war das bisherige Cabinetsministerium entlassen und mitgetheilt, daß die bisherigen Cabinetsminister: Freiherr v. Stralenheim, Graf v. Alten, v. Schulte und v. d. Wisch als Departementsminister fortdienten. Cabinetsminister war demnach allein v. Schele. Nicht die Verfassung, die beschworene, nicht einmal das Amt, bloß die Genüsse des Amts waren gerettet. Auch Rose folgte dem Beispiele der Minister und blieb.

Der Eindruck, den das Patent im Lande machte, ist nicht zu beschreiben, da es nach dem Temperamente eines jeden Denkenden verschieden wirkte. Dahlmann versichert, nie in seinem Leben einen zerreißenderen Schmerz empfunden zu haben, und der Verfasser, damals in Göttingen lebend, kann versichern, Schmerzensausbrüche der mannigfachsten Art, gesteigert bis zur Wuth, beobachtet zu haben.

Nicht bloß die gesetzliche Ordnung, die Möglichkeit sogar irgend eine andere auf gesetzlichem Wege wieder aufzubauen, war mit einem Schlage vernichtet. Die öffentliche Meinung ganz Deutschlands, die sich noch nie so einmüthig über eine Frage ausgesprochen, war mit Füßen getreten, der Glaube auch des Hoffnungsseligsten dahin auf immer. Und die Gründe zu einem solchen Königlichen Machtspruche? Sie waren die dürftigsten und schwächsten. Zunächst sollte das Staatsgrundgesetz nicht verfassungsmäßig zu Stande gekommen sein, indem Wilhelm IV. an dem Entwurfe, wie er aus den ständischen Berathungen hervorgegangen, einseitig Aenderungen gemacht habe. Allein hatte nicht das Volk nach dem Staatsgrundgesetze wie es publicirt war, gewählt, hatten nicht die Stände das Staatsgrundgesetz mit diesen Aenderungen ausdrücklich dankbarst acceptirt, war die später gegebene Zustimmung der ursprünglichen Genehmigung nicht gleich? Waren die Gründe, welche das Publicationspatent Wilhelm IV. für diese Aenderungen angab, aus der Luft gegriffen, oder hatten die Stände in der That nach dem Patent von 1819 ein so unbedingtes Zustimmungsrecht zu allen Gesetzen besessen, daß jede einseitige Aenderung bei Publication des Staatsgrund-gesetzes ein Verfassungsbruch gewesen wäre? Bestand das Staatsgrundgesetz nicht seit October 1833 bereits in anerkannter Wirksamkeit und mußte es sich auf Grund dieses in den Wiener Schlußacten so sehr bevorzugten Besitz-standes nicht des Schutzes des deutschen Bundes und der deutschen Fürsten erfreuen! Weiter sollten durch das Staatsgrundgesetz agnatische Rechte ver-letzt sein. Aber seitdem es kein Privatfürstenrecht mehr gab, seit Hannover Staat geworden war, gab es auch kein auf lehnsherrliche Anschauungen gebautes Mitregierungsrecht des Agnaten. Die Agnaten waren Unterthanen des Königs, wenn auch die ersten Unterthanen, und der Staatshoheit und Staatsgerichtsbarkeit unterworfen wie jeder andere Unterthan.

Endlich sollten die Regierungsrechte des Königs wesentlich verletzt sein, welche Rechte, war nicht einmal angedeutet. Wurde nicht jede Gesetzgebung, jede ständische Verfassung illusorisch, wenn ein Regierungsnachfolger unter dem Vorgeben, in seinen Regierungsrechten dadurch gekränkt zu sein, auf eigene Faust mit Ständen vereinbarte Regierungsacte seines Vorgängers umstoßen konnte? Die Journalistik hatte ein leichtes Spiel mit diesen Gründen, die sie kaum zu zerbrechen nöthig hatte, so hohl und nichtig wie-sen sie sich aus bei der ersten Betrachtung. Seines Putzes beraubt, der Flittern und eines bloß scheinbaren Rechtes entkleidet, stand das Patent vom 1. Nov. bald überall in der Tagespresse, so weit dies die besonderen Verhältnisse gestatteten, als Staatsstreich da. Aber was zu thun? Sollte man sich schweigend fügen, etwa mit dem Gedanken jenes Beamten, von dem Dahlmann die merkwürdige Aeußerung berichtet: ich unterschreibe was man will, Hunde sind wir ja doch. Sollte man sich zu der Lehre bequemen, daß das Wort eines Königs nach Papstart vom Eide entbinden und lösen könne, nach Willkür? — In tausend und abertausend Köpfen wälzten sich die Gedanken, ein Mittel suchend, das die Hannoveraner aus dem Zustande der Gesetzlosigkeit retten könne. Was vermogte aber der Einzelne? Stände gab es nicht — daß ein bleibender ständischer Ausschuß nicht vorhanden war, war von Stüve und Dahlmann, denen ein solcher zu sehr nach ständischem Mitregimente schmeckte, veranlaßt; auf die Stände die erst noch berufen werden sollten, konnte man nicht warten. Es blieben die Corpora-tionen, vor allen die Magistrate. Man sah auf Hannover, dort stand Rumann an der Spitze, aber obgleich einige Mitglieder des Stadtgerichts laut wurden und bittere Kritik übten gegen das Patent, Rumann rührte sich nicht. In Osnabrück hatte der Magistrat sofort das Patent in Erwägung gezogen und eine Bitte an den König beschlossen. Aber die Form war schwer zu finden nach den drohenden Worten am Schlusse des Patents. Aehnlich mogte es in andern größeren Städten auch geben, man suchte überall nach einem Wege, wie man das Recht gegen die Gewalt ohne Verletzung der schuldigen Ehrfurcht vor dem Könige vertheidigen könne, fand ihn aber nicht, aus leicht erklärlichen Gründen. So blieb alles still und stumm.

Inzwischen war Herr v. Schele nicht müssig, die oberen Landesbehörden, das Oberappellationsgericht, die Landdrosteien und Justizcanzleien hatten schon im Sommer Deputationen gesendet, um Se. Majestät zur Thronbesteigung zu beglückwünschen. Von den Provinziallandschaften, von deren Existenz man seit dem verunglückten Versuche sich die Zustimmung zum Staatsgrundgesetze auszubitten, nur gehört hatte, wenn bei der Budgetsberathung die Kosten derselben in den Sinecurengehalten für Landräthe und Landtagsfyndikel u. f. w. bewilligt oder die Regierung an die versprochene Reorganisation derselben erinnert wurde, hatten einige, von andern nur die Ritterschaften, derzeit gleichfalls gebeten, zur Gratulation und Cour zugelassen zu werden. Man hatte diese Bitte damals ignorirt. Jetzt gelangten aus dem Cabinete (zum Theil schon vom 2. Novbr. datirt) an diese Corporationen Schreiben, daß Se. Majestät geruht hätten den 15. Novbr. zum Empfang solcher Deputationen zu bestimmen. Diese Aufforderungen gelangten auch an solche Provinziallandschaften, wie die Osnabrückfche, die seit 1836 nicht versammelt gewesen und daher jenen Wunsch gar nicht zu erkennen gegeben. Die Osnabrücker Landschaft konnte auch ohne von der Regierung zusammenberufen zu werden, als solche gar nicht zusammentreten, wie dies die dortige Landdroftei dem Cabinete bemerklich zu machen sich erlaubte. Inzwischen war die Zeit verstrichen und der junge Herr v. Schele schickte neben der Ritterschaftsdeputation ein paar Bürger ohne Auftrag und Wahl, die dann als Repräsentanten der Osnabrücker Bürgerschaft vorgestellt und mit Huld und Gnade überhäuft wurden. Den Deputationen der Ritter re. ward unter der Hand zu verstehen gegeben, daß man sich auf eine bloße Gratulation nicht beschränken dürfe. In der That gaben sich diese dazu her, in allgemeinen und unbestimmten Ausdrücken eine Art Zustimmung zu der Aufhebung des Staatsgrundgesetzes zu erklären, selbstverständlich wurden sie dann zur Tafel gezogen und mit gnädigen Verheißungen überschüttet. Konnte die Hannov. Zeitung doch nun von einem Acte berichten, der einer Zustimmung des Landes, wenigstens seiner gewichtigsten Organe nächst der allgemeinen Ständeversammlung, ähnlich sah.

Diese Deputationen waren am 15. Novbr. angenommen. Am Tage vorher hatte der König eine erst am 22. Novbr. publicirte Cabinetsverordnung, das Cabinets- und die Departementsministerien betreffend, die in Anlage XIV. enthalten ist, so wie eine Cabinetsverordnung, den Huldigungseid und die Reverse deffelben betreffend, unterzeichnet. Er reis'te dann am folgenden Tage angeblich zur Jagd mit dem Prinzen Solms nach der Göhrde, in der That aber begab er sich nach Lüneburg u. f. w., um hier Huldigungen zu empfangen und so abermals eine Art Zustimmung zu Wege zu bringen.

Die Hannoversche Zeitung und die Regierungscorrespondenten des Hamb. Correspondenten konnten nun bald davon berichten, wie der sehnlichste Wunsch verschiedener Städte in Erfüllung gegangen, den vielgeliebten König von Angesicht zu Angesicht zu schauen, wie die Behörden Cour gemacht, Bürgercompagnien vorbeidefilirt, Se. Majestät mit den Ehrendamen, die ihn in das Rathhaus zu Lüneburg eingeführt, den Ball eröffnet und eine Whist= partie anzunehmen geruht hätten.

Während dies [in der Residenz und im Lüneburgschen sich zutrug, hatten in den südlichen Landestheilen einige wenige Männer inzwischen einen Weg gefunden, wie sie, um ihr Gewissen zu bewahren, der Gewalt entgegen treten könnten. Auch in Göttingen berathschlagte man nämlich, ob die Uni= versität etwas thun sollte; es gab da freilich eine Anzahl Professoren, welche von vornherein erklärten, mit Politik nichts zu schaffen zu haben. — Die große Mehrzahl aber sprach unumwunden aus, daß sie das Patent für rechtsungültig halte und eine Entbindung von dem Eide nicht für zulässig, ja auch darüber war man einig, daß der Universität gegründetes Recht zum Widerspruch zustehe. In der ersten Woche hatten, wie Jakob Grimm be= richtet, die vor Zorn und Scham Glühenden das Uebergewicht und selbst die Schwächeren fühlten sich durch die Reinheit des ersten Eindruckes empor= gehalten. Dann aber kamen die Männer, sonst stolz und vorlaut genug und von ihrer eigenen Größe und Wichtigkeit eingenommen, die jede Ungnade in den Augen des Herrschers als das unerträglichste Unglück betrachteten. Sie waren es, die mit allen Künsten der Sophistik nach allerhand Schein= gründen suchten und die Schwächeren an sich heranzogen, damit sie nicht so ganz allein ständen. Sie waren es, welche vorläufig temporisiren wollten, die bekannte Ausflucht der Halbheit und Schwäche und der Meinung Gel= tung und das Uebergewicht zu verschaffen suchten und verschafften, daß der rechte Zeitpunkt zum Handeln noch nicht gekommen sei. Erst wenn die be= vorstehende Aufforderung zur Wahl eines Deputirten an die Universität gelange, dann müsse man einen Protest der gesammten Universität zu Stande bringen. Aber es gab in der That Männer in Göttingen, Männer, die obgleich sie einsahen, daß sie sich in ihrer verringerten Anzahl größerer Gefahr Preis gaben, als wenn die Mehrzahl der Universität sich erklärte, den Muth hatten „das Eis des Schweigens zu brechen, dessen Rinde, wie J. Grimm sagt, hart und schmählich das ganze Land überzogen hatte".

Es waren sieben Göttinger Professoren, die sich zu einer That entschlos= sen. Mit einem bloßen Schriftstücke übten sie größere Wirkung als Kanonen thun können. Die mannhafte Erklärung der Sieben, die s. g. Protestation verbreitete sich in alle Nähe und Ferne und gab Millionen von Menschen das Bewußtsein der schweren Ungerechtigkeit, die an dem Staate verübt ward; sie rettete den Glauben an Ueberzeugungstreue und Opferfähigkeit.

Dahlmann, der Lehrer der Geschichte, Politik und der Nationalwirth= schaft an der Universität Göttingen, der das Vertrauen des Königs Wilhelm IV. und seiner Räthe in hohem Maaße besaß, dessen von aller Revolution so fernes politisches Leben wir schon kennen gelernt haben; Albrecht, der aus= gezeichnete Lehrer des deutschen Privat= und Staatsrechts; Jakob und Wilhelm Grimm, als Begründer der deutschen Sprachwissenschaft jedem Deutschen be= kannt, selbst in den Hütten und bei den Kindern heimisch durch ihre Haus= märchen; Ewald, der tüchtige Exeget der Bibel, dessen hebräische Grammatik in beiden Welttheilen verbreitet war; Weber, der Naturforscher europäischen Rufes, und Gervinus, damals schon berühmt durch die zur Hälfte veröffent= lichte Geschichte der deutschen Dichtungen, unterschrieben die nachstehende von Dahlmann verfaßte Protestation.

An Hohes Königliches Universitäts=Curatorium.

Göttingen, den 18. November 1837.

Unterthänigste Vorstellung einiger Mitglieder der Landesuniverfität, das Königliche Patent vom 1. November betreffend.

Die unterthänigst Unterzeichneten fühlen sich in ihrem Gewissen gedrungen, über den Inhalt des Königl. Patents vom 1. d. M. ihre ehrerbietige Erklärung vor dem hohen Universitäts Curatorium niederzulegen.

Die Unterzeichneten können sich bei aller schuldigen Ehrfurcht vor dem König= lichen Wort in ihrem Gewissen nicht davon überzeugen, daß das Staatsgrundgesetz um deßhalb rechtswidrig errichtet, mithin ungültig sei, weil der Höchstselige König nicht den ganzen Inhalt desselben auf Vertrag gegründet, sondern bei seiner Verkün= digung einige Anträge der allgemeinen Ständeversammlung ungenehmigt gelassen und einige Abänderungen hinzugefügt hat, ohne daß diese zuvor den allgemeinen Ständen mitgetheilt und von ihnen genehmigt wären. Denn dieser Vorwurf der Ungültigkeit würde nach der anerkannten Rechtsregel, daß das Gültige nicht durch das Ungültige vernichtet wird, denn doch immer nur diese einzelnen Punkte, die nach ihrem Inhalte durchaus nicht das Ganze bedingen, treffen, keineswegs das ganze Staatsgrundgesetz. Derselbe Fall aber würde eintreten, wenn im Staatsgrundgesetze Rechte der Agnaten verletzt wären; denn der Grundsatz, daß eine jede Veränderung in der Staatsver= fassung der agnatischen Einwilligung unterworfen sei, würde nicht ohne die größte Gefährdung der Königlichen Rechte aufgestellt werden können. Was endlich die dem Staatsgrundgesetze zur Last gelegte Verletzung wesentlicher Königlicher Rechte angeht, so bleibt den unterthänigst Unterzeichneten in Bezug auf diese schwerste, aber gänzlich unentwickelt gebliebene Anklage nichts anders übrig, als daran zu erinnern, daß das Königliche Publicationspatent vom 26. September 1833 sich gerade die Sicherstellung der landesherrlichen Rechte ausdrücklich zum Ziele nimmt, daß die deutsche Bundes= versammlung, welche gleichzeitig mit den ständischen Verhandlungen über das Staats= grundgesetz eine Commission gerade zu demselben Ziele aufstellte, keine Rüge der Art jemals ausgesprochen hat, daß vielmehr das Staatsgrundgesetz dieses Königreichs in ganz Deutschland das Lob weiser Mäßigung und Umsicht gefunden hat. Wenn daher die unterthänigst Unterzeichneten sich nach ernster Erwägung der Nichtigkeit des Falles nicht anders überzeugen können, als daß das Staatsgrundgesetz seiner Errich= tung und seinem Inhalte nach gültig sei, so können sie auch, ohne ihr Gewissen zu verletzen, es nicht stillschweigend geschehen lassen, daß dasselbe ohne weitere Unter= suchung und Vertheidigung von Seiten der Betheiligten, allein auf dem Wege der Macht zu Grunde gehe. Ihre unabweisliche Pflicht vielmehr bleibt, wie sie hiemit thun, offen zu erklären, daß sie sich durch ihren auf das Staatsgrundgesetz geleiste= ten Eid fortwährend verpflichtet halten müssen, und daher weder an der Wahl eines Deputirten zu einer auf andern Grundlagen als denen des Staatsgrundgesetzes be= rufenen allgemeinen Ständeversammlung Theil nehmen, noch die Wahl annehmen, noch endlich eine Ständeversammlung, die im Widerspruche mit den Bestimmungen des Staatsgrundgesetzes zusammentritt, als rechtmäßig bestehend anerkennen dürfen.

Wenn die ehrerbietigst unterzeichneten Mitglieder der Landesuniverfität hier als Einzelne auftreten, so geschieht es nicht, weil sie an der Gleichmäßigkeit der Ueber= zeugung ihrer Collegen zweifeln, sondern weil sie so früh als möglich sich vor den Conflicten sicher zu stellen wünschen, welche jede nächste Stunde bringen kann. Sie find sich bewußt, bei treuer Wahrung ihres amtlichen Berufs die studirende Jugend stets vor politischen Extremen gewarnt, und, so viel an ihnen lag, in der Anhäng= lichkeit an ihre Landesregierung befestigt zu haben. Allein das ganze Gelingen ihrer Wirksamkeit beruht nicht sicherer auf dem wissenschaftlichen Werthe ihrer Lehren, als auf ihrer persönlichen Unbescholtenheit. Sobald sie vor der studirenden Jugend als Männer erscheinen, die mit ihren Eiden ein leichtfertiges Spiel treiben, eben so bald ist der Segen ihrer Wirksamkeit dahin. Und was würde Sr. Majestät dem Könige der Eid unserer Treue und Huldigung bedeuten, wenn er von Solchen aus= ginge, die eben erst ihre eidliche Versicherung frevelnd verletzt haben?

F. C. Dahlmann.   E. Albrecht.   Jacob Grimm.
Wilhelm Grimm.   G. Gervinus.   H. Ewald.   Wilhelm Weber.

Die Protestation war am Tage der Unterzeichnung an das Königliche academische Curatorium in Hannover geschickt. Es ist auf die Art der Verbreitung der Protestation in der Beschuldigung gegen die Sieben besonders Gewicht gelegt und doch waren diese selbst an der Sache höchst unschuldig. Am Tage nach der Absendung, am 19. November, verbreitete sich das Gerücht von einem solchen Schritte, am Abend erhielt der Verfasser dieses, von einem befreundeten Professor, der nicht mit unterschrieben hatte, dies aber, wie er sagte, sehr bedauerte, auf eine halbe Stunde eine Abschrift. Dies genügte, um eine Copie zu nehmen, von der er mit einem Freunde die ganze Nacht hindurch neue Abschriften schrieb. Das geschah wohl noch von 6 bis 7 Personen, mehr mochten am 19. November dies Schriftstück nicht zu Gesicht bekommen haben. Von diesen Copien wurden die meisten nach auswärts an Zeitungsredactionen geschickt, die andern am folgenden Tage denjenigen Personen, die sich dafür interessirten, mitgetheilt. Es entstand eine förmliche Hetze nach Abschriften und der Drang der Umstände machte erfinderisch. Verfasser fand am 20. November gegen Abend in der Stube eines ihm befreundeten Studenten elf Personen, die sämmtlich die Protestation nach einem Dictate aufzeichneten. Kaum waren die Abschriften fertig, als sie auch schon von Competenten in Empfang genommen wurden, um an eben so viel anderen Orten auf ähnliche Weise vervielfältigt zu werden. Dieser Eifer war nicht künstlich producirt, sondern er hatte sich ganz von selbst gemacht.

So war es möglich, daß am zweiten Tage schon mehrere tausend Abschriften existirten. Wir sind überzeugt, daß von den etwa 900 Studenten, welche in Göttingen lebten, mindestens Achthundert Abschriften und oft in großer Zahl in die Heimath, über ganz Deutschland verschickten, wo dann in vielen Orten wieder auf ähnliche Weise Abschriften genommen wurden, so daß die Protestation in kürzester Frist durch ganz Deutschland verbreitet war. Denn der Druck in den Zeitungen fand Anfangs Hindernisse in der Censur und er ist, nachdem eine Zeitung, wir wissen nicht genau mehr ob die Augsburger Allgemeine Zeitung oder der von Dr. Weill herausgegebene, dem Gerüchte nach von Louis Philipp subvenirte, deutsche Courier dieselbe gebracht hatte, folgten auch die übrigen, am spätesten die, welche Hannover die nächsten waren. Diese Protestation schlug aber in die Herzen und Gemüther der Menschen ein, wie ich selten von einem Schriftstücke es erlebt habe und lebhaft dabei an die Luther'sche That in Wittenberg und ihre Folgen erinnert wurde. Je mehr man die Feigheit und das Schweigen verdammte, das sich in den höchsten Kreisen der Staatsdienerschaft bei dieser Gelegenheit gezeigt hatte, mit um so ungetheilterem Beifall nahm man die That der Professoren auf, ja auch die Feiglinge und Schwachen freuten sich, daß Andere den Muth gehabt, der ihnen selbst fehlte. Dahlmann wurde am 21. November in seinem übersüllten Colleg als dem Manne des Worts und der That ein enthusiastischer Zuruf entgegengejauchzt. Am Abend dieses und des folgenden Tages wurden ihm und seinen Commilitonen Vivats gebracht, obgleich die Polizei dies auf alle Weise zu verhindern suchte.

Das Curatorium der Universität, als dasselbe am 22. November die bei Dahlmann zur Verständigung p. 38 abgedruckte Ermahnung an die Sieben erließ: die Gefahr zu beherzigen, welcher sie durch eine solche Erklärung sich selbst, ihre dienstliche Stellung, ja selbst das Wohl und den

Flor der Universität aussetzten, ahnete es noch nicht, daß die Prote=
station ohne Zuthun der Sieben selbst in Tausenden von Exemplaren in
alle Welt verbreitet war und noch täglich verbreitet wurde, es glaubte
die Protestation vor Sr. Majestät verheimlichen zu können und zurück=
nehmen rathen zu dürfen. — Dahlmann erwiderte privatim wahrscheinlich
an Hoppenstedt, daß er die Pflicht der Knechtschaft, die dieses Rescript
predige, nicht anerkennen könne: „Sollen Hofrath Albrecht und ich künf=
tig als den höchsten Grundsatz des Staatsrechts vortragen, Gesetz sei, was
der Macht gefällt?"

Die Wirksamkeit dieser Protestation auf weitere Kreise mißt ein neue=
rer Schriftsteller (Pruß, Zehn Jahre I. p. 70) hauptsächlich dem Umstande
zu, daß die Frage dadurch aus dem Gebiete der Politik zugleich in die all=
gemein verständliche Sphäre der Sittlichkeit getragen wurde. „Eid — Mein=
eid — Treue — Treubruch — Ehrlichkeit — Verrath, das waren keine
politischen Spitzfindigkeiten mehr, das waren sittliche Conflicte, deren er=
schütternde Bedeutung man erkannte. Es handelte sich darum, ob unter
irgend einer Verfassung irgend ein Königlicher Befehl Eide lösen und Schwüre
brechen, ob jemals eine Königliche Ordonnanz die ewigen Grundfesten der
Sittlichkeit und Wahrheit mit einem brutalen Quos ego erschüttern durfte."

Kein anderes Ereigniß der inneren deutschen Politik hatte bisher so
allgemeines Interesse erregt, es machte die Runde in Deutschland, überall
aufregend, überall erschütternd, überall den sittlichen Zorn der Masse in
Flammen setzend. Es war nach langer Zeit das erste Ereigniß wieder,
das auf die Ehre eines nationalen allgemein vaterländischen Anspruch machen
durfte, hindurch griff durch alle Classen der Gesellschaft und zum ersten Male
in Deutschland wieder etwas hinstellte, was einer öffentlichen Meinung ähnlich
sah, die sich als nationale Ueberzeugung darstellte.

In Hannover war man überrascht, man hatte am Hofe dem „Feder=
vieh in Göttingen" solche Courage nicht zugetraut, aber man kannte seine
Leute, man gedachte sie zu demüthigen. Es ist die jetzt folgende Rotenkircher
Affaire von Dahlmann in seinem Werke zur Verständigung so vortrefflich
erzählt, daß wir uns versündigen würden, sie ausführlich nacherzählen zu
wollen, daher wir kurz an den Hergang erinnern wollen. Der König reist
nach dem Jagdschloß Rotenkirchen am Solling. Der Regierungsrath Lüder
in Weende, Inhaber einer Kloster= resp. Domanialpachtung, fährt nach Göt=
tingen herein, insinuirt dem Bürgermeister Ebell und dem Prorector Hofrath
Bergmann, daß der König in Rotenkirchen eine Deputation der Stadt und
Universität erwarte. Man glaubt, dem Könige immerhin für die glänzende
Ausstattung der Jubelfeier noch einmal Dank sagen zu können, der Prorec=
tor Hofrath Bergmann und die Decane Gieseler, Conradi, Herbart und als
Substitut der Decan Bergmann für die juristische Facultät, deren Ex=Decan
Anton Bauer, werden deputirt, auch die Stadt sendet ihren Bürgermeister
und Syndicus, Ebell und Oesterley. Die Deputation kömmt in Rotenkirchen
an. Der jüngere Herr v. Schele und der Veranlasser der Deputation stel=
len sich, als wenn sie nicht begreifen könnten, was eine Deputation wolle,
die nichts Neues bringe, den Dank für die Ausstattung zur Jubelfeier habe
man längst abgestattet. Man fordert die Deputation auf, eine Adresse ab=
zufassen, Bergmann geht darauf ein, allein der Entwurf genügt nicht, eine

neue Adresse, in der unter den allgemeinen Ausdrücken der Ehrfurchtsbezeu=
gungen eine allgemeine Misbilligung aller gegen die Treue streitenden Ge=
sinnungen eingefügt ist, wird abgefaßt. Die der Adresse hinzugefügte Rede,
von Bergmann gesprochen, der schon im gewöhnlichen Leben durch steten
Gebrauch der Hülfszeitwörter könnte, möchte, dürfte, sich nach allen Seiten
zu reden strebte, sagt gerade nicht mehr als Noth thut, das Corpus aca=
demicum habe keinen Antheil und keine Kenntniß von der Protestation,
könne auch keine genauere Auskunft darüber geben, doch hege es die einmü=
thige Ueberzeugung, daß die Urheber der Erklärung deren Verbreitung
nicht bewirkt hätten.

Nun bringt die Hannoversche Zeitung vom 2. December die Nachricht,
daß die beiden Göttinger Deputationen dem Könige eine Adresse über=
reicht, in welcher die Misbilligung des von 7 Professoren gethanen Schrit=
tes ausgesprochen sei. Das erregt natürlich in Göttingen Scandal, der
Prorector wird zur Rede gesetzt und theilt eine Adresse mit, wie sie ihm etwa
abgedrungen. Inzwischen hat die Hannoversche Zeitung den Muth, eine
gänzlich gefälschte Adresse mitzutheilen, die nach den mündlichen Versicherun=
gen der Deputationsmitglieder nie gehalten ist: und als nun Ottfried Mül=
ler, Kraut, Ritter, Thöl, Leutsch, Schneidewinn erklären, daß sie sich nie=
mals tadelnd über die in der fraglichen Protestation enthaltenen Gesinnun=
gen ihrer Collegen ausgesprochen, hat die Hannoversche Zeitung die Frech=
heit zu versichern, dem Sinne nach seien die von Ebell und Bergmann in
Rotenkirchen gehaltenen Reden treu wieder gegeben. Eine in der Casseler
Zeitung enthaltene Schilderung des wahren Hergangs der Sache erhielt nur
bei denen Bedeutung, welche wußten, daß dies eine Berichtigung war,
welche der Prorector Bergmann an das Curatorium zur Einrückung in die
Hannoversche Zeitung gesendet hatte. Consequent hatte man sich geweigert, durch
deren Aufnahme sich selbst das Brandmal vor die Stirn zu drücken. Ihren
Namen zu unterschreiben, hatten die Herren nicht gewagt, sie erzählten aber
Jedem, der es hören wollte, so und nicht anders sei der Vorgang gewesen.
Das System der schamlosesten Lüge, wie Dahlmann es bezeichnet, nahm
damit seinen Anfang und es war schon dahin gekommen, daß man sich nicht
scheute, den Namen der höchsten Person in den Conflict streitiger Thatsa=
chen zu ziehen. — Eine ängstliche Spannung, über das was nun kommen
würde, herrschte im Lande, namentlich in der zunächst betheiligten Univer=
sitätsstadt. Das von Vielen Befürchtete blieb nicht aus. Die Sieben wur=
den zunächst über die Art der Verbreitung der Protestation vor dem s. g.
Academischen (d. h. Gerichte) vernommen. Dahlmann erklärte, an ein Mit=
glied seiner Familie am Tage nach der Absendung eine Abschrift gesendet,
übrigens vor seinen Collegen und Freunden kein Geheimniß daraus gemacht
zu haben. Auch Gervinus hatte sie mitgetheilt, Jacob Grimm zu einer Zeit,
wo sie schon in den Zeitungen stand, einem Freunde geschickt. Am 14. De=
cember wurde den Professoren durch den Prorector ihre Entlassung verkündet
und Dahlmann, Jacob Grimm und Gervinus zugleich mitgetheilt, daß sie wegen
ihrer Mitwirkung zur Verbreitung der Protestation auf Befehl des Königs
binnen 3 Tagen das Königreich zu verlassen hätten, widrigenfalls sie zur
Untersuchung wegen der Verbreitung an einen andern Ort des Königreichs
gebracht würden. Dahlmann legte Protest ein. Er behauptete, der ganze

Act sei nichtig, weil es dem Erlaß an der Contrasignation eines verfassungs=
mäßigen Ministers fehle, weil es den verfassungsmäßigen Vorschriften über
Entlassung von Staatsdienern nicht entspreche, ja nicht einmal die Normen
innehalte, welche der König sich selbst vorgezeichnet in der Verordnung vom
14. Nov. 1837. In dem Entlassungsrescript war ausgesprochen, die Professoren hätten verkannt: „daß Wir ihr alleiniger Dienstherr sind, daß
der Diensteid einzig und allein Uns geleistet wird, somit auch Wir allein nur das Recht haben, denselben ganz oder theilweise zu erlassen" — eine
Theorie, die bald dadurch erweitert und vervollständigt wurde, daß man den
Namen Staatsdiener in allen Erlassen der Regierung in den königlicher Die=
ner verwandelte, um dadurch das Bewußtsein ihrer Abhängigkeit in ihnen
zu verstärken. Das Criminalgesetzbuch und die Criminalproceßordnung waren
noch nicht publicirt, wie lange sich im Hannoverschen von einem beson=
ders committirten Gerichte Untersuchungen hinziehen konnten, das bewies der
Proceß der Göttinger=Osteroder Gesangenen, welche schon seit langen sieben
Jahren vergeblich ihrem Endurtheile harrten. Es war daher den Verwiesenen
nicht zu verdenken, wenn sie das Exil einer Untersuchung an einem andern
Orte vorzogen. Als indeß die Hannoversche Zeitung das Entlassungsrescript
mittheilte, setzte sie das System der Entstellungen fort, indem sie auf die Drei
den Schein fallen ließ, als habe das böse Gewissen und die Furcht vor einer
Untersuchung durch den competenten Richter sie fortgetrieben.

Dahlmann und die übrigen Professoren erließen Anschläge, in welchen
sie sich bereit erklärten, das Honorar für die beendete Vorlesung zurückzuzah-
len. Mehrere Hannoversche Adelige, von denen einige sich gegenwärtig in
höheren Staatsdiensten befinden, hatten nicht nur den Muth, das Honorar
durch den Stiefelwichser abfordern zu lassen, sondern sie rühmten sich öffentlich dieser chevaleresten That. Sollen wir die Namen nennen? Die Mehrzahl der Studenten kam aber mit Thränen Abschied zu nehmen, ein schriftliches Andenken zu erbitten, dem Abscheu vor der Gewaltthat Worte zu
leihen. Die Aufregung unter den Studirenden war auf das Höchste gestiegen.
Man hatte das vorhergesehen und die Gensd'armerie verstärkt, eine Schwa-
dron Dragoner war still während der letzten Nacht in die Reitbahn einquartiert,
andere waren in Weende und wurden consignirt. Die Sieben und ihre Freunde
thaten das Möglichste, um jeden Ausbruch unter den Studenten zu vermeiden, wozu das Einhauen der Landdragoner auf zusammenstehende Gruppen
von Studenten, was schon als Verbrechen angesehen wurde, gleichsam zu
prociren schien. Mittelst Zwangspässen wurden Dahlmann, J. Grimm,
Gervinus über Witzenhausen nach Cassel dirigirt. Den Studirenden war untersagt, ihnen das Geleit zu geben, aber schon in der Nacht vom 16. auf den
17. December waren mehrere Hunderte nach Witzenhausen aufgebrochen. Die
Polizeigewalt ging so weit, daß den Lohnkutschern bei schwerer Strafe verboten war, Studirenden und Anderen an jenem Tage Wägen zur Begleitung zu vermiethen. Theodor Creuznach sprach in Witzenhausen seinen schönen, später im Druck erschienenen Abschiedsgruß an Dahlmann. Vierzig
Studenten zogen mit nach Cassel, wo man den Vertriebenen kaum ein Nacht-
quartier gönnte und ihnen am andern Tage die Weiterreise besahl. —

So hatte denn die Sache ihre ersten Märtyrer! Es war sogar das
erste Blut um sie vergossen und würde noch mehr Blut geflossen sein, wenn

Glatteis und zufällig in großer Anzahl aus der Göttinger Waldung angefahrene Wellenbündel (eine Art Faschinen) den Studenten im Kampfe mit den Berittenen, der sich doch auf einzelnen Straßen in Göttingen entsponnen hatte, nicht den Vortheil über Letztere verschafft hätten.

Es war der Umsturz des Staatsgrundgesetzes von Schele und Genossen unternommen, um das Princip des Absolutismus, welches 1834 in Wien sein Programm aufgestellt hatte, zu verwirklichen. Nichts hat dem absoluten Königthum in Deutschland aber wohl mehr geschadet, als das Hannoversche Beginnen. Jetzt ging die Sonne des Rationalismus auch für die Politik auf, bald durchdrang ihr blendendes Licht die bisher dichte Finsterniß und im hellen Tageslichte erschien das Häßliche häßlich, das Böse böse und die Lüge als Lüge. Diese wissenschaftliche Betrachtungsweise erhielt 1838 in den Halleschen Jahrbüchern ihr erstes Organ. Diese wollten die laufende Geschichte des Geistes mit Selbstbewußtsein und Kritik begleiten und dadurch selbst in den Proceß eingreifen, d. h. die Philosophie, diese einzige wahre Grundlage aller Wissenschaften, die eigentlich treibende, gebärende und gestaltende Kraft in der Geschichte, trat zu den einzelnen Disciplinen heran, die nicht zu ihr treten wollten. Offen, entschieden und unterschrocken wurde die Unwahrheit und der Schein der Wahrheit, wo er sich fand, bekämpft; die Verehrung vor der bloßen Auctorität auf ihr Nichts zurückgeführt, und das als wahr und Ideen durchdrungen Erkannte ohne Vorbehalt und Verwahrung auch als das Nothwendige und zu Realisirende hingestellt. Von 1837 — 38 beginnt eine neue Epoche in der deutschen Geschichte, zu der der Umsturz der Verfassung in Hannover einen nicht geringen Anlaß gab.

Die Vollziehung der Huldigungsreverse von der Dienerschaft, wie sie jetzt also hieß, war das Nächste, was die Erwartung spannte, und hier richteten sich Aller Augen wieder auf das höchste Gericht in Celle, als die unabhängigste Behörde des Landes, als ein Richtercollegium, zu dem man in ganz Deutschland hohes Vertrauen hegte. Die Mitglieder des Oberappellationsgerichts unterzeichneten den Huldigungsrevers mit dem Vorbehalte, daß sie sich dadurch ihres richterlichen Eides nicht für entbunden hielten. Von diesem Vorbehalte wurde aber officiell nichts bekannt und das Oberappellationsgericht schwieg dazu, als im Lande verbreitet wurde, dasselbe habe ohne Vorbehalt den Revers vollzogen. Die Staatsdienerschaft, durch die Vertreibung der Sieben eingeschüchtert, durch das Beispiel der Minister engherzig gemacht, wurde noch mehr in Furcht gejagt durch das absichtlich verbreitete Gerücht, der König habe geäußert, den ersten, der es wage, die Vollziehung des Reverses zu weigern oder Vorbehalte daran zu knüpfen, werde er des Dienstes entlassen. Gleichzeitig ging derselben auch durch die Landdrosteien ein vertraulicher Befehl zu, des Inhaltes: „sie hätten sich jeden ihnen nicht zustehenden Urtheils über die allerhöchsten Regierungsmaaßregeln, sei es in oder außer dem Dienste bei Vermeidung der allerhöchsten Ungnade zu enthalten." Dennoch unterzeichneten recht viele, namentlich Mitglieder der Mittelgerichte, den Revers mit einem gleichen oder ähnlichen Vorbehalte, wie das Tribunal; nur war man klug genug davon in Hannover keinen Eclat zu machen, da die Vollziehenden über diesen Vorbehalt selbst geschwiegen und ihn nicht zur öffentlichen Kunde gebracht hatten.

Der Schritt, welchen der Magistrat zu Osnabrück schon am 4. Decem-

ber, also vor der Entlassung der Professoren gethan hatte, scheute das Licht
nicht. Der Magistrat: Bürgermeister Kemper, Stüve, Dr. Rodowe, A.
Pagenstecher, Dr. Westerkamp, Dr. Abeken, R. Schwarze, Kühle und Wa-
gener, hatten nämlich die Huldigungsreverse vollzogen, daneben aber die
Erklärung abgegeben, daß sie sich vorbehalten müßten, an solchen Schritten
theilzunehmen, welche gesetzlich zulässig seien, um die Anerkennung des Staatsgrundgesetzes zu bewirken, weil sie sich von der Nichtigkeit der für die Aufhebung desselben angeführten Gründe nicht überzeugt hielten. Sie könnten
sich daher des nicht nur dem Könige, sondern auch dem Lande und der
Stadt auf das Staatsgrundgesetz geleisteten Eides nicht enthoben erachten.
(H. Portfolio I. 35.) Die Alterleute (Bürgervorsteher), von denen der
Eid auch verlangt wurde, da sie Stimmen im Magistratscollegio hatten,
traten dieser Erklärung, welche der Landdrostei überschickt wurde, bei. Es
war dies der Anfang der Vertheidigung des Staatsgrundgesetzes, den man
in Osnabrück aufnahm und aufs Standhafteste fortsetzte. —

Das Jahr ging zu Ende — welche Segenswünsche von den geliebten
Unterthanen, zu deren wahrer Wohlfahrt dies Alles geschehen war, bei dem
Wechsel auf das Haupt des Königs herabgesteht wurden, wissen wir nicht,
wohl aber wurde am Neujahrstage von allen Kanzeln ein solches Flehen oft
in den überschwänglichsten Ausdrücken, gepaart mit Lobeserhebungen, gehört.
— Viele Tausende von Staatsdienern hatten Wochenlang in Gewissensangst
geschwebt wegen der Vollziehung des Huldigungsreverses und der Eidesentlassung. Es wäre die Pflicht der Geistlichkeit gewesen, entweder öffentlich
auseinander zu setzen, daß eine solche Eidesentlassung durch den König zulässig sei und daß ein Jeder den neuen Eid ohne Gewissensbeschwerung
ableisten könnte, oder sie mußten lehreud, mahnend und ermuthigend, war-
nend auftreten und erklären, daß Gottes Gebot über Menschengebot gehe
und daß der Eid auf die Verfassung nicht dem Könige allein, sondern auch
dem Lande geleistet sei. Wer von Allen hat so gehandelt, wer hat nicht
geliebäugelt mit der Gewalt von Euch Priestern, die Ihr so groß seid im
Verdammen?! Nur einige Wenige, unter ihnen Crome, der das Staatsgrundgesetz nicht gewollt hatte, wagten zu reden wie sie dachten.

Das neue Jahr brachte frische Ordensverleihungen. Auch Leist und
der Stadtdirector Rumann, der schon 1834 eine Ordensverleihung abgelehnt, wurden decorirt. Wenn man Rumann einen Orden verlieh, so geschah das, weil er bishin mit seiner Meinung zurückgehalten, er schwieg
aber nach der Behauptung seiner Freunde, damit die Bürgerschaft selbst erst
zu der Ueberzeugung gelange, daß es so nicht gehe.

Am 4. Januar 1838 verfügte eine Verordnung, daß die Gerichtshalter der Patrimonialgerichte und die Mitglieder der verwaltenden Magistrate und Gerichte zur Classe der Königlichen Diener gehörten, und daß
die Ausdrücke Staatsdiener und Königlicher Diener als gleichbedeutend betrachtet werden mußten. Es sollte da als authentische Interpretation der Verordnung vom 13. März 1831 über die Patrimonialgerichte gelten, die noch niemals in diesem Sinne ausgelegt war.

Durch Proclamation von demselben Tage wurde auch die allgemeine
Ständeversammlung in Gemäßheit des Patents von 1819 und der Erweiterung von 1832 (oben S. 12) auf den 20. Februar zusammenberufen

und verkündet, daß denselben der Entwurf einer neuen Verfassungsurkunde vorgelegt werden solle. Den wesentlichsten Bestandtheil der Verfassung von 1819 bildete aber das von den alten Provinzialverfassungen mit herüber- genommene Institut des Schaßcollegiums, welches die Ueberwachung und Mitverwaltung der Steuern und des Schuldenwesens besorgte. Von den 7 Mitgliedern dieses von den 7 Provinziallandschaften auf Lebenszeit erwähl- ten Collegiums hatten zwei Adelige in erster Cammer, zwei Bürgerliche in der zweiten Cammer Sitz und Stimme. Die Proclamation erklärte indeß, da das Schaßcollegium aufgehoben sei, so könnten die Mitglieder desselben nicht zu der Ständeversammlung zugelassen werden. Sollte aber das Staats- grundgeseß nichtig sein und die Verfassung von 1819 wieder ins Leben ge- rufen werden, so mußte auch das Schaßcollegium an dieser Wiederauferste- hung Theil nehmen, da dasselbe lediglich in Folge des Staatsgrundgeseßes und der Cassenvereinigung, welche das ständische Mitverwaltungsrecht aus- schloß, aufgehoben war. Dann hätte aber auch Stüve, der Schaßrath, selbstverständlich seinen Sitz in zweiter Cammer eingenommen.

Das convenirte nicht. Wenn man das Recht hatte, das Staatsgrund- geseß umzustoßen, warum sollte man nicht die Verfassung von 1819 bruch- stücksweise in's Leben rufen können? jedenfalls wollte man es und das Be- lieben vertrat die Stelle rechtlicher Gründe; von jenseits des Rheins, so schien es, hatte man die beiden Marimen adoptirt: car tel est nôtre plaisir, l'état c'est moi.

Am 13. Januar erhält der Magistrat zu Osnabrück eine Mittheilung der Landdrostei, nach welcher der König entschieden hatte, die Mitglieder des Magistrats und die vier Alterleute sollten den Revers ohne Vorbehalt unterzeichnen. Dieser Eröffnung war eine rechtliche Deduction beigelegt, welche ausführte, als Staatsdiener müßten die Magistratspersonen unbedingt huldigen, als Beamte der Stadt dürften sie die Rechte der Corporation also etwa auch das Staatsgrundgeseß vertheidigen (H. Portfolio I. p. 37). Der Magistrat war dadurch auf das Gebiet geführt, auf dem er zu Hause war, auf das Gebiet der Deductionen. Er stattete am 18. Januar der Königlichen Landdrostei seinen Dank ab für die herablassende Milde, die selbst Denjenigen, welchen befohlen werden könne, die Ueberzeugung zu verschaffen suche, daß ihm mit Recht befohlen werde. Gleichzeitig entwickelte er im ausführ- lichen Berichte die Schwierigkeit, zwischen dem Gehorsam, den der Staats- diener leisten solle und der Rechtsvertheidigung, die dem Beamten obliege, die Grenzen zu bestimmen. Die Verpflichtung zur Ausstellung der Huldi- gungsreverse überhaupt, ward mit Rechtsgründen bestritten und ausgeführt, die Huldigung sei das Anerkenntniß, daß Se. Majestät der König und Herr, sie dessen Unterthanen seien, dieselbe verpflichte aber nicht nur die Unter- thanen zum Gehorsam, sondern den Herrn auch zur Erhaltung aller Rechte und Freiheiten, nach gemeinem Recht müsse entweder vor oder unmittelbar nach der Huldigung die Bestätigung aller Rechte und Privilegien erfolgen. (H. Portfolio I. p. 39.) Daneben wurde der Landdrostei eine Bittschrift an Se. Majestät überreicht, mit dem Ersuchen, dieselbe in die Höchsteigenen Hände Sr. Majestät gelangen zu lassen. Diese enthielt die Bitte: daß der König Allergnädigst geruhen möge, das Staatsgrundgeseß vom 26. Sep- tember 1833 durch allerhöchste Zustimmung wieder in völlige Kraft treten zu lassen, und die eventuelle Bitte, daß derselbe mindestens geruhen möge, die Entscheidung des Rechtspunctes dem durchlauchtigsten deutschen Bunde aufzutragen (daselbst p. 50). Der Bittschrift beigegeben war aber eine ausführliche Denkschrift über die Gültigkeit des Staatsgrundgesetzes (daselbst p. 52—111). In derselben waren auf eine eben so lichtvolle als wohlbegründete Weise die Grundsätze der Regierung hinsichtlich der Rechte der Unterthanen bei dem Uebergange zur Staatsbildung 1814 dargelegt, es war darin klar gemacht, daß die Verfassung von 1819 lediglich in dem anerkannten Besitzstand ihren Rechtstitel fand, dann folgte die Nachweisung, daß das Staatsgrundgesetz in rechtsgültiger Art entstanden und die Stände von 1833 befugt waren, durch Acceptation das Gesetz zum Vertrage zu erheben. Der Vorwurf, das Staatsgrundgesetz verletze die Agnatischen und Regierungsrechte, ward widerlegt und dargethan, daß vielmehr die Regierungsrechte in den Finanzen wie in der Gesetzgebung günstiger gestellt seien, als in irgend einem constitutionellen Staate Teutschlands. — Auf diesen Schritt wurde aus dem Cabinete des Königs dem Magistrat am 2. Februar durch die Landdrostei eröffnet, daß die Mitglieder des Magistrats sammt den neu erwählten Alterleuten die Reverse unbedingt und ohne Hinzufügung irgend einer Clausel oder eines Vorbehalts zu vollziehen hätten und zwar so schleunig vollziehen sollten, daß die unterschriebenen Reverse am 4. Februar schon in Hannover einträfen. Da diese Unterzeichnung nur Sache des Einzelnen sei, hieß es daneben, so scheine ein Beschluß des Magistratscollegiums unnöthig und unangemessen, jeder Einzelne solle bis zum andern Mittage den Revers vollzogen einreichen oder erklären, daß er die Vollziehung weigere.

Als sich die Mitglieder des Magistrats und der Alterleute am 3. Februar zu einer freundschaftlichen Besprechung dieses Rescripts bei dem kranken Senator Schwartze versammelt hatten, strömten eine große Menge Bürger auf dem Friedenssaale des Rathhauses zusammen, in der Meinung, daß der Magistrat dort beisammen sei. Von dort ging man nach der Wohnung des Senator Schwartze, um dort vorzutragen: der Magistrat besitze das vollständige Vertrauen der Bürgerschaft, man wünsche daher, daß die Verwaltung der städtischen Angelegenheiten ganz in seinen Händen bleibe und wolle den Magistrat ersucht haben, die Huldigung, wenn sich solches mit der gewissenhaften Ueberzeugung vertrage, ohne Weiteres zu vollziehen. Als Kemper seinen Dank ausgesprochen, bemerkte Stüve, daß der Unterzeichnung ohne Vorbehalt die Deutung gegeben werden könne, der Magistrat solle die Vertheidigung des Staatsgrundgesetzes aufgeben. Darauf ward jedoch einhellig erklärt, man sei der Meinung, der Magistrat solle unerachtet der Huldigung fortfahren, das Staatsgrundgesetz auf jede gesetzliche Weise zu vertheidigen. Die Magistratsmitglieder documentirten darauf zu Notariatsprotocoll in einer Erklärung, daß sie sich unbeschadet der Vollziehung des Reverses vor wie nach eben so berechtigt als verpflichtet erachteten zur gesetzlichen Vertheidigung des Staatsgrundgesetzes (daselbst p. 113). Die Reverse wurden, mit den Unterschriften versehen, am 3. Februar der Landdrostei zugesendet. Der Magistrat behielt sich vor, über Ansichten und Motive, von welchen er dabei ausgegangen, sich näher zu äußern. Diese Erklärung erfolgte denn auch dahin, man sei bei der unbedingten Unterzeichnung des Huldigungsreverses von der Ansicht ausgegangen, daß dadurch in der Verpflichtung zur Vertheidigung des Staatsgrundgesetzes nichts geändert sei. Die Erwartung Derjenigen, welche gehofft hatten, dem Magistrate und den Aelterleuten bei ihrem ferneren Vorschreiten den Fuß mit einem Paragraphen des Strafgesetzes umstricken zu können, war gescheitert. Mit klugem Sinne hatte Stüve, streng auf dem Wege des Rechts sich haltend, alle Schlingen und Fußangeln gemieden. Es war dieses Vorgehen aber nicht vorher ausgeklügelt, sondern es entwickelte sich im Drange der Umstände, daher konnte es auch nicht als nachzuahmendes Beispiel für die übrigen Städte ausgegeben werden. Zudem gelangte es überall erst dann zur öffentlichen Kunde, als es zur Nachfolge zu spät war.

Während dieser Zeit (vom 5.—14. Januar) zeichnete Dahlmann, sonst ein Freund kalter, verständig ruhiger Darstellung zu Leipzig mit lebhafter, warmer Farbe die jüngste Vergangenheit in seiner Schrift: Zur Verständigung; Jakob Grimm schrieb in Cassel über seine Entlassung, Albrecht verfaßte die von Dahlmann herausgegebene Protestation und Entlassung der sieben Göttinger Professoren. Gervinus vertheidigte sich und seine Freunde in der Vorrede zu seinen gesammelten kleinen historischen Schriften. Ewald edirte seine Worte für Freunde und Verständige und später seine Worte an Herrn Klenze in Hannover (Basel bei Schweighauser). Da die Polizei auf diese Werke fahndete, kamen dieselben auf Umwegen erst Ende März ins Land, dann fanden sie freilich in großen Mengen Verbreitung im Publikum. Eben so wurde die staatsrechtliche Würdigung des Patents vom 1. November (Hamburg bei Perthes, Besser und Mauke 1837, erst seit Anfang des Jahres 1838 vielmals in Hannover gelesen. So sehr die Literatur über diesen Gegenstand aber auch anschwoll, — wir verweisen auf ein fliegendes Blatt von Anastasius Grün an Jakob Grimm — G. Beseler, zur Beurtheilung der sieben Göttinger Professoren und ihrer Sache, Rostock 1838 — Schehr, die sieben Göttinger Professoren nach ihrem Leben und Wirken, Braunschweig 1838 — die Biographieen und Skizzen, die der Verfasser dieses im Telegraphen für Deutschland 1838 Nr. 6—12 von den Sieben entwarf — das deutsche Publikum und die Hannoveraner konnten nie genug bekommen. Ganz Deutschland war in Aufregung. Es herrschte eine Uebereinstimmung wie selten zuvor.

Achtes Capitel.

Von der Zusammenberufung der Stände bis zum Ende des Jahres 1839.

Die Wahlen und die verschiedenen Ansichten darüber; der passive Widerstand; die Wahlen mit und ohne Vorbehalt; Thronrede und Entwurf einer Verfassung; zur Charakteristik zweiter Cammer; Bureauwahlen; die Osnabrücker Eingaben; Einlassung auf Geschäfte mit Vorbehalt der Competenzfrage; die Adreßcommission; die Adreßdebatte und Justizrath Hugo; Commission wegen der Competenzfrage; Dr. Lang als Vermittler; die Annahme der Commissionsanschläge; Hugo, v. Hopstedt, Freudentheil, Meyer resigniren; Nichtveröffentlichung des Schreibens vom 16. März; Dr. Lang als Factotum; Syndicus Lang tritt ein und gewinnt Führerschaft; die Vertagung; Zusammenkunft in Bremen; Ergänzung der Cammer durch Wahlen; Ahlden stirbt; Incompetenzantrag Conradi's; der Präsident weigert sich abstimmen

zu laffen; Vertagung der Debatte; der Langſche Verbeſſerungsantrag; Debatte und
Annahme; namentliche Abſtimmung; das Verhalten des Dr. Lang; die Vorſtellung
beim Bunde; Vertagung; Rückblicke auf das Land; die Cönabrücker Beſchwerde
beim Bunde; die Geburtstagsdeputation der Reſidenz unterbleibt; die Reiſe des
Königs durch die nordweſtlichen Provinzen; Kritik des Lang-Conradiſchen Antrags;
Abſtimmungen beim Bunde; Beſchluß vom 6. Septbr.; Hannoverſche Erklärung beim
Bunde vom 29. Novbr.; Guſtav Zimmermann.

Bisher war nur von Einzelnen, und hauptſächlich nur in Göttingen
und Cönabrück eine Vertheidigung des Staatsgrundgeſetzes verſucht, jetzt
ſollte zum erſten Male das ganze Land ſich äußern — indem der Zeitpunkt
zur Vollziehung der Wahlen gekommen war. Die ſchon durch mangelhafte
Communicationsmittel erſchwerte Verbindung machte ein·ſehr harter Winter,
Schneefall und ſtarker Froſt noch ſchwieriger. Es thaten ſich in den öffent=
lichen Blättern bald die drei verſchiedenen Meinungen kund: ohne Vorbehalt,
mit Vorbehalt, überhaupt gar nicht zu wählen. Die letzte Anſicht war
die Conſequenz des Feſthaltens an der Gültigkeit des Staatsgrundgeſetzes.
Die erſte und die zweite Anſicht gingen von Zweckmäßigkeitsgründen aus,
indem man vorgab oder wirklich glaubte, die Stände ſeien die richtigen
Organe zur Ausfechtung des Streites. Wenn die Majorität der zweiten
Cammer ihre eigene Incompetenz und die Rechtsgültigkeit der Verfaſſung
ausſpreche, ſo werde die erſte Cammer ſchon nachfolgen, oder wenn ſie dies
auch nicht thue, ſo werde der Bundestag doch das Staatsgrundgeſetz in
Schutz nehmen müſſen. Jede dieſer Meinungen hatte in öffentlichen Organen
ihre Vertreter, es gab keine Wahlcorporation, in der ſich nicht alle die An=
ſichten geltend gemacht hätten. Eine Vereinigung war ſchwer zu erzielen, da
ſelbſt die früheren Führer zweiter Cammer nicht einig zu ſein ſchienen.
Bei dem Mangel einer eigenen freiſinnigen Preſſe konnte man ſich nur in
auswärtigen Zeitungen über das, was geſchehen ſollte, ausſprechen. Aus=
wärtige Zeitungen waren nun aber höchſt ungleichmäßig über das Land
verbreitet, die Preſſe hatte überhaupt auch wenig Eingang im Volke gefunden.
In den ſüdlichen Landestheilen hielt man die Caſſeler Zeitung und
das Frankfurter Journal, hin und wieder die Neue Heſſiſche Zeitung von
Eduard Beuermann. Auf dem Harz und im Grubenhagenſchen las man
mehr die Deutſche Reichszeitung, welche in Braunſchweig von Hermes redigirt
wurde, Hannover ſelbſt wurde ſchon von Hamburg verſorgt, die Bremiſchen
Gegenden durch die Bremer Zeitung, Cönabrück war der Lage nach auf
Weſtphäliſche und Rheiniſche Blätter namentlich auf die Elberfelder Zeitung,
welche ſich der hannoverſchen Sache ſehr eifrig annahm, angewieſen, konnte
aber den Hamb. Correſpondenten oder die Börſenhalle nicht entbehren; in
Oſtfriesland las man wo möglich gar keine Zeitung, höchſtens die Oſtfrieſiſche.
Die Augsb. Allg. Ztg. wurde aller Orten in den Clubcaſinos und Leſe=
muſeen gehalten, ſie drang aber nicht ins Volk. Man kann ſich daher die
eigentliche Rathloſigkeit der Menge erklären; hätten ſich einige Notabilitäten,
Stüve, Chriſtiani, Th. Meyer, Lang, Freudentheil u. a. zur Erlaſſung
eines Programmes vereinigt, in welchem ſie zu wählen riethen und abrie=
then, ſo wäre eine Einheit zu erzielen geweſen. Allein abgeſehen von der
Schwierigkeit der Verbindungen, war auch zu befürchten, daß man dieſen
Leuten wegen eines ſolchen Schrittes irgend einen Proceß gemacht, ſie
gänzlich lahm gelegt hätte. Denn nach dem, was im Widerſpruch nicht nur

10*

mit dem Staatsgrundgesetze, sondern selbst im Widerspruche mit der eigenen
Königl. Verordnung vom 14. Novbr. gegen die Sieben geschehen war,
mußte man von dem Cabinete Alles fürchten.

Alle Halben und Aengstlichen versteckten sich hinter eine Wahl ohne
Vorbehalt. Weil man sich scheute das drohende Ungewitter aufs eigene
Dach herabzuziehen, sollte der erwählte Deputirte der Königlichen Ungnade
die Spitze entgegenkehren und den verderbenden Blitz von dem Hause der
Wähler ablenken. Aber auch Männer von anerkanntem Oppositionsgeiste und
Muthe, wie z. B. der Reg.-Rath Buch in Osnabrück, sprachen sich dahin
aus, daß durch die vorzunehmenden Wahlen den Rechten nicht präjudicirt
werde. So kam es, während daß die Städte Osnabrück, Fürstenau, Emden,
Leer, Norden, Harbergsen, Münden, Burtehude, die Universität, die Grafschaft Hohnstein und das Land Hadeln die Deputirtenwahlen vorzunehmen
gänzlich weigerten, daß die Residenz, die Städte Lüneburg und Hildesheim sammt
dem zweiten Wahldistricte des Lüneburgschen Bauernstandes mit Vorbehalt
des Staatsgrundgesetzes, 57 Corporationen ohne Vorbehalt wählten.

Da wir über die Wahlen des ganzen Zeitraums von 1838—40 später
ausführlicher berichten, hier nur das Resultat. Die Wahlen mit Vorbehalt
waren vom Cabinete cassirt, die des osnabrückschen Bauernstandes beanstandet. Als die Stände programmmäßig eröffnet, fanden sich in zweiter
Cammer 47 Deputirte, darunter 17 Königl. Diener, 7 Gemeindebeamten,
6 Advocaten, 1 Geistlicher, 2 Kaufleute, 15 Grundbesitzer und der Ho-
heitscommissarius Dr. Sermes. Unter den Grundbesitzern waren 5 Ostfriesen, von denen 4 Aemter bei der Provinziallandschaft bekleideten. Diese
aber wollte, woran wir erinnern müssen, von einem Staate Hannover
überall noch nichts wissen, sie anerkannte nur eine Personalunion und berief
sich auf die ihr feierlichst garantirte Provinzialverfassung. Bei einer solchen
Cammercomposition wußte Niemand, was kommen könne. Man hätte glauben können, die Noth der Zeit hätte alle Elemente der Opposition bald zu
einer Einheit zusammenschweißen müssen, es kam aber nicht einmal zu einer
Parteibildung. Die Deputirten der Grundbesitzer waren beinah sämmtlich
homines novi, von Natur ängstlich und namentlich voll Mißtrauen gegen
den Advocatenstand. Mogte Christiani ein Mann von ausgezeichnetem
Talent sein, Freudentheil, Lang, v. Honstedt u. a. Männer von großem
Talente, es fehlte ihnen das Zeug zu Parteiführern. Scheint es doch, daß
zwischen diesen alten Wortführern von 1831—37 selbst noch nicht einmal
Klarheit über das herrschte, was man sollte, vielweniger über das, was
man konnte. Bei der Bureauwahl erkor eine Mehrheit von nur drei
Stimmen den Oberjustizrath Jacobi, Referenten im Justizministerio, als den
an erster Stelle zum Präsidenten zu präsentirenden, den Dr. Lang aus
Achim in gleicher Weise zum Vicepräsidenten. Jacobi war ein Mann, von
dem man damals noch nicht glauben konnte, er werde der Cammer sehr
bald den Rath ertheilen, sich über den Rechtspunct bei der Verfassungsangelegenheit hinweg zu setzen; Lang galt als eifriger Oppositionsmann und
Vertreter der Rechts, wozu ihn sein Stand als Advocat anwies. Zum
Generalsyndicus ernannte man Schatzrath Eichhorn, Referenten im Finanzministerio, also einen Anhänger des Cabinets, dem sich ja das ganze
Ministerium untergeordnet hatte, zum Vicegeneralsyndicus später den Dr.

Christiani, Deputirten für Harburg. Man sieht, die Versammlung wußte damals selbst noch nicht, wohin sie eigentlich hinaus wollte, man bestrebte sich, beider Richtungen die sich zeigten, gerecht zu sein, d. h. einige wenige Stimmen, die bei solchen Wahlen immer d n Ausschlag geben, huldigten solcher verkehrter Tendenz.

Dieser Versammlung nun legte die Regierung den Entwurf eines Verfassungsgesetzes vor, der abermals ein compacteres Zusammenziehen der Opposition hätte herbeiführen müssen. Denn wie der Rechenpfennig einer vollwichtigen Münze gleicht, dessen Gepräge auf den ersten Blick täuschen kann, so dieser Entwurf, dem der innere Gehalt des Staatsgrundgesetzes fehlte. Die Zustimmung der Stände zu der Gesetzgebung sank danach in einen ohnmächtigen Beirath zusammen. Nur Gesetze, welche Steuern betrafen, sollten sich einer eigentlichen ständischen Mitwirkung zu erfreuen haben; sonst bestimmte das Belieben des Königs, bei welchem Gesetze ständische Zustimmung erforderlich sein sollte. Die Cassenvereinigung sollte aufgehoben, das Domanialgut für Fideicommiß erklärt werden. Die nur alle 3 Jahre zu berufenden Stände sollen die Steuern dem Anscheine nach auf 3 Jahre bewilligen, ein Recht ohne wesentlichen Inhalt, da die zur Bestreitung der Staatsbedürfnisse nöthigen Mittel nicht verweigert werden dürften, und unter diesen vagen Begriff ließ sich alles bringen. Von dem Ertrage der Domainen und Regalien wollte der König ein Firum, der Rest sollte der Staatscasse bleiben, um damit diejenigen Verpflichtungen welche observanzmäßig der Königlichen Casse oblagen, zu bestreiten, während es vor dem Staatsgrundgesetze gerade umgekehrt gehalten war, die Königliche Casse bestritt zunächst die ihr obliegenden Verpflichtungen und den Beitrag zu dem Militair, und was übrig war, diente dazu, die Königlichen Bedürfnisse zu befriedigen. Die Verwaltung der Domainen war der Mitwirkung der Stände gänzlich entzogen, selbst Veräußerungen wegen offenbarer Nützlichkeit (man denke an die kahle Platte und Krautsand) sollten der ständischen Genehmigung nicht bedürfen. Die Minister sollten nur dem Könige verantwortlich sein, von den Staatsdienern sollten nur diejenigen Richter, welche lediglich ein Richteramt bekleiden, wozu also alle bei den Aemtern angestellte nicht, sondern nur die Oberappellations- und Justizräthe gehörten, durch Richterspruch absetzbar sein, die übrigen von dem Willen und der Laune der Dienstherrschaft abhängig sein. — Man mochte sich wohl nicht verhehlen, daß sich für ein solches Verfassungsgesetz mit Gründen wenig werde ausrichten lassen, man griff daher, um durchzudringen, zu Drohungen. Täusche sich der König in der Hoffnung, daß eine Vereinigung zu Stande komme, so werde die Verfassung von 1819 beibehalten mit der darin liegenden Befugniß, die nothwendigen Aenderungen in der Organisation der Stände eintreten zu lassen.

In der ersten Sitzung zweiter Cammer wurden drei Eingaben des A.-R. Dr. Rieper, Deputirten für Hildesheim, des Advocaten Buddenberg für den Osnabrückschen Bauernstand und des Vollhöfner Riechelmann aus Wilhelmsburg, Zulassung zur zweiten Cammer betreffend, überreicht. Alle drei Reclamanten waren ordnungsmäßig gewählt, aber zum Erscheinen nicht vorgeladen. Als am 22. Februar die Bestätigung Jakobi's zum Präsidenten erfolgte, übernahm derselbe sein Amt mit der Ermahnung zur Ruhe und Besonnenheit.

Der Canzleidirector Leist erschien als Königlicher Commissarius. Seine Vollmacht lautete dahin: den Sitzungen beizuwohnen, an den Berathungen Theil zu nehmen und alle diejenigen Aufklärungen zu ertheilen, welche er zur gehörigen Begründung für sachdienlich halte. Die Dehnbarkeit dieser Bestimmungen führten zu einer Discussion, in der zugestanden wurde, daß dem Königl. Commissarius ein Stimmrecht nicht zustehe. Christiani sprach offenbar um die eigentliche Stimmung der Cammer herauszufühlen, den Wunsch aus, die Ablassung von Schreiben an die Regierung ausgesetzt zu sehen, da die Ständeversammlung nur mit dem Gesammtministerio in Verbindung stehe und zu communiciren habe, gegenwärtig aber ein einzelner Minister an die Stelle getreten sei. Der Präsident versprach das verlesene und genehmigte Schreiben wegen der Vicepräsidentenwahl bis zum geeigneten Zeitpunkte zurückzulegen. So war jede weitere Discussion abgeschnitten. Am 24. Februar beklagte Lang, daß von 73 Wahlcorporationen nur 57 Deputirte gewählt und nur 48 erschienen seien und dam Aufklärung wegen der Hindernisse, welche dem Eintritte der wirklich gewählten Deputirten entgegenständen. Der Regierungscommissarius erklärte: die Wahlen, welche mit dem Vorbehalte wegen Aufrechterhaltung des Staatsgrundgesetzes erfolgt wären, könne die Regierung nicht gelten lassen, denn da von den Urwählern solche Vorbehalte nicht gemacht seien, hätten die Wähler die Grenzen ihres Auftrags überschritten. *)

Hofrath Hüpeden machte die bekannte Aeußerung: die Wahlcorporationen seien nur zu dem Acte des Wählens, nicht zum Urtheilen berufen. Man durfte annehmen, daß er im Namen des Cabinets spreche. Lang erwähnte, daß man 1820 die ostfriesischen Deputirten trotz ihrer Verwahrungen gegen das Patent von 1819 zugelassen habe, Christiani wies darauf hin, daß man bei den Vorbehalten unter den Huldigungsreversen, diese lediglich als nicht geschehen von den Acten entfernt habe. Dieses Factum wurde von dem Regierungscommissarius nicht in Abrede gestellt.

Dr. Lang brachte dann zwei Eingaben an die allgemeinen Stände zur Sprache, mit deren Ueberreichung ihn Stüve beehrt habe, eine Petition des Magistrats und der Alterleute zu Osnabrück um Aufrechterhaltung des Staatsgrundgesetzes und eine Petition Stüve's selbst als von der Osnabrückschen Landschaft erwählten Deputirten des Schatzcollegiums **) und stellte den Antrag, dieselben der beschlossenen Adreßcommission zu übergeben, da diese nothwendig die Competenzfrage prüfen müsse, dazu aber in den Petitionen das nöthige Material finde. Der Antrag ward angenommen, ohne daß andere Mitglieder der Versammlung die Gelegenheit ergriffen hätten, sich über die Competenzfrage auszusprechen.

Am 26. Febr. übergab Dr. Christiani eine Petition Theodor Meyers, des Deputirten für Lüneburg, wegen ungesetzlicher Verhinderung seines Eintritts in die Cammer. Es wurde der Justizrath Hugo in die Cammer

---

*) Da die Mittheilungen über die Cammerverhandlungen bis Juni in öffentlichen Blättern äußerst dürftig, unvollständig und unrichtig enthalten sind, hat der Verfasser während seiner ständischen Thätigkeit Gelegenheit genommen, die ständischen Acten einzusehen und Auszüge zu machen, so daß die folgende Darstellung als actengemäß gelten kann.

**) Hannov. Portfolio I. S. 135 abgedruckt.

eingeführt, der Sohn des berühmten Geheimen Hofraths in Göttingen, der Amtmann Bening aus Neuenhaus und Domsyndicus Werner aus Hildesheim. Als nun ein Schreiben, die Bewilligung von Diäten und Reisekosten betreffend, auf die Tagesordnung kam, beschäftigte man sich lange mit der Frage, ob eine Einladung auf diese Berathung der Hauptfrage über die Competenz präjudicire; Christiani stellte den Antrag, die Beschlußnahme über den auf der Tagesordnung stehenden Gegenstand auszusetzen. Man behandelte die Sache beinah gänzlich von dem Standpunkte des Civilprocesses. Hugo erklärte, das Staatsgrundgesetz sei verfassungswidrig aufgehoben, diese Versammlung verfassungswidrig berufen, er halte sich in seinem Gewissen daher verpflichtet, von vornherein offen zu erklären, daß er außer auf jene Cardinalfrage wegen der Competenz auf andere Berathungsgegenstände sich durchaus nicht einlassen werde. Derselbe verlas dann ein ausführliches schriftliches Votum in diesem Sinn und überreichte es zu den Acten. Der Präsident wagte dasselbe als eine nicht zur Sache gehörige den Geschäftsgang störende Digression zu bezeichnen und declarirte sich dadurch zuerst als den Mann, der mit dem Minister v. Schele durch dick und dünn zu gehen bereit sei. —

Jetzt trat Dr. Lang zum ersten Male in seiner Rolle als Barrère auf, indem er diesem Antrage die Spitze abzubrechen suchte, indem er den Verbesserungsantrag stellte, daß die Einlassung auf die Geschäfte nur vorbehaltlich der Competenzfrage geschehe und denselben nicht präjudiciren solle. Lang war auch gleich bereit, diesen Antrag zurückzuziehen, als Hüpeden und Klenze äußerten, daß sich dieser Vorbehalt eigentlich von selbst verstehe. Jetzt traten aber v. Honstedt, Freudentheil, Christiani, Westerhausen, Reuffell und Hugo für diesen Antrag als das Minimum, was man verlangen müsse, auf. Als das Manöver mißglückt war, trug der Präsident kein Bedenken, sich zu weigern, den Antrag zur Abstimmung zu bringen, und als man drohte, sich dann über das Regierungsschreiben jeder Abstimmung zu enthalten, setzte er seine Entscheidung bis zum nächsten Tage aus. An diesem Tage, den 27. Februar, wurde mit einfacher Stimmenmehrheit (ein Antrag Reuffells auf absoluter Stimmenmehrheit fiel) in die Adreßcommission Dr. Lang, Jakobi, Hüpeden, Sermes und Koller aus Hameln gewählt, der damals noch zu den gänzlich unentschiedenen gehörte, eine Wahl die davon Zeugniß ablegte, daß man von Seiten des Cabinets den Dr. Lang nicht fürchtete, denn seine Wahl an erster Stelle konnte nur durch die Stimmen der Cabinetsanhänger geschehen. Hierauf erklärte sich der Präsident bereit, den Christianischen und Langschen Antrag zur Abstimmung zu bringen. Der erstere fiel mit 28 gegen 22 Stimmen, der Langsche Antrag wurde dagegen in einer vom Präsidenten präcisirten noch unschädlicheren Form angenommen. Es läßt sich nicht leugnen, Hugo sprach das allein wahre, das allein männliche Wort, er sprach aus, was Tausende im Lande dachten, was die Wortführer von $18^{11}/_{32}$ gewiß gleich ihm dachten. Ob es aber klug war, daß er kurz nach seinem Eintritt, wie es scheint ohne vorherige Verabredung mit seinen Meinungsgenossen also auftrat, ist eine andere Frage. Hugo war ein Mann, der seiner äußeren Stellung nach, (er war reich, Sohn eines berühmten Vaters, Mitglied eines im besten Rufe stehenden Mittelgerichts der Justizcanzlei zu Göttingen) wohl berufen gewesen wäre, ein Parteiführer zu sein; hätte er sich die Mühe genommen, die Elemente der Opposition, die in zweiter Cammer mehr oder weniger offen zu Tage lagen, um sich zu sammeln, seine Ehrlichkeit und Grabheit allein hätten ihn zum Parteiführer gemacht und die kleinen ehrgeizigen Intriguanten, die nur ihr Ich wollten, bald um ihr Ansehen gebracht. Aber Hugo, ein sehr großer starker Mann, war von Natur zu träge zu solcher Führerschaft, auch fehlte es ihm nicht an Göttinger Geheimen Hofrathsstolz, er war zu vornehm, mit Advocaten, Bauern und Bürgermeistern so unter der Hand gleichsam zu verhandeln, auch mochte er sich selbst, da er der Rede nicht mächtig war und wenigstens seine Deductionen ablas, wohl für nicht tüchtig genug halten. Es ist viel leichter, in einer Versammlung ein kühnes Wort zu reden, als eine Versammlung von dem, was man sagt, zu überzeugen. Die Versammlung bestand aber, wie sich bald zeigen sollte, aus Königlichen Dienern, die keinen eigenen Willen mehr hatten, aus einigen Hugo Gleichgesinnten, aus einigen Ehrgeizigen und aus einer großen Menge Schwächlingen, die in dem Hinausschieben und Verzögern, oder in dem Aussprechen eines Vorbehalts schon eine Heldenthat zu thun glaubten.

Es ist daher Phraseologie, wenn man später diese Schwächlichkeit im Handeln als Fehlgriffe „der liberalen Opposition" hinstellte. *) Alle diese Vorwürfe, auch die gegen das Thun und Lassen einer solchen, sind unbegründet, weil es eben an einer Opposition als Partei noch gänzlich in Hannover fehlte. Predigte doch Arnold Ruge damals und später den Teutschen überhaupt täglich noch, daß der Liberalismus, wenn er überhaupt etwas bedeuten solle, wenn er nicht der blaue Dunst einer unfruchtbaren Theorie sein sollte, zur Partei sich ausbilden müsse und hatte selbst die Rheinische Zeitung noch 1842 nöthig, diese Lehre zu wiederholen. Auch in Hannover, wie in ganz Teutschland, gab es viele Menschen, welche für die Freiheit eine gute Meinung und fromme Wünsche hegten und mit der Demokratie in der Gesinnung sympathisirten, welche von jeder schönen Redensart in dieser Beziehung entzückt wurden und welche es selbst an solchen Cammerreden nicht fehlen ließen, wenn sie Gelegenheit hatten, Deputirte zu sein. Liberale und freisinnige Individuen gab es nun auch unter den Cammermitgliedern, allein wenig Männer, keine zu Thaten bereite Opposition, keine liberale Opposition als Partei. Auch an Muth scheint es den Liberalen gefehlt zu haben, denn sie waren bis zum 26. Februar zusammen, ohne daß einer das rechte Wort zu sprechen wagte, was Hugo gleich bei seinem Eintritt sprach. Daß selbst Christiani Hugo nicht secundirte, daß Honstedt, Freudentheil, alle damals noch schwiegen, läßt sich nur dadurch erklären, daß sie wußten, sie hatten zur Zeit noch keine Majorität hinter sich, und sie mußten die Vertreter des Bauernstandes erst heranziehen. Man darf daher wohl allen einzelnen Mitgliedern der zweiten Cammer den Vorwurf machen, daß sie sich nicht als Männer gezeigt bei dieser Gelegenheit, nicht aber einer noch nicht existirenden liberalen Opposition. Erst Ernst August hat das Verdienst, in Hannover eine constitutionelle, wie später eine demokratische Partei herangezogen zu haben, wie sein Regierungsnachfolger sich, wie es scheint, alle Mühe giebt, eine nationale Partei heranzuziehen.

---

*) Rheinische Zeitung 1842, Beilage Nr. 265, 268, 275, 277.

Doch geben wir wieder zu unserer Darstellung über. Wir haben **Dr.**
Lang als einen in allen Cammerintriguen wohl erfahrenen Mann aus der
Zeit von 1832—37 kennen gelernt. Wenn dieser Mann nicht auf die Seite
seines „Freundes" Christiani trat, dessen Antrag: die Berathung auszusetzen,
nicht unterstützte, sondern eigentlich das Gegentheil des Antrags durchzusetzen wußte, indem er die Versammlung verleitete, unter einer wenig sagenden Verwahrung sich factisch für Stände zu erklären und als Stände zu
geriren, — denn die Einlassung auf Geschäfte war nichts anders — so wußte
er wohl, was er that.

Man ging denn auch sofort zu der Diätenfrage über. Aus dem Erlaß
an die Wahlcorporationen vom 20. Januar, worin die Zahlung der Diäten
als eine die Unterthanen schwer drückende Last bezeichnet war, die der König, aus besonderer Gnade, für diesmal auf die Staatscasse übernehmen
wollte, deducirte Christiani, daß die Sache zu einem Ehrenpuncte geworden
und seine Bewilligung der Würde der Stände nicht angemessen sei. Ihm
stimmten Freudentheil, Honstedt, Keuffell bei und verließen nebst Hugo und
Bening bei der Abstimmung den Saal. Der Regierungsvorschlag wird angenommen.

Der Generalsyndicus referirt aus der Eingabe Th. Meyers und trägt
darauf an, dieselbe zu den Acten zu legen, inzwischen wird ein Antrag angenommen dahin, die Eingabe der Regierung zu übersenden und sofern sich
die Sache angebrachter Maaßen verhalten sollte, für den Eintritt sämmtlicher Deputirten zu interveniren, anderen Falls aber um Mittheilung der
entgegenstehenden Hindernisse zu ersuchen.

Am 28. treten **Dr.** Nordbeck für die Bentheimschen Flecken und Stubbe
für die Diepholzer Bauern in die Cammer, die Zahl der Mitglieder ist also
auf 52 gestiegen. In die Redactionscommission werden Jakobi, Eichhorn,
Lang und Christiani gewählt, wieder ein Beweis, daß die Cammer noch
nicht wußte, was sie wollte. Das schon mit den Ständen von 1836 verabschiedete Gesetz über polizeiliche Gefangenhaltung in Werkhäusern wird,
gegen Honstedt und Freudentheil, die solche Procedur für zwecklos und präjudicirlich hielten, mit Bezugnahme auf den allgemeinen Vorbehalt in Berathung genommen.

Am 1. März beginnt die Adreßdebatte. Lang berichtet aus der Commission: Von Seiten erster Cammer sei man der Ansicht gewesen, die Adresse
so nichtssagend wie möglich zu machen. Seine Arbeit, die sich offen und
entschieden für Aufrechterhaltung des Staatsgrundgesetzes ausgesprochen, sei
von allen Seiten auf Widerstand gestoßen, so habe er sich dann zu dem
vorliegenden Entwurfe entschließen müssen. Von der Competenzfrage habe
die erste Cammer überhaupt nichts wissen wollen und deshalb auch nichts
von den Osnabrücker Petitionen, mit Mühe habe man durchgesetzt, daß die
Commission die Competenzfrage weiter bearbeite, und dieselbe nur bei der
Adresse außer Spiel lasse, weil sie die Adresse verzögere. Die Cammer
beschließt Aussetzung der Berathung wie zweimalige Abstimmung.

Auf einen Antrag erster Cammer wegen der Art und Weise der Veröffentlichung, beruft sich zweite Cammer auf das Ministerialschreiben vom 28.
September 1832, wonach die Zulassung von Schnellschreibern gestattet sei;
sie erklärt sich auch zu einer gemeinschaftlichen Commission bereit.

Das Schreiben, wodurch das Reglement von 1833 aufgehoben wird, giebt zu lebhafter Debatte Veranlassung, bei der man schließlich mit 33 gegen 19 Stimmen Christiani's Antrag annimmt: der Regierung zu erwiedern, daß die Aufhebung des Reglements vom 26. September 1833 keineswegs eine Folge der Aufhebung des Staatsgrundgesetzes zu sein scheine, da es in völlig verfassungsmäßiger Weise mit den auf Grund des Patents von 1819 berufenen Ständen berathen und vom Könige erlassen sei.

Am 3. März nimmt man die Adreßdebatte wieder auf. Christiani und Freudentheil bringen zwei Anträge, nach welcher der Schluß der Adresse gestrichen und statt dessen in passender Einkleidung gesagt werden solle, daß Stände sich mit der Competenzfrage noch beschäftigten und das Resultat ihrer sorgfältigen und gewissenhaften Prüfung demnächst vor dem Throne niederlegen würden. Beide Anträge wurden nicht nur von der Regierungspartei bekämpft, sondern auch Dr. Lang erklärte sich jetzt für die Adresse, weil diese der Frage über die ständische Berechtigung nicht präjudicire, er machte aber seine Stimme von der Behandlung der Competenzfrage in der Adressencommission abhängig. Herr Hofrath Hüpeden unterstützte natürlich die Lang'sche Ansicht, daß die Adresse nicht präjudicire, welche Ansicht auch von Kettler, Drechsler, Sermes und Abides getheilt wurde. Nur Hugo sprach sich wieder aus wie ein Mann, er wenigstens besaß Entschlossenheit und Bewußtsein. Er werde gegen die Adresse votiren, erklärte er, die nur dem Sinne derer, die Nichts sagen wollten, entsprechen könne. Man täusche sich aber selbst, wenn man glaube, daß der Landesherr, welcher in seiner Thronrede das Staatsgrundgesetz für erloschen erkläre, an dessen Stelle zugleich einen neuen Verfassungsentwurf setzen wolle und das Einverständniß der Stände in allen wesentlichen Puncten voraussetze, zur Erwiederung eine bloße Devotionsbezeugung verlange. Auf eine so entschiedene Eröffnung gehöre eine offene Erklärung. Halte man eine sofortige Entscheidung nicht für thunlich, so seien es Stände ihrer Ehre schuldig, ähnlich wie bei der Einlassung auf die Geschäfte, so auch jetzt die nähere Erklärung sich vorzubehalten. Dadurch würden Stände nicht die Ehrerbietung gegen den Landesherrn verletzen, sondern nur die Pflicht erfüllen, denselben über ihre eigentlichen Absichten — nicht zu täuschen. Darnach wurde der Langsche Entwurf, nachdem das Wort voreilige im 5. Absatz vor Besorgniß gestrichen, mit 12 gegen 10 Stimmen angenommen.

Vollhöfner Riechelmann aus Wilhelmsburg trat ein und verstärkte die Zahl der Opposition. Das Gesetz wegen Aufhebung des Häuslingsdienstgeldes, das sich in wesentlicher Uebereinstimmung mit dem in letzter Diät verabschiedeten Gesetze befand, wurde angenommen.

Am 5. März wurde erst der Vicegeneralsyndicus gewählt, die meisten Stimmen fielen auf Christiani. Wegen der Vollmachten der Deputirten der Osnabrückschen Grundbesitzer — es hatte ein Bezirk von 12, das Amtsgericht Quatenbrück, nicht mitgewählt — erbat man von der Regierung Auskunft. Christiani, Freudentheil u. A. machten nochmals Versuche, ihre Verbesserungsanträge durchzusetzen, Dr. Lang blieb dabei, die Ausdrücke der Adresse seien unpräjudicirlich und 33 Stimmen traten gegen 20 seiner Ansicht bei. Christiani, Freudentheil und v. Honstedt erklärten die Adresse in der angenommenen Form nicht unterschreiben zu können. Die Regierungsvorschläge wegen

proviſoriſcher Einrichtung von ſtändiſchen Commiſſionen behuf des Schulden=
weſens wurde abgelehnt. Am 7. März interpellirt Abides wegen Zulaſſung
des Deputirten Hinde für das Land Hadeln. Eine Proteſtation des Amts=
aſſeſſors Nieper wurde der Regierung. mit derſelben Bemerkung überſendet,
welche ſchon dem Proteſte Theod. Meyers beigefügt war.

Am 9. März kam die Competenzfrage zur erſten Berathung. Lang
referirte aus der Commiſſion: Er habe direct auf Incompetenzerklärung ge=
drungen, ſei aber in der Minorität geblieben. Da die Aufhebung des Staats=
grundgeſetzes von den Mitgliedern erſter Cammer wenigſtens ſtillſchweigend
als rechtsgültig vertreten worden (!?), ſo ſei eine Vereinigung über den
Rechtspunct nicht möglich geweſen, man habe mit einſtweiliger Hintanſe=
tzung deſſelben ſich zu politiſchen Erwägungen gewendet, und dieſe haben
demnach zu der Einſicht geführt, in der Vermittlung liege die
wahre Aufgabe der Stände — man wollte den ewig wiederkehrenden
Streitpunct der Competenz beſeitigen, den Verſuch einer Vereinigung machen und
die fehlenden 18 Wahlcorporationen auffordern, daran theilzunehmen. —
Der Referent ſchloß ſeinen Vortrag mit einem im hohen Pathos vorgetra=
genen Flehen, daß, was auch geſchehen möge, zum Heile ſeines jetzt
ſo unglücklichen Vaterlandes gereichen möge. Der Kern des Commiſſions=
vorſchlages war aber nun folgender. Unter Verbrämung mit Zweifeln, die
ſich in und außerhalb der Stände über die gültige Aufhebung des Staats=
grundgeſetzes erhoben, ſollten Stände einige Zweifel an der eigenen rechts=
gültigen Compoſition durchblicken laſſen, dann aber erklären, daß ſie im
öffentlichen Intereſſe die Competenzfrage auf ſich beruhen laſſen, und
ihre Hand zu einer Vereinbarung bieten müßten, welche dazu geeignet
ſei, die Zweifel eines großen Theils der Unterthanen zu zerſtreuen. Man
wolle verſuchen, ſich zu Reſultaten zu vergleichen, die König und Land be=
friedigten. Man ſieht es deutlich, Herr Lang hatte ſich die Rolle vorgezeich=
net, der große Vermittler zwiſchen König und Land zu werden, um ſich
dadurch ein Verdienſt um den König zu erwerben, das nicht unbelohnt blei=
ben konnte. Er hatte den Rechtspunct mit dem Jacobiſchen Springſtocke
überſprungen und wandte nun alle ſeine Beredtſamkeit auf, die Cammer zu
bewegen, ebenfalls über die Grenze zwiſchen Recht und Unrecht zu ſetzen.
Von Seiten der Regierung wurde, um die Cammer zu verwirren, zunächſt
ein Vorbeſchluß dahin beantragt: „daß durch die Beſchlußnahme über die vor=
liegende Maaßregel der frühere allgemeine Competenzvorbehalt als völlig er=
ledigt anzuſehen ſei.“ — Dieſem Antrage konnte Lang widerſprechen und
dabei den Commiſſionsantrag im Intereſſe des Friedens vertheidigen. Chriſtiani,
Freudentheil und Hugo ſprachen aber ſo entſchieden gegen den Commiſſions=
trag, daß derſelbe mit 30 gegen 23 Stimmen abgelehnt wurde. Hugo hob
namentlich hervor, daß von einem Vergleiche nicht die Rede ſein könne,
wo das ganze öffentliche Recht durchſtrichen worden. Bei der anerkannten
Feſtigkeit der Königlichen Anſichten werde ein irgend günſtiger Vergleich doch
nicht zu erreichen ſein.

Am 10. März ſtand die Frage abermals auf der Tagesordnung, wäh=
rend bisher der Langſche Vermittlungsvorſchlag nur von der Oppoſition ange=
griffen, kamen jetzt auch aus dem entgegengeſetzten Lager Verbeſſerungsan=
träge. Der Oſtfrieſe Beſele ſtellte den Antrag: daß Stände ſich ohne Wei=

teres für völlig competent erklären. Amtsassessor Hagemann hielt die Competenzfrage und die Frage, ob das Staatsgrundgesetz rechtsgültig aufgehoben sei, für sehr verschieden, wollte die erstere für immer beseitigt wissen und stellte dahin Anträge, wie v. Honstedt Anträge nach der entgegengesetzten Seite, eben so Freudentheil, Donner und Christiani; — im Sinn der Regierung abermals Stüveden und Cramer, Secretair Bar, endlich Klenze, welcher Competenzerklärung beantragte und über die Osnabrücker Eingaben zur Tagesordnung übergehen wollte. Man hatte 16 verschiedene Anträge und die ganze Sitzung ging mit der Begründung dieser Anträge hin. Es ist nicht zu begreifen, daß die Führer der Opposition sich nicht vorher über einen Antrag vereinigt hatten, sondern Jeden die Eitelkeit plagte, sich Vater eines eigenen Antrages zu nennen. Ein Landmann konnte sich durch eine solche Menge von Anträgen nicht hindurch finden, ja selbst einem Juristen ward es schwer, sich zu orientiren. Denn manche dieser Anträge wollten durch Veränderung einiger Worte einen ganz andern Sinn in dies Schreiben bringen. Die Tactik der Regierung war, durch Anträge, von denen sie wußte, daß sie abgelehnt würden, den Langschen Vorschlag als einen solchen erscheinen zu lassen, durch welche die Opposition noch viel zu viel gewinne, um die Schwachherzigen so zu veranlassen, für diesen Antrag als eine Art Mitte zu stimmen. Da man sich nicht mehr durch die Anträge hindurch finden könnte, wurde eine Commission zu deren Sichtung erwählt. und in diese wurden wieder bunt durch einander Regierungsanhänger und Oppositionsmänner und Vermittlungsmänner, nämlich Lang, Jakobi, Hüveden, Christiani, Freudentheil, Sassen gebracht. Um der Commission Zeit und der Regierung Gelegenheit, die Schwachen zu bearbeiten, zu gewähren, wurde die Montagssitzung ausgesetzt. Die Commission hatte nur eine Redactionsarbeit zu Stande gebracht. Einige Sätze, einige Worte waren geändert, die Sprache der Einleitung lautete noch dunkler und mandarinenhafter, als vorher. Im weiteren Verlauf hatte man Einzelnes geschickter zusammengestellt und glücklicher gefaßt. Ueber den Antrag sollte nur als ein Ganzes abgestimmt werden. Dann sollten die entgegengesetzten Anträge von Besele, Christiani, Klenze folgen. Christiani erklärte seinen Dissens fortwährend, von der Incompetenz überzeugt, er wollte aber den Competenzpunct aufgeben, wenn der Schluß des Antrags dahin geändert werde: „daß die Wahlcorporationen der Einladung, zu wählen, um so unbedenklicher werden nachgeben können, als das Königliche Cabinet mit Ständen gewiß stillschweigend darin übereinstimme, daß jenen mit zur Wahlhandlung berufenen Corporationen ein Repräsentativ=Charakter nicht zustehe und aus der Wahlhandlung eine Verzichtleistung keinerlei Art werde gefolgert werden können." Unter Bezugnahme auf die nur Volksbeglückung athmenden Verheißungen des Königs verlangte Grimsehl eine entschiedene Erklärung zu Gunsten der Competenz, Klenze stimmte jetzt für den Commissionsantrag. Lang vertheidigte sein Werk, er sei entschlossen, erklärte er, dasselbe gegen die erste Cammer, die schon den ursprünglichen Commissionsvorschlag verworfen hatte, aufrecht zu halten; er wünsche das Land über den Augenblick, über die Gefahren einer Reaction (!?) hinwegzuführen, ohne den Rechtspunct definitiv Preis zu geben. Hugo sah in einer Vermittlung ohne Ueberzeugung und ohne Grundlage den geraden Weg zu einer Reaction, und beharrte bei sei=

ner ausgesprochenen Ansicht. Es wurden die Christianischen und Freuden=
theilschen Verbesserungsanträge zu diesem letzten Commissionsvorschlage mit
33 gegen 21 Stimmen verworfen. Man erklärte sich darauf mit 32 gegen
22 Stimmen für den Langschen Entwurf in seiner jüngsten Redaction. Hugo
erklärte alsbald, daß er in Consequenz seiner abgegebenen Erklärung nun=
mehr resignire.

Am 14. wurde von Hanstedt die Frage aufgeworfen, ob mit Annahme
des gestrigen Beschlusses der allgemeine Vorbehalt aufhöre. Die Ansichten
darüber waren getheilt, da der Präsident sich inzwischen weigerte, eine Ab=
stimmung über diese Frage eintreten zu lassen, fühlte auch Hanstedt sich im
Gewissen verpflichtet, zu resigniren.

Herr Lang brauchte sich zum Pathos, in dem seine Hauptstärke lag,
nicht zu erwärmen, indem die erste Cammer sein Machwerk adoptirte, sparte
sie ihm die Mühe, für das Kind seiner Laune versprochener Maaßen in
die Schranken zu treten, freilich entzog ihm diese damit das Vergnügen,
sich reden zu hören. Schon am 16. konnte das Schreiben an die Regie=
rung, wie es aus der Redactionscommission hervorgegangen, verlesen werden.
Freudentheil erklärte bei dieser Gelegenheit zu Protocoll, daß er in diesem
Schreiben so wenig eine Competenzerklärung sehe, als er sich seinerseits da=
durch gebunden erachte, wie er aber jedenfalls die Rechte seiner Corporation
und des Landes dagegen verwahre. Dieser Verwahrung traten Christiani,
Westerhausen, Dr. Zoppert, Schulz aus Celle, Schiefer, Vollhösner Meyer
und Stubbe bei, während der Regierungscommissarius die Ueberzeugung
aussprach, durch jenen Beschluß habe die Ständeversammlung sich für com=
petent erklärt.

Hugo hatte indeß das Richtige vorhergesagt, die Langsche Halbheit und
das Versteckenspielen war dem Cabinette selbst nicht genügend und der König
wollte von einer durch Herrn Lang bewirkten Vereinbarung nichts wissen.
Während die Hoftrabanten in der Cammer zufrieden gewesen waren und
nicht geringe Künste angewendet hatten, dem Antrage die Majorität zu
sichern, weil sie wußten, daß sie etwas Günstigeres in zweiter Cammer nie
durchsetzen würden, war das Schreiben bei Hofe so ungern gesehen, daß
der König sogar den Abdruck desselben in den ständischen Acten verbot.
Hier wird man es daher vom 16. März vergeblich suchen, es ist aber von
den Mitgliedern zweiter Cammer, welche am 29. Juni die Eingabe an den
Bund machten, als Anlage angebogen und findet sich abgedruckt: Hannov.
Portfolio I. p. 156.

Wie wenig man schon damals ständische Anträge achtete, das zeigt
sich u. a. in dem Ausschluß des Schreibens von jeder Oeffentlichkeit, ob=
gleich darauf ein besonderer Antrag an das Cabinet gestellt und ausdrücklich
gebeten war, dasselbe den betreffenden Wahlcorporationen mitzutheilen. Hr.
Lang hätte dadurch von seiner Vermittlungssucht auf einige Zeit geheilt
werden sollen, doch schien er in dem Gefühle, das Factotum der Cammer,
der Mann zu sein, der in keiner Commission, keiner Conferenz fehlen dürfte,
der zu Allem sein Wort mitsprechen müßte, und das Sprechen beinah allein
that, so berauscht, daß er wohl nicht einmal bemerkte, wie schnöde er mit
seiner Mittlerrolle zurückgewiesen war. Einen Hinterhalt hatte er sich vor=
sichtig vorbehalten, um auf den Rechtspunkt zurückzukommen.

Am 19. wurden die Vollmachten für die 3 Vertreter der Osnabrückschen Grundbesitzer als genügend angenommen und der Deputirte der Stadt Burtehude, Syndicus Lang aus Verden eingeführt, welcher erklärte: wie seiner festen Ueberzeugung nach das Staatsgrundgesetz noch rechtsgültig bestehe, wie er aus allen Kräften auch hier für dessen Aufrechterhaltung zu wirken entschlossen sei, wie er aber abtreten werde, so bald die zu jenen Zwecken führenden gesetzlichen Mittel erschöpft schienen.

In den nächsten Tagen schienen Freudentheil, Höfner Meyer und andere die Cammer verlassen und das Feld Herrn Lang jun. allein überlassen zu haben, doch geben die Protocolle darüber keine Auskunft, man sieht nur bei Abstimmungen, daß die Zahl der Mitglieder erst auf 18, dann auf 14 gefallen ist, daß also die Beschlußunfähigkeit vor der Thüre steht. Nach Zeitungsberichten wollten von den 22, die gegen den Langschen Antrag gestimmt hatten, die meisten dem Beispiele Hugo's, v. Honstedt's, Freudentheil's und des Höfners Meyer folgen und resigniren. Dann wäre die Cammer beschlußunfähig geworden, der Syndicus Lang jedoch, der jetzt Mittelpunkt der Opposition wurde, wußte den Unsinn hoch zu bringen: die Regierung dürfe durch Nichtbewilligung des Budgets nicht in die Nothwendigkeit gesetzt werden, ungesetzlich handeln zu müssen. Als wenn ihr bisheriges Verhalten gesetzlich gewesen wäre!!

Die Cammer beschäftigte sich in Ermanglung eigentlicher Arbeiten mit Anträgen gleichgültiger Art, beschloß u. a. auch eine Art von Oeffentlichkeit, die in ausnahmsweiser Nennung der Namen und Zulassung von Subjecten, als Schnellschreibern, die das Cabinet designiren werde, bestehen sollte. Am 24. März wurden Dr. Lang der Jüngere, Sassen, Hüpeden, Sermes, Kettler, Jacobi, Drechsler in die Commission erwählt, welche das neue Verfassungsgesetz prüfen sollten. Am 26. März stellte der erstere den Antrag auf Vertagung und zugleich Fortbewilligung des letzten staatsgrundgesetzlichen Budgets pro 18³⁰/₃₀, den er hauptsächlich dadurch begründete, daß die Cammer täglich an Deputirten verliere. Am 28. März wurde der Langsche Antrag angenommen, obgleich inzwischen das Budgetschreiben eingegangen war. Syndicus Lang, Aldießs und Westerhausen baten, da der Regierungscommissarius sich hinsichtlich der Vertagung zweideutig ausdrückte, um Urlaub, den der Präsident versagte, indem er zugleich wiederholt und nachdrücklich bat, daß doch Niemand ohne wahrhaft zwingende Ursache sich entferne, und daß man den ungünstigen Beurtheilungen des Publicums keinen Einfluß verstatte, da die gegenwärtige Ständeversammlung ein Großes, nämlich Erhaltung der Ruhe und Ordnung im Lande bewirkt habe. Das glaubte auch Dr. Lang, obgleich er zugestehen mußte, daß das allgemeine Urtheil noch niemals ungünstiger gegen eine allgemeine Ständeversammlung gewesen sei als diesmal. Der Langsche Antrag wurde zweimal angenommen, indeß die erste Cammer auf das vorgelegte Budget selbst einging. Lang erachtete dadurch die ständischen Rechte in hohem Maaße gefährdet. Die zweite Cammer beharrte auf ihrem Beschlusse, und wurde nun nach Conferenzvorschlägen das Budget pro 18³¹/₃₂ auf ein Jahr verlängert, dagegen das Ausgabebudget um circa 140,000 Thlr. vermehrt, darunter 80,000 Thlr. für Schloßbauten und 30,000 Thlr. für Gesandtschaften.

In einem besondern Schreiben wurde gleichzeitig die Steuerermäßigung,

welche der König im Patente vom 1. November verkündigt, genehmigt und
in einem dritten Schreiben um Vertagung gebeten. Darauf erfolgte, nachdem
in die Cammer während der letzten Tage der A.-A. v. Seebach für
Hardegsen und 2 Deputirte der Osnabrückschen Grundbesitzer eingetreten
waren, am 7. Septbr. das Vertagungsrescript in ungnädigen Ausdrücken.
Nachdem die Stände 7 Wochen versammelt gewesen, habe man angezeigt,
daß zur Prüfung der Verfassung eine Commission erwählt sei, und bis zum
14. Mai um Vertagung gebeten. In diese Vertagung könne nicht einge-
willigt werden, jedoch sollten des Osterfestes wegen Ferien bis zum 22.
April bewilligt werden, wobei fest darauf gedosst werde, daß die Stände
zu der bestimmten Zeit wieder zusammen seien.

Während dieser Vertagung geschah, was längst hätte geschehen sollen.
Die Führer der Opposition Stüve, Rumann, Freudentheil, Dr. Meyer aus
Lüneburg, Syndicus Lang, Christiani, Senator Keuffell aus Uelzen, Kaufmann Schulz aus Celle kamen im Osterfeste in Bremen zusammen. Dr.
Lang fehlte, ob er eingeladen war wissen wir nicht. Man einigte sich, die
Cammer, wenn dies möglich sei, factisch aufzulösen, werde dieselbe aber
beschlußfähig, dieselbe durch Nachwahlen der renitenten Corporationen zu
completiren und dann die Incompetenz auszusprechen. Selbst Stüve entschloß sich eine Wahl anzunehmen, falls es dem Cabinette überhaupt gelinge
eine zweite Cammer zu Stande zu bringen.

In Folge dieser Berathungen erging dann die Parole durch das Land,
zu wählen. Fürstenau ging voran, indem es am 11. April Stüve wählte,
Hannover den Stadtrichter Meyer, Göttingen den Justizrath Conradi, Münden den Advocaten Detmold, Emden den Senator Sax, Leer(?), Hannover den
Dr. Siemens, Stade, nachdem Freudentheil abgelehnt, den Senator Haver-
lamp, wie das Nähere darüber unten berichtet ist. Das Cabinet machte
unter dem 14. April bekannt, daß den Ständen ein Gesetzentwurf wegen
Expropriation behuf Anlage von Eisenbahnen und die Statuten der Creditanstalt für Ablösung bäuerlicher Grundstücke werden vorgelegt werden. Mit
dieser Sprenkel dachte man die Verfassungstreuen zu kirren.

Es war inzwischen auch von Osnabrück die erste Beschwerdeschrift an
den Bundestag am 19. März überreicht, durch Schärfe, Klarheit und Sau-
berkeit des Ausdruckes nach Form und Inhalt ein Meisterstück, dieselbe
findet sich Portfolio I. p. 5. Leider war die Vorstellung mit ihren Anlagen zu umfangreich, um in öffentlichen Blättern Platz finden zu können. Im
ganzen Lande litt die Stadt Göttingen am meisten unter dem Drucke der
Zeit, die Zahl der Studierenden, welche zu Michaelis 1837 noch 909 betrug,
schmolz Ostern 1838 auf 725 zusammen, und es waren gerade die wohl-
habenderen Ausländer, die Göttingen verließen. Michaelis 1838 sank die
Zahl der Studierenden sogar auf 664.

Indeß waren die „Ferien" der Stände abgelaufen und am 23. sollte
der Zusammentritt derselben stattfinden, aber es hatten sich nur 29 Mitglieder eingefunden, es fehlten also an der beschlußfähigen Hälfte der Versammlung noch neun.

Vom 24. April bis zum 2. Mai kam man täglich zusammen, um an-
zuhören, daß noch immer eine beschlußfähige Anzahl Deputirter nicht erschienen sei. Dr. Lang beklagte sich bitter über die Nichtveröffentlichung seines

Meisterstücks, des Schreibens vom 16. März, der er die Schuld dieser Un=
vollständigkeit zuschreiben wollte. Am letzten Tage war dem Präsidenten zur
Kunde gekommen, daß auch der Deputirte Westerhausen in Hannover sei, und
Präsident ließ denselben nun in der ganzen Stadt suchen, obwohl derselbe
sein Unwohlsein angezeigt hatte. Endlich am 3. Mai war man vollzählig
und konnte die Vollmachten des Schultheiß Schmolle und Vollhöfner Möller
prüfen und diese zulassen, wodurch die Zahl auf 39 stieg. Christiani be=
antragte ein Beförderungsgesuch wegen des Schreibens vom 16. Mai, über
dessen Geheimhaltung der Regierungscommissarius indeß nur Privatansichten
äußern konnte.

Der Cammer wurde die Mittheilung, die Regierung genehmige die Ver=
öffentlichung der Verhandlung in der Art, daß eine möglichst gedrängte
Zusammenstellung des wesentlichen Inhalts der wichtigeren Verhandlungen
in der Hannoverschen Zeitung gedruckt werde, ohne daß jemals einzelne
Reden aufgenommen oder die Redner anders als in einer Aufzählung ge=
nannt würden. Gegen solche verstümmelte Oeffentlichkeit protestirte Christiani
entschieden, Lang und Klenze meinten, man könne es doch erst einmal ver=
suchen.

Es traten nun nach und nach die gewählten oppositionellen Deputirten
ein, während sich die Cammer hauptsächlich mit dem Entwurfe eines
Gesetzes über das Criminalverfahren beschäftigte. Der überwiegende Einfluß
des Dr. Lang schwand, je mehr Abgeordnete ihren Platz einnahmen. Der
Deputirte der Residenz, Stadtrichter Meyer, überreichte nach seinem Eintritt
sofort eine Erklärung zu den Acten, in welcher er die dem Lande und den
Corporationen aus dem Staatsgrundgesetz erworbenen Rechte wahrte. Da
diese Erklärung an die zweite Cammer gerichtet war und ein Petitum fehlte,
entstand am 12. Mai eine große Debatte über die Behandlung dieser Reser=
vation, der Antrag Klenze's, dieselbe von den Acten zu entfernen, fiel zwar.
Bemerkenswerth war die Aeußerung des Dr. Lang: daß es ihm höchst un=
angenehm sein werde, wenn andere Städte dem Beispiele der Residenz folg=
ten; wogegen Christiani der Residenz Dank wußte, daß sie trotz ihrer
abhängigen Verhältnisse ihre verfassungstreue Gesinnung auszusprechen den
Muth gehabt habe, und viele Nachfolge wünschte. Diese fehlte auch nicht,
Advocat Buddenberg überreichte nach seiner Einführung am 21. Mai eine
Verwahrung seiner Wahlmänner — welches abermals zu einer heftigen De=
batte führte, da der Präsident sich weigerte, dieselbe zu den Acten zu neh=
men. Die Cammer entschied mit 34 gegen 19 Stimmen, daß Präsident
dazu verpflichtet sei. Advocat Detmold übergab am 22. Mai eine Vor=
stellung der Stadt Münden wegen Aufrechterhaltung des Staatsgrundgesetzes,
sich deren Schlußantrag aneignend.

Während einer kurzen Vertagung wegen der Pfingsttage starb am ersten
Festtage der Deputirte Landesvorsteher Abides, der beinah 20 Jahre an
den ständischen Verhandlungen mit dem wärmsten Eifer, der größten Auf=
opferung und einer mehr als gewöhnlichen Einsicht in die Dinge Theil ge=
nommen, er wurde am 8. Juni von zahlreichen Mitgliedern der Cammern
begleitet, zu Grabe gebracht. An diesem Tage verstärkten Theodor Meyer
und Senator Haverkamp die Cammer. Der Eintritt des Ersteren war vom
Cabinete mehrere Monate hingehalten wegen eines Vorbehalts, derselbe

habe verzichtet, war darauf wiedergewählt und erklärte sich entschieden für das Staatsgrundgeseß, bestritt dieser Versammlung die Competenz, eine neue Verfassung zu schaffen. Eine gleiche Erklärung gab Haverkamp ab und überreichte eine Vorstellung der Wahlcorporation.

Am 9. Juni stand der Entwurf eines Expropriationsgesetzes auf der Tagesordnung, nach welchem es gänzlich von der Regierung abhängen sollte, mit Rücksicht auf das Staatswohl zu bestimmen, ob und in welcher Richtung Eisenbahnen angelegt werden möchten. Als man aber selbst von Seiten der Rechten, diese von der Regierung in Anspruch genommene Befugniß nicht ohne Bedenken fand, erklärte Klenze es ohne Zweifel, daß der König ein solches Gesetz einseitig und gegen den Willen der Stände werde erlassen können, den Ständen nur bei Steuergeseßen Zustimmung, sonst nur ein Beirath zustehe.

Am 12. Juni interpellirte Meyer wegen der nun schon seit 4 Wochen beim Cabinette liegenden Vollmacht des Deputirten für Fürstenau, — Stüve. Der Regierungscommissarius hatte keine Kunde über die Sache. Es kam dann der Verfassungsentwurf mit den Anträgen dazu zur Berathung und stellte Justizrath Conradi den Vorantrag: „Stände wollen die Verfassung, welche ihnen von Sr. Majestät dem Könige vorgelegt, berathen, müssen indeß der Ansicht sein, daß dadurch diejenige Verfassung, welche vor Antritt der Regierung Sr. Majestät rechtlich bestanden, nicht anders aufgehoben oder abgeändert werden könne, als wenn die in dieser Verfassung begründeten Repräsentationen ihre Zustimmung dazu ertheilen." — Der Regierungscommissarius hielt einen solchen Vorbeschluß für unzulässig, und den Verhältnissen widersprechend, da das Staatsgrundgeseß gar nicht mehr existire, dagegen die Verfassung von 1819 in anerkannter Wirksamkeit bestehe und diese Versammlung einer Verfassung, welcher sie selbst ihre ganze Existenz danke, nicht wohl in Zweifel ziehen könne. Er protestirte gegen eine Discussion und forderte den Präsidenten auf, den Antrag und die Verhandlung über denselben nicht zuzulassen. Klenze hielt eine lange Rede, welche die Hannoversche Zeitung vom 30. Juni ziemlich getreu wieder giebt, der Präsident Jakobi wiederholte, daß nach jetziger Lage der Sache kein Heil für das Land zu finden sei, als in Umgehung der Rechtsfrage — erklärte den Antrag für formell unzulässig, worin ihm Heinichen beistimmte. Während Christiani und Theod. Meyer den Antrag, mit den bekannten Rechtsdeductionen vertheidigten, wußte Dr. Lang dessen Allgemeinheit, welche jedem Theile gestatte, seine Intentionen darin zu finden, lobend hervorzuheben. Syndicus Lang kam mit dem Antrage, die Beschlußnahme bis zum Schluß der Berathung auszuseßen, ließ diesen aber wieder fallen, da Zweifel darüber herrschten, ob damit auch über die formelle Zulässigkeit des Antrags entschieden sein solle.

Nun erklärte der Präsident, daß er sich in seinem Gewissen gedrungen fühle, den Antrag nicht zur Abstimmung zu lassen. Christiani bestritt die Präsidialbefugniß und verlangte Entscheidung der Cammer, der Präsident weigerte sich auch dessen, da er seine Ueberzeugung einem Majoritätsbeschluß nicht opfern werde, was einen wahren Sturm von Entgegnungen hervorrief. Als man sich nicht einigen konnte, beantragte Dr. Lang Aussetzung bis morgen. **Am 13. Juni** beantragte **Dr.** Lang die Protestation des Regierungscommissairs, als dessen Rechte überschreitend, aus dem Protocolle zu entfernen, worauf Leist zugestand, daß seine Wirksamkeit sich allerdings nur auf die Theilnahme an Berathungen und Suppeditirung von Aufschlüssen und Aufklärungen erstrecke und daß eine derartige Protestation nicht in seinen Befugnissen liege, wobei Lang sich beruhigte. Es kam nun zur zweiten Verhandlung über den gestrigen Antrag, wobei das Cabinet mindestens Zeit zu gewinnen suchte, indem Hofrath Hüpeden den von Lang zurückgezogenen Antrag wieder aufnahm, den Conradischen Antrag bis zum Schluß der Berathung auszusetzen.

Welche innere Motive die Opposition, oder die conservative Partei, wie Justizrath Conradi sie mit Recht nannte, hatte, ihre Kräfte jetzt noch nicht mit denen der Cabinetspartei zu messen, ist aus den Acten nicht zu lesen, genug Syndicus Lang nahm den Antrag auf mit der Verbesserung, die Beschlußnahme bis zu Ende der ersten Berathung auszusetzen. Die dafür angeführten Gründe, daß der Antrag „höchst zweifelhafter und gefährlicher Auslegung fähig sei" reichen nicht hin, die Verzögerung zu rechtfertigen, da sich die etwaige Allgemeinheit sehr leicht präcisiren ließ. Ob man den Eintritt des einen oder andern Deputirten noch abwarten, oder dem Lande zeigen wollte, wie wenig Nachgiebigkeit von dem Cabinette in materieller Beziehung zu erwarten sei, wenn man von dem Rechtspuncte absehe, können wir nicht beurtheilen. Der letzte Grund würde jedenfalls durchschlagend gewesen sein, wenn die Oeffentlichkeit der Verhandlungen gesichert gewesen wäre, allein bei der beliebten Oeffentlichkeit hing es gänzlich von der Gnade des Cabinets ab, was in die Hannoversche Zeitung kam, und da waren die Gründe für die Regierung immer in aller Breite ausgeführt, die Gegengründe verstümmelt.

Die Hinaussetzung wurde mit 34 gegen 20 Stimmen beliebt und nun die erste Berathung des Verfassungsentwurfes begonnen, die in verhältnißmäßig sehr kurzer Zeit am 25. Juni vollendet war, da man sich selten die Mühe nahm, tiefer in das Materielle einzubringen, indem man hoffte, nur leeres Stroh zu dreschen. Es waren inzwischen noch zwei Conservative eingetreten, der Oeconom Schmidt aus Fallingbostel und Siemens aus Hannover, während die Vollmacht des Hauptmanns Böse aus einem von der Cammer für verwerflich erklärten Grunde beanstandet ward.

Als das achte Capitel des Entwurfes mit 31 gegen 30 Stimmen abgelehnt war, wollte Präsidium zur Abstimmung über den ganzen Entwurf schreiten lassen, Conradi vindicirte seinem Antrage jedoch Prioritätsrechte und drang damit, nachdem Präsident das Haus befragt, durch. Nunmehr stellte Syndicus Lang folgenden Verbesserungsantrag: „Stände wollen die Verfassung, welche ihnen von Sr. Majestät vorgelegt ist, berathen, sie müssen indeß der Ansicht sein, daß dadurch diejenige Verfassung, welche vor dem Antritte Sr. Majestät rechtmäßig bestanden, nicht anders befriedigend aufgehoben oder abgeändert werden könne, als wenn die nach dem Staatsgrundgesetze begründete (mit den Anträgen der Stände zu dem neuen Verfassungentwurfe übereinstimmende) Repräsentation, sowie die Provinzialstände dazu ihre Zustimmung ertheilen, und sagte bei der Begründung desselben, nachdem Conradi darin nur eine

Vervollständigung seines eigenen Antrags gefunden, folgende Worte: daß die Bezugnahme auf die hier (d. h. von zweiter Cammer) damals beschlossene (d. h. in erster Berathung beschlossene) Herstellung der grundgesetzlichen Composition der beiden Cammern, darauf abzwecken, Sr. Majestät einen milderen Ausweg anzudeuten, um ohne Beeinträchtigung der königlichen Würde von einem übereilten und bei weiterer Verfolgung zum Unheil füh= renden Schritte zurückzukommen.

Lang der Sohn pflichtete dem Antrage in der Haupt= und Nebenten= denz vollkommen bei, und suchte bei specieller Vergleichung mit seinem Macht= wort, dem Competenzschreiben vom 16. März, in ausführlicher Rede darzu= thun, daß die proponirte Berufung auf die nachträgliche Sanction der staatsgrundgesetzlichen Stände, mit jenem Schreiben, welches ja das Vorhan= densein der Zweifel ausdrücklich anerkenne, und nur die Scheu solche zu entscheiden ausspreche, so wenig in Widerspruch stehe, daß vielmehr in der gegenwärtigen Alarmmachung dieser Zweifel, unter gleichzeitiger Fortsetzung der angefangenen Verhandlung nur eine consequente Verfolgung der einge= schlagenen Bahn zu finden sei.

Nur Theod. Meyer mißbilligte die Anziehung der in Klammern beige= fügten Worte und trug auf deren Streichung an. Die Conservativen schie= nen ihres Sieges so sicher, daß sie die Einwendungen Klenze's, Heinichen's und Amtsassessors Grimsehl kaum beantworteten. Nun wurde aber von jener Seite die Frage angeregt, ob der Vorbeschluß 3mal zur Abstimmung kommen müsse, und eventuell von Hüpeden ein Antrag auf dreimalige Abstimmung gestellt. Man hoffte zwischen der ersten und dritten Abstimmung noch Stim= men gewinnen zu können. Der Präsident erklärte darauf, daß er den An= trag nicht zur Abstimmung bringen könne. Er verkenne indeß nicht, daß er mit seiner Ansicht der Cammer keinen Zwang anthun könne, er sprach sich aber wegen des engen Zusammenhangs mit dem Gesetze selbst für drei= malige Abstimmung aus.

Der Präsident verließ nun den Saal und **Dr. Lang** nahm die Stelle des bis dahin in berathender Sitzung präsidirenden Generalsyndicus ein, um zur Fragstellung zu schreiten. Vorher motivirten jedoch Canzleiassessor Reupert, Saffen, Hillingh, ihre demnächstige Stimme für den Antrag mit der Erwägung, daß die Ostfriesische Provinziallandschaft ihre Zustimmung zu einem Vergleiche geben müsse, und Herr Professor Reiche in der Voraus= setzung, daß eine völlige Herstellung des Staatsgrundgesetzes nicht, sondern nur Herstellung der staatsgrundgesetzlichen Repräsentation im Plane liege.

Die Vorfrage, ob der Antrag überhaupt zulässig sein werde, wurde dar= auf mit 38 gegen 20 Stimmen bejaht, der eventuelle Antrag auf dreimalige Abstimmung mit 31—27 Stimmen abgelehnt, der von Theod. Meyer gestellte Antrag auf Streichung der in Klammer beigefügten Worte, mit 30 gegen 28 Stimmen verworfen, worauf auf Klenze's Antrag zur namentlichen Abstim= mung über den Lang=Conradi'schen Hauptantrag geschritten wurde. Es er= klärten sich für denselben 34 Stimmen: A. Bening, A. Buddenberg, **Dr. jur. Christiani**, J. R. Conradi, Bauermeister Coß, Advocat Detmold, **Dr. jur. Donner**, Senator Havertamp, L. A. Hillingh, Schultheiß Hinke, Kaufmann Kaufmann, Gutsbesitzer König, Syndicus **Dr. Lang**, **Dr. jur.**

11*

Meyer, Staatsrath Dr. Meyer, Vollhöfner Möller, Colon Möllmann, C. A. Neupert, Bürgermeister Dr. Nordbed, Professor Dr. Reiche, Vollhöfner und Cantor Riechelmann, J. R. Sassen, L. D. Schacht, Schultheiß Schmelle, Oeconom Schmidt, Hofbesitzer Schriever, Kaufmann Schulz, Stadtgerichts-Secretair Dr. Siemens, Bürgermeister Storckmann, Vollhöfner Stubbe, M.-C. Wehner, Bürgermeister Westerhausen, Bürgermeister Willers, Hausmann Wittkop. Verneinend votirten 24 Abgeordnete, nämlich: Cammer-Secretair Bar, L. A. Besecke, A. A. Dr. Blumenhagen, C. J. Cramer v. Clausbruch, C. R. Dürr, Schatz- und Consistorialrath Eichhorn, Amts-assessor Grimsehl, Amtsassessor Hagemann, Regierungsrath Heinichen, Hofrath Hüpeden, B. u. R. Dr. Jenisch, Cammercommissair Dr. Klenze, Bürgermeister Dr. Koller, Bürgermeister Ludowieg, Bürgermeister Mertel, Rittmeister Meyer, L. A. Petersen, Oeconom Schaaf, Bürgermeister Schwarz, Amtassessor v. Seebach, H.-C. Dr. Sernau, Amtsassessor v. Trampe, Bergrath v. Unger, Amtmann Wiesen. Damit schloß die Sitzung bei weit vorgerückter Zeit. Am andern Tage stellte Conradi den Antrag, die fernere Berathung des Verfassungsentwurfs bis dahin auszusetzen, daß der Beitritt erster Cammer zu diesem Vorbeschlusse erfolgt sein werde, der auf die nächste Tagesordnung gesetzt wurde. Als sich über die Reglementsfrage, ob der gestrige Beschuß der ersten Cammer sofort mitzutheilen sei, Streit erhob, sprach Dr. Lang sein Bedauern aus, daß gestern durch Ablehnung der dreimaligen Berathung des Beschlusses dem Reglement Gewalt angethan sei.

In Beziehung auf das Regierungsschreiben, welches im Falle einer Nichtvereinbarung mit den Ständen mit Octroyirung gedroht hatte, sah sich Syndicus Lang zu dem Antrage genöthigt: „Stände wollen beschließen, der Königlichen Regierung zu bezeugen, da das ihrer Ueberzeugung nach unbestreitbar richtige Princip, eine Verfassungsurkunde könne gültig nur auf den Grund einer vollständigen Vereinbarung mit den competenten Ständen erlassen werden, die zu ihrer Beruhigung erforderliche volle Anerkennung anscheinend nicht finde, daß sie sich jeder ferneren Berathung des ihnen vorgelegten Verfassungsentwurfs bis dahin enthalten müssen, daß ihnen eine bündige Zusicherung über die Anerkennung dieses Princips zugegangen ist."

Dieser Antrag ward auf die nächste Tagesordnung gestellt. Bei der nun folgenden Abstimmung über den ganzen Verfassungsentwurf mit den beschlossenen Modificationen, der mit 35 gegen 22 Stimmen abgelehnt wurde, motivirte die 35. Stimme, nämlich Dr. Lang, um sich auch hier den Rückzug nicht abzuschneiden zu lassen, sein Votum dahin, daß er gegen den Entwurf stimme wegen des nach Verwerfung mehrerer Hauptcapitel gänzlich mangelnden Zusammenhangs. Herr Dr. Lang folgte also schon damals demselben Principe, das er fortwährend beibehalten hat, bald für bald gegen dieselbe Sache zu sprechen, immer leidenschaftlich, mit anscheinender Ueberzeugung, immer sich aber einen Schleichweg offen haltend, durch welchen es ihm möglich wurde, zur gelegenen Zeit in das entgegengesetzte Lager zu schlüpfen, ohne dadurch das Vertrauen „seiner Bremenser", wie er die bremischen Deputirten von Marsch wie Geest zu nennen beliebte, zu verlieren.

Es wurde in dieser Sitzung auch noch über das Expropriationsgesetz verhandelt, wobei Dr. Lang seine Polemik gegen das Eisenbahnwesen überhaupt moderirte und anerkannte, daß es Fälle geben könnte, wo Eisenbahnen Nothwendigkeit seien. Theodor Meyer, wie O.-B.-R. von Unger, ein eifriger Beförderer alles Eisenbahnwesens, sprachen sich so entschieden gegen ein ganz allgemeines Expropriationsgesetz für alle möglichen Fälle aus, daß nunmehr Regierungsrath Heinichen zu § 1 den Grundsatz vorschlug, daß die Anwendung des Gesetzes von dem vorgängigen Einverständniß zwischen Regierung und Ständen über jede einzelne Bahn und deren Richtung abhängig gemacht wurde, womit die Hauptschwierigkeit des Gesetzentwurfes beseitigt wurde. — Obgleich der Regierungscommissair nicht anwesend war, wurde doch officiös mitgetheilt, daß es sich zunächst um eine Bahn von Magdeburg, Braunschweig, Hannover, Minden, Cöln handle, damit Hannover ja durch eine Bahn von Cassel, Paderborn, Cöln nicht umgangen werde.

Es mag hier bemerkt werden, was später sofort näher dargelegt wird, daß sich der Umstand, daß Stände überall noch forttagten, lediglich aus der Abwesenheit des Königs erklärt.

Am 28. Juni kam der Antrag Conradi's auf Aussetzung jeder Berathung des Verfassungsentwurfes zur Berathung und führte, wie vorauszusehen, zu den alten Streitigkeiten, die diesmal wohl auch Herrn Dr. Lang trafen, der immer noch nicht vergessen konnte, daß er nach der Osterversammlung in Bremen seinen Einfluß in der Cammer, der bis dahin Alles überwog, gänzlich eingebüßt habe, und ihn zu der Klage veranlaßte: seiner Betrübniß über die Lage der Cammer Worte zu leihen, wo die Verhandlungen immer gehässiger würden, wo man über Persönlichkeiten die Sache vergesse, in Beschuldigungen und Gegenbeschuldigungen sich erschöpfe, und auf das decidirteste Partei ergreife. Derselbe war an diesem Tage wieder oppositionell, indem er die hoffnungslose Lage der Dinge in dem starren, unnachgiebigen, verletzenden Verfahren der Regierung gegen die zweite Cammer begründet fand, wollte doch das Cabinet noch immer nichts von Lang als Vermittler wissen. Er, als Präsident fungirend (Jacobi war entblieben), gab anheim, die Abstimmung bis zum Diensttage auszusetzen, eine Anheimgabe, die sein Vater zum Antrage erhob, „aus Rücksichten des Anstandes". -- War es doch noch im letzten Augenblicke möglich, daß sich das Cabinet des Einflusses der beiden Langs auf die Cammer bediente und die Concession machte, von der bisher nur der Hofrath Reiche und der Syndicus Lang Andeutungen hatten fallen lassen. Die Aussetzung ward beschlossen. Es kam dann noch der vorhin erwähnte Antrag des Syndicus Lang gegen etwaige Oetroyirungen zur Besprechung, welche aber ausgesetzt wurde wegen vorgerückter Zeit. Am folgenden Tage, dem 29., durfte man erwarten, daß der König benachrichtigt und eine Entschließung gefaßt sei; Lang blieb ohne Benachrichtigung vom Cabinet und nun einigten sich 28 Mitglieder zweiter Cammer zu der bekannten Vorstellung an den deutschen Bund, die von Dr. Lang, als Vicepräsidenten an der Spitze, unterschrieben ist. *) Es erfolgte dann auch an diesem Tage die Vertagung.

Wir müssen einen Rückblick auf das Land werfen.

Der Beschwerde der Stadt Osnabrück an die Bundesversammlung hatte sich eine zweite Beschwerde von Seiten des Magistrats, der Bürgervorsteher

---

*) Hannoversches Portfolio pars I. S. 149.

und Wahlmänner der Stadt Hildesheim vom 8. Juni 1838 zugesellt, welche sich, was die rechtlichen Ausführungen anlangte, auf die Osnabrücker Beschwerde bezog, und als Beschwerdepunct aufstellte, daß das in anerkannter Wirksamkeit stehende Staatsgrundgesetz vom 26. September 1833 auf verfassungswidrige Weise aufgehoben sei und eine neue Staatsverfassung durch Berathung mit einer illegalen Ständeversammlung festgesetzt werden solle. Die Stadt Esens in Ostfriesland hatte sich, durch ihren Bürgermeister E. Wedelind veranlaßt, beschwerend nach Frankfurt gewendet, was bei einer Ostfriesischen Stadt viel sagen will. Die Osnabrücker Landgemeinden hatten gleichfalls Beschwerden übergeben lassen. Die Osnabrücker Beschwerde mußte bei der Klarheit und Schärfe ihrer Deductionen, der Ruhe und Gemessenheit ihrer Sprache in den Frankfurter Kreisen Eindruck machen und machte solchen, wie aus Frankfurt von den Gesandten berichtet wurde, und öffentliche Blätter andeuteten. In der Residenz selbst gingen die Dinge nicht nach Wunsche des Cabinets. Eine Deputation des Magistrats sollte zur Gratulation am Geburtstage des Königs nur zugelassen werden, wenn der Stadtrichter Meyer als Deputirter resignirte und die Protestation zurückgenommen werde. Man verzichtete unter diesen Umständen auf eine Gratulation durch Deputation. Die Verhandlungen in der zweiten Cammer hatten einen wenig erfreulichen Gang für die Regierung genommen und wußte man schon 8 Tage vor dem 25. Juni im Voraus, daß der Conradische Incompetenzantrag eine Majorität finden würde. Es mußte also etwas geschehen, um in den Augen der Welt den Dingen den Schein zu geben, als geschähen sie lediglich von einer kleinen Anzahl von Personen, während das Volk selbst mit unwandelbarer Liebe, Treue und Unterwürfigkeit an dem Könige hinge. Die Reise nach der Göhrde und die Triumphe in Lüneburg lagen noch im Gedächtnisse; wie man sich auch der Napoleonischen Mittel recht gut erinnerte, fehlten ja als intime Rathgeber des Cabinets dienstbare Geister aus Jeromes Zeiten nicht. Wie wenn man eine Reise im vergrößerten Maaßstabe veranstaltete und in einem großen Theile des Landes die Huldigungen persönlich in Empfang nahm?! Dem Könige, der zum ersten Male sein Land bereis'te, mußten überall als Könige glänzende Empfange bereitet werden. Die Beamten, welche dazu nicht die passenden Persönlichkeiten und Staffagen herbei zu schaffen gewußt hätten, würden sich selbst als unfähig denuncirt haben. Daß dem Könige diese Unterwürfigkeit und Ergebenheit gezeigt war, obgleich er das Staatsgrundgesetz für aufgehoben erklärt hatte, ließ sich leicht so deuten, sie sei bewiesen, weil er das Staatsgrundgesetz umgestoßen habe. Genug der König machte eine große Rundreise; er begab sich am 20. Juni über Celle, Lüneburg nach Harburg, von da in das Bremische nach Stade, Bremervörde, Bremerlehe, Verden, Hoya, Syke, Bassum, Diepholz, Osnabrück, Lingen, Meppen nach Aurich und Emden und kehrte erst am 2. Juli zurück. Die Reise, welche der Hannoverschen Zeitung acht Tage Stoff zu Berichten lieferte, war nach derselben einem Triumphzuge zu vergleichen, überall Glockengeläut und zum Theil Böllerschüsse, Ehrenpforten, Heil Dir o König Heil, junge Mädchen in weiß gekleidet, Gedichte, bei nächtlichem Aufenthalt Illuminationen und Fackelmusiken, Festessen, Paraden u. s. w. u. s. w. Das Volk überall außer sich vor Freude, in Osnabrück, wo kurz vorher die Differenzen zwischen dem

Magistrate und den Offizieren durch schriftliche Ehrenerklärungen von Seiten des Generals v. Bock und Oberst v. Peten ausgeglichen waren, so außer sich vor Jubel, daß der König mehreren vor dem Thore harrenden Einwohnern huldreichst gestatten mußte, die Pferde vor dem Wagen abspannen und sich in die Stadt ziehen zu lassen. An den Thoren von Osnabrück wurde am 26. Juni, Nachts gegen 12 Uhr der König von dem versammelten Magistrate empfangen, Stüve hielt eine ehrerbietige Anrede und überreichte die Schlüssel der Stadt, zugleich aber auch eine Bittschrift um Aufrechterhaltung des Staatsgrundgesetzes, und der König fuhr unter Fackelschein, begleitet von den Bürgerschützen auf das Schloß, wo die unvermeidlichen 24 jungen Damen Kränze und ein Gedicht überreichten. Doch war der Einzug kein glücklicher. Hier traf den König die Nachricht von dem, was unterdeß in Hannover in zweiter Cammer geschehen war und von hier ist vom 27. Juni das Vertagungsrescript der Stände datirt, das am 29. Juni in den Cammern eröffnet wurde.

Während dies in Osnabrück geschah, saßen in Göttingen eine Anzahl Exponenten, darunter Mitglieder der Justizcanzlei und Professoren, beim Souper und tranken das Wohl Conradi's, Langs, und der 34. Auch Stüve, der eine sehr schwere Stunde zu bestehen hatte, ward nicht vergessen. Wie wir erfahren, haben beinah im ganzen Lande, bis wohin die Kunde des Beschlusses vom 25. Juni am 26. gedrungen war, ähnliche Zusammenkünfte der staatsgrundgesetzlichen Opposition stattgefunden und allenthalben hat man den tapfersten Vertheidigern des Staatsgrundgesetzes ein Hoch aus tiefstem Herzensgrunde gebracht. — Wir erinnern uns noch wie heute der Schnelligkeit, mit der sich das, was am Tage vorher in Hannover geschehen, in Göttingen verbreitete, und des Jubels, mit dem es aufgenommen war. Nachdem die zweite Cammer sich selbst für incompetent erklärt habe, glaubte man, könne der Bundestag nicht anders als sich für das zu Recht bestehende Staatsgrundgesetz erklären. Das waren meistens Juristen, hochgestellte Richter und Lehrer des Rechts, die also glaubten. Sie erwogen nicht, daß nach den Wiener Conferenzbeschlüssen von Recht überhaupt kaum noch die Rede sein könne.

Treten wir dem s. g. Incompetenzbeschlusse aber kritisch näher, so können wir nicht verhehlen, daß schon der Conradi'sche Antrag nicht correct war. Stände wollen die Verfassung berathen, lautete der Anfang. Die Versammlung erkannte darin ihren Charakter der Stände an, war aber das Staatsgrundgesetz zu Recht bestehend, so hatte die Versammlung etwa den Charakter einer Notabelnversammlung, es waren höchstens Vertrauensmänner, aber keine gesetzlich begründete Repräsentation; daß der Antrag die Verfassung nicht benannte, welche zur Zeit des Regierungsantritts Ernst August's rechtlich bestanden, konnte Niemand zu dem Zweifel bringen, es könne damit die Verfassung von 1819 gemeint sein. Weshalb das Staatsgrundgesetz nicht ausdrücklich genannt war, dafür fehlte aber jeder Grund. Dagegen war der Ausdruck, „daß die in jener Verfassung begründeten Repräsentationen ihre Zustimmung dazu zu ertheilen hätten", zweideutig aber gut gewählt, wenn er die Ostfriesen befriedigte. Denn wenn das Staatsgrundgesetz auch eine gedoppelte Repräsentation, allgemeine Ständeversammlung und Provinziallandschaften festsetzte, so waren der Zustimmung der letz-

teren doch alle allgemeinen Gesetze entzogen, also war nach dem Staatsgrundgesetze nicht denkbar, daß die Repräsentation durch Provinzialstände
competent gewesen wäre, ihre Zustimmung zu einer Verfassung für das
ganze Land zu ertheilen. Der Antrag sah von vorn herein so aus, als
wenn er aus einer Conferenz beider Cammern gekommen wäre, als Ver-
mittlungsvorschlag entgegenstehender Meinungen, bei dem alle Interpreta-
tionen möglich. Hugo würde einen solchen Antrag schwerlich gestellt haben.

Der Lang'sche Verbesserungsantrag war in sofern klarer, er verlangte
die Zustimmung der durch das Staatsgrundgesetz begründeten Ständeversammlung, aber daneben auch die Zustimmung der Provinzialstände. Es
ist uns noch heute unbegreiflich, wie man von Seiten der Männer, die das
Staatsgrundgesetz mit hatten begründen helfen, Theod. Meyer's, Christiani's,
Dr. Lang's, einen solchen politischen Fehler machen konnte. Das Staatsgrundgesetz war ohne die Zustimmung, ja gegen die Zustimmung der Provinzialstände zu Stande gekommen und es mußte als oberstes Princip aufrecht
erhalten werden, niemals auch nur die entfernteste Einmischung der Provinzialstände in Sachen der allgemeinen Gesetzgebung zu dulden, weil das zu
den gefährlichsten Folgen, zu einer Vernichtung der Stände selbst führen
konnte. War es nun wohl angemessen, von diesem Principe abzugehen,
auch die Zustimmung der Provinzialstände zu der neuen Verfassung zu verlangen, um die Stimmen von drei oder vier ostfriesischen Deputirten zu
gewinnen und der ersten Cammer einen Köder hinzuwerfen, an den sie doch
nicht anbiß? — Der von Theodor Meyer bekämpfte Zwischensatz war an und
für sich unschuldig, wenn auch unrechtlich und unwahr, denn es konnte zur
Zeit von ständischen Anträgen noch gar nicht die Rede sein. Der Hintergedanken aber, den Lang nach seiner eigenen Erklärung damit verband,
daß der König dadurch dem Verfassungsbruche abhelfen könne, wenn er eine
Ständeversammlung nach dem neuen Entwurfe beriefe, weil dieser ja eben
so componirt sei, als die staatsgrundgesetzliche, so daß die einen
für die andern eintreten, wenigstens gelten könnte, verstieß sowohl
gegen das formelle Recht, wie er das Wesen der Sache gänzlich mißkannte.
Es handelte sich ja bei dem Verfassungsstreite nicht um diese oder jene Composition der Cammern, die nach der Verfassung von 1819 und 1833 ja
eigentlich gleich war, sondern um das Staatsgrundgesetz selbst. Man mußte
an der Form festhalten, um das Wesen des Staatsgrundgesetzes, die Cassenvereinigung u. s. w. zu retten. Lang schien aber nur die Form auf
eine gewisse Weise gewahrt wissen zu wollen, um dann die Sache selbst aufzugeben.

Es war auch gar nicht abzuleugnen, der Beschluß war gegen das bisherige Verhalten der Stände und der zweiten Cammer eine Inconsequenz,
denn wenn die Versammlung sich für competent hielt, im Namen einer
Ständeversammlung eine Adresse auf die Thronrede zu erlassen, wenn sie
eine Commission zur Prüfung der neuen Verfassung niedersetzte, in der
Zwischenzeit verschiedenen Gesetzen ihre Zustimmung ertheilte, so mußte sie
auch competent sein, ein Verfassungsgesetz zu berathen.

Alle die Gründe, welche in dem ferneren Nachtrag einer Anzahl Deputirten an die Bundesversammlung (H. P. I. p. 201 flg.) vorgetragen
sind, um diese Inconsequenz wegzuleugnen, sind nach meiner Ansicht nicht

durchschlagend. Man brauchte die Inconsequenz nicht abzuleugnen, da in politischen Dingen sich mit consequenten Handlungen nach Lage der Dinge oft gar nicht durchdringen läßt. Man konnte einfach sagen, die richtige Ansicht ist erst später zum Durchbruch gekommen, man konnte sagen: Die Ausnahmsgesetze des Bundes haben uns zunächst fast aller wesentlichen Mittel zur Vertheidigung auf gesetzlichem Wege entzogen, die Preßfreiheit, das Recht uns zu versammeln, um über Petitionen und andere politische Mittel zu berathen; das Recht der Steuerverweigerung; man hat uns zu den Huldigungsreversen ohne Vorbehalt gezwungen, man hat uns zu Wahlen ohne Vorbehalt gezwungen, das letzte uns übrig gelassene Vertheidigungsmittel ist die Incompetenzerklärung.

Es trat nun eine Pause ein. Das Cabinet schien nicht zu wissen, was nun geschehen solle. — Der Kronprinz wurde confirmirt (Ende Juli) und hiebei kam es zum ersten Male zu einer gewissen Contestation, daß derselbe zur Zeit des Augenlichts auf beiden Augen beraubt sei, woran sich in auswärtigen Zeitungen Discussionen über die Fähigkeit des Kronprinzen zur Thronfolge knüpften. Nichts war einer solchen Nachfolge aber gefährlicher, als wenn die vom Cabinete verfochtenen lehnsrechtlichen Grundsätze in das neuere Staatsrecht übertragen wurden, denn das Lehnsrecht sprach es klar und bestimmt aus, daß ein Blinder zur Lehnsnachfolge untüchtig sei.

Der Großfürst von Rußland war auf seiner Reise nach Ems einige Tage in Hannover, was in Militairkreisen größere Aufmerksamkeit auf sich, als in politischen. — Viele Staatsdiener bejammerten die Entlassung Rose's und die Professoren in Göttingen sahen v. Arnswaldt ungern aus dem Universitätscuratorio scheiden, da sie ungemessene Einflüsse Leist's fürchteten.

Wir müssen kurz nachholen, was indeß an einem andern Orte, in der Eschenheimer Gasse in Frankfurt geschehen war und geschah. Dabei ist aber zu beachten, daß das Geschehene erst viel später zur vollständigen öffentlichen Kunde kam und da auf eine viel einfachere Art als sich viele Diplomaten träumen ließen, die der Verfasser dieses jedoch kennt, weil er bei der Quellenentdeckung mitwirkte. In der Bundestagssitzung vom 22. März hatte Hannover angezeigt, daß die hannoversche Verfassungsfrage sich nicht allein rechtlich sondern auch factisch erledigt fände. Stände nach der Verfassung von 1819 seien zusammenberufen, gewählt, hätten den verfassungsmäßigen Eid geleistet, ihre Berathungen begonnen, die Competenzfrage als erledigt anerkannt, also bestehe die Verfassung von 1819 bereits in anerkannter Wirksamkeit. Am 25. Mai gab die Hannoversche Regierung hinsichtlich der eingegangenen Beschwerden eine Erklärung zu Protocoll, wonach dieselbe die Competenz des Bundes wie die Legitimation der Beschwerdeführer bestritt, und den gegenwärtigen Zeitpunct, wo die Verfassung von 1819 in anerkannter Wirksamkeit stehe und man auf dem Wege sei, sich mit den Ständen über die materielle Seite der Sache zu vereinigen, gänzlich ungeeignet zu einer Einmischung des Bundes hielt. Es wurde auf sofortige Zurückweisung dieser Beschwerden angetragen, deren Zweck nur der sei, neuen Stoff zur Aufregung im Lande zu entwickeln und die schwache Opposition in zweiter Cammer zu erkräftigen, wofür „die geheime Thätigkeit der im Dunkeln schleichenden Feinde des Rechts und der Ordnung" spreche. Am 12. Juli erstattete der baierische Gesandte Namens der Reclamationscommission Bericht, mit dem Antrage die Beschwerde-

führer wegen mangelnder Legitimation zurückzuweisen. Es wurde dabei aber
auf eine mögliche Einmischung des Bundes ex officio angespielt. Während
Sachsen sofort dissentirte, weil, wenn man einzelnen Corporationen in einem
Falle wie dem vorliegenden, das Gehör versagen wolle, sich damit der Artikel
56 der Wiener Schlußacte als unnütz und nichtig darstellte, stimmten Oesterreich und Preußen bei, eben so Dänemark, Braunschweig-Nassau, Mecklen-
burg-Schwerin, Hohenzollern, Liechtenstein, Reuß u. s. w., wogegen Baiern,
Sachsen, Würtemberg, Baden und die bisher nicht Genannten für Instruc-
tionseinholung stimmten. Bei der Abstimmung wollte Sachsen bis zur näheren
Erörterung der Sachlage durch Vorlegung aller Actenstücke von Seiten Hannovers die Entscheidung beanstandet sehen, Baiern wünschte eine in die
Sache selbst eingehende Erklärung, da der Bund ex officio thätig sein
dürfe. Würtemberg hielt die Legitimation der Stadt Osnabrück für begründet, eben so die Competenz des Bundes für unzweifelhaft, verlangte von
Hannover weitere Erklärungen und Vorlegung der Acten. Baden erachtete
die Osnabrücker nicht für legitimirt, glaubte aber, daß Anlaß zur Selbst-
thätigkeit des Bundes gegeben sei und stimm e Baiern bei. Die Schlußziehung wurde ausgesetzt. — Hannover protestirte heftig gegen die Auffassung
Würtembergs, welche dieses in der Sitzung vom 6. September aufrecht erhielt und näher begründete. Großherzogthum Hessen schloß sich Baiern an, die
Sächsischen Fürsten für Abweisung, eben so Oldenburg, Anhalt, Schwarzburg, die freien Städte wie Baiern, Kurhessen ohne Instruction. Schlußziehung: die Majorität ist für Abweisung wegen Mangels an Legitimation.
Das war die erste Bundesbeschließung in dieser Sache; wer sich näher dafür
interessirt, findet die Protocolle im Hannov. Portfolio III. S. 1—68., G.
v. Struve, das öffentliche Recht des deutschen Bundes, Mannheim 1846
Thl. I. S. 330. Die Bundesversammlung erklärte außerdem, daß sie einer
Erwiderung Hannovers auf die Bemerkungen und Anfragen mehrerer Bundesglieder entgegen sähe und der Hannoversche Gesandte sicherte solche zu.

Am 29. November findet sich der Gesandte Hannovers zu seiner Befriedigung in der Lage, diese Erklärungen vorlegen zu können, aus denen
sich überzeugend ergeben werde, daß dem Artikel 55 der Wiener Schlußacte
wie dem Artikel 13 der Bundesacte Genüge geschehen sei. Diese Hannoversche
Erklärung findet sich Hannoversches Portfolio II. p. 279, sie ist kurz, hat
nur drei Anlagen, die Proclamation vom 7. Januar, ein Verzeichniß der
nach dem Patente vom 7. December 1819 zu berufenden Stände, die Eröffnungsrede. Es war derselben ein Anhang mit Rechtsdeductionen hinzugefügt — dieselben wiederholten das Bekannte, daß die Verfassung nur auf
dem Wege des Vertrages habe festgestellt werden können, nun aber der wichtige § 140 des Staatsgrundgesetzes einseitig von der Regierung also geregelt
sei, daß das bisherige intensive Kraft der Stände gegen ihren Willen bedeutenden Eintrag erlitten. Dieser formelle Mangel habe seine Heilung durch
Zustimmung einer Ständeversammlung, die selbst erst Product des nichtigen
Grundgesetzes gewesen, nicht finden können. Sodann war Verletzung agnatischer Rechte am Cammergute, und Verletzung des im Artikel 57 der Wiener Schlußacte bundesgesetzlich ausgesprochenen Princips der Untheilbarkeit
der höchsten Staatsgewalt angeführt. Außerdem waren die §§ 13, 85,
92, 140, 151, 163 des Staatsgrundgesetzes als mit dem Bundesrechte

nicht in Uebereinstimmung stehend, hervorgehoben. Das Ganze war in einem würdigen Tone, frei von Genz-Metternich'schen Phrasen gehalten und zeichnete sich sehr vortheilhaft aus vor der Eingabe vom Jahre 1839. Daß sich die Schrift auf die Anhänglichkeit der Unterthanen an die erhabene Person des Königs berief, die sich bei jeder Gelegenheit unverkennbar zu Tage gelegt habe, so wie auf die Abwesenheit unruhiger Bewegungen im Lande war natürlich, indeß bedurfte es keines großen Verstandes, um hier Schein vom Wesen zu unterscheiden.

Aus den Bundestagsverhandlungen kann man die Wirksamkeit der zum Theil sehr schönen Reden beurtheilen, welche im Laufe des Jahres in den verschiedenen Cammern deutscher Staaten für das gute Recht der Hannoveraner gehalten waren. Die Badischen Cammern schienen ganz in den Wind geredet zu haben. Oesterreich wie Preußen schienen keinen Laut von alle dem, wie sich das Volk ausgesprochen, gehört zu haben.

Es muß hier noch erwähnt werden, daß sich in der That in Teutschland eine Stimme gefunden, welche sich der hannoverschen Regierung gegen die sieben Professoren annahm. Ein philosophisch gebildeter junger Mann, der noch 1831 neben dem Verfasser dieses als Dahlmanns Zuhörer in der europäischen Staatengeschichte, 1834 in der Politik und Nationalwirthschaft gesessen hatte, und der als Accessist bei der Polizei in Gotha einen dürftigen Dienst bekleidete, Gustav Zimmermann, schrieb eine Broschüre: Ein anderes Wort zur Protestation und Entlassung der sieben Göttinger Professoren; Gotha 1838. Junge Kräfte, die die Lehren v. Hallers und des Berliner politischen Wochenblatts in sich aufgenommen und populär verbreiten konnten, die in den Zeitungen Polemik führen konnten gegen die im Finstern umherschleichenden Feinde der Ordnung und des Rechts, waren dem Cabinet erwünscht. (G. Zimmermann wurde nach Hannover berufen und zunächst darauf angewiesen, im Hamburger Correspondenten, der sich dem Cabinette bereitwillig zur Verfügung gestellt hatte, gegen die Opposition und namentlich den Hauptablagerungsplatz der giftigsten aber immer treffenden, zum größten Theil von dem Advocaten Detmold in Hannover zum Theil von dem Verfasser dieses herrührenden Artikel des Teutschen Couriers zu polemisiren. Wer ahnte damals, daß aus Zimmermann ein hannoverscher Genz, ja beinah ein hannoverscher Metternich, aus Detmold, dessen Name erst mehr genannt wurde nachdem er im April von der Stadt Münden zum Deputirten gewählt war, ein deutscher Reichsminister werden würde.

Man harrte in Hannover seit Vertagung der Stände von einem Tage zum andern und von einer Woche zur andern der Dinge die da kommen sollten. Es hatte sich ein drückendes Gefühl hoffnungsloser Ungewißheit und schwankender Befürchtungen verbreitet; man erwartete, daß irgend etwas Bedeutendes geschehen werde um die Dinge weiter zu treiben, entweder die angedrohten Cetroyirungen auf Grund des Patents von 1819, oder eine Entscheidung des Bundes oder eine Veränderung des Cabinets. Es kam aber nichts derartiges. Die Hannoversche Zeitung verkündete im September nur, daß der Bundestag die Beschwerden zurückgewiesen habe. Dieser mit vornehmer Kürze angegebene Nachricht wurde indeß der Stachel bald abgebrochen. Es verlautete bald, daß die Abweisung nur wegen angeblicher Nichtlegitimation erfolgt sei, ja es wurden die motivirten Abstimmungen namentlich von Würtemberg bekannt und die auf das größte Recht Vertrauenden gaben sich der Hoffnung hin, daß der Bundestag ex officio einschreiten werde, nachdem eine Menge neuer Beschwerden namentlich auch die Vorstellung der Deputirten zweiter Cammer, welche den Incompetenzbeschluß vorlegten, eingelaufen waren und die öffentliche Stimme in ganz Deutschland sich immer lauter zu Gunsten der Aufrechterhaltung des Staatsgrundgesetzes aussprach.

Die sieben Göttinger Professoren hatten indeß durch den Privatdocenten Dr. jur. Grefe zu Göttingen gegen das Cabinet bei der Königlichen Justizcanzlei zu Hannover Klage erheben lassen wegen Entziehung ihres Dienstgehalts und Entschädigung. Die Königliche Justizcanzlei hatte die Klage zur Vernehmlassung mitgetheilt, das Cabinet bestritt in einem Officialrescripte vom 14. Novbr. die Competenz des Gerichts, weil die Sache keine Justizsondern Administrationssache sei, und forderte die Justizcanzlei auf sich für incompetent zu erklären. Diese lehnte den Antrag am 4. Decbr. ab, worauf dann das Cabinet rescribirte: der entstandene Competenzconflict sollte in derselben Weise entschieden werden, wie die in verschiedenen andern Angelegenheiten enstandenen Conflicte. Die Justizcanzlei theilte darauf den Klägern Jakob Grimm und Consorten mit: Ein drittes Rescript vom 18. Decbr. habe das richterliche Verfahren bis zur Entscheidung über den Competenzconflict für unzulässig erklärt und ausgesprochen, wie auf das Decret vom 4. Dec. keine Rücksicht genommen werden könne, dasselbe vielmehr für nicht erlassen betrachtet werden müsse. Königliche Justizcanzlei habe daher durch Bericht vom heutigen Tage an das königliche Cabinet die Gründe dargelegt, aus welchen, ihrer Meinung nach, die vorliegende Sache sich dazu eigne, als ordentliche Rechtssache behandelt zu werden. Für den Fall, daß diese Gründe das königliche Cabinet nicht überzeugen sollten, habe man gebeten, eine Entscheidung der durch Verordnungen vom 14. November 1833 und 12. März 1834 bestimmten Behörden eintreten zu lassen. Die Proceßverhandlungen müßten bis dahin, daß das Cabinet sich über den Competenzconflict entschiede, wovon dem Kläger Nachricht ertheilt werden solle, ruhen bleiben. Das Merkwürdige dieses Bescheides bestand darin, daß sich die königliche Justizcanzlei zu Hannover indirect auf das Staatsgrundgesetz von 1833 und direct auf die Verordnungen vom 14. November 1833 und 12. März 1834 bezog, welche in Folge der Staatsgrundgesetzbestimmung des § 156 erlassen waren, und die doch in Folge der Patente vom 31. October 1837, die Aufhebung des bisherigen Cabinetsministeriums betreffend, des Patents vom 1. November 1837, der königlichen Cabinetsverordnung vom 14. November 1837, das Cabinet und die Departementsministerien betreffend, als aufgehoben betrachtet werden sollten.

Inzwischen waren im Hannoverschen Volke Zweifel darüber entstanden, ob nach Ablauf des Jahrs Steuern zu zahlen seien und der Magistrat zu Osnabrück fand es für angemessen, rechtliche Gutachten von den Juristenfacultäten zu Heidelberg, Jena und Tübingen einzuholen.

Ende November machte die Bremisch-Verdensche Provinziallandschaft von dem ihr zustehenden Convocationsrechte Gebrauch und berief einen Landtag nach Stade, auf welchem 23 Mitglieder der Ritterschaft, 9 Vertreter der freien Grundbesitzer und 3 Vertreter der Stadt Stade, Verden und Buxtebube anwesend waren. Dort kam nicht ohne Agitation Lang's und unter hauptsächlicher Einwirkung der Mitglieder einiger Mittelgerichte folgende Adresse mit 25 gegen 10 Stimmen zu Stande:

Allerdurchlauchtigster Großmächtigster König,

Allergnädigster König und Herr!

Ewr. königl. Maj. getreue Provinzialstände der Herzogthümer Bremen und Verden haben es in ihrer ersten Zusammenkunft nach Erlassung des Allerhöchsten Patents vom 1. November 1837 nicht vermeiden können, ein in seinen Folgen so tief eingreifendes Ereigniß, wie die Aufhebung der Wirksamkeit des Staatsgrundgesetz enthält, in ernste Erwägung zu ziehen, deren Ergebnisse sie vor dem Throne des Königs und Landesherrn im Vertrauen auf die huldreichen und gnädigen Gesinnungen Ewr. königl. Maj. allerunterthänigst niederzulegen wagen. Obwohl die Mangelhaftigkeit des Staatsgrundgesetzes in vielen seiner einzelnen Bestimmungen sich nicht verkennen läßt und die Provinziallandschaft es namentlich schmerzlich empfinden mußte, wenn einzelne landschaftliche Rechte dadurch rücksichtslos beseitigt wurden, so hat doch die Landschaft das Staatsgrundgesetz nach seiner Erlassung als gültig betrachtet, und daher die Beseitigung seiner Wirksamkeit in einer anderen, als in der durch selbiges gebotenen Form, unbeschadet der tiefsten Verehrung vor dem Allerhöchsten Willen Ewr. k. Maj., um so aufrichtiger beklagen müssen, als durch selbige auch in hiesiger Provinz verderbliche Parteiungen, Zweifel und Mißtrauen leider veranlaßt worden sind. Wie sehr aber auch die Provinzial-Landschaft gewünscht hätte, daß die Beseitigung der Wirksamkeit des Staatsgrundgesetzes nicht geschehen wäre, so kann sie doch unter den jetzigen Umständen Heil für das Vaterland und für dessen durch den gegenwärtigen schwankenden Zustand des öffentlichen Rechtes bedrohte Interessen nur in einer die Rechte des Landes sicherstellenden Vereinbarung erblicken, durch welche der einem loyalen Volke täglich mehr drohende Conflict mit der Regierung vermieden wird, der in keinem Landestheile schmerzlicher empfunden werden kann, als in Ewr. k. Maj. Herzogthümern, welche in allen Zeiten ihren höchsten Ruhm darin suchten, mit Gut und Blut dem Könige und dem Vaterlande zu dienen, und die von dieser ihrer Gesinnung selbst unter dem Drucke feindlicher Willkühr die schönsten Proben gaben. Die gesetzliche Repräsentation der Herzogthümer würde sich daher einer Vernachlässigung der auf ihr ruhenden Pflicht schuldig machen, wenn sie diese Darstellung der wahren Verhältnisse im Lande dem um das Wohl und die Zufriedenheit der Unterthanen so sehr bekümmerten Herzen Ewr. k. Maj. vorenthielte und die alleruntertänigste Bitte verzögerte:

daß Ew. Maj. geruhen wolle, allergnädigst zu befehlen, daß die Versuche zu einem Vergleiche auf eine solche Weise erneuert werden, welche auf eine baldige Herstellung eines rechtsgültigen und dauernden Zustandes des öffentlichen Rechtes hoffen läßt.

Indem die Provinzial=Landschaft diese ehrfurchtsvollste Bitte Ewr. königl. Maj. mit dem alleruntertänigsten Vertrauen vorzulegen wagt, daß Ew. königl. Maj. in den Ausdrücken der wahren Gesinnungen des Landes nur den Beweis zu finden geruhen werden, daß die Provinzial=Landschaft mit der dem Könige und dem Vaterlande schuldigen Offenheit Deutscher Männer getreu ihre Pflicht erfüllt, verharrt sie u. s. w.

Man hat in dieser Adresse eine auf Herstellung des Staatsgrundgesetzes gerichtete Demonstration finden wollen. Wir können ein Weiteres darin nicht erblicken, als die Wiederholung der Lang'schen Vergleichsversuche, wobei über die Art und Weise dieser Vergleichsverhandlungen ein undurchdringliches Dunkel schwebte.

Freilich war in der Adresse mit dürren Worten ausgesprochen, daß das Staatsgrundgesetz zu Recht bestanden habe, daß dasselbe ohne Recht beseitigt sei, allein die Consequenz, deshalb um Herstellung des rechtmäßigen Zustandes zu bitten, war nicht durchgeführt, vielmehr war zwischen den Zeilen zu lesen, daß sich die Provinziallandschaft rebus sic stantibus, wie die Juristen sagen, bei der Aufhebung beruhigen wolle, und vermitteln wollen, dies war und blieb aber nur ein anderer Name für das Aufgeben des Rechts selbst. Die Hannoversche Zeitung nahm es freilich sehr übel, daß sich die Landschaft das herausgenommen (H. Z. v. 19. Dec.), nachdem Se. Majestät das Gegentheil im Patente vom 1. November erklärt habe, und glaubte, daß dasselbe gerechtem Tadel unterliege, wie sie ferner die Andeutung, als wenn es gegenwärtig an einem rechtsgültigen dauernden Zustande des öffentlichen Rechts fehlte, nicht begreifen konnte; übrigens hatte sie Recht, wenn sie das meiste Gewicht auf das Petitum legte.

Dieselbe kam bei dieser Gelegenheit auf die Frage, was jetzt geschehen werde und äußerte: Es dürfe aber wohl mit Grund gehofft werden, daß in kurzer Frist die Stände werden berufen werden. Ob Seine Majestät, nach den Erfahrungen der Stimmung der Stände, namentlich der zweiten Cammer, in der letzten Sitzung, geneigt sein werden, dennoch die abgebrochene Berathung über den Verfassungsentwurf fortsetzen zu lassen, oder ob ein anderer oder nur einzelne Artikel, zur Berathung und Feststellung werden vorgelegt werden, oder endlich, ob lediglich die Erklärung erfolgen werde, daß es bei der jetzt bestehenden Verfassung von 1819 verbleiben solle — darüber wagen wir eine Vermuthung nicht auszusprechen. Die Berathungen der letzten Sitzung sind nicht einladend, um sie über den Verfassungsentwurf fortsetzen zu lassen. Seine Majestät könnten mit Grunde besorgen, nur einen, zu keinem Resultate führenden Zeitaufwand und neue Unruhe und Gährung in den Gemüthern hervorzurufen.

Sie wiederholte bei dieser Gelegenheit, daß der Bund die Beschwerden einzelner Corporationen zurückgewiesen und sich darauf vertagt habe. Dieses Verschwinden angeblicher Hoffnungen auf Einschreiten von Bundeswegen sollte günstig für eine Vereinbarung bei den Ständen wirken, die ihnen etwa noch angetragen werden möchte.

Zugleich aber faßte sie doch auch den Fall ins Auge, wenn eine Vereinbarung nicht zu Stande komme und sagte: Mögen alle Landeseinwohner sich mit der Zuversicht beruhigen, daß Seine Majestät mit landesväterlicher Sorgfalt den hier verhandelten Gegenstand erledigen werden, und daß, wenn neue Verfassungsbestimmungen zur Beförderung des Wohls Allerhöchstihrer Unterthanen jetzt nicht zu erreichen sein möchten, sie in der angeerbten wiederhergestellten Verfassung eine Grundlage haben, die alle wünschenswerthe Sicherheit des Rechtes gewährt, und die keinen guten Fortschritt in der Gesetzgebung gehindert hat, solchen vielmehr vielleicht mehr erleichtert, als es das Grundgesetz von 1833 zuließ.

Zugleich fing man jetzt an, die geringeren und weniger gebildeten Bürger in den Städten gegen die Magistrate und Bürgermeister zu hetzen. Man machte damit in Hildesheim den Anfang, wo ein gewisser Busch, Gehrke, Hage, Heule, Masten, Marstein, Rotternagel zu nachstehender Erklärung Unterschriften gesammelt hatten:

„Wir erklären hiedurch feierlichst, daß wir die von einem Theile des „Magistrats, der Bürgervorsteher und Wahlmänner bei der hohen Bun„desversammlung gethanen Schritte für Aufrechterhaltung des Staats„grundgesetzes vom Jahre 1833 weder je gebilliget, noch sonst unsere „Zustimmung dazu gegeben haben, solche vielmehr ohne unser Wissen „und gegen unsern Willen, allein von jenen geschehen sind."

die sie nun in Hannover selbst überreichten. Der König empfing sie huldvoll, versicherte, nie an der Liebe, Treue und Ergebenheit der Hildesheimer gezweifelt zu haben und versprach, die Stadt spätestens im nächsten Frühjahr mit allerhöchstem Besuche zu beglücken.

Wenn man auch im Osnabrückschen nicht hoffen durfte, daß sich in der Provinziallandschaft eine Majorität von Rittern fände, die, wie im Bremischen, ihre Stimmen zu Gunsten des Rechtsbestandes des Staatsgrundgesetzes abgeben würde, so war man doch in der günstigen Lage, daß wenn die Provinziallandschaft einmal berufen wurde, man trotzdessen eine das Staatsgrundgesetz wahrende Erklärung erlange, da dort nicht die einzelnen Ritter, Städter und Bauern übereinstimmen konnten, sondern nach Curien abgestimmt wurde und sowohl bei den Städten wie bei dem Bauernstande die Ansicht vorherrschend war, daß nur in der Sicherung des Rechtszustandes die dauernde Garantie für das Wohl der Gemeinden und Einzelnen gefunden werden könne. Deshalb hatten nicht nur die zur zweiten Curie der osnabrückschen Provinziallandschaft gehörenden Städte Osnabrück, Qualenbrück, Fürstenau und Melle, sondern auch viele Landgemeinden und die einzelnen Mitglieder der dritten, aus den freien Grundbesitzern bestehenden Curie, um die baldige Zusammenberufung eines Provinziallandtags zu dem Zwecke beim Cabinet nachgesucht, um die Verfassungsfrage in Berathung und Erwägung zu ziehen. Das erwähnte Gesuch der Provinzialstände lautet: „An das Cabinet Sr. königl. Majestät. Unterthäniges Gesuch der zur zweiten Curie der osnabrückschen Provinziallandschaft gehörenden Städte: Osnabrück, Qualenbrück, Fürstenau und Melle, betreffend Berufung des osnabrückschen Provinziallandtages. Hochwohlgeborener Freiherr, Hochgebietender Cabinetsminister! Ew. Excellenz halten sich die unterthänigst unterzeichneten Magistrate der zur zweiten Curie des Fürstenthums Osnabrück gehörenden Städte verpflichtet, das Folgende ehrfurchtsvoll vorzustellen: Seit dem 10. December 1836 hat eine Versammlung der Stände des Fürstenthums Osnabrück nicht stattgefunden. Bereits unter dem 6. und 8. November des vorigen Jahres ist von den Syndiken der zweiten und dritten Curie um eine Berufung derselben bei königlicher Landdrostei angesucht, auch von dieser darüber Bericht erstattet, allein Ew. Excellenz hat es nicht angemessen geschienen, jenem unterthänigsten Gesuche Folge zu geben, und gegenwärtig ist ein Zeitraum von zwei vollen Jahren abgelaufen, ohne daß die Stände berufen worden wären: ein Ereigniß, welches unsere Aufmerksamkeit um desto mehr in Anspruch nimmt, je sicherer wir vernehmen, daß die Stände anderer Provinzen sowol im Jahre 1837 als im laufenden Jahre zur gewöhnlichen Zeit berufen worden sind. Es ist das uralte Recht der Stände des Fürstenthums Osnabrück, zu jährlichen Versammlungen berufen zu werden. Von der Unterbrechung ständischer Wirksamkeit durch Bischof Ernst August I., welche im Jahre 1681 aufgehoben werden mußte, bis zur westfälisch-französischen Gewaltherrschaft, ferner von der Herstellung der Verfassung im Jahr 1818 bis zum Jahr 1837 hat eine Unterbrechung nicht Statt gefunden. Die Erwähnung dreijähriger Landtage in dem allerhöchsten Rescripte vom 30. October 1818 bezieht sich nur auf die um das dritte Jahr wiederholten Wahlen, nicht auf die Versammlungen, und mit Sicherheit dürfen wir vertrauen, daß die Absichten Sr. königlichen Majestät, König Ernst August's, welche öffentlich ausgesprochenermaaßen auf Vermehrung des provinzialständischen Einflusses gerichtet sind, nicht dahin gehen können, den hiesigen Provinzialständen das wichtige Recht jährlicher Versammlung zu entziehen. Manche Geschäfte verlangen überdies jährliche Zusammenkünfte. Es sind Beneficien zu vertheilen, welche der Bestimmung zuwider und zum Schaden der Landesuniversität ruhen mußten, wenn keine Zusammenkünfte Statt finden, wenn man auch des wichtigeren Zweckes ständischer Verfassung, der Wahrung der Rechte und Vertretung der Interessen des Landes, nicht gedenken wollte. Allein in Rücksicht auf diese dürfte eine Versammlung ganz unerläßlich sein. Es sind die wichtigsten Veränderungen in unserm Lande vor sich gegangen. Se. königliche Majestät haben den Thron bestiegen. Allerhöchstdieselben haben in der bestehenden Verfassung eine Verletzung Ihrer Rechte zu erkennen geglaubt und solche für erloschen erklärt, einer nach Maßgabe des Patentes von 1819 berufenen Ständeversammlung ist ein neuer Entwurf eines Verfassungsgesetzes vorgelegt, welcher auch die Rechte der Provinziallandschaften sehr nahe berührt, und von derselben ist ihre Befugniß zu Abänderung der Verfassung von 1833 in Zweifel gezogen. Alle Provinziallandschaften haben Gelegenheit gehabt, sich über diesen Gegenstand auszusprechen, nur der osnabrückschen Provinziallandschaft ist dieselbe nicht zu Theil geworden. Inzwischen halten die unterthänigst Unterzeichneten es für ihre unerläßliche Pflicht, diesem Gegenstande die reifste Erwägung zu widmen. Auch ihre Rechte kommen bei dieser Sache in Frage, und sie sind sich und dem Lande schuldig, diese Rechte so lange zu vertheidigen, als sich irgend ein zu Rechte beständiges Vertheidigungsmittel zeigt. Eine der zu ihnen gehörigen Corporationen hat geglaubt, die Vertheidigung am Bundestage führen zu dürfen, ist aber von dieser hohen Versammlung nur wegen mangelnder Legitimation zu solcher Beschwerde zurückgewiesen. Um so nothwendiger ist es, daß Stände, denen Se. königliche Majestät gewiß das Recht und die Verpflichtung zu Vertretung ihrer Provinz und sämmtlicher Rechte derselben allerhuldreichst zugestehen, in Erwägung ziehen: ob und welche Mittel sie zur Vertheidigung ihrer Rechte zu gebrauchen haben. Es ist ein geheiligtes Recht deutscher Stände, daß ihnen, wenn sie auch ohne Berufung sich nicht versammeln dürfen, eine Versammlung zur Vertheidigung ihrer Rechte nicht abgeschlagen werden darf. Dieses Recht ist von den ruhmwürdigen Herrschern des erhabenen guelfischen Hauses stets anerkannt, wie dies aus den Zeugnissen ihrer einsichtsvollsten Diener hervorgeht, von denen

wir nur den Vicekanzler Struben, Observationes juris et historiae p.
211, Nebenstunden Th. II. p. 568, anführen wollen. Wir sind weit ent=
fernt, uns den Gedanken zu Schulden kommen zu lassen, als ob es die
Absicht unsers allergnädigsten Königs und Herrn sein könnte, die Rechte
seiner Unterthanen kränken zu wollen. Eben deshalb, weil wir auf den
erhabenen, vielfach ausgesprochenen Rechtssinn unsers allergnädigsten Mo=
narchen fest vertrauen, glauben wir aber auch, daß es Allerhöchstdemselben
nur willkommen sein kann, wenn seinen getreuen Ständen des Fürstenthums
Osnabrück die Gelegenheit gegeben werde, offen zu berathen und zu beschlie=
ßen, was sie in dieser Beziehung für nothwendig und rechtlich halten. In
dieser sichern Ueberzeugung wagen wir an Ew. Excellenz die unterthänige
Bitte zu richten, daß es Hochdenenselben gefallen möge, eine Landtagsver=
sammlung des Fürstenthums Osnabrück baldigst zu berufen."

Es erfolgte eine Antwort nicht.

Der Glaubrechtsche Antrag in der Darmstädter zweiten Cammer machte
im ganzen Lande großes Aufsehen. Aus Osnabrück verehrte man dem An=
tragsteller sofort einen silbernen Pokal.

So schloß das Jahr.

Neuntes Capitel.

Von 1838 bis zur Publication des Bundesbeschlusses vom 5. September 1839.

Loyalitätsadressen in Hildesheim und Hannover, Münden, Osnabrück; Zusammen=
berufung der Stände; Taktik der Opposition; Detmold; Wehner; Aufhebung des
Geheimen Rathscollegii und Errichtung eines Staatsraths; Proclamation vom 16.
Februar; Zurücknahme des Verfassungsentwurfes; Berufung der Stände; Schreiben
an die Stände; die unvollzählige zweite Cammer; Befehl vom 21. Februar; die Polizei sucht
Deputirte zum Eintritt in die Cammer zu zwingen; Syndicus Lang resignirt; Prote=
station von 28 Deputirten; Vorstellung der 29 an den Bund; Vertagung vom 9.
März und für Resignirterklärung; das Tübinger Gutachten; Eröffnung des Staats=
raths; Angriffe auf Dr. Lang und seine Vertheidigung; neue Wahlen; Stimmung am
Bundestage; die Nothwendigkeit eines Rückschritts; Dr. Lang und die Bremervörder
Erklärung; die Proclamation vom 3. Mai; die Stände im Juni 1839; Adresse
und Erwiederungsschreiben; Budget; Ueberschüsse; die Beschwerde des hannoverschen
Magistrats vom 15. Juni und 13. Juli; Königliche Proclamation vom 16. Juli;
Aufregung in Hannover über die Suspendirung Rumann's; Oberamtmann Hagemann;
Deputation und Kassenbewegung am 14. Juli; die Hannoversche Bürgerschaft; Cri=
minaluntersuchung gegen den Magistrat; die Commission zur Entwerfung eines neuen
Verfassungsentwurfs; Steuerprocesse gegen das Finanzministerium; Bundestagsver=
handlungen und Beschlüsse.

Das in Hildesheim gegebene Beispiel von Loyalitätsadressen fand Nach=
ahmung. In Hannover hatte der Magistrat zu Neujahr um Erlaubniß
gebeten, Sr. Majestät die ehrerbietigsten Glückwünsche der Stadt zum neuen
Jahre darbringen zu dürfen, war aber höchst ungnädig zurückgewiesen. Die
Herren G. J. W. Meyer, J. H. Versmann, Bernh. Culemann, Ludw. Gumprecht,
O. Hellmer, Carl Schneider, F. Knolle, D. Müller, Joseph Liebisch, F. Jansen,
Georg Böcker, O. Meyer und L. Magniac setzten am 12. Januar eine
Adresse in Bewegung, in welcher an die Bürgervorsteher die Bitte gerichtet
wurde, Sr. Maj. dem Könige die aufrichtigen Gefühle und Gesinnungen
der Bürgerschaft auszusprechen, damit Höchstderselbe sein Vertrauen der Bür=
gerschaft erhalten, ihr Huld und Gnade schenken möge; auch den Magistrat
zu bewegen, Schritte zu thun, um sich das Vertrauen Sr. Maj. wieder

zu erwirken. Kaum war dieſer Schritt indeß zur öffentlichen Kunde gekom=
men, als eine von den angeſehenſten Bürgern unterſchriebene Gegenadreſſe
folgenden Inhalts entſtand: „Da die Unterzeichneten in Erfahrung gebracht
haben, daß einige ihrer Mitbürger gewilligt ſind, im Widerſpruch mit den
Handlungen ihres hochverehrten Magiſtrats, mittelſt einer in der Stadt zum
Umlauf gebrachten Eingabe an das hochlöbl. Bürgervorſteher = Collegium,
Schritte zu thun, welche nur dahin führen können, das Vertrauen zu un=
tergraben und das gute Vernehmen zu ſtören, welches bisher zwiſchen der
Bürgerſchaft und ihren gewählten Vertretern zum Heile und Segen der Stadt
beſtand und Gottlob! noch beſteht: ſo haben die Unterzeichneten es für eine
heilige Pflicht gehalten, offen und ehrlich zu erklären, daß ſie an allen Hand=
lungen, welche darauf hinauslaufen, die Fackel der Zwietracht anzuzünden
und Unkraut unter den Weizen zu ſäen, gar kein Theil haben wollen. Sie
ſchenken dem bisherigen Verhalten des hochlöblichen Magiſtrats und der
Bürgervorſtehercollegien ihren vollen Beifall, und ſo wie nichts in der Welt
im Stande ſein ſoll, ihre Treue und Ergebenheit gegen Se. Maj. unſern
allergnädigſten König wankend zu machen, eben ſo unerſchütterlich ſoll das
Vertrauen zu ihrer vorgeſetzten Obrigkeit ſein. Wir bitten dieſe ergebene
Adreſſe als den loyalen Ausdruck der Geſinnungen der Bürgerſchaft anzu=
nehmen. Hannover, den 16. Januar 1839.“

In Münden war es ein Schiffer Biſchoff, der eine Loyalitätsadreſſe
zu Stande und dann nach Hannover brachte, in Osnabrück zum Theil die=
ſelben Leute, welche am 27. Juni die Pferde ausgeſpannt hatten. Ueber
die Mittel, durch welche man Unterſchriften herbeigeſchafft u. d. gl. wußten
öffentliche Blätter manche Geſchichte zu erzählen; man kennt das ja.

Der Magiſtrat der Stadt Osnabrück hatte von den Facultäten in Hei=
delberg und Jena das erbetene Gutachten erhalten (Tübingen war noch zu=
rück und in Berlin hatte man ſich ein Gutachten zu ertheilen geweigert),
und machte davon den paſſendſten Gebrauch, indem er eine Abſchrift dem
Cabinette überſendete und die Bitte ſtellte, daß ein ausdrücklicher in gehö=
riger Form erlaſſener Beſehl des Oberſteuercollegiums, in Anſehung der
Beitreibung der Steuern ihn von Verantwortung befreien und ſolchen auf
die befehlende Behörde übertragen möge — denn es waren in Osnabrück
allerdings verſchiedene Fälle von Steuerverweigerungen vorgekommen.

Ein allerhöchſtes Reſcript erklärte dies Verfahren, von „unberufe=
nen Ausländern“ ſich Belehrung geben zu laſſen, ob hannoverſchen Ge=
ſetzen Gehorſam zu leiſten, für um ſo unverantwortlicher, als der Magiſtrat
bei Leiſtung der Hülfe zur Beitreibung der Steuern nur Staatsdiener ſei.
Auch war dem Landdroſten Grafen v. Wedel ſchon früher befohlen, gegen
den Magiſtrat zu Osnabrück eine Unterſuchung wegen dieſes Schrittes einzu=
leiten, die jedoch ohne gewünſchten Erfolg blieb.

Durch Proclamation vom 7. Januar wurden die vertagten Stände auf
den 15. Februar zuſammenberufen. Die Widerſtandspartei argumentirte
nun, daß wenn die auf den 15. Februar zuſammenberufenen Stände nicht
zuſammen kämen, dies nach den bei dem Bunde lautgewordenen Stimmen
eine Veranlaſſung ſein würde, von ſelbſt einzugreifen. Man kam daher
überein, die Cammer womöglich beſchlußunfähig zu halten, und da beinah
alle deutſchen Blätter mehr oder weniger entſchieden ſich der Sache des

Staatsgrundgesetzes annahmen — nur die „A. A. Z." hatte in jüngster Zeit einen aus dem Cabinette selbst stammenden Artikel gegen die Opposition gebracht, welchen die Hannoversche Zeitung sofort in ihre Spalten aufnahm, — so wurde diese Ansicht von der Zweckmäßigkeit eines solchen Schrittes öffentlich verbreitet, wie denn auch Advocat Detmold in Hannover eine Art Centralbureau errichtet hatte, von wo aus den einzelnen Deputirten unter Adressen befreundeter Kaufleute, — denn man traute seit langer Zeit der Heiligthaltung des Postgeheimnisses nicht mehr — Kunde von dem gegeben wurde, was die Führer für zweckmäßig hielten. Im Göttingenschen war es hauptsächlich der Moorcommissair Wehner, der sich mit unermüdlicher Geschäftigkeit der Sache der Opposition annahm, diese namentlich in Frankfurt und bei der Diplomatie betrieb.

Unter dem 21. Januar wurde durch Königliche Cabinetsverordnung das schon seit 1837 factisch suspendirte Geheime Rathscollegium aufgehoben und ein Staatsrath errichtet, denn es drängte der gegen das Cabinet anhängig gemachte Proceß der sechs vertriebenen Professoren (Gervinus hatte es vorgezogen, allein im Wege des Executivprocesses zu klagen) über die Art und Weise, wie Competenzconflicte zu entscheiden, eine neue Bestimmung zu treffen. Daß die mit ständischer Zustimmung erlassenen Gesetze vom 14. Nov. 1833 und 12. März 1834, welche das Geheimrathscollegium mit der wichtigen Befugniß bekleidet hatten, die zwischen den Gerichten und Verwaltungsbehörden entstehenden Competenzconflicte zu entscheiden, ohne ständische Genehmigung aufgehoben wurden, kam gar nicht in Betracht, obwohl der König sowohl im Patente vom 1. November 1837 als später wiederholt versichert hatte, daß die Aufhebung des Staatsgrundgesetzes ohne allen Einfluß auf die Rechtsbeständigkeit der seit dessen Publication verkündeten Gesetze und Verordnungen sein solle, daß vielmehr diese Gesetze und Verordnungen bis dahin, daß deren Aufhebung im gesetzlichen Wege erfolgen mögte, in voller Kraft und Gültigkeit verbleiben sollten. Der Staatsrath sollte nur über solche Gegenstände berathen, die vom Cabinetsminister ihm zur Erstattung eines Gutachtens übergeben würden und die Competenzconflicte entscheiden. An der Spitze dieses Staatsraths stand ein Präsident aus dem Militairstande, der von der Verfassung und den Gesetzen des Landes wenig wissen konnte, da er erst mit dem Könige in das Land gekommen war, nämlich der Generalmajor Fürst Bernhard von Solms-Braunfels, mit einem Gehalte von 6000 Thlr. Außerdem bestand derselbe aus 16 ordentlichen Mitgliedern, von denen nur ein Mitglied aus einem höheren Justizcollegio entnommen war, unter denen auch nur ein Bürgerlicher, Leist nämlich, sich befand — aus 36 außerordentlichen Mitgliedern, unter ihnen nur 9 Männer der Justiz. Diese außerordentlichen Mitglieder hatten aber den Sitzungen nur beizuwohnen, wenn sie dazu geladen waren. Außerdem waren noch 16 Assessoren ernannt, welche aber nicht in der Plenarsitzung Stimmen hatten, sondern höchstens referiren sollten und auf 1 Jahr ernannt wurden. Es waren 4 Abtheilungen des Staatsraths gebildet und ihre Zusammensetzung für das erste Jahr näher bestimmt. Die ganze Verordnung war ein Machwerk aus der westphälischen Schule, und entsprach ganz dem Zweck, wozu sie geschaffen war, wie sich das auch bald darauf zeigte, da sie in dem Competenzconflicte der Professoren, die Sache für eine Administrationsangelegenheit erklärte. Diese Verordnung deutete schon an, daß man im Cabinette beschlossen habe, auf dem Wege des Octrovirens weiter zu schreiten, und dies bestätigte denn auch die in Art. XV. und XVI. angebogene Proclamation nebst Königlichem Schreiben von demselben Tage an die allgemeine Ständeversammlung. Diese Proclamation enthielt den Versuch einer Rechtfertigung des Patents vom 1. November 1837 — die Zurücknahme des im vorigen Jahre vorgelegten Verfassungsentwurfs —, die Erklärung, daß die Verfassung nach dem Patente vom 7. December 1819 die allein im Königreiche rechtmäßig bestehende sei und nunmehr vollständig wieder hergestellt werden solle, und die Behauptung, daß diese Verfassung durch die im vorigen Jahre von den Corporationen vorgenommenen Wahlen factisch anerkannt sei.

Das Schreiben an die Stände enthielt eine lange Strafrede gegen das Verfahren zweiter Cammer. Neu war darin, daß den Präsidenten der Cammer befohlen wurde, keinerlei Berathung des vorgelegten Verfassungsentwurfs zu gestatten. Sodann aber erkannte dasselbe an, die Finanzverhältnisse hätten durch das Staatsgrundgesetz eine so wesentliche Umgestaltung erlitten, daß es nicht möglich sei, den früheren Zustand durch Decretiren wieder herzustellen, daß hier Puncte seien, über welche eine gütliche Vereinbarung stattfinden müsse. Es müßten zunächst die Cassen wieder getrennt werden, die Königliche Casse lediglich unter Königl. Administration gestellt werden, wogegen bei der Generalsteuercasse eine Mitverwaltung der Stände stattfinden könne. Deshalb solle das Schatzcollegium hergestellt werden. Es waren dann in diesem Schreiben die allgemeinen Grundsätze angedeutet, nach denen bei Trennung der Cassen verfahren werden sollte, auf Erhöhung der Apanagen angetragen, das Erbieten ausgesprochen, zu dem ordentlichen Militairetat die alte Summe von 365,000 Thlr. herzugeben, obwohl dafür eine Verbindlichkeit nicht vorhanden sei. Die Andeutungen in diesem Schreiben und in dem P. S. I. die völlige Wiedertrennung der Königlichen und der Landescasse und Wiederherstellung des Schatzcollegii betreffend, sowie das P. S. II. die Regulirung des Schuldenwesens betreffend, abgedruckt im Hannoverschen Portfolio I. p. 213, enthüllten doch für alle Diejenigen, die den Finanzverhältnisse kannten, des Pudels Kern. Denn, obgleich es bei oberflächlichem Anblick scheinen konnte, als werde von dem Lande nur ein unbedeutendes mehr gefordert, nämlich die Erhöhung der Apanagen, auf eine Reihe von Jahren 80,000 Thlr. jährlich zum Schloßbaue, und um das Deficit der Königlichen Casse zu decken 20,000 Thlr. Zuschuß zu dieser, so mußte doch Stüve bald auszurechnen, daß gegen die Zeit vor der Cassenvereinigung das Land mit 460,731 Thlr. 11 Ggr. 7 Pf. — man vergleiche darüber die Nachweise im Hannoverschen Portfolio I. p. 236, beschwert werden solle. Wenn bisher mancher Deputirter sein Verhalten in der Cammer mit dem Vorgeben zu beschönigen vermocht hatte, auf eine zum Wohl des Landes führende Vereinbarung hinarbeiten zu wollen, so hörte dieser Schein nun auf. Der Weg der Vereinbarung war, wie der König versicherte, für immer verlassen, es konnte sich Niemand der Täuschung ferner hingeben, sich nicht als Deputirten nach der Verfassung von 1819, sondern als Vertrauensmann zu betrachten, der mit der Regierung über gewisse Differenzen unterhandle. Denn wie schwer eine solche Täuschung auch zu erklären ist, da eine Ständeversammlung unmöglich ohne verfassungsmäßige Grundlage zusammen-

treten konnte, und die Opposition auch im Conradi-Lang'schen Antrage noch
die Versammlung als Stände bezeichnet hatte, so war doch eine solche Un-
klarheit in der That bei Einigen vorhanden. — Wenn die Proclamation
den Zweck hatte durch Drohung zu bewirken, was auf dem Wege der Ueberredung und der Scheindeductionen nicht zu erreichen stand, so zeigte sich
bald, daß ihr zu Grunde liegende Gedanke ein fehlsamer war; der vorgelegte Verfassungsentwurf war in der That nicht so verlockend, daß die
Furcht von großer Wirksamkeit hätte sein können, denselben, nebst den Modificationen, welche etwa Stände noch hineinbrächten, zu verlieren. Es waren
außerdem aber auch alle Maaßnahmen von Seiten der Opposition vorher
getroffen. Am 15. Februar erschienen nur 28 Deputirte von 73, und von
diesen überreichte Stadtrichter Meyer für Hannover seine Resignation, Koller eine Verwahrung Hamelns für das Staatsgrundgesetz. Auch an den folgenden Tagen vermehrte sich die Zahl nicht. Anwesend waren am ersten
Tage: Klenze, Grimsehl, Blumenhagen, Hüpeden, Bar, Heinichen, Eichhorn, Jacobi, Hagemann, Dürr, Jenisch, Wiesen, Clausbruch, Trampe,
Seebach, Schwarz, Rittmeister Meyer, Schaaf, Unger, Werner, Merkel,
Ludewig, Besele, Janssen, Koller, Willers, Schmeelke und Hinke. Seitdem trafen noch Kaufmann Schöttler aus Verden und Dr. Donner, Deputirter der Bremischen Gutsbesitzer, ferner die ostfriesischen Deputirten, Senator Sax aus Emden, Canzleiassessor Neupert und Landesadministrator
Hilling ein. Für den verstorbenen Abides war Lübs gewählt und in Hannover anwesend, konnte aber eben so wenig als der für Drechsler gewählte
Oberforstmeister v. Mahrenholz eintreten, weil die Legitimation noch nicht
in Ordnung war, und die Cammer damals noch annahm, daß die Beschlußnahme über den Legitimationspunct nur von einer beschlußfähigen Cammer
geschehen könne. So erlebte man denn das nie gesehene Schauspiel, daß
täglich 30 oder 31 Deputirte im Ständehause zusammen kamen, das Protocoll vom vorigen Tage verlesen hörten, das berichtete, wie man wegen
Unbeschlußfähigkeit nicht habe mit den Geschäften beginnen können und dann,
nachdem eine Zählung dasselbe Resultat ergeben hatte, wieder nach Hause
gingen.

Am 23. Februar veröffentlichte die „Hannov. Ztg." folgendes Rescript:
Nachdem unterm 7. v. M. bekannt gemacht worden, daß die am 29. Juni
v. J. vertagte allgemeine Ständeversammlung des Königreichs auf Befehl
Seiner Majestät des Königs auf den 15. d. M. wiederum berufen sei und
jeder ordnungsmäßig gewählte Deputirte dazu besonders verabladet worden
ist, hätte wohl erwartet werden mögen, daß diejenigen Deputirten, welche
von den dazu berufenen Corporationen und Districten erwählt worden, und
welche das ehrenvolle Amt eines Vertreters des ganzen Königreichs übernommen und nicht wieder niedergelegt haben, ihrer übernommenen Verpflichtung gewissenhaft nachkommen und der vorgeschriebenen Ordnung die schuldige
Folge leisten würden.

Es haben indessen folgende Deputirte weder der Aufforderung selbst
Genüge geleistet, noch bei dem Erblandmarschall, noch bei dem Präsidenten
der zweiten Cammer ihr bisheriges Ausbleiben entschuldigt, noch endlich eine
Resignation auf ihre Deputirtenstelle angezeigt:

1) der Deputirte der Stadt Münden, Advocat Detmold hieselbst,
2) der Deputirte der Stadt Lüneburg, Dr. jur. Meyer daselbst,
3) der Deputirte der Stadt Uelzen, Achtmann Kaufmann daselbst,
4) der Deputirte der Stadt Celle, Kaufmann Schulz daselbst,
5) der Deputirte der Stadt Harburg, Dr. Christiani zu Lüneburg,
6) der Deputirte der Stadt Stade, Senator Haverkampf daselbst,
7) der Deputirte der Stadt Burtehude, Stadtsyndicus Lang zu Verden,
8) der Deputirte der Bentheimschen Städte, Amtmann Bening,
9) der Deputirte Bürgermeister Westerhausen, aus dem Fürstenthume Grubenhagen,
10) der Deputirte Bauermeister Coß, aus dem Fürstenthume Göttingen,
11) der Deputirte Vollhöfner Möller,   aus dem Fürstenthume Lüne=
12) der Deputirte Oeconom Schmidt,   burg,
13) der Hausmann Wittkopf,   }
14) der Hausmann Schacht,   } Deputirte der Grundbesitzer in den
15) der Hauptmann Böse,   } Bremischen Marschen,
16) der Hofbesitzer Schrieter, desgl. der Geest und des Herzogthums Verden,
17) der Moorcommissair Wehner,   } Deputirte der Freien der Graf=
18) der Bürgermeister Storkmann,   } schaft Hoya und Diepholz und
19) der Vollmeier Stubbe,   } der übrigen Grundbesitzer.
20) der Advocat Buddenberg,   } Deputirte der Grundbesitzer im Für=
21) der Gutsbesitzer König,   } stenthum Osnabrück,
22) der Colon Möllmann,   }
23) der Bürgermeister Nordbed, Deputirter der Grundbesitzer in der Grafschaft Bentheim.

Die Städte und die Grundbesitzer, welche die vorstehend bezeichneten Deputirten erwählt haben, zeigten durch die Wahl selbst, daß sie einen Werth auf dieses Wahlrecht legen.

Indem sie davon Gebrauch gemacht haben, verlangen sie eine Aus= führung des gegebenen Mandats.

Sie können diese mit Recht so lange erwarten, bis der von ihnen gewählte Deputirte den Auftrag abgelehnt oder seine Resignation zu erken= nen gegeben hat.

Die durch die Uebernahme des Mandats den einzelnen bisher nicht erschienenen Deputirten zweiter Cammer auferlegte Pflicht im Allgemeinen sowohl als insbesondere die durch das ständische Reglement und durch die Bestimmungen des Art. 52 desselben ihnen obliegende Verbindlichkeit, die nothwendige Rücksicht auf Geschäftsordnung, die Rückwirkung ordnungswidri= gen Verhaltens ständischer Deputirte, welche das Wohl des Landes berathen und befördern sollen, auf die Schritte der Regierung, auf das Wohl des Landes selbst, ein unnützes, der Landescasse kostbares Aufhalten der Ver= handlungen in den Cammern, dies sind Puncte, deren Andeutung genügt, um die Nothwendigkeit zu zeigen, daß mit Ernst darauf Bedacht genommen werden muß, einer ferner nicht zu duldenden Ungebühr baldigst entgegen zu wirken.

Die vorbenannten Deputirten der zweiten Cammer der allgemeinen Ständeversammlung des Königreichs werden nun hiemit abermals aufgefor=

dert, ihrer Obliegenheit baldigst zu genügen, und entweder zu erscheinen oder ihre Resignation anzuzeigen.

Sollte das Eine oder das Andere bis zum 1. k. M. nicht geschehen, so wird die Resignation des einzelnen Deputirten reglementsmäßig ange= nommen, und sodann weiter verfügt werden, was Ordnung und Recht erfordern.

Hannover, den 21. Februar 1839.

Auf besondern Befehl Seiner Majestät des Königs.

Cabinet Seiner Majestät des Königs.

Der Staats = und Cabinets = Minister.

G. Frhr. v. Schele.

Es war nicht klar was man darunter verstand, daß weiter verfügt werden sollte was Ordnung und Recht erfordern, sollte aber bald klar werden.

Das Rescript verfehlte seine Wirkung, denn nun traten zwei Deputirte der ostfriesischen Grundbesitzer auf, um gegen die aus ihrer früheren Theil= nahme an den ständischen Sitzungen gefolgerte Anerkennung des Patents von 1819 zu protestiren, zu erklären, daß sie bei dem Incompetenzbeschlusse verharrten und die Sitzung zu verlassen.

Am nächsten Tage geschah ähnliches vom Senator Saß, Deputirten der Stadt Emden, und dem Deputirten der Stadt Leer, den Stadtgerichts= secretair Dr. Siemens (aus Hannover). Der Deputirte der Stadt Emden übergab eine Protestation seines Wahlcollegiums, durch welche sich dieses die dem Lande und der Stadt aus dem Staatsgrundgesetze zustehenden Rechte, sowie gegen die Verfassung von 1819 verwahrte. Der Deputirte eignete sich diese Protestation an und verließ dann die Sitzung. Hierauf erklärte der Deputirte der Stadt Leer, daß er nur das Mandat übernommen, um für die Aufrechterhaltung des Staatsgrundgesetzes zu wirken; da aber aus seiner Theilnahme an den Verhandlungen eine Anerkennung der Auf= hebung des Staatsgrundgesetzes und des Bestehens der Verfassung von 1819 gefolgert werde, die nicht in seinem, des Deputirten, Sinne gelegen, so werde er nicht eher wieder an den Sitzungen Theil nehmen, bis er von seiner Corporation darüber Nachricht und Bescheid empfangen, daß sie mit jener vom Cabinet gezogenen Folgerung zufrieden sei. Auch er verließ so= dann die Versammlung.

An demselben Tage als dies Rescript publicirt war, wurden die Depu= tirten Christiani und Detmold vor eine aus dem Oberpolizeiinspector und dem Criminalrichter des Amts Hannover gebildete Behörde geholt, und ihnen dort anbefohlen, an den Sitzungen der zweiten Cammer Theil zu nehmen. Beide erschienen auch an demselben Tage in der Sitzung; Dr. Detmold erklärte aber, wie er nur auf Veranlassung der königlichen Polizei= direction erschienen sei, die ihn über seine Eigenschaft als Deputirter ver= nommen und ihm anbefohlen habe, in die Cammer zu gehen; er habe um Abschrift des Protocolles über diese Verhandlung gebeten, die ihm aber verweigert worden: er wolle nicht protestiren, weil er sonst fürchten müsse, durch die Gendarmen in die Cammer getrieben zu werden. Er bitte aber den Präsidenten, von seinem jedesmaligen Erscheinen in der Cammer die Polizei in Kenntniß zu setzen, damit er von dort nicht weiter molestirt werde.

Auch Dr. Christiani beschwerte sich über ein solches Verfahren. Die Zeitungen berichteten, daß auch in erster Cammer ein Deputirter der Calenberg-Grubenhagenschen Ritterschaft, A. A. v. Alten, gegen die Aufhebung des Staatsgrundgesetzes, das Bestehen der Verfassung von 1819 und die Proclamation vom 15. Februar protestirt habe, was, wie man wissen wollte zu einem Duell mit dem Justizrath v. Wangenheim Veranlassung gegeben habe.

Das nächste, was das Cabinet that, war die Erlassung der Verordnung vom 26. Februar, das Cabinet und die Departementsministerien betreffend, durch welchen letzteren die Ernennung resp. Bestätigung der Mitglieder der Magistrate und Stadtgerichte entzogen und dem Cabinet übertragen wurde, sonst schien das Cabinet die Wirkung des Rescripts vom 21. Febr. abwarten zu wollen. Diese gestalteten sich aber immer ungünstiger. Am 26. Februar trat zwar der Deputirte der Stadt Buxtehude, Syndicus Lang aus Verden, in die 28 Mitglieder zählende Cammer, aber nur, um an seine Worte beim Eintritt am 19. März 1838 zu erinnern. Er verschmähe es durch Verstecken und unnütze Temporisiren noch viele leere Hoffnungen zu nähren, und könne er, nachdem die Brücke auf der hier in gesetzmäßigem Wege wieder zu einem gesetzlichen Zustande zu gelangen, durch Proclamation vom 15. Februar abgebrochen, eben so wenig in einer Versammlung mitwirken, der seiner Ueberzeugung nach jeder Character der Legalität abgehe. Indem er gegen die Rechtsgültigkeit jedes Beschlusses der hier gefaßt werde, feierlichst zu Protocoll protestire, resignire er.

Am 27. Februar wurde dann ein von folgenden Deputirten: Coß, Conrabi, Wehner, Siemens, Detmold, Christiani, Buddenberg, Möllmann, Bening, Nordbed, König, Stubbe, Sar, Koller, Donner, Schmelede, Dr. Lang, Syndicus Lang, Haverkampf, Schriefer, Wittkopf, Böse, Meyer, Schulz, Schmidt, Möller, Kauffmann, Richelmann, Hinke, unterzeichnete, Hannov. Portf. I. S. 165 abgedruckte Protestation in der Cammer überreicht, deren Schluß dahin lautete:

So wie jetzt einmal die Sachen stehen, ist allein von der Vermittelung des Durchlauchtigsten Deutschen Bundes Rettung zu hoffen. Im Vertrauen auf dessen hohe Weisheit und Unpartheilichkeit, erklären daher die Unterzeichneten nunmehr feierlichst:

daß sie die gegenwärtig in Gemäßheit der Proclamation vom 7. Januar zusammengetretene Versammlung von Deputirten als eine rechtsgültige Ständeversammlung nicht anerkennen,

daß sie mithin eine rechtliche Wirksamkeit der Verfassung nach dem Patente vom 7. December 1819 eben so wenig anerkennen,

daß sie demzufolge gegen jede verbindliche Kraft der durch diese Versammlung zu fassenden Beschlüsse protestiren, und

daß sie aus diesem Grunde sich aller Theilnahme an deren Verhandlungen gänzlich enthalten müssen. —

Nur wenn der Durchlauchtigste Deutsche Bund das Land seiner Rechte auf das Staatsgrundgesetz verlustig erklärt, oder diese Versammlung auch ohne Beitritt der Unterzeichneten in beschlußfähiger Anzahl da sein wird, dürfen sie von dieser Erklärung insofern zurücktreten, als sie dann, aber auch erst dann, im Hause der Stände wieder erscheinen werden, um im ersten Falle dem Lande die wahre und vollständige Verfassung vom Jahre

1819 zu reclamiren, im letzten Falle aber, um noch einmal alle Mittel des Rechts und der Ordnung, alle Kräfte und Fähigkeiten, die ihnen Gott verliehen, daran zu setzen, damit dem Lande gewahrt werde sein höchstes und heiligstes zeitliches Gut — **das Recht.**

Wie sie diese ihre gehorsamste Verwahrung der Versammlung einzureichen nicht verfehlen, so halten sie es ferner für ihre Schuldigkeit, die Hohe Deutsche Bundesversammlung von derselben unverzüglich in Kenntniß zu setzen.

Zugleich wurde die im Portf. I. S. 160 abgedruckte ehrerbietigste Vorstellung und Bitte an die Deutsche Bundesversammlung von den genannten 29 Deputirten, Dr. Lang an der Spitze, unterzeichnet und jene Protestation als Anlage angebogen, welchen Vorstellungen dann bald ein erster Nachtrag, daselbst S. 183, und ein fernerer Nachtrag S. 191 mit vielen Anlagen folgte, in welchen namentlich auseinandergesetzt war, welche enorme pecuniäre Opfer man dem Lande bei der angeblichen Wiederherstellung der Verfassung von 1819 ansinne. Erst nach diesem Protest scheint die Regierung die Unmöglichkeit erkannt zu haben die fehlenden Deputirten auch nur bis zur Beschlußfähigkeit heranzuziehen, und jetzt folgte nach einer Beschlußnahme des zum zweiten Male zusammen berufenen Staatraths das Vertagungsrescript vom 2. März *) welches bestimmte:

1) daß diejenigen Deputirten, welche ohne Entschuldigung 14 Tage lang nicht in den Sitzungen der (nicht zur Existenz gelangten) zweiten Cammer erschienen waren, aufhören sollten, Deputirte zu sein.

2) daß auch diejenigen Deputirten, welche zwar in zweiter Cammer erschienen waren, aber an der Erklärung vom 27. Februar Theil genommen, als resignirend zu betrachten seien. (Dieses waren die Deputirten von Harburg, Münden, Leer und den Hoya-Diepholzischen Freien. Auch der Deputirte von Göttingen gehörte eigentlich in diese Kategorie, da er wegen verweigerten Urlaubs nicht in zweiter Cammer hatte erscheinen können. Das Cabinet Seiner Majestät schloß diesen Deputirten theils wegen 14tägigen Ausbleibens — wozu er durch die vom Cabinet ausgehende Urlaubsverweigerung gezwungen war — theils wegen Theilnahme an der Erklärung vom 27. Februar aus.)

3) daß für alle die auf diese Weise und durch wirkliche Resignation ausfallenden Deputirten neue Wahlen vorgenommen werden sollten.

Diese Bestimmungen verletzten sowohl das Wesen einer landständischen Verfassung im Allgemeinen, als auch die 20jährige ununterbrochene ständische Observanz, da eine nicht beschlußfähige Cammer keine Ausschließung aussprechen konnte, und Uebergabe von Protestationen kein Ausschließungsgrund war. Die Opposition begriff im Anfang diese Maßregel gar nicht, weil sie es absolut für unmöglich hielt eine beschlußfähige Cammer herbeizuschaffen. Denn wenn die Corporationen wirklich zu Neuwahlen zu bewegen waren, so konnten doch die etwa neu gewählten Deputirten nie in die schon constituirte Cammer eintreten, weil dazu nach erster Constitution, Prüfung der Vollmachten und ein Cammerbeschluß, daß die Legitimation beschafft war, erfordert wurde, ein solcher Beschluß aber von einer auf 22 Personen herabgesunkenen Cammer nimmermehr gefaßt werden konnte. Daß das Cabinet eine Auflösung scheute, begriff man wohl, eine solche hätte höchst-

*) Hannöversches Portfolio I. S. 78.

wahrscheinlich die Folge gehabt, daß man von den 22 Getreuen mindestens die Hälfte verlor, denn die Städte Nordheim, Osterode, Duderstadt, Dassel, Springe, Dransfeld für Hardegsen, Nienburg, die hoyaischen Flecken, Meppen, Peine, die Grafschaft Hohnstein, die hildesheimschen Grundbesitzer u. a. Corporationen mögten schwerlich aus den 22 Getreuen ihre Deputirten ge= wählt haben. Die Opposition verfiel hiebei wie auch in Beziehung auf Vieles andere in den Fehler, daß sie das rechtlich und juristisch Unmögliche schon für das Unmögliche an sich hielt und daß sie nicht bedachte, daß Der= jenige, welcher sich einmal über den Rechtspunkt hinweggesetzt habe, genöthigt werde, auch in andern Punkten sich Ueberschreitungen des Gesetzes zu erlauben.

Blicken wir auf das Land zurück, so ist aus derselben Zeit noch Fol= gendes zu erwähnen. Bald nach Neujahr lief in Osnabrück auch das dritte Gutachten der Tübinger ein, welches die Verfassungsfrage noch viel gründ= licher und ausführlicher als das Jenaer und Heidelberger behandelte, nament= lich auf die Provinzialverfassungen und ihre Rechte zurückging. Was man darüber in öffentlichen Blättern vernahm, lautete dahin:

Das Gutachten entwickelt, wie weder die angeführten formellen noch materiellen Gründe der Ungültigkeit des Staatsgrundgesetzes zutreffend seien und wie am allerwenigsten der Umstand, daß einerseits in dem Staats= grundgesetze keine hinreichende Gewähr für das dauernde Glück der getreuen Unterthanen zu finden vermocht werde, die einseitige und willkürliche Auf= hebung des Staatsgrundgesetzes rechtfertigen könne, wie das wahre Glück aller Unterthanen (nicht blos einzelner Stände und Classen) am ersten und sichersten durch die Heilighaltung des Rechtes und der Verfassung zu errei= chen sei und sich doch unmöglich eine förmliche Beglückung denken lasse. Ueber die rechtliche Natur der Domainen lieferte das Responsum die erschö= pfendste Darstellung; es weist nach, wie die dem Staatsgrundgesetze vorge= worfenen Fehler meistentheils auch dem Verfassungspatente von 1819 ankle= ten und wie daher, sobald das Staatsgrundgesetz nicht rechtsbeständig sei, auch die Verfassung von 1819 wieder über den Haufen falle und folglich für die einzelnen Provinzen deren ältere Verfassungen wieder in volle Kraft treten müßten, wie aber alsdann die Rechte der Provinzialstände in mancher Beziehung viel bedeutender und einflußreicher seien als die den allgemeinen Ständen durch das Grundgesetz eingeräumten Rechte. Aus allen diesen Deductionen wird der Schluß gezogen: „das Staatsgrundgesetz bestehe noch in voller rechtlicher Kraft fort, und die auf dasselbe geleisteten Diensteide seien nach wie vor verbindend." Der vorjährigen Ständeversammlung, die sogar unter Verletzung des Patents von 1819 berufen sei, wird der Cha= rakter einer legalen, mit ständischen Befugnissen versehenen Repräsentation des Landes ganz und gar abgesprochen, sie wird einer jeden andern, will= kürlich convocirten Versammlung dritter Personen, die man um Rath fragt, gleichgeachtet.

Das große Publicum sollte alle drei Gutachten bald genau kennen lernen, dieselben wurden von Dahlmann herausgegeben und fanden in Deutschland so reißenden Absatz, daß, nachdem die erste Auflage Ende März erschienen war, schon am 1. Mai die zweite vermehrte Auflage erschien.

Wie es mit der Verbreitung der zu gleicher Zeit von Gustav Zimmer= mann erschienenen Schrift: „die hannoversche Regierung und das Staats=

grundgeſetz von 1833" — welche die Vertheidigung der vom Cabinette
aufgeſtellten ſtaatsrechtlichen Grundſätze bezweckte, ausſah, darüber kann ich
nicht berichten.

In Osnabrück hatten etwa 100 Perſonen die Steuerzahlungen ver=
weigert und ſich pfänden laſſen. Der öffentliche Verkauf der Pfandobjecte
wurde als ergötzliches Schauſpiel benützt, bei dem es an bezüglichen Witzen
nicht fehlte, eine kleine Zwiſchencomödie in der großen Tragödie, die im
Lande aufgeführt wurde.

In Hannover war am 19. Februar der Staatsrath eröffnet und hatte
der König dabei folgende Rede gehalten:

„Ich fühle Mich glücklich, daß die Zeit herbeigekommen iſt, um den
Staatsrath verſammeln zu können. Ein Wunſch, den Ich lange gehegt
habe, und den Ich lange erfüllt hätte, wenn es Mir früher möglich
geweſen wäre. Sie werden aber ſelbſt einſehen, daß zu viele bedeu=
tende, höchſt wichtige Angelegenheiten Mich beſchäftigt haben, als
daß es bisher in Meiner Macht geſtanden hätte. Ich habe Mich beſtrebt,
höchſt ehrenhafte und talentvolle Männer auszuwählen, die, wie Ich,
nur einen Wunſch haben können: die Wohlfahrt und das Glück des
Landes. Ich bin überzeugt, daß Sie alle, der Eine wie der Andere,
von dieſem Gefühle erfüllt ſind, und Ich rechne auf Ihren redlichen
Eifer. -- Meine politiſchen Geſinnungen ſind bekannt, und es liegt Mir
wahrhaft am Herzen, daß alle Claſſen Meiner treuen Unterthanen ſich
überzeugen mögen, daß, ſo beharrlich Ich einerſeits die wahren monarchi=
ſchen Grundſätze und die Rechte der Souveränetät aufrecht erhalte, Ich
doch nie die Rechte Anderer beeinträchtigen will, und daß Niemand auf=
richtiger Alles haßt, was nur irgend an Despotismus gränzt. Alles
was Ich verlange, iſt Ordnung und ein geregeltes Verfahren, ohne
welche keine Regierung beſtehen kann. — Sie kennen nun die Grundſätze,
nach denen, wie Ich mit Zuverſicht erwarte, der Staatsrath handeln wird,
und da Ich Männer aus allen Ständen und aus den verſchiedenſten Ge=
ſchäftskreiſen gewählt habe, ſo verlaſſe Ich Mich darauf, daß Sie alle
Fälle, die Ihnen zur Prüfung und zur Beurtheilung vorgelegt werden,
ernſtlich, reiflich und leidenſchaftslos erwägen, und ohne Parteirückſichten
Mir ehrlich und offen Ihre Meinung ſagen werden, nie vergeſſend, daß
Meine Abſicht iſt, Alles zu thun, was in Meiner Gewalt ſteht, um
das Glück und die Wohlfahrt des Volkes zu vermehren, welches
Mir als Herrſcher anzuvertrauen dem Allmächtigen gefallen hat."

Bald nach der Vertagung der Stände, als die neuen Wahlen ſchon
ausgeſchrieben waren, ſchrieb man der „H. B." aus Hannover, 9. März:
„Im Cabinet iſt man über den glücklichen Ausgang der neu ausgeſchriebenen
Wahlen unbeſorgt, da Herr Lang jun., im Fall er wieder gewählt werden
ſollte, die Oppoſition, von welcher er ſich ſchon bei Gelegenheit des Conradi=
ſchen Antrages und auch bei der letzten Eingabe an den Bundestag theil=
weiſe getrennt, ganz verlaſſen und in Folge der neuen ſtändiſchen Organi=
ſationen eine Anſtellung in Hannover ſelbſt ſuchen möchte." Die Anſtellung,
auf die hier angeſpielt war, war die als Schatzrath. Dr. Lang vertheidigte
ſich auf dieſe Beſchuldigung, wie er es nannte, indem er ſich namentlich
auf den Inhalt ſeiner Reſignation bezog. Wir theilen dieſelbe in den Beilagen

Nr. **XVII.** mit, konnen aber aus derselben abermals nur seine Anhänglichkeit an den Vermittlungsgedanken herauslesen, so wie sein Bedauern,
eine Stellung zu verlassen, in der er seit Jahren eine nicht unbedeutende
Rolle gespielt hatte, die ihm mehr zusagte als die Beschwerden des Advocatenstandes auf dem Lande. Der Schluß dieser Erklärung: „ich werde
fortfahren in den Angelegenheiten des Vaterlandes lediglich meinem Gewissen und dem Selbstgefühle zu folgen, da ich, um mir eine würdige
Stellung zu erhalten, weder der Parteien noch der Regierung bedarf" —
enthält ziemlich unverstedt eine Lossagung von der Widerstandspartei, denn
man kann in öffentlichen Dingen nicht blos seinem Selbstgefühle folgen
und wenn das Land, wie damals Hannover in zwei Parteien gespalten ist,
von denen die eine, den König an der Spitze, das Staatsgrundgesetz nicht
für gültig erklärt, die andere es für rechtsbeständig hält, ist eine Sonder-
stellung nicht möglich. Nun gehörte aber Lang bis zum 27. Februar, wo
er die Beschwerde und Protestation unterzeichnete, zu der Widerstandspartei.

Es folgten nun von Mitte März bis Mitte Juni für Hannover die
schweren Tage der Wahlqualereien, welche in der Stüveschen Vertheidigung
des Magistrats zu Hannover (Deutsches Staatsarchiv I. S. 83) ausführlicher
actenmäßig dargelegt sind. Das Cabinet beabsichtigte bei den verschiedenen
Corporationen die Versuche zur Wahl von Deputirten so lange zu erneuern,
bis es 37 oder 38 zusammen habe, denn die Zeit der Budgetsbewilligung
nahte, und schon hatten einzelne Gerichte, so der Stadtrichter Westerkamp
in Osnabrück, Advocaten, welche zu ihren Schriften keinen Stempel genommen hatten, von der Strafe der Defraude frei gesprochen, weil die Steuern
pro 1838—39 von keiner staatsgrundgesetzlichen Ständeversammlung bewilligt seien. Man kannte im Cabinet die Geneigtheit sämmtlicher Gerichte, die
Rechtsdeductionen des Patents nicht anzuerkennen, sehr wohl, was sollte
erst werden, wenn vom Juli 1839—40 gar keine Steuern bewilligt waren?
Jede Wahl, ja jede Bevollmächtigten- und jede Wahlmannswahl hatte ihre
eigene Geschichte und die Zeitungen vom März, April und Mai strotzten
von Berichten über verweigerte Wahlen. Da die Geschichte gerade dieser
Zeit zum Theil vortrefflich dargestellt ist in den verschiedenen Vorstellungen, Denkschriften und Beschwerden an den Bundestag, welche das Portfolio gesammelt hat, können wir hier kürzer sein, selbst wenn wir genöthigt
sein sollten die Geschichte der Wahlen fortzulassen.

Trotz mehrfacher Aufforderung war die Wahl abgelehnt von der Universität, der Residenz Hannover, den Städten Göttingen, Hameln, Münden,
Lüneburg, Uelzen, Celle, Harburg, Stade, Burtehude, Osnabrück, Fürstenau, Hildesheim, Emden, Norden, Leer, Schüttorf, von den sämmtlichen
Marschdistricten des Herzogthums Bremen, von den 22 Aemtern der Bremischen Geest, vom Lande Hadeln, von sämmtlichen Landgemeinden des
Fürstenthums Osnabrück, von den Grundbesitzern der Grafschaft Bentheim
und von zwei Wahldistricten des Lüneburger Bauernstandes — also von
32 Wahlcorporationen. So war Mitte April für das Cabinet auch nicht
die entfernteste Aussicht vorhanden, eine beschlußfähige zweite Cammer zu
bekommen, selbst wenn man, wie aus Zeitungsartikeln zu sehen war, von
dem 20jährigen und noch 1838, ja noch im Februar 1839 in voller Kraft
wirksamen Gebrauche abgehen wollte, neue Vollmachten nur von einer beschluß-

fähigen Cammer prüfen zu lassen. Die Widerstandspartei setzte jetzt mehr als je ihre Hoffnungen auf den Bundestag, denn so lange die Möglichkeit offen gehalten war, daß sich die Regierung mit den angeblich nach der Ver= fassung von 1819 berufenen Ständen einige, konnte die Majorität des Bun= des es für angemeſſener halten, die Ordnung der Verfaſſungsangelegenheiten dem Lande selbst zu überlaſſen, aber jetzt, wo das Cabinet dieſen Weg selbſt sich abgeschnitten, schien es im Intereſſe des monarchiſchen Princips ſelbſt zu liegen, ex officio einzuschreiten. Und in der That iſt nachträglich bekannt geworden, daß in der Sitzung des Bundestags vom 26. April die Gesandten von Baiern und Baden den Antrag stellten: „der königlich Han= noverſchen Regierung die Aufrechterhaltung des formellen Rechtzuſtandes und ſonach die Herbeiführung etwa für nöthig erachteter Abänderungen ausschließlich auf dem dieſem Rechtszustande entsprechenden Wege, angelegentlichſt zu empfehlen", in Folge deſſen mindestens durch Stimmenmehrheit die Verweisung dieſer und anderer Anträge an einen Ausſchuß beschloſſen und der Hannoverſchen Regierung aufgegeben war, ihre Aeußerung darüber mit möglichſter Beschleu= nigung längstens in 4 Wochen an die Bundesversammlung gelangen zu laſſen. Durch die Verbindungen, welche die Männer der Widerſtandspartei in ganz Deutschland hatten, war es den Hauptführern derselben schon im An= fang April bekannt, daß ein derartiger Antrag gestellt werden würde, und daß die Stimmung in Frankfurt der Hannoverſchen Oppoſition, deren con= ſequentes, tactvolles und loyales Benehmen man anerkennen mußte, günſtiger sei als je. Was der Oppoſition bekannt geworden, das konnte der Regie= rung nicht unbekannt sein; dieselbe wußte schon Anfang April, welches drohende Gewitter sich in Frankfurt zusammenziehe und wie man dort das Verlaſſen des Vereinbarungsweges als einen großen Fehler anſehe. Vielleicht waren auch von österreichiſcher und preußiſcher Seite Winke erfolgt, von dem durch die Proclamation vom 15. Februar eingeschlagenen Wege wieder zurückzugehen. Genug — so oft man auch den Grundsatz ausgesprochen: jeder Rückschritt — selbst zum Rechten und Beſſeren hin — compromittire die königliche Würde und erniedrige das königliche Ansehen — und so sehr in dem Schreiben vom 15. Februar die Worte: „Unſere Schritte sind von allen Seiten wohl überlegt und Unſer Wille steht unerschütterlich fest" ent= gegenzustehen schienen: man entschied sich zu einem Rückschritt. Dieser mußte aber beschönigt werden und da war nichts natürlicher, als daß man zum vertuschenden Helfershelfer einen Mann wählte, der bisher mehrfach vergeblich seine Vermittlungsvorschläge angeboten hatte und den man außer= dem, (da seine Wünsche nicht unbekannt geblieben waren und sich aus der Stellung als ständischer Commiſſarius von selbst ergaben) mit der einfachen Versicherung, man würde bei künftiger Errichtung eines Schatzcollegii seiner Bestätigung nichts in den Weg legen und seine Wahl zu befördern ſuchen — einen Stimulus geben konnte. Das war Dr. Lang zu Achim.

Bald zeigte sich seine Fahnenflüchtigkeit in einem eclatanten Beispiele. In Bremervörde ward nämlich die größte Wahlcorporation des Landes, aus 22 Aemtern bestehend, auf den 27. April zu einer neuen Wahl von zwei Deputirten für die Bremer=Verdener Geest berufen, nachdem erst am 23. März von der Majorität der Wahlmänner, Dr. Lang an der Spitze, eine Neuwahl aus dem Grunde abgelehnt war, weil darin die Anerkennung der

Wirksamkeit der Verfassung von 1819 gefunden werde. Von den Wahl=
männern trafen Dr. Lang aus Achim, Hauptmann Böse aus Bederkesa und
Dr. v. d. Horst aus Rotenburg schon am Tage vor der Wahl ein. Dr.
Lang hatte sich zur Annahme einer Wahl bereit erklärt, auch versichert, die
Cammer sei vollzählig, obgleich Böse ihn sofort widerlegte. Es fand sich
bei Besprechungen, daß die Mehrzahl der Wahlmänner eine Wahl verweigern
wollte, nur vier derselben erklärten sich zur Wahl unter allen Umständen
bereit, und wählten am andern Tage auch wirklich Lang. Unter diesen
Umständen schien es zunächst v. d. Horst angemessen, um einen Zwiespalt
in der Wahlcorporation zu vermeiden, zu dilatiren. Lang hatte, wie er
in seiner Erklärung vom 15. Mai erzählt *) an Horst Mittheilungen über
beabsichtigte Transactionen gemacht. Horst hatte in Folge der Eröffnungen,
welche bei den Wahlmännerwahlen gemacht waren, von selbst daran gedacht,
daß das Cabinet wohl zu Transactionen geneigt sei, und Böse berichtet,
daß Lang erklärt habe, man sei des Haders in Hannover herzlich müde und
zur Nachgiebigkeit bereit. So kam es denn, daß v. d. Horst folgende Erklä=
rung entwarf: „Die an mehren Orten bei Ernennung der Wahlmänner den
Gemeindebevollmächtigten von Seiten der königlichen Regierung gemachte Er=
öffnung: „daß die für angemessen befundenen Verbesserungen der Verfassung
von 1819 nicht ausgeschlossen wären, sondern den Berathungen und Ver=
einbarungen mit der allgemeinen Ständeversammlung vorbehalten blieben“,
erregte die Hoffnung, daß Se. königliche Majestät allergnädigst beschlossen,
die durch das königliche Schreiben vom 15. Februar abgebrochenen Unter=
handlungen, über Feststellung eines neuen Verfassungsgesetzes, in der all=
gemeinen Ständeversammlung wieder aufnehmen zu lassen, womit dann die,
seiner Zeit ausgesprochene Veranlassung, welche die bisherigen Deputirten
des Geestdistrictes zum Rücktritte von ihrem Amte bewog, sowie auch die
Wahlmänner im ersten Wahltermin am 23. März zur Ablehnung einer De=
putirtenwahl bestimmte, beseitigt sein würde. Die Aussicht auf formfeste
Beilegung der, auch in hiesiger Provinz tief und schmerzlich empfundenen
Irrungen über die bestehende Verfassung durch Unterhandlung eines
zufriedenstellenden Vergleichs bewog uns, am 24. April die auf=
getragene Function eines Wahlmannes anzunehmen, um dann ein hohes
Cabinet ehrfurchtsvoll zu bitten: „die, in Beziehung auf solchen ständischen
Verfassungsvergleich gefaßte allerhöchste Entschließung in einem officiellen
Actenstück öffentlich zu publiciren und den uns vorgeschriebenen Termin zur
Erwählung zweier Deputirten in zweite Cammer, bis gleich nach dieser Pu=
blication, hinauszusetzen zu lassen.“ Der Grund, welcher uns zu dieser ehr=
furchtsvollen Bitte bestimmte, liegt in der Erwartung, daß durch Publication
einer solchen allerhöchsten Entschließung, aus dem tiefeingreifenden Bedürf=
nisse nach beruhigender Schlichtung der jetzigen Verfassungsirrungen, sich
noch viele, und zwar so viele Wahlcorporationen zur Ernennung von De=
putirten entschließen dürften, als erforderlich sein möchten, dem gehofften
Verfassungsvergleich im Lande aufrichtige Anhänglichkeit und Dauer zu sichern.
Wir würden dann in einem anderweiten Termine nicht säumen, unsere Wahl
auf zwei, dem Wunsche nach angemessener Einigung ergebene, auch in den

---

*) Bremer Zeitung vom 16. Mai 1839.

schwierigen ständischen Functionen geübte Deputirte zu lenken, und deren
Bestrebungen mit unsern besten Wünschen zu begleiten. Bremervörde, den
27. April 1839." Dieselbe fand den Beifall einer Majorität von 17
Wählern, wurde von diesen unterzeichnet und an das Cabinet gesendet.
Daß Lang sich bei den Verhandlungen über diese Erklärung überall nicht
lebhaft betheiligte, sondern sich zuwartend und unthätig in den Nebenzim=
mern herumtrieb, haben verschiedene Theilnehmer der Handlung dem Ver=
fasser bestätigt. Lang fehlte damals bei einem großen Theile der Wahl=
männer schon das rechte Vertrauen und hatte er überhaupt nicht die Gabe,
sich mit Bauern zu verständigen.
Dies die äußere Geschichte der Bremervörder Adresse. Was die innere
Geschichte betrifft, so ist dieselbe, wie die damaligen Zeitungen, namentlich
der deutsche Courier, richtig ahnten, ein Werk des Doctor Lang, welcher
Horst dazu zu veranlassen wußte. Dr. Lang hat zwar in seiner erwähnten
Vertheidigung eine äußere Geschichte der Erklärung gegeben und dann hin=
zugefügt: „Dieß ist die nackte Thatsache, in Folge welcher 1) meine Ein=
wirkung, um der Eingabe an das Cabinet die Unterschrift der Wahlmänner
zu verschaffen; 2) jede Mitwirkung bei Abfassung derselben; und 3) sogar
meine Bekanntschaft mit dem von dem Herrn Dr. v. d. Horst beabsichtigten
Schritte, bevor mir die Bittschrift zu Bremervörde am Tage vor der Wahl
in Gegenwart des Herrn Hauptmanns Böse vorgelesen wurde, sich als eine
Windbeutelei darstellt." Allein das ganze künftige Leben Langs liefert dem
Geschichtschreiber die Bürgschaft, daß Detmold und die übrigen Zeitungs=
correspondenten Lang nicht Unrecht thaten, wenn sie ihn als Urheber jener
Erklärung im Sinne des Cabinets anklagten. Es kommt dabei nicht auf
die Richtigkeit einzelner Thatsachen an und ist gleichgültig, ob Lang vor dem
Bremervörder Wahltage mit Herrn v. Lütken in Rieuburg zusammengetroffen
ist, ob Hauptmann Böse ihn, oder er den Hauptmann Böse mißverstanden *).
Es mögen alle drei von Lang aufgestellten Thatsachen wahr sein, dennoch
ist er intellectueller Urheber der von Horst allein concipirten und Lang in
Gegenwart Böse's zuerst vorgelegten Erklärung, mindestens des Passus in
derselben, auf den hier Alles ankam. Herr v. d. Horst lebte damals in
dem abgelegenen Flecken Rotenburg, in der That nicht der Ort, von wo
man beurtheilen konnte, was im Lande vorging. Derselbe hatte sich seit
1834 um Politik wenig bekümmert und war höchst unzufrieden gewesen mit
dem Gange, den namentlich die ständischen Berathungen genommen hatten;
in einem Sinne unzufrieden, daß er die Aushebung des Staatsgrundgesetzes
für ein so großes Unglück gar nicht hielt und in einer „stumm aber mächtig
einherschreitenden Volksvertretung in allgemeiner Landwehr" wie sie Preußen
besitze, eine viel bessere Vertretung des Volkes sehe, als in den zwei han=
noverschen Cammern, welche doch nicht vom Platze kommen, sondern durch
die Macht der ersten Cammer eher rückwärts als vorwärts gezogen würden.
So hatte sich v. d. Horst namentlich schon im Jahre vorher öffentlich in
einem in Nr. 204 des Hamburger Correspondenten von 1838 abgedruckten

*) Nähere Details namentlich die Erklärungen Lang's, Böse's, Horst in Nr.
111, 112, 113, 115, 118 des Hamb. Correspond., Deutscher Courrier Nr. 20,
Deutsches Staatsarchiv I. S. 145 und S. 240.

Artikel „aus Rotenburg im Bremischen" offen ausgesprochen. Horst stand mit den Leitern der staatsgrundgesetzlichen Opposition in keinem Zusammenhange und hatte namentlich von dem Stande der Angelegenheiten in Frankfurt keine Ahnung. So war Horst für Lang der rechte Mann, die Kastanien aus dem Feuer zu holen.

Daß wir Lang nicht Unrecht thun, davon haben uns aber auch außerdem zwei Briefe an einen Wahlmann Kunde gegeben, die wir einzusehen Gelegenheit hatten. In dem ersten Briefe vom 19. April erklärt er es der Lage für angemessen, daß gewählt werde, da die Cammer vollzählig sei (was unwahr war, wie Lang in seiner Erklärung vom 15. Mai selbst zugesteht) und man nicht zugeben könne, daß es die Regierung nur mit einer Regierungscammer zu thun habe, während in erster Cammer eine rein aristokratische Opposition ihr gegenüber stehe. Lang wünscht nun nicht nur wieder gewählt zu werden, sondern auch, daß solche Vorbereitungen getroffen würden, daß „ich nicht blos gegen die Regierung, sondern auch gegen die Opposition, welche durchaus verhindern will, daß irgend etwas zu Stande kommt, mit Festigkeit auftreten kann." Dazu gehört aber wesentlich, daß den Wahlmännern injungirt werde, ausdrücklich bei der Wahl zu erklären, daß sie zum Zweck eines Vergleichs mit dem Könige wählen. — „Ich muß das Meinige versuchen, gegenwärtig, wo die Regierung mürbe gemacht ist, den Zeitpunct zu ergreifen, um die Interessen des Landes zu wahren und ich glaube, meine Persönlichkeit nicht zu hoch anzuschlagen, wenn ich dafür halte, daß meine geringe Kraft im jetzigen Augenblicke bessere Dienste leisten kann, als die irgend einer anderen Persönlichkeit." In dem zweiten Briefe vom 20. April versichert er, daß die Regierung seine Wahl wünsche, daß aber die Wahlmänner, welche zu wählen entschlossen seien, aus misverstandenem Diensteifer glauben würden, ihn nicht wählen zu dürfen. Er verspricht die materiellen Interessen des Bauernstandes zu fördern, namentlich das Creditinstitut zu Stande zu bringen.

Sucht man nach Gründen, die Lang bewegen konnten, den Weg, eine Entscheidung des Rechts bei dem Bundestage zu suchen, den er gemeinschaftlich an der Spitze seiner politischen Freunde bisher befolgt, treulos zu verlassen, so kann man zu mehrfachen Motiven gelangen, ohne die Wahrheit selbst ermitteln zu können. Einige glauben, er habe hauptsächlich bei der Regierung sein persönliches Interesse fördern wollen. Hatte er den Vergleich zwischen dem Lande und Könige zu Stande gebracht, so konnte er wenigstens auf eine Stellung als Schatzrath oder eine Anstellung bei dem zu errichtenden Creditinstitute rechnen, nicht unwahrscheinlich, daß sein ungemessener Ehrgeiz schon damals nach der Stellung eines Generalsecretairs trachtete. Andere glauben, daß ihm eben so viel daran lag, die Pläne Stüve's und der staatsgrundgesetzlichen Partei, welche, wie er wußte, ihre ganze Hoffnung auf den Rechtsgang d. h. den Bundestag und dessen Einschreiten setzte, zu durchkreuzen. Die Rivalität, mit der Lang in der Zeit von 1833—37 gegen Stüve aufgetreten, und die Behandlung, welche er schon seit März 1838 von der staatsgrundgesetzlichen Partei hatte ertragen müssen, die seine Führerschaft verschmähte und ihr Mistrauen gegen ihn bei mehr als einer Gelegenheit offen kund legte, lassen auch solchen Gedanken wohl Platz. Man könnte nun fragen, warum suchst Du nach persönlichen Motiven, da in

einer solchen Zeit sehr wohl der Gedanke auch in dem ehrenwerthesten Manne
der vorherrschende werden konnte, daß das wahre Heil in Vergleichsver=
handlungen zu suchen sei. Die Antwort ist folgende: War dies die gewissen=
hafte Ueberzeugung des Dr. Lang, so mußte er seine politischen Freunde
davon zu überzeugen suchen, er durfte aber nicht hinterrücks von diesen,
ganz entgegen den Beschwerden an den Bundestag, die er an der Spitze
unterzeichnet, jetzt dem Cabinette aus der Verlegenheit helfen, die es sich
selbst zubereitet hatte. Er mußte dann selbst, mindestens seiner Wahlcor=
poration gegenüber, diese seine Ueberzeugung vertreten und durfte nicht Horst
vorschieben und handeln lassen.

Es war nun aber, als wenn das Cabinet diese Erklärung nur erwartet
habe, denn schon am 3. Mai erschien die königliche Proclamation (Anlage
XVIII.), durch welche die am 2. März vertagte Ständeversammlung auf den
28. Mai einberufen wurde. Es wurde auf die Bremervörder Adresse darin,
als ein „von mehreren Seiten wiederholter Wunsch" Bezug genommen, der
zwar an sich noch nicht genüge, die Gründe des Entschlusses vom 15. Fe=
bruar zu beseitigen. Sollten aber die Stände diesen Wunsch aussprechen,
so solle eine desfallsige Erklärung gern berücksichtigt werden. Nun begannen
abermals die Wahlquälereien, und war man jetzt auch mit Minoritätswahlen
zufrieden. Am meisten erzürnt waren Diejenigen, welche die Rotenburger
Erklärung abgelassen, über Deutung und Gebrauch derselben. Nament=
lich **Dr. v. d. Horst** resignirte sofort als Wahlmann unter der ausdrücklichen
Erklärung: „da nach der Proclamation vom 3. Mai er nicht mehr absehe,
wie ein freier, formfester und im Lande wahre Theilnahme und Anhäng=
lichkeit findender Vergleich, auf welchen er gehofft, zu Stande gebracht
werden könne." Die neue Wahl zu Bremervörde kam auch nur als Mino=
ritätswahl zu Stande. — Zu den Wahlen wurden jetzt die zweckmäßigsten
Vorkehrungen und Maaßregeln getroffen, dennoch war die zweite Cammer
zehn Tage nach der Eröffnung der Stände noch nicht zur Hälfte vollzählig.
Obgleich man gegen Reglement und Brauch die neugewählten Mitglieder in
die unbeschlußfähige Cammer einführte, hatte man erst am 7. Juni die zu
einer Beschlußnahme nöthige Zahl von 37 Mitgliedern versammelt. Als dies
erreicht war, schritt man zur Prüfung der Vollmachten. Obgleich von diesen
nur höchstens zwei oder drei fehlerfrei waren, stellte der Generalsyndicus
doch den Antrag, dieselben als genügend anzunehmen, was auch bis auf
die Vollmachten der beiden bremischen Geestdeputirten, so wie der Abgeord=
neten des 1. und 3. Lüneburger Wahlbezirks, der für den Amtmann Nie=
meyer und Amtsassessor v. Meltzing, endlich der Vollmacht des Zolldirectors
Niemeyer für die Stadt Verden, geschah, über welche man vom Cabinet
Aufklärungen erbat. Doch da die Geschichte dieser Diät einmal in der Denk=
schrift, welche der Magistrat der Residenz seiner Beschwerde an den Bund
vom 13. Juli 1839 als Anlage D. beigefügt hat (Hannoversches Portfolio
2 S. 76) genügend geschildert ist, außerdem aber sämmtliche Protocolle
zwei Mal gedruckt sind (daselbst S. 110 und in einer besonderen Schrift
unter dem Titel: die Verhandlungen der zweiten Cammer der sogenannten
allgemeinen Ständeversammlung im Königreich Hannover, Stuttgart Adolph
Krabbe 1836), so können wir darauf Bezug nehmen und kurz referiren, daß
es die Stände außer schmählichen Selbstgeständnissen in zweiter Cammer,

daß man das Vertrauen des Landes nicht besitze, nur zu der Adresse vom 15. Juni brachten *), in welcher sie das von ihnen Verlangte thaten, nämlich um Wiederaufnahme der Vergleichsverhandlungen baten und die Hoffnung aussprachen, wenn das Präjudiz des Anerkenntnisses der Verfassung von 1819 hinweggenommen werde, werde die Mitwirkung eines möglichst größern Theils der Wahlberechtigten folgen. Auf diese Adresse erfolgte schon am andern Tage das königliche Schreiben vom 16. Juni **), des wesentlichen Inhalts, daß der getreuen allgemeinen Ständeversammlung anderweitige Vorschläge gemacht werden sollten, welche den Verhandlungen zum Zweck der gedachten vertragsmäßigen Vereinbarung zum Grunde zu legen bestimmt seien. Die Vorbereitungen dazu sollten einer unverzüglich anzuordnenden Commission zur Pflicht gemacht werden. Man sei ungewiß darüber, ob eine Theilnahme ständischer Commissarien die Sache fördern werde, und ob die Stände solches überhaupt wünschten.

Daneben wurde in einer Art, die sehr an die Metternich'sche Eröffnungsrede des Wiener Ministerconferenz erinnert, beklagt, wie sehr von einem Theile der mit den vom Könige getroffenen Maaßregeln nicht einverstandenen Unterthanen und von Fremden die verwerflichsten Mittel mancher Art, Entstellung der Wahrheit, Täuschung, boshafte Verläumdung angewandt und die zügellose Presse benutzt worden, um unter dem Vorwande der Sicherung des Rechtszustandes, selbstsüchtige Zwecke zu verfolgen u. s. w. Freilich wurde es schwer, dem Volke den Glauben an die selbstsüchtigen Zwecke eines Dahlmann, J. Grimm, Stüve, Hugo, Neubourg, Conradi und so vieler anderer Vertheidiger des Staatsgrundgesetzes begreiflich zu machen, während man täglich sah, wie die Anhänger des Cabinets an Titeln und Ehren befördert wurden. So wurde Hüpeden Generalsecretair im Finanzministerio mit 3000 Thlr. Gehalt, Cammersecretair Bar Cammerrath und Assessor des Staatsraths, Amtsassessor Blumenhagen Amtmann, Amtsassessor Hagemann Regierungsrath, Schatzrath Eichhorn Mitglied des Staatsraths, Amtsassessor Seebach Hülfsarbeiter bei der Domainencammer, Cammerconsulent Klenze Hofrath und Mitglied des Staatsraths, Dr. Sermes Hofrath, Domsyndicus Werner Consistorialrath und zweiter Beamter u. s. w.

Stände lehnten die Theilnahme an den Commissionsarbeiten des Verfassungsentwurfes ab, die Einleitung und Bearbeitung dieser Angelegenheiten vertrauensvoll der Weisheit des Königs überlassend ***). Beide Cammern suchten sich der Einlassung auf Geschäfte wie gesetzgeberische Thätigkeit so viel wie irgend möglich zu enthalten. So wurde namentlich das vom Cabinette vorgelegte Budget bei Seite geschoben und das alte grundgesetzliche Budget wie pro 1838—39, so auch pro 39—40 nur prolongirt ****). Nur über die Verwendung der auf 930,000 Thlr. belaufenden Ueberschüsse aus den Jahren 1837—39 mußten Beschlüsse gefaßt werden, und wurden unter dem Vorbehalte, daß diese Bewilligungen der künftigen Regulirung der Finanzverhältnisse in keiner Hinsicht präjudiciren sollten, bewilligt: 1) für den Schloßbau die schon verwandten 130,000 Thlr., 2) der zweijährige Betrag

---

*) St. A. Nr. VI. 2. S. 341.
**) Daselbst S. 342.
***) Daselbst S. 346.
****) Daselbst S. 312.

des Jahrgeldes für den Kronprinzen 68,000 Thlr., 3) für Chausseebau
40,000 Thlr., unter Ablehnung einer weiteren Verwendung von 212,490 Thlr.
für diesen Zweck. Die früheren Ständischen Verträge, namentlich auch die
Aufhebung der Chausseedienste wurden dabei in Erinnerung gebracht. 4) Der
Rest der Ueberschüsse, etwa 480,000 Thlr., so wie dasjenige, was aus dem
laufenden Jahre noch sonst zur Verfügung komme, sollte zur Abtragung von
Landesschulden verwandt werden. *)

Am 20. Juni wurden die Stände vertagt. Vor den Anfang der
Diät fiel ein Ereigniß, das zu andern Zeiten gewiß die Aufmerksamkeit des
Landes in hohem Grade erregt haben würde, das jetzt aber fast spurlos
vorüberging. Am 20. Mai nämlich starb der langjährige Leiter der Hanno=
verschen Staatsangelegenheiten, der Graf von Münster. Die Geschäfte eines
Erblandmarschalls wurden durch Rescript vom 27. Mai auf den Präsidenten
erster Cammer, den Generalerbpostmeister Grafen von Platen=Hallermund
übertragen.

Als gegen die Erwartung der Opposition im Juni die neu erwählten
Deputirten, zum Theil durch Minoritätswahlen erkoren, in die Cammer ein=
geführt und beeidigt wurden, bevor die Vollmachten derselben von beiden
Cammern angenommen und geprüft waren, was der Beschlußunfähigkeit zwei=
ter Cammer wegen nicht geschehen konnte, da fühlte sich der Magistrat zu
Hannover veranlaßt, eine energische Protestation vom 15. Juni gegen die
Beschlüsse der s. g. Ständeversammlung der Bundesversammlung in Frank=
furt vorzulegen. Dieselbe ist im hannoverschen Portfolio 2. S. 45 abge=
druckt, der Magistrat verwahrte das Land und die ihm zunächst empfohlene
Corporation gegen die Beschlüsse der jetzt vereinigten s. g. Ständeversamm=
lung, als einer durchaus ungesetzlichen und nur durch Gesetz und obser=
vanzwidrige Mittel in anscheinender Wirksamkeit erhaltenen Vereinigung —
erklärt nur das Staatsgrundgesetz von 1833 als rechtlich bestehende Ver=
fassung anzuerkennen und bittet die Bundesversammlung: „die heiligen, so
vielsam und so gewaltsam verletzten Rechte des Landes unter Hochdero sichern
Schutz kräftigst nehmen und für Herstellung des einseitig und unbefugt auf=
gehobenen Rechtszustandes hochgewogentlichst Sorge tragen zu wollen."

Es wurde diese Eingabe anfänglich, wie es schien, aus Irrthum, von
der Bundescanzlei zurückgewiesen. Darauf beschloß der Magistrat eine zweite
Vorstellung unter Vermeidung alles etwa Anstoß Erregenden unter näherer
Ausführung des Rechtspunctes, dieselbe ist vom 11.—13. Juli datirt, im
hannov. Portfolio 2. S. 57 abgedruckt, enthält mehrere Anlagen, unter
anderen die schon oben erwähnte Denkschrift.

Die erste Protestation circulirte Anfangs Juli in zahlreichen Exempla=
ren sowohl in der Stadt Hannover als im Lande und erregte bei der un=
geschmückten Derbheit ihrer Darstellung großes Interesse. Als daher am
13. Juli Rumanns Geburtstag stattfand, beabsichtigte die Bürgerschaft eine
Massendemonstration, wovon sie durch Rumann und seine Freunde nur mit
Mühe zurückgehalten wurde. Schon ehe die zweite Vorstellung unterzeichnet
war, hatte das Cabinet von dem Magistrate die noch vorräthigen Exemplare
der ersten Vorstellung vom 15. Juni abgefordert und ausgeliefert erhalten.

---

*) St. A. S. 336.

Die Beschwerden bei dem Bundestage aus allen Landestheilen häuften sich immer mehr und lagen dem Bundestage im Juli 1839 dreißig Eingaben vor, namentlich von den Städten: Hannover, Hameln, Münden, Lüneburg, Celle, Harburg, Stade, Burtehude, Osnabrück, Fürstenau, Quackenbrück, Hildesheim, Emden, Esens, Leer, Schüttorf. — Sodann von den Wahldistricten der Grundbesitzer folgende: die des Fürstenthums Calenberg, die des Lüneburgischen Wahldistricts, der Bremische Marschdistrict des Altenlandes, der des Landes Kehdingen, der von Neuhaus und Osten, der Osterstader Marschdistrict, der Grundbesitzer der Bremischen Geest und des Herzogthums Verden, der Grundbesitzer des Fürstenthums Osnabrück und der Grafschaft Hohnstein.

Um ein abschreckendes Beispiel zu liefern und namentlich den Magistrat der Residenz selbst zunächst zu strafen, wurden gegen diesen Schritte beschlossen. Am 15. Juli erschien der Landdrost von Dachenhausen in der Sitzung des Magistrats und forderte die Mitglieder desselben auf, zu erklären, ob sie die fragliche Beschwerdeschrift unterschrieben hätten. Als dies bejaht war, legte derselbe ein Cabinetsrescript vor, das eine Untersuchung gegen den verwaltenden Magistrat befahl. Noch an demselben Tage erschien eine Königliche Proclamation vom 16. Juli, welche zunächst den wirklichen Inhalt der erwähnten Vorstellung vom 15. Juni mittheilte, sodann aber lautete:

Es enthält diese Vorstellung, ohne daß Wir jedoch durch Unsern Ausspruch dem Erkenntnisse der zuständigen Gerichtshöfe irgend vorzugreifen gemeint sind — folgende peinlich zu strafende Verbrechen:

1) das Verbrechen der Verletzung der Unserer Königlichen Majestät schuldigen Ehrerbietung;

2) Calumnien gegen Unsere Regierung;

3) Oeffentliche Injurien gegen Unsere Regierung im Allgemeinen, insbesondere gegen Unsere sämmtlichen Minister und außerdem gegen die Mitglieder der allgemeinen Ständeversammlung, namentlich diejenigen, welche der zweiten Cammer angehören.

Es enthält daneben diese Vorstellung den Versuch, Uns von Unserm Cabinet zu trennen, um die irrige Ansicht zu begründen, daß die von Unserm Cabinet getroffenen Verfügungen Unserer Allerhöchsten Genehmigung ermangelten, während doch schon Unsere Cabinetsverordnung vom 14. November 1837 zur Genüge ergiebt, daß die Entscheidung der an Unser Cabinet gelangenden Angelegenheiten von Uns ausgeht. Auch erklären Wir hiemit noch ausdrücklich, daß Wir eine solche Trennung Unseres Cabinets von Uns niemals gestatten werden.

Wir sind nicht gemeint, den begangenen Frevel ungeahndet zu lassen.

Wir haben die Frage, welche Maßregeln dessfalls zu ergreifen seien, in die sorgfältigste und reiflichste Erwägung gezogen.

Unsere hierauf gefaßte Entschließung hat auf zwei Maßregeln für jetzt sich beschränkt:

Erstens haben Wir Uns veranlaßt gesehen, die Sache an die zuständigen Gerichte zu verweisen, damit von diesen dasjenige erkannt werde, was Gesetz und Recht erheischen, und die Schuldigen die verdiente Strafe treffe.

Wir haben aber auch zweitens im allgemeinen öffentlichen Interesse es für nothwendig gehalten, unter Vorbehalt weiterer Verfügung, die einstweilige Suspension des Stadtdirectors Rumann von dem wichtigen ihm anvertrauten Amte anzuordnen, weil er nicht allein die obige Vorstellung mitunterzeichnet, sondern auch die ihm als Director des allgemeinen Magistratscollegii obliegenden Verpflichtungen gänzlich hintangesetzt hat.

Es ist wegen einstweiliger Wahrnehmung der dem Stadtdirector obliegenden Geschäfte eine interimistische Verfügung bis dahin erforderlich geworden, daß der nach § 64 der Verfassungsurkunde für Unsere Residenzstadt dem Stadtdirector in Behinderungsfällen im allgemeinen Magistrats-Collegio vertretende Stadtgerichts-Director von einer Reise zurückgekehrt sein wird.

Wiewohl Wir nicht zweifeln, daß die getreuen Bürger Unserer Residenzstadt davon sich überzeugt halten werden, daß eine Kränkung ihrer Rechte fern von Uns sei, so nehmen Wir doch keinen Anstand, hiemit noch zu erklären, daß die obige Maßregel keinesweges eine Beeinträchtigung jener Rechte bezwecke.

Unserm getreuen Volke und insbesondere den Uns treu ergebenen Bewohnern dieser Residenz, welche ein besonnenes Urtheil zu bewahren gewußt haben, wird es nicht entgehen können, wie Unser landesväterliches Herz durch jene Schritte des Magistrats berührt worden ist. Wenn es Uns schon tief hat schmerzen müssen, seit fast 1½jährigem Zeitraume durch das eigene Benehmen des Magistrats Uns außer Stande befunden zu haben, bei feierlichen Gelegenheiten eine Deputation desselben anzunehmen, so wird jeder redliche Unterthan die Gefühle zu ermessen im Stande sein, die in Uns erweckt werden mußten, als Wir Unsere wichtigsten, nur nach sorgfältigster Prüfung und im Bewußtsein der steten Beachtung des Rechts, von Uns beschlossenen Regierungsmaßregeln auf die unehrerbietigste, ja frevelhafteste Weise von den Vertretern einer Stadt entstellt und verdächtigt sahen, welche vor allen übrigen Unsers Königreichs stets begünstigt worden ist.

Wir haben jedoch niemals gezweifelt an den treuen Uns ergebenen Gesinnungen der großen Mehrzahl der Bewohner Unserer Residenzstadt, wie solches vielfältig von Uns ihnen zu erkennen gegeben worden ist. Wir können daher über ihrem ruhigen Urtheile die Würdigung der Schritte einer Obrigkeit überlassen, welche, anstatt, ihrem Berufe gemäß, auf der Bahn der Ordnung mit Ruhe und Mäßigung vorzuschreiten, sich den gerechten Tadel aller rechtliebenden Unterthanen ohnfehlbar zuziehen wird.

Gegeben Monbrillant, den 16. Juli 1839.

E r n s t   A u g u s t.

G. Frhr. v. Schele.

Diese königl. Proclamation regte die Bürgerschaft der Residenz in hohem Maaße auf, und als sich am 17. Morgens das Gerücht verbreitete, der Oberamtmann Hagemann aus Wennigsen sei auserlesen, die Stelle des Stadtdirectors interimistisch zu bekleiden, versammelten sich zahlreiche Bürger im Rathhause, die nur durch die Eröffnung, daß die Bürgervorsteher bereits eine Petition an den König um Zurücknahme der Suspension Rumanns und Schützung der Verfassung der Stadt entworfen hätten und von Sr. Majestät nach 11 Uhr empfangen werden sollten, vorläufig beruhigt werden konnten. Indeß bringt der Landdrost vom Schlosse die Nachricht, daß der

König eine Deputation von 4 Personen annehmen will nach Entfernung der populen. Eine Deputation des Magistrats suchte unterdeß bei dem Landdrosten einen Aufschub der Beeidigung Hagemann's zu erwirken, aber vergeblich. Als aber der Landdrost und Hagemann zum Zwed der Beeidigung sich auf dem Rathhause einfanden, drängte die Menge tobend in den Saal, furchtbarer Lärm erfüllte das ganze Rathhaus von oben bis unten, man schreit: „werft ihn zum Fenster hinaus" und drängt sich an Hagemann. Dieser macht den Versuch die Bürger anzureden und steigt auf einen Stuhl, wird aber heruntergerissen und durch die äußersten Anstrengungen der Bürgervorsteher Hausmann, Ahlers u. A. vor Mißhandlungen geschüßt.

Nun zog die Deputation der Bürgervorsteher, begleitet von mehren tausend Bürgern, zum Palais des Königs, und erwirkte die Zurücknahme der Bestallung des Oberamtmanns Hagemann. Der König hatte die Loyalität der Bürger wie gewöhnlich gelobt und erwiedert, es habe nie in seiner Absicht gelegen, die Rechte der Stadt zu tränken, und sei ihm namentlich der § 5 der Stadtverfassung, nach welcher tein Staatsdiener Mitglied des Magistrats sein kann, unbekannt gewesen. Der Stadtsyndicus Evers wurde interimistisch mit der Verwaltung beauftragt, welche dem abwesenden Stadtgerichtsdirector Heiliger zuertheilt war, abermals in Unkenntniß des § 77 der Verfassungsurkunde, welche ausdrücklich den Syndicus als Vertreter des Stadtdirectors in der Verwaltung benannte. Die Ruhe wurde nicht weiter gestört, als daß die Bürger von dem Palais vor das Haus Rumanns zogen, um demselben ein „Vivat" zu bringen. Der Vorsiß von Evers dauerte nur kurze Zeit, da Heiliger aus dem Bade zurüd berufen ward und schon am 19. Abends eintraf. Als Zeichen der Zeit muß erwähnt werden, daß am 20. mehrere angesehene Bürger sich zu Heiliger begaben, um sich nach der Wahrheit des Gerüchts zu erkundigen, daß derselbe seine politische Gesinnung geändert habe. Heiliger erklärte aber offen, nach wie vor an dem Staatsgrundgeseße zu hangen. Am 19. Juni überreichte der Magistrat der Stadt dem Könige eine Petition, in welcher um Zurüdnahme der Suspension Rumann's gebeten wurde, indem ausgeführt war, daß nach der Verfassung der Stadt der Bürgerschaft derselben das unbestrittene Recht zustehe, ihre Obrigkeit selbst zu wählen, und es auch keinem Zweifel unterliege, daß die Mitglieder des Magistrats auf keine andere Weise als durch Urtheil und Recht, d. h. durch ein Urtheil ihres competenten Gerichts, von ihrem Dienste, sei es für immer, sei es nur temporair, entfernt werden könnten. In einer ferneren Eingabe vom 20. Juli versicherten die Magistratsmitglieder, daß es ihnen bei der Eingabe an den Bund fern gelegen habe, der geheiligten Person des Königs irgend zu nahe zu treten, sie hätten einzig und allein zur Bewahrung der Rechte des Landes und der Stadt einen oft geforderten Schritt gethan. „Nur durch Ew. Königl. Majestät allergnädigstes Vergessen des Geschehenen", hieß es am Schluß, „würden wir das Recht gewinnen, die fernere Bewahrung der Ordnung und Ruhe in unserer Stadt zu verbürgen." — Die Bürger hatten indeß ihrer Seits eine Adresse an den Magistrat entworfen — der Landdrost forderte nun den Magistrat auf, diese Adresse sofort einzufordern. Als dies verlautbarte, eilten sofort viele Bürger zum Schüßenhause, wo dieselbe zur Unterzeichnung bereit lag, hinaus, und in wenig Stunden hatte sich die Zahl der Unterschriften um 300 vermehrt.

Am 24. Juni erschien eine Deputation der Bürger, welche die Adresse überreichten und dabei erklärten: „Wir, Kaufleute Sturzkopf, Runde, Schaer und Domeier, der Schlachteramtsmeister Sohns, der Bäckeramtsmeister Thies und ich, der Kaufmann und Fabrikant Bruns, erscheinen vor unserm hochlöbl. Magistrate, um auf Veranlassung Königl. Landdrostei und auf an mich, den Kaufmann Bruns, persönlich ertheilten Befehl des Stadtgerichtsdirectors Heiliger eine freiwillige Erklärung rechtliebender Bürger der Residenzstadt Hannover an ihr allgemeines Magistratscollegium damit abzuliefern und somit dem Zudrange der übrigen Bürger, die Uebereinstimmung ihrer Gesinnungen mit denen ihrer Obrigkeit durch freiwillige Unterzeichnung an den Tag zu legen, ein Ziel zu setzen. Wir unsers Orts bekennen damit freimüthig, daß die in jener Erklärung ausgesprochenen, von uns vorher genau erwogenen Gesinnungen, mit weniger Ausnahme, die ganze Bürgerschaft beseelen, daß hiervon die große Zahl der Unterschriften zuerst und noch unwiderlegbar gezeugt haben würde, sobald der Befehl zur Einlieferung nicht so früh gekommen wäre. Unser Wahlspruch ist: Ehret den König und gehorchet Eurer Obrigkeit!"

Die Adresse selbst aber lautete: „Die unterzeichneten Bürger der Residenzstadt Hannover erklären hiermit auf Veranlassung der geschehenen Suspendirung des Stadtdirectors Rumann und Versetzung des allgemeinen Magistrats in den Anklagestand wegen der bekannten, an die durchlauchtigste Bundesversammlung gerichteten Beschwerdevorstellung, aus freiem Antriebe, lediglich ihrem Gefühle für Wahrheit und Recht folgend, daß ihre erwählten Vertreter, das hiesige Magistratsbürgervorstehercollegium, ihr volles Vertrauen besitzen, daß sie mithin alle und jede Schritte zur Aufrechterhaltung des dem Lande von Sr. Höchstseligen Majestät Wilhelm IV, glorwürdigsten Andenkens, verliehenen Staatsgrundgesetzes von 1833 nicht allein billigen, sondern auch als solche betrachten, die ihre heiligste Pflicht geboten. Ferner bekennen sie damit, daß sie niemals wanken werden in der schuldigen Treue für ihren König und Landesherrn, und daß sie die gegenwärtige Erklärung nur deshalb ausstellen, weil sie Gründe zu haben glauben, daß Se. Maj. der König von der Allgemeinheit der ausgesprochenen Gesinnungen der Bürgerschaft Allerhöchstihrer Residenz keine Kenntniß haben, und weil sie wünschen, auf jede zulässige Art die Uebereinstimmung in den Gesinnungen des Magistrats und der Bürgerschaft zu bethätigen. Hannover, den 21. Juli 1839."

Um diese Adresse ganz zu verstehen, ist eines Vorfalls zu erwähnen, der sich etwa 4 Wochen früher zugetragen hatte. Zum Zweck des Schützenfestes hatte sich ein neu formirtes Schützencorps in Hannover gebildet, welches den König, vielleicht nach Vorgang des Hildesheimer Schützencorps, zur Feier einlud. Die Antwort war abschläglich und wurde als Grund die Anwesenheit des Magistrats angegeben, die loyale Gesinnung der Bürgerschaft aber belobt. Bis auf wenige Ausnahmen hatte sich das Schützencorps aber bei der Massendeputation vom 16. Juli sogar in Uniform betheiligt.

Drei Bataillone Infanterie wurden aus den Garnisonen von Celle, Nienburg und Einbeck nach Hannover herangezogen, die Wachen verstärkt, ein Umstand, der wohl gerade dazu beitrug, einen Straßenunfug zu veran-

laffen, der zum Einhauen des Militairs bereite Gelegenheit gab. Die Bür=
gerfchaft felbft hatte fich dabei nicht betheiligt. Es traten mit dem Magi=
ftrate Vergleichsverhandlungen ein, welche Lütlen leitete. Man verlangte von
demfelben, er folle die Befchwerde vom 15. Juni (die vom 13. Juli fchien
man noch nicht zu kennen) zurücknehmen, um Verzeihung bitten, um Aboli=
tion der Criminalunterfuchung einkommen, die Bürger veranlaffen, in Maffe
nach Montbrillant zu ziehen, um Sr. Majeftät ihren Dank zu bringen,
endlich follte Rumann feinen Abfchied nehmen und fein Gehalt ihm lebens=
länglich aus der Chatullcaffe des Königs ausbezahlt werden, oder er folle
in Königliche Dienfte übertreten. Da man Magiftratsfeitig auf diefe
Bedingungen nicht eingehen wollte, erfolgte am 26. Juli eine abfchlägliche
Refolution auf die obenerwähnte Petition des Magiftrats. Als Gründe
dafür wurden angegeben, die Mitglieder der Magiftratscollegien gehörten
den öffentlichen Dienern an, und feien der Disciplinargewalt der
höheren Behörden unterworfen, wofür Beifpiele aus dem Jahre 1699 her=
beigezogen wurden. Durch Poftfcript wurde dem Gefuche deferirt, und in
Gemäßheit des § 77 der ftädtifchen Verfaffungsurkunde das dem Stadt=
gerichtsdirector Heiliger übertragene Präfidium dem Syndicus Evers über=
tragen. — Der Juftizcanzlei zu Hannover ward der Auftrag, wegen
der in der Proclamation vom 16. Juni fchon hervorgehobenen Verbrechen,
die in einem befonderen Auffaße rechtlich näher deducirt waren, Unter=
fuchung einzuleiten, durch fpäteres Cabinetsrefcript wurde auch die Eingabe
vom 13. Juli denuncirt. Der Magiftrat wählte zu feinem Vertheidi=
ger Stüve, welcher jedoch mit feiner erften Vertheidigung die Inquifition über=
haupt nicht abwenden konnte, worauf dann die Unterfuchung durch die Ein=
rede der Wahrheit jenen für das Cabinet höchft unerwünfchten Gang nahm,
den das deutfche Staatsarchiv im erften Bande näher darlegt.

Aus allen Theilen des Hannoverlandes kamen jetzt Adreffen und
zum Theil Deputationen an Rumann und den Magiftrat, und die Anhäng=
lichkeit der hannoverfchen Bürger fprach fich auf die mannigfachfte Weife
aus. Der tägliche Anblick der Popularität Rumann's mochte für den Hof
nichts Angenehmes haben, weshalb die Erbietungen einer lebenslänglichen
Penfion von 3000 Thlrn. aus der Chatullcaffe, wenn Rumann das Land
verlaffen wollte, erneuert fein follen. Die Mitglieder der Teputationen
wurden polizeilich inquirirt, ja die polizeiliche Beauffichtigung ging fogar fo
weit, daß dem auf einer Reife in Hannover eingetroffenen Dr. Theodor
Meyer aus Lüneburg, Abends am 25. Juli, durch den Oberpolizeiinfpector
Gran angedeutet wurde, Se. Majeftät wünfchten, daß Meyer noch denfelben
Abend die Stadt verlaffe. Da ein krankes Kind diefe Abreife nicht zuließ,
wurde ihm bis zum andern Morgen 10 Uhr Frift gegeben.

Anfangs Auguft begann die Unterfuchung gegen den Magiftrat, bei
denen Juftizrath Ifeubart als Richtercommiffarius fungirte; fonft war Alles
ftill. Die hannoverfche Zeitung vom 14. Auguft brachte folgende Nachricht:
„Sicherem Vernehmen nach haben des Königs Majeftät geruht, zur Vorbe=
reitung derjenigen Vorfchläge, welche nach dem an die allgemeine Stände=
verfammlung des Königreichs unterm 16. Juni d. J. erlaffenen königlichen
Refcripte, den künftigen Verhandlungen zum Zweck einer vertragsmäßigen
Vereinbarung zum Grunde zu legen find, folgende Herren zu Commiffarien

zu ernennen: 1) den Canzleidirector Meyer zu Osnabrück; 2) den Landdrost von Landesberg zu Hildesheim; 3) den Oberjustizrath Jacobi hieselbst; 4) den Landrath von Trampe zu Ehrenburg; 5) den Regierungsrath v. Borries zu Stade, 6) den Schatzrath Eichhorn hieselbst; 7) den Hofrath Ubbelohde hieselbst; 8) den Hofrath Sermes zu Meppen, und 9) den Canzleiassessor von Düring zu Stade. Dem Herrn Canzleidirector Meyer ist das Präsidium übertragen, und die erste Sitzung der Commission wird am 20. d. M. Statt finden." Die auswärtige Presse ermangelte nicht, über die Zusammensetzung der Commission Betrachtungen anzustellen. Man hielt es für die einzige Concession dem Lande gegenüber, den Namen Klenze's nicht zu finden. Von der grundgesetzlichen Opposition war Niemand darin, und doch wußte man wohl, daß es dieser viel mehr um das Wesen der Verfassung als die Form zu thun war, und wenn man ernstlich Frieden und Vergleich wollte, man sich eben mit dieser Opposition vereinbaren müsse. Die Brodhaus'sche Zeitung in Leipzig sprach sich dahin aus: Unter all den neuen Namen, welche die Commission zählt, ist ein Einziger, der hinsichtlich seiner politischen Gesinnung das Vertrauen des Landes genöße. Dazu kennt man bei fast jedem Mitgliede der Commission die speciellen Gründe, die ihm die Ernennung dazu zu Wege gebracht haben, zu kennen glaubt und dies sind meist Gründe, die nicht dazu geeignet sind, dem Lande Vertrauen zu jenen Männern einzustößen. Vier Mitglieder jener Commission sind nichts als Repräsentanten derjenigen vier Männer, deren Rathschläge seit zwei Jahren die Handlungen des Cabinets bestimmen. Es ist sehr charakteristisch für die steten Meinungsverschiedenheiten der vier Hauptrathgeber, daß jeder derselben für nöthig gehalten hat, ganz speciell sich und seine Ansichten in jener Verfassungscommission vertreten zu lassen. So hat der Cabinetsminister v. Schele seinen Vetter, den Landdrosten v. Landesberg, zum Vertreter seiner Ansichten und Wünsche, und daß Hr. v. Landesberg in dieser Commission gar nichts Anderes soll und kann, als gerade die Ansichten seines Vetters vertreten, wird dann erst recht klar, wenn man bedenkt, daß Herr v. Landesberg seit kaum einem Jahre den bückeburgischen Dienst mit dem hannoverschen vertauscht hat und daher vielleicht recht wohl die Verhältnisse der bückeburgischen herrschaftlichen Brennereien, nicht aber die Landes- und Verfassungsverhältnisse des Königreichs Hannover kennt. Den Cabinetsrath v. Lütken repräsentirt in jener Commission sein Schwager, der Hr. v. Borries; den Cammerdirector v. Voß (der zwar nicht Mitglied des Cabinets ist, dessen Rath aber nur zu häufig befolgt wird) dessen Günstling, Herr v. Trampe. Der Cabinetsrath v. Falcke hat seinen intimen Freund und alten Protégé, den Canzleidirector Meyer, zum Repräsentanten seiner Ansichten, einen Mann, dem bedeutende juristische Kenntnisse, Klugheit und seltener Scharfsinn nicht abzusprechen sind, und dessen Ambition eine Gelegenheit wie diese Commission nicht vorübergehen lassen wird, um sich die allerhöchste Gnade wieder zu erwerben, welche sich ihm, dem bürgerlichen Landdrost (was er ebenfalls durch Herrn v. Falcke geworden war), Anfangs abgewendet hatte. Was die andern fünf Mitglieder der Commission betrifft, so sind sie politisch gerade so unbedeutend als sie sein müssen, damit jene vier Repräsentanten die Ansichten und Wünsche ihrer Auftraggeber geltend machen können. Der Name Dürings soll vorzüglich der Provinz Bremen Vertrauen zu den Verfaſſungsvorſchlägen geben, Sermes das Vertrauen der Katholiken gewinnen. Jakobi kennen wir als Präſidenten der zweiten Cammer ſeit 1838, und Eich= horn hatte ſich als Generalſyndicus bei den letzten Vollmachtsprüfungen dieſem würdig erwieſen. Ubbelohde brauchte man der Finanzkenntniſſe we= gen, an denen es den übrigen Commiſſionsmitgliedern fehlte.

Die Oppoſition verſuchte auf die verſchiedenſte Weiſe, die Gerichte zu einem Urtheilsſpruche über die Sache zu bringen, ſo ging am 21. Auguſt bei der Juſtizcanzlei zu Hannover eine Klage des Canzleiprocurators und Garniſonauditeurs Dr. Wynneken zu Stade gegen das Finanzminiſterium zu Hannover ein wegen unrechtmäßiger Steuererhebung. Allein der Gang der Juſtiz war ein ſo ſchleppender, daß Jahre vergehen konnten, ehe es zu einer Entſcheidung kam, wenn die Beklagte von den geſetzlich erlaubten Ver= zögerungsmitteln Gebrauch machte.

Es dürfen verſchiedene einzelne Dinge, die in dieſe Zeit fallen und mit dem Ganzen in Verbindung ſtehen, ohne daß ſie gerade hier oder dort hin gehörten, nicht unerwähnt bleiben; wir rechnen dahin die auf Denun= ciation des Candidaten Jatho gegen den Paſtor Sander in Geismar einge= leitete Unterſuchung wegen ſeiner Brochüre über das Verhalten der hanno= verſchen Geiſtlichkeit in der Verſaſſungsfrage. Ferner das Geſuch mehrerer hundert Bürger Osnabrücks an den König um Entlaſſung des Cabinets= miniſters v. Schele, deſſen Annahme verweigert wurde. Mitte Auguſt kam ein Cabinetsreſcript an den Magiſtrat der Reſidenz, worin demſelben auf das Allernachdrücklichſte unterſagt wurde, unter welchem Vorwande es auch immer ſei, die Bürgerſchaft zuſammenzuberufen oder auch nur zu dulden, daß dieſelbe ſich ſelbſt zuſammenberufe. Polizeiliche Unterſuchungen darüber, wer die Bürger am 17. v. M. auf das Rathhaus berufen, wurden ohne Erfolg fortgeführt.

Schon Ende Auguſt trug man ſich in Hannover mit dem Gerüchte, der König habe verſchiedentlich geäußert, er habe ſeinen Proceß in Frank= furt gewonnen, und obgleich die Nachrichten Heſſenberg's, des Anwalts der Beſchwerdeführer, beruhigender lauteten, wollten ſich die finſtern Gerüchte nicht legen. Es iſt daher Zeit, daß wir einen Blick auf die Verhandlungen in Frankfurt werfen.

In Frankfurt hatte am 27. Juni 1839 der hannoverſche Geſandte diejenige Erklärung der königlichen Regierung zu Protocoll übergeben, welche Hanno= verſches Portfolio II. S. 177 abgedruckt iſt und von der wir als Probe in der Anlage Nr. XIX. nur die §§ 2 und 3 mittheilen. Durch Majoritätsbe= ſchluß wurde der Antrag Sachſens, die früher erwähnten Anträge Baierns und Badens, ſo wie die Erklärung einer ſofort zu wählenden Commiſſion zu überweiſen, verworfen und Inſtructionseinholung beſchloſſen. Auf Antrag Baierns waren die Vorſtellung der 28 Deputirten zweiter Cammer und ihre Nachträge zu den Acten genommen, dann am 27. Juni dreizehn, Nr. 21—29, neu eingekommener Vorſtellungen und Beſchwerden zu den Acten genommen, die Bittſteller, die Wahlmänner von dem Osnabrückſchen Bauerſtande, der Bürgerrepräſentanten von Celle, des Magiſtrats und der Bürgerrepräſen= tanten von Stade, der Bevollmächtigten der Wahlcorporationen Rehbingen, Büßfleet, Freiburg, der Wahlmänner aus den 22 Geeſtämtern, der Wahl= corporation Neuhaus=Oſten, der Bürgervorſteher zu Harburg, des Magiſtrats

und der Bürgervorsteher zu Burtehude eröffnet, daß die Bundesversammlung
ihre Legitimation nicht begründet finde. Es war in dem Gutachten, das diesem Beschlusse voranging, sogar ausgesprochen, daß diese Vorstellungen sich
nicht einmal als Rechtsverwahrungen Namens des Landes betrachten ließen. *)

Derselbe Beschluß folgte in der Sitzung vom 4. Juli, auf die ferneren
Beschwerden Nr. 31—35, von Seiten der Wahlcorporation der Stadt Lü-
neburg, des Wahlmannes des dritten Districts der nicht ritterschaftlichen
Grundbesitzer, der Wahlcorporation der Stadt Leer, des Oberbürgermeisters
und der Deputirten des alten Landes. Nur zwei Vorstellungen, die des
Magistrats und der Alterleute der Stadt Osnabrück und mehrerer Wahl-
männer des Fürstenthums Osnabrück wurden zu den Acten genommen. *)
In der Sitzung vom 22. August begründete dann der k. k. österreichische
Präsidialgesandte Graf von Münch-Bellinghausen den Antrag:

In Betracht sonach:

daß in dem Königreiche Hannover eine den Erfordernissen der Bundes-
und Schlußacte entsprechende Verfassung, unter übereinstimmender Mitwirkung
der Regierung und Stände, in Ausübung ist,

daß dem Bunde keinenfalls die Verpflichtung obliegt, und auch nach
der Ansicht Sr. Majestät des Kaisers nicht das Recht zusteht, in die dermalen in Hannover bestehende Ordnung der Dinge einen Eingriff zu thun; und

daß endlich ein solches Einschreiten, ließe es sich auch rechtfertigen, der
Ueberzeugung Sr. Majestät zufolge, mit sehr bedenklichen Folgen, sowohl für
das Königreich Hannover, als für den gesammten Bund, verknüpft sein würde:

haben Allerhöchstdieselben Ihre Gesandtschaft beauftragt, dahin zu stimmen, daß diese hohe Versammlung in Erledigung des Königlich baierischen und
des mit ihm verwandten Großherzoglich badischen Antrags, den Beschluß fasse,

die Bundesversammlung finde ein Einschreiten der Abstellung der gegenwärtig im Königreich Hannover bestehenden landständischen Verfassung
und formellen Aufrechthaltung des Staatsgrundgesetzes vom Jahre 1833
in den Bundesgesetzen nicht begründet."

wobei jedoch noch die vertrauensvolle Erwartung ausgesprochen war:

„daß Se. Majestät der König von Hannover geneigt sein werde, Allerhöchstihrer wiederholt ausgesprochenen Absicht, mit dermaligen Ständen
über das Verfassungswerk eine Vereinbarung zu treffen, Folge zu geben."

Preußen befand sich damals gänzlich in dem Schlepptau der Metternich'schen Politik, und kam erst 1842, als es sich zum ersten Male ernstlich um den Anschluß Hannovers an den Zollverein handelte, zu der Einsicht,
daß es 1839 sehr stark fehlgegriffen habe, um, nachdem der Anschluß erlangt
war, 1855 diesen Fehlgriff nochmals zu wiederholen. Es stimmte Oesterreich zu und ließ den günstigsten Zeitpunct, eine moralische Eroberung in
Hannover zu machen, unbenutzt verstreichen. Baiern dagegen hielt daran
fest, daß das Staatsgrundgesetz auf rechtmäßige Weise entstanden sei und
nur auf verfassungsmäßigem Wege aufgehoben werden könne, es erklärte für
das größte Uebel und das wirksamste Förderungsmittel revolutionairer Tendenzen die Erschütterung des Glaubens und Vertrauens auf einen festen

---

*) Hannover'sches Portfolio III. S. 87—104.
**) Daselbst S. 104—115.

Rechtsbestand unter dem Schutze der Bundesverfassung. Es verlangte in Gemäßheit des früheren Antrags commissarische Prüfung. Auch Sachsen fand sich durch die Erklärung der hannoverschen Regierung nicht beruhigt und stimmte Baiern bei, eben so Würtemberg und Baden. Kurhessen stimmte in Anbetracht, daß eine Ständeversammlung im Königreiche Hannover wirksam sei, eine vollständige erste und eine beschlußfähige zweite Cammer, daß diese den Wunsch des Landes nach Wiederaufnahme der Verfassungsangelegenheiten beantragt und die königlich hannoversche Regierung diesem Antrage bereitwilligst entgegen gekommen, somit ein Weg zur gütlichen Einigung betreten sei, dafür, daß dermalen keine Veranlassung zur Einmischung gegeben sei. Dänemark schloß sich Oesterreich an, die Niederlande ließen eine Erklärung im Sinne Kurhessens abgeben, die sächsischen Fürstenhäuser stimmten mit Baiern=Baden, die beiden Mecklenburgs mit Oesterreich, Oldenburg, Anhalt und Schwarzburg, ferner Hohenzollern, Lichtenstein, Reuß, Schaumburg=Lippe und Walded wie Oesterreich — die freien Städte wie Baiern. — Der König von Hannover konnte also Ende August allerdings schon sagen, daß er seinen Proceß in Frankfurt gewonnen habe, obgleich noch keine Schlußziehung erfolgt und noch mehrere Stimmen nicht abgegeben waren. Am 29. August gab das Großherzogthum Hessen seine Erklärung dahin ab, daß, da der König von Hannover und die dortige Ständeversammlung sich schon gegenseitig die Hände zu Vertragsverhandlungen gegeben hätten, den Erfolg dieser Vergleichsangelegenheit abzuwarten. Als sich nun in der Sitzung vom 5. September auch Braunschweig und Nassau für den Oesterreichischen Antrag erklärt hatten, legte das Präsidium den Entwurf eines Beschlusses vor, welcher von dem ursprünglichen österreichischen Antrage wesentlich abwich und dahin lautete:

„Daß den in der Sitzung vom 26. April gestellten Anträgen (Baierns und Badens) auf ein Einschreiten des Bundes keine Folge gegeben werden könne, da bei obwaltender Sachlage eine bundesgesetzlich begründete Veranlassung zur Einwirkung in dieser inneren Angelegenheit nicht bestehe."

Diesem wurde der österreichische Schlußantrag auf die vertrauensvolle Erwartung (wie oben) angehängt.

Als dies geschah, war schon die meisterhafte Denkschrift Stüve's über die Erklärung der königlich hannoverschen Regierung vom 27. Juni, welche sich Portfolio 2 S. 311 abgedruckt findet, in Frankfurt gedruckt und an die Gesandten vertheilt, da die Bundescanzlei selbst Eingaben in den hannoverschen Angelegenheiten nicht mehr annehmen wollte. Auf Antrag der hannoverschen Regierung wurden die noch vorräthigen 38 Exemplare dieser Denkschrift bei dem Dr. Hessenberg in Beschlag belegt und demselben aufgegeben, solche dem Polizeiamte einzuliefern. Die übrigen Exemplare waren natürlich vorher schon zu den rechten Händen gekommen.

Im Sommer ward außerdem auch über das Gutachten der Juristenfacultät von Tübingen verhandelt. Die hannoversche Regierung klagte in der Sitzung vom 26. April dasselbe nämlich an, daß es eine völlige Theorie des Rechts der Revolution enthalte, und beantragte ein allgemeines Verbot. Die Majorität der Bundesversammlung sprach nach commissarischer Untersuchung am 30. September 1839 zwar aus, daß das Gutachten staatsgefährliche, mit der Aufrechterhaltung der bürgerlichen Ordnung unverträgliche Grundsätze vertheidige, dessen Debit und Wiederauflage untersagt werde, allein die in der Verfassungssache dissentirenden Staaten, Baiern an der Spitze, protestirten gegen diesen Beschluß, da sie nur den durch Stimmeneinhelligkeit erfolgten Bundesbeschluß vom 20. September 1819 als Norm anerkennen könne, und eine ausdehnende Interpretation dieses Beschlusses gleichfalls Stimmeneinheit voraussetze. *)

Die Majorität der Bundestagsstimmen legte in den Motivirungen das Hauptgewicht auf den Vereinbarungsversuch, der jetzt begonnen habe. Ohne das Lang'sche Intriguenspiel in Bremervörde würde höchst wahrscheinlich ein Rückschritt von der Proclamation vom 15. Februar unmöglich gewesen sein und hätte man dann in Frankfurt nicht davon sprechen können, daß Stände und König sich schon die Hand zum Friedenswerke gereicht hätten und man dieses Friedenswerk nicht stören dürfe. Möglicher Weise hätten dann die Dinge in Frankfurt eine andere Wendung genommen.

In Hannover begann man den Bundestagsbeschluß sehr bald in einer Weise auszubeuten, in der er nicht gefaßt war. Schon am 10. September erschien in der Hannoverschen Zeitung folgende Proclamation, die hiesige Verfassungsangelegenheit betreffend. „Ernst August, von Gottes Gnaden König von Hannover, Königlicher Prinz von Großbritannien und Irland, Herzog von Cumberland, Herzog zu Braunschweig und Lüneburg ꝛc. ꝛc. In der fünften Sitzung der Deutschen Bundesversammlung vom 26. April d. J. sind einige Anträge dahin gestellt worden: „daß die Bundesversammlung der Königlich Hannoverschen Regierung erkläre, wie sie, abgesehen von den materiellen Rechtsverhältnissen, in dem Verfahren bei Aufhebung des Staatsgrundgesetzes vom 26. September 1833 die Beobachtung des Art. 56 der Wiener Schlußacte, dessen Handhabung die Mitglieder des Bundes sich wechselseitig zugesichert haben, vermisse, und in den Angriffsmitteln, welche aus fortdauernden formellen Rechtsirrungen in Hannover den Gegnern des monarchischen Princips bereitet werden, einen um so dringendern Beweggrund erblicke, dermal der Königlich Hannoverschen Regierung die Aufrechthaltung des formellen Rechtszustandes, sonach die Herbeiführung etwa für nöthig erachteter Abänderungen ausschließlich auf dem Rechtszustande entsprechenden Wege angelegenst zu empfehlen." Die Bundesversammlung hat darauf in ihrer 19. diesjährigen Sitzung des laufenden Monats den nachstehenden Beschluß gefaßt: „daß den in der 5. Sitzung vom 26. April d. J. auf das Einschreiten des Bundes in der Hannoverschen Verfassungsfrage gestellten Anträgen keine Folge gegeben werden könne, da bei obwaltender Sachlage eine bundesgesetzlich begründete Veranlassung zur Einschreitung in diese innere Landesangelegenheit nicht vorliegt. Dagegen hege die Bundesversammlung die vertrauensvolle Erwartung, daß Seine Majestät der König von Hannover Allerhöchstihren ausgesprochenen landesväterlichen Absichten gemäß, geneigt sein werde, baldmöglichst mit den dermaligen Ständen über das Verfassungswerk eine den Rechten der Krone und der Stände entsprechende Vereinbarung zu treffen." Wir finden Uns in Gnaden bewogen, solches ohne Verzug zur Kenntniß Unserer getreuen Unterthanen zu bringen. Der Deutsche Bund hat diesem zufolge

*) Hannoversches Portfolio 3. S. 159—238.

die Verfassungsache Unsers Königreichs für eine innere Landesangelegenheit erklärt und ausgesprochen, daß keine bundesgesetzliche Veranlassung zu einer Einschreitung in dieselbe vorhanden sei. Zugleich ist darin eine Vereinbarung über das Verfassungswerk, welche den Rechten Unserer Krone und der Stände entspreche, als erwünscht bezeichnet, und zwar eine Vereinbarung mit den dermaligen Ständen Unsers Königreichs. Es hat hiemit diejenige Grundlage des in Unserm Königreiche bestehenden öffentlichen Rechts eine Anerkennung gefunden, welche von Uns stets für die allein gültige erklärt worden ist. Zugleich sehen wir Uns zu erklären bewogen, daß Wir in der von der Bundesversammlung ausgesprochenen vertrauensvollen Erwartung nur Unsere lebhaftesten, stets von Uns gehegten Wünsche berührt finden. Wir haben diese Wünsche schon im vorigen Jahre durch die Vorlegung des Entwurfs einer Verfassungsurkunde bethätigt und eine vertragsmäßige Uebereinkunft mit Unserer getreuen allgemeinen Ständeversammlung erwartet. Wir forderten wiederholt zur Beschleunigung der damaligen landständischen Verhandlungen auf; die Gründe, welche deren Unterbrechung nochmals veranlaßt haben, sind bekannt. Unsere Wünsche blieben jedoch unverändert; die Hoffnung, sie erreicht zu sehen, ist durch die neueren Anträge Unserer allgemeinen Ständeversammlung bedeutend gestärkt worden. Sie hat Uns bewogen, eine Commission anzuordnen, welche sich mit den nöthigen desfallsigen Vorarbeiten beschäftigt. Wir werden die Prüfung dieser Vorarbeiten thunlichst beschleunigen, und sodann diejenigen Anträge an Unsere getreuen allgemeinen Stände unverweilt gelangen lassen, welche geeignet erscheinen können, das Wohl Unseres geliebten Volkes dauernd zu gründen. Wir rechnen zur Erreichung Unserer landesväterlichen Absichten gern auf eine pflichtmäßige, ernstliche und wohlwollende Mitwirkung derjenigen Unserer Unterthanen, welche dazu berufen sind. Unser aufrichtigstes Bestreben wird stets auf das wahre Beste Unserer getreuen Unterthanen gerichtet sein, und Wir können nichts so lebhaft wünschen, als daß die Stände Unseres Königreichs diesem Unserm Bestreben mit gleicher Bereitwilligkeit entgegen kommen mögen. Damit jedoch bei Unsern getreuen Unterthanen über dasjenige, was bis zu einer Vereinbarung mit der allgemeinen Ständeversammlung oder wenn eine solche — wider Verhoffen — nicht zu erreichen sein sollte, in den öffentlichen Verhältnissen Unseres Königreiches Rechtens sei, kein Zweifel obwalte, so erklären Wir wiederholt hiemit diejenige Verfassung, welche bis zur Erlassung des von Uns für erloschen erklärten Staatsgrundgesetzes bestanden, und in so weit sie die allgemeinen Stände betrifft, auf den Grund des Patents vom 7. December 1819 sich herausgebildet hat, für die gültige Grundlage des öffentlichen Rechts in Unseren Landen. Wie Wir hierbei zuversichtlich vertrauen, daß die aus mangelhafter Auffassung der Rechtsverhältnisse hervorgegangenen irrthümlichen Ansichten über die Verfassungsangelegenheit nunmehr hinlänglich berichtigt sein werden, und wie Wir geneigt sein werden, solchen Handlungen, welche durch die erwähnte mangelhafte Auffassung bis jetzt erzeugt wurden, eine vielfältig von Uns bereits bethätigte Nachsicht in den geeigneten Fällen angedeihen zu lassen, so hoffen Wir von nun an auch, daß die Sorge für Unser Königreich Uns nicht in die unangenehme Nothwendigkeit versetzen werde, gegen verfassungs= und ordnungswidrige Bestrebungen, insbesondere gegen die vielfältig vorgekommenen Umtriebe, mit aller Strenge einzuschreiten. Gegeben Hannover, den 10. September 1839. Ernst August. G. Frhr. v. Schele.

Zehntes Capitel.

Von der Proclamation vom 10. September 1839 bis zur Verkündigung des Landes-verfassungsgesetzes vom 6. August 1840.

Proclamation vom 10. September; Verfügungen an sämmtliche Obrigkeiten; v. Stralenheim sucht die Universität Göttingen zu bearbeiten; Loyalitätsadresse der Göttinger Zünfte; Verfolgungen der Anhänger des Staatsgrundgesetzes; polizeiliche Confiscirungen; Verordnung vom 16. November 1839, die Beitreibung der Steuern betreffend; veränderte Taktik der Opposition; Streben nach Auflösung der Stände; Anträge Baierns beim Bunde in Betreff der Proclamation vom 10. September; Erklärung, daß Hannover den Bundestagsbeschluß mißverstanden habe; die Ansicht Stüve's von der Lage der Dinge; Adressen der Residenz, Osnabrücks und Hamelns um Auflösung der Stände; die Syndicuswahl in Osnabrück wird untersagt; Adresse an den König und Antwort; eine polizeiliche Untersuchung wird in Osnabrück dem ordentlichen Polizeirichter entzogen; Aufregung; Adresse; Zusammenkunft der Bremisch-Verdenschen Provinzialstände; die Deputirten der freien Grundbesitzer entfernen sich aus der Versammlung; Broschürenliteratur; David Strauß in den hallischen Jahrbüchern über die Garantien preußischer Zustände; Ministerconferenzen wegen des Verfassungsentwurfes; Neujahrsgratulationen bei Rumann verboten; polizeiliche Untersuchungen; der Club in Lehe; Verordnung wegen unmangelhafter Befolgung der Gesetze und Verordnungen; Zusammenberufung der Stände und neue Wahlquälereien; die Universität und Bothmer; Militärjubiläum des Königs; Eröffnung der Cammern; Entwurf einer Verfassung; Danksadresse; Osnabrücksche Protestation; Minoritätswahlen von der Cammer als rechtsgültig anerkannt; Polizeiverfahren; Reformatio in pejus; Geschäftsordnung; Friedrich Wilhelm III. stirbt; Erwartungen Deutschlands bei der Thronbesteigung Friedrich Wilhelm IV.; das Expropriationsgesetz; Bewilligung von 7 Bahnlinien; Wildbleßstahlsgesetz; Beendigung der Berathungen über den Verfassungsentwurf; Conferenzvorschläge; Adresse; Bitte um Nichtpublication von Seiten des Magistrats zu Hannover und von 645 Bürgern Osnabrücks; Publication vom 6. August; zur Würdigung des Landesverfassungsgesetzes.

Die Proclamation vom 10. September verbreitete unter den Vertheidigern des Staatsgrundgesetzes allgemeinen Schrecken. Man hatte nach einer so ungemeinen Kraftentwicklung auf dem Rechtswege, nach so einstimmiger Unterstützung durch die öffentliche Meinung ganz Deutschlands, nach so lichtvoller und klarer juristischer Darstellung, als die Denkschriften von Osnabrück und die Gutachten der Juristenfacultäten sie lieferten, nach der Hülfe die die Bundestagsgesandten von Baiern, Sachsen, Würtemberg, Baden, der freien Städte, der Sache des Staatsgrundgesetzes angedeihen ließ, einen solchen Beschluß nicht erwartet. Zwar sammelte man sich noch früher als man aus Frankfurt die im vorigen Capitel mitgetheilten Detailnachrichten erhielt. Man sah, daß in der Hauptsache eine Entscheidung nicht erfolgt war, man las sogar manches, nicht ungünstige, aus dem Bundestagsbeschlusse. Man mußte die Principienfrage als erledigt ansehen — d. h. vom Bundestage war keine Hülfe zu erwarten, wenn mit den Ständen von 1819 eine Vereinbarung zu Stande kam.

War nun der ganze, bisher von der Opposition verfolgte Schlachtplan darauf hinausgegangen, die Hülfe des Bundes zu finden, bei den deutschen

Fürsten selbst das Recht, mindestens eine Rechtsentscheidung zu suchen, so war die Schlacht verloren; es war zwar eine Entscheidung erfolgt, aber kein Rechtsspruch. Der natürliche Instinct sagte dem Volke, daß Vertheidigung des Staatsgrundgesetzes von jetzt eine verlorene Sache vertheidigen heiße, und was auch die Juristen ihnen vorredeten von schlaffem Mißtrauen gegen das Recht, und Mißtrauen gegen die eigene Ausdauer, worin Quell und Wirkung der Uebel liege, die Deutschland seit 20 Jahre drückten, der Gedanke, von dort sei kein Recht zu hoffen, ward überwiegend, und sprach sich in einem heftigen deutschen Sprichworte aus, das die Wucht des vis major bei ökonomischen Beschäftigungen bezeichnet.

Das Cabinet that aber auch das Seinige, die Macht, welche in einer königlichen Regierung concentrirt ist, auf jeden Einzelnen niederfallen zu lassen, der es noch irgend wagte, die Rechtsbeständigkeit des Staatsgrundgesetzes zu vertheidigen, so wie auf der andern Seite kein Mittel unbenutzt gelassen wurde, die in einem Theile des Volks, namentlich den Ungebildeteren ruhende Servilität, Niedertracht und Egoismus hervorzurufen. Zugleich mit der Proclamation ließ das Cabinet folgende Verfügung durch die Landdrosteien an sämmtliche Obrigkeiten des Landes ergehen:

„Se. Majestät der König haben in Gefolge der unterm 10. d. M. in der Verfassungssache des hiesigen Königreichs erlassenen Proclamation, welche auf allerhöchsten besonderen Befehl von allen Kanzeln im Lande verlesen, mithin allgemein bekannt werden wird, mittels allerhöchsten Rescripts vom 10. Septbr. noch Nachstehendes zu erkennen gegeben, wovon wir die sämmtlichen Obrigkeiten unsers Verwaltungsbezirks im Auftrage des königlichen Ministeriums des Innern hiemit in Kenntniß setzen: „Se. königl. Majestät wollen, daß von nun an allen böswilligen Umtrieben ein Ziel gesetzt werde und daß allen Handlungen, welche unerlaubter Weise gegen Allerhöchst dero Regierungsverfügungen oder gar gegen die Verfassung von 1819 gerichtet werden, oder ein Hinderniß in dem ordnungsmäßigen Gange der öffentlichen Landesangelegenheiten bezwecken, nicht angesehen, sondern daß mit der allergrößten Aufmerksamkeit und Strenge dagegen verfahren werden soll. Se. königliche Majestät erwarten deßhalb zuversichtlich, daß jede Behörde im Königreiche, welche zur Wahrnehmung der Polizei verpflichtet ist, dieser Pflicht gemäß unaufgefordert einschreite, daß sie insgesammt eigne selbstständige Thätigkeit sich ernstlich angelegen sein lassen und namentlich auch darauf eine unausgesetzte Sorgfalt richten, daß den in irgend einer Hinsicht nachtheiligen Handlungen so viel als möglich vorgebeugt und daß die Präventivpolizei insbesondere gegen unerlaubte Versammlungen zeitig thätig werde." Es wird, so viel den hiesigen Verwaltungsbezirk anbetrifft, hierauf von uns mit allem Nachdrucke gehalten und dafür auf jede Weise gesorgt werden, daß diesem allerhöchsten Willen nachgelebt werde, da Se. königliche Majestät nicht gesonnen sind, es ferner zu dulden, daß Umtriebe irgend einer Art ungeahndet vorkommen oder so spät und langsam zur Untersuchung gebracht werden, als Allerhöchst dieselben dies mit wahrem Mißfallen mehrfach wahrgenommen haben. Wenn die bestehenden bundesgesetzlichen Bestimmungen und die sich denselben anschließenden polizeilichen Verordnungen, zu deren Erlassung Se. königliche Majestät ebenso bereit als befugt sind, gehörig beachtet werden, so wird diejenige Ordnung eintreten können, welche Allerhöchstdieselben als durchaus nothwendig ansehen. Im besondern Auftrage des königlichen Ministeriums des Innern weisen wir demnach die sämmtlichen Obrigkeiten unsers Verwaltungsbezirks zur genauesten und strengsten Vigilanz, zu einem kräftigen und raschen Einschreiten in der angedeuteten Beziehung und insbesondere auch zur zeitigen Anwendung der Präventivpolizei gegen unerlaubte Versammlungen hierdurch an, und machen dieselben für etwaige Unterlassungen oder nachlässige Handhabung ihrer Obliegenheiten damit besonders verantwortlich. Alle vorfallenden Umtriebe und unerlaubten Handlungen der oben bezeichneten Art sind von jetzt an sofort und ohne erst eine höhere Genehmigung einzuholen und abzuwarten, von den Behörden zur strengften Untersuchung und gebührenden Ahndung zu ziehen; falls eine peinlich zu strafende Handlung vorliegt, ist die Sache von den Polizeibehörden ungesäumt dem competenten Criminalgerichte zu übergeben, sofern es sich nicht etwa als räthlich darstellen sollte, den Thatbestand erst durch eine polizeiliche Voruntersuchung näher aufklären zu lassen. In geeigneten Fällen sind die Bestimmungen der Verordnung vom 30. Juli 1832, betreffend die Bundestagsbeschlüsse vom 5. desselben Monats, §§ 1 — 4 incl. mit Strenge zur Anwendung zu bringen, auch machen wir unter Hinweisung auf die §§ 6 und 7 dieser Verordnung den Obrigkeiten die unnachgelhafte Handhabung der Paß- und Fremdenpolizei hierdurch dringend zur Pflicht. Von Allem nun, was sich in Beziehung auf politische Umtriebe und unerlaubte Handlungen Bemerkenswerthes ereignet und was dieserhalb verfügt worden, sehen wir ungesäumt einer Anzeige entgegen."

Es war leider zu wahr, daß mit den bundesgesetzlichen Ausnahmsgesetzen, den Wiener Ministerialconferenzbeschlüssen von 1834 und den sonstigen hannoverschen Polizeigesetzen und Verordnungen die Ruhe hergestellt werden konnte. Man kann sich vorstellen, wie ein solches Rescript auf den Diensteifer der vielen geborenen Polizei- und Bedientenseelen, welche sich im Beamtenstande fanden, wirken mußte. Kein Beamter war fortan sicher vor Denunciationen von einem vielleicht mit Recht streng behandelten Unterbedienten. Jeder Diensteifer in politischen Dingen durfte auf Beförderung hoffen, jedes Festhalten an der Gewissensüberzeugung auf Zurücksetzung gefaßt sein. Selbst gemeine Verbrechen fanden bei guter politischer Gesinnung Gnade, so wurde, um nur ein Beispiel zu erwähnen, dem wegen Unterschlagung suspendirten Advocaten und hoyaischen Landtagssyndicus Coberg in Nienburg Abolition zu Theil. Daneben wurde die Presse angewendet, die Vertheidiger des Staatsgrundgesetzes auf alle nur mögliche Weise in Miscredit zu bringen. In Hannover waren nicht nur der Gothaer Gustav Zimmermann, der zum Archivsecretair mit einer sehr mäßigen Besoldung befördert worden war, thätig, sondern man hatte einem jüdischen Scribenten, Meyer Eichholz, der später auf eclatante Weise aus Hannover sich entfernte, kommen lassen, um für die periodische Presse Artikel zu schreiben. Der Hamburger Correspondent, damals noch die gelesenste Zeitung in Hannover, brachte deren täglich, anderen Zeitungen wurden Artikel im Sinne des Cabinets zugesendet, unter Androhung des Verbots, wenn diese Artikel keine Aufnahme fänden. Der Zolldirector Niemeyer in Verden veröffentlichte mit dem Druckorte Frankfurt a. M. eine Broschüre mit dem Titel: „Hannoversche allgemeine Ständeversammlung, hannoverscher Residenzmagistrat und hannoversche Bürger in den Provinzen", welche für 2 ggr. verkauft und auch umsonst vertheilt wurde. Der Inhalt derselben war hauptsächlich folgender: Die Vertheidiger des Staatsgrundgesetzes sind unbefugte und unverständige Reformer, Parteiwüthriche, freche Comödien- und Verstecenspieler, demagogische Lügner, Verläumder und Finessenmacher, juristische Paradoxenschneider, politische Wegelagerer, die den Weg zum Guten versperren, wüthend und in Verzweiflung darüber, daß ein neuer Weg zum Landfrieden gebahnt worden ist; die demagogische Kunstreisen nach Bremen, Frankfurt und Bremervörde machen und in Frankfurt das große Bundeslicht gesehen haben, womit sie nach Hause geleuchtet wurden; die mit witzigem Trödel zu verhöhnen streben, deren moralisches Gewissen längst Schiffbruch gelitten und die dafür ein politisches Gewissen mit einer religiösen Verbrämung substituiren und heuchlerisch zur Schau, zur Anbetung und zur Verlockung

dahinstellen; höhnende Schreier, böswillig auf Klippen zusteuernde Fähr=
männer. Es heißt ferner unter Anderm: die honorable Ständeversammlung,
die dem Lande bis jetzt eine halbe Million Thaler gekostet und nichts
genützt hat; das Staatsgrundgesetz hat die wesentlichsten, Jahrhunderte alten
Regierungsrechte des Landesherrn vernichtet; die merkwürdige politische
Gemüthskrankheit der Liberalen fand Gefallen an dem Ständeversamm=
lungströdel; die Eingabe des Residenzmagistrats beim deutschen Bunde ist,
was die Tendenz betrifft, der Schmähschrift gegen das Ministerium Münster
so ähnlich, daß sie neben dieser als Pendant aufgehangen zu werden ver=
dient; der Magistrat ist eine arrogante Communalbehörde, die übermüthig=
wahrheitswidrig über ihre Communalgränzen hinausschreitet, ihre Sprache
ist die einer Dictatur und Obervormundschaft in der Landesverwaltung; dem
Könige ist das Familieneigenthum der Welfen geraubt; in der letzten
Ständeversammlung fand sich kein Pascha auf dem Präsidentenstuhle, der
nach Ministerstellen schielte u. s. w. Die Schrift schließt mit der religiösen
Verbrämung: „Herr vergieb ihnen, denn sie wissen nicht, was sie thun."

Eben so wurden Ueberredung und moralische Einwirkung versucht. So
berichteten öffentliche Blätter am 22. Septbr. aus Göttingen: „Gestern
hatte der Universitätscurator, Minister v. Stralenheim, die Universitäts=
corporation im Universitätsgebäude zusammenberufen lassen, um derselben im
höchsten Auftrag eine Eröffnung zu machen, welche zunächst einen Tadel
über die durch die Nichtwahl von Seiten der Universität an den Tag gelegte
Opposition ausgesprochen haben soll; allerhöchsten Orts sei man überzeugt,
daß unter der Corporation kein Uebelgesinnter und nur einige der Herren
verleitet seien; um so mehr sei zu erwarten, daß die Universität mit dem
Beispiel einer Wahl zu den dermaligen vom durchlauchtigsten deutschen Bund
anerkannten Ständen vorangehen werde. Der Prorector, Consistorialrath
Gieseler, soll hierauf in einer langen würdevollen Rede für sich und seine
Collegen, ob mit ihm gleich oder nicht gleich gesinnt, geäußert haben, daß
Jeder allein nach voller Rechtsüberzeugung und bestem Wissen und Gewissen
gehandelt, das Wohl der Universität und des Landes im Auge habe und
auch ferner so handeln werde. Während dessen waren die sämmtlichen Be=
amten des Fürstenthums zu dem Könige nach Rotenkirchen beordert, und
wurde ihnen daselbst an das Herz gelegt, wie es ihre Pflicht sei, alle
Mittel aufzubieten, die Widerspenstigen von ihrem Unrechte zu überzeugen.
Der Magistratsdirector Ebel war aus eigner Bewegung im Stillen nach
Rotenkirchen gereist und soll eine längere Audienz bei dem Könige gehabt
haben. Als nun die hier garnisonirenden Truppen vorgestern nach Nörten
marschiren mußten, um von dem Könige daselbst gemustert zu werden, wurde
es Vielen klar, daß unsere Stadt in höchste Ungnade gefallen war, und
wurden gestern früh die Gildemeister, Sechsmänner, Amts= und Ladenmeister
theils zu vorberathenden Verhandlungen im Hause des Magistratsdirectors,
theils zu einer Beschlußnahme im Schuhmacher=Gildenhause versammelt.
Mehre Gilden, unter andern die Kaufmannsgilde, hatten jedoch von vorn
herein alle und jede Theilnahme abgelehnt. Auch in der Versammlung er=
hoben sich sehr viele Stimmen gegen eine beantragte Adreßdeputation, indem
vorgestellt wurde, daß eine solche Adresse auf das Wohl der Stadt und
Universität keinerlei Einfluß ausüben könne, da nicht allein der Wille des

Königs der Grund sei, warum die Professuren noch nicht wieder besetzt und die Universität nicht so frequentirt sei als sonst, sondern weil sich jeder gewissenhafte Professor von einigem Ruf scheue, eine Stelle in Göttingen anzunehmen. Auch wurde zur Erwägung gestellt, wie die Gilden nur eben in Gildesachen Rechte auszuüben hätten und keineswegs befugt seien, als Vertreter der Bürgerschaft aufzutreten; allein das alles verhallte in dem Eifer der Schuhmachergildenmeister und Brüder, welche durch ihren Aeltesten, Bowe, hauptsächlich vertreten waren, um so mehr, als in den Gilden keine Elemente vorhanden waren, dasselbe geltend zu machen, und man allen Argumentationen die Gegenfrage entgegenhielt, ob der Antragsteller ein treuer Unterthan sei und was er dagegen habe, daß man dem Könige seine Treue bezeige? Weiter solle nichts beschlossen werden, als den König derselben zu versichern und ihn einzuladen, die Stadt mit seiner hohen Gegenwart zu beehren ꝛc. Das wurde denn auch beschlossen. Die Deputation ist bereits mit der Adresse abgereis't." — Daß die Deputation sehr huldvoll empfangen ward und die Hannoversche Zeitung nicht verfehlte, diesen Anfang der Umkehr der Stadt Göttingen gehörig zu verbreiten, ist selbstverständlich.

Aehnlich wie in Göttingen wurde mehr oder weniger in allen Städten procedirt, wo die staatsgrundgesetzliche Opposition die Ueberhand hatte. Man suchte die unteren Classen, die von der Bedeutung des ganzen Streites kaum eine Ahnung hatten, gegen den Mittelstand, von dem der Widerstand ausging, aufzuhetzen; man verbreitete Gerüchte, z. B. in Osnabrück, man werde dieser Stadt die Justizcanzlei, das evangelische Consistorium und andere Vortheile nehmen, dann entzog die Garnisonen und drohte mit Entziehung derselben. In kleineren Städten und Flecken, wo die Opposition gegen eine fügsame und vorsichtige Büreaukratie, oder gegen überwiegende Militairkreise, von vornherein in der Minorität gewesen war, schloß man die Anhänger des Staatsgrundgesetzes von den geselligen Lebensbeziehungen, Casino's, Clubbs u. s. w. aus und machte ihnen das Leben auf alle Weise sauer. Die Postfranchisen und Vorzüge wegen Postsendungen, welche einzelnen Buchhandlungen gegen den Wunsch der Stände seit langer Zeit bewilligt waren, wurden denjenigen Buchhandlungen, die man in Verdacht hatte, oppositionelle Schriften zu fördern, entzogen, so namentlich der Vandenhoedschen und Dietrichschen Buchhandlung in Göttingen, der Schulzeschen in Celle, der Rackhorstschen in Osnabrück. Endlich begann man im October mit der polizeilichen Confinirung derjenigen Personen, welche man als Hauptförderer der Opposition nannte, des Hauptmann Böse in Bederkesa, dann des Advocaten Detmold in Hannover und des Moorcommissair Wehner in Göttingen. In der Zeit hielt man das Postgeheimniß nicht mehr für gesichert, ob mit Recht oder Unrecht, wagen wir nicht zu entscheiden; soviel ist aber zweifellos, daß z. B. der Verfasser dieses mehrmals von Göttingen nach Cassel gereis't ist, lediglich, um eine Beschwerde an den Bund dort zur Post an Hessenberg abzuliefern. *) Zu dem allen kam endlich noch die Ein-

*) Ich glaube nicht, schreibt ein in den damaligen Verhältnissen wohlerfahrener Mann, daß die Regierung jemals das Postgeheimniß verletzt hat, obgleich es ihr gegen mich empfohlen war. Aber sie erreichte durch die Furcht mehr, als sie durch Oeffnen der Briefe hätte erreichen können, denn jeder scheute sich nun zu correspondiren und diese Vereinzelung war für sie günstiger als Alles.

wirtung durch die Verordnung vom 16. November 1839, die Ergänzung und Vervollständigung über das wegen Beitreibung rückständiger Steuern zu beobachtende Verfahren betreffend, eine Verordnung, deren Eingang lautete: „da inzwischen in einigen Theilen Unseres Königreichs neulich Fälle böswilliger und widerrechtlicher Steuerverweigerungen vorgekommen sind, wofür die Verordnung vom 4. December 1834 nicht ausreicht, und Wir, zumal nach dem Erlasse unserer Proclamation vom 10. September, nicht gemeint sind, das Benehmen einer auch nur geringen Anzahl unserer Unterthanen, welche meistens durch Einflüsterungen einiger Böswilligen verführt, den Ungehorsam gegen die Gesetze zum Ziel ihres Strebens gemacht haben, unbeachtet zu lassen" erlassen Wir u. s. w. Der Zweck der Verordnung gipfelte sich in § 5, wonach die Landdrosteien befugt sein sollten, anstatt des gewöhnlichen Auspfändungsverfahrens ein militairisches Einlager zu verfügen. In diesem Falle sollten entweder die betreffenden Ortschaften oder die Wohnungen der Steuerrestanten mit militairischer Mannschaft auf Kosten der Letzteren so lange belegt werden, bis die Steuern und Kosten völlig bezahlt seien. —

Umfassendere Steuerverweigerungen, namentlich im Gerichte Osten im Bremischen, wozu schon militairische Hülfe aus Stade requirirt war und wo auch diese auf bewaffnete, zum Widerstande bereite Bauern stieß, sollten die erste Veranlassung zu dieser Verordnung gegeben haben. Einige öffentliche Blätter wollten wissen, daß die Steuerverweigerungen einen viel größeren Umfang genommen haben, als man erfahren, da man einzelner Fälle wegen nicht gleich eine Verordnung würde erlassen haben, welche in das Gebiet der Gesetzgebung fiel und wodurch man das Recht auf ständische Zustimmung, das auch den Ständen von 1819 bei derartigen Gesetzen unzweifelhaft gebührte, verletzte. Allein wir glauben, daß es in der That bei solchen vereinzelten Fällen blieb.

Es wird bei diesem Hauptzeitabschnitte an der Zeit sein, ausführlicher auf die Wahlen im Lande einzugehn. Wir schicken die Bemerkung voraus, daß das Streben der Opposition seit der Proclamation vom 10. September auf ein neues Ziel ging, sie agitirte für Auflösung der Ständeversammlung. Blieb in der gegenwärtigen Versammlung der Stamm der 38, welche im Juni 1839 die Adresse zu Wege gebracht, so hatte das Cabinet die unbedingte Majorität. Wurden die bisherigen Stände aufgelös't und neue Wahlen ausgeschrieben, so war zu hoffen, daß die Opposition in zweiter Cammer die Majorität bekäme, dann konnte diese Majorität bei Vergleichsverhandlungen von dem materiellen Verfassungsrechte so viel zu retten versuchen, als möglich, man konnte eine Verfassung schaffen, die in der Hauptsache dasselbe gab, wie das Staatsgrundgesetz und auf einer solchen Basis war ein ehrlicher, dauernder Friede möglich. Eine Auflösung der Stände und Neuwahlen durch das ganze Land war aber für das Cabinet nicht ganz ungefährlich, denn, erhielt die Opposition in zweiter Cammer die Majorität, (wie dies bei der ersten Wahl 1841 geschah), so konnte dieselbe eine Wiederholung des Beschlusses vom 25. Juni 1838 versuchen, sich für incompetent erklären und den Versuch erneuern, den Bund zu zwingen, die suspendirte Entscheidung in der Sache selbst abzugeben. Obwohl nun eine solche Tactik unwahrscheinlich war, da sie die Opposition ruinirt haben würde, schien doch das Cabinet gerade ein derartiges Verfahren zu fürchten, wenig stens blieben alle Schritte fruchtlos, eine Auflösung herbeizuführen. So wurde denn die Opposition nothwendig auf ihren alten Standpunct zurückgedrängt, der ein höchst ungünstiger war, da man in Frankfurt abwarten wollte, was aus dem Vergleiche werde, und da man ferner die Legitimation des Volkes in seinen Städten, Wahl- und anderer Corporationen nicht anerkannte.

Man hat öfterer die Phrase gehört, ein Volk, welches sich seine Verfassung so leicht nehmen lasse, als das hannoversche, sei der Verfassung nicht werth. Eine solche Phrase, nach 1850 ausgesprochen, zeugt in der That von Gedankenlosigkeit. Es zeugt von großer Unkenntniß der in Hannover geschehenen Dinge, wenn ein Geschichtschreiber sagt: „daß der Verfassungsstreit in Hannover eine mehr als klägliche, eine geradezu lächerliche Entwicklung genommen." *)

***

*) So R. Prutz „Zehn Jahre" Band I. S. 72. Wenn mein werther Schwager Prutz hier nicht nur die oben erwähnten Worte sagt, sondern sogar seinen Ausspruch wiederholt und bestärkt: „der hannoversche Verfassungsstreit war nach gerade zum Mythus, ja, sprechen wir es offen aus, zur Farce geworden" — so muß ich offen bekennen, daß ich mit dieser Phrase einen klaren Begriff nicht verbinden kann. Prutz stand den Dingen zu fern und zu fremd; das kleine Detail, in all den kleinen ihm vielleicht kaum den Namen nach bekannten Orten, mochte ihm, den Preußen, langweilig erscheinen, aber was war daran irgend lächerlich? War es lächerlich, daß sich die Opposition darin irrte, wenn sie eine Lösung des Rechtes vom Bundestage erwartete? war es Farce, wenn eine so große Anzahl von Städten und Corporationen der Gewalt nicht einige Wochen oder Monate, nein, mehrere Jahre mit den größten Anstrengungen und Opfern trotzte? Prutz hat uns sehr schön geschildert, wie durch die Erhebungen einzelner Städte, Königsberg, Elbing, Breslau u. s. w. und in ihnen wieder einzelner Persönlichkeiten, des Herrn v. Schön, Johann Jakobi, H. Simon, der constitutionelle Sinn in Preußen geweckt wurde; er weiß die Bedeutung von politischen Broschüren, Adressen, Petitionen, politischen Toasten, Gedichten, recht gut zu würdigen; er schildert den Jakobischen Proceß und seine Nachwehen, die große Menge kleiner Untersuchungen, Verhöre, Processe, überall Mißvergnügen säend, überall die gereizte Stimmung noch erbitternd, vorzüglich. Was wollten aber diese vereinzelten Erscheinungen in Preußen bedeuten, gegen die massenhaften ähnlichen und gewichtigen Dinge in dem freilich kleineren und für Deutschland minder bedeutsamen Hannover? Während in Preußen das Woher und Wohin des Herrn v. Schön, die vier Fragen eines Ostpreußen u. s. w. den constitutionellen Gedanken überhaupt erst die Zulassung zu Discussion zu verschaffen suchten, handelte es sich in Hannover um ganz concrete constitutionelle Fragen, um vor dem Rückschritte der Gesetzgebung, namentlich in Beziehung auf die Ablösungsordnung, um ein geordnetes Finanzsystem u. s. w. Die Beschwerden und Denkschriften Stüves, wie sie die vier Bände des Portfolio bieten, sind Staatsschriften, aus denen die constitutionellen Preußen noch heut zu Tage vieles lernen könnten. Freilich ließ sich von diesen Schriften nicht so leicht der Rahm abschöpfen, als von den theoretisirenden Schriften in Preußen. Die Wahlkämpfe, welche Hannover in den Jahren 1838—40 bestanden hat, stehen einzig da in der Geschichte und es möchte kein deutscher Volksstamm eine größere Zähigkeit und Ausdauer unter gleichen Verhältnissen bewiesen haben. Es sollte hier im Texte eine ausführlichere Geschichte der Wahlen folgen, die im Manuscripte ausgearbeitet war. Inzwischen hat die Erwägung, daß diese Geschichte beinah drei Druckbogen wegnehmen würde, daß der Verlauf bei den einzelnen Corporationen ziemlich gleich war, und daß das Resultat der Dinge: daß sich schließlich eine Anzahl Männer fand, welche den Muth hatten, die Verfassung, ein Wilddiebstahlsgesetz ohne seines gleichen in Deutschland, und Anderes fertig zu machen, obgleich die bedeutendsten Corporationen des Landes die Wahlen verweigert hatten und gegen die Gesetzmäßigkeit der Versammlung protestirten, sich außerdem klar stellt, den Verfasser bewogen, diesen Raum lieber nützlicher zu verwenden und der Anlage XXI. einige betreffende Notizen über die Wahlen anzuhängen. Es mag

Zwar hatte Baiern in der Bundestagssitzung vom 30. September 1839 die Königliche Proclamation vom 10. September und namentlich den Satz derselben: „es hat hiemit diejenige Grundlage des in unserm Königreiche bestehenden öffentlichen Rechts eine Anerkennung gefunden, welche von uns stets für die allein gültige erklärt worden ist", zur Sprache gebracht, und gegen diese einseitige Interpretation, wonach die von Baiern und den andern in der Minderheit gebliebenen Bundesstaaten ausgesprochenen Ansichten als nunmehr berichtigte Irrthümer bezeichnet wurden, Verwahrung eingelegt und namentlich dagegen protestirt, daß der Bundesbeschluß vom 5. September normalgebend für Sinn und Anwendung des Art. 56 der Schlußacte sei. Sachsen war diesem Antrage beigetreten und hatte der Gesandte namentlich erklärt: War jener Beschluß vom 5. September keineswegs über Anträge oder Petitionen hannoverscher Unterthanen, die etwa einer Entscheidung bedurft haben würden, gefaßt, sondern lediglich durch die von einigen Bundesregierungen im Innern der Bundesversammlung an ihre Mitverbündete gerichtete Aufforderung veranlaßt, enthielt derselbe weder eine Entscheidung, noch sonst eine bindende Norm, sondern lediglich die nach der Mehrheit gefaßte, einfache Resolution, daß man diesem Antrage keine Folge geben wolle: so vermag auch die königlich sächsische Regierung jene Publication mit den Verhältnissen der Bundesglieder gegen einander, und mit dem seither beobachteten bundestägigen Geschäftsgang nicht vereinbar zu finden.

Demnächst ist aber auch jener Resolution in der königlich hannoverschen Proclamation, durch die darin gebrauchte Aeußerung: es habe hiemit (mit dem Beschlusse) diejenige Grundlage des im Königreich Hannover bestehenden öffentlichen Rechts eine Anerkennung gefunden, welche von Sr. Majestät dem Könige von Hannover stets für die allein gültige erklärt worden sei, ein Sinn unterlegt worden, welchen dieselbe weder hat, noch haben konnte, da die Resolution sich lediglich darauf beschränkte:

„Daß bei obwaltender Sachlage eine bundesgesetzlich begründete Veranlassung zur Einwirkung in diese innere Angelegenheit nicht bestehe";

keineswegs aber eine Anerkennung der von der königlich hannoverschen Regierung festgehaltenen Ansicht, noch eine Entscheidung der Frage über Gültigkeit und Ungültigkeit des Staatsgrundgesetzes von 1833, oder Rechtsbeständigkeit der früher bestandenen Verfassung von 1819 — eine Entscheidung, die überhaupt nur nach vorgängiger Begutachtung durch eine Commission gegeben werden konnte — ausspricht, mithin den Antrag nur formell erledigt hat, ohne über das Materielle jener Frage ein Präjudiz zu begründen.

Kann die Bundesversammlung möglicher Weise, annoch künftig in den Fall kommen, über die hannoversche Verfassungsangelegenheit materielle Entschließungen zu fassen, und konnten von irgend einer Seite aus einem Stillschweigen eine nachtheilige Consequenz gezogen werden, so sieht sich die

---

hier nur noch das erwähnt werden, daß es durchaus kein abstractes und leeres Verhältniß war, in welchem das hannoversche Volk zu dem Staatsgrundgesetze stand, und nur die Art und Weise der Aufhebung desselben brachte es mit sich, daß zunächst immer über die Form gestritten wurde, und daß formelle Rechtsfragen nothwendig in den Vordergrund traten.

königlich sächsische Regierung um so dringender veranlaßt, gegen die von der königlich hannoverschen Regierung jenem Beschluß gegebene Bedeutung ausdrückliche Verwahrung einzulegen.

Auch Würtemberg, Baden, Großherzogthum Hessen und die großherzoglich sächsischen Fürstenhäuser sprachen sich in gleichem Sinne aus. Das Präsidium schien sich in dieser Sitzung auf Seite Hannover's stellen zu wollen, allein als in der letzten Sitzung vor den Ferien, der 24., der hannoversche Gesandte die Proclamation vom 10. September rechtfertigen wollte, namentlich deducirte, daß die Bundesversammlung durch den Beschluß vom 5. September anerkannt habe, daß eine Verletzung des Artikel 56 der Schlußacte in der einseitigen Aufhebung des Staatsgrundgesetzes nicht liege, wies die Majorität diese Behauptung sofort als unstatthaft zurück und selbst der Präsidialgesandte votirte dafür: daß die königlich hannoversche Regierung allerdings jenen Bundestagsbeschluß mißverstanden habe. *) Das war aber für Hannover zu spät, abgesehen davon, daß die Kunde von dem, was in Frankfurt geschehen war, erst viel später vollständig nach Hannover drang. Wie die Opposition die Rechtslage der Sache nach dem Bundesbeschlusse auffaßte, ist am klarsten aus der Vorrede des zweiten Bandes des Portfolio zu ersehen, die, wenn wir nicht irren, von Stüve selbst geschrieben ist. Hiernach sah dieselbe den Bundesbeschluß vom 5. September überhaupt nicht als eine wirkliche Entscheidung, am wenigsten als eine solche an, welche der Verfassung von 1819 die anerkannte Wirksamkeit sicherte, sondern vielmehr wurde das Ergebniß des Beschlusses dahin deducirt: daß das Staatsgrundgesetz dem Artikel 57 der Wiener Schlußacte nicht widerspreche, eine Verletzung des monarchischen Princips, welche nach Artikel 31 das Recht und die Pflicht der Bundesversammlung, einzuschreiten, begründe, nicht vorliege, daher die in der Erklärung der hannoverschen Regierung gegen die §§ 13, 85, 92, 140, 153, 161 des Staatsgrundgesetzes gemachten Angriffe und Einwendungen unbegründet seien. Dies folge daraus, weil der Bundesbeschluß die Sache als eine innere Landesangelegenheit betrachte. Folglich reducire sich die ganze materielle Streitfrage darauf, ob die agnatischen Rechte verletzt seien. Hinsichtlich des Rechts der Bundesversammlung, nach Artikel 56 von Amtswegen einzuschreiten, habe der Bundesbeschluß Suspension der Thätigkeit des Bundes bei obwaltender Sachlage, d. h. bis zur Beendigung des begonnenen Vergleichsversuchs, und für das Gelingen dieses Versuchs, die Bedingung der Wahrung gegenseitiger Rechte, festgestellt. Die Lage der Regierung sei nun die, entweder vertraue sie ihrem Einflusse bei neuen Wahlen nicht, oder sie vertraue ihm. Im letzteren Falle werde sie auflösen. Dann würde die neue Ständeversammlung ganz wie im Frühjahr 1838 ihre Competenz zu prüfen haben; es sei dann eine entschiedenere Stellung als die vom 25. Juni 1838 zu erwarten, da auch der Adel einsehe, daß ihm der Streit nicht fromme. Vertraue die Regierung ihrem Einflusse nicht, so behalte sie, was sie habe, versuche durch Ergänzungswahlen die Cammer zu verstärken, vielleicht sogar eine kraftlose Opposition in dieselbe zu bringen und mit dieser die Sache abzumachen. In diesem Falle würden die bedeutenderen Corpo-

---

*) H. P. III. S. 147.

rationen in ihrem paffiven Widerſtande beharren. Die Cammern von 1839, welche doch ein gewiſſes Decorum der Landesvertretung zu behaupten wünſchten, müßten dann auf ſolches gänzlich verzichten. Das Cabinet werde einerſeits die Minoritätswahlen zu rechtfertigen haben, anderntheils dulden müſſen, daß Wahlen unter dem ausdrücklichen Vorbehalte des Staatsgrund= geſetzes zugelaſſen würden, und ſomit ſeine eigenen Principien umſtoßen und ſeinem ganzen Verfahren auch den Schein des Zuſammenhangs und der Con= ſequenz entziehen. In dieſer Grundſatzloſigkeit werde Widerſtand ſeine größte Kraft finden. — War dies die theoretiſche Anſicht der Oppoſition, ſo ergriff dieſelbe gleichwohl einen viel praktiſcheren Standpunct, Sie drängte, wie dies ſchon oben erwähnt, zur Cammerauflöſung und wir hegen die Ueber= zeugung, daß, wäre das Cabinet darauf eingegangen, die zweite Cammer in der That durch Berathung und Beſchlußnahme über den vorzulegenden Verfaſſungsentwurf den Formſtreit aufgegeben haben würde. Die Städte Osnabrück, Hameln, Hannover gingen mit Adreſſen an den König voran, welche um Auflöſung baten. Da dieſe Adreſſen die Situation beleuchten, theilen wir die des Magiſtrats und der Bürgervorſteher der Reſidenz hier mit: „Allerdurchlauchtigſter, großmächtigſter König, Allergnädigſter König und Herr! Ermuthigt durch das Bewußtſein, daß die Geſinnungen uner= ſchütterlicher Unterthanentreue, welche von jeher der Stolz der Bewohner dieſer Stadt geweſen ſind, und welche ſie unter dem Drucke der Fremdherr= ſchaft ebenſo, wie in der Zeit politiſcher Aufregung, bewährt und bethätigt haben, auch jetzt noch unvermindert unſere Bruſt beſeelen; gedrungen durch die angeborene und angeerbte Liebe und Anhänglichkeit an das erhabene Regentenhaus, welche wir von König auf König übertragen und auch bei Ew. königlichen Majeſtät Regierungsantritt freudig und der ſchönſten Hoff= nungen voll bekannt haben, welche in uns, ſowie in der geſammten Bürger= ſchaft der Stadt, nie wankend geworden iſt, wagen wir es, Ew. königli= lichen Majeſtät eine Bitte ehrfurchtvollſt zu Füßen zu legen, deren huldvolle Gewährung für Stadt und Land von den beglückendſten Folgen ſein dürfte. Sie betrifft die Auflöſung der jetzigen und demnächſtige Berufung einer neuen Ständeverſammlung. Wenn wir, die ehrerbietigſt Unterzeichneten, nach unſerer redlichen und tief begründeten Ueberzeugung bisher es vermieden haben, zu der von Ew. königlichen Majeſtät berufenen Ständeverſammlung einen Deputirten für die Reſidenzſtadt zu wählen, ſo iſt es dabei niemals unſer Zweck geweſen, der Regierung Ew. königlichen Majeſtät Schwierig= keiten zu bereiten, ſondern wir beabſichtigten nur, die Rechte unſerer Stadt auf eine nach unſerer Ueberzeugung geſetzlich begründete landſtändiſche Ver= faſſung nicht aufzugeben, zumal wir hoffen durften, daß der durchlauchtige deutſche Bund eine Entſcheidung darüber treffen würde, welches die geſetzlich begründete landſtändiſche Verfaſſung des Königreichs ſei. Aus Ew. königli= lichen Majeſtät allerhöchſten Proclamation vom 10. September haben wir jedoch erſehen, daß der durchlauchtige deutſche Bund ſeine Einwirkung auf die Regulirung der Verfaſſungsangelegenheit dermalen nicht für begründet gehalten hat. Wir haben daher zwar die Hoffnung auf eine Entſcheidung der Sache durch die hohe deutſche Bundesverſammlung für jetzt aufgeben müſſen, finden uns indeß durch den Beſchluß jener hohen Behörde inſofern beruhigt, als in demſelben die vertrauensvolle Erwartung ausgeſprochen iſt, daß Ew. königliche Majestät Allerhöchstihren ausgesprochenen landesväterlichen Absichten gemäß geneigt sein werden, über das Verfassungswerk eine, den Rechten der Krone und der Stände entsprechende, Vereinbarung zu treffen. Wir leben der zuversichtlichen Hoffnung, daß dadurch alle materiellen Rechte der Stände, sofern sie gesetzlich begründet werden können, geschützt sind, und werden im unerschütterlichen Vertrauen zu den landesväterlichen Absichten unseres erhabenen Monarchen, so viel an uns ist, den von Ew. königlichen Majestät in der allerhöchsten Proclamation ausgesprochenen Erwartungen durch eine ernste und loyale Mitwirkung pflichtmäßig zu entsprechen uns bestreben. Die hohe deutsche Bundesversammlung konnte jedoch, nach unserm alleruntertänigsten Dafürhalten, indem sie eine Berathung des Verfassungswerkes mit den dermaligen Ständen erwartete, nicht gemeint sein, in das Recht Ew. königlichen Majestät einzugreifen, die zur Zeit vertagten Stände aufzulösen. Soll aber eine von uns und allen redlich gesinnten Unterthanen Ew. königlichen Majestät gewiß sehnlichst erwünschte Vereinbarung erwirkt, und das Werk des Friedens und der Beruhigung nach einem so langwierigen Streite vollständig erreicht werden, so wird, das erlauben wir uns als unsere innigste Ueberzeugung ehrerbietigst auszusprechen, nur die Auflösung der jetzigen und die Berufung einer andern Ständeversammlung, und zwar mit freier Zulassung aller derjenigen, übrigens zu Deputirten qualificirten, Personen, welche bisher aus formellen Gründen die Zuständigkeit der berufenen Stände zur Landesvertretung bestritten haben, zu diesem Ziele führen können. Die jetzige zweite Cammer ist während eines umfangreichen Streites über formelle Fragen zu Stande gebracht, bei den Wahlen hat derjenige Theil der Unterthanen Ew. königlichen Majestät, welcher die Zuständigkeit der Ständeversammlung bestritt, entweder sich selbst fern gehalten, oder er ist von einer Theilnahme an jenen Wahlhandlungen ausgeschlossen worden; einige der Wahlen sind nur von der Minorität vorgenommen und sind über deren Gültigkeit selbst in den Cammern Meinungen laut geworden, welche von denen der Regierung Ew königlichen Majestät abweichen; der Ausschluß der protestirenden Deputirten ist außer den Cammern vielfach bestritten, und deren Gesuche um Zulassung sind von der Ständeversammlung selbst noch nicht erledigt, mithin wird Stoff zu neuem Hader in reichem Maße bleiben, wenn nicht dem allen durch Auflösung der jetzigen Ständeversammlung ein Ende gemacht wird. Was aber vielleicht von noch größerem Gewichte sein dürfte, ist der Umstand, daß ohne diese Maßregel sich schwerlich Stände bilden werden, welchen das Land sein volles Vertrauen schenken und von welchen dasselbe erwarten möchte, daß neben den Rechten der Krone auch den Rechten der Stände eine allseitige Würdigung und Beachtung gewidmet werde. Dagegen ist wol mit Sicherheit vorauszusehen, daß jene erwünschte Berufung einer von dem bisherigen Streit im Ganzen intacten Ständeversammlung jede Opposition außer den Cammern bis zur Vernichtung schwächen und die Erörterung der verschiedenen Meinungen und Ansichten in die Cammern verweisen werde. Wahrlich! nicht alle die Männer, welche bisher ihre Bestrebungen in Folge einer von der Rechtsansicht Ew. königlichen Majestät verschiedenen Ueberzeugung gegen die Zuständigkeit der Stände gerichtet haben, folgen extremen Ansichten, und schmerzlich würde das Land deren Ausschluß von der Berathung seiner theuersten Interessen empfinden! Wir

halten fest an der Hoffnung, daß Ew. königliche Majestät diesem allerunterthänigst ausgesprochenen Wunsche eine huldvolle Berücksichtigung zu schenken
allergnädigst geruhen wollen; wir fühlen uns glücklich in der ehrfurchtsvollen Zuversicht, daß Ew. königliche Majestät diese den Rechten der Krone
durchaus nicht präjudicirliche Concession zu gewähren die hohe Gnade haben
wollen, zu Gunsten der vielen Unterthanen, welche in dem Staatsgrundgesetze von 1833 eine Grundfeste des Rechts und des Heils und eine Schutzwehr gleichmäßig gegen mögliche Willkür, als gegen die maßlosen Anforderungen eines flachen, aus vaterländischem Boden nicht entsprossenen Liberalismus
gefunden haben, und welche deshalb durch die Aufhebung jenes Gesetzes mit
tiefem Schmerz erfüllt sind. In dieser zuversichtlichen Hoffnung wagen wir
die allerdevoteste Bitte: „daß Ew. königliche Majestät allergnädigst geruhen
wollen, die Auflösung der jetzigen und die demnächstige Berufung anderer
Stände zum Zweck einer vertragsmäßigen Vereinbarung über die Verfassung
des Königreichs, und zwar unter freier Zulassung aller übrigens qualificirten
Deputirten, welche sich bisher der Gesetzlichkeit und Zuständigkeit der berufenen Stände opponirt haben mögen, huldvollst zu befehlen.“ Wir fügen
dieser allerunterthänigsten Bitte die feierliche Versicherung hinzu, daß wir
bei allergnädigster Gewährung derselben der Wahl eines Landtagsdeputirten
zu einer solchen Ständeversammlung uns nicht ferner entziehen, vielmehr
eine Wahl zu treffen uns bemühen werden, wodurch die Zahl Derer vermehrt
wird, welche den Rechten der Krone und denen der Stände eine gleich ernstliche Beachtung angedeihen lassen, und mit freudigem Eifer zum Werke des
Friedens mitzuwirken bereit sind. Die wir mit tiefster Devotion ersterben
Ew. königlichen Majestät, unsers allergnädigsten Königs und Herrn, treu
gehorsamste. Der allgemeine Magistrat und die Bürgervorsteher.“

In ähnlicher Weise sprach sich die Osnabrücker Adresse aus. Sie stellte
die Bitte: „daß Ew. königliche Majestät allergnädigst geruhen wollen, die
gegenwärtig bestehende Ständeversammlung aufzulösen, eine neue zu berufen,
und dem Lande die huldvolle Versicherung zu geben, daß keinem Gewählten
wegen seiner bisher ausgesprochenen Anhänglichkeit an das Staatsgrundgesetz
der Eintritt in diese Versammlung versagt werden solle, indem nur in diesem Falle die Hoffnung vorhanden ist, eine von möglichst großer Zahl der
Wahlberechtigten gewählte Cammer zu vereinigen, von der selbst die gegenwärtige Ständeversammlung allein die Möglichkeit friedlicher Erledigung der
Verfassungssache erwartet. Die wir in tiefster Submission ersterben Ew.
königlichen Majestät unterthänigste Diener und getreue Unterthanen, Bürgermeister, Rath und Aelterleute der Stadt Osnabrück. Osnabrück, den 4.
October 1839.“

Die Bittsteller wurden abschläglich beschieden und Klenze nebst Genossen
beeiferten sich im Hamburger Correspondenten, die Wünsche um Auflösung
lächerlich zu machen oder zu verhöhnen.

Der kleine Kampf dauerte indessen an vielen Orten des Landes fort.
Namentlich gab es in Osnabrück zwei Angelegenheiten, welche die gesammte
Bürgerschaft in Aufregung erhielten. Der Syndicus der Stadt, Rowove,
war gestorben und der Magistrat hatte eine neue Wahl angeordnet, oder
war in Begriff, dies zu thun, als der Landdrost Graf Wedel auf Befehl
des Minister des Innern eine solche Wahl ohne Angabe von Gründen unter-

sagte. Von den Bürgern um Gründe für diese Maaßregel angegangen, hatte er sich außer Stande erklärt, solche anzuführen. Jetzt wendete sich eine Anzahl von 300 Bürgern direct an den König, mit der Bitte: „Ew. königliche Majestät wollen geruhen, die Verfassung der Stadt aufrechterhalten und durch Allerhöchstdero Ministerien aufrechterhalten zu lassen, und diesen insbesondere den Befehl zu ertheilen, dem verfassungsmäßigen Gange der Wahlen keinerlei Hinderniß in den Weg zu legen; auch darüber Allerhöchstdero getreuesten Unterthanen, den ehrerbietigst Unterzeichneten, eine huldvolle Zusicherung gnädigst zu ertheilen".

Die Königliche Resolution gab dem Hauptantrage zwar nach und hob die Suspension der Wahl auf, ertheilte aber zugleich den Bittstellern einen ernsten Verweis wegen der anmaßenden Sprache. „Wir erwarten", hieß es am Schlusse, „daß Ihr Euch nicht ferner um Angelegenheiten bekümmern werdet, die Ihr zu besprechen weder fähig noch berufen seid" — ein Schluß, bei dem man unwillkürlich an die Zurechtweisung der Elbinger Petition, der 7 Göttinger Professoren wegen, durch Herrn v. Rochow, denken mußte, in welcher bekanntlich die seitdem sprichwörtlich gewordene Wendung von dem „beschränkten Unterthanenverstande" zuerst vorkam. — Die Wahl der Stadt Osnabrück fiel auf Dr. Stüve, welcher aber ohne Gründe nicht bestätigt wurde.

Eine zweite Osnabrücker Angelegenheit betraf eine polizeiliche Untersuchung in Beziehung auf Vorgänge auf der Musenburg, die an und für sich ohne alle Bedeutung waren. Diese Untersuchung gebührte, nach dem Verfassungsrechte der Stadt, dem Magistrate; durch höhern Befehl war aber der Amtmann Erxleben mit derselben beauftragt. Der Magistrat hielt sich dadurch in seinem Rechte gekränkt und beschwerte sich. Verschiedene Bürger, unter ihnen Altermann Breusing, weigerten sich vor dem Commissarius vernehmen zu lassen. Breusings Schreiben vom 15. November circulirte durch alle Zeitungen. Die Geistlichkeit wendete sich mit einer Vorstellung an den Cabinetsminister, da ein Bürger, der Tischler Thörner, seinem Bürgereide und Gewissen zuwider zu handeln glaubte, daß er gezwungen war, sich vor einer fremden Behörde vor Gericht zu stellen und die ganze Stadt, wie es in der Vorstellung heißt, sein Bedenken theilte. Die Bürger selbst wendeten sich wiederum direct an den König, erhielten von diesem die Belehrung, daß es einem gegründeten Zweifel nicht unterliegen könne, daß der Regierung die Befugniß zustehe, in einzelnen geeigneten Fällen polizeiliche Untersuchungen, abweichend von den Bestimmungen der dortigen Stadtverfassungsurkunde, durch eigne Commissarien führen zu lassen. Der Schluß des an den Bäcker Dreinhöfer und seine Genossen gerichteten Rescripts vom 4. December lautete: „So viel Eure Bemerkungen über die Leitung der in Frage stehenden Untersuchung, insbesondere über die von dem Tischlermeister Thörner geforderte Eidesleistung betrifft, so hat es Unser gerechtes Mißfallen erregen müssen, euch zur Beurtheilung solcher Gegenstände verleitet zu sehen, von denen ihr aus den Acten keine Kenntniß haben könnt, und welche richtig zu würdigen ihr weder fähig noch berufen seid. — Wir haben ferner aus Eurer Vorstellung gern entnommen, daß ihr zuversichtlich zu Unserer Gerechtigkeitsliebe vertraut; inzwischen können Wir nicht umhin, euch nachdrücklichst zu ermahnen, in diesem Vertrauen auch dann nicht zu

wanken, wenn Wir Uns veranlaßt sehen müssen, eure durch völlige irrige
Ansichten hervorgerufenen Anträge, welche aus Rücksichten auf die allgemeine
Landeswohlfahrt nicht gewährt werden konnten, zurückzuweisen. Wir erwarten
dabei zuversichtlich, daß ihr niemals zu Handlungen euch werdet hinreißen
lassen, welche Uns in die traurige Nothwendigkeit setzen würden, der ganzen
Strenge der Gesetze ihren Lauf zu lassen. Wir eröffnen euch schließlich hier-
mit, daß Wir in Erwägung der oben hervorgehobenen Gründe Uns nicht
haben veranlaßt finden können, das dem Amtmann Erxleben übertragene
Commissorium zu Untersuchungen über die Vorgänge auf der sogenannten
Musenburg zurückzunehmen. Ernst August. (gez.) G. Frhr. v. Schele.“
Breusing wurde durch Arrest gezwungen, sich vernehmen zu lassen.

Die bremisch-verdenschen Provinzialstände waren auf den 10. December
zusammenberufen und da man von den freien Grundbesitzern ungelegene
Anträge erwartete, so waren alle Anhänger des Cabinets, welche im Bremischen Güter besaßen, befohlen, nach Stade zum Landtage zu reisen und
v. Lütden, v. Schulte, v. d. Wisch, v. Marschalck, Graf Bremer und
viele andere waren auch erschienen. Man hatte richtig geahnt; die Deputirten
der bürgerlich freien Grundbesitzer stellten den Antrag: daß Se. Majestät
der König ersucht werden möge, das Staatsgrundgesetz von 1833 wieder-
herzustellen, ein Antrag, der freilich auf Vorschlag des Präsidenten durch
Uebergang zur Tagesordnung beseitigt wurde. Ein fernerer Antrag des
Gutsbesitzers Schmold, den König zu bitten, daß die jetzigen Stände aufge-
löf't, keinem qualificirten Deputirten der Zutritt in die zu berufende Versammlung erschwert und das bekannte Präjudiz von den Wahlen hinweg
genommen werde, kam in zwei Theilen zur Abstimmung. — Für die Auflösung sprachen sich 23 gegen 25 Stimmen aus, und wurde über die
weiteren Modificationen nun nicht abgestimmt. Hierauf entfernten sich die
Deputirten der bürgerlich freien Gutsbesitzer, Süßmann, H. Schmold, H.
Jürgens, J. Crudop, J. Heinrichs, J. Schacht, C. Ehlers, P. H. J.
Lübs, H. Ahrens, D. Morrissen, J. H. Balk, J. B. Kröneke, unter feier-
licher Verwahrung der Rechte des Landes.

Die öffentlichen Blätter beschäftigten sich in den Monaten September
bis December damit, die bisher erzählten Vorfälle auszubeuten, interpretirten
den Bundesbeschluß und erörterten die Frage über Auflösung der Stände.
In dieser Beziehung verfolgte der deutsche Courier eine abgesonderte Meinung, er rieth von allen Petitionen wegen Auflösung ab, so wie von jedem
Handeln in der Verfassungssache, da diese nur durch völlige Passivität gerettet werden könne. In Arau erschien eine Brochüre: „Ueber Vermittlung“,
die entschieden von jedem Vergleiche abrieth; bei Otto Wiegand in Leipzig
eine andere Brochüre: „Zur Belehrung meiner Mitbürger und Landsleute
über die hannoversche Verfassungsangelegenheit“, welcher der „Hamburger Correspondent“ vorwarf, sie reize zum Haß gegen den Adel; endlich erschien die
schon oben erwähnte Detmoldsche Schrift: „Die Verhandlungen zweiter Cammer“. Auch der zweite Band des Portfolio fand erst gegen Ende des Jahrs
auf Umwegen seine Verbreitung in Hannover. — Die Aufmerksamkeit der
Hannoveraner, welche sich schildkrötenartig seit November 1837 auf die eigenen Zustände zurückgezogen, wurde um diese Zeit wieder einmal nach Außen
gelenkt durch die geistvolle Kritik, welche David Strauß in den hallischen

Jahrbüchern den „Garantieen preußischer Zustände" angedeihen ließ. Es wurde Preußen hier auf eine Art und Weise, welche durchaus neu war, in seiner breiten und behäbigen Selbstgenügsamkeit und Zufriedenheit gegeißelt und während bis dahin das zahme Professorenthum oder trockne Geschäfts= männer nur andeutungsweise mit zarten Fingern berührt hatten, daß Preußen den constitutionellen Weg betreten müsse, war es hier offen ausgesprochen, daß Preußen einer wahrhaft freien reformatorischen Wiedergeburt bedürfe, daß Constitutionalismus für Preußen eine Naturnothwendigkeit sei, die preußische Constitution dann aber nicht nur eine preußische, sondern eine Deutsche sein werde, mit der Preußen zugleich zu derjenigen Stelle an der Spitze Deutschlands gelangen werde, die ihm unter diesen Voraussetzungen ge= bühre. Wir Hannoveraner fühlten damals am schmerzlichsten, was es heiße, Preußen unter Metternichschem Banner in Frankfurt einherschreiten zu sehen, und wie ganz anders es sein könne, wenn Preußen Schutz und Hort der constitutionellen Entwicklung, wenn es wahrhaft protestantisch sei. Es waren das mehr als die Grundzüge des Eisenacher Programms von 1859, welches die hallischen Jahrbücher in sichern Zügen vorzeichneten, sie machten nament= lich auf das jüngere Geschlecht den größten Eindruck, und diese philosophische Auffassung geschichtlicher Zustände und ihre Kritik wurde ein halbes Jahr= zehent beinahe Modesache und erhielt ihre eigene Vertretung kurz darauf in der Rheinischen Zeitung.

Das Jahr neigte sich seinem Ende zu, ohne daß es irgend eine Entschei= dung brachte. Politische Denunciationen, Untersuchungen an allen Ecken, Beaufsichtigungen der Beamten, die so weit gingen, daß der Minister des Innern z. B. den Geheimen Canzleisecretair Lehzen die Weisung ertheilte, die Launhardsche Table d'hote nicht ferner zu frequentiren. Die Unter= suchung gegen den Magistrat ging ihren langsamen Gang; verweigerte zwar das Cabinet Mittheilung der Wahlacten und erließ in dieser Beziehung auch an die Wahlcommissaire und Aemter verbietende Rescripte (S.=Archiv I. S. 176.), so konnten die vorgeschlagenen Zeugen sich doch der Abhörung nicht entziehen und es gehörte gewiß nicht zu den angenehmsten Situationen, in welche die Criminaldenunciation des Cabinets dieses selbst stürzte, als Geh. Cabinetsrath von Lütken, General von Düring, Schloßhauptmann von Steinberg, Oberstlieutenant Graf v. d. Decken, Oberhofmarschall von Ma= lortie, Cammerdirector von Voß, Herr von Malortie, u. a. vorgefordert wurden, über die eigenen Beeinflussungen der Wahlen Zeugniß abzulegen. — Die Bürgervorsteher Hannovers hatten im October ein Gesuch um Wie= deraufhebung der Suspension Rumanns und Niederschlagung der Untersuchung eingereicht, waren aber abschläglich beschieden. — Als Anfangs December in Hannover vier neue Bürgervorsteher gewählt werden mußten, wurden die vier Hofcouriers Wagner, Bensinger, Kirmes und Bernstorf nicht wie= der gewählt, statt ihrer aber vier entschiedene Oppositionsmänner: Braden= busch, Sohns, Runde und Riemann. Ende December wie Anfangs Januar fanden große Ministerconferenzen wegen des Verfassungsentwurfes statt, denen der König selbst präsidirte und über deren damals geheim gehaltene Berathung man durch die hannoversche Denkschrift, am 16. November 1854 dem Bundestage übergeben, einige Aufklärung empfängt. *)

---

*) v. Lenthe's Zeitschrift für Verfassung und Verwaltung I. 3. S. 584.

Die Bürger Hannovers, voran die Kaufleute, beabsichtigten am ersten Neujahrstage in einem großen Zuge dem Stadtdirector Rumann ihre Neu=jahrsgratulation abzustatten. Da die Aufforderung dazu von dem Commis=sair Hühne ausgegangen war, erhielt derselbe am 31. December nach Mitternacht durch die Polizeidirection folgendes Rescript: „dergleichen große Versammlungen und Züge durch die Straße können ohne polizeiliche Erlaub=niß nicht stattfinden, welche letztere die Polizeidirection im vorliegenden Falle zu ertheilen, Bedenken trägt, und Sie daher bei eigener Verant=wortlichkeit dringend auffordert, ohne Verweilen die nöthigen Einleitungen zu treffen, daß jene Versammlungen und der intendirte Zug unterbleibe. Auch der Magistrat war durch die Landdrostei aufgefordert, eine derartige Demonstration zu hintertreiben. Die Wachen wurden schon am Sylvester=abend verstärkt und Patronen ausgegeben. Das genügte aber noch nicht; am Neujahrsmorgen in aller Frühe durchzogen Polizeidiener die Stadt und untersagten in den Häusern förmlich die Theilnahme an der Gratulation Rumann's, auch wurde der Ballhofssaal von Gensdarmen und Polizeidienern besetzt, um die Bürger zu verhindern, sich daselbst zu versammeln. Aber alle diese Mittel halfen nicht vollständig, tausende von Bürgern fanden sich einzeln bei Rumann ein, ihm ihre Wünsche und die Ausdrücke ihrer Liebe und Anhänglichkeit darzubringen.

Die politischen Untersuchungen, Eingriffe und Einmischungen mehrten sich aller Orten. So war gegen den Dr. med. E. Peschau in Bederkesa von den Behörden eine Criminaldenunciation ergangen, die Justizcanzlei zu Stade erkannte jedoch, daß das Resultat der polizeilichen Voruntersuchungen keine genügende Veranlassung darbiete, wider denselben eine Criminaldenun=ciation einzuleiten. In Bremer=Lehe wurde von den Beamten Friedrichs und Stüder durch Verfügung vom 29. Decbr. 1839 der dortige Club ge=schlossen, jede fernere Zusammenkunft der Clubgesellschaft zu einem Balle, einem Mittags= oder Abendessen untersagt, und dem Gastwirth Grotrian bei 20 Thlr. Strafe verboten, weil man in diesem Club, in einer am zwei=ten Weihnachtstage abgehaltenen Gesellschaft, die Gesundheit des Bürger=meisters Stüve ausgebracht habe — „in welcher Beziehung die zu nehmen ist", wie es in dem Erlasse heißt, wird keiner weiteren Erörterung bedürfen. Leider gab es damals noch keinen Klabberadatsch, dem solche polizeiliche Gebahren zur Verurtheilung anheim gestellt wäre. Dieser Amtsbefehl wurde auf Recurs von der königl. Landdrostei in Stade aufrecht erhalten, da der Ausbringer des Toastes denselben eben so wenig zurücknehmen als die Gesellschaft diesen — ein Mitglied aus Bremerhafen — ausschließen wollte, was man verlangte. Auch die entfernteste Betheiligung an opposi=tionellen Richtungen wurde mit allen Mitteln, die dem Cabinette eben zu Gebote standen, verfolgt. *)

*) Der Verf. muß hier ein Beispiel aus seinem eigenen Leben erzählen. Er hatte im Januar 1836 sein erstes, im Januar 1838 sein zweites juristisches Examen bestanden und gebeten, ihn in seiner Vaterstadt Göttingen als Advocat anzustellen, hatte indeß mehre abschlägige Antworten bekommen mit den Entscheidungsgründen, daß die Zahl der Advocaten in Göttingen zu groß sei. Vergebens hatte sich der Advocat und Privatdocent Dr. Grefe bereit erklärt, auf seine Advocatur zu Gunsten des Verfassers zu verzichten. Als Verfasser im März 1840 in Geschäftssachen in Hannover war, veranlaßte ihn sein Freund Detmold, statt des Justizministers v.

Inzwischen hatten bei den sich täglich darbietenden Gelegenheiten mehrere Mittelgerichte, man nannte namentlich die Justizcanzleien zu Hildesheim, Celle und Göttingen, in Erkenntnissen für die fortdauernde Gültigkeit des Staatsgrundgesetzes sich ausgesprochen und wenn diese Entscheidungen nur mehr theoretischer Natur geblieben waren, so stand doch zu befürchten, daß auch andere Justizcanzleien dem Beispiele, daß immer anstecklend ist, folgen würden und daß man den, trotz der Verordnung vom 16. November 1839 noch häufig vorkommenden Steuerverweigerungen, durch die Gerichte einen Damm nicht mehr entgegensetzen könne. In dieser Lage der Sache wurde auf den 8. Januar eine außerordentliche Sitzung des Staatsraths anberaumt, in welcher Maßregeln gegen die Justizcanzleien vorgeschlagen sein sollen, die indeß auf Widerstand stießen. Man nannte namentlich den Canzleidirector v. Hinüber als einen Mann, der sich dagegen gestemmt habe. Das Resultat der Berathung war jene königliche Erklärung vom 17. Januar 1840, die unmangelhafte Befolgung der Gesetze und Verordnungen betreffend, die man im Jahre 1855 nachahmte, und die dahin lautete: „Ernst August, von Gottes Gnaden König von Hannover ꝛc. ꝛc. Wir haben vernommen, daß Zweifel darüber entstanden sind, ob den Landesgerichten die Pflicht obliegt, die von dem Landesherrn oder dessen nachgesetzten Behörden verkündigten Gesetze, Verordnungen und Erlasse unmangelhaft zu befolgen, oder ob dieselben befugt erscheinen können, die verfassungsmäßige Entstehung jener Gesetze ꝛc. in den Kreis ihrer Prüfung und Entscheidung zu ziehen. Je weniger den Gerichten der hiesigen Lande jemals eine Entscheidung darüber eingeräumt worden ist, ob die gesetzgebende Gewalt vom Landesherrn gebührend ausgeübt worden sei, eine Entscheidung, welche augenfällig nur geeignet sein würde, alle Gewalten im Staate zu verwirren, den Richter über den Gesetzgeber zu stellen und einen anarchischen Zustand hervorzurufen und je weniger wir gemeint sind, unerlaubte Uebergriffe der richterlichen Gewalt zu dulden, desto mehr sehen Wir Uns zur Vermeidung jedes Zweifels veranlaßt — nach Anhörung Unseres Staatsraths — hiermit zu erklären: „„daß die verfassungsmäßige Entstehung der Gesetze, Verordnungen und Erlasse der Prüfung und Entscheidung der Landesgerichte niemals anheim fallen könne, sondern daß alle Richter und öffentliche Diener, so wie die sämmtlichen Unterthanen Unseres Königreichs lediglich durch die von Uns oder in Unserem Auftrage von Unseren nachgesetzten Behörden ausgehende Verkündigung jener Gesetze und Verordnungen zu deren unmangelhaften Befolgung verpflichtet werden.““ Wie hienach niemals von Uns zugegeben werden kann, daß ein Landesgericht eine Entscheidung über die Gültigkeit des von Uns unter dem 1. November 1837 erlassenen, das vormalige

---

Stralenheim, den Cabinetsminister v. Schele selbst persönlich anzusehen. Verfasser motivirte sein Gesuch unter anderen damit, daß er sich auf sein Unvermögen berief und daß seine Eltern nicht im Stande sein würden, ihn während ein oder zwei Jahren, wo er sich an einem fremden Orte erst Praxis verschaffen müsse, Unterhalt zu gewähren, während er in Göttingen bekannt sei, dort schon eine ganz gute Praxis habe und Dr. Grese ihm seine Praxis abtreten wolle. Excellenz fragte: was ist Ihr Vater? Antwort: Buchbinder. „Dann hätten Sie auch Buchbinder werden sollen.“ Damit ward derselbe entlassen. Erst im Frühjahr 1842, als Verfasser die Universität Göttingen in den hallischen Jahrbüchern kritisch beleuchtete, wurde demselben, ohne daß er darum angehalten hatte, Hoya als Wohnsitz angewiesen.

Staatsgrundgesetz vom 26. September 1833 für erloschen erklärenden Patents sich anmaße, so erklären und befehlen Wir hiemit ausdrücklich, daß in so fern, wider Erwarten, dennoch Richter oder andere öffentliche Diener auf die derzeitige Rechtsgültigkeit des vormaligen Staatsgrundgesetzes erkennen, mithin gegen die rechtlich bestehende Landesverfassung sich auflehnen würden, derartige Uebertretungen im Justiz- oder administrativen Wege gebührend geahndet werden sollen." Es war damit um die Unabhängigkeit der Gerichte, auf die Hannover immer so stolz gewesen war, geschehen, das sic volo, sic jubeo offen proclamirt. Man trug sich mit einer Aeußerung: die Leute von der Justiz hätten mehr Kniffe als Verstand. Die Ordonnanz erregte ungeheures Aufsehen im Inlande wie im Auslande, nur in Frankfurt schien man von allen diesen Mitteln, die in Hannover benutzt wurden, um auf dem Wege der Vereinbarung fortzuschreiten, nichts zu hören und zu sehen.

Am Tage nach der Staatsrathssitzung wies die Hannoversche Justizcanzlei die Klage des Dr. Wynelen in Stade gegen das Finanzministerium wegen unbefugter Steuererhebung, wie es hieß, mit 7 gegen 6 Stimmen, als unbegründet zurück, weil den Gerichten des hiesigen Landes eine Kritik der Ausübung der Hoheitsrechte des Landesherrn niemals zugestanden habe.

Ende Januar wurde dem Magistrate der Residenz durch ein vertrauliches Rescript der Landdrostei der allerhöchste Specialbefehl eröffnet, sich bei Vermeidung nachdrücklicher Ahndung jeder Communication über Geschäfte mit dem suspendirten Stadtdirector Rumann zu enthalten. Bald darauf war demselben auch anbefohlen, die aufwartenden Stadtsoldaten dem suspendirten Stadtdirector zu entziehen. Pastor Petri predigte am ersten Februarssonntage unbedingten Gehorsam gegen die hohe Obrigkeit in einer das Misfallen seiner Gemeinde im hohen Grade erregenden Weise.

Um die Wahl der Universität Göttingen, die dem Lande wo möglich mit einem Beispiele vorangehen sollte, zu bewirken, hatte der Geheime Rath Hoppenstedt an jeden einzelnen Professor schreiben und persönliche Gründe, die Wahl nicht abzulehnen, andeuten müssen.

Am 12. Februar wurde das königl. Patent, welches die vertagten Stände auf den 19. März berief, verkündet. Gleichzeitig begannen im ganzen Lande von neuem die Wahlqualereien, von denen schon oben im Einzelnen berichtet ist. Die Universität Göttingen war zwar mit einer Wahl vorangegangen, aber sie hatte einen Anhänger des Staatsgrundgesetzes, den Justizrath v. Bothmer, der Zeit erster Beamter in Rethem, gewählt, und diesen in die Lage gebracht, entweder seine Ehre oder seine bürgerliche Existenz aufs Spiel zu setzen. Bothmer war nach Hannover berufen, und in einer Audienz bei dem Könige selbst von diesem dringend aufgefordert, die Wahl anzunehmen. Es war eine schwere Stunde, die dieser Ehrenmann da zu bestehen hatte, aber er siegte über alle Anfechtungen. Er lehnte die Wahl ab und schrieb, wie man sich erzählte, der Universität: daß es von einer so angesehenen Corporation nicht sehr viel Muth bezeuge, sich selbst der Verlegenheit dadurch zu entziehen, daß man sie auf einen Einzelnen wälze. *)

---

*) Und der Dank der Universität? Der Kronprinz von Preußen äußerte damals gegen Humboldt, wenn Ernst August seine Hannoveraner zu regieren verstehe, so hätte

Die Universität scheint diesen Vorfall im Jahre 1837 schon wieder vergessen zu haben. Die Stadt Göttingen war dem Beispiele der Universität gefolgt und hatte gleichfalls einen Anhänger des Staatsgrundgesetzes, Consistorialsecretair Dr. Wachsmuth, gewählt. Dieser war ursprünglich entschlossen, die Wahl sofort abzulehnen, wurde aber, da es eines Beispiels bedurfte, von Herren aus dem Cabinette oder diesen nahestehend, so lange beredet die Wahl anzunehmen, bis er sich bereit erklärte, daß er die Wahl annehmen wolle, jedoch nur unter der Bedingung und in der Absicht, sofort in der Cammer auf Auflösung antragen zu wollen und auszuscheiden, wenn dieser Antrag nicht durchgehe.

Um diese Zeit — am 20. Februar, kam die hannoversche Frage auch in den sächsischen, bald darauf in beiden hessischen Cammern zur Verhandlung. Die sächsische zweite Cammer beschloß einstimmig, in Gemäßheit des Vorschlags ihrer Deputation: „die Regierung zu ersuchen, auf Herstellung des Staatsgrundgesetzes beim Bunde hinzuwirken; eine Interpretation des Bundesbeschlusses vom 5. September bei demselben zu veranlassen, auf Herstellung der Geschäftsordnung von 1817, die Publication der Bundesverhandlungen betreffend, anzutragen; endlich auf Einrichtung eines förmlichen Bundesgerichts zu bringen. Die Zeit war überhaupt etwas mehr politisch bewegt, die Verwerfung der Dotationsforderung für den Prinzen Nemour von den französischen Cammern und der Sturz des franz. Ministeriums, dem ein Ministerium Thiers vom 1. März folgte, konnte seine Einwirkung auf Deutschland nicht verfehlen, war es doch beinahe das erste Mal, daß Louis Philipp eine Hauptfrage in der Cammer durchzusetzen nicht gelang. Der Constitutionalismus in Deutschland fühlte sich dadurch für den Augenblick eben so sehr gestärkt, als das bisherige Spiel des Königs mit den Cammern zur Schwächung desselben beigetragen hatte.

Inzwischen gewann es Anfangs März den Anschein, als wenn das Beispiel der Universität und Stadt Göttingen im ganzen Lande Anklang finden würde, nur daß die Männer wie Bethmer und auch nur solche wie Wachsmuth schwer zu finden waren. Die Städte Uelzen und Clausthal wählten. Ein Cabinetsrescript an die hannoversche Landdrostei erklärte, daß Stüve's Eintritt für die hoyaischen Bauern (vom Frühjahr 1839 her) kein weiteres Hinderniß finde. Dennoch lehnte die Residenz am 4. März eine Wahl mit 32 gegen 4 Stimmen ab, eben so Harburg, Hameln, verschiedene ländliche Corporationen im Bremischen. Doch konnte man mit ziemlicher Gewißheit Cabinetsseitig auf eine beschlußfähige Anzahl Deputirter rechnen.

Am 17—19 wurden in Hannover zu Ehren des Militairjubiläums Sr. Majestät glänzende militairische Festlichkeiten begangen, aber ohne alle und jede Theilnahme des Volkes und Bürgerstandes, denn die Jadelmusik der bothfelder Bauern trug mehr den Character einer Farce.

---

er diese Wahl der Universität durch die Zurückberufung der Sieben belohnen müssen. So hoch schlug man diese Wahl an. Daß der König von Hannover diese Gesinnung nicht theilte, brauchten die Göttinger Professoren nicht erst 1860 aus den Humboldt-Varnhagenschen Briefen zu erfahren. Das in Potsdam an offener Tafel gesprochene Wort, welches Professoren den O — — und Tänzerinnen, die man für Geld haben könne, gleichstellte, war sofort nach Göttingen gedrungen und circulirte dort von Munde zu Munde.

Die Stände wurden am 19. eröffnet und war die zweite Cammer sofort beschlußfähig, indem zu den 35 alten Mitgliedern drei neue, Wachs= muth, Lobstöber und Dommes ohne Prüfung der Vollmachten hinzugefügt wurden. Auch die von Minoritäten gewählten Deputirten Holst und Müller waren wieder erschienen. Die alten Deputirten, deren Renomee im Lande durch das Verbleiben im Jahre 1839 in die Schanze geschlagen war, raisonirten: „wir wollen jetzt das Verfassungswerk zu Ende bringen, denn wenn wir aufgelöst werden, so ist gar nicht an das Zustandebringen einer zweiten Cammer zu denken, oder solche wird direct auf das Staatsgrund= gesetz zurückgehen. Warum kommen die andern nicht?"

Das Cabinet legte den Ständen schon am ersten Tage eine große Reihe von Arbeiten vor, zunächst den Entwurf zu einer Verfassungsurkunde, nebst einem Verzeichnisse über die auf die getrennten Kassen fallenden Aus= gaben, dann ein Expropriationsgesetz, beantragte Erledigung des Gesetzes über das Verfahren in Criminalsachen und die Einrichtung eines Criminal= senats betreffend, legte den Entwurf zu Abänderungen des Reglements vor, wonach die Beschlußfähigkeit der Cammer nicht wie bisher nach der Zahl der zu wählenden Mitglieder zu Grunde zu legen sei, sondern die Zahl der wirklich mittelst Beeidigung in die Cammer Eingetretenen, ferner den Ent= wurf eines Gesetzes wegen Veräußerung von Lehngütern.

Die Cammern nahmen die Gesetze wegen Errichtung der Creditanstalt und der Expropriation in Berathung. Wachsmuth brachte sehr bald seinen Antrag auf Auflösung der Cammern ein, fand aber nur vier Stimmen zur Unterstützung. Er, wie Lobstöber, der Deputirte für Uelzen, erklärten nun ihre Resignation, so daß am 28. März nur wieder 38 Deputirte anwesend waren. Es brauchte nur ein einziger zu fehlen und man war beschlußun= fähig. Um den übelen Eindruck zu verwischen, den dieser Cammerbeschluß im Lande machte, hielt man für nöthig, den Archivsecretair Gustav Zimmer= mann zu beauftragen, eine Broschüre zu schreiben, die den Titel führte: Darstellung der Gründe, aus welchen die zweite Cammer der allgemeinen hannoverschen Ständeversammlung auf den Antrag, die Auflösung der allge= meinen Stände zu erbitten, nicht eingehen konnte; welche im April bei Helwings erschien.

Der Antrag einer Reglementsänderung wurde auf Antrag des Dr. Sermes, um die zweite Cammer im Lande wieder etwas zu Ehren zu bringen, als nicht erforderlich, am 30. März mit allen gegen Klenze's Stimme abgelehnt. Offenbar nichts wie Comödie, schrieb damals ein Cammer= beamter selbst. Indeß muß doch erwähnt werden, daß die 5 ostfriesischen Deputirten mit Austritt gedroht hatten, wenn man die Proposition annehme. Am 1. April fand ein großes politisches Diner bei dem Cammerdirector v. Voß statt; die Beamten der beiden Cammern, Schele, Lütken waren gegen= wärtig. Der Cabinetsminister behandelte in einer langen Rede den gestrigen Beschluß zweiter Cammer, der doch sehr herbe klang, sehr günstig und folgerte daraus, daß die Cammer um so fester zusammen halten und bleiben werde. Die Nachricht davon und von dem guten Geiste der Cammer sei Sr. Majestät auf seinem Krankenlager (der König litt an Podagra wie es hieß) eine wahre Erquickung.

Die erste Berathung des Verfassungsentwurfs schritt langsam vor ob=

gleich in zweiter Cammer die ganze Discussion nur immer zwischen Klenze und Sermes herüber und hinüber ging. Ersterer verhöhnte mit wahrer Wolluft Alles, was 1832 für heilig gehalten wurde und was er damals selbst verfochten, und ergoß täglich seinen Groll gegen die Opposition.

Die erste Cammer trieb die Unterwürfigkeit so weit, daß sie schon Ende März eine Dankadresse wegen der vorgelegten Verfassung votirte, der die zweite Cammer beitrat. Der Dank überstrahlte sehr die Klage über die retinenten Wahlcorporationen: „Von tiefgefühltem Danke hierfür durchdrungen, erachten es Stände um so mehr für ihre erste Pflicht, diesen Dank in gegenwärtigem allerunterthänigsten Vortrage ehrerbietigst auszusprechen, als es ihnen nicht hat entgehen können, daß in dem neuen Entwurfe der Verfassungsurkunde die Vorschläge derjenigen Commission, welche von Ständen zur Prüfung des im Jahre 1838 vorgelegten Verfassungsentwurfs niedergesetzt war, in vielen wesentlichen Puncten allergnädigste Berücksichtigung gefunden haben. Wenn solchergestalt die hauptsächlichsten Hindernisse, die einer vertragsmäßigen Vereinbarung über die Verfassung des Landes entgegenstehen konnten, hinweggeräumt zu sein scheinen, und außerdem Ew. königliche Majestät die hohe Gnade gehabt haben, in Allerhöchst-Ihrem Erlasse vom 10. Februar d. J. (Gesetzsammlung von 1840. Erste Abtheilung; pag. 11) das formelle Bedenken einiger bisher in der Ständeversammlung nicht vertretenen Wahlcorporationen und Wahldistricte, daß nämlich aus der Wahl neuer Deputirter zu dieser Versammlung eine Anerkennung der Verfassung von 1819 gefolgert werde, zu beseitigen; so halten es die versammelten Stände, — obwohl sich mehrere Wahlberichte der Wahl von Deputirten bis jetzt noch entzogen haben, — im wahren Interesse des Landes für ihre Pflicht, das ihnen vorgelegte wichtige Werk einer Verfassungsurkunde nunmehr sorgfältigst zu berathen, und nicht minder für sonstige materielle Bedürfnisse des Landes mitzuwirken, deren Berücksichtigung nicht ohne mannigfache Nachtheile länger hinausgesetzt werden darf. Ew. königliche Majestät wollen demnach geruhen, die Versicherung Allerhöchst-Ihrer getreuen Stände huldreichst entgegen zu nehmen, daß sie unverweilt und ernstlich den jetzigen. Verfassungsentwurf der gewissenhaftesten und sorgfältigsten Berathung unterziehen werden, damit durch eine möglichst bald zu Stande kommende Vereinbarung die Landeswohlfahrt dauernd befestigt werde." Nur der Oberst v. Marschalk schien in erster Cammer die wahre Stimmung des Landes zu vertreten, stand aber isolirt.

Im Sinne der Adresse handelten denn auch beide Cammern.

Eine Protestation des Magistrats zu Osnabrück gegen die Beschlüsse der Stände und wegen Wiederherstellung des Staatsgrundgesetzes wurde von den Ständen, weil solche an die Landesversammlung und nicht an die allgemeine Ständeversammlung gerichtet war, zurück gegeben, indeß war dies augenscheinlich nur Vorwand, um nicht auf den compromittirenden Inhalt dieser Vorstellung einzugehen, denn, nachdem diese Form erfüllt und die Rechtsverwahrung von Neuem übergeben war, erfolgte am 28. und 30. Juli der Beschluß, die Eingabe an die Bittsteller zurückzusenden. *) Es wurde eine Commission zur Prüfung des Finanzcapitels beschlossen, in der

*) Hannoversches Portfolio IV. S. 20—34.

ganzen zweiten Cammer war unter den 38—39 Mitgliedern auch nicht ein unabhängiger Mann, welcher der Sache irgend gewachsen wäre. Man wählte Hüpeden, Regierungsrath Heinichen, Dr. Sermes und Amtsassessor Cropp.

Der König befand sich bis gegen Mitte April noch immer kränklich und konnte deshalb die Dankadresse, die er von einer Deputation persönlich empfangen wollte, nicht überreicht werden. Dagegen wurden die Deputirten mehr wie jemals früher von dem Kronprinzen und den Ministern zu Diners eingeladen, bei denen es an politischen Reden und enthusiastischen Toasts nicht fehlte. So zeichnete sich Excellenz v. Schulte bei einem Mahle in seinem Hause durch eine halbstündige Rede über die Vorzüge des monarchischen bon Plaisir aus. Die Deputirten mußten auch viel außerhalb der Cammern sein, denn es wurde damals als eine auffallende Erscheinung von competenter Stelle erzählt, daß nicht ein Deputirter die Verhandlungen von 1833 oder von 1838 über die Verfassung zum Nachschlagen begehrt habe. Die Verhandlungen in zweiter Cammer nahmen ihren ruhigen Fortgang, die Zahl der Anwesenden erhielt sich zwischen 39 und 42, außer Klenze und Sermes waren nur wenige orientirt und daher etwaige Opposition nur Schein. Am 13. April nahm der König die Dankadresse von einer großen ständischen Deputation in Empfang. Der König versicherte derselben u. a. in Beziehung auf den Verfassungsentwurf, daß kein §, kein Satz, ja kein Wort darin sei, das er nicht sorgfältig probiret, examinirt und delibrirt hätte, um so mehr, da er als Nichteingeborener der deutschen Sprache nicht vollkommen mächtig sei. Der Schluß der Rede lautete: „Sie kennen mich. Ich bin kein Mann von Wort, aber von That. Wie überall, so giebt es auch hier im Lande einige Schlechtgesinnte; aber die Masse der Hannoveraner ist gut und treu, wie ich bei vielen Gelegenheiten gesehen habe. Es ist mir wie ein Stein vom Herzen, daß ich Ihnen persönlich diese Worte habe sagen können." — Die Stände wurden am 15. April auf ihren Wunsch bis zum 2., der Ostertage wegen, vertagt und traten am letzteren Tage wieder zusammen. Die Zahl der Deputirten zweiter Cammer hatte sich durch die Wahl des Regierungsraths Wehner für die hoyaischen Freien, des Kreiseinnehmer Jenisch für Osterode, und des Camerarius Albers aus Lüneburg, über dessen Wahl oben schon das Nöthige mitgetheilt worden, vermehrt. Der Geheime Canzleirath Wedemeyer, von den Diepholzischen Flecken gewählt, hatte abgelehnt, unter dem Vorwande der mangelnden Vermögensqualification, nach der man, wie 1839, so auch jetzt nicht frug, galt es doch nur Deputirte zu haben. Die hannoverschen Correspondenten des Hamburger Correspondenten, namentlich Herr Meyer Eichholz, fuhren fort, auf die Opposition, ihren Unsinn, ihre Schädlichkeit, zu schimpfen. Die Acten der Untersuchung gegen den Magistrat wurden in dieser Zeit vom höchsten Gerichtshofe eingefordert, da sich das Cabinet bei dem Tribunale über das Verfahren der Justizcanzlei in dieser Sache beschwert hatte, eine Beschwerde, die zurückgewiesen wurde. Wie man diese Untersuchungssache, in der der Beweis der Wahrheit von Seiten der Angeschuldigten geführt wurde, welcher die Wahlumtriebe im ganzen Lande umfaßte, höheren Orts ansah, beweiset die Anekdote, daß, als der Canzleidirector um Urlaub zu einer Reise nach England einkam, ihm dieser abgeschlagen wurde, wobei man die Aeußerung einer hohen Person dahin: der Canzlei-

director solle erst mit der Rumann'ſchen Sache fertig werden, verbürgen wollte.
— In zweiter Cammer erkannte man am 8. Mai nur gegen die zwei
Stimmen, Riechelmann und Stromeier, Minoritätswahlen als rechtsgültig
an, ſuchte auf der andern Seite dies wieder gut zu machen und haſchte
nach Popularität, indem man bei dem Budget auf Abſchaffung der Chauſſee-
dienſte antrug. Zur Rechtfertigung der Minoritätswahlen erſchien abermals
eine anonyme Brochüre: „Die ſ. g. Minoritätswahlen zur hannoverſchen
Ständeverſammlung“ bei Helwing.

Der König, welcher eine Reiſe nach Rotenkirchen beabſichtigte, äußerte
ſeine Ungeduld über den langſamen Fortgang der Verfaſſungsberathungen
ſehr lebhaft gegen verſchiedene einzelne, zur königlichen Tafel gezogene, Deputirte, und ſpornte dieſelben an, ein Ende zu machen. Die Schwäche
der zweiten Cammer offenbarte ſich recht am 19. Mai. In erſter Berathung
hatte man zu § 106 des Entwurfes den Ständen das Recht der Zuſtimmung
zu den Geſetzen vindicirt. Jetzt in zweiter Berathung ließ man auf Klenze's
Ermahnung aus Drohen dieſe Beſtimmung wieder fallen und wählte ein
Auskunftsmittel, das nothwendig Alles in Streit und Verwirrung bringen
mußte, indem man beſtimmte, nur diejenigen geſetzlichen Beſtimmungen (außer den Steuern), welche die perſönliche Freiheit beſchränkten oder Eingriffe
in das Privateigenthum enthielten, bedürften der ſtändiſchen Zuſtimmung,
die übrigen Geſetze nur des Beiraths. Danach wäre bei jedem Geſetze in
Frage gekommen, ob es zu der erſten oder der zweiten Kategorie gehörte.
Es machten die ſtändiſchen Verhandlungen auf jeden Unbefangenen den Eindruck, daß nur das beſchloſſen werde, was der erſten Cammer beliebe und
daß die zweite Cammer nur eine ziemlich überflüſſige Beigabe ſei. So bei
Feſtſtellung der Präſentationsrechte der Landſchaften zu dem Criminalſenate
des Oberappellationsgerichts.

In Anfang Juni trat in die Berathung des Verfaſſungsentwurfs ein
völliger Stillſtand ein, weil die Commiſſion zum Finanzcapitel mit ihren
Bericht nicht fertig war. Man hörte nur, daß ſich die Majorität dieſer
Commiſſion für definitive Trennung der Landescaſſe von der Domanialcaſſe
entſchieden habe. Die Conferenzverhandlungen wegen des Polizeiverfahrens
hatten zur Beibehaltung des bevorzugten Gerichtsſtandes für die Canzlei-
ſäſſigen geführt, deren Polizeivergehen mit Ausnahme der Vergehen ihrer
Dienſtboten von den Landdroſteien abgeurtheilt werden ſollten. (§ 20 des
Entwurfes.) *) Die Cammern genehmigten dieſe Anträge, wie ſie im Criminalverfahren eine Reformatio in pejus, alſo eine Abänderung der Er-
kenntniſſe, zum Nachtheile des Angeſchuldigten, die man nur im Anklage-
proceße kannte, billigten, ſolche aber, von dem Antrage eines in jedem
einzelnen Falle vom Juſtizminiſterio zu beauftragenden öffentlichen Anwalts
oder Fiscals abhängig machten. **) Dem Entwurfe einer neuen ſtändiſchen
Geſchäftsordnung ſah man es an, mit welcher Sorgſamkeit die Regierung
alle Eventualitäten und alle durch oppoſitionelle Beſtrebungen mögliche Unregelmäßigkeiten für immer abzuſchneiden geſucht hatte. Die Befugniſſe des
Erblandmarſchalls ſollten bedeutend erweitert, er ſelbſt nur ein permanentes

*) Actenſtücke VI. 3. p. 376.
**) Actenſtücke VI. 3. p. 264.

Werkzeug der Regierung werden. Auch die Befugnisse des Präsidenten sollten erweitert werden, dahin, daß derselbe, ohne die Cammern zu fragen, Anträge
für unzulässig erklären konnte, § 44. Die Generalsecretaire sollten unter die
gedoppelte Aufsicht des Erblandmarschalls und Präsidenten gestellt werden.
Zur Eröffnung des Landtages und zur Constituirung der Cammern sollten nur
die Hälfte der für legimitirt erachteten Mitglieder, in der ersten Cammer mindestens 15, in der zweiten Cammer mindestens 20, erforderlich sein.
Das stieß denn selbst auf Widerspruch in der ersten Cammer und die proponirte Geschäftsordnung wurde wesentlich modificirt, namentlich bestimmt,
daß die Anwesenheit von 23 Mitgliedern in erster Cammer, von 30 in
zweiter (statt der bisherigen 38) zur Constituirung nöthig sein sollten. Im
Ganzen aber wurde die Einwirkung, welche die Regierung durch den Erblandmarschall und den Präsidenten auf die Stände und die Verhandlungen
derselben ausüben konnte, sehr bedeutend verstärkt. *)

Am 5. Juni, dem Geburtstage des Königs, hatte auf Ochsenkopfs Gar-
ten ein gemeinschaftliches Diner beider Cammern statt, desgleichen bisher
niemals stattgefunden. Klenze erhielt das Ritter-, Jakobi das Großkreuz
des Guelphenordens. Während man im Königsschlosse zu Hannover jubelte,
lag im Königsschlosse zu Berlin Friedrich Wilhelm III. mit dem Tode rin-
gend; er starb am zweiten Pfingsttage, am 7. Juni, Nachmittags. — Wilhelm IV., ein Prinz mit den reichsten Anlagen, war sein Nachfolger, auf
den die öffentliche Meinung nicht nur von Preußen, nein von ganz Deutschland, die kühnsten Hoffnungen stützte, von dessen Thronbesteigung sie die
glänzendsten Erwartungen hegte, freilich noch im politischen Diletantismus,
wo es sich hauptsächlich um die Frage drehte, ob Preußen sich dem Constitutionalismus überhaupt zuneigen und das Joch der Metternich'schen Politik abschütteln werde. Von dem Tage der Thronbesteigung Wilhelm IV.
schwand in Deutschland das Interesse an der hannoverschen Frage, alles
blickte nun erwartungsvoll nach Berlin und blickte halb mit patriotischer
Entrüstung, halb mit stillen Hoffnungen auf die neuen Entwickelungen in
Frankreich, wo die Deputirtencammer am 6. Juni unter enthusiastischem
Zurufe dem Gesetzentwurfe, die Leiche Napoleons nach Frankreich zurück zu
führen, ihre Zustimmung gegeben hatte und die Gloire des Kaiserreichs im
Gedächtniß der Franzosen nicht nur, sondern auch des Auslandes, auch noch
in anderer Weise aufgefrischt wurde. Weitsehende Leute hatten schon seit
April 1839 die Sachen in Frankreich für sehr bedenklich angesehen; so
hatte Alexander von Humboldt um jene Zeit an Metternich geschrieben:
heute noch sei die französische Krisis ganz eine innere, aber morgen schon
könne sie sich nach außen wenden und wie nöthig sei es da, daß Deutschland in sich befestigt stehe, daß die kölnische und hannoversche Dumm-
heit abgethan sei. Aber weder in Wien noch in Frankfurt hatte man
sich zu einer höheren Anschauung der Dinge erheben können.

Der König reiste am 8., die Königin am 9. nach Berlin, woher
derselbe erst am 19. zurück kam. Am 20. Juni fing die Berathung des
Finanzcapitels in den Cammern an und schon am 1. Juli war alles fix
und fertig. Die zweite Cammer bewilligte alles nach Wunsche des Cabi-

---

*) Vergleiche Actenstücke VI. p. 296.

nets, auf Heinichens Antrag selbst die 100,000 Thlr. Zuschuß zu der Königlichen Casse. Erste Cammer beharrte auch in dritter Berathung auf der Zustimmung zu den Gesetzen.

Von Berlin wurde Gräfe, der berühmte Augenarzt, behuf einer Operation des Kronprinzen in dieser Zeit erwartet, er erkrankte aber am Nervenfieber und starb vor der Operation; dieses Unglück sollte den Kronprinzen sehr afficirt haben. Am 7. Juli war man mit dem Verfassungs-entwurfe in beiden Cammern fertig und wählte zu den Conferenzen, in zweiter Cammer: Sermes, Voß, Heinichen, Klenze, Bar, Jakobi.

An demselben Tage wurde auch das Erwiderungsschreiben hinsichtlich des Exropriationsgesetzes in den Cammern verlesen und das vertrauliche Schreiben hinsichtlich der zu bewilligenden Eisenbahnen. Die Regierung wollte das gesammte Eisenbahnwesen in der Weise in der Hand haben, daß sie allein über die Nothwendigkeit, Nützlichkeit und namentlich die Richtung der Bahnen entscheide, da dies alles ja reine Regierungs- und Administra-tionsangelegenheiten seien. Hätten die Stände das Exropriationsgesetz so an-genommen, wie die Regierung es vorschlug, so gaben sie die Sache gänz-lich aus der Hand. Und doch hatte Klenze in zweiter Cammer es durchge-setzt, daß ein anfänglich gemachter Vorbehalt zu § 1, wonach das Einver-ständniß der Stände über die Anwendbarkeit des Exropriationsgesetzes für jede einzelne Bahn nöthig sein sollte, fallen gelassen war. Aber die erste Cammer bestand auf diesem Vorbehalte und die Conferenz brachte einen den Beschlüssen erster Cammer conformen Antrag. Dieser wurde am 24. Juni in vertraulicher Sitzung mit 31 gegen 9 Stimmen abgelehnt, indem Herr Klenze die Hoffnung aussprach, die erste Cammer werde in verstärkter Con-ferenz wohl zu der richtigen Ansicht gelangen. Klenze, Sermes und Voß wurden zu dieser verstärkten Conferenz hinzugewählt. Aber erste Cammer blieb bei ihrer Ansicht. So vereinigte man sich dahin, daß man den § 1 in der Art, wie die Regierung ihn vorgeschlagen, stehen ließ, jedoch im § 3 einen Zusatzartikel machte, der den § 1 wi.der aufhob, indem er bestimmte: „Eine Veräußerungsverpflichtung nach den Grundsätzen des folgenden Ab-schnitts soll nur dann eintreten, wenn die allgemeine Ständeversammlung für die einzelnen Eisenbahnanlagen sich damit einverstanden erklärt hat. *) Um aber zu zeigen, wie wenig man geneigt sei, eines bloßen Princips halber Opposition zu machen, ertheilte man in einem vertraulichen Schreiben zugleich dieses Einverständniß in Beziehung auf sieben Bahnlinien auf einmal, nämlich: 1) für eine Bahn von Wismar nach Lüneburg; 2) für die Hannover-Harburger Bahn; 3) für eine Bahn auf dem rechten Weser-ufer von Hannover nach Bremen; 4) für die Richtung von Hannover nach Göttingen; 5) von Magdeburg nach Hannover; 6) von Braunschweig bis Harzburg, so weit hannoversche Gebietstheile dadurch berührt wurden; 7) von Vienenburg nach Goslar. Für diese letztere Bahn hatte die Regierung in dem Budgetschreiben die Verwendung einer Summe von 130,000 Thlrn. von den Ueberschüssen beantragt, welche Summe auch theilweise bewilligt wurde. Obgleich die so bewilligten Summen die ersten gewesen sind, die überhaupt für den Bau einer Eisenbahn bewilligt wurden, ist die Bahn bekanntlich bis jetzt nicht gebaut.

*) Ständische Actenstücke VI. 3. S. 335—343.

Der Schlußstein des Verfassungsgesetzes, das Wahlgesetz, kam am 12. Juli auf die Tagesordnung der zweiten Cammer und ging ohne alle wesentlichen Aenderungen durch. Am 16. Juli, dem Geburtstage Rumanns, wurden große militairische Kräfte entwickelt, um — ein Ständchen zu verhindern, und hinterher gab es polizeiliche Inquisitionen gegen die unschuldigsten Versuche, Rumanns Geburtstag zu feiern, selbst gegen die Schulkinder. Am 17. Juli wurde das ständische Erwiderungsschreiben zu dem Gesetze über Bestrafung des Wilddiebstahls von den Cammern genehmigt, ein Gesetz, über das ganz Deutschland in Erstaunen gerieth. Der § 21 berechtigte nicht nur den Jagdberechtigten, jedem drohenden Angriffe mit der Schußwaffe durch sofortiges Schießen auf den Wilddieb zuvorzukommen, sondern der § 22 wollte allen Jagd- und Forstbedienten und allen Jagdberechtigten überhaupt die Befugniß zur Prävention möglicher Angriffe in der Art beilegen, daß sie bei den Zusammentreffen mit Wilddieben auf diese, sobald sie auf zweimalige Aufforderung ihr Gewehr nicht ablegen, selbst wenn sie sich auf die Flucht begeben, sollen schießen dürfen. Die zweite Cammer that sich etwas zu Gute darauf, in diese Bestimmung das Temperament gebracht zu haben, daß nur Königlich Angestellte diese Befugniß ohne Weiteres haben sollten, sonstige Jagdberechtigte und deren Officianten sich diese Befugniß aber von der oberen Regiminalbehörde in jedem einzelnen Falle erst beilegen lassen sollten. Dies Gesetz allein spricht das Urtheil über die Ständeversammlung. Am demselben Tage referirte Eichhorn über die Conferenzvorschläge zum Verfassungsentwurfe, die Anträge wurden bis auf zwei, zu § 81, welcher für die Wahlen der Ritterschaften das Requisit der adeligen Geburt erforderte, und zu § 106, wo erste Cammer auf dem Zustimmungsrechte bestand, ohne Discussion und Widerspruch in einer Sitzung von kaum 3 Stunden angenommen. Es wurden dieser zwei Puncte wegen verstärkte Conferenzen beschlossen, welche sich am 23. Juli einigten. Hinsichtlich des § 81 gab die erste Cammer nur scheinbar nach, indem sie zwar die Worte von adeliger Geburt im § aufgab, sich aber das Recht reservirte, in den Statuten derjenigen Ritterschaften, in welchen die passive Wahlfähigkeit zur Zeit nicht vom adeligen Stande abhängig sei, zweckmäßige Veränderungen (d. h. solche, durch welchen den Nichtadeligen die ihnen selbst im Patente von 1819 zugesicherte passive Wahlfähigkeit entzogen wurde) zu treffen.*) Zugleich emancipirten sich aber die Provinziallandschaften völlig von der Regierung und der allgemeinen Ständeversammlung. Von einer Reorganisation derselben war im § 70 nicht mehr die Rede. Hinsichtlich des § 106 hatte man unter höherer Autorisation (der König wollte absolut ein Ende in die Sache haben und er war es, der Wisch und Stralenheim zur Nachgiebigkeit drängte) einen Ausweg gefunden, die erste Cammer gab das Zustimmungsrecht zu den Gesetzen auf, dagegen ward den Ständen eine Art allgemeines Veto zugestanden. (Vergleiche § 115 der Anlage XXII.) Diese Vorschläge fanden auch den Beifall der Cammern. Am 28. Juli schon konnte die ständische Erwiderung hinsichtlich der Verfassungsurkunde übersendet werden. Es war darin am Schluß der Wunsch ausgesprochen: daß die Garantie des deutschen Bundes zu dieser Verfassungsur-

*) Actenstücke VI. 3. S. 460.

kunde erwirkt werden möge. Schon am folgenden Tage ging ein königliches Schreiben ein, welches über verschiedene Puncte eine fernere Erklärung der Stände verlangte, einige Erinnerungen gegen die Beschlüsse machte und Propositionen stellte. Diese Propositionen wurden an demselben Tage in erster Berathung angenommen und konnte schon am 31. Juli die beifällige Erwiderung der Stände abgehen. *) Am 1. August erfolgte das in der Anlage X. abgedruckte königliche Schreiben mit der Originalausfertigung der Verfassungsurkunde, wie auch einer Zustimmungsurkunde vom 1. August. Im ständischen Hause war große Freude und Herr Blumenhagen beantragte, eine von ihm entworfene Dankadresse zu erlassen, die mit der pompösen, von der Wahrheit so entfernten Phrase begann: „Als Ew. Majestät der getreuen allgemeinen Ständeversammlung auf deren ehrfurchtsvolles Ansuchen den Entwurf einer Verfassungsurkunde des Königreichs zur freien Berathung zu übergeben geruhet hatten, war es die heiligste Pflicht der Stände, mit ernster Besonnenheit und männlicher Ruhe das Werk zu prüfen, welches die Rechte ihres erhabenen Königs und ihres geliebten Vaterlandes für jetzt und künftige Zeiten sichern und feststellen soll," dann der heiligen Hand des Königs erwähnte, welche diese Verfassungsurkunde bestätigt habe und schließlich in den byzantinischen, aus den Novellen unter Kaiser Justinian und anderen Helden bekannten Styl übersprang. Das Verzeichniß der Mitglieder dieser Versammlung bietet die Anlage XXI. Daß das Land Hannover die Freude nicht theilte, welche die Versammlung empfand, die diese Adresse votirte, braucht wohl kaum erwähnt zu werden. Am 31. Juli baten Magistrat und Bürgervorsteher der Residenz den König um Nichtsanctionirung und Nichtpublication des Entwurfes. Am gleichen Tage hatten auch fünfhundert vier und funfzig Bürger Osnabrücks eine Adresse mit gleicher Bitte an den König abgehen lassen, deren Annahme indeß verweigert wurde. *) Auch von Hameln war ein Gleiches geschehen, was dem Magistrate ein verweisendes Rescript zuzog. Wie eine zweite Cammer, die am 25. Juni 1838 ihre Incompetenz erklärt hatte, welche am 15. Juni 1839 ihre Unfähigkeit zu gedeihlichen Verhandlungen ausgesprochen, in der die Stadt Hannover, Hildesheim, Osnabrück, Göttingen, Celle, Stade, Harburg, Hameln, Münden, Emden, Norden, Leer, Schüttorf, Fürstenau, Burtehude, daneben 10 ländliche Wahlcorporationen, nicht vertreten waren, den Muth haben konnte, sich mit diesem Werke stolz zu brüsten, das war mehr als traurig. Gegen die Annahme der Versammlung hatten in zweiter Cammer nur gestimmt: der Cantor Riechelmann aus Wilhelmsburg, der Amtsschreiber Strohmeier und Lieutenant Müller aus Warstabe. Beide gab eine Verwahrung wegen der der ostfriesischen Landschaft zustehenden verfassungsmäßigen Rechte zu Protocoll. Domsyndicus Werner stimmte durch ein schriftliches Votum für die Verfassung unter Vorbehalt des Dissenses gegen die Artikel, welche die Kirchenfreiheit beschränkten, dem sich Herr Hofrath Sermes anschloß.

Am Nachmittage des 2. August war ein großes Diner im Orangeriesaale zu Herrenhausen, wozu sämmtliche Mitglieder beider Cammern befohlen waren. Am 3. August erfolgte die Auflösung der durch Proclamation vom

---

*) Actenstücke VI. 3. S. 599.
*) Hannoversches Portfolio IV. S. 119.

7. Januar 1838 zusammenberufenen Stände unter huldreicher Anerkennung ihrer Bestrebungen und Leistungen.

Das Werk dieser Stände, das Landesverfassungsgesetz vom 6. August 1840, liegt, so weit es von dem Staatsgrundgesetze wesentlich abweicht, in der Anlage XXII. angebogen. Im Hannov. Portfolio VI. S. 91, findet sich eine, wahrscheinlich von Stüve verfaßte Denkschrift, welche sich ausführlich über den rechtlichen Gehalt des Landesverfassungsgesetzes ausspricht und zu dem Resultate gelangt: „daß dasselbe eine mehrfache Verletzung von Rechten der Krone und der Stände enthält. Jene, die Rechte der Krone, sind wesentlich verletzt durch die Erhebung des Exemtionswesens über die Gesetzgebung. Es ist aber auch 1) durch mangelnde Rechtsbestätigung das Recht der Stände sowie der Bürger überhaupt; ferner 2) durch Aufstellung des Territorialsystems das Recht der evangelischen Kirche gefährdet, nicht zu gedenken desjenigen, was von Seiten der katholischen Kirche direct protestirend eingebracht ist; 3) es ist den Unterthanen der Schutz des Richters selbst bei ihren klarsten Rechten beschränkt und dagegen 4) eine Exemtion von Staatslasten, von Gemeindelasten und vom Gerichtsstande zum Verfassungspunkte gemacht. 5) Wenn auch die Bestimmungen über die Organisation der Provinzialstände die vor dem Staatsgrundgesetze erworbenen Rechte nicht geradehin verletzen: so sind solche dennoch für die Rechte des Bürger- und Bauernstandes im größten Theile des Landes eben so gefährlich, als dem Staatsgrundgesetze zuwider. 6) In Ansehung der allgemeinen Stände aber sind (der Veränderungen der Vertretung selbst nicht zu gedenken) a. die Initiative entzogen; b. die alte Wahlfreiheit und c. die alte Berathungsfreiheit beschränkt; es ist d. den Ständen das Recht, einen malversirenden Staatsdiener vor Gericht zu stellen, genommen; es ist e. ihr Einfluß auf den Klosterfond und die Universität beschränkt. Vor Allem aber ist nach dem so eben Angeführten 7) das Finanzwesen auf eine solche Weise geordnet, daß die ständische Klasse, die anerkanntesten Rechte der Stände und die Ordnung der Verwaltung gleich sehr beeinträchtigt sind.

Fragt man nun aber: Ist diese Verfassung in sich haltbar? verspricht sie Dauer? wird sie zum Wohle des Landes wirken? so dürfte zunächst Folgendes die Antwort geben: 1) Die Verfassung beweiset eine verhältnißmäßig große Liberalität in Aufstellung von Rechtsprincipien; aber sie gewährt diesen Principien auf keine Weise die Folge, hält vielmehr überall der Regierung die größte Leichtigkeit offen, diese Prinzipien hintanzusetzen. 2) die Verfassung stabilirt Exemtionen und befördert dazu eine Absonderung des Adels, welche die Regierung im höchsten Grade belästigen werden. Mit der Verfassung kann die Regierung diese Exemtionen nicht beseitigen. In der Gesetzgebung dringen dieselben vor, wie das Wahlgesetz, von welchem die Ritterschaften durch erste Cammer exinirt sind, beweiset, und auch hier ist durch die Provinzialverfassung und das Zustimmungsrecht die Regierung an dieses Exemtions- und Adelsinteresse gebunden. Mit der Verfassung zu bestehen wird ihr sehr schwer sein; die Verletzung der Verfassung ist dagegen leicht. Dies verspricht keine Dauer. 3) In dem Systeme der eigentlichen Ständeverfassung ist keine Klarheit; auch hier herrscht das Verfahren, Principien zuzugestehen und die Folgerungen abzuschneiden, namentlich sind 4) die Finanzen so geordnet, daß widersprechende Ansichten vom

Rechte unvermeidlich sind. Aus allem diesem folgen Ansprüche des Volks und seiner Vertreter von großer Ausdehnung. Erledigung dieser Ansprüche auf geradem, einfachem Wege ist erschwert: Dagegen ist dem Verwickeln der Regierung in finanzielle Schwierigkeiten zu Erreichung nachgiebiger Gesinnungen (seiner an sich verderblichen aber bei solcher Lage der Dinge nur zu natürlichen Richtung) sehr weites Feld gelassen. Die wirksamsten Mittel zu solchen Operationen aber stehen nur selten, höchstens alle sechs Jahre zu Gebote und auch das dient gerade dazu, alles Widerwärtige zu sammeln, um Aufregung und Leidenschaft auf die Spitze zu treiben. — Wie wahr diese Vorhersagung Stüve's war, hat sich in der Zeit von 1842 bis 1847 bewährt.

Elftes Capitel.

Vom 6. August 1640 bis zur Auflösung der Stände am 30. Juli 1841.

Was die Führer der Opposition meinten; Osnabrücker Eingabe an den Bund; Dr. Hessenberg; Kriegsaussichten; die Quadrupelallianz; Preußische Amneste; Operation des Kronprinzen; Protestation der ostfriesischen Landschaft; Göttinger Magistrat; Ministerium Scult-Gutzot und friedliche Aussichten; Stüve's Vertheidigung des Magistrats; Gesetz, Errichtung eines Schatzcollegiums betreffend; Gratulationsadresse des Tribunals zum neuen Jahre; Schatzrathswahlen; die Bartordre; Braunschweig kündigt den Steuerverein um sich an den Zollverein zu schließen; zur geheimen Geschichte dieser Kündigung; Zusammenberufung der Stände; Absichten bei der Wahl; Antwort an die Osnabrücksche Landschaft; warum es nicht nöthig ist, eine ausführlichere Geschichte dieses siebenten Landtages zu schreiben; Bureauwahlen; Adresse; Commission zur Aufstellung von Landesbeschwerden; die Finanzcommission und die erste Cammer; Königl. Propositionen wegen Forterhebung der Steuern; die zweite Cammer verweist dieselbe an die factisch nicht mehr bestehende Finanzcommission; Auflösung der Stände; Beurtheilung des Verhaltens der Opposition. Tod der Königin.

Mit der Publication des Landesverfassungsgesetzes war es um das Staatsgrundgesetz gethan. Das fühlte man im Volke allgemein. Die Führer der Opposition schienen das nicht zu fühlen, durfte man ihren Versicherungen glauben, so war die Autorität einer Versammlung, wie die so eben aufgelößte, nicht im Stande, den von derselben beschlossenen Abänderungen der Rechte des Landes Ueberzeugung und Zustimmung zu gewinnen. Das war richtig, allein der daraus gezogene Schluß: eine factische Anerkennung der durch Verfassung an den Rechten gemachten Abänderungen von Seiten des Volkes könne nicht eintreten, war falsch, weil durch dies wenn auch nur scheinbare Vergleichswerk, den Forderungen der Bundesmajorität ein Genüge geschehen war und die, durch Polizei- und Ausnahmsgesetze, durch Hinwegsetzung über alles was Gewohnheit und Gebrauch geworden, durch verschärfte Censur gesteigerte Regierungsmacht, jetzt die Mittel in der Hand hatte, die Auctorität, die den Ständen fehlte, zu ersetzen, wo nöthig, durch die Polizei. Die Opposition konnte es wohl noch einmal zu einem Proteste bringen, sie konnte mit einem Eclat aus der Welt scheiden, aber wirklich auf Wiederherstellung des Staatsgrundgesetzes hoffen, auf Hülfe vom Bunde hoffen, das konnte sie nicht. Freilich saß jetzt Friedrich Wilhelm IV. auf dem Preußischen Throne und in der Vorrede zum 4. Bande des Portfolio klopfte die Opposition an die Thür seines Cabinets. „Die Frage, ob die Sachlage sich verändert? wird einzig davon abhängen, ob Preußen sich ferner mit der Leitung des Zollvereines begnügen, oder auch im Bunde die ihm gebührende Stellung wieder einnehmen wolle." -- Ja wenn Preußen damals gethan hätte, was es seiner selbst willen zu thun verpflichtet war, wenn es den Antrag gestellt hätte, dieses Friedens= und Vereinswerk von Bundeswegen zu untersuchen, zu prüfen, ob denn das eine den Rechten der Krone und der Stände entsprechende Vereinbarung sei, wie anders hätte es in Deutschland kommen können.

Aber Stüve selbst scheint das schlechteste Vertrauen zu Frankfurt gehabt zu haben, wagte er doch keine Proceßverhandlungen beim Bunde mehr, sondern beschränkte sich einfach auf eine feierliche Kundgebung, in jener submissesten ferneren Ueberreichung und Erklärung von Seiten des Magistrats und der Aelterleute in Osnabrück, welche Hannoversches Portfolio IV. S. 35—126 abgedruckt ist und die mit der Bitte schloß: „die Bundesversammlung wolle gnädigst geruhen, diese Anzeige über die vorhandenen thatsächlichen Verhältnisse zu ihren Acten zu nehmen, und derselben demnächst bei Beurtheilung der Sache geeignete Rücksicht zu widmen." — Wenn man wußte, wie die Majorität des Bundestags auf Antrag der hannoverschen Regierung den Dr. Hessenberg in Frankfurt zwar nicht von der bundestägigen Praxis überhaupt entfernt, ihm aber die Praxis in der hannoverschen Verfassungssache nicht mehr gestattet hatte, und Stüve wußte dies, so konnte man in der bei Gelegenheit dieser Frage am 30. Juni 1840 von Baiern ausgesprochenen Ansicht, daß durch den Bundestagsbeschluß vom 5. September 1839 die Rechtsfrage auf keine Weise habe entschieden werden sollen *), schwerlich irgend welchen Trost, noch weniger die Hoffnung finden, daß jetzt, nach einer scheinbaren Vereinigung mit dem Lande, der Bundestag je von Amtswegen die hannoversche Frage wieder in Berathung nehmen werde.

Was aber der hannoverschen Frage ferner den Todesstoß gab, das war die allgemeine Aufmerksamkeit, welche die orientalische Frage und die Entwickelung der Dinge in Preußen in Anspruch nahmen. Mehemed Ali von Egypten wollte schon damals, nach der Schlacht von Nissib, in der die türkische Flotte vernichtet war, dem kranken Manne den Todesstoß geben, mit Bewilligung Thiers. Allein am 15. Juli hatten England, Rußland, Oesterreich und Preußen eine Allianze geschlossen, um den kranken Mann um jeden Preis am Leben zu erhalten, und den ehrgeizigen Pascha von Egypten in seine Schranken zurückzuführen. Frankreich fand sich durch diese, hinter seinen Rücken geschlossene Quadrupelallianze an seiner Nationalehre gekränkt und alle Journale schrieen nach Krieg. In Preußen hatte der neue König zwar noch keine liberale Rede gehalten, aber er hatte die erste liberale Handlung gethan und am 10. August eine allgemeine Amnestie für alle politischen Verbrechen verkündet. Je geringer Hannovers Hoffnungen wurden, je mehr schlossen sich damals auch der Hannoveraner Hoffnungen an die Preußens, und lenkten den Blick von der eigenen Residenz und dem dortigen Treiben auf Berlin.

Wir aber müssen unsere Blicke wieder auf unser Land selbst richten. Wir haben im Anfang dieses Capitels mehrfach von Opposition, von

*) Hannoversches Portfolio IV. S. 427.

Führern der Opposition gesprochen und erwarten die Frage, wer denn nun eigentlich diese Opposition war, wer die Führer, wer die Organe der Opposition waren? Die Opposition war im ganzen Lande, in allen Ständen, vorzüglich im gebildeten Mittelstande, in den Beamtenstande selbst. Führer der Opposition war eigentlich nur Stüve, denn im Ganzen und Großen geschah nur, was er vorschlug und genehmigte, oder man handelte wenigstens überall gern in dem ruhigen gesetzlichen Sinne, den er zu bewahren strebte. Außer den in den Ständen selbst thätigen und hervorragenden Persönlichkeiten, die wir kennen gelernt haben, waren nun noch eine ganze Menge anderer Personen, von denen viele Stüve nie gesehen, nie ein Wort mit ihm gesprochen, nie einen Brief von ihm empfangen, thätig.

War Stüve der Staatsmann der Opposition, derjenige, welcher die Denkschriften für den Bund schrieb, der die Finanzexposens entwarf und nachwies, welche Vortheile die königl. Casse bei dem neuen Finanzcapitel machte, der unermüdlich Cabinet und die Stände mit Vorstellungen und Protestationen anging, Rechtsgutachten von allen in Deutschland in Ansehn stehenden Juristenfacultäten einholen ließ — so war der Moorcommissair Wehner in Göttingen der Diplomat und so lange er nicht confinirt war, der Geschäftsreisende der Opposition. Er hatte Verbindungen mit den Bundestagsgesandten, welche der hannoverschen Sache günstig waren, angeknüpft, und ließ es sich große Summen Geldes kosten, daß die Opposition in Frankfurt gehörig vertreten war. Eine ganz ungemeine Thätigkeit entwickelte Advocat Detmold in Hannover, der sich ausschließlich nur mit der Verfassungsfrage beschäftigte. Er schrieb nicht nur für verschiedene Zeitungen, namentlich die Augsb. Allgem. Ztg., den Deutschen Courier, die Hamburger Blätter, die Bremer Zeitung, sondern unterhielt eine lebhafte Correspondenz mit Oppositionsmännern in allen Theilen des Landes — die Parole ausgebend, Rath ertheilend, Winke über bevorstehende Ereignisse gebend, Intriguen der Gegenpartei entdeckend und Intriguen anspinnend und anordnend. Daneben gab er mit Stüve's Beistande die vier Bände hannov. Portfolio heraus. Außerdem waren als Journalisten für die Opposition thätig, H. Harry's in Hannover, hauptsächlich in der Leipziger d. Zeitung, wie er auch die Biographien der Oppositionsmänner und sonstiger einflußreicher Persönlichkeiten im Conversations-Lexikon der Gegenwart schrieb. Von Göttingen aus war der Verfasser fleißiger Correspondent für die Augsb. Allgem. Zeitung, den Deutschen Courier, die Oberdeutsche Zeitung in Stuttgart, später der neuen Rheinischen Zeitung. Auch Karl Gödeke schrieb für die Augsb. Allgem. Zeitung. Wer für die Elberfelder Zeitung die Correspondenzen besorgte, weiß ich nicht. In jeder Provinz war ein Stamm Oppositionsmänner von denen, wo nöthig, die Parolen weiter gegeben wurden. In der Residenz stand längere Zeit Rumann an der Spitze, mit ihm Magistrat und Bürgervorsteher und die angesehensten Mitglieder der Kaufmannschaft. Im Bremischen waren es: Freudentheil, Holtermann, Wyneken, Hauptmann Böse, die Deputirten Abiles und Krönele, die Schmolds und viele reiche Gutsbesitzer der Marschen; im Lüneburgschen: Theodor Meyer und Christiani in Lüneburg, Bürgermeister Weinling in Soltau, Oeconom Schmidt in Fallingbostel, Kaufmann Schulz in Celle und viele angesehene Juristen daselbst, welche das Banner der Opposition hoch hielten. In Ost-

friesland hatte lange Bürgermeister und Assessor Wedekind aus Esens ziem=
lich isolirt gestanden und sich bei Anwesenheit des Königs in Aurich, von
dem er höchst ungnädig empfangen und angehört wurde, vor einer besosse=
nen Rotte unter Anführung eines Senators van Nuis, welche den Königs=
feind zu Leibe wollten, flüchten müssen, später fanden sich in allen Städten
Führer der Opposition, so Hillingh, Sar, Dr. med. Pauls u. a. In Göttingen
waren es wesentlich die Justizräthe Hugo, Conradi, Rehberg, nebst einem An=
hange von ängstlichen Professoren, die den Muth hatten, offen oppositionell zu
sein. In Münden: Bürgermeister v. Bobungen, Dr. jur. Reßmann,
Rector Heius. In der Grafschaft Hohenstein der Dr. jur. Stölting — auf
den Harz selbst kam Opposition nicht auf, wohl am Unterharze in Goslar,
Osterode. Die entschiedenste Opposition hatte aber ihren Sitz in Osnabrück,
wo Magistrat, Bürgervorsteher und Bürgerschaft in seltener Uebereinstimmung
handelten, wie denn auch in der ganzen Provinz Osnabrück sich derselbe
Geist vorbereitet hatte. Nicht so war es in Meppen und Lingen, wo man
immer zunächst nur das katholische Interesse im Auge zu haben schien,
während im Bentheimschen sich eine entschiedene Opposition kund gab und
vertreten wurde durch den Bürgermeister Stordmann, Dr. jur. Nordbed u. a.
   Man sprach nach der in Berlin publicirten Amnestie zwar auch in
Hannover von einer Niederschlagung der Untersuchung gegen den Magistrat,
allein man sprach eben nur davon. Am 3. September wurde von dem
Augenarzt Dr. Jäger aus Wien, bei Sr. königl. Hoheit dem Kronprinzen
eine Augenoperation vorgenommen. Die Bülletins lauteten zweideutig und
bald darauf sprach man von der Nothwendigkeit einer zweiten Operation.
   Die Confination des Hauptmann Böse gab man um diese Zeit auf.
Wehner erhielt Erlaubniß zu einer Badereise, Detmold wurde jedoch der
Paß zu einer Reise nach Paris, auf allerhöchsten Befehl, verweigert. Man
brachte die für die persönlichen Verhältnisse mehrerer Beamten sehr drücken=
den Versetzungen, so z. B. des A.=A. Müller von Osterode, des A.=A.
Ribbentropp von Göttingen, des A.=A. Schrader von Otterndorf, mit den
politischen Gesinnungen dieser Männer oder ihrem Umgang mit Oppositions=
leuten in Verbindung, und von Oben sah man mindestens solchen Glauben
gern, der die Furcht verstärkte. Unerwartet, sowohl dem Cabinette als dem
Publicum, kam die Nachricht von einer Protestation der Ostfriesischen Pro=
vinziallandschaft gegen das Landesverfassungsgesetz vom 6 August, weil die
Landschaft zu demselben vorher ihre Zustimmung nicht gegeben hatte. In den
höchsten Kreisen Hannovers war man dagegen nicht wenig erfreut, als die
Cabinetsordre Berlin vom 4. October die irrige Ansicht widerlegte, als ob
der König von Preußen durch den Landtagsabschied in Königsberg seine
Zustimmung zu den, bei dem Huldigungslandtage daselbst gestellten Antrag
auf Reichsverfassung ausgesprochen hätte. Die Bureaukratie, welche in
Frankfurt mit Oesterreich gegen die Hannoverschen Beschwerdeführer gestimmt
hatte, der Minister von Rochow, hatte gesiegt und Herr von Schön war mit
seinen Ansichten nicht durchgedrungen. Der Magistrat zu Göttingen, der trotz
der entgegenstehenden Ansicht seines Chefs bis auf die letzte Zeit in der
Opposition beharrt war, that sich Anfangs October mit einer Dankadresse
hervor, die dem Magistratsdirector Ebell den ersehnten Guelphenorden ein=
brachte, indeß im Lande nirgends die gewünschte Nachahmung fand. Die

Aussichten wurden indeß von Tage zu Tage kriegerischer. Hannover verbot am 12. October die Aus = und Durchfuhr aller Pferde nach dem Auslande, während tausende von angekauften Pferden zur Ausführung nach Frankreich bereit standen. — Dies Verbot mußte jedoch Ende October schon wesentlich modificirt werden. Damals war das Thiersche Ministerium schon in Conflict mit Louis Philipp über eine Clausel in der Thronrede in Beziehung auf die orientalische Frage gerathen, bei Seite geschoben, und Soult = Guizot mit der Bildung eines neuen Ministeriums beauftragt, das am 29. October verkündet wurde, und das auf die friedliche Beseitigung der Orientalischen Frage hoffen ließ, die denn auch nach längern diplomatischen Verhandlungen zu Stande kam.

Die deutschen Fürsten brauchten eine höher gehobene Stimmung des Volkes nicht mehr, das Beckersche Rheinlied gerieth bald in Vergessenheit, die Censur zeigte sich aller Orten wieder strenger, von einem Aufschwung war nicht mehr die Rede. Anfangs November überreichte Stüve seine Vertheidigung des Magistrats, bei Frommann in Jena gedruckt, zu den Acten der Justizcanzlei zu Hannover, gewiß ihrer Art ein Meisterstück. Er wollte den Gegnern des bestehenden Rechts nach dem Vorworte auch hier auf jedem Punkte entgegen treten, um auf die Freunde dieses Rechts auch nicht den entferntesten Schein fallen zu lassen, als ob sie aus Ueberdruß über die bisherige theilweise Erfolglosigkeit ihrer durchaus legalen Abwehr lau und matt geworden wären, und nicht wenigstens ihrerseits in bisheriger Weise alles zu versuchen fortfahren würden, was verhindern könne, daß die endliche Lösung dieser verhängnißvollen Frage der — Zeit, d. h. unvorhergesehenen Ereignissen überlassen werde.

In der That muß man die Ausdauer, mit welcher die staatsgrundgesetzliche Partei, der es nicht an Märtyrern fehlte, ihre Opposition fortsetzte, die Zähigkeit, mit der sie ihre Pläne versucht, und sich als Motto nahm: gesetzlich und besonnen, aber fest und unbeugsam, in aller Maaße anerkennen. Wie leicht ist der Sieg der Reaction von 1855 gemacht; hätten die Demokraten von 1837 nur die Hälfte der Ausdauer gehabt, als die Staatsgrundgesetzliche Partei damals, und hätte der zu einer politischen Bedeutung erhobene Stand der großen Grundbesitzer den Werth derselben nur halb begriffen und dieselbe einiger Opfer würdig gehalten, es stände wahrlich anders in unserm Lande.

Die Regierung fing Mitte December endlich an, die Reconstituirung des Schatzcollegiums in die Hand zu nehmen und fand am 14. December in Hannover eine Verloosung wegen der Schatzrathsstellen, resp. ihre Vertheilung unter den 7 Provinziallandschaften, statt, welche das Resultat hatte, daß Osnabrück, Bremen, je einen bürgerlichen, Hoya und Calenberg je einen adeligen ordentlichen Schatzrath wählen sollten, auf die andern Provinziallandschaften fielen die außerordentlichen Schatzräthe. Daß die Times vom 17. und 22. December von der Vertheidigungsschrift Stüve's Notiz nahm und die Wahlpractiken, die dadurch enthüllt wurden, auf das Entschiedenste mißbilligte, erregte in den höchsten Kreisen kein geringes Aergerniß und wurde von der Opposition als ein Ereigniß betrachtet, ging aber doch ohne weitere Einwirkung vorüber und wurde vergessen. Am 24. December wurde das Gesetz, die Errichtung eines Schatzcollegiums betreffend, publicirt. Schon am ersten Weihnachtstage nahmen die Bewerbungen um diese Stellen mit 2000 Thlr. Gehalt ihren Anfang.

So trat man ins Jahr 1841. Dieses zeichnete sich aus durch die Gratulationsadresse des Oberappellationsgerichts, worin dasselbe alle Schritte des Königs hinsichtlich der Verfassung gut hieß und dafür den unterthänigsten Dank abstattete. Wer diese Adresse in Celle veranlaßt und befördert hat, ist Verfasser unbekannt geblieben, obgleich es gegenwärtig kein Geheimniß mehr sein wird. Es findet sich vielleicht in den Nachträgen oder im zweiten Bande Gelegenheit, dem Verdienste gerechte Würdigung durch Nennung der Namen zu Theil werden zu lassen. Bei der Anordnung der Secionen des Staatsraths fiel es auf, daß der Canzleidirector v. Hinüber, Justizrath Papen, J. R. August Meyer aus der Section für Justiz weggelassen waren.

Es waren bis zum Frühjahre nur die Schatzrathswahlen, welche allgemeines Interesse in Anspruch nahmen. Dieselben fielen nicht im Sinne des Cabinets aus. Die Calenbergsche Landschaft wählte den Grafen Bennigsen, eine persona ingatra, die Hoyasche Landschaft den Auditor von Bothmer, die Osnabrücksche den Advocaten Buddenberg, einen entschiedenen Anhänger des Staatsgrundgesetzes. Die letzte Wahl war unter dem Vorbehalte geschehen, daß Stände, ohne auf ihr Wahlrecht zu verzichten, das Landesverfassungsgesetz als ein rechtsbegründetes nicht anerkennen könnten. Die beiden Curien der Städte und der Grundbesitzer hatten bei dieser Gelegenheit dem Könige in einer besondern Adresse eine Reihe von Beschwerden vorgetragen und mit der Bitte geschlossen: „Daß Ew. königliche Majestät allergnädigst geruhen wolle, nicht nur dem Landesverfassungsgesetze vom 1. August 1840 durch nochmalige Berathung mit den verfassungsmäßigen, nach Maßgabe des Staatsgrundgesetzes von 1833 zu berufenden Ständen diejenige Rechtsform zu verleihen, ohne welche dasselbe niemals für das Land heilsam wirken kann; sondern auch insbesondere den Ständen des Fürstenthums Osnabrück, deren uralte, so wie auch die dem Staatsgrundgesetze nach erworbenen Rechte huldreichst zu bestätigen, und keinerlei Verletzung zu gestatten, namentlich die verfassungsmäßigen jährlichen Landtagsversammlungen allergnädigst berufen, bei der Gesetzgebung und sonst auf die Beschlüsse der Mehrheit das gebührende Gewicht legen und insonderheit nicht die von der Mehrheit verworfenen Vota der Minorität zum Gesetze erheben, den mit einem verfassungswidrigen Eide belegten Landrath der hohen adelichen Ritterschaft aber dieses Eides entlassen zu wollen, nicht minder den Corporationen ihre Freiheiten und Rechte in Ansehung ihrer Jurisdirection und freier Wahl ihrer Magistrate und Vorsteher ungeschmälert zu erhalten und allen Unterthanen den durch die Landesverträge gesicherten Schutz gegen allerlei unbegründete polizeiliche Einschreitungen zu gewähren, auch nicht zu dulden, daß dieselben bei Ausübung ihrer ständischen und anderweiten Wahlrechte oder ihres verfassungsmäßigen Petitionsrechts durch Einmischungen der Behörden auf irgend eine Weise gestört werden."

Die ausgestellten 15 Beschwerden waren besonders formulirt. Die erste Curie hatte den Rath Bezin zum Schatzrath gewählt. *) Wehner hatte

bei dem Bundestage eine Beschwerde wegen Verstrickung und Justizverweige-
rung mit merkwürdigen Gutachten der Faculäten zu Bonn, Kiel, Berlin
und Heidelberg übergeben, als ob der Bundestag auf solche Gutachten von
Juristen noch Gewicht lege, nachdem er auf das Urtheil der ganzen Nation
ein solches nicht mehr legt. Anfangs April machte die Rede des Prinzen
Solms bei Eröffnung der Conflictenbehörde, die man Klenze zuschrieb, viel
von sich reden. Außerdem beschäftigte sich Publicus viel mit zwei General-
ordres an die Armee, die eine Bärte und Kopfhaar, die andere das gerade
Setzen der Tschacos und der Mützen betreffend. In militairischen Kreisen
wurde diesen Dingen eine Wichtigkeit zugemessen, über welche man ein Ereigniß von der allergrößten Tragweite beinah in den Hintergrund stellte.
Das war, daß Braunschweig, nachdem die Prolongation des Steuervereins
beinah zum Abschluß gekommen war, nachträgliche Forderungen gemacht und
nachdem diese von Hannover abgelehnt worden, den Vertrag aufgerufen und
sich nach Berlin gewandt hatte, zum Anschluß an den Preußischen Zollverein.
Durch einen Anschluß Braunschweigs an diesen Verein wurde aber die südliche Hälfte des Königreichs, Grubenhagen, der Harz und Göttingen gänzlich
von der nördlichen getrennt und zu einer vom Zollverein umschlossenen
Insel. Wie man in sogenannten unterrichteten Kreisen wissen wollte, hatte
dieser braunschweigsche Handel seine geheime Geschichte, bestehend in einer
persönlichen Verletzung des Herzogs von Braunschweig, dem angesonnen sein
sollte, sein Militair dem Hannoverschen so zu sagen einzuverleiben. In
Hannover schob man auf Herrn v. Amsberg alle Schuld und verdammte
denselben beinah einstimmig, und doch saß dieser wahre Staatsmann, als
welcher er sich schon bei den Eisenbahnfragen und Verhandlungen bewährt
hatte, weiter, als alle hannoverschen Büreaulraten.

Das Gerücht, daß Herr v. Lütken bei dem Könige in Ungnade gefallen
sei, weil er die Vertheidigung der beschlossenen Vermehrung des Militairetats um p. p. 300,000 Thlr. in den Ständen zu übernehmen sich geweigert habe, gewann um diese Zeit an Glauben, da man nach einen
Offizier suchte, der diesen Punct in den Cammern vertheidigen könne.
Außerdem wurde den besten Ministerialreferenten, Wedemeyer, Bening,
Hoppenstedt, Lehzen, Albrecht und Ubbelohde, die Mission auferlegt, diese
Ausgabenvermehrung zu vertheidigen, was von Seiten dieser nur unter sehr
gravirlichen Bedingungen angenommen sein sollte.

Es verdient vielleicht die Bedeutung in Erinnerung gebracht zu sehen,
welche damals die Sängerin Gentilomo durch die Gunst am Hofe in Hannover erhalten hatte.

Durch Proclamation vom 14. April wurden die Stände auf den 2.
Juni zusammenberufen, eine Bekanntmachung vom 25. April schloß alle
Justiz- und Regierungsräthe von der Wahl aus, nicht ohne Rücksicht auf die
Wahl der bremischen Ritterschaft vom 2. April (Oberst von Marschalt,
Major von der Decken, Regierungsrath von Marschall, Justizrath von
Düring, Justizrath von Marschall). Im Volke hatte man über das, was
nun werden sollte, nicht die entferntesten Begriffe. Wählen mußte man,
denn Wahlverweigerung war jetzt sogar strafbar. Es herrschte dagegen nur
ein Gedanke vor: man müsse dem Könige durch Wahlen entschiedener Anhänger des Staatsgrundgesetzes die wahre Stimmung des Landes zeigen und

es der Weisheit dieser Deputirten überlassen, ob sie noch eine Rettung des Staatsgrundgesetzes zu bewerkstelligen hofften, woran aber Niemand mehr glaubte.

Der König reij'te zum Geburtstage des Herzogs von Braunschweig nach dieser Stadt, allein es schien nicht, daß die Differenzen wegen der Trennung Braunschweigs von Hannover dadurch eine glückliche Lösung erhalten hätten, obgleich v. Amsberg das Commandeurkreuz des Guelphenordens erster Classe gleichzeitig verliehen wurde. Als Antwort auf die Wahl der Osnabrückschen Landschaft und die Landesbeschwerden der beiden nachstehenden Curien wurde zunächst ein Landdrosteirescript vom 4. Mai erlassen, das aus verschiedenen Gründen eine Neuwahl forderte, zugleich aber erklärte, daß Se. Majestät den Advocat Buddenberg zu der Stelle eines Schatzraths nicht geeigenschaftet finde, und daß Se. Majestät „dieses Product", die oben erwähnte Vorstellung, als eine verfassungsmäßige Aeußerung einer ständischen Corporation nicht betrachten könnten.

Ein königl. Rescript von demselben Tage sprach sich noch entschiedener aus — wir geben nur einige Proben: „Wir lassen jedoch unser tiefstes landesväterliches Bedauern und unser gerechtes Mißfallen darüber unverhalten, daß die Mehrheit der Mitglieder jener beiden Curien sich zu einem Vortrage hat bekennen mögen, welcher den Pflichten dieser Mitglieder und jeder vernünftigen Erwägung so völlig zuwiderläuft. Wir finden es tief unter unserer Würde, das Landesverfassungsgesetz und das vor Errichtung desselben beobachtete Verfahren gegen Insinuationen zu vertheidigen, die auf gänzlicher Verkennung wesentlicher Thatsachen beruhend, ihre Entstehung nur den Einflüsterungen solcher Individuen verdanken können, welche, nachdem sie sich vergeblich und zum schweren Nachtheile der von ihnen Verleiteten bestrebt hatten, ihre befangene Ansicht Uns und der deutschen Bundesversammlung zur Richtschnur aufzudringen, selbst jetzt noch es nicht unversucht lassen, unter dem Schirme einer corporativen Mehrheit, Abneigung und Mistrauen gegen das bestehende Landesgesetz zu erregen." *)

Die Wahlen zu der Ständeversammlung schienen sehr bald nicht den Verlauf zu nehmen, den das Cabinet vorausgesetzt hatte, obgleich dasselbe, wie sich leicht denken läßt, keins der ihm zu Gebote stehenden Mittel scheute, auf dieselben einzuwirken. Es wurden beinahe sämmtliche Männer, welche für die staatsgrundgesetzliche Partei gestrebt hatten, wenn sie nur die Vermögensqualificationen hatten, gewählt. Nur folgende Corporationen hatten im Sinne des Cabinets gewählt: Göttingen den Magistratsdirector Ebell, Einbeck den Dr. Bussenius, Duderstadt den Amtmann Hauß, die kleinen Göttingschen Städte den Amtmann Blumenhagen, Nienburg den Obercommerziencommissarius Quaet-Faslem, Bodenem den Hofrath Klenze, Osterode den Polizeicommissarius Peinemann, die kleinen Lüneburgschen Städte den Hofrath Dürr, Clausthal und Zellerfeld den Generaldirector Dommes, die Hoyalschen Flecken den Dr. jur. Messerschmidt, die Göttinger Grundbesitzer den Obercommissarius Lueder, die Freien in der Hoyaischen Ritterschaft die Amtmänner Niemeyer und Friedrichs. Es waren also lediglich die südlichen Theile des Königreichs mit dem kleinen theilbaren Grundbesitze, Göttingen

---

*) Hannov. Portfolio IV. S. 203.

und Grubenhagen, wie der Harz, die schon jetzt alle Opposition aufgaben. Es waren dafür eine große Anzahl Männer, namentlich die einflußreiche Lüder'sche Familie, thätig gewesen. Vom Könige wegen des Klosterfonds waren ernannt: Geheime Canzleirath Wedemeyer, Canzleirath Albrecht, Canzleirath Bening. Die Universität hatte Canzleirath Hoppenstedt gewählt, Oberjustizrath Jakobi war von dem Consistorio in Stade erwählt.

Man braucht nur folgende Zahlenverhältnisse mit denen von 1838 zu vergleichen, um den Unterschied zu merken. Es bestand die zweite Cammer aus zwei Schatzräthen, Dr. Lang und dem außerordentlichen, unter Vorbehalten von der Ostfriesischen Landschaft gewählten, Assessor Krimping, aus 3 Geistlichen, etwa 20 bis 21 königl. Dienern, etwa 15 Gemeindebeamten, Bürgermeistern und Senatoren der größeren Städte, 9 Advocaten, darunter jedoch drei, die unbedingt mit dem Cabinette stimmten, wie Dr. Messerschmidt, Dr. Beitzen, Dr. Bussenius, einem Arzte, zwei Kaufleuten, und aus etwa 28 bis 30 Grundbesitzern. Die Zahlen lassen sich um deswillen nicht genau angeben, weil Anfangs eine größere Anzahl von Vollmachten zurückgehalten wurden und nach und nach verschiedene Deputirte auf geschehene Reclamationen eintraten, wogegen die Reclamationen anderer, Stüve's, Weinhagen's, Mahlmanns, nicht erhört wurden. Das Verzeichniß der Mitglieder findet sich in Anlage (XXIII.). Es wird nicht nöthig sein, die Geschichte dieser siebenten Ständeversammlung ausführlicher zu behandeln, weil einmal die Protocolle zweiter Cammer in Portfolio IV. S. 119 — 394 abgedruckt sind, sodann aber die Majorität der zweiten Cammer in der an die Bundesverversammlung gerichteten Ehrerbietigsten Darlegung (daselbst S. 412) · ihre Geschichte in den Grundzügen selbst geschrieben hat, endlich diese Geschichte von anderer Seite in Fracturschrift in der königlichen Proclamation vom 14. Juli geschildert ist, welche wir in der Anlage (XXIV.) abdrucken.

Es waren am 2. Juni bei Eröffnung der Stände 67 Mitglieder in zweiter Cammer anwesend, es fehlten 21, meist von der Opposition, und wurde von diesen der Senator Dr. Theodor Meyer mit 43, Christiani mit 37, Advocat Buddenberg mit 38 Stimmen zum Präsidenten präsentirt, zum Vicepräsidenten an erster Stelle der Canzleiprocurator Holtermann. Meyer wurde als Präsident, Holtermann als Vicepräsident bestätigt. Zum Generalsyndicus wurde Dr. Christiani, zum Vicegeneralsyndicus Advocat Buddenberg gewählt. Wenn man bedenkt, daß Dr. Meyer vor 2 Jahren, bei seiner Durchreise mit einem kranken Kinde, wie ein Delinquent von der Polizei der Stadt verwiesen war, daß Dr. Christiani in der Erklärung der Regierung bei dem Bundestage als gefährlicher Demagog figurirte, und Buddenberg vor ganz kurzer Zeit vom Könige selbst für unqualificirt zum Schatzrathe erklärt war, so war das eine Kriegserklärung, und sollte es auch sein.

Die zweite Cammer faßte schon in ihren ersten Sitzungen verschiedene energische Beschlüsse, 1) wegen Stüve's Zulassung, 2) wegen der gegen denselben in Beziehung auf ständische Verhandlungen anhängig gemachten Criminaluntersuchung, 3) wegen Detmold's Confination, 4) in Beziehung auf die Adresse, daß die Rathgeber der Krone das Vertrauen des Landes nicht hätten, 5) wegen Niedersetzung einer Commission zur Aufstellung von Landesbeschwerden. Am 14. Juni wurde der von einer einseitigen Commission

zweiter Cammer vorgelegte Abreßentwurf mit 43 gegen 33 Stimmen angenommen, welcher ausſprach: daß nur wenige Unterthanen von der Rechtsbeſtändigkeit der ſeit 1837 unternommenen Schritte überzeugt ſeien, und
daß weder den Erwartungen des Bundes über das Zuſtandekommen einer
Vereinbarung genügt ſei, noch daß den gegenwärtigen Ständen das Recht
beiwohne, auf gültige Weiſe zur Geſetzgebung mitzuwirken und über die
Mittel des Landes zu verfügen; das Landesverfaſſungsgeſetz könne nur
durch die Zuſtimmung der ſtaatsgrundgeſetzlichen Stände Rechtsbeſtändigkeit
erhalten; welche dann ferner verſchiedene Beſchwerden aufſtellte und ſchließ-
lich dem Antrage Böſe's gemäß erklärte, daß die Rathgeber der Krone das
Vertrauen des Landes nicht beſäßen.

Die erſte Cammer lehnte den Abreßentwurf der zweiten Cammer einſtimmig ab, wie ſie überhaupt alle und jede Beſchlüſſe der zweiten Cammer
in Beziehung auf die Zulaſſung Stüve's u. ſ. w. ablehnte. Wenn wir hier,
wie früher und auch ſpäter über die Verhandlungen der erſten Cammer nichts
Ausführlicheres bringen, ſo trägt daran die Dunkelheit, in welche die erſte
Cammer ihre Verhandlungen hüllte, allein die Schuld.

Die Berathungen über die Regierungspropoſitionen, welche außer den
Budgetſchreiben nur zwei Geſetzentwürfe, Aufhebung einiger Beſtimmungen
der Göhrder Conſtitution und die Rechtsverhältniſſe der Juden betreffend,
ſo wie einige vertrauliche Mittheilungen über Eiſenbahnen, betrafen, wurden zwar in die Hand genommen, namentlich ſofort eine Finanzcommiſſion
gewählt, aber es machte ſich bald innerhalb wie außerhalb der Cammer die
Anſicht geltend, daß, da die Geſchäftsordnung verhinderte, daß eine Incompetenz oder dem ähnlicher Antrag geſtellt werde, man durch ein negatives
Verhalten in Beziehung auf die Geſetzgebung das Anerkenntniß der Wirkſamkeit des Landesverfaſſungsgeſetzes verſagen müſſe. Man ſprach aus, daß
die zweite Cammer ohne einen Revers vel quasi, daß man aus der ſtändiſchen Thätigkeit kein Präjudiz in Beziehung der anerkannten Wirkſamkeit
des Landesverfaſſungsgeſetzes folgern wolle, zu einer weſentlichen Thätigkeit
nicht im Stande ſein werde. Dies war zuerſt als Erwiderung auf das
königliche Schreiben vom 19. Juni, die ſofortige Berathung der Budgets
betreffend, beſchloſſen. Der Ablauf des Budgetsjahrs kam mit dem 1. Juli
heran und die Finanzcommiſſion, in der zwiſchen den Mitgliedern erſter und
zweiter Cammer über die weſentlichſten Principien Streit war, hatte noch
keinen Bericht erſtattet, ſondern es hatte die erſte Cammer beſchloſſen: daß,
da die Erledigung der der Finanzcommiſſion übertragenen Geſchäfte unter
den vorliegenden Umſtänden als unmöglich ſich darſtelle, dieſe Erklärung aber
der im § 58 der Geſchäftsordnung zum Erlöſchen einer Commiſſion verlangten
Berichtserſtattung gleich zu achten ſei, die erſte Cammer den ihren Mitgliedern ertheilten Auftrag als ausgeführt betrachte. Die zweite Cammer
lehnte am 25. Juni aber ab, dieſem Beſchluſſe beizutreten. Ein königliches
Schreiben vom 26. Juni forderte daher eine proviſoriſche Bewilligung zur
Erhebung der bisherigen Steuern. Die zweite Cammer verwies dieſes
Schreiben an die Finanzcommiſſion zur ſchleunigſten Begutachtung, obgleich
die Anhänger der Regierung erklärten, es ſei unmöglich, auf dieſem Wege
bis zum 1. Juli zum Ziele zu gelangen und — Klenze erklärte, daß in
dieſer Propoſition das letzte Mittel zu erblicken ſei, welches die Regierung

den Ständen biete, um sich in ihrer Existenz zu erhalten. Eine Verweisung an die Finanzcommission ziehe unbedingt eine Auflösung nach sich. Die erste Cammer lehnte diesen Beschluß ab, außerdem war die Finanzcommission factisch aufgesetzt.

Die Bedeutung einer Verweisung an die Finanzcommission war nun aber von einem Mitgliede dieser Commission selbst, dem Bürgermeister Wedekind, als **die mildeste Art der Ablehnung der Proposition** bezeichnet. Die Verhandlungen über diesen Gegenstand wurden am 28. Juni in zweiter Berathung erneuert, und alle Gründe für und gegen, auf der einen Seite von Klenze, Bussenius, Schatzrath Lang, Hoppenstedt, Albrecht, auf der andern Seite hauptsächlich von Th. Meyer, (der Vicepräsident oder Generalsecretair präsidirten), Dr. Siemens, Wedekind, Buddenberg verfochten, und der frühere Beschluß erneuert. Aber auch die erste Cammer blieb bei ihrem Beschlusse, welcher den königlichen Propositionen einfach zustimmte und die Conferenz, aus der am 29. Juni referirt wurde, hat zu keinem Resultate geführt. Nun wurde bei namentlicher Abstimmung mit 42 gegen 37 Stimmen eine einseitige Commission zur Prüfung dieser Propositionen beschlossen. Als am 30. Juni dieser Beschluß wiederholt war, mit 43 gegen 36 Stimmen, traf das Schreiben ein, welches die Ständeversammlung auflös'te. So trat man in das neue Steuerjahr ohne bewilligtes Budget, allein die Verfassung hatte bekanntlich dafür gesorgt, daß der König die Steuern weiter erheben konnte. — Ueber diesen Schritt der Opposition in zweiter Cammer, wodurch sie ihre Auflösung gleichsam erzwang, sind die Ansichten durchaus verschieden gewesen, wie von königlicher Seite die Sache aufgefaßt wurde, ist aus der Anlage **XXIV.** zu ersehen. Es kam nun darauf an, wie das Land sie auffaßte. Und dieses, das darf nicht verschwiegen werden, beurtheilte das negative Verfahren der zweiten Cammer durchaus nicht so günstig, als die Stimmführer der Majorität zu glauben schienen. Der Streit um das formelle Recht war nicht in alle Classen der Bevölkerung gedrungen, die Natur der Sache selbst verhinderte dies. Der Streit hatte beinah vier Jahre in unfruchtbarer Weise fortgedauert, alle Gesetzgebung hatte in dieser Zeit gestockt und wie sehr man der Reformen bedürftig war, haben wir früher gesehen. Das Eisenbahnwesen drängte, viele Städte wünschten Unterstützung für einzelne Unternehmungen, Harburg für seinen Hafen, andere Landestheile Chausseen. Das Theilungs- und Verkoppelungsgesetz, so viel Feinde es in der ersten Cammer, selbst im Ministerio, haben mochte, wurde von dem Bauernstande mit Sehnsucht erwartet. Vor allem hatte man in der Reihe von Jahren, in denen immer nur das letzte staatsgrundgesetzliche Budget prolongirt war, Ueberschüsse gesammelt, die beinah zwei Millionen Thaler betrugen, und durfte das Land hoffen, diese Gelder zu wirklich productiven Ausgaben verwendet zu sehen, wie es zugleich auf eine Steuererleichterung hoffen durfte. Der Stillstand drückte das Land, nicht das Cabinet, welches in allen seinen Operationen durch überfüllte Cassen nur zu sehr unterstützt war und das durch ein Schatzcollegium noch nicht gehemmt war.

Wir tadeln die staatsgrundgesetzliche Partei, die sich im Laufe der Jahre unter Stüve's hauptsächlichster, wenn auch nicht ausschließlicher und einheitlicher Leitung (denn in jeder Stadt hatte diese Partei, sei es in den

Magiſtraten, Stadtgerichten, unter der Zahl der Advocaten, auf dem Lande, unter den früheren Deputirten, ihre Häupter) gebildet hatte, nicht deshalb, daß ſie diejenigen Schritte that, die wir vorhin angedeutet haben; es war das die reine Conſequenz des Rechtsſtandpunctes, auf den ſie ſich einmal geſtellt hatte. Von dieſem Standpuncte, der die Verſammlung lediglich als ein Organ betrachtete, dem Lande ſein gekränktes Recht zu verſchaffen, (frei= lich eine ſtaatsrechtlich kaum zu rechtfertigende Annahme), der es für eine Nothwendigkeit hielt, daß die erſte nach dem Landesverfaſſungsgeſetze berufene Verſammlung einen **entſchiedenen** Proteſt erhöbe (Vorrede zum 4. Bande des Portfolio S. VIII.), der alſo den Verfaſſungskampf noch immer ledig= lich von einer Art privatrechtlicher, oder ſogar civilproceſſlicher Seite auf= faßte, — war es richtig geſprochen, wenn der Präſident nicht ohne Pathos erklärte: daß er lieber auf den Trümmern des Vaterlandes mit einem reinen Gewiſſen ſitzen wollte, als in der Nähe des Throns mit einem ſchuldbela= denen Gewiſſen. Es war ein Ausfluß dieſes Standpuncts, wenn Wedekind erklärte: die öffentliche, wie die eigene Achtung hänge von dem gegenwär= tigen Beſchluſſe ab und er werde mit der frohen Ueberzeugung ſcheiden, daß das Recht des Landes gar nicht mehr vergeben werden könne (weil die zweite Cammer, ſo weit es möglich, proteſtirt habe). Allein wir tadeln, daß ſich die ſtaatsgrundgeſetzliche Partei damals nicht zu einer politiſchen Partei, zu einer ſich auf den factiſch beſtehenden ſtaatsrechtlichen Zuſtand Deutſchlands, (auch wenn er ein eigentlich rechtlicher nicht war) ſtützenden Partei umbildete, daß ſie lediglich den Standpunct des formellen Rechts und des Civilpro= ceſſes im Auge behielt, daß ſie an dem völlig unſtaatsmänniſchen Geſichts= puncte feſthielt und den Glauben hegen konnte, dem Lande könnten durch einen Proteſt, durch ein negatives Verhalten der zweiten Cammer irgend welche Rechte gewahrt werden, daß ſie den Gedanken hegen konnte, der Bundestag werde von einem ſolchen Verhalten der zweiten Cammer irgend welche Notiz nehmen und die hannoverſche Sache vom Rechtswege aus erör= tern. Wir tadeln mit einem Worte, daß die Oppoſition die Wirkſamkeit eines fait accompli, das doch die Dorfzeitung ihren Leſern erſt kurz vorher in dem Beiſpiele von der ſchwangern Schulzentochter practiſch erläutert hatte, oder wie man heut zu Tage mit Louis Napoleon ſagen würde, daß ſie die Logik der Thatſachen gänzlich verkannte. Wir tadeln ferner, daß, wenn die Majorität zweiter Cammer ſich einmal auf den Standpunct des formellen Rechts ſtellte, ſie nicht offener und männlicher verfuhr. Eine Steuerver= weigerung aus dem Grunde, daß man ſich nicht für befugt halte, Steuern zu bewilligen, würde für das Volk verſtändlich geweſen ſein. Der Streit, ob die königliche Propoſition wegen Steuerverlängerung an die Finanzcom= miſſion verwieſen oder auf welche Weiſe ſie ſonſt angegriffen werden ſollte, um materiell überall zur geſchäftsordnungsmäßigen Erörterung zu kommen, war dem Volke unverſtändlich, und konnte dem größern Theile niemals ver= ſtändlich gemacht werden, weil es von Geſchäftsordnung der Cammern nichts verſtand. Die Majorität, wenn es ihr daran lag, einen großen moraliſchen Eindruck auf das Volk zu machen, mußte der Muth zu einer directen und geraden Steuerverweigerung wegen ihrer Incompetenz haben. Sie hatte dieſen Muth nicht, ſie wählte aber ein Mittel, das bei der factiſchen Auf= löſung der Finanzcommiſſion und dem gleichzeitigen Widerſtande der erſten

Cammer, nothwendig zu demselben Ziele führen mußte, mindestens, als die Frage am 29. Juni aus der Conferenz an die Cammer zurück kam. Die Majorität that, wie sie in der Vorstellung an den Bund sagt, ein Mehreres nicht, als wozu sie unzweifelhaft berechtigt war, was sie in ähnlichen Fällen immer gethan hatte. Das ist richtig. Jeder, der mit der Majorität stimmte, mußte sich aber bewußt sein, daß die Beschlußnahme die Regierung zur Auflösung treiben mußte. Was hinter der Auflösung lag, ließ sich von Niemand voraus sehen, aber daß eine Auflösung der Stände einer Caprice wegen, (denn so mußte das Volk die Frage, ob die königliche Proposition an die Finanzcommission verwiesen werden solle, ansehen, wenn es nicht eine indirecte Steuerverweigerung sein sollte) auf demnächstige Wahlen ungünstig einwirken werde, das mußte jedem einleuchten, der auch nur einmal eine Wahl activ thätig mit durchgemacht hatte, das konnte selbst dem Präsidenten, der erlebt hatte, wie Albers in Lüneburg gewählt war, nicht zweifelhaft sein. Mit der Auflösung gab man auf sechs lange Jahre die ganze gesetzgeberische Mitwirkung der Stände, möchte sie noch so gering sein, das Verfügungsrecht derselben über die großen Ueberschüsse, das wichtigere Recht, bei der Theilung zc. jener Ueberschüsse ein Wort mitzusprechen, das Recht, die Steuern zu ermäßigen und vielfache nöthige Reformen in allen Zweigen des Staats anzuregen, zu befördern und eine entscheidende Stimme darin zu haben, aus den Händen. Wenn Theodor Meyer selbst erklärte: consequent zu handeln, sei nach Lage unserer öffentlichen Verhältnisse Keinem möglich, auch nicht der Regierung, so war es auffallend, daß er dennoch für sich selbst, um sein Gewissen zu beruhigen, und für seine Partei diese Consequenz forderte. Daß die Majorität von Klenze keine gute Lehren in Empfang nehmen wollte, war zu natürlich, daß sie auf den Schatzrath Lang nicht hörte, auch wenn er einmal die Wahrheit sagte, war nicht auffallend, daß sie aber auch selbst die von Albrecht gesprochenen Worte nicht beobachtete, war beinah unverzeihlich. Albrecht sagte: die Opposition werde aus ihrem procedere schwerlich sonderlichen Gewinn ziehen, da zunächst der obwaltende Zweifel an der Rechtsgültigkeit der Verfassung nur etwas zweifelhafter gemacht werde, für eine in der Zukunft liegende ganz zweifelhafte Eventualität. Da in dieser Lage die Steuerproposition sich jährlich wiederholen müsse, so sei der Zweck offenbar bedingt durch eine Wiederholung der Procedur. Schwerlich werde man es dabei auf die Dauer aushalten mit der Regierung, da eine Cammer, welche sich auf die Negative setze, unter Hintansetzung aller sonstigen materiellen Interessen, sehr bald das Vertrauen und die ohnehin so wandelbare Popularität verlieren werde. — Man möge bedenken, daß die Ehrenpforten, welche ein so starkes Beharren auf dem Rechtspunkte Manchem zu wege brächten, nur zu bald verdorren und bittere Täuschung zurückbleiben werde.

Die Majorität bedachte nicht, daß ihre eigene Existenz nothwendig mit dem formellen Rechte, das sie als Princip hinstellte, im Widerspruch stand, daß man die Wahlen nach dem Landesverfassungsgesetze, trotz des Grundsatzes der Wahlpflicht, wie sie allenthalben vollzogen waren, schon als Anerkennung desselben deuten konnte, wenn man civilrechtliche Begriffe als Maaßstab mitbrachte; daß die Constituirung der Cammer, die Wahl des Bureaus, die zweima-

lige Berathung mehrerer Gesetze, die Ernennung von Ausschüssen, die Er=
lassung von Anträgen an die Regierung, Handlungen waren, wodurch die
Versammlung sich eben als Stände gerirten, ihre Competenz aussprachen.
Daß man über keinen Gesetzentwurf in dritter Berathung einen Beschluß
gefaßt, daß man keine Geld= oder Steuerbewilligung ausgesprochen, Um=
stände, worauf man sich bei dem Bundestage berief, änderte wenig an der
Sache. Man hatte die Erfahrungen von 1838 vor sich, redete sich aber
immer eifriger in den Rechtspunkt hinein, statt den materiellen Kampf auf
dem Gebiete auszukämpfen, den man einmal betreten hatte, statt auf dem
Gebiete der Cammer mit der so compacten Majorität zu operiren. Es ist
in der That heute beinah unbegreiflich, weshalb die Führer der Majorität
in und außer der Cammer damals nicht dieselbe Lehre predigten, die sie
wenige Monate später in der Vorrede zum 4. Bande des Portfolio verbrei=
teten: „daß jetzt Kräfte, nicht Rechtsgründe gälten"; „daß man die Punkte
zu vertheidigen habe, wo das Nein der zweiten Cammer entscheidend sei";
daß man die schönen Kräfte, welche man in der zweiten Cammer beisammen
hatte, vergeudete: „um der Rechtsverfolgung nicht zu präjudiciren", der
Rechtsverfolgung ohne Gericht, der Rechtsverfolgung bei dem Bundestage,
der keinen Kläger als legitimirt anerkannte.

Der Regierung scheint das Procedere der zweiten Cammer sehr unan=
genehm gewesen zu sein und sie scheint zu Concessionen bereit gewesen zu
sein, bloß um die Auflösung zu vermeiden, wahrscheinlich indeß nur aus
dem Grunde, um desto schneller Herr der Geldmittel zu werden. Es ist
das zu schließen aus einer von Klenze in der Sitzung vom 28. Juni ge=
machten Concession. Dr. Bussenius hatte, gewiß nicht ohne dazu vom Ca=
binette ermächtigt zu sein, gesagt: wenn die zweite Cammer es bei einer
protocollarischen Reservation bewenden lasse und sich dann ihrer eigentlichen
Thätigkeit mit Energie hingebe, das Land die Resultate mit Befriedigung
hinnehmen werde. Klenze erklärte nun — daß die Regierung keinen Re=
vers ausstellen werde; daß die Verhandlungen nicht präjudicirlich sein soll=
ten, verstehe sich von selbst, statt dessen scheine ihm das Surrogat einer
protocollarischen Verwarung — nur dürfe man nicht an die Ent=
gegennahme derselben durch einen königlichen Commissarius denken — ge=
nügend, für den Zweck welcher verfolgt werde und ungefährlich.

Dr. Siemens erachtete nun freilich einen Protest, der im Hause bleibe,
und nicht an die Behörde gelange, für völlig wirkungslos. Allein es han=
delte sich bei einem solchen Proteste um zwei Dinge, einmal um die Ge=
wissensberuhigung der Beunruhigten, und sodann um die Bewahrung des
Scheins der Consequenz, dem Publico gegenüber, welches von denen, die
beinah vier Jahr hindurch das allein rechtmäßige Bestehen des Staatsgrund=
gesetzes verfochten hatten, nun auch unter gänzlich veränderten Umständen,
das gleiche verlangte. Der von Ernst August zuerst ausgesprochene Satz,
daß aus Nichtgiltiges Rechtsgültiges nicht hervorgehen könne, spielte bei der
Opposition jetzt eine zu große Rolle. Wenn wir gesagt haben, daß das
Verhalten der Opposition uns jetzt beinah unerklärlich erscheine, so war
für die damals versammelte zweite Cammer die Sache sehr wohl erklärlich.
Die Mitglieder der zweiten Cammer, welche jetzt die Majorität bildeten,
hatten vier Jahre für das Zurechtbestehen des Staatsgrundgesetzes gekämpft

und war ihnen der Gedanke in Fleisch und Blut übergegangen. Ein starkes Rechtsbewußtsein hatte sich in diesem Kampfe bei dem Hannoverschen Volke
ausgesprochen; und es hieß dieses verletzen, wenn man leichthin die Parole aufgab, für die so Viele gelitten und geopfert. Der Wahlsieg, der
eine so große Majorität hervorgerufen hatte, wurde von derselben über-
schätzt. Jede ständische Versammlung ist in der Zeit ihres Zusammenseins
nur zu leicht bereit, ihrem Thun und Lassen eine viel größere Wirksamkeit und Einfluß zuzuschreiben, als es erfahrungsmäßig hat. Nun wurde
die zweite Cammer auf gedoppelte Weise gereizt und in eine, sich mit jedem
Tage steigernde, unzufriedene Stimmung gesetzt. Zunächst durch die Regierung, welche der zweiten Cammer so ganz ohne Rechtsgrund, ihren Führer Stüve entzog. Wie schwer dieser Umstand ins Gewicht fiel, das sieht
man aus einer der Reden Theod. Meyers am 28. Juni, wo er die Schuld
an dem Verfahren der zweiten Cammer auf das Cabinet wirft, „da schon
allein in dem beharrlich fortgesetzten empörenden Verfahren gegen den Bürgermeister Stüve, einem Manne, der nach dem einstimmigen Zeugnisse der
zweiten Cammer, das Vertrauen des Landes besitze, eine schwere Verletzung
der Cammer liege." Dazu kam, daß durch Beschwerdeschriften von Detmold, Wehner, Colon Eylermann, Stüve, Buddenberg, der Cammer eine
Menge gänzlich unverantwortlicher, die Freiheit der Person und ständische
Rechte beeinträchtigender Thaten, der jüngsten Vergangenheit und Gegenwart vor die Augen gerückt waren. Es mochte nicht wenig der Sarkasmus
dazu beitragen, mit dem sich Klenze dafür an der Majorität zu rächen
suchte, daß er jetzt in der Minorität saß; es gab kaum eine empörendere
Frechheit, als die, mit der er seine Gegenadresse, eine schamlose Parodie
auf die Adresse der Mehrheit in die Cammer brachte und dadurch die Majorität zu verhöhnen suchte.

Dazu kam auf der andern Seite das Verhalten der ersten Cammer,
welche, wie erwähnt, alle und jede Beschlüsse der zweiten Cammer ablehnte.
Es war vorherzusehen, daß wenn man sich auch über den Rechtspunkt hin-
wegsetze, man mit dieser ersten Cammer nimmer eine glückliche Ehe führen
könne, und daß man im Vereine mit derselben auch die materiellen Interessen, wenig fördern werde.

Endlich ist nicht zu vergessen, daß unter den Deputirten viele homines novi und verschiedene Hitzköpfe waren, an deren Stimmung sich die
Stimmung der anderen herausschraubte. Christiani, Holtermann, waren im
Ganzen schweigsam, Buddenberg, Wedekind, namentlich aber Theodor Meyer,
führten dagegen das Wort, dem man zum Oesteren ansah, daß die Redner
auch persönlich gekränkt waren. Ja, welcher Oppositionsmann wäre dies
nicht gewesen?!

Wir wissen zwar nicht, ob sich Stüve damals schon zu dem Macaulay-
schen Grundsatz bekannte, daß alle Politik nur im Vergleich bestehe, aber
wir möchten glauben, daß wenn die Regierung seinem Eintritte Hindernisse
nicht in den Weg gelegt hätte, wenn Stüve wirklich Führer der Opposition
in der Cammer wurde, es zu diesem Beschlusse nicht gekommen wäre.
Denn, hörte man auch jetzt, (so weit dies bei der schwerfälligen Postver-
bindung und der vielfachen Vorsichtsmaßregeln, die man nehmen mußte, möglich war) seinen Rath, so befand derselbe sich doch gleichsam in der Lage

eines von seinem Vaterlande Verbannten, er sah die Dinge durch ein ge=
färbtes Glas. Auch Detmold war persönlich zu sehr mißhandelt, als daß
sein Rath, der gewiß immer ein kluger war, immer der richtige gewesen
wäre.

Am 30. Juni vereinigten sich noch 49 Deputirte zweiter Cammer,
also viel mehr, als die regelmäßige Stimmenzahl der Opposition in den
Cammern betragen, zu der Portfolio IV. S. 412—424 enthaltenen ehr=
erbietigsten Darlegung an den Bund. Obgleich sich dieselben beschieden, zur
Beschwerde nicht legitimirt zu sein, und deshalb einen Antrag nicht stell=
ten, so gefiel es der Weisheit und Gerechtigkeit der um Schutz angeflehten
durchlauchtigsten Versammlung nicht einmal, diese Darlegung anzunehmen.
Sie wurde am 24. Juli überreicht, am selbigen Tage dem Dr. Binding I.
wieder zurückgegeben. Und doch war diese Quasiprotestation die einzige
That, zu der es die Majorität brachte. Am 29. starb die Königin, Schwe=
ster der hochgefeierten Königin Louise von Preußen, einst eine Schönheit,
der vielfach gehuldigt wurde.

— ·—

Zwölftes Capitel.
Von Juli 1843 bis Ende 1844.

Zweck und Wirkung der Proclamation vom 14. Juli; Patent vom 3. Juli, die
Unterschrift des Kronprinzen betreffend; vertrauliche Ausschreiben der Landdrosteien
wegen der Wahlen; Urtheil gegen den Magistrat der Residenz; das Schatzcollegium;
Rumann bittet um Entlassung; Anordnungen der Wahlen vor Ausschreiben des
Landtags; Instructionen; die Verordnung vom 5. November, die Reverse der Depu=
tirten betreffend; Resultat der Wahlen; Thronrede, Bureauwahlen, Urlaubsverwei=
gerungen; Adresse; Anträge wegen der Ausschließung Stüve's und der Anordnung
einer Polizeicommission in Stade; Eisenbahnbeschlüsse; Regierungsanträge wegen
Vermehrung des Militäretats und abweichende ständische Beschlüsse; die Verwendung
der Ueberschüsse; Verlobung des Kronprinzen; Hamburgs Brand; Contractengesetz
und Retardatensenat; ständischer Antrag wegen Urlaubsverweigerung; Judengesetz;
Dienstanweisung des Schatzcollegiums; Conflicte der Stände mit der Regierung: 1)
wegen des Zeitpunkts des Anfangs der Cassentrennung, 2) wegen der Verwendungen
der Ueberschüsse, 3) wegen Augmentation der Landgensdarmerie, 4) wegen Anord=
nung des Budgets; 5) wegen Nachbewilligung des Budgets; gute Ehe
der beiden Cammern; sonstige ständische Anträge; statt der gehofften Verta=
gung Zurückweisung der wichtigsten ständischen Anträge und Beschlüsse; Verta=
gung am 14. Juli; Beschwerden wegen des Präsidenten; Deputation notabler Bürger;
neue Dienstinstruction für das Schatzcollegium und Ablehnung derselben. Das Jahr
1843; Reaction in Preußen, die Rheinische Zeitung; Jakobi's Freisprechung in
Preußen; Brufings in Hannover; Hochzeit des Kronprinzen am 18. Februar; Fest=
lichkeiten; Hoffähigkeit; von Lütcken als erster Beamter nach Harburg; Beschlüsse
wegen der Zolleinigung; Erkenntniß des Tribunals in der Sache des Magistrats;
Rumann verhandelt abermals mit Wisch; schmähliches Ende; der König reiset nach
England; der Kronprinz und seine Gemahlin; Rückkehr des Königs aus England;
Lager bei Lüneburg; das Schatzcollegium bringt auf Zusammenberufung der Stände.
Das Jahr 1844; Patent vom 31. December; die Steuer= und Verkehrsverhältnisse
mit den Zollvereinsstaaten; Rückkehr mittelalterlicher Zollverhältnisse; Staatsschriften;
Zusammenberufung der Stände; Rückblick auf die Rückschritte in Preußen und ihre
Einwirkung; Personalveränderungen in den Vorlagen; Eisenbahnen; Prinzessinnensteuer;
Vergleichsvorschläge wegen der Kosten der Kriegsrüstung; Schlußerklärung der
Stände wegen der Augmentation; Ueberschüsse von 18¹⁰⁄₁₁; Vergleich; Eisenbahn=
cassenwesen; Eisenbahncassenscheine; Verhältniß der Post zu den Eisenbahnen; Budget;

Nachbewilligungsstreit; Zeughausbau; Stempelsteuergesetz; Volksschulgesetz; Exemtionsfrage; Erweiterung des Expropriationsgesetzes; Steuerermäßigung; Emden's Fahrwasser; Gefangenführen; Dank der Stände wegen Abbruchs der Zellverreinverhandlungen; Vergleiche mit Preußen und Braunschweig; Hafenbauten. Tod Schele's.

Die Proclamation vom 14. Juli wollte die Auflösung der Stände rechtfertigen. Zu diesem Zwecke wiederholte sie kurz die Geschichte des Umsturzes des Staatsgrundgesetzes und der hundertmal wiederholten angeblichen Rechtsgründe dafür. Dem Bundestagsbeschlusse vom 5. September wurde im Widerspruche mit der eigenen Interpretation des Bundes die Bedeutung beigelegt, daß er die Rechtsansicht des Königs über die Competenz der Stände bestätigt, und alle ersinnliche grundlose Bedenken beseitigt habe. Das Landesverfassungsgesetz sei aus ordnungsmäßigen Verhandlungen mit den Ständen hervorgegangen, es sei dies eine Verfassung ohne Mangel und keiner rechtlichen Anfechtung blosgestellt. So lange der König lebe, werde er nie dulden, daß der mindeste Zweifel gegen den Rechtsbestand dieser Verfassung erhoben werde. Dasselbe habe der Kronprinz in erster Cammer ausgesprochen.

Die Confinationen gegen Detmold, Wehner, Böse, wurden aus der Gefahr gerechtfertigt, mit denen diese Individuen die öffentliche Ruhe und Ordnung bedroht hätten.

Von der am 2. Juni zusammengetretenen zweiten Cammer wurde folgende Schilderung gemacht: „Es seien etwa 36 getreue Deputirte in der Cammer gewesen, 12 Deputirte hätten sich von Anfang an als Führer einer der Regierung feindlichen Partei kundgegeben, deren Streben dahin gerichtet gewesen, den erledigten Verfassungsstreit von Neuem ins Leben zu rufen; 30 Deputirte, denen durch ihren Beruf die nöthige wissenschaftliche Bildung gefehlt habe, seien die Verführten gewesen, und hätte die zweite Cammer das schmachvolle Schauspiel geboten, daß diese 30 Landleute zu rein mechanischen Werkzeugen der gefährlichsten rücksichtslosesten Despotie der liberalen Partei herabgesunken, die kein öffentliches und Privatrecht achte u. s. w. Es wurden sodann die Handlungen der Cammer einzeln aufgezählt. Schon die Präsidentenwahl habe den Character feindseliger Gesinnung getragen. Der Präsident selbst, Theodor Meyer, habe seine Befangenheit in Parteiansichten, seine Geringschätzung der materiellen Interessen des Landes, seine Trugschlüsse über die Redlichkeit, Wahrheitsliebe und die Geschäftstreue der königlichen Rathgeber in den Protocollen niedergelegt. — Wenn eine Anzahl Personen, welche keine andere Befugniß hätten, als ihnen in Folge ihrer Erwählung nach dem Landesverfassungsgesetze von 1840 zugestanden, sich eingebildet hätten, keine landständische Wirksamkeit auszuüben, wenn sie hartnäckig Anträge der Regierung abgelehnt und beseitigt, so müsse die Gehaltlosigkeit einer solchen Voraussetzung am gesunden Menschenverstande sich von selbst aufdrängen. — Mit Widerwillen müsse noch des verbrauchten, wahrhaft aufrührerischen Behelfs gedacht werden, wenn die Wahrheit unter Betheuerung der Treue, Liebe und Verehrung gegen des Königs Person, sich in Schmähungen gegen dessen vertraute Diener ergossen habe. Diese seien in allen wichtigen Staats- und Regierungshandlungen nur die Vollzieher des königlichen Willens. — Man gebe sich der Erwartung hin, das warnende Beispiel der schweren Verirrungen der Wahr-

heit werde nicht ohne heilsame Wirkung für die Zusammensetzung der näch=
sten Ständeversammlung bleiben.

Die Existenz der Verfassung von 1840 mit ihren Anhängen, Wahl=
gesetz und Geschäftsordnung, offenbarte hier zum ersten Male eine gute
Seite. Vor zwei Jahren noch, als man sich an das Patent von 1819
hielt, so weit dieses dem Cabinette zusagte, hatte man die Deputirten, die
nicht nach der Pfeife des Cabinettes tanzen wollten, für unfähig und resig=
nirend erklärt. Das ging jetzt nicht mehr, selbst eine Form, unter der
die Wiedererwählung der aufgelös'ten zweiten Cammer verboten wäre, hatte
sich nicht finden lassen, so begnügte man sich denn damit, die Mitglieder
der Majorität mit einem moralischen Bann zu belegen, sie durch diese kö=
nigliche Proclamation unmöglich zu machen. Die Blätter des Hamburger
Correspondenten und sonstige von dem Cabinette abhängigen Zeitungen
überschütteten die Majorität mit Schmähungen aller Art, welche in der
königlichen Proclamation vom 14. Juli natürlich überboten. — Und wie
antwortete das Land? In Hannover dankte eine Deputation dem Abgeord=
neten für seine bewiesene Festigkeit; in Stade sprach man sich durch eine
energische Adresse aus, in Münden wurde dem Dr. jur. Rehmann ein Vi=
vat gebracht, in Celle, im Lande Hadeln und anderen Oertern veranstaltete
man Ehrenbezeugungen, und wo keine öffentlichen Demonstrationen statt=
fanden, da wurden die Deputirten mindestens von den Parteigenossen auf
das herzlichste begrüßt, und empfingen von manchem Staatsdiener einen
warmen Händedruck und ein vertrauliches Zeichen der Uebereinstimmung in
den Gesinnungen.

Ein Königliches Patent vom 3. Juli publicirte eine, in Uebereinstim=
mung und in Folge getroffener Abrede, mit dem Kronprinzen erlassene Ver=
ordnung, wie es für den Fall, daß Letzterer durch göttliche Fügung im
Wege der Erbfolge zu der Regierung berufen würde, bevor Ihm durch die
Gnade der Vorsehung das Augenlicht wieder verliehen worden, gehalten werden
solle, und documentirte damit zum ersten Male die Blindheit des Thronfolgers.
Man sieht es dieser Verfügung an, daß sie in der That beflissen war, einige
Garantie zu geben, die für einen so außerordentlichen, in der Weltgeschichte
nur im Byzantinischen Reiche vorgekommenen Fall, der Blindheit eines regie=
renden Herrn, denn doch nothwendig schien. Die Unterschrift desselben sollte im
Concept und Original nach gefaßter allerhöchster Entschließung in Gegenwart
des oder der betreffenden Minister erfolgen, welche durch ihre Contrasigna=
tur die Richtigkeit der ersten beglaubigten. Außer den Ministern sollten,
aus 12, in einer Anlage benannten, zu dieser Handlung eidlich verpflichte=
ten Personen, zwei stets zugezogen werden, und beurkunden, daß in ihrer
Gegenwart die Ausfertigung des Königs Majestät vollständig vorgele=
sen, und von Allerhöchstdemselben eigenhändig unterzeichnet sei. Die verbin=
dende Kraft Königlicher Verfügungen solle durch die Beobachtung der vor=
stehenden Förmlichkeit bedingt sein. — Man frug sich schon damals, welche
Rechtssicherheit dieses einseitig erlassene Patent für die Zukunft gewähren
könne, da, wenn es dem Thronfolger beliebe, er durch ein neues Patent
diese Förmlichkeiten gänzlich oder wesentlich beseitigen könne. Man blickte auch
nach England und erwartete halb und halb, daß die dortigen Agnaten, nament=
lich der Herzog von Cambridge, nun endlich auch von ihren agnatischen Rech=

ten Gebrauch machen und gegen die Rechtsgültigkeit des Landesverfassungs=
gesetzes, daß ihnen die Rechtsnachfolge nach dem Tode Ernst Augusts,
welche denselben mindestens nach Lehnrecht unbedingt zustand, benahm, auch
andere ihrer Rechte verletzte, protestiren sollten. Allein so häufig auch Zei=
tungen das Gerücht einer solchen Protestation brachten, sie ist in der That
nie erfolgt.

Eine Bekanntmachung des Ministeriums des Innern vom 22. Juli,
die Unterdrückung jeden Widerstandes gegen das Landesverfassungsgesetz, so
wie der Wahlumtriebe, betreffend, welche namentlich auf die Anwendbarkeit
des Gesetzes vom 27. Juni 1838, die Gefangenhaltung in polizeilichen
Werkhäusern betreffend, verwies, enthielt die weitere Ausführung des schon
in der königlichen Proclamation vom 14. Juli ausgesprochenen gleichen Ge=
dankens. Dagegen waren geheime Ausschreiben der Landdrosteien an alle
Aemter erlassen, wegen Einwirkung auf die demnächstigen Wahlen, von
denen zwei von dem Hannoverschen Portfolio IV. S. 428 und 431 der
Oeffentlichkeit übergeben wurden. — Man ordnete die Ausschreibung der
aufgehobenen Chausseedienste an, um die Bauern mit deren Wiederherstellung
zu bedrohen, und die Schuld solcher Maaßnahmen auf die Majorität zwei=
ter Cammer zu werfen, weil die Feststellung eines Budgets, und die Be=
rücksichtigung der Bedürfnisse der Chausseeverwaltung unthunlich geworden
sei. Die Züchtigung der oppositionellen Städte Hameln, Stade, Münden,
durch Entziehung der Garnisonen, wurde in Aussicht gestellt.

Nachdem die königliche Justizcanzlei zu Hannover selbst während der
Gerichtsferien angestrengt war, die Untersuchungssache gegen den Magistrat
zu Hannover zu erledigen, wurde am 25. August das Erkenntniß publicirt.
Rumann war in 8 Wochen Gefängniß oder 400 Thlr. Geldstrafe, Evers
und Stadtrichter Meyer in 5 Wochen Gefängniß oder 250 Thlr., Kern in
4½ Wochen, Baldenius und Celßen in 4 Wochen, die übrigen Mitglieder des
Magistrats in 3 Wochen Gefängniß oder die entsprechende Geldstrafe, Detmold
zu 6 Wochen oder 300 Thlr. verurtheilt. Die Entscheidungsgründe, die eine
wahre Ehrenerklärung für die Verurtheilten enthielten und für das Cabinet
sehr unangenehm waren, bezeichneten das Verbrechen als Beleidigung der
Regierung und sprachen die Beschuldigten von weiter gehenden Verbrechen
frei. Die Angeschuldigten hatten völlige Freisprechung erwartet und fühlten
sich daher zum Theil sehr bitter getäuscht. Vom Cabinette wollte man wis=
sen, daß es bei dem Criminalsenat eine reformatio in pejus beantragen
werde.

Ende August erschienen zwei Brochüren: „Wort an meine Mitbürger"
und „Geschichte des letzten Landtags", welche beide gegen die Majorität der
zweiten Cammer gerichtet waren und alle oppositionelle Strebungen als durch=
aus landesverderblich bezeichneten. Der König war in Ems und wurde erst
Anfang September zurückerwartet. Durch Patent vom 1. Juli war das
Schatzcollegium für in Wirksamkeit getreten erklärt und das Amt der stän=
dischen Commissarien für das Schuldenwesen (Gesetz vom 20. April 1838)
für erloschen. Im Schatzcollegio zeigte sich aber bald Opposition, nicht so
wohl aus Oppositionslust, als aus der Lage der Sache hervorgehend. Die
großen Ueberschüsse der Vorjahre, das königliche Schreiben vom 2. Juni gab
sie auf 1,227,000 Thlr. an, sollte nach den Anordnungen des Cabinets,

vorbehältlich einer Abrechnung, die königliche Casse unter sich behalten und die Landescasse sollte einen ganz neuen Haushalt mit einem Betriebscapitale von nur 100,000 Thlr. anfangen. Selbst die bis Ende Juli 1841 noch zu erwartenden Steuerrückstände sollten einstweilen in die königliche Casse fließen. Das war zu sehr gegen die Natur der Dinge, als daß das Schatzcollegium hätte schweigen können. Dazu war das Schatzcollegium schon an und für sich in Verlegenheit, welches Budget bei Lage der Sache (Auflösung ohne vorherige Bewilligung) zu Grunde zu legen sei, da das letzte Budget, welches der § 6 der provisorischen Dienstanweisung erwähnte, in zutreffender Maaße, nämlich einseitig für die Landescasse, gar nicht existirte. Graf Bennigsen schien das Vertrauen der Calenberger Ritterschaft über den Säckel gehörig zu wachen, in jeder Maaße bestätigen zu wollen, v. Bothmer war noch jung und folgte dem Erfahrenen, in Dr. Lang regten sich alle Oppositionsgelüste, sobald er festsaß, von den Generalsecretairen war wenigstens Merkel ohne Scheu oppositionell, ja Kleuze bezeichnete ihn als die Seele der Opposition, deren Geist Stüve sei. Damals galt es indeß zunächst Terrain zu gewinnen, festen Fuß zu fassen, und das that das Schatzcollegium langsam aber sicher. Der König war am 2. September von Ems zurückgekehrt, nicht über Göttingen, sondern über Minden, wo Herr v. Malortie das Unglück hatte, bei einer Ehrensalve auf einem Dampfsboote einige Finger zu verlieren. Man hatte schon vor des Königs Rückkehr Versuche gemacht, die in Hannover Verurtheilten zu einem pater peccavi zu bewegen und als Folge davon einen Gnadenact in Aussicht gestellt. Die eigensinnigen Leute hatten sich indeß nicht darauf einlassen wollen. Statt dessen wollte eine Deputation der Bürgervorsteher um Aufhebung der Suspension Rumanns bitten, wurde aber nicht angenommen. Inzwischen war unter den Verurtheilten einer kleinmüthig und verzagt geworden, das war Rumann. Es waren geheime Verhandlungen mit demselben eingeleitet, man hatte ihm versprochen, daß er sein volles Gehalt von 3000 Thlrn. aus der königlichen Chatullcasse beziehen solle, wenn er freiwillig um seinen Abschied bitte, und in der That, er kam bei dem Magistrate mit einem Entlassungsgesuche ein — erhielt aber die erbetene Entlassung nicht. Es war damals nur eine Stimme über diesen Schritt Rumann's, den man milde als einen voreiligen bezeichnete. Aber voreilig war der Schritt nicht, er war wohl erwogen. Rumann war zu klug, um nicht einzusehen, daß bei einer Fortsetzung der Opposition Lorbeeren nicht mehr zu holen seien, daß keine Aussicht eines Ministerwechsels, kein Wechsel des Systems zu hoffen sei. Er wollte daher mit dem Könige Frieden schließen. Er brauchte nicht zu befürchten, daß man seine Suspension länger anstehen lassen würde, er brauchte eine reformatio in pejus nicht zu fürchten, er wußte, daß die Bürgerschaft und das ganze Land gern den Beutel gezogen und sich eine Ehre daraus gemacht hätten, für ihn und die übrigen Verurtheilten zu zahlen — allein er wußte, daß das Land dann von ihm verlange, er solle ferner Opposition machen und dazu fühlte er sich zu schwach, zu schwach vielleicht in richtiger Würdigung der Symptome, welche sich unter einem Theile der Bürgerschaft, der Frieden um jeden Preis wollte, zeigten. Fing man doch jetzt die oppositionellen Städte zu strafen an. In Stade wurde Bürgermeister Neubourg suspendirt, ein Amtsassessor Wippern mit der Polizeigewalt bekleidet, v. Bülow zum Landdrosten ernannt.

Anfangs October fanden bei sehr schlechtem Wetter große Truppenzusammenziehungen und Manoeuvres statt, der Bundesinspection wegen, bei welcher Gelegenheit der König seinen entschiedenen Willen einer Vermehrung der Cavallerie auf 8 Schwadronen mehrfach aussprach. Er hoffte in dieser Beziehung einen Bundesbeschluß zu erlangen, um damit das Widerstreben, namentlich der ersten Cammer gegen diese Augmentation, das selbst in der nächsten Umgebung des Königs laut geworden, beseitigen zu können.

Der Monat October ging sonst still vorüber, man wollte wissen, daß Lütken den ganzen Betrieb der ständischen Sachen auf selbsteigene Verantwortung übernommen habe. Zum Schluß des Monats machte dagegen eine Ordonnanz wegen der Backenbärte der Cammerräthe desto mehr von sich reden.

Anfangs November wurden, noch ehe ein neuer Landtag überall ausgeschrieben war, neue Urwahlen angeordnet und zwar wurden dieselben mit einer athemlosen Hast betrieben. Bis zum 14. November sollten alle Urwahlen, bis zum 20. alle Vorwahlen beendet sein. Die Beamten waren für den guten Ausfall der Wahlen gewissermaßen verantwortlich gemacht. Nicht allein, daß die Proclamation vom 14. Juli diejenigen, welche man nicht wünschte, schon deutlich genug bezeichnete, es waren in vertraulichen Schreiben die personae gratae et ingratae genau bezeichnet, und wo es nöthig schien, die Beamten mit ganz speciellen Instructionen in Beziehung auf einzelne Persönlichkeiten versehen. Erst nach Erlaß dieser Anordnungen wurden Stände auf den 2. December zusammen berufen. Eine Verordnung vom 5. November setzte dem begonnenen Werke die Krone auf. Der König hielt sich befugt, ohne Mitwirkung der Stände das Wahlgesetz vom 6. November 1840 durch eine gänzlich neue Vorschrift zu vermehren. Es war diese Befugniß aus dem Vorbehalte hergenommen, zur Ausführung des Gesetzes die annoch erforderlichen näheren Bestimmungen durch Verordnungen oder Instructionen zu treffen. Die Verordnung deducirte, daß die Annahme einer Deputirtenwahl keinen anderen Sinn haben könne, als daß der Gewählte sich verpflichte, die landständischen Functionen nach der Verfassung auszuüben. Da jedoch die Majorität zweiter Cammer den Versuch gemacht, sich darin jeder landesverfassungsmäßigen Thätigkeit zu entziehen, so werde bestimmt, daß jeder erwählte Deputirte über die Annahme der Deputirtenwahl einen Revers zu vollziehen habe, der dahin laute: „Nachdem ich von der Wahlversammlung zum Deputirten zur zweiten Cammer der allgemeinen Ständeversammlung des Königreichs Hannover auf den Grund des Landesverfassungsgesetzes vom 6. August erwählt worden bin, so nehme ich diese Wahl hiemit an und erkläre auf Ehre und Gewissen, daß ich auch für meine Handlungen als Deputirter das Landesverfassungsgesetz vom 6. August 1840, nach welchem die allgemeine Ständeversammlung des Königreichs berufen ist und auf dem sie einzig und allein beruhet, als unbedingt verbindliche Vorschrift anerkenne, und daß ich demnach jeden Versuch, welcher dahin gerichtet würde, die in dem Landesverfassungsgesetze vom 6. August 1840 vorgezeichnete Wirksamkeit der einen oder beider Cammern dieser Ständeversammlung zu hemmen oder fruchtlos zu machen, als verfassungs- und pflichtwidrig betrachte, mithin einem derartigen Versuche mich niemals anschließen werde."

Die Sensation, welche diese Verordnung machte, war ungeheuer. Anfangs meinte man, jeder Rechtliche wäre damit von der Ständeversammlung ausgeschlossen, indessen brach sich die Ansicht bald Bahn, daß man aus Rücksichten der Politik unterschreiben müsse, da sonst alles verloren sei. Man betrachtete die Unterschrift als eine Sache des Zwanges und kam erst jetzt zu dem Verständniß, daß die Logik der Thatsachen in vielen Fällen zwingender sei, als die Logik der Gedanken, wenn auch dabei die Consequenz aufgegeben werden müsse. Es war das ein sehr großer Fortschritt gegen den Sommer und schade, daß er zu spät kam. Selbst Stüve erklärte sich bereit, den Revers zu unterschreiben. Inzwischen hielt die Verordnung vom 5. November eine ganze Reihe von Männern ab, sich nicht nur bei den Wahlen zu bewerben, sondern gerade die Ueberzeugungsgetreusten erklärten laut, daß sie keine Wahlen annehmen würden. Beinah in allen Corporationen, welche im Frühjahr 1841 oppositionell gewählt hatten, handelte es sich im Herbst darum, neue Deputirte zu finden und das war bei den verlangten Qualificationen nicht leicht. — Die Wahlen begannen mit einem Wahlscandal. Das Consistorium zu Hannover, das Vorwahlen nicht bedurfte, wählte am 11. November nicht den unvermeidlichen Schatzrath Eichhorn, sondern den Canzleirath Lehzen. Auf eine dem Consistorio noch an demselben Tage zugekommene Eröffnung wählte dasselbe am 12. November und jetzt Eichhorn. Wie das rechtlich zulässig sei, begriff man, da eine Resignation Lehzen's nicht vorlag, schwer. Trotz den ungemeinen Anstrengungen, welche die Regierung gemacht, hatte das Land einen großen Theil der als Verführer, unfähig oder als verführt in der königl. Proclamation bezeichneten Deputirten wieder gewählt und diese hatten den Revers unterzeichnet; Osnabrück hatte selbstverständlich Stüve gewählt, Lüneburg den Dr. Th. Meyer, Hameln Dr. Christiani, Hildesheim Dr. Wextrum, Stade Dr. jur. Holtermann, Buxtehude Kaufmann Richter, Quakenbrück Breusing, Leer Dr. Siemens, Emden Senator Sax, Schüttorf Amtmann Bening. Der erste Lüneburger Wahlbezirk den Oeconomen Schmidt zu Fallingbostel, die bremischen Marschen Schacht, Schmold, Krönede, Abides, die Osnabrücker Grundbesitzer Dr. Buddenberg und die Colonen Möllmann und Uhrberg, die Ostfriesen: Hilling, Kriegsmann, Grönewald, Cankena. In Anlage (XXV.) befindet sich das Verzeichniß der in beiden Cammern Gewählten, wie die Versammlung sich 1842 nach Urlaubs- und andern Verweigerungen und in Folge Resignationen und dem Eintreten von Ersatzmännern gebildet hatte. Es befanden sich in zweiter Cammer 3 Schatzräthe, die Osnabrückische Wahl war noch immer in Zweifel, 3 Prediger für die Stifter, 25 bis 26 königl. Diener, wobei die Majors und Hauptleute a. D. mitgerechnet sind, 10 städtische Gemeindebeamten und 2 Bürgervorsteher aus dem Gewerbestande, 7 Kaufleute resp. Fabrikanten, 7 Advocaten, unter denen zwei, Dr. jur. Beißen und Dr. Messerschmidt, zu dem Cabinette standen, 26 Grundbesitzer. Nicht rangirt sind der Commissair-Assistent Caulier aus Harsefeld, der Auctionator v. d. Heydt aus Polshausen und der Hofrath Sermes.

Am Eröffnungstage der Stände waren jedoch nur 66 Deputirte in zweiter Cammer anwesend, indem man über 14 Deputirte der Opposition, die zum Theil in Hannover anwesend waren, damals ohne Angabe von Gründen, nicht in die Cammer eintreten ließ. Die Sitzung wurde durch

Se. Durchlaucht dem Prinzen Bernhard zu Solms=Braunfels als königlicher Commissarius mit folgender kurzen Rede eröffnet:

„Meine Herren! Se. Majestät der König, unser allergnädigster Herr, entschlossen, während der Zeit der Trauer über den tief beklagenswerthen Verlust, der Allerhöchstsie und uns Alle hart betroffen hat, bei keiner öffentlichen Feierlichkeit zu erscheinen, haben allergnädigst geruht, mich mit dem Auftrage zu beehren, die gegenwärtige Ständeversammlung zu eröffnen, und Ihnen, meine Herren, in Allerhöchstihrem Namen das Nachfolgende mitzutheilen. Eine so schleunige Berufung, wie sie Statt gehabt, lag ursprünglich nicht in der königlichen Absicht. Die Verhältnisse der indirecten Besteuerung des Landes bedürfen indeß einer neuen Festtellung, die keinen Aufschub leidet, und zu der Ihre Mitwirkung erforderlich ist. Der mit dem Anfange des nächsten Jahres erfolgende Austritt des Herzogthums Braunschweig aus dem Steuervereine drängt diese Sache. Die bevorstehende Sitzung wird inzwischen auch andern wichtigen Berathungen gewidmet sein. Se. Majestät werden von Neuem die Angelegenheiten aufnehmen lassen, deren frühere Erörterung lediglich in Folge der nothgedrungenen plötzlichen Auflösung der letzten Ständeversammlung unterblieben ist. Dahin gehören Gesetzesentwürfe wegen der Verkoppelung der Grundstücke, der Anlage von Eisenbahnen, der Erweiterung des Creditinstitutes für die Ablösung bäuerlicher Lasten, der Bestätigung von Contracten unter Landleuten, und der bürgerlichen Verhältnisse der Juden. Der König zweifelt nicht, daß Sie dabei die wohlwollenden Bestrebungen Seiner Regierung ernstlich unterstützen werden. Endlich werden Anträge an Sie gelangen, betreffend die Verhältnisse der königlichen Armee. Diese Anträge haben ihren Grund in den unverletzlichen Verpflichtungen gegen den deutschen Bund, dessen hoher Beruf es ist, die gemeinsame Kraft der Waffen des deutschen Vaterlandes zu regeln und zu erhalten. Das Bedürfniß gewissenhafter Sorge für die Sicherheit nach Außen wie im Innern, der Grundsatz, mächtig zu sein für Vertheidigung der Rechte Deutschlands wie der eigenen, die Regel der Pflicht wie der Staatsklugheit, sich nie der Gefahr bloszustellen, von unerwarteten Umständen überrascht, in der nöthigen Thatkraft gelähmt zu werden, gestatten hier kein Zögern noch Bedenken. Se. Majestät vertrauen, daß Sie, meine Herren, diese Gesichtspuncte festhalten, und Allerhöchstihren Bestrebungen für das gemeinsame Beste auch in dieser Hinsicht gern getreuen Beistand leisten werden. Anforderungen für diese Zwecke sind unerläßlich. Se. Majestät hoffen indeß, daß es hiezu einer neuen Belastung des Landes nicht bedürfen werde. Gott segne den König! Gott segne dieses glückliche Land! Ich erkläre im Namen und in Vollmacht Sr. Majestät des Königs die allgemeine Ständeversammlung für eröffnet."

Als sich die vereinigten Cammern nach diesem Acte getrennt hatten und der Stellvertreter des Erblandmarschalls, Geheime Rath Graf von Knyphausen, die Mitglieder zweiter Cammer zur Wahl des Präsidenten aufforderte, erhob sich der Deputirte für Cualenbrück, Altermann Breusing, und bemerkte, daß, da Deputirte in namhafter Anzahl sich bereits in hiesiger Stadt befänden, aber noch nicht zugelassen seien, es zweckmäßiger erscheinen dürfte, die Wahl des Präsidenten für heute noch zu unterlassen. Der königliche Bevollmächtigte erklärte, daß die Cammer auch ohne jene Deputirten vollzählig, und er zu einem Aufschub der Präsidentenwahl nicht befugt sei. Da nun ohne Concurrenz jener, durch ordnungsmäßige Wahl zur Theilnahme an den Verhandlungen zweiter Cammer ohne Zweifel berechtigten, aber durch verweigerten Eintritt verhinderten Deputirten zur Wahl der Candidaten für's Präsidium geschritten werden sollte, so verließ der Deputirte für Quakenbrück den Saal, und mit ihm traten 15 andere Mitglieder ab. Ungehindert wählten dann die Zurückgebliebenen den Geheimen Canzleirath Wedemeyer, den R. R. Heinichen und Hofrath Sermes, von denen die Regierung den primo loco Gewählten bestätigte. Als man nun am folgenden Tage einen der beiden Andern zum Vicepräsidenten machen wollte, nahm jener kleine Rest der Opposition an der Wahl Theil, und wußte es durchzusetzen, daß als Vicepräsident wiederum Procurator Holtermann, Deputirter von Stade, primo loco präsentirt wurde, Heinichen und Sermes aber nur secundo und tertio loco. Eben so wußte man die Wahl des Generalsyndicus, wozu regierungsseitig der Schatzrath Eichhorn gewünscht wurde, auf den Canzleirath Hoppenstedt, Deputirten der Universität, zu lenken, obgleich die Gegenpartei nichts versäumte, Eichhorn durchzubringen.

Am 4. December verwahrten sich die Mitglieder der Opposition gegen den Revers und protestirten gegen die Rechtsgültigkeit der Verordnung vom 5. November; die in Hannover anwesenden Deputirten, Meyer, Christiani, Buddenberg, reichten Beschwerden wegen ihrer Nichtzulassung ein. In die Redactionscommission wurden Reinecke, Droop und Siemens gewählt, zwei Oppositionsmitglieder und ein beinah Neutraler. Man wurde bei diesen ersten Schritten der Opposition stutzig. Statt Holtermann wurde Heinichen als Vicepräsident bestätigt. Christiani und Meyer wurden wegen dienstlicher Behinderung, die in der That nicht existirte, (beide waren Senatoren in Lüneburg) der Urlaub versagt, Buddenbergs und Weinligs Qualification bestritten, Sax und Bühren in Emden, Rose in Hameln, Magistratsmitgliedern, der Urlaub gleichfalls versagt. In den Cammern beschäftigte man sich mit der Gemeinheitstheilungsordnung, dem Judengesetz, da Mittheilungen wegen des wichtigsten Ereignisses, der Bezüge zu Braunschweig und den Grenzabgaben bis zum 18. December noch immer fehlten. Die Eisenbahnpropositionen, welche die Bauten weder auf Kosten der öffentlichen Casse, noch durch Actienunternehmungen, sondern ein drittes, ein Regierungsunternehmen mit Zuziehung der Privatspeculation wollten, und dafür eine Zinsgarantie auf $3\frac{1}{2}$ % forderten, wurden wiederholt und an eine Commission verwiesen.

Der Adreßentwurf, von Holtermann und Hoppenstedt verfaßt, fiel nicht ganz im Geschmacke des Cabinets aus. Unangenehm berührten vielmehr die Bezugnahme auf den Revers, auf die willkürlichen Urlaubsverweigerungen, vor allen aber die Worte: „daß die Kraft der Staaten nicht auf der Stärke des Heeres allein beruhe" und daß Stände sich daher berufen erachten müßten, auf jede thunliche Erleichterung der Lasten der Unterthanen bedacht zu nehmen. *) In erster Cammer wurde diese Adresse gegen die Stimme des Kronprinzen, des Cammerdirector v. Voß, des Landrath v. Schele und des vom Könige ernannten Mitgliedes, Generalmajor v. Lin-

---

*) St. A. VIII. I. S. 63.

fingen, angenommen. In zweiter Cammer waren Klenze, der sonst die Cammer beherrschte, und drei andere dagegen.

Wenn in dieser Zeit die Würtemberger zweite Cammer einen einstimmigen Beschluß wegen Herstellung des staatsgrundgesetzlichen Zustandes in Hannover faßte, so war das eine von den constitutionellen Phantasieen, denen man sich der Zeit noch gern hingab, aber doch eine derartige Demonstration gegen die Majorität der Bundesversammlung, die diese, hätte sie auf Cammerreden und Cammerbeschlüsse überhaupt einigen Werth gelegt, hätte stutzig machen sollen. Die erste Cammer hatte Vertagung vom 22. December bis zum 5. Januar gewünscht, die zweite Cammer lehnte dieselbe ab, weil der König dieselbe nicht wünschte. Man vertagte sich aber vom 24. — 28. Decbr. Als man am letzten Tage wieder zusammentrat, quälte sich die zweite Cammer noch fortwährend mit den Gesetzen über Theilungssachen, indem man sich in die weitläufigste und minutiöseste Discussion über diese schon 1837 gründlich geprüften Gesetze verlor, und sich für die Hauptsachen abstumpfte.

Die Anordnungen wegen der Grenzsteuer waren, obgleich die Stände aus diesem Grunde so früh zusammenberufen und am 22. December nicht vertagt waren, einseitig, in der Erwartung daß Stände hinterher zustimmen würden, in den letzten Tagen des Jahres publicirt. Sie stellten ein Provisorium fest, vereinigten einzelne hannoversche Landestheile mit dem Zollverein, und umgekehrt braunschweigsche und preußische Landestheile, so Thedinghausen und die Gegend zwischen Leine und Weser mit dem Steuervereine.

Das Jahr 1842 begann in den Cammern mit trivialen breiten zerfließenden Discussionen über Theilungs-, Verkoppelungs- und Judengesetze. Das einzig bemerkenswerthe war die Verhandlung über die Gravamina der 9 oppositionellen Städte: Hameln, Lüneburg, Celle, Leer, Münden, Lingen, Stade, Emden und Uelzen, daß ihnen die auf ständischen Bewilligungen beruhenden Beihülfen zu den Gewerbeschulen seit 1. Juni 1841 ohne Gründe entzogen seien, obgleich das Schatzcollegium die Summen angewiesen haben wollte. Stände erklärten der Regierung, wenn nicht Gründe von außerordentlicher Wichtigkeit dem entgegen stehen sollten, die baldige Auszahlung der erwähnten Beiträge zu veranlassen, was auch geschah.

Mitte Januar kam es in zweiter Cammer zu heftigen Debatten und Beschlüssen wegen der Ausschließung Stüve's und der Anordnung einer Polizeicommission in Stade. Man fand in beiden Dingen Verfassungsverletzungen und sprach sich entschieden aus; in erster Beziehung dahin: „daß wegen der bereits eingetretenen Verjährung des angeschuldigten Vergehens eine Criminaluntersuchung in dem vorliegenden Falle rechtlich überhaupt nicht möglich gewesen ist, daß daher auch eine Untersuchung wegen eines Criminalverbrechens, ohne völlige Freisprechung von der Beschuldigung, wider den Petenten (wie solches der § 94 des Landesverfassungsgesetzes voraussetzt) wirklich nicht Statt gefunden hat." Stände müssen hiernach dafür halten, daß demselben die Fähigkeit, Mitglied der allgemeinen Ständeversammlung zu sein, nicht habe abgesprochen werden dürfen, und hegen daher das feste Vertrauen, daß in Fällen der vorliegenden Art der § 94 des Landesverfassungsgesetzes eine Anwendung nicht wieder finden werde; in

17*

zweiter Beziehung: der Stadt Stade so schleunigst als thunlich die eigene Polizeiverwaltung zurückzugeben. *)

Am 23. Januar faßten Stände in vertraulicher Berathung den ersten reellen Beschluß in der Eisenbahnfrage, sie erkannten die Nothwendigkeit der Anlage von Eisenbahnen an, und wollten, daß sobald als möglich Hand an das Werk gelegt werde, zu welchem Zwecke sie 1,230,000 Thlr. zum Anfang bewilligten. Sie erklärten: die Eisenbahnunternehmungen zugleich für Landesunternehmungen und lehnten die Mithast der königlichen Generalcasse ab, sie wollten aber, daß nicht nur das Schatzcollegium eine fortwährende Einwirkung und Controle ausübe, welche diesem eine Art Mitverwaltung gab, sondern, daß aus ihrer Mitte der Eisenbahndirection zwei Commissarien beigeordnet würden, welche sich von der Verwaltung beständig in Kenntniß halten, die ständischen Beschlüsse überwachen, die Rechte der Stände während der Vertagung wahren sollten. Diese Beschlüsse, und einige höchst unpractische, welche das ganze Eisenbahnunternehmen beinah ins Stocken gebracht hätten, weil sie das Unmögliche verlangten, nämlich daß die Capitalien nicht unter dem Nennwerthe der Schuldverschreibungen angeliehen werden und nicht mehr, als während der ersten Baujahre 3½, später 3 % Zinsen gegeben werden sollten, wurden zwar nicht schon im Januar, sondern erst im Juni gefaßt, es sollte die Sache nur im Zusammenhange hier erzählt werden. **) Die Ausschließung Buddenbergs und Holst's gab zu ferneren heftigen Debatten Veranlassung, allein man sah, daß der Opposition, die sich in materiellen Dingen überwiegend zeigte, sofort eine Menge abfielen, wenn es zu bloßen Verfassungsfragen kam. Das zeigte sich bei dem Richterschen Antrage wegen der Reverse, der in der Vorfrage mit 44 gegen 34 Stimmen beseitigt wurde und auch bei der Osnabrücker Petition wegen Herstellung der staatsgrundgesetzlichen Rechte.

Ende Januar war den Cammern noch immer kein Budget vorgelegt und die erste Cammer gänzlich ohne Geschäfte, die zweite verkürzte ihre Sitzungszeit. Im Februar wurde endlich zunächst das Königliche Schreiben vom 4. Februar 1842 die Vermehrung des Militairetats betreffend, vorgelegt. Die unverletzliche Verpflichtung gegen den deutschen Bund forderte eine Augmentation, deren Kosten auf 300,000 Thlr. incl. 60,000 Thlr. Verpflegungskosten für Cavallerie, angeschlagen wurde; indeß sollten 64,000 Thlr. erspart, und vorläufig nur 190,000 Thlr. und jene 60,000 Thlr. bewilligt werden. Schon die Vorfrage, ob diese Vorlage an die Finanzcommission, oder eine besondere Commission verwiesen werden solle, veranlaßte am 12.—14. Februar heftige Kämpfe in zweiter Cammer, wobei dem Präsidenten Wedemeyer die ärgsten Widersprüche mit seinen 1834 aufgestellten Behauptungen nachgewiesen wurden. Er entschuldigte sich damit, er habe sich 1834 geirrt. Man beschloß endlich einen Mittelweg, eine besondere Militaircommission, die ihren Bericht der Finanzcommission zu weiterer Erwägung vorlegen sollte. In diese Commission wurden gewählt: Schatzrath Lang, Sandvos, Wedemeyer, Breusing und Schwers; obgleich Wedemeyers Wahl am 19. Februar heftig angefochten wurde, wegen einer ungültigen Stimme, behauptete er sich im Besitz.

<hr>

*) A. St. VIII. I. 157 und wegen Stade S. 316.
**) A. St. VIII. I. 50 — Vertrauliche Erwiederung vom 24. Juni 1842.

Ende Februar wurde ein Antrag Holtermanns wegen Unzulässigkeit des Rückwirkens der Reformatio in pejus auf frühere Fälle (also auch auf den Fall des Magistrats zu Hannover) abgelehnt, dafür erhoben sich 34 Stimmen. Ein Antrag Breusings, daß zwischen dem Wahlausschreiben und der Eröffnung der Stände jedesmal ein Zwischenraum von 6 Wochen liegen müsse, wurde zwar von zweiter Cammer angenommen, von erster aber abgelehnt. Man begann Ende Februar die Sitzungen erst um 2 Uhr anzufangen, um der Commission Zeit zur Arbeit zu geben.

Durch Schreiben vom 1. März wurde den Ständen die unerwartete Mittheilung, daß die gegen Ende 1840 gemachten Rüstungen, einen Aufwand von 1,361,213 Thlr. verursacht hätten, davon sei eine Million nach Anhörung des Staatsraths, von den Ueberschüssen genommen, in dem Reste von 361,213 Thlr. seien die Kosten der Unterhaltung und Verpflegung der Augmentationsmannschaft und Pferde mit 160,000 Thlr. begriffen. Stände möchten dieses, außer jener Million, die noch erforderlichen 361,213 Thlr. bewilligen. Das war eine Mittheilung, die kräftiger wirkte, als die ausgezeichnetste Oppositionsrede. Man sah jetzt die practischen Consequenzen, daß die Verfassungswirren auf diese Weise gelös't waren, und auch in erster Cammer wurde man stutzig. Der König beabsichtigte eine Reise nach Berlin, und übertrug während seiner Abwesenheit die Leitung der Staatsgeschäfte auf den Kronprinzen, der dadurch ja den besten Beweis seiner Regierungsfähigkeit ablegen konnte.

Die Militaircommission hatte am 4. März den Antrag auf Reduction der Augmentation der Cavallerie gebracht, welcher am 12. März mit eminenter Majorität angenommen wurde. Selbst Ebell und Messerschmidt stimmten, wie damals Zeitungen staunend berichteten, für diesen Antrag. Auch in erster Cammer wurde derselbe mit 24 gegen 15 Stimmen angenommen, und am 19. März ging eine vorläufige Erwiederung an das Königliche Cabinet, die Vermehrung des Militairetats betreffend, in welcher nachgewiesen war, wie die Bundespflicht überschritten sei, an Mannschaft bei der Cavallerie um 142 Mann, an Pferden um 102. Die Königliche Regierung wurde ersucht, die Augmentationsmannschaften und Pferde bei der Cavallerie zu reduciren, da Stände sich bereits überzeugt hätten, daß eine Vermehrung nicht erforderlich sei, der Zustand der Finanzen aber eine sofortige Beseitigung der desfallsigen Ausgabe dringend erheische. *) Die Cammern vertagten sich des Osterfestes wegen, bis zum 29. März.

Im Anfang April sammelten sich die Deputirten sehr langsam, die halben Sitzungen dauerten fort, die Geschäfte selbst gingen sehr schleppend weiter, man beschäftigte sich hauptsächlich mit der Dienstanweisung des Schatzcollegiums, welche die Regierung den Ständen auf wiederholtes Drängen vorgelegt hatte, um Modificationen der Militäraushebungsgesetze und dem Wegebaugesetze. Während der König am 18. April von Berlin zurückkehrte, reis'te der Kronprinz am 24. April in Begleitung des Medicinalraths Spangenberg und verschiedener Hofchargen nach Altenburg, zur Verlobung mit Marie Alexandrine, Tochter des Herzogs Joseph von Sachsen-Altenburg, wie es hieß.

*) A. St. VIII. 1. p. 517.

Am 30. April wurde endlich das Budget von 18ᵘ/₁₂ vorgelegt. Das am 5. Mai begonnene große Brandunglück in Hamburg veranlaßte Stände schon am 12. Mai zu der Bitte an die Regierung, sich damit einverstanden zu erklären, daß die augenblickliche Noth der Stadt Hamburg auf geeignete Weise erleichtert und die desfallsigen Kosten nach dem Ermessen der Regierung zu dem Betrage von 100,000 Thlr. auf die Landescasse übernommen würden. Wie es hieß, war dieser Antrag schon gegen die Ansicht des Königs gefaßt, durch Schreiben vom 11. Juli wurde denn auch den Ständen von der Regierung eröffnet, daß so sehr sie auch den Motiven jenes Vortrages Gerechtigkeit widerfahren lasse, sie doch ihre Zustimmung zu derselben nicht geben könne, da hier von einem Werke der Liebe die Rede sei, welches von der Mildthätigkeit der Einzelnen abhängig bleiben müsse.

Die Witterung vom Mai an neigte sich zu einer enormen, den größten Theil des Sommers andauernden Hitze, welche mit der Ermüdung durch lange Dauer des Landtags nicht wenig dazu beitrug, eine große Flauigkeit der ständischen Verhandlungen zu veranlassen. Nur wo es auf den Geldpunkt ankam, bewiesen sich die Stände schwierig. Die Gesetzentwürfe wegen der Anmeldung, Bestätigung und Eintragung der Contracte, wurden ohne viele Widersprüche erledigt; wenn dabei die ungemein drückenden Bestimmungen der hessischen Contractenordnungen und Gesetze nicht berücksichtigt wurden, so geschah dies lediglich auf Grund der Versicherung des Vertreters der hoyaischen Bauern, daß die Unterthanen in den Aemtern Uchte, Freudenberg und Auburg mit den hessischen Bestimmungen sehr zufrieden seien. — Der Gesetzentwurf, die Errichtung eines temporairen Retardaten-Senats betreffend, fand unter Hervorhebung mehrfacher Bedenken, Zweifel und nicht unbegründeter Vorwürfe gegen die Regierung, die ständischen Anträge vom 24. Juni 1837 unberücksichtigt gelassen zu haben, mit geringen Modificationen Genehmigung; Stände empfahlen zugleich die Pensionirung der im höhern Lebensalter stehenden arbeitsunfähigen Oberappellationsräthe, sich zu Geldmitteln wegen deren Pensionirung bereit erklärend, und ergriffen diese Gelegenheit, Klage darüber auszusprechen, daß durch Fernhaltung der Mitglieder höherer Justizcollegien von der Ständeversammlung, Kenntnisse und Erfahrungen in derselben entbehrt würden, die jenen Personen ihrem Rufe nach im höheren Grade beiwohnen müßten, daran den unter Bezugnahme auf die schon in dem Schreiben, das Landesverfassungsgesetz betreffend, niedergelegte Voraussetzung (Act. St. VI. 3 S. 163) den Antrag knüpfend: daß den öffentlichen Dienern der zum Eintritt in die allgemeine Ständeversammlung erforderliche Urlaub nur dann zu verweigern sein werde, wenn es der öffentliche Dienst unabweisbar fordere.

Das Judengesetz erfuhr, nachdem man in den Cammern sich lange damit herumgequält hatte, ohne es zu irgend einem, den Anforderungen der Zeit und Gerechtigkeit entsprechenden Resultate bringen zu können, eine neue eigenthümliche Behandlung. Die Regierung nahm ihre Propositionen zu den §§ 5, 6, 49, 52 und 53 des Entwurfes zurück und ersetzte dieselben durch noch illiberalere Bestimmungen, von denen hier nur einige hervorgehoben zu werden brauchen, um dieselben zu charakterisiren: die Juden sind von der Ausübung politischer Rechte sowohl in Beziehung auf den

Staat, als auf die Gemeinde ausgeschlossen, insofern nicht an einzelnen
Orten derartige Rechte, gültiger Weise, ihnen bereits eingeräumt worden.
Ebenso bestimmte § 5 zwar die Aufhebung des Schußverhältnisses, ließ
aber die daraus folgenden Leistungen fortbestehen. Ein Jude konnte als
Grundeigenthum nur ein Haus und zwei Morgen Land erwerben. (§ 49).
Obgleich Stände anerkannten, daß manche Bestimmungen hinter der Auf=
gabe der Gesetzgebung zurück zu bleiben schienen, so trösteten sie sich doch
mit der von der Regierung vorgebrachten Grundansicht, daß die Gesetzge=
bung nicht zu plötzliche Veränderungen hervorrufen dürfe, — einer Phrase,
mit der man in der Regel jede Halbheit und Unentschiedenheit, wenn es
sich von Uebergang zu neuen Principien handelt, zu entschuldigen pflegt. —
Es wurden zwar verschiedene Stimmen laut, welche weitergehende Zuge=
ständnisse für die Juden verlangten, allein sie hatten auf keine Majorität
zu hoffen.

Außer dem Geldpunkt selbst, war es eine damit im genauen Zusam=
menhang stehende Angelegenheit, die Befugnisse des Schatzcollegiums, welche
zu einer entschiedenen Differenz zwischen Regierung und Ständen führte.
Das Cabinet hatte durch Verordnung vom 3. Juli 1841 dem Schatzcolle=
gium einseitig eine Dienstanweisung und Geschäftsordnung ertheilt, durch
welche es das Schatzcollegium sich gänzlich unterzuordnen und ihm eine
Stellung gleich einer Mittelbehörde zu geben versuchte, obgleich die Stände
von 1840 bei Berathung des Verfassungsgesetzes ausdrücklich befürwortet
hatten, daß die Dienstanweisung der ständischen Beschlußnahme bedürfen
werde. Das Schatzcollegium, in welchem die Regierung nur eine, zu allem
was sie wünschte unbedingt bereite Persönlichkeit hatte, den Generalsecretair
Hartmann, dessen Thaten von Breusing in zweiter Cammer an das Licht
gezogen wurden, glaubte aber dieser Dienstanweisung, weil sie ohne stän=
dische Zustimmung erlassen war, die Befolgung in mehreren Punkten ver=
weigern zu müssen und kam namentlich in Conflict mit der Regierung,
weil es die, in das nicht bewilligte Budget pro 18^{11}/$_{42}$ aufgenommene
Summe von 105,138 Thlr. für Chausseebauten, nicht anweisen wollte.
Dieser Conflict ging so weit, daß man dem Schatzcollegio drohte, diese
Gelder aus den Kreiscassen zu nehmen, wenn dasselbe solche nicht inner=
halb 14 Tage anweise. Die Schatzräthe veranlaßten nun in den Cammern,
unter Verheimlichung dieser Androhung, eine ständische Nachbewilligung,
zugleich aber hatten sie die Aufmerksamkeit der Stände auf ihre Dienstan=
weisung gelenkt, weshalb diese schon durch Schreiben vom 23. December
1841 beantragten, daß es dem Cabinette Sr. Majestät gefällig sein wolle,
baldthunlichst über diesen Gegenstand eine Mittheilung an die Stände
gelangen zu lassen. Als 4 Wochen später eine solche Mittheilung nicht
erfolgt war, erneuerten Stände ihre desfallsigen Anträge durch Schreiben
vom 24. Januar. Als darauf diese Dienstanweisung mitgetheilt war, unter=
zogen Stände dieselbe der dreimaligen Berathung, als einen Gesetzentwurf,
und sahen sich zu mehrfachen Abänderungen und Zusätzen veranlaßt, durch
welche sie dem Schatzcollegio in der That erst eine Stellung als ständische
Behörde verschafften. Die Erfahrungen, die das Schatzcollegium in der kur=
zen Zeit seines Bestehens gemacht hatte, wurden dabei zu Rathe gezogen

und die Dienstanweisung gänzlich im Sinne des Schatzcollegiums selbst modificirt.

Die Conflicte in Beziehung auf das Budget und die Finanzen waren mehrfacher Art. 1) Ueber den Zeitpunct, von welchem die Cassentrennung anfing. Das Cabinet berechnete den Anfang der Cassentrennung vom 1. Juli 1840, obgleich die Stände von 1840 nur ein gemeinschaftliches Budget bewilligt hatten, die Stände dagegen vom 1. Juli 1841 von der Inslebenrufung des Schatzcollegii. Obgleich nun die Regierung diese Ansicht der Stände als eine irrige darzustellen bemüht war, beharrten diese doch mit Entschiedenheit bei ihrer Ansicht und ersuchten das Cabinet, sich mit derselben einverstanden zu erklären und solcher durch Mittheilung der noch fehlenden Cassenübersichten an das Schatzcollegium geneigte Folge zu geben. *) 2) Ueber die Verwendung der Ueberschüsse. Dahin gehörten zunächst die Verwendungen zum Schloßbau. Die Regierung hatte dazu schon 1837—38, 130,000 Thlr. ohne ständische Genehmigung verwendet, welche indeß nachbewilligt waren, und 1838, den auf 10 Jahre zu vertheilenden Bedarf auf 800,000 Thlr. angeschlagen, so daß bis 1848 jährlich 80,000 Thlr. verwendet werden sollten. Durch Schreiben vom 28. Februar trug nun das Cabinet auf 1 Million Thaler zu Schloßbauten an und erklärte zugleich, daß man zur schnelleren Vollendung außer den pro 1841—42 bewilligten 160,000 Thlr. noch 270,000 Thlr. von den Ueberschüssen verwendet habe. Stände bedauerten, zu größeren Opfern als den ursprünglich beabsichtigten von 800,000 Thlrn., für diese, so weit sie überall bestehe, nur vorübergehende Ausgabeverpflichtung sich nicht entschließen zu können und verweigerten die Genehmigung der ohne ihre Zustimmung gegebenen Verwendungen von 270,000 Thlr. und die außerdem noch geforderten 570,000 Thlr. zu Einrichtung und Bau des königlichen Schlosses, und zwar um so mehr, als sie die inneren Einrichtungen des Schlosses für eine auf der Landescasse ruhende Abgabe nicht halten könnten. Die nichtbewilligten, aber verwendeten 270,000 Thlr. sollten in der Weise von der königlichen Casse wieder eingezogen werden, daß man von den schon bis 1847 zum Schloßbau bewilligten Summen jährlich 54,000 Thlr. abziehe. Das war der stärkste Beschluß, der in so naher Beziehung zu dem Könige selbst, von den Ständen je gefaßt wurde. **)

Nicht viel glücklicher war das Cabinet ferner mit den Ausgaben für die Kriegsrüstungen. Wie schon erwähnt, forderte das königliche Schreiben vom 1. März für die 1840 geschehenen Rüstungen und Augmentation des Heeres als einmalige Bewilligung 1,296,000 Thlr. Daneben aber eine dauernde Erhöhung des Militairetats von jährlich 186,630 Thlr. Nur mit vieler Mühe gelang es indeß, die Stände zur Nachbewilligung der Ausrüstungs- und Augmentationskosten, soweit sie schon verausgabt waren (etwa 809,000 Thlr.) und zu einer Erhöhung des Militairetats um jährlich 13,500 Thlr. für bundesgesetzmäße Vermehrung der Infanterie und Artillerie, so wie endlich auf 4 Jahre 21,000 Thlr. für den Generalstab zu erlangen; alle übrigen Bewilligungen wurden geweigert. ***) Hinsichtlich beider ohne stän-

---

*) St. A. VIII. 1. S. 526, 541, 799, 1021.
**) St. A. VIII. 1. 335, 723.
***) Daselbst S. 177, 369, 517, 631, 810, 699.

diſche Genehmigung gemachten Verwendungen, erklärten Stände in ihrer
Erwiderung vom 5. Juli 1842: daß die in den letzten Jahren ohne Bewilligung der Stände vorgenommenen Verwendungen aus den Ueberſchüſſen
der Landescaſſe m i t den deßfallſigen Beſtimmungen des Landesverfaſſungsgeſetzes nicht im Einklange ſtänden, und ſprachen ſie
die zuverſichtliche E r w a r t u n g aus, daß ähnliche Verwendungen in Zukunft
nicht wieder eintreten würden. Um dies noch mehr zu ſichern, überwieſen
ſie ſämmtliche Ueberſchüſſe der Generalſteuercaſſe ſowohl für die Vergangenheit als das Rechnungsjahr 1841—42 den Eiſenbahnen zur ſofortigen Nutz-
barmachung, und hoben dadurch die Schädlichkeit ihres Beſchluſſes wegen
der Eiſenbahnanleihen zum Theil auf. *)

3) Die Regierung hatte beantragt, die königliche Landgensd'armerie
um 106 Mann und 22 Pferde zu verſtärken. Stände erklärten ſich mit
dieſer Augmentation nur theilweiſe einverſtanden, indem ſie zur Berückſich-
tigung des platten Landes nur eine Augmentation der unberittenen Gens-
d'armen um 65 Mann für nothwendig hielten und dafür jährlich etwa
12,000 Thlr. bewilligten. Es war dabei von Ständen zur Begründung
ihrer Anſicht auf eine zweckmäßig erſcheinende Dislocation der Landgens-
d'armerie Bezug genommen. **)

4) Auch das Budget für 1842—44 bot zu mannigfachen Differenzen
Veranlaſſung, wobei Stände um ſo ſorgfältiger zu Werke gehen zu müſſen
glaubten, als hier das erſt e Budget der wieder getrennten Caſſen vorlag,
und ſeit 1837 keine eigentliche Budgetprüfung ſtattgefunden hatte, vielmehr
immer nur dieſes Budget prolongirt war bis auf 1841—42, wo der Fall
eines unbewilligten Budgets vorlag. Zunächſt war hier von Wichtigkeit ein
Principienſtreit über die Form des aufzuſtellenden Budgets. Während nämlich das Cabinet das Budget in den möglichſt allgemeinſten Kategorieen aufgeſtellt hatte, bemühten ſich die Stände zu ſpecialiſiren, um dem Schatzcollegio bei den von denſelben zu ertheilenden Anweiſungen nähere Anhalts-
puncte zu geben und ließen auch dem Schatzcollegio beglaubigte Abſchriften
von den der Finanzcommiſſion mitgetheilten Specialetats zukommen. Um ein
Beiſpiel anzuführen, nach dem die Sache verſtändlich wird. Die Nr. 14
des Budgets: Miniſterium der geiſtlichen Angelegenheiten, hatte einfach aufgenommen die Rubrik für Schulen: 18,579 Thlr. 10 Ggr. Die Stände
ſpecialiſirten in ihrer Bewilligung: auf Gymnaſien 7273 Thlr. 19 Ggr.,
auf Parochialſchulen 11,305 Thlr. 15 Ggr., zuſammen 18,579 Thlr. 10 Ggr.
Auf die einzelnen Modificationen des Budgets ſelbſt einzugehen, möchte hier
überflüſſig ſein. Dagegen muß hervorgehoben werden, daß die Oppoſition
in den Cammern es zu Steuererleichterungen nicht bringen konnte. In der
Vorrede zum 4. Bande des Portfolio war darauf aufmerkſam gemacht, daß
die Steuern durch die Geſetzgebung von 1834 und durch den Steuerverein um
mehr als 300,000 Thlr. höher geſtiegen als der Bedarf und daß der Paſſiv-
etat durch eine zu ſtarke Schuldentilgung ſich um jährlich 485,000 vermindert habe, ſo daß das Land eine Erleichterung von 685,000 Thlr. jährlich
erwarten könne. Es war darauf hingewieſen, daß man durch Aufhebung
oder Verminderung nachtheiliger und drückender Steuern, wie die Bier-,

---

*) St. A. VIII. S. 859.
**) St. A. VIII. 1. 102, 699.

Salz=, Mahl=, Schlacht= und die Häusersteuer, dem Lande das verschaffen könne, was ihm gebühre, dann werde auch das Cabinet empfinden, daß die Regierung des guten Willens bedürfe. Es fehlte nun nicht an Anträgen auf solche Steuererleichterungen, allein nicht einmal die wenig eintragende, durch ihre Controle so sehr belästigende Biersteuer wurde aufgehoben. Stände entschuldigten diese Nichtaufhebung aber gleichsam durch die Verträge mit den Vereinsstaaten und lenkten die Aufmerksamkeit der Regierung auf die Möglichkeit einer Aufhebung der Biermonopole. Die Nichterleichterung durch Steuern entschuldigte sich aber zum Theil durch die zweckmäßige Verwendung, welche die Stände den Einnahmen gaben. Dieselben lehnten mit Recht die von der Regierung proponirte Anleihe von 3 Millionen für Chausseebauten ab, bewilligten dagegen aber an Vergütung für die weggefallenen Chausseedienste 140,000 Thlr., zum Neubau für Chausseen 300,000 Thlr., für Landstraßen und Gemeindewege 100,000 Thlr., also jährlich mehr als ½ Million. Es war nur zu bedauern, daß die Stände sich mit allgemeinen Voraussetzungen bei diesen Bewilligungen begnügten, unter andern der: daß vorzugsweise für die Instandsetzung der Chausseen in den Landestheilen Sorge getragen werde, in welchen bisher am wenigsten Chausseen gebaut worden und denen die Eisenbahnen nicht zu Gute kommen. Wie wenig das Cabinet sich an solche Voraussetzungen kehrte, wenn es einen Lieblingswunsch des Königs zu erfüllen galt, z. B. schneller nach seinem Gardehusarenregimente in Verden gelangen zu können, beweis't z. B. der Bau der Chaussee von Rienburg bis Verden, welche fast gleichzeitig mit der Eisenbahn vollendet wurde und seitdem brach liegt. Stände wagten in dem Budgetschreiben die bescheidene Bitte auszusprechen, daß bei Veröffentlichung der Auszüge aus den ständischen Protocollen die Namen der Votanten mit gedruckt werden mögten.

5) Von großer principieller Bedeutung war endlich der Conflict der Stände mit der Regierung wegen Nachbewilligung des Budgets von 1841—42. Durch die Schatzräthe aufmerksam gemacht, daß die Regierung die Anweisung verschiedener Ausgabepositionen durch das Schatzcollegium verlange, von denen dieses der Ansicht war, daß sie einer Nachbewilligung der Stände bedürften, indem die Voraussetzungen der §§ 155 und 156 des Landesverfassungsgesetzes dabei nicht einträten, erbaten sich Stände am 12. April das laufende Ausgabebudget behuf ständischer Nachbewilligung. Die Regierung theilte den Ständen zwar mittelst Schreibens vom 30. April das Budget mit, sprach aber aus, daß es einer ständischen Nachbewilligung der Ausgaben überall nicht bedürfe, da die oben erwähnten §§ der Verfassung im Falle nicht bewilligten Budgets und der Auflösung der Stände die Befugniß ertheile, die forterhobenen Steuern zur Erfüllung der Bundespflichten und für die verfassungsmäßigen Bedürfnisse der Regierung und des Landes verwenden zu lassen. Stände erklärten dagegen unter dem 20. Juni, daß sie zwar anerkennten, daß es einer Nachbewilligung der im § 150 des Landesverfassungsgesetzes hervorgehobenen Ausgaben, welche auf einer bestimmten bundes= oder landesgesetzlichen oder privatrechtlichen Verpflichtung beruhten, desgleichen der Ausgaben zu Regierungsbedürfnissen, welche durch eine noch fortlaufende ständische Bewilligung im voraus anerkannt seien, nicht erforderlich sei, — alle übri=

gen Ausgaben aber der Nachbewilligung bedürften. Als solche der Nachbewilligung bedürfenden Ausgaben bewilligten denn Stände namentlich die
Positionen für Schulen. Die Zuschüsse behuf Canal- und anderen großen
Wasserbauten, die für Chaussee- und Wegebau aufgenommenen Summen,
die Positionen behuf der Gemeinheitstheilungen, die für Manufacturen,
Handel und Gewerbe angesetzten 25,000 Thlr. und mehrere einzelne Posten aus dem Pensionsetat. *)

In allen diesen Punkten hörte man wenig von Collusionen beider Cammern; es hat vielleicht niemals eine Diät gegeben, in welcher die erste
und die zweite Cammer so gut harmonirten, als in dieser Diät, von 18¹¹/₁₂.
Das kam aber daher, weil die erste Cammer in allen diesen Geldpuncten
strenger war als die zweite Cammer, und weil die Schatzräthe in erster
Cammer, welche den Finanzpunct hauptsächlich wahrten, mit denen zweiter
Cammer in allen Hauptpuncten übereinstimmten. Daher zeigte sich die
erste Cammer, sobald nur Principien in Frage kamen, Anträgen geneigt,
welche ihnen, der dabei interessirten Personen wegen, sonst nicht genehm gewesen wären. So erklärten Stände auf die Anzeige, daß gegen Stüve
und Breusing, wegen ihrer Wirksamkeit bei den osnabrückschen Provinziallandtagen, im disciplinarischen Wege Untersuchung eingeleitet sei, daß
sie der Ansicht sein müßten, daß die Mitglieder einer Provinziallandschaft wegen ihrer ständischen Wirksamkeit im disciplinarischen Wege nicht
zur Verantwortung gezogen werden könnten und dabei ein Unterschied, ob
der Einzelne, kraft seines Amtes (als Bürgermeister) oder in sonstiger Eigenschaft, zur Theilnahme berufen sei, nicht eintreten könne, weshalb sie
die Regierung ersuchten, von der eingeleiteten Untersuchung abzustehen.

So waren beide Cammern auch übereinstimmend in der Frage wegen
Zulassung der Deputirten Dr. Meyer, Dr. Christiani, des Advocaten Buddenberg; erbaten Aufklärung wegen der Anstände, die die Wahlen des Dr.
Westrum, Meyers, Heinrich Holsts, gegeben hatten, selbst nachdem diese Deputirten zum Theil zugelassen waren, zum Theil resignirt hatten, um dem
Cabinette zu zeigen, daß man keinerlei Willkürlichkeiten in dieser Beziehung
dulden würde.

Am 9. Juli waren sämmtliche ständische Schreiben, mit deren Redaction, unter Umgehung Hartmanns, der Generalsecretair zweiter Cammer,
Schatzrath Merkel, betraut war, an die Regierung abgegangen und man
erwartete mit so großer Sicherheit eine Vertagung, als einentheils der König nach Ems abgereist war, die Geschäfte erledigt waren, die Diät nun
schon in den achten Monat dauerte, und anderntheils über 30 Deputirte
in der Erwartung dieser Vertagung schon nach Hause gereist waren: als
am 9. Juli ein Königliches Schreiben eintraf, welches die Beschlüsse hinsichtlich der Augmentation der Landgensdarmerie verwarf; am 11. Juli gingen eine Reihe ähnlicher Rejectorien ein, 1) eine unbedingte Zurückweisung
der ständischen Beschlüsse hinsichtlich der Instruction des Schatzcollegiums;
2) eine Zurückweisung der Anträge wegen der Polizeicommission zu Stade;
3) desgleichen wegen des Anfangs der Cassentrennung; 4) eine Erklärung
der Regierung, daß es einer Nachbewilligung irgend welcher Ausgaben pro

---

*) St. A. VIII. 1. 535—607. 802. 1022.

18¹¹/₁₂ nicht bedürfe; 5) die schon oben erwähnte Rückantwort wegen der Bewilligung für Hamburg. — Ueber eine derartige Behandlung der Stände war man von allen Seiten, besonders aber in erster Cammer erbittert und dort zu den extremsten Beschlüssen bereit, weshalb man einen Vertagungs= antrag der auf 50 Mitglieder zusammengeschmolzenen zweiten Cammer ab= lehnte. Am 12. Juli traf denn auf die frühere Anfrage der Stände, weshalb die vierte Stelle eines ordentlichen Schatzraths noch nicht besetzt sei, eine Antwort ein, daß dieß lediglich Schuld der Osnabrücker Provin= ziallandschaft sei, deren nachsitzende Curien der Städte und freien Grund= besitzer unzweifelhaft das Bestreben an den Tag lege, der Ausübung des Präsentationsrechts sich zu begeben und die Vornahme einer gültigen Wahl zu hindern. Gegenwärtig hätten indeß Se. Majestät zu beschließen geruht, der Osnabrüdschen Provinziallandschaft nochmals Gelegenheit zu geben, von ihrem Präsentationsrechte Gebrauch zu machen.

Die Stände erledigten nun noch einen kurzen Gesetzentwurf, einige Ver= änderungen in dem Prozeßverfahren bei dem Oberappellationsgerichte betref= fend, vertheidigten sich gegen den Vorwurf einer Ueberschreitung ihrer Be= fugnisse, der ihnen wegen Mittheilung ihrer Ansichten in Betreff der Dis= location der Landgensdarmerie gemacht war, und empfingen dagegen am 14. Juli noch einige Antwortschreiben derart, von denen man sagt, daß man sie nicht hinter den Spiegel zu stecken pflege, indem die ständischen Ansich= ten und Anträge 1) die Wahl des Deputirten Buddenberg betreffend, 2) die Anordnungen in der Form des Budgets betreffend, 3) den Anfangs= punkt der Abrechnung wegen der Ueberschüsse betreffend, für fehlsam und irrig erklärt wurden. Nach Vorlesung dieser Schreiben, wurden die Stände vertagt, wozu der König schon am 30. Juni dem Cabinetsminister von Schele den Auftrag gegeben hatte, mit Disposition desselben über den Zeit= punkt. In welcher Stimmung die Stände die Residenz verließen, läßt sich denken. Ueber das Verhalten des Präsidenten zweiter Cammer wurde mehr= fach Klage geführt. Usurpation hinsichtlich der Tagesordnung, Vertheilung einer gedruckten Widerlegung des Stüve'schen Finanzexposé, ohne das Re= latum, mit der Entschuldigung, die vertheilte Schrift nicht gelesen zu ha= ben, das Manöver den Richters Antrage über die Reverse, diesen erst gar nicht, dann in einer Zeit auf die Tagesordnung zu bringen, wo er fallen mußte, Anmaßung bei der Verhandlung über die Wahl Lobbers, halb und dreiviertel Sitzungen, um die Nichtvertagung vor Weihnachten zu rechtfer= tigen, wurden ihm von der Opposition zur Last gelegt, während die perpe= tuirlich erhöhte geistige Stimmung, in der er sich befand, auch von Seiten der Mitglieder des Cabinets ungern beobachtet wurde.

Die Entscheidung der meisten wichtigen Fragen lag in dieser Diät in der Hand einer sehr kleinen Anzahl Deputirten zweiter Cammer, welche eine Art Centrum bildeten, zu ehrlich waren, um mit dem Cabinette durch dick und dünn zu gehen, und doch nicht Muth genug hatten, ehrlich und offen auf die Seite zu stehen, wohin Herz und Einsicht sie trieb, man nannte sie wohl die Bürgermeisterpartei, und rechnete dahin den Bürgermeister Eggers für Alseld, Bürgermeister Softmann für Elze, Senator Friese für Nordheim, Kaufmann Hildebrand für Münden, Kaufmann Ehlermann für Rotenburg, u. a. In einzelnen Fällen stimmten auch Gutsbesitzer Dörrbeder von den

Hoyaischen Freien und Hofbesitzer Sieling aus Landesbergen mit der Oppo=
sition. In den letzten Tagen vor der Vertagung war, wenn man die
Leute außerhalb der Cammer reden hörte, alles oppositionell.

Ende Juli wurde die Verlobung des Kronprinzen officiell bekannt ge=
macht, in Abwesenheit des Königs. Bei der Gratulationscour wollte man
einen Unterschied in der Behandlung der Aufwartenden (z. B. Canzleidirec=
tor, Schatzräthe, Cammerräthe) je nach dem Grade der bewiesenen Ergeben=
heit bemerkt haben. — Am 20. August wurde eine Generalordre wegen
der Augmentationsmannschaft veröffentlicht, die mit den ständischen Beschlüs=
sen nicht übereinstimmte. Im Publico circulirten Gerüchte von einem
Proteste der Agnaten in Frankfurt, auch wollte man wissen, daß Oesterreich
Amnestie verlange.

Der König reiste am 28. August nach dem Rhein, am 7. September
erschien ein Bülletin wegen Erkrankung desselben in Düsseldorf, wonach der
König sich indeß wieder auf Besserung befand. Von der Osnabrückschen
Provinziallandschaft wurde der Canzleirath Lehzen zum Schatzrathe erwählt.

Der König war gegen den 20. September zurückgekehrt, befand sich
aber fortwährend leidend, mindestens ließ sich derselbe auf keinerlei Geschäfte
ein. So wurde auch eine Deputation von zehn notablen Bürgern
(Roese, Sturzkopf, u. s. w.), welche in einer Audienz um Frieden mit der
Stadt bitten wollten, vom Generaladjutanten v. Düring hingehalten, weil
der König noch zu schwach sei. Die Deputation wurde erst Ende October
angenommen, erhielt aber gleichsam einen Verweis. — Man wollte von
Ernennung einer geheimen Commission wissen, die den Anschluß an den
Zollverein berathen solle. Der Preußische Geschäftsträger sollte damals zu
einem angesehenen Mitgliede erster Cammer geäußert haben, man müsse
temporisiren, beim Eintritt eines Todesfalls, von dem damals mehr als
sonst gesprochen wurde, sei wohl Abhülfe zu hoffen, da man jetzt in Berlin
einsehe, daß man in den Hannoverschen Sachen bei dem Bundestage das
Rechte nicht getroffen habe. Wir können die Wahrheit dieses Gerüchtes
nicht verbürgen, uns genügt zu constatiren, daß es bestand, und daß
manche Patrioten damals zuerst an eine Anlehnung an Preußen dachten,
wie umgelehrt Preußen zu dem Bewußtsein kommen mußte, daß es seiner
eigensten Politik entgegengearbeitet habe, als es mit Oesterreich den Anträgen
von Baiern, Würtemberg und Sachsen beim Bundestage entgegenstritt,
und daß es den Mittelstaaten eine wohlfeile Popularität habe verschaffen
helfen, unter deren Deckmantel namentlich König Ludwig von Baiern in
eigenem Lande eine Finanzwirthschaft trieb, viel schlimmer als sie die
Hannoveraner abwenden wollten. Dahlmann's Anstellung in Bonn durfte
als ein öffentliches Zeugniß dieser Gesinnungsänderung Preußens angese=
hen werden.

Unter dem 12. October war dem Schatzcollegio eine vom Könige unter=
zeichnete neue Instruction zugegangen, also waren die ständischen Beschlüsse
in dieser Beziehung ignorirt. Das Schatzcollegium beschloß zunächst die
außerordentlichen Schatzräthe einzuberufen, und als diese im December mit
tagten, beschloß man einstimmig, die neue Instruction abzulehnen und da=
gegen zu remonstriren. Lehzen wurde um diese Zeit, drei Monate nach
seiner Wahl, bestätigt. So ging das Jahr zu Ende. Der König brachte

einige Zeit im December auf der Jagd in Göhrde zu, der geladene hohe Besuch war indeß nicht erschienen.

Das Jahr 1843 begann und blieb in seinem Verlaufe ohne politische Bedeutung. Anfangs Januar reis'te der König nach Dessau, wohin ihm der Kronprinz folgte, und von da nach Berlin. Der Oberappellationsrath v. Leuthe wurde zum Bundestagsgesandten ernannt. In Preußen neigte sich Alles mehr zum Rückschritt, die Leipziger allgemeine Zeitung wurde in Preußen, in Sachsen die deutschen Jahrbücher verboten. Hoffmann von Fallersleben wurde ohne Pension abgesetzt, die Rheinische Zeitung, der Sammelplatz aller oppositionellen Elemente, nicht nur in Preußen, sondern in ganz Deutschland, war gezwungen, ihren Redacteur, den Buchhändler Renard, zu wechseln und den Dr. Rutenberg als Mitredacteur und hauptsächlichsten Arbeiter zu beseitigen. Indessen merkte man keine Aenderung in der Tendenz des Blattes. Auch die Aenderung des Censors half nicht. Im Januar 1843 entschloß man sich zu der exorbitanten Maaßregel, die Censur selbst noch einmal unter die Censur des Regierungspräsidenten von Gerlach zu stellen. Dies Alles wirkte mit ungemeinem Druck auf Hannover, das sich durch die ständische Opposition von 1842 wieder etwas erleichtert und hoffnungsvoller gefühlt hatte. Ein einzelner Lichtblick, wie die Freisprechung Dr. Jakoby's wegen der vier Fragen, vom Appellationssenate des Cammergerichts zu Berlin, konnte diesen Eindruck um so weniger mindern, als die verweigerte Mittheilung der Entscheidung nebst Entscheidungsgründen wiederum etwas war, von dem man in Hannover gar keinen Begriff hatte. In Hannover selbst ward Breusings Freisprechung ein für die ständische Redefreiheit sehr wichtiges Ereigniß, weshalb wir den Fall in der Kürze mittheilen.

Das Justizministerium v. Stralenheim hatte unter dem 24. Juni 1842 den Kaufmann Breusing bei der Justizcanzlei in Hannover denuncirt, daß er in der Sitzung vom 4. Juni in zweiter Cammer der allgemeinen Ständeversammlung geäußert habe: daß, da mehrere an des Königs Majestät gerichtete Petitionen uneröffnet zurückgekommen seien und nicht anzunehmen stehe, daß Se. königliche Majestät der König das verfassungsmäßige Recht der Bitte zu schmälern gesonnen sei, jene Zurückjendung nur leichtsinnigen und gewissenlosen Räthen oder Umgebungen zugeschrieben werden könne. Das Justizministerium fand in dieser Aeußerung eine Majestätsbeleidigung, jedenfalls eine Amtsehrenbeleidigung. Die Justizcanzlei hielt sich nicht competent und verwies dieselbe an das Stadtgericht zu Hannover, welches in den Aeußerungen weder das Verbrechen der beleidigten Majestät noch der beleidigten Amtsehre, noch überhaupt eine ex officio zu untersuchende Beleidigung fand, und sich deshalb nicht befugt erachtete, ex officio eine Untersuchung einzuleiten. Auf Beschwerde des öffentlichen Anwalts erkannte die Justizcanzlei, daß zu einer Untersuchung wegen Majestätsbeleidigung keine Veranlassung vorliege, dagegen es doch den Anschein gewinne, daß falls wirklich Breusing geäußert: „daß die Zurücksendung uneröffneter an den König gesandter Petitionen leichtsinnigen und gewissenlosen Räthen oder Umgebungen zur Last falle" wie Anwalt (Dommes) geäußert, eine Amtsehrenbeleidigung vorliege. Sie wies das Stadtgericht daher durch Rescript vom 20. Juli 1842 an, Untersuchung deshalb einzuleiten. Diese wurde eingeleitet, **Dr.** Messerschmidt, der sich in jener Sitzung gegen Breusing ereifert, Obersteuerrath Klenze, Canzleirath Hoppenstedt u. A. als Zeugen vernommen. Das Stadtgericht sprach Breusing in einem am 14. November 1842 eröffneten Erkenntnisse völlig frei. In der Berufungsinstanz wurde Breusing von königlicher Justizcanzlei zu Hannover jedoch durch Erkenntniß vom 23. Januar 1843 zu vierzehntägigem Staatsgefängniß verurtheilt, durch Erkenntniß des Oberappellationsgerichts auf eine von Stüve einge= reichte Vertheidigung jedoch ausgesprochen: daß wegen der vom Appellanten in der zweiten Cammer am 4. Juni 1842 und als Mitglied dieser gesche= henen Aeußerung eine Untersuchung von Amtswegen nicht stattfinde und daher die Untersuchung zu beseitigen, Appellant auch von der wider ihn erkannten Strafe frei zu sprechen sei. In den Entscheidungsgründen waren die Stüve'schen Deductionen hinsichtlich der Redefreiheit der Ständemitglieder ausführlich anerkannt und die Redefreiheit als ein Vorrecht der Mitglieder der Ständeversammlung dargestellt, der § 102 des Landesverfassungsgesetzes in diesem Sinne interpretirt, da derselbe nur mit veränderten Worten die Bestimmungen des § 5 des Reglements vom 14. December 1819 wiedergebe.

Die Acten dieses Processes sind von Damme veröffentlicht. *)

Am 18. Februar sollte die Hochzeit des Kronprinzen mit großem Glanze gefeiert werden. Ein Erlaß an die Ober= und Mittelbehörden, daß ihnen gestattet werde, durch Deputationen bei dieser Gelegenheit zu gratu= liren, daß jedoch die Theilnahme an den folgenden Hoffesten durch die Hoffähig= keit bedingt sei, erregte unter der betheiligten Staatsdienerschaft so allgemeine Unzufriedenheit, daß man sich genöthigt sah, dieselben nach 8 Tagen zurück zu nehmen. Die Zurüstungen zu den Festlichkeiten waren großartig; ein Fackeltanz von 12 Excellenzen, wozu Gesandter v. Wangenheim aus Paris zurückkehrte, sollte den Mittelpunct derselben bilden. Auch die Bürger der Residenz bereiteten große Empfangsfeierlichkeiten vor, hofften sie doch zuver= sichtlich bei dieser Gelegenheit eine allgemeine Amnestie. Am 17. Februar Nachmittags fand der Einzug der Prinzessin Marie unter Ehrenpforten, Volksjubel, Illumination und Feuerwerk Statt. Am folgenden Tage, Abends 7 Uhr, die Vermählung in der Schloßkapelle, wobei Hunderte von Geladenen ausgeschlossen wurden, weil sie sich in der langen Reihe verspä= tet. In der Hannoverschen Zeitung vom Abend Hunderte von Orden und neuen Titeln, aber keine Amnestie. Indessen kam Ende Februar die Am= nestie von drei Göttinger Gefangenen, zu deren Begünstigung vor den drei noch übrigen ein anderer Grund als Wedemeyer und Falke's Protection kaum vorlag. Die Hannoverschen amtlichen Nachrichten vom 2. März bestä= tigten, womit das Gerücht sich schon längst herumgetragen, die Entlassung und wie es schien, eine ungnädige, des Geheimen Cabinetsraths v. Lütken. Er war als erster Beamter nach Harburg versetzt; an seine Stelle trat der bisherige Cammerrath Graf v. Kielmansegge. Zugleich wurde der Regie= rungsrath v. Marschalk (der Schwarze) zum Landdrosten in Aurich ernannt; eine Persönlichkeit von großer Entschiedenheit, welche jüngst in Osnabrück mancherlei Conflicte im socialen Leben hervorgerufen hatte. Zum Chef der

---

*) Hitzig's Annalen deutscher Criminalrechtspflege Band 29, Novemberheft 1844, S. 153–293 — auch nebst der Vertheidigung Stüve's und dem Gutachten Ritter= meiers im Separatabdruck erschienen.

Eisenbahndirection und der Generalwegecommission wurde neben Hausmann und Hartmann der Cammerrath Hagemann ernannt, der diesen technischen Dingen vollkommen fern stand. Der König weilte abermals von Anfang März bis Mitte April in Berlin. Ob die dortige Anwesenheit mit der Sicherung der Thronfolge für den Kronprinzen im Zusammenhang stand, wie das Gerücht wissen wollte, wird sich wohl erst in späteren Zeiten mit Sicherheit herausstellen.

Anfangs Mai wurde in einem Ministerconseil unter Vorsitz des Königs definitiv entschieden, daß eine Zolleinigung mit Preußen nicht stattfinden solle. Preußen hatte den Anspruch Hannover's auf ein Präcipuum entschieden abgelehnt. Damit waren die meisten nördlichen Landestheile sehr zufrieden, in Osnabrück, Göttingen und Grubenhagen wie dem Harz, die allenthalben vom Zollvereine umschlossen und behandelt waren, hätten viele Einzelne den Anschluß gern gesehen, wie auch aus Ostfriesland Stimmen dafür waren, theils wegen alter Sympathieen für Preußen, theils weil die Unter-Ems sich das Handelsgebiet der obern Ems bis zum Rheine eröffnet sehen wollte. Im Ganzen aber waren die Hannoveraner für die Absonderung und Isolirung Hannovers von dem wohl schon seit länger als 1806 verhaßten Preußen, die Zünftler fürchteten die Preußische Gewerbefreiheit, die Beamten sehr erhöhte Consumtionssteuern und keins von den vielen Büchern des damaligen Archivsecretairs Gustav Zimmermann ist beliebter gewesen, als seine Predigten von den Dächern gegen den Anschluß.

Am 12. Mai wurde dem Magistrate der definitive Spruch des Tribunals eröffnet, welcher zur großen Freude der Betheiligten und ihrer Freunde das Erkenntniß der Justizcanzlei pure bestätigte und die furchtbaren Schärfungsanträge des Fiscals auf 10 Jahre Zuchthaus u. s. w. gänzlich zurückwies.

Man war nun nach den früheren abgebrochenen Verhandlungen namentlich gespannt, was Rumann thun würde und befürchtete, daß er nach seiner charakter- und principienlosen Art der Sache eine schmähliche Wendung geben würde. Das geschah denn auch. Nachdem der Magistrat und das Bürgervorstehercollegium seinen Vorschlag, persönlich in corpore den König demüthig um Verzeihung und um Rumann's Wiedereinsetzung zu bitten, abgelehnt, giebt er unter der Entschuldigung, Magistrat und Stadt lasse ihn im Stich, bei dem Minister Wisch freiwillig seine Dimission unter der Bedingung, daß seine Existenz gesichert werde. Da man auf diese Weise jeden weiteren Eclat vermied, die immerhin bedenkliche Dazwischenkunft des Staatsraths nicht brauchte, so kam dies dem Cabinette sehr erwünscht, und der König abstrahirte auch von seiner ersten Voraussetzung, daß Rumann mit seiner Pension die Stadt verlasse. Obgleich nun dieser Schritt nicht geheim geblieben war, reichte der Magistrat sowohl als das Bürgervorstehercollegium am 13.—14. eine Petition bei dem Cabinette ein, worin ersterer unter Anerkennung seiner Verurtheilung und unter Bedauern über die unfreiwillige Verletzung der Regierung, dringend um Rumann's Wiedereinsetzung gebeten war. Rumann kam dagegen, wie er bei der Verhandlung mit v. d. Wisch versprochen, mit seinem Entlassungs- und Pensionsgesuche bei dem Magistrate ein. Da indeß Rumann noch sehr wohl dienstfähig war, und die Gründe der Suspension nach dem Erkenntnisse in Nichts zusammengeschrumpft waren, so waren

die Gewissenhaften dafür, daß man den Stadtsäckel mit dieser Pension nicht
belasten dürfe, obgleich es nicht an einer Partei Schwacher und Kleinmüthiger
fehlte, welche dieses Opfer ohne Weiteres bringen wollten, damit nur nicht,
wenn man dem Könige demnächst aus dem Magistrate selbst Candidaten zu
der Stelle vorschlüge, diese unter dem Vorwande, sie seien in Criminal=
untersuchung gewesen, zurückgewiesen würden. In der Plenarsitzung siegte
jedoch die erstere Partei. Man lehnte die Entlassung und Pensionirung
Rumanns ab, und wiederholte die Bitte um dessen Wiedereinsetzung. Auch
die Bürger selbst petitionirten in diesem Sinne. Am 27. Mai ging ein von
v. d. Wisch contrasignirtes Rescript (die Cabinetsmitglieder hatten sich als
bei der Sache betheiligt der Theilnahme enthalten) an den Magistrat, des
wesentlichen Inhalts: daß, wenn man gleich auf ein geziemendes Gesuch zu
einer Beihülfe zu Rumann's Pensionirung aus der königlichen Chatullcasse
sich bewogen gefunden haben würde, man gleichwohl wenn Magistrat bei sei=
ner ablehnenden Erklärung beharre, sich genöthigt sehen werde, gegen die
sämmlichen Magistratsmitglieder das nach § 177 des Landesverfassungs=
gesetzes zulässige disciplinarische Verfahren eintreten zu lassen, zugleich aber
die Suspension Rumann's, als im allgemeinen städtischen Interesse erforder=
lich, fortdauern lassen werde. Ehe man jedoch die in dieser Beziehung schon
ertheilten Befehle zur Ausführung bringen lasse, werde dem Magistrat eine
Bedenkzeit von 24 Stunden zu fernerer Erwägung gegeben. In einer Nach=
mittags 4 Uhr desselben Tages statthabenden Versammlung des Magistrats
und des Bürgervorstehercollegs submittirte man sich dem königlichen Willen,
unter der Bitte um eine Beihülfe zu Rumann's Pension aus der königlichen
Casse, welche dann auch die königliche Casse mit 3000 Thlr. gänzlich über=
nahm. Zugleich wurde die Begnadigung sämmtlicher in dem Magistrats=
proceß verwickelten Personen mit Ausnahme Detmolds ausgesprochen. Große
Freude und Rührung bei vielen der Betheiligten und auch unter den Bür=
gern. Unter diesen Eindrücken reis'te der König am 29. Mai auf längere
Zeit nach England ab, das Regiment dem Kronprinzen übertragend. Es
ging aber Alles von einiger Bedeutung, selbst die Bestätigung eines han=
noverschen Senators nach London zur höchsteigenen Entschließung des Königs.
Am 30. Juni wurden Evers, Oelßen und Meyer zum Stadtdirector präsen=
tirt. Allein Anfangs September war eine Entscheidung über die Wahl noch
nicht erfolgt, da der König noch immer in England verweilte und die Ent=
scheidung bis zu seiner Rückkehr verschoben war. Alle Regierungsgeschäfte
stagnirten. Der Kronprinz und seine junge Gemahlin schienen sich indeß
auf ihre Weise mit ihrem Hofadel zu amüsiren, z. B. auf der Marieninsel
und andern öffentlichen Oertlichkeiten. Der Kronprinz schien sehr glücklich und
sprach sich darüber nicht nur gegen seine nächste Umgebung, sondern auch
gegen andere Personen in den kleinsten Nüançen aus. Derselbe verhehlte
indeß niemals seine hohen Begriffe von seiner Regentenmacht, die er eine
Lehn Gottes zu nennen pflegte, so wie seinen tiefen Widerwillen gegen
alle ständische Wirksamkeit. Das Gerücht hatte die Kronprinzessin, als dem
Pietismus und Mysticismus ergeben, vor der Verheirathung geschildert und
selbst der König von Preußen sollte dieselbe sehr fromm bezeichnet haben.
Man merkte jedoch in diesen Flitterwochen der jungen Ehe, die sich glücklich
auszudehnen schienen, nichts von diesen Dingen, die Prinzessin machte viel=

mehr den Eindruck einer in unbefangener Jugend dahinlebenden schlicht und recht erzogenen Dame ohne große Prätensionen, und erwarb sich daher leicht die Liebe, namentlich ihrer Untergebenen, ohne den Ansprüchen der Damen am Hofe Ernst August's Genüge zu leisten. — Am 5. September kehrte der König nach Hannover zurück. Der zum Magistratsdirector an erster Stelle präsentirte Candidat, Syndicus Evers, hatte es eingerichtet, daß derselbe von einer Bürgergarde zu Pferde unter Geläute der Glocken eingeholt wurde, wie er am Abend vom Magistrate mit einer Fackelmusik begrüßt wurde. Der demüthige Dank des Magistrats für gnädige Strafe wurde mit Milde erwidert. Der Erzherzog Stephan von Oesterreich, der sich zum zweiten Male länger in Hannover aufhielt, war Zeuge dieser Liebes- und Unterwürfigkeitsbezeugungen und konnte Metternich berichten, wie sich sein Princip auch in Hannover bewährt habe, wo man trotz alles Geschehenen es zu solchen Scenen brachte.

Die allgemeine Aufmerksamkeit wurde damals durch die Zusammenziehung des 10. Armeecorps im Lager von Lüneburg in Anspruch genommen, zu der große Vorbereitungen getroffen worden waren und wobei großer Luxus entfaltet werden sollte. War doch selbst das Theater und die Capelle nach Lüneburg beordert.

Der König reis'te am 19. September über Verden und Harburg nach Lüneburg. Aber das Wetter war namentlich die ersten 8 Tage sehr ungünstig, und es entstanden unter den Soldaten viele Krankheiten. Die Regierungsangelegenheiten ruhten fortwährend zum größten Theile; so wartete auch der Magistrat, trotz der Empfangsfeierlichkeiten, vergebens auf seinen Stadtdirector. Erst am 9. October kehrte der König in sehr übler Laune von Lüneburg zurück. Die Cavallerie, die kostbarste in der Welt, und ihre Pferde, auf die man sich in Hannover so viel einbildete, sollten sich in Lüneburg nicht nach Wunsch bewährt haben und von der holsteinischen Cavallerie ausgestochen sein, deren Pferde zum Theil 10 Tage vorher vom Pfluge genommen waren. So erzählten wenigstens durchreisende preußische Offiziere, die vom Lager kamen, und bestätigten Infanteristen, obgleich die Cavallerie selbst nichts davon wissen wollte. Der König befand sich fortwährend unwohl, nahm keine Audienzen an, wollte von Geschäften nichts wissen, was die Beamtenwelt am meisten beunruhigte, da seit Mai 17 Beamtenstellen zu besetzen waren. — Das Cabinet hatte gegen das Breusing freisprechende Tribunalerkenntniß das Rechtsmittel der Revision eingelegt, war damit aber als formell unzulässig zurückgewiesen. Wegen der Wahl eines Oberappellationsraths, an die Stelle des Bundestagsgesandten von Lenthe, kam es zwischen der lüneburgschen Provinziallandschaft und dem Tribunale zu Conflicten, die erst nach längerer Zeit dahin ausgeglichen wurden, daß die Landschaft der Wahl des von Langwerth beitrat. Im landschaftlichen Collegium zu Lüneburg, das bisher aus dem Landschaftsdirector und den vier Laudräthen, wie zwei Deputirten der Stifter und drei Deputirten der Städte bestanden, lebten um diese Zeit auch die ritterschaftlichen Deputirten, unter Protest der städtischen wieder auf, welche letzteren jetzt wie fünf zu neun standen, während sie bisher fünf zu fünf gestanden hatten.

Die Herzogin von Cambridge, welche mit ihren Kindern Anfangs Auguft zum Befuche erfchien, empfing weder vom Hofe, noch vom Publico eine glänzende Aufnahme. Publicus war bei ihrem Erfcheinen im Theater gänzlich ftumm. Ein Erlaß vom 16. October belobte Herrn von Lütken wegen feiner vortrefflichen Leiftungen als Chef der Lagerverpflegungscommiffion öffentlich. Auch die Ernennung der rückftändigen Beamten erfolgte jetzt, wie die Beftätigung Evers als Stadtdirector.

Am 14. November reif'te der König zur Jagd nach dem Falkenfteine im Sellethale, wohin auch die Könige von Preußen und Sachfen kamen. Man brachte diefe Zufammenkunft in Zufammenhang mit den Zollvereinsverhandlungen, mit denen die hannoverfchen Commiffaire nicht weiter konnten. Hätte ein folcher Zufammenhang wirklich ftattgefunden, fo würde er erfolglos gewefen fein, denn bald follte der Krieg zwifchen Zoll- und Steuerverein durch ein gegenfeitiges Chikaniren beginnen.

Die Eifenbahnbauten fchritten langfam vorwärts. Am 22. October wurde die Braunfchweiger Bahn bis Lehrte, am 1. December bis Telgte eröffnet. Nach längerer Weigerung hatte das Cabinet, wie man glaubte, durch Kielmansegge's Einfluß, dem Schatzcollegio im Wefentlichen diejenigen Rechte zugetheilt, welche die Stände für diefes verlangt hatten. Da man nun unter den, von den Ständen gemachten oben erwähnten Bedingungen ein Anlehen nicht erhalten konnte, forderte das Finanzminifterium das Schatzcollegium auf, Bedacht zu nehmen auf eine Interimsanleihe von 1 Million, da noch geraume Zeit verftreichen könne, bis die Stände zufammen berufen würden. Das Schatzcollegium hielt fich hierzu nicht berechtigt, drang vielmehr auf eine fchleunige Zufammenberufung der Stände.

Das Jahr fchloß unter gänzlicher Abbrechung der Berliner Verhandlungen. Nun aber bedurfte Hannover zur confequenten Durchführung des Syftems, welches es für fich erwählt hatte, zur fcharfen Grenzbewachung, mindeftens 170 neuer Anftellungen im Zollfache, und an diefe und manches andere fchien man nicht gedacht zu haben.

Das Jahr 1844 brachte für Hannover am 3. Januar ein vom 31. December datirtes Patent, die Steuerverkehrsverhältniffe mit den Zollvereinsftaaten. Zum dritten Male war die ftändifche Mitwirkung umgangen, man berief fich auf die Dringlichkeit der Umftände und den § 122 der Verfaffung. Das Patent fchob die Schuld, daß die vorläufig mit Preußen verabredete Verlängerung der Ausgleichungsverträge nicht zu Stande gekommen, auf Braunfchweig, und fchien durch feine Beftimmungen gerade diefen Staat hart treffen zu wollen. So wurde der füdliche Theil des Amts Fallersleben, der feit 1841 dem Zollvereine angefchloffen, von diefem getrennt, alle braunfchweigifchen Landestheile, namentlich die weftlichen, Hannover quer von Often nach Weften durchziehenden, wie das Amt Thedinghaufen, von den Hoyaifchen und Verdenfchen begränzt, welche umgekehrt dem Steuervereine angefchloffen waren, follten als Ausland betrachtet werden. Die Erleichterungen und Herabfetzung der Eingangsabgabe, für das aus Zollvereinsftaaten einzuführende Getreide, wie überhaupt alle Vereinbarungen vom 1. November 1837 und 17. December 1841, wegen Erleichterung des gegenfeitigen Verkehrs, wurden in Beziehung auf Braunfchweig außer Kraft erklärt, während fie in Beziehung auf die übrigen Zollvereinsftaaten einftweilen und bis auf weitere Anordnungen in Kraft bleiben follten. Der Anschluß der Grafschaft Hohnstein und des Amts Elbingerode an den Zollverein, ebenso der Anschluß preußischer Landestheile an den Steuerverein, blieb gleichfalls vorläufig und bis auf weitere Anord=nungen bestehen. Die Uebereinkunft vom 1. November 1837, wegen Unterdrückung des Schleichhandels, wurde außer Kraft gesetzt, diesem also gleichsam Thor und Thür eröffnet. — Also ein leidiges Provisorium mit Concessionen gegen Preußen und strengen unangenehmen Maßregeln gegen Braunschweig. Denkschriften, Preußischer und Braunschweigischer Seits, in der Preußischen Staatszeitung und der Kölner Zeitung, beschuldigten die hannoversche Regierung des perfiden Verfahrens in dem seit 1841 gepflo=genen Verhandlungen. Hofrath Witte ward mit deren Widerlegung beauf=tragt und es erschien nun unter dem Titel: „angefertigte Staatsschrift" eine Rechtfertigung Hannovers. Hatten die hannoverschen Unterhändler geglaubt, Braunschweig zu haben, so fand sich jetzt bald, daß Braunschweig und der Zollverein mit der Straße von Ammensen Hannover hatte. Die südliche Hälfte von Hannover, Göttingen und Grubenhagen, war gänzlich von der nördlichen abgeschnitten, Osnabrück beinah ganz von Preußen eingeschlossen. Es trat nun eine Störung des Handelsverkehrs ein, der lebhaft an das Mittelalter erinnerte, denn Hannover sah sich gegen Braunschweig zu Retorsionen veranlaßt.

Obwohl die Zeit zur Zusammenberufung der Stände gekommen war, die Anleihen zur Eisenbahn, die Zollwirrnisse mit dem Zollvereine und vieles andere zu deren Zusammenberufung drängten, so war doch Ernst August schwer zu bewegen, das Convocationsschreiben zu unterzeichnen. Endlich siegte die Nothwendigkeit; durch Patent vom 27. Februar wurden die Stände auf den 21. März zusammenberufen.

Blicken wir uns um nach den damaligen Zeitverhältnissen, so waren diese für Deutschland sehr traurig. Warum? läßt sich mit einem Worte sagen. Preußen, von dem ganz Deutschland gehofft hatte, daß es unter Friedrich Wilhelm IV. an der Spitze des Fortschritts stehen werde, stand an der Spitze der Reaction, machte sich zum Executor der Beschlüsse der Wiener Geheimen Ministerialconferenzen. — Die Preußischen Landtagsab=schiede wiesen alle Anträge auf Modificationen der Verfassung und Preß=gesetze in schneidendem Tone zurück. Ein Schwanenorden ward gestiftet. Der Preßzwang war unglaublich, die emigrirten Polen wurden aus Preußen vertrieben. Den Preußischen Justizbeamten und Advocaten wurde die Theilnahme an der allgemeinen deutschen Advocatenversammlung in Mainz untersagt. Der Verein deutscher Anwälte, zur Beförderung eines Rechts und eines Rechtsverfahrens in Deutschland, wurde in Preußen und Baiern verboten. Der Katholicismus machte an und für sich im protestantischen Norden Fortschritte, außerdem aber fingen die extremen Parteien innerhalb des Protestantismus an, sich dem Katholicismus zuzuneigen. Hengstenberg nannte die von dem Gustav=Adolphs=Vereine ausgehenden Gaben ein Gift, weil der Verein von freisinnigen Geistlichen gestiftet war. Wohin man sah, Rückschritt auf Rückschritt. Es mag nur an Folgendes hier erin=nert werden, an die Ausweisungen deutscher Staatsbürger wegen politi=scher Mißliebheit (Pruß, Grupe), die Verfolgung politischer Schrift=steller (Jordan, Redacteur der Leipziger allgemeinen Zeitung, Mur=hard, Hoffmann von Fallersleben, Jakobi u. s. w.), die Absetzung von

Achtenfeld und Braun in Bonn, Verfolgung von Studenten in Preußen und Sachsen, wegen eines Pivats auf Hoffmann und die Göttinger Sieben, Beschränkung der Lehrfreiheit der Universitäten (Professor Hinrichs, Dr. Schwarz, Robert Pruß in Halle, Neuwerk in Berlin.)

Das waren denn schöne Aussichten für den zu eröffnenden hannover=schen Landtag; dem Gerüchte nach stand sogar ein Fürstencongreß in Wien unter Nicolaus, des Zaaren, Leitung bevor. — Die Cammern wurden am 2. März eröffnet. Es waren wenig bedeutende Modificationen im Personal eingetreten. In die erste Cammer trat ein: Vermöge Amtes der Land=schaftsdirector von Hodenberg, der Bischof von Hildesheim J. Wendt, der Präsident des Obersteuer = und Schatzcollegiums von Wangenheim; vom Könige war erwählt der jüngere Schele; von den Ritterschaften der Cabi=netsrath von Kielmansegge, Legationsrath von Dannenberg, Major a. D. von der Decken für den Obersten von Marschald, Freiherr von Hammer=stein Qualenbrück, Graf von Wedel=Neffe, Gutsbesitzer von Daffel; in die zweite Cammer der Schatzrath Lehzen, Regierungsrath Bening, Finanzrath Hüpeden, Schaaf, die badelnschen Schultheißen Bull und Beckmann und Colon Meyer aus Brorten für den Dr. jur. Meyer aus Effen. Die Vor=lagen der Regierung betrafen hauptsächlich die Finanzen, Militairsachen, Eisenbahnen und das Schulgesetz, eine Dienstbotenordnung, Revision der Stempelsteuer und der persönlichen Steuer. Stände nahmen als das Eiligste sofort die Eisenbahnangelegenheit in Berathung und ermächtigten schon unter dem 3. April das Schatzcollegium zu einer Anleihe im Betrage einer halben Million, damit keinerlei Stockungen in dem Bau eintreten könnten. Stände ließen sich durch die Zurückweisung ihres Antrages in Beziehung auf die Polizei in Stade nicht beirren denselben nochmals auf das Dringendste zu wiederholen. Dieselben bewilligten unter dem 16. April 20,000 Thlr. zur Aussteuer der Prinzessin Auguste von Cambridge, bei ihrer Vermäh=lung mit dem Großherzoge von Meklenburg = Strelitz. — Unter demselben Tage baten sie aber auch um Auskunft über den Erfolg der Arbeiten des Retardatensenats in Celle und wiederholten dringend den Wunsch zu Maß=nahmen resp. Vorschlägen zur Beschleunigung und Verbesserung des Geschäfts=ganges, bei den Mittelgerichten. Schon am 28. Mai erhielten sie die Ant=wort, daß der Retardatensenat am 11. Mai seine Thätigkeit beendet und 666 Rückstände in 19 Monaten erledigt habe. Ebenso wiederholten sie ihren Antrag vom 11. Februar 1842, die Beschleunigung oder Vorlage eines Wildschadengesetzes betreffend, da sich selbst die erste Cammer nicht verhehlen konnte, daß in Folge der strengen Wilddiebstahlsgesetzgebung von 1840 der dem Jagdrechte gewährte Schutz anderer Seits auch einen ent=sprechenden Schutz der Grundbesitzer gegen Wildschaden bedinge.

Was die Differenzen wegen der Kriegsrüstungen und Augmentation anlangte, so hatte das Cabinet Vergleichsvorschläge gemacht. In ersterer Beziehung nahmen Stände an, daß von den für große Montirung über=haupt verwendeten 43,767 Thlr. 12 Ggr. 2 Pf. nur 1/3 mit 14,000 Thlr. der Landescaffe wieder zu Gute gerechnet wurden, da eine nähere Erfor=schung derjenigen Ersparungen, welche wirklich für den ordinären Militair=haushalt durch diese Anschaffungen entstanden, sich als unmöglich darstelle, und waren mit einer Vergütung von 40,979 Thlr. für Augmentations=

pferde zufrieden, dagegen verweigerten sie wiederholt die Bewilligung für Materialvorräthe zu 44,997 Thlr. und lehnten es ab, die Kosten der Unterhaltung der Cavallerie-Augmentation für den Monat Juni 1842 zu übernehmen, drangen auch wiederholt auf Mittheilungen über Bestand, Abgang, Zugang bei den Gegenständen, welche nach der Eröffnung vom 9. Juni 1842 den Kriegsschatz bilden sollten. *)

Hinsichtlich der Augmentation hatte die Regierung unter dem 21. März die Erklärung abgegeben, daß eine Augmentation, wenn auch im beschränkteren Maaße (jährlich etwa 90,000 Thlr. kostend), eintreten müße und erklärt, die Kosten halb aus Ersparungen am ordentlichen Militairetat, halb aus der königlichen Casse bestreiten zu wollen. Stände sprachen jetzt ihr Bedauern über dies Verfahren aus und das Vertrauen, daß davon noch abgestanden werde, da sowohl die Augmentation wie jene Verwendungen der Ersparungen dem Militairregulative von 18³³/₂₄ widerstreite. Daneben behielten sie sich wegen der, auf die königliche Generalcasse gelegten Ausgabe die Erörterung dieses Punktes bei der verfassungsmäßigen neuen Ausgabevertheilung vom Jahre 1847 vor. **) Darin lag denn die ziemlich offen ausgesprochene Mahnung, wenn die königliche Casse so viel Geld über habe, um 45,000 Thlr. jährlich für Cavallerie auszugeben, man bei der Vertheilung der Ausgaben sparsamer zu Werke gehen müße, als dies 1840 geschehen sei, namentlich ein fernerer Zuschuß von 100,000 Thlr. Gold dann unnöthig sei.

Den unerledigten Streit wegen der Ueberschüße von 18⁴⁰/₄₁ anlangend, bot die Regierung der Landescasse 830,346 Thlr., während Stände den Antheil der Landescasse an den Ueberschüßen zu 1,025,495 Thlr. berechneten, sich indeß bereit erklärten, vergleichsweise mit 925,346 Thlr. zufrieden zu sein. Im Falle die königliche Regierung sich mit diesem Vergleiche nicht einverstanden erkläre, behielten Stände sich alle Ansprüche auf einen höheren Antheil der Landescasse ausdrücklich vor. Die Regierung nahm diesen Vergleich an, ***) dessen Ausführung indeß, wie wir unten sehen werden, noch Schwierigkeiten in den Weg gelegt wurden. Auch hinsichtlich der Controle des Eisenbahnwesens, namentlich der Eisenbahncasse durch das Schatzcollegium, bestanden die Stände auf ihrem Rechte. Sie ließen zwar die von der Regierung, ohne ihre Ermächtigung getroffenen Einrichtungen bestehen, aber nur provisorisch auf zwei Jahre und mit solchen Beschränkungen, daß der Zweck der Regierung, sich der Controle zu entziehen, in der Hauptsache vereitelt wurde. ****) Das Verhältniß der Eisenbahn zur Post wurde in der Weise günstig für die königliche Casse geregelt, daß die Eisenbahnverwaltung alle Postgegenstände unentgeldlich zu befördern übernahm, wogegen der Eisenbahn die Beförderung von den Packeten über 15 Pfund gestattet wurde. Wir nennen diesen Abschluß nur deshalb günstig für die königliche Casse, weil die Stände das aus der Regalität hergeleitete Verbietungsrecht für Beförderung von Packeten und Gütern nicht anerkannten, und nur aus dem Gesichtspunkte dieses Uebereinkommen rechtfertigten,

*) A. St. VIII. S. 885.
**) Taselbst S. 20 und 906.
***) A. St. VIII. 2. S. 331, 962, 1086.
****) Taselbst S. 84, 926.

daß der königlichen Casse bei der Cassentrennung von 1840 der Reinertrag der Posten in Anrechnung gebracht war, dieser daher eine Entschädigung zukomme, wenn der Reinertrag sinke. *) Auch die früheren, wegen der Eisenbahnen gefaßten Beschlüsse, wodurch man eine unmittelbare Verbindung zwischen Magdeburg und Uelzen und Hamburg und Lüneburg zu hindern beabsichtigte, wurden zurückgenommen. **) Hinsichtlich der Eisenbahnanleihen sahen sich Stände bewogen, von ihrem obenerwähnten beschränkenden Beschlusse zurückzutreten und dem Schatzcollegio größere Befugnisse in dieser Beziehung einzuräumen. ***)

Die Stände hatten 1842 den Antrag gestellt, daß bei einer jeden Eisenbahnanleihe ¼ derselben bis zu höchstens 2 Millionen durch unverzinsliche Antheilscheine effectuirt werde, welche ohne Zwangsverpflichtung für Einzelne nur von den Eisenbahnen und Landescassen angenommen und von der Eisenbahntilgungscasse jederzeit eingelös't werden sollten. Die Regierung hatte sich in einem langen Exposé vom 21. März (Postscriptum 5.) gegen Papiergeld überhaupt und gegen diesen Plan ausgesprochen. Stände hielten zwar nicht alle von der Regierung angeführten Gründe für zutreffend, und erklärten ihre Anträge von 1842 gegenwärtig nicht erneuern zu wollen, ersuchten aber die Regierung, das Ergebniß ähnlicher Maaßregeln in andern Staaten zu beachten und an die Stände geeignete Anträge gelangen zu lassen, sobald sie sich von der Zweckmäßigkeit der Maaßregel überzeuge.

Die Verhandlungen über die Dienstinstruction des Schatzcollegii dauerten fort, der ständischen Commission war auf ihren Wunsch der Regierungsrath Braun als Regierungscommissair beigegeben, und brachte dieser eine Vereinbarung zu Stande, in welcher die Ständischen Beschlüsse um weniges modificirt und beschränkt wurden. Stände nahmen die Commissionsanträge an und diese fanden auch Billigung des Cabinets, wie denn in dieser Diät ein überaus versöhnlicher Geist zwischen Regierung und Stände herrschte. ****) Das Budget betreffend, so waren manche darauf bezügliche Regierungsanträge so spät eingegangen, daß man mit Mühe bis zum 27. Juni die Bewilligung des Einnahmebudgets zu 3,988,616 Thlr. und für 18⁴⁵/₄₆ etwas höher aussprechen konnte; es fand die von 3000 auf 4000 Thlr. beantragte Erhöhung des Gehalts des Präsidenten des Ober-steuer- und Schatzcollegiums Beanstandung. Von Steuerermäßigung war abermals nicht die Rede. Auf die Aufhebung der Brausteuer zurückzukommen, behielten sich Stände vor. Hinsichtlich des Mahl- und Schlachtlicents stellten dieselben es zur Erwägung der Regierung: ob es sich angemessen darstellen dürfte, denselben ganz aufzuheben und statt desselben die Grund- und Häusersteuer in den Licentstädten einzuführen, und ersuchten um eine desfallsige Vorlage — indem sie auf die ungleichmäßige Belastung durch diese Steuer aufmerksam machten. *****) Bei dem Ausgabebudget beharrten dieselben zunächst entschieden und kräftig auf ihrer Forderung einer näheren Specialisirung des Budgets. Sie baten um Aufklärung wegen der

---

*) A.-St. VIII. 2. S. 51, 69.
**) Pehzen, Staatshaushalt Hannov. I. S. 266.
***) A.-St VIII. 2. S. 782.
****) Daselbst S. 1041, 1072.
*****) Daselbst S. 947.

Wiederbesetzung von 3 Stellen ritterschaftlicher Deputirten in der Lüneburg=
schen Landschaft, bewilligten 10,094 Thlr. zur Verbesserung des Volksschul=
wesens zur Beihülfe für solche Schulverbände, deren Mittel nicht hinreichten,
die Diensteinnahmen der Lehrer in Gemäßheit des neuen Volksschulgesetzes
(auf mindestens 80 Thlr.) zu erhöhen, erhöhten die Mittel für Straf= und
Arbeitsanstalten und machten sie zu einer plus minus Position; beschränk=
ten die Ausgaben behuf der Gemeinheitstheilungen durch das Hinwegfallen
der Ausgabe für die Oberlandesöconomiecommissaire, bewilligten im Ganzen
pro 18⁴⁴/₄₅ 3,882,850 Thlr., für das folgende Jahr 3,879,305 Thlr. —
In Beziehung auf die Differenz wegen Nachbewilligung der Steuern pro
18⁴⁴/₄₂ beharrten Stände bei ihrer früheren Meinung. *)

Die Regierung forderte außer dem Budget eine außerordentliche Be=
willigung von 442,142 Thlr. für den Bau eines neuen Zeughauses und
Nebenzeughauses, Stände bewilligten indeß nur 277,909 Thlr., indem sie
die Nebengebäude für unnöthig hielten; die Officiergebäude, Schoppen ꝛc.
könnten durch Ersparungen des ordentlichen Militairhaushalts, (von denen
unnöthiger Weise 45,000 Thlr. zu der Cavallerieaugmentation verwendet
wurden) nach und nach bestritten werden. **)

Die Modificationen des Stempelgesetzes wurden im Princip gebilligt
und in den Details wenig verändert. Die Gleichstellung der Notare mit
den Behörden ward als billig beantragt, der Regierung zur Erwägung vor=
gestellt, ob es nicht zweckmäßig sei, den Grundsatz aufzustellen, daß die
Annotation der Stempel für die arme Partei auch eine solche für die Ge=
genpartei herbeiführe. Endlich drangen Stände darauf, die Censursachen
stempelfrei zu lassen, da die ohnehin erhebliche Beschwerde des Censurinsti=
tuts nicht wohl noch durch Steuern gesteigert werden dürfe. Auch die
Dienstbotenordnung erfuhr nur unwesentliche Modificationen im Interesse
der Dienstboten selbst. — Der Entwurf des Volksschulgesetzes war gegen
den Entwurf von 1836 allerdings vervollständigt und verbessert, allein die
Regierung war auch hier von dem Grundsatze ausgegangen, die einmal be=
stehenden Exemtionen zu schützen, und die erste Cammer war natürlich von
demselben Streben beseelt, so daß hier beide Cammern zu § 14 entgegen=
stehende Beschlüsse faßten. Während die erste Cammer nämlich der Ansicht
war, daß Güter und andere in ähnlichen Verhältnissen stehende Wohnungen
(worunter wohl hauptsächlich die Rottenboroughs d. b. die sog. castra nobila
in Nienburg und Hoya verstanden wurden), wo solche bisher zu einem
Schulverbande nicht gehörten, zu einem solchen Anschlusse nicht gezwungen
werden dürften, sprach die zweite Cammer aus, daß — auch abgesehen von
den für mehrere Landestheile bestehenden Vorschriften, nach welchen Schul=
zwang und Pflicht zur Tragung der Schullasten allgemein ohne Ausnahme
der Güter begründet sei — die Güter aus allgemein historischen und recht=
lichen Gründen, gleichwie einem Parochialverbande, so auch einem, dem
letztern analogen Schulverbande schon gegenwärtig angehören, ein abweichen=
der factischer Zustand daher der rechtlichen Grundlage ermangele und
abzustellen sei. — In der Conferenz kam man nur darin überein, die §§
14 — 15 des Regierungsentwurfs, wodurch der factische Zustand zu einem

---

*) A. St. VIII. 2. S. 1050.
**) Daselbst S. 568, 1080.

quasi-geſetzlichen geworden wäre, zu ſtreichen, und nur hinſichtlich der zu den Gütern gehörenden Deputatiſten- und Häuslingswohnungen durch Anſchluß derſelben an einen Schulverband, ohne dadurch jedoch das Princip ſelbſt entſcheiden zu wollen, zu regeln. — Das Geſetz behielt den Grundſatz bei, daß die Verpflichtung zur Beſtreitung der Koſten zunächſt dem Schulverbande obliege; man erklärte ſich jedoch zu der obenerwähnten ferneren Beihülfe von 10,000 Thlr. bereit. Neben einer freien Wohnung und vollſtändigem Reihetiſche ſollten 30 Thlr. die mindeſte Einnahme eines Lehrers ſein, ohne Reihetiſche 80 Thlr., die Einnahmen bis 150 Thlr. und in den Flecken auf 300 Thlr. ſteigen. Bei mehr als 120 Schulkindern ſollte ein Schulgehülfe beigeordnet werden. Das Schulgeld ſollte für ein Kind bis zu 1 Thlr. erhöht werden dürfen, um dem Lehrer das geſetzlich mindeſte Einkommen zu verſchaffen. — Das Geſetz war wenigſtens ein Anfang, das hinter den Anforderungen der Zeit und den Fortſchritten anderer deutſchen Staaten weit zurückgebliebene Volksſchulweſen zu heben, und es aus der principienloſen, provinziellen Zerriſſenheit zu einiger Einheit zu bringen.

Daß man mit den Geldmitteln aber nicht reichte, ſah man ſchon in der folgenden Diät und bewilligte, was hier erwähnt werden mag, 1846 fernere 16,000 Thlr., ſo daß der Staat von da an 33,270 Thlr. Zuſchuß zu den Volksſchulen gab, die zur Verbeſſerung der Lehrereinnahmen, Beihülfen behuf Erbauung von Schulen und Lehrerwohnungen u. ſ. w. dienen ſollten. *)

Die Statuten der Landescreditanſtalt erhielten auch in dieſer Diät eine Ergänzung und Erweiterung, wozu Stände gern ihre Genehmigung ertheilten. Auch das Expropriationsgeſetz behuf Eiſenbahnanlagen erhielt einige Abänderungen und Ergänzungen. Um die Hoffnungen derer, welche vor Allem Steuerermäßigung verlangten, in etwas zu erfüllen, wünſchten Stände, daß im adminiſtrativen Wege alle Handwerker, welche nicht bloß ohne Gehülfen, ſondern nur mit einem Gehülfen arbeiteten, ſobald ihre Bedürftigkeit bezeugt ſei, eine Claſſe niedriger beſchrieben würden und daß Detailliſten und Krämer ohne Gehülfen in Städten und Flecken, denen die Obrigkeit bezeuge, daß ihr Abſatz dem geringſten Hockenhändler gleich zu achten, dieſen Hockenhändler gleich zu beſchreiben. Das war freilich nur ein halber Tropfen Waſſer auf einen heißen Stein. Zur Erbauung einer dritten Abtheilung der Heil- und Pflegeanſtalt zu Hildesheim wurden außer den ſchon früher bewilligten 68,600 Thlr., ferner 12,360 Thlr. bewilligt, wie Stände auch zu dem neuen Fahrwaſſer und der Schleuſe in Emden fernere 30,000 Thlr. als Unterſtützung gewährten. Auf Antrag der Stände hatte die Regierung Propoſitionen vorgelegt, die Härten und ungleiche Vertheilung, welche ſich bei den Gefangenen- und Krankenfuhren herausgeſtellt hatten, zu beſeitigen. Stände bewilligten zu einer verſuchsweiſen Abänderung vorläufig 4000 Thlr. jährlich, die als Beihülfe den größeren Fuhrverbänden gegeben werden ſollten. Principiell mußte dieſe Laſt, zu der die Exemten lediglich aus dem Grunde nicht herangezogen waren, weil es an einem Repartitionsfuße fehlte, ganz auf die Landescaſſe übernommen werden. Einem desfallſigen Beſchluſſe

---

*) A. St. VIII. 2. S. 121, 1117.

zweiter Cammer widersetzte sich aber erste Cammer und so kam es zu dieser halben Maaßregel. *) In Beziehung auf Hebung der Garn- und Leinenfabrication ließen sich Stände in Veranlassung einer Petition aus dem Osnabrückschen in einem längeren Vortrage über die Hebung dieses Industriezweiges aus, 10,000 Thlr., zu dessen Förderung bewilligend, wie sie gleichfalls Verbesserung des Veterinairwesens beantragten. Ein Gesetzentwurf, Abänderung der Personensteuer betreffend, fand seine Erledigung nicht mehr, eben so wenig der schon am 28. Februar 1842 vorgelegte Entwurf eines neuen Wegebaugesetzes. — Erwähnt werden muß, daß, als die Regierung mittelst vertraulichen Schreibens vom 21. März den Ständen Mittheilungen von den bisherigen Verhandlungen mit dem Zollvereine machte und diese nicht nur die ohne ständische Genehmigung publicirten Patente genehmigten, sondern sich in der Erwiderung vom 31. Mai 1844 ihren Dank für die durch Abbruch der Zollanschlußverhandlungen dargelegte Wahrung und Vertretung der Interessen des Landes aussprachen.

Die Stände wurden am 25. Juli vertagt.

Um die gegenseitigen Zollchicane, welche im Laufe des Jahres zum Bedruck der beiderseitigen Unterthanen fortgedauert hatten, zu beseitigen, wurden 1845 Verhandlungen eröffnet, die zu dem Vertrage vom 16. October 1845 führten, durch welchen gleich den Verträgen von 1837 ein Zollcartel, Beilegung verschiedener hannoverscher Landestheile zum Zollvereine und Preußischer und Braunschweigscher Gebietstheile zum Steuervereine, endlich Verkehrserleichterungen festgesetzt wurden. Auch mit Bremen ward am 11. April 1845 ein Vertrag zur Verkehrserleichterung und Verhinderung des Schleichhandels abgeschlossen, in Folge dessen in Bremen ein steuervereinländisches Steueramt auf dem Bahnhofe errichtet wurde. **)

Zu den ständischen Arbeiten und Bewilligungen der letzten Diät gehören noch einige, die wir sehr hoch anschlagen und deshalb hier besonders hervorheben. Es wurde nämlich im Jahre 1844 so zu sagen der Anfang gemacht, die günstige Lage Hannovers an der Nordsee, durchzogen von der Ems, Weser, Elbe, von Seiten des Staats ins Auge zu fassen und die Grundlage zur Förderung der See- und Flußschifffahrt gelegt. Wir meinen nicht nur die Unterstützung der Navigationsschule zu Emden, welche 1844 erwirkt wurde und die Bestimmungen über die Ausbildung von Seeleuten, welche in dem Gesetze vom 14. Februar 1845 einen Ausdruck fanden ***), sondern vor Allem, daß man daran dachte, gehörige Häfen zu bauen. Die Nothwendigkeit, die Eisenbahnbauten und deren Mündung in Harburg führte von selbst darauf. Die Regierung hatte den Ständen in dieser Diät die ersten bezüglichen, vertraulichen, in den allgemeinen ständischen Acten nicht gedruckten Vorlagen gemacht, für den Harburger Hafen wurden unter dem 9. Juli 1844 403,357 Thlr. bewilligt. Es war damals in Frage gekommen, ob man den Elbhafen in Brunshausen oder Harburg ausführe. Als man sich für Harburg entschieden, war doch in Brunshausen, bis wohin die Elbschifffahrt von der See her fast niemals unterbrochen ist, und bis wo-

---

*) A. St. S. 625, 1022, 1133. Lehzen II. 358. Nach 10jährigem Durchschnitte mußten jährlich 2040 Fuhren geleistet werden.
**) Gesetzgebung 1847. 1. S. 573.
***) A. St. VIII. 2. S. 1080, 902, 1088.

hin Seeschiffe mit dem größten Tiefgang gelangen können, ein für Seeschiffe
tauglicher Liege=, Lösch= und Ladeplatz beschlossen, zu dem Stände 44,000 Thlr.
bewilligten. Auch für Geestemünde geschah einiges, man faßte es wenigstens
ins Auge. Bis dahin wurde Seeschifffahrt als Frachtfahrt beinah ausschließ=
lich für fremde Rechnung getrieben, erst seitdem der Staat sich durch Hafen=
bauten 2c. der Schifffahrt angenommen, bildete sich auch das Rhedereiwesen
schnell aus und entstanden in Harburg, Papenburg, Leer, Rhedereigesell=
schaften, von denen wir später berichten werden.

Das Jahr 1844 verfloß, ohne ein weiteres bedeutendes Ereigniß
für Hannover, denn der am 5. September 1844 erfolgte Tod des Cabi=
netsministers Schele (geb. 1771) ging beinah spurlos vorüber. Schele,
der vormalige westphälische Staatsrath, hatte theils aus Herrschsucht, theils
aus Haß gegen die Ablösungsordnung, schon vor dem Tode Wilhelm IV.
jene Verbindungen angeknüpft, welche zum Umsturz des Staatsgrundgesetzes
führten. Der Hannoversche Thronfolger, der leider dem Lande entfremdet
war, und in Berlin in den Kreisen des Herzogs Carl von Mecklenburg
Lehren über die Art und Weise, wie die deutschen Kleinstaatler regiert
werden müßten, einsog, war wahrscheinlich durch Müffling, Scheles Schwager,
mit letzteren in nähere Verbindung gebracht. Darf man einem von Müff=
ling ausgegangenen Zeitungsartikel vom Juli 1837 Glauben schenken, so
war die Grundidee Schele's, dem Könige die Domainen, von denen man
ihm gesagt, daß sie ihm durch das Staatsgrundgesetz geraubt seien, wieder zu
verschaffen, wenn dieser die Ablösungsordnung aufhebe. Die Leidenschaft
Schele's und die Schwäche der Minister trieb es zu dem Patente vom 1.
November. Ernst August, der aus seinem englischen Leben sehr scharfe
politische Einsicht, und, wie Männer die ihm nahe standen versichern, eine
unvergleichliche Kunst, Menschen zu behandeln, mitgebracht, sah erst im
Jahre 1840 etwa ein, daß man ihn zum Stützpuncte einer Adelsopposition
gebraucht, und ihn seinem Lande entfremdet habe. Seitdem drang er auf
ein Ende der Sache, zumal auch Falke zu bedenken gab, daß des Königs
Auctorität an einem seidenen Faden hänge. Der Einfluß Schele's sank
seitdem, noch mehr mußten aber die Minister die Mißachtung des Königs
erfahren. Bei dem Tode Schele's trat, da die auctokratische Regierung mit
der Kenntniß des Königs von den Landesverhältnissen zugenommen, und
nur noch Falke's Rath von Einfluß schien, außer den Einflüssen der unmit=
telbaren Umgebung, beinah keine Aenderung ein.

Dreizehntes Capitel.

Von 1845 bis zum Jahre 1848.

Rückblick auf die europäischen Verhältnisse; England; Repealbewegungen; Cobden
und der Antikorngesetzbund; Abschaffung der Korngesetze; Irische Zwangsbill und
Ministerium J. Russell; Frankreich; Jesuitenausweisung; Spanische Intrigue;
Verheirathung des Herzogs von Montpensier mit der Schwester Isabellens, dieser
mit dem blödsinnigen Francisco de Assis; Zerfallen der entente cordiale; Schweiz;
Siege der Glaubenspartei; Jesuiten nach Luzern berufen; Dr. Steiger; Freischaaren=
versuche; Vorort Bern, Ochsenbein Präsident; Sonderbund, Krieg und Niederlage
desselben; Preußen; Königsberg und Eichhorn; der heilige Rock und Trier; Ronge;

R. Blum; Teutsche Katholiken; die Lichtfreunde; Polnischer Aufstand; der vereinigte Landtag; Schleswig-Holstein; der offne Brief; Oesterreich; Metternichsches Regiment; Hannover: Geburt eines Prinzen: Klagen über die Domanialverwaltung; Domanialvergebungen an von Poß und Lütcken; fiscalische Ausbeutung der Lotterien; Darlehne aus dem Domanialablösungsfond; Begünstigungen des Adels; die höhere Forstcarriere; Purification der Garde von unadeligen Offizieren; Droftentitel; Exemtionen bei Landstraßenbauten; Aebtiffinnen vom alten Adel; Extravergütung für die Infanteriften nicht ausgezahlt; Aenderung im Militairstrafverfahren; Generalordre wegen Heirathens der Offiziere; Eisenbahnbauten; Ausgabenvermehrung betreffs der Provinziallandschaften ohne Nutzen der letzteren; die Bewilligungen für die Volksschullehrer; die Zahlung der Ueberschüsse von $18^{40}/_{41}$; Klostereammern und ihre Ablösungsfonds; Stände auf 24. Februar 1846 berufen; große Personaländerungen; lange Dauer der Diät; Entscheidung des Präcedenzstreits des Hauses Stolberg gegen den Erbmarschall; der alte Zwiespalt zwischen erster und zweiter Cammer wegen der Exemtionen taucht wieder auf; das Ausgabebudget — beanstandete Posten; Bewilligungen für Schulen, Handel und Gewerbe; Aufhebung der Leggegebühren; Wiedervereinigung der Directionen der directen und indirecten Steuern; Verbesserung der Gehalte der Steuereinnehmer; Aufhebung des Mahl- und Schlachtlients; Provisionen des Ezechiel Simon; Eisenbahncassenwesen; das Provisorium bis 1848 verlängert; bedeutende Nachbewilligungen; die Emiffion von Papiergeld in Frage genommen; Emiffion einer Theateranleihe; unverzinsliche Cassenscheine der Residenz; Verhandlungen über West- und Südbahn; Zerflüftung der bisherigen Cammerfractionen und neue Verbindungen; das Gesetz über die persönlich directen Steuern betreffend; die Rajorität in zweiter Cammer; Vertagung; im November 1846 wird die Schleswig-Holsteinische Frage von der Cammer aufgenommen; das Polizeistrafgesetz; Anträge der Stände wegen Glücksspiele und Lotterien; Erträgnisse der Lotterien; Bücherverbote und Censurvorschriften; das Forstitrafgesetz; Entwurf eines Gesetzes über Beschränkung des befreiten Gerichtsstandes; Inhalt des Entwurfes; die beschränkenten Beschlüffe zweiter Cammer; die erste Cammer für Aufrechterhaltung der Privilegien; die Conferenzen ohne Refultat; Einigung über einige practische Fragen; Gesetz vom 7. August 1847; die Gesetzgebung über Ent- und Bewässerung; Erweiterung der Landcredcreditanstalt zu Cunsten politischer und kirchlicher Gemeinden und dauernder Verbände; der Entwurf einer Gewerbeordnung; allgemeine Grundsätze des Regierungsentwurfs; die sich entgegenstehenden Ansichten von Stadt und Land; das Resultat der Berathungen: Sieg des Regierungsentwurfs mit geringen Modificationen; der Gesetzentwurf einer allgemeinen bürgerlichen Proceßordnung, auf der Basis der Schriftlichkeit; Kampf für Oeffentlichkeit und Mündlichkeit; die Wegeordnung wird von zweiter Cammer abgelehnt; Verbesserung des Medicinalwesens; Siege der öffentlichen Meinung, welche sich durch ständische Anträge offenbarten; Antrag auf Interpretation und Beschränkung des Wildbiehstablegesetzes von 1840; wiederholte Anträge wegen eines Gesetzes. Entschädigung des Wildschadens betreffend; Antrag auf Reform des Criminalprocesses: Petitionen und Anträge wegen Verbesserung des Rechtszustandes der Juden; Anträge wegen der Teutsch-Katholiken; Anträge: wegen Aufhebung der Personalexemtionen von den Gemeindelaften, und von Wegebaudienst; wegen Beschränkung der Verwaltungsbehörden in baupolizeilicher Hinsicht; wegen Wahl der Oberappellationsräthe auch auf Nichtmitglieder der Obergerichte; wegen Aufhebung des Stationgeldes und der Vorschriften wegen Rebsrpositsren; wegen Reform des Advocatenstandes; wegen der Beschwerden der Stadt Stade; wegen Abhülfe des Nothstandes in specio Unterstützung der Volksschullehrer; wegen Naturalbequartierung der Cavallerie; endlich der wohl motivirte Antrag beider Cammern auf Oeffentlichkeit der ständischen Verhandlungen; das Königliche Riemals.

Ehe wir nun zu den speciell hannoverschen Dingen in den Jahren 1845—48 übergehen, geziemt es uns, einen Rückblick auf die Staaten des europäischen Festlandes zu werfen, die durch Eisenschienen von Jahr zu Jahr inniger zusammengeschmiedet und bald durch Telegraphendrähte sich so nahe gerückt werden sollten, daß von Entfernung keine Rede mehr sein konnte, wenn es Benachrichtigung galt. Für die nächste Zeit war es England, das die Geschicke des Erdballes lenkte, namentlich an dem Siege des

revolutionairen und demokratischen Princips im Jahre 1848 den größten
Antheil hatte. Die O'Connellsche Repealbewegung konnte es in Großbritannien zu einem Siege nicht bringen, wenn gleich ihr Führer es zum
Lordmayor von Dublin brachte und bis zu seinem Tode nicht ermüdete, den
Widerruf der Union zwischen England und Irland in Stadt und Dorf zu
predigen, wie im Parlamente mit glänzenden Reden zu vertheidigen.
Irland, von England ärger geknechtet, als irgend ein anderes Land auf
dem Continente, Polen und Italien nicht ausgenommen, wurde 1846 durch
die Kartoffelkrankheit ausgehungert, durch Gewaltthaten und Aufstände, di·
während dieses unglücklichen Jahres walteten und durch Auswanderung deci-
mirt und so gezähmt. In England selbst breitete sich unter Cobdens Leitung der Antikorngesetzbund immer mehr aus und richtete seit der großen
Sitzung vom 12. Januar 1845 sein Streben dahin, kleinen Grundbesitz
in die Hände der Industriellen zu bringen, um durch das Wahlrecht der
s. g. Vierzig Schillingsmänner die grundbesitzende Aristokratie nach und nach
aus dem Parlamente zu verdrängen. R. Peel nahm, da er die Abschaffung der Korngesetze nicht durchzubringen vermochte, am 10. December
1845 seine Entlassung, allein John Russell fühlte sich zu schwach, ein
Whigministerium zu bilden. Cobden hielt am 17. December sein ungeheures Meeting im Conventgardentheater ab, zu dem außer den Anwesenden
über 24,000 Personen Karten und Plätze vergeblich verlangt hatten. R.
Peel blieb im Ministerium und setzte am 16. Mai 1846 die Aufhebung
der Korngesetze im Unterhause, am 25. Juni im Oberhause, durch. In den
nächsten drei Jahren sollte eine Wandelscala mit einem Minimum eintreten,
dann dieselben ganz aufhören. Im Juni 1846 fiel das Torryministerium,
da das Unterhaus die irische Zwangsbill verwarf, John Russell bildete ein
neues Ministerium, dessen einflußreichstes Mitglied Palmerston wurde.

In Frankreich hatten es die Jesuiten durch Scandale verschiedener Art
zu einer neuen Ausweisung gebracht; Louis Philipp ließ Paris befestigen,
half Marie Christine von Spanien durch Narvaez ihre Tochter Isabella
bevormunden und Spanien auf die schmählichste Weise durch ihren Liebhaber
Munnoz ausbeuten. Dafür half ihm Christine wieder, Isabella an den
schwachgeistigen und körperlich ruinirten Francisca de Asis zu vermählen,
seinen Sohn Anton Herzog von Montpensier dagegen mit der Schwester
Isabellens, Louise, zu verheirathen. Das geschah, obgleich Louis Philipp
bei der im September 1845 zu Eu stattfindenden Zusammenkunft mit der
Königin Victoria sich dahin verständigt hatte, daß diese Heirath nicht eher
stattfinden solle, bis Isabella Leibeserben habe. Leopold von Coburg, der
sich um Isabella bewarb, war vergebens nach Spanien gekommen und aller
menschlichen Berechnung nach mußte der spanische Thron demnächst an den
Sohn Louis Philipps fallen. Und doch war es gerade diese Intrigue,
welche den Grund dazu legte, daß Louis Philipp seinen Thron verlor, denn
England vergab ihm dies nie und Palmerston ermuthigte von diesem Augenblick an die Opposition in Frankreich, die Verschwörer und Mazinisten in
Italien, die Radikalen in der Schweiz, ob er auch auf Preußen einwirkte
und den Entschluß zu dem vereinigten Landtage gebären half, ist zur Zeit
noch unbekannt. In der Schweiz hatten in mehreren Cantonen die Con-
servativ-Christlichen gesiegt. Im Canton Zürich hatte zuerst der Pfarrer

Bernhard Hirzel die Sturmglocke geläutet und war mit seinem betenden Landvolke nach Zürich gezogen und hatte dort die freisinnige Regierung gestürzt. Melchior Hirzel, Scherr und andere mußten das Feld räumen, Dr. Keller ging nach Berlin um königlich zu werden. Auch in Luzern hatte die Glaubenspartei gesiegt, Leu von Eberfol und der belehrte Sigwart-Müller führten f. g. frommes Regiment und trieben die Kühnheit so weit, daß Luzern, damals Vorort, am 12. September 1844 die Jesuiten nach Luzern berief. Ein von Dr. Steiger versuchter Aufstand war im Anfang December unterdrückt, Steiger selbst zum Tode verurtheilt, aber im April 1845 befreit. Das war für die Schweiz der Gipfelpunkt der Reaction. Diese schlug nun aber um. In Zürich siegten die Liberalen und Zürich wurde mit dem neuen Jahre Vorort. Die katholischen Cantone Luzern, Schwyz, Uri, Unterwald, Zug, Freiburg, Wallis, bildeten jetzt den f. g. Sonderbund.

Ein Freischaarenzug unter Ochsenbein im März 1845 gegen Luzern mislang und die Cantone Bern, Basel, Solothurn, mußten ihre Gefangenen theuer einlösen, dagegen siegten im October 1846 die Radikalen in Genf unter James Fazy. Mit Januar 1847 wurde Bern Vorort, und am 1. Juli Ochsenbein Präsident der Tagessitzung. Dem Sonderbunde wurde, als mit der Bundesverfassung unvereinbar, Auflösung anbefohlen und als diese nicht vollzogen war, mit Energie eingeschritten, die Sonderbündler am 23. November, bei Gaslitra geschlagen. Die Häupter des Bundes und die Jesuiten flohen nach Italien.

Blicken wir auf Preußen, so hatte sich trotz aller Ungunst und Verfolgung die liberale Partei nicht ganz unterdrücken lassen. Als der König im August 1844 mit dem Cultusminister Eichhorn zum 300jährigen Jubiläum der Universität Königsberg reis'te, mußte er von dem Physiologen Burdach, in seiner Festrede als Rector, Dinter, vor dessen Schullehrerbibel Eichhorn noch kürzlich öffentlich gewarnt hatte, als Säule der freien Wissenschaft preisen hören. Die innere Erleuchtung, von der der König wünschte, daß sie den durch die Zeitphilosophie Verfinsterten endlich wieder kommen möchte, fand wenig Anklang.

Um dieselbe Zeit stellte Arnoldi in Trier den heiligen Rock aus und mehr als eine Million Menschen aus Westphalen, den Rheinlanden, den Niederlanden und Lothringen pilgerten nach Trier. Nicht nur Pfarrer mit ganzen Dorfgemeinden, sogar Bischöfe, mit ganzen Provinzen hinter sich, zogen mit fliegenden Fahnen dahin. Da war es Johannes Ronge, der in den sächsischen Vaterlandsblättern seinen offenen Brief an Arnoldi schrieb und die Feier in Trier als den graßesten Aberglauben und Comödie darlegte. In Folge dessen entstand die sog. deutsch-katholische Bewegung und die deutsch-katholische Kirche, die am 23. Januar 1845 in Breslau ihre ersten Versammlungen hielt und sich bald weiter verbreitete, in Sachsen namentlich unter Führung des jetzt in weiteren Kreisen zum ersten Male viel genannten Robert Blum in Leipzig. Schon im März 1845 fanden sich 19 deutsch-katholische Gemeinden in einem Concil zu Leipzig vertreten. Die Bewegung der protestantischen Lichtfreunde, als deren Verfechter sich damals Wislicenus mit der Brochüre: „Ob Schrift, ob Geist?" darstellte, die Versammlungen derselben zu Köthen und Halle, der Geist, der sich in

den Synoden zu Magdeburg und Breslau regte, die zahllosen Proteste ge=
gen die Hengstenbergschen Anmaßungen, an denen sich selbst die Bischöfe
Eylert und Dräsele, Consistorialrath Schulz in Breslau, Superintendent
Schulz, Hofprediger Sydow, Professor Lachmann, Senior Krause und viele
Andere betheiligten, gaben den Beweis, daß mit Unterdrückung der wissen=
schaftlichen Erörterungen in den deutschen Jahrbüchern die streitigen Fragen
in das praktische Leben selbst hinein gedrängt seien.

Ein im Februar 1846 von Mieroslawski versuchter Polenaufstand
wurde im Keimen unterdrückt, die Erhebungen der Adligen in Gallizien
hatten nur den Erfolg, daß sie von den Bauern gleich Hunden todt geschla=
gen wurden und die Mächte der heiligen Allianz selbst in die Verträge von
1815 einen Riß machten, indem sie die Republik Krakau Oesterreich einver=
leiben ließen. — Der König von Preußen sah sich durch den constitutionellen
Drang der Bevölkerung, welcher trotz aller Reactionsmaßregeln mehr und
mehr erstarkte, zu der Maaßregel genöthigt, sämmtliche Mitglieder der Pro=
vinzialstände zu einem allgemeinen Landtage nach Berlin auf den 11. April
zusammen zu berufen. Die Opposition war in Preußen aber schon so mäch=
tig geworden, daß Simon in Breslau das Annehmen oder Ablehnen
in Frage stellen konnte. Obwohl der König bei der Eröffnung erklärte,
er werde nie zugeben, daß sich zwischen ihn und das Land ein geschriebenes
Blatt (eine Verfassung) eindränge, gleichsam als eine zweite Vorsehung und
obgleich er die bekannten Worte sprach: ich und mein Haus wollen dem
Herrn dienen, würde diese Vereinigung Preußen auch ohne das Jahr 1848
ganz auf constitutionelle Bahnen gerissen haben.

Endlich ist hier noch Schleswig-Holstein zu erwähnen. Die Schleswig=
Holsteinschen Stände hatten schon 1842 dringend Verschmelzung beider Staa=
ten verlangt, wogegen Ussing 1844 auf dem dänischen Landtage darauf
angetragen, der König solle die Untheilbarkeit des dänischen Gesammtstaats
proclamiren. Christian VIII. hatte nun in diesem und im Sinne Russi=
scher Politik 1846 den offenen Brief erlassen, worin das dänische Recht der
weiblichen Thronfolge auf den Gesammtstaat Dänemark, also auch auf die
deutschen Herzogthümer, ausgedehnt wurde, in denen doch deutsches Recht
und der Vorzug der Mannslinie galt. Dadurch ward den Schles=
wig-Holsteinern die Hoffnung, von Dänemark getrennt zu werden und an
den Herzog von Schleswig=Holstein = Sonderburg = Augustenburg zu fallen,
benommen. Die Aufregung in den Herzogthümern stieg und damit die Sym=
pathieen in Deutschland, welche von mehreren Ständeversammlungen laut
ausgesprochen wurden.

Von Oesterreich ließ sich nur sagen, daß Metternich dort fortregierte
und daß es den Anschein hatte, als wäre ihm wirklich das Unmögliche ge=
lungen, den Staat zu stabilisiren und jede freie Bewegung zu bannen, jeden
freien Geisteshauch von dem Kaiserstaate fernzuhalten, die polizeilich=bureau=
kratischen und pfäffischen Bevormundungen auf den Gipfel ihrer Vollkommen=
heit zu erheben.

Wir sind hiermit der Zeit, die wir für Hannover zu besprechen haben,
etwas vorangeeilt, inzwischen können wir das, was von 1844 bis zur
nächsten Zusammenkunft der Stände geschah, ziemlich unter allgemeine Ru=
briken zusammenfassen, indem wir nur ein Ereigniß besonders hervorheben.

Das war die Geburt, die namentlich von Ernst August mit Ungeduld ersehnt wurde, eines Sohnes, des Kronprinzen, am 21. September 1845, eines sehenden, gesunden Knaben, der von seinem Großvater den Namen Ernst August erhielt.

Was die Domanialverwaltung anbetraf, so wurden in Beziehung auf dieselbe verschiedene Klagen laut. Zunächst klagte man über harte, zu weitläuftigen Processen führende Conflicte mit den Forstinteressenten am Unterharz, über gesteigerte Härte der Verwaltung bei den unentgeltlichen Holzbewilligungen (Amt Volle), wogegen man Gnadenremissionen an Haushaltspächter (z. B. Düvel in Mecklenhorst) in sehr reichlicher Maaße eintreten ließ, wenn sich dieselben in politischen Beziehungen, etwa bei den Wahlen, Verdienste erworben hatten. Man klagte über sehr unvortheilhafte Ankäufe von Gütern, verbunden mit Domanialveräußerungen. Dahin rechnete man namentlich den Ankauf des v. Lütken'schen Landguts Stellensteth in Kehdingen. Als dieser Kauf zum Preise von 36,000 Thlr. Gold im Jahre 1840 längst geschlossen, aber nicht vollzogen war, hielt man für nöthig, um das Beispruchsrecht (wonach der Nachbar vor einem Fremden das Recht hatte, in den geschlossenen Kaufcontract einzutreten, wonach sich im bezüglichen Falle jedoch Niemand sehnte) unmöglich zu machen, dem Kaufcontracte noch eine Bedingung hinzuzufügen, die kein anderer erfüllen könnte. Man versprach dem Verkäufer, ihm die Fläche einer Elbinsel, das kahle Sand genannt, von 100 Morgen gegen eine unablösbare Rente erblich zu verleihen; ferner versprach man ihm die Verpachtung des Brammer Sandes auf 60 Jahre. Ja es ward, wie es scheint von höchster Stelle, dem Verkäufer die Zusage gegeben, ihm den ganzen kahlen Sand erblich zu verleihen. Als die Domanialverwaltung davon Kunde erhielt, legte man Verhandlungen zu, in Folge deren Verkäufer von der Pachtung des Brammer-Sandes abstand.

Das Ende der Verhandlungen war, daß Verkäufer (1846) etwa 700 Morgen des kahlen Sandes gegen eine Rente von 780 Thlr. erblich verliehen bekam, während der wahre Werth dieser Ländereien, von denen allein 273 Thlr. Grundsteuer gegeben werden mußte, weit über das Doppelte betrug. *) Eben so wurde dem Director der Domaineneammer, von Voß, 1843 die s. g. Wilhelmsplatte oder Wilhelmsand, eine seit 1817 entstandene, seit 1834 nutzbar gewordene Weserinsel, die bis 1858 gegen geringes Pachtgeld, aber erhebliche Lasten, zur Verbesserung derselben, verpachtet war, gegen eine unablösbare von 1850 an zu zahlende Rente von 50 Thlr. erblich und eigenthümlich übertragen. In diesem Jahre aber schätzten Sachverständige den jährlichen Ertrag dieser Insel schon auf 600 Thlr. jährlich, und waren seit dem nochmals etwa 300 Morgen angeschwemmt, die nach einigen Jahren einen fernern Ertrag von 1200 Thlr. jährlich lieferten. **)

*) Vergl. Hannov. Landtagsblatt. 2. Cammer 1850. Verhandlungen vom 30. Juni und 26. Juni. S. 1784, 1866, 1873.

**) Daselbst S. 1782. Es scheint indeß bei diesen Anschlägen nicht berücksichtigt zu sein, daß die Insel der Springfluth ausgesetzt ist. Nachdem Herr v. Voß in Folge der ständischen Verhandlungen die Wilhelmsplatte dem Domanio zurückgegeben, hat dieses größere Schutzbauten errichten lassen, welche aber von einer Springfluth weggerissen wurden.

Da nach § 131 des Landesverfassungsgesetzes nur Gründe der Nützlichkeit für das Domanium, Domanialveräußerungen rechtsgültig erscheinen
ließen, so hielten Stände später, als diese Thatsachen an das Licht gezogen
waren, dafür, daß es sehr zweifelhaft sei, ob diese Veräußerungen rechtsgültig seien, um so mehr da es den Anschein gewinne, daß eine Verletzung
über die Hälfte gegen das Domanium eingetreten sei und drangen wiederholt auf Regierungsseitige Prüfung *), welche indeß niemals erfolgt ist.

Eben so tadelte man unvortheilhafte Zusammenlegung von Domainen
aus Streuparzelen und enorme Bauten zu diesem Zweck, z. B. bei den
Domainen Königshorst und dem Schäferhofe bei Nienburg, welcher Tadel
sich 1857 bei der Domanialausscheidung durchaus rechtfertigte. Man tadelte
mit Recht die fiscalische Ausbeutung der Landeslotterien. Bei Veranschlagung des Etats derselben (1840) wurde angenommen, daß in 2 Jahren
3 vollständige Ziehungen stattfinden würden. Durch Abkürzung der Ziehungszeiten, Reduction der 6 Classen auf 5 Classen wurde es seit 1844
dahin gebracht, daß jedes Jahr zwei vollständige Ziehungen stattfanden,
natürlich zum Gewinn der königlichen Casse und auf Kosten der Unterthanen
und ihrer Moralität. Die Verordnung das Lotteriewesen betreffend, 1819
auf Specialbefehl des Prinzregenten erlassen, welche alle Ausspielungen und
Privatlotterien verbot, auch ausländische Lotterien verbot, erleichterte dieses
fiscalische Streben sehr, ja man hegte selbst Bedenken gegen Lotterieanlehen
auswärtiger Staaten, weil die Spielluft dadurch verringert werden könnte.
Mit den von Jahre zu Jahre sich sehr mehrenden Domanialablösungsgeldern,
die Capitalablösung bis zum Jahre 1845 betrug etwa 8 Millionen, 18¹⁹⁄₃₀
aber schon 11,913,905 Thlr., wurde auf eigenthümliche Weise gewirthschaftet.
Während man der Landescreditanstalt Vorschüsse verweigerte, das Land zu
3½ % Eisenbahnanleihen nicht effectuiren konnte, verlieh man die Ablö-
sungsgelder an den Herzog von Köthen, Grafen Stollberg, Fürsten
Wittgenstein zu den möglichst niedrigsten Zinsen. Der Minister v. d. Wisch
erhielt 8000 Thlr. zu 3½ %, der Finanzdirector Graf v. Kielmansegge
64,350 Thlr. Gold zu 3½ %, Freiherr v. Schele 157,970 Thlr. zu 3 %
auf eine sehr lange Reihe von Jahren unkündbar.

In zweiter Linie erhob das Volk Klagen über die Begünstigung des
Adels. Während 1837 die Regierung selbst die Aufhebung der höheren
Forstcarriere beantragt hatte, trat das Verhältniß immer schroffer hervor
und wurde durch die Anordnung, daß kein reitender Förster, der über 50
Jahr alt sei, künftig Oberförster werden sollte, noch schroffer, da es wenig
oder gar keine Bürgerliche gab, welche in jüngeren Jahren zu der Stellung
eines reitenden Försters gelangten. Die Purification der Garde von unab-
ligen Officieren ward begonnen, zugleich wurde den Gardeofficieren das Privilegium des durch die Armeeavancirens ertheilt. Bei theilweiser Herstellung
des Drostentitels (Drost von Dinklage, Drost von Bothmer, Drost von
Reden) schien man in der Beamtenwelt auf eine Opposition zu stoßen,
welche ein Einhalten zur Folge hatte. Die Statuten der Calenbergschen
Ritterschaft erklärten dagegen den nicht abligen Rittergutsbesitzer für unfähig,
in die erste Cammer gewählt zu werden. Die Landdrosteien (z. B. in Stade,

---

*) A. St. XI. 2. S. 1072.

Hannover) suchten verschiedentlich die Herbeiführung der Exemten zu den Landstraßendiensten (§ 34 des Landesverfassungsgesetzes) zur Ausführung zu bringen. Einige Exemte remonstirten dagegen bei dem Ministerio des Innern und erlangten Sistirung bis zur allgemeinen Regelung des Repartitions= Maßstabes. Die beiden bürgerlichen Landdrosten Meyer und Oehlrich waren schon früher beseitigt, man besetzte diese Stellen mit Adligen, sogar aus dem Auslande, also mit hiesigen Verhältnissen gänzlich unbekannt, (v. Lan= desberg aus Büdeburg) unter Zurücksetzung älterer Regierungsräthe. Auch Cabinetsrath= und Ministerialreferentenstellen wurden gegen frühere Obser= vanz durch Adlige besetzt. Zum Präsidenten des Obersteuer= und Schatz= collegiums mit 4000 Thlr. Gehalt, statt der von den Ständen nur be= willigten 3000 Thlr., wurde nicht ein Mann von Fach, sondern der Ober= appellationsrath v. Wangenheim genommen. In dem Calenbergschen Kloster Mariensee, wo auch Bürgerliche zugelassen wurden, wurde bei einer Aebtissinnenwahl der eo gremio designirte Dame von neuem Adel nicht angenommen und mußte eine Altadelige aus einem fremden Kloster gewählt werden. Die Folgen solcher Maaßnahmen waren natürlich eine immer schroffere Trennung des Adels vom Bürgerstande in socialen und sonstigen Beziehungen, schon auf Schulen, in den Ritteracademien fing dies an, setzte sich in Göttingen noch fester, und erhielt dann seine Krone durch die unge= mein schnelleren Carrieren der Junker in Staatsdiensten. Es blieb dies aber auch für das staatliche Leben selbst nicht ohne Einwirkung, sondern äußerte eine bedenkliche Rückwirkung auf Regierungs= und Verwaltungs= grundsätze, wie sie sich z. B. bei den vorhin erwähnten Entscheidungen des Ministeriums wegen Exemtionen von Landstraßenbaudiensten, bei den neuen Jagdordnungen, den Statuten der Ritterschaften zeigten, und bei dem Wilddiebstahlsgesetze von 1840 schon gezeigt hatten.

Das Kriegsheer anbetreffend, so wurden die 8 Pfennig Extravergütung, welche nach § 71 der Militairordnung von 1843 den eingestellten Militair= pflichtigen zugesichert waren, im Jahre 1845 vier oder fünf Monate zurück= gehalten, wie man sagte um zu der Cavallerieaugmentation verwendet zu werden. Das Aergerniß wurde aber so groß, daß man die Zahlung wieder eintreten ließ. Die Infanterie klagte aber über die kleinliche Oeconomie, die man bei ihr anwandte, um für die Cavallerie zu sparen. Es fand zwischen Infanterie und Cavallerie ein Haß statt, wie zwischen Feinden, was man namentlich in solchen Orten merkte, wo beide Truppengattungen zusammen lagen. Wie 1841 schon das Militairstrafgesetzbuch ohne ständi= sche Berathung und Genehmigung publicirt war, so wurde 1845 durch bloße Ordonnanz das Militairstrafverfahren abgeändert. Die Zuziehung von Unterofficieren sollte hinwegfallen, statt 13 Richter künftig nur 7 sein. Auf Grund des Strafcodex wurde der Lieutenant von Linsingen, welcher den Advocaten und cabinetsfreundlichen Abgeordneten Bussenius im Duell erschossen hatte, freigesprochen. Das größte Aufsehen machte die General= ordre vom 18. Febr. 1846, das Heirathen der Officiere betreffend. Nur ⅓ der bei einem Regimente stehenden Officiere sollten überall heirathen dürfen, und zwar nur dann, wenn der Premierlieutenant und Capitain außer dem Solde 800 Thlr., der Major 1000 Thlr., der Obristlieutenant 1200 Thlr. jährliches Einkommen nachweise, und die Heirath standesmäßig sei.

Eine besondere Commission sollte über die Existenz dieser Requisite entscheiden, worauf der Consens vom Könige abhange. Die Verfügung sollte, und das traf eine große Anzahl Personen die sich verlobt hatten sehr hart, rückwirkende Kraft haben.

Die Eisenbahnbauten rückten sehr langsam vorwärts. Die Eisenbahnverwaltung zeigte in allen ihren Anschlägen, Berechnungen, eine große Unsicherheit, ein fortwährendes Schwanken in ihren Angaben des Bedürfnisses. Der Kostenanschlag für die Südbahn schwankte z. B. innerhalb vier Wochen zwischen 8 und 13 Millionen herauf und herunter. Die Eisenbahnanleihe zu 3½%, von 1845 schaffte etwa 1,700,000 Thlr. zu Pari, aus den Ablösungsfonds gab man nichts her und belegte die Gelder desselben zu 3½% dagegen in Pommerschen Creditpapieren. Wegen der Chausseen klagte man 18⁴⁴/₄₅ über ein zu großes Herbeiziehen der Unterthanen zur Wegräumung des Schnees. Die Chausseen von Hameln nach Polle wurde gegen ständischen Wunsch eifrig fortgesetzt, die Fortsetzung derselben durch das Braunschweiger Territorium war aber vorher nicht festgesetzt und jetzt bei dem Zollkriege mit Braunschweig nicht zu erlangen. Die den Eisenbahnen parallelen Chausseen von Nienburg nach Verden und von Winsen nach Harburg wurden gegen die Bevorwortung der Stände fortgesetzt. —

Nach Ausweis des Budgets wurden die Ausgaben für Provinziallandschaften und ihre Ausschüsse immer größer, ohne reellen Zweck und Resultate. Die Verhandlungen der Calenbergschen Landschaft, wegen Vereinigung der Calenbergschen und Hildesheimischen Brandcasse, die Verhandlung der Bremischen Landschaft über Erhebung der Brandcassenbeiträge lieferten davon Beweise. Der Vorschlag, diese Beiträge künftig durch die Steuereinnehmer mit einer Kostenverminderung von 10 auf 2%, statt durch Beamte der Landschaft erheben zu lassen, wurde von der Ritterschaft einstimmig abgelehnt, aus Rücksicht auf die Beamten der Provinziallandschaft. Die Lüneburger Landschaft bewies eine unbegründete Renitenz in Zurückzahlung von Brandcassenvorschüssen, unterlag im eingeleiteten Verfahren. Den Pflichtigen kostete diese Ungehörigkeit an Zinsen und Kosten etwa 5000 Thlr.

Das mit der letzten Ständeversammlung vereinbarte Schulgesetz erschien erst nach 10 Monaten, am 25. Mai 1845, aber ohne Vollzugsinstructionen. Diese gingen erst 1846 bei den Consistorien ein. Statt nun die Ausführung und Bearbeitung durch das wichtigste, das Hannoversche Consistorium, in eine Hand zu nehmen, wurde die Sache nach Provinzen, den einzelnen Referenten überlassen. Von der ständischen Bewilligung von 10,000 Thlr. zur Abhülfe des dringendsten Nothstandes, war bis dahin kein Gebrauch gemacht, nur das Consistorium zu Stade hatte pro 18⁴⁵/₄₆ einige Zahlungen liquidirt. Und doch hatten die armen Schulmeister die Unterstützung so nöthig als je. Gegen die Deutsch-Katholiken ergingen strenge Verfügungen, auch ein Verbot aller Sammlungen für dieselben. Was die Finanzen anbetraf, so waren alle Steuern im fortwährenden Wachsen begriffen, auch die indirecten und die Brennsteuer. Der Vergleich wegen der Ueberschüsse fand in der Ausführung noch unerwartete Schwierigkeiten, indem der Finanzminister (d. h. Ubbelohde) statt baarer Zahlungen, ganz illiquide Einnahmeposte geben wollte. Das Cabinet selbst gab den desfallsigen Beschwerden statt, die Zahlung wurde dem Schatzcollegio jedoch in Golde nach dem Course von 5⅓ für die Pistole aufgenötbigt. — Die Klostercammer hatte einen Theil ihres Ablösungsfonds in Bückeburger Obligationen und bei den Ritterschaftlichen Creditvereinen in Hannover zu 3½ und 3% angelegt; als 1845 der Zinsfuß stieg, wollte man diese Capitalien kündigen, wurde jedoch vom geistlichen Ministerio zurückgehalten um die hohen Gläubiger zu schonen.

Die Stände traten am 24. Februar 1846 zusammen. In erster Cammer war für den Gutsbesitzer v. d. Bussche-Hünnefeld, der Justizrath und Erblandbrost des Fürstenthums Osnabrück, v. Bar, eingetreten; Landrath v. Schele resignirte und von Cloedt-Auburg trat an seine Stelle, für den Legationsrath von Dannenberg trat dessen Stellvertreter Landcommissair von Weyhe ein, später resignirte auch der dritte Osnabrückische Ritterschaftliche Deputirte von Dinklage und wurde für ihn wieder der Landrath von Schele gewählt, von der Bremischen Ritterschaft resignirte in weiterem Verlaufe der Diät, von der Schulenburg, und wurde Justizrath von Marschald dafür einberufen; für den Amtsassessor von Mengershausen, welcher entflohen war, wurde der Gutsbesitzer v. Hugo, für den Major von der Deden, der Justizrath von Düring, für von Torney, von Behr in Stellichte, für den abermals resignirenden Landrath von Schele, Freiherr von Korff, für von Bar, Graf Münster zu Langelage, für von Hammerstein, Gutsbesitzer von Morsey, für Landrath von Frese, Hauptmann von Gentzkow. Am Schluß der Diät resignirten noch Justizrath von Marschald und Rittmeister von Münchhausen.

Auch die zweite Cammer erlitt große Veränderungen. Durch Tod waren ausgeschieden: Oberjustizrath Jakobi, Finanzrath Hüpeden, Hauptmann von Sudow, an deren Stelle Justizrath Bacmeister, Oberfinanzrath Witte und Bürgermeister Gropp traten. Resignirt hatten und resignirten ferner: Hausmann Mahler, C.-P. Holtermann, Major Fischer, Bauermeister Niemeyer, Oeconom Janssen, Dr. Nordbeck, Syndicher Meyer, Finanzrath Dommes, Breusing, Kaufmann Hildebrand, und wurden an die Stelle derselben gewählt, oder traten als Ersatzmänner ein: Gutsbesitzer Grothmann, Bürgermeister Neubourg, reitender Förster Mantels, Landwirth Heytes, Amtmann Bening, Gutsbesitzer Kriegsmann, Regierungsrath Starke, Gutsbesitzer Heye, Bürgermeister von Bobungen.

Diese Personalveränderungen scheinen in erster Cammer das aristokratische, in zweiter das liberale Element gestärkt zu haben. Es wurde in dieser Diät der gewichtige Präcedenzstreit, den das Haus des Grafen Stollberg wegen seines Sitzes in erster Cammer, vor dem Erblandmarschalle Grafen Münster einzunehmen, schon vor 1840 erhoben hatte, jetzt bei der Volljährigkeit des Grafen Münster durch die Weisheit Sr. Majestät dahin entschieden, daß dem Erblandmarschalle als ersterem Würdenträger der allgemeinen Ständeversammlung ein Officialplatz unter dem Sitze des Präsidenten zur Rechten desselben zu gewähren sei. Der neue Erblandmarschall wurde im Juni 1846 für legitimirt erkannt und beeidigt. Die Diät war eine sehr langdauernde, denn der Stoff zu dringenden Gesetzen hatte sich in der Zeit seit 1837, in der für Gesetzgebung zur Abhülfe der dringendsten Bedürfnisse nichts oder wenig geschehen war, unendlich angesammelt und es war, als wenn die Eisenbahnentwicklung nicht nur eine schnellere Beförderung

von Personen und Sachen mit sich führe, sondern a's wenn dem entspre=
chend ein schnellerer Geschäftsgang in allen Dingen nöthig sei, als wenn
der alte Schlendrian in Verwaltung und Justiz nun aufhören müsse.

Eine große Menge zum Theil tief einschneidender Gesetzentwürfe, wie
die allgemeine bürgerliche Proceßordnung, die Gewerbeordnung, ein Poli=
zeistrafgesetz, das Gesetz, die persönlichen Steuern betreffend, der Entwurf
eines Gesetzes über den bestreiten Gerichtsstand, ein Forststrafgesetz, das
Gesetz über Ent= und Bewässerungen, wurde den Ständen vorgelegt. So
lange die Hauptthätigkeit der Stände sich gegen die Regierung richten konnte
und die Ordnung des Staatshaushalts zum hauptsächlichsten Zwecke hatte,
war die Ehe zwischen beiden Cammern eine gute gewesen. Jetzt, wo es
den Ausbau der Verfassung durch ergänzende Gesetze galt, trat der alte
Zwiespalt zwischen erster und zweiter Cammer sofort wieder hervor und das
Streben der ersten Cammer die Exemtionen aufrecht zu erhalten. Während
sich bei der Gesetzberathung über persönliche Steuern die zweite Cammer in
Beamtenthum und Nichtbeamtenthum spaltete und Jeder, der gegen den Re=
gierungsvorschlag wegen der Besoldungssteuer stimmte, beinah für liberal
galt, lös'ten sich, zum Glück erst gegen Ende der Diät, die bisherigen Ver=
einigungen und zwei Parteien, Stadt und Land, standen sich bei der Ge=
werbeordnung in zweiter Cammer schroff gegenüber. Die Diät zerfiel in
zwei Abtheilungen, die erste vom 24. Februar bis zum 7. August, die zweite
vom 1. November 1846 bis zum 21. April 1847. In der ersten wurde
hauptsächlich das Budget und die damit zusammenhängenden Fragen
erledigt. Bei dem Ausgabebudget fanden hauptsächlich folgende Posten
Beanstandung und Nichtbewilligung: 1) Ausgaben, welche sich ausschließlich
auf die Thätigkeit ritterschaftlicher Corporationen bezogen; 2) Ausgaben an
Pensionen für vormalige Angestellte bei Strafanstalten. Stände vindicirten
sich mindestens das Bewilligungsrecht und sprachen eine Nachbewilligung aus.
3) Remunerationen für Landbaubeamte, welche in der Position für Strafan=
stalten versteckt gefunden waren. Stände beanspruchten Rückerstattung. 4)
Ein Gleiches wurde wegen bewilligten Pensionen aus den Mitteln der Heil=
und Pflegeanstalten für Gemüthskranke gefordert, die Pensionen jedoch nach=
bewilligt. Man würde diese Unregelmäßigkeiten gar nicht haben entdecken
können ohne Specialisirung des Budgets und ohne Mitwirkung der
Schatzräthe.

Es waren wesentliche Ausgaben zur Verbesserung der Schulen, zur
Unterstützung des Handels bewilligt, so die schon oben erwähnten 16,000 Thlr.
zur Verbesserung des Volksschulwesens; behuf Erweiterung des sog. Real=
unterrichts an den höheren Schulen, für welchen sich das Bedürfniß nach
den veränderten volkswirthschaftlichen Verhältnissen immer dringender heraus=
gestellt habe, jährlich 5000 Thlr. Behuf Pensionirung von Lehrern an den
Gymnasien, wobei jedoch bevorwortet wurde, daß die zu bewilligenden Pen=
sionen im Einzelnen berechnet würden, 4000 Thlr. Für Erweiterung der
höheren Gewerkschulen, 2000 Thlr., für die Erweiterung der Navigationsschu=
len 1742 Thlr. Zur Verbesserung des Garn= und Leinenhandels wurden
anderweit 5000 Thlr. bewilligt, in die Aufhebung der Leggegebühren ge=
willigt und die Besoldungen der Leggebedienten und sonstige Ausgaben auf
die Staatscasse übernommen, wofür 26,445 Thlr. in das Budget aufgenom=

men wurden. Die wirkliche Ausgabe hat aber die Summe von 23,000 Thlr. noch nicht überschritten. *)

In Beziehung auf die Wiedervereinigung der Directionen der directen und indirecten Steuern gab die Regierung den ständischen Wünschen nach und legte eine Organisation vor, welche genehmigt wurde, und wonach 7 Directionen, jede mit einem Director und zwei Inspectoren, bestehen sollten. Die erbetene Gehaltserhöhung der Obersteuerräthe wurde dagegen nicht nur abgelehnt, sondern die Besoldung für eine vacante völlig entbehrliche Stelle eines Obersteuerraths gestrichen. Die Regierung bestritt dazu den Ständen freilich das Recht, diese beharrten aber bei ihren Beschlüssen, verlangten auch, daß wenn die Stelle eines Generaldirectors vacant werde, dieselbe nicht wieder besetzt würde. Der Streit zog sich unerledigt bis in das Jahr 1848 hinein. **) — Dagegen wurden zur Vermehrung der Gehalte der Steuereinnehmer 20,000 Thlr. bewilligt, für Steuerdiener 2500 Thlr., wobei Stände eine Verminderung der Stellen beantragten. Für Verbesserung des Medicinalwesens wurden 5062 Thlr. bewilligt. Für den Chausseebau wurde für das Jahr 1847—48 unter mäßigem Tadel der geschehenen Verwendungen abermals 300,000 Thlr. und 140,000 für die aufgehobenen Chausseedienste bewilligt, für den Landstraßenbau 160,000 Thlr. Ueberhaupt wurden an Ausgaben bewilligt für 1846—47 3,385,881 Thlr., für 47—48 nur 3,243,290 Thlr., während die Einnahmen auf 4,121,288 Thlr. angeschlagen resp. bewilligt waren. Hinsichtlich dieser Steuer wurde eine Erhöhung der Ausfuhrsteuer auf Knochenmehl von 6 Ggr. auf 1 Thlr. für die Pferdelast der Regierung zur Erwägung vorgestellt, die beantragte Erhöhung der seit mehreren Jahren im Sinken begriffenen Branntweinsteuer der hohen Fruchtpreise wegen aber ausgesetzt. Hinsichtlich der Biersteuer wurden nur die alten Wünsche für deren Aufhebung erneuert, dagegen einigten sich Regierung und Stände wegen Aufhebung des Mahl- und Schlachtcents, an deren Stelle die volle Grund- und Häusersteuer treten solle. Stände machten dabei ursprünglich zur Bedingung, daß die im Gesetze vom 21. October 1834 vorgeschriebene Beschränkung der Häusersteuer auf einen höchsten Satz von 20 Thlr. aufgehoben werde. Merkwürdiger Weise erklärte sich die Regierung gegen diese Aufhebung, durch welche doch allein eine gerechtere Vertheilung der Häusersteuer erzielt werden konnte, lediglich des Princips halber, weil die Häusersteuer nicht nach dem Miethwerthe, sondern nach dem Capitalwerthe veranlagt werde, und Stände waren so schwach, auf die Vorstellung der Regierung von dieser Bedingung zu abstrahiren. Es blieb also ein Zustand der höchsten Ungleichheit, den wir an einem Beispiele erörtern wollen. In der Residenz ging man bei der Veranschlagung der Steuer davon aus, daß man ein halbes Dutzend oder ein Dutzend Häuser veranschlagte, welche den höchsten Steuersatz von 20 Thlr. bezahlten, man nahm dazu das Wangenheimsche Palais an der Friedrichsstraße u. s. w. und drückte so die Steuer herab, denn wenn solche Prachtgebäude in der höchsten Classe standen, mußten die gewöhnlichen Bürgerhäuser schon in eine verhältnißmäßig niedrige gesetzt werden. In anderen Städten, in ganz kleinen Städten, in Flecken,

---

*) A. St. VIII. 3. S. 827. Letzter Staatshaushalt II. S. 535.
**) A. St. VIII. 3. S. 864, 1240, 1284, 1379.

ja auf dem Dorfe wurde nun aber auch ein Haus, das beim Neubau vielleicht viel gekostet, in die höchste Classe gesetzt, während ein vollkommen eben
so gebautes Haus in der Residenz vielleicht fünf, sechs Classen oder noch
mehrere Classen geringer angesetzt war. So kam es, daß namentlich die
Residenz eine ganz unverhältnißmäßig geringe Häusersteuer aufbrachte.

Es kam in den Ständen zur Sprache und erregte Tadel, daß die Regierung dem Ezechiel Simon für die in Frankfurt zu machenden Zahlungen
z. B. für Kur- und oberrheinische Kreisschulden 2 bis 2½ % Provision
zahlte, während das Schatzcollegium solche Zahlungen für ⅓ bis ½ %
beschaffte.

In Beziehung auf die Eisenbahnen wurde zunächst das 1844 wegen
der Controle des Eisenbahncassenwesens getroffene Provisorium mit geringen,
durch die Stände beantragten Modificationen bis zum 1. Juli 1848 verlängert. Für die Bahn von Celle nach Harburg wurde eine Nachbewilligung
von 138,771 Thlr. ausgesprochen, nicht ohne begründeten Tadel über die
völlige Unzulänglichkeit der älteren Anschläge. Denn die Anschläge für
Brücken, Erdarbeiten, Wegeübergänge, Bahnhöfe und Wartehäuser waren
in der That um 1,300,000 Thlr. überschritten, und nur durch zufällige
Ersparungen an anderen Positionen, z. B. durch glückliche Schienenankäufe
1,160,000 Thlr. gespart, so daß man mit obiger Nachbewilligung auskam.
Eine Nachbewilligung für die Kosten der Vorarbeiten zu 65,321 Thlr. und
103,305 Thlr. zur Vermehrung des Betriebsmaterials mit einer eventuellen
Ermächtigung, letztere Summen um 100,000 Thlr. zu erhöhen, wurde gleich-
falls ausgesprochen. Hinsichtlich des Centralbahnhofes in Hannover makelten
Stände mit ihrer Bewilligung und setzten dieselbe um etwa 14,000 Thlr.
herab, indem sie namentlich die Meublirung der Restaurationslocale auf
Staatskosten ablehnten, es wurden im Ganzen 763,163 Thlr. bewilligt.
Auch für den Bahnhof zu Harburg wurde eine geringere Summe, als die
Regierung forderte, nachbewilligt, nämlich nur 125,857 Thlr. statt 139,355 Thlr.,
so daß eine Gesammtsumme von 465,855 Thlr. bewilligt war. Mit diesen
Summen ist aber der wirkliche Bau nicht vollendet, sondern es hat nochmals
nachbewilligt werden müssen.

Electro-magnetische Telegraphen wurden 1846 nur versuchsweise zwischen Hannover und Lehrte beantragt und dafür 1500 Thlr. bewilligt. Dagegen kamen Stände, welche sich 1844 bei den Bedenken, welche die Regierung
gegen Emission von Papiergeld geäußert, beruhigt hatten, jetzt auf diese
Frage zurück, indem sie die Frage über Creirung von Papiergeld ganz im
Allgemeinen zur Erwägung der Regierung verstellten. Die Veranlassung
dazu lag auch nahe, denn während die Regierung den Ständen gegenüber
nichts von Papiergeld wissen wollte, versuchte die Königliche Casse ein kleines Geschäft darin zu machen, indem sie zum Zweck des Theaterbaues die
Emission von 100,000 Thlr. verzinslicher, jeder Zeit bei der königlichen
Casse als baares Geld annehmbarer Obligationen von 5 und 25 Thlrn.
beabsichtigte. Die Stände, zweifelhaft darüber, ob in diesen Obligationen
Papiergeld zu erblicken sei, hielten dafür, daß die Emission eines Papiergeldes als eines neuen Zahlungsmittels ohne vorherige Communication mit
den Ständen nicht geschehen könne — und sahen sich zu dem dringenden
Antrage veranlaßt: daß die königliche Regierung eine Communication mit

den Ständen darüber zulegen, bis dahin aber der weiteren Ausdehnung der Maaßregel Anstand geben wolle. Die Regierung schwieg dazu und gab im folgenden Jahre der Residenz die Erlaubniß, für 200,000 Thlr. unverzinslicher Cassenscheine auszugeben. Stände ersuchten nun die königliche Regierung, die Ausgabe unverzinslicher Cassenanweisungen oder anderer Papiere, die das Wesen des Papiergeldes haben, nicht weiter zu gestatten, bevor mit den Ständen darüber verhandelt worden, ob derartige Papiere fernerhin überhaupt sollen ausgegeben werden dürfen, und falls dies beschlossen würde, unter welchen Bedingungen die Ausgabe stattnehmig sein solle. *)

Neun Jahre später, im Jahre des großen Schwindels 1856, versäumten die Stände die richtige Gelegenheit, ihr Recht in Beziehung auf diese Frage mitzusprechen, wahrzunehmen, als der hannoverschen Bank die Ermächtigung zum Umlaufe von Noten gegeben wurde.

Die Verhandlungen über West- und Südbahn waren es, welche in zweiter Cammer zuerst die bisherigen Fractionen, wenn man so sagen darf, brachen und ganz neue Coalitionen zusammen führten. Die Regierung hatte die in der Erwiderung vom 1. Juli 1844, die Bahn von Hannover nach Minden und Bremen betreffend, an sie gerichtete Aufforderung: in Erwägung zu nehmen, ob und in welcher Richtung Eisenbahnen in den westlichen und südlichen Landestheilen anzulegen sein möchten, nicht allein dazu benutzt, Terrainuntersuchungen und Kostenüberschlagungen zu bewerkstelligen, sondern hatte ihre landesväterliche Fürsorge weiter ausgedehnt und ohne die Stände zu fragen, mit Kurhessen einen Separatvertrag vom 4. December 1845 abgeschlossen, über den Bau der Bahn von Münden nach Cassel, und am 3. März 1846 einen Vertrag mit Preußen über den Bau einer Bahn einerseits von Emden nach Münster zum Anschlusse an die Bahn nach Hamm und anderer Seits von Osnabrück bis Rheine und südlich nach Herford. Schon ehe dieser Vertrag abgeschlossen war, wurde durch Schreiben vom 24. Februar 1846 die Genehmigung der Stände zu einer Südbahn und zu den beiden Westbahnen von Emden, Leer, Meppen, Lingen, und von da einerseits nach Münster, andererseits über Freren nach Osnabrück und Löhne auf Staatskosten beantragt. Die Südbahn sollte von Hildesheim nach Burgstemmen und von Hannover dahin, über Nordheim, Marienstein vorbei (mit Umgehung Göttingens) im Schedethale nach Münden und dann im Fuldathale bis Cassel geführt werden. Es war dazu ein Anlagecapital von etwa 20 Millionen Thaler erforderlich. Die Größe dieses Capitals ließ es nothwendig erscheinen, beide Bahnen nicht gleichzeitig zu bauen und nun entstand ein Streit, ob die West- oder Südbahn zuerst gebaut werden solle. Für den Bau der Westbahn interessirte sich König und Hof, wie es schien, nicht des Ostfriesischen und Osnabrückschen Handels wegen, sondern hauptsächlich wegen der kronprinzlichen Reisen nach Norderney, und durch eine Coalition der Anhänger der Regierung mit den Ostfriesen, den Vertretern aus Meppen ꝛc. und den Osnabrückschen entschied man sich für die Westbahn.

In Beziehung auf die Südbahn wurde nur die Bereitwilligkeit zu einer

*) A. St. VIII. 3. 1375 ffg. p. 1586.

demnächstigen Bewilligung erklärt. Es war nicht Kurzsichtigkeit, welche die Majorität verblendete, die Verbindung der beiden Arme von der Elbe und Weser und von einem Theile Westphalens mit Süddeutschland, einer Bahn nachzusetzen, deren Ertragsfähigkeit mindestens wahrscheinlich viel geringer sein mußte als die der Südbahn, und die auf die Ertragsfähigkeit der schon bestehenden Bahnen nur wenig fördernd (auf der Strecke von Wunstorf nach Hannover) einwirken konnte, sondern eine geschickte Intrigue, zu der man den Zwiespalt unter den Anhängern der Südbahn wohl zu benutzen wußte. Einmal stieß man nämlich durch Umgehung Göttingens an, sodann aber waren nicht nur die Hildesheimer, sondern viele Unparteiische damit unzufrieden, daß man zwei Parallelbahnen bis Burgstemmen bauen wollte.

Auch die Interessen der an der Westbahn liegenden standen sich zum Theil entgegen. Osnabrück und der südliche Theil dieser Provinz verlangte eine Verlängerung der Bahn, auch nach den Niederlanden, während Ostfriesland diese fürchtete.

Die Regierung hatte in dem obenerwähnten Vertrage mit Preußen, um die dringend verlangte Eisenbahn von Minden nach Nienburg zu umgehen, letzterem die Zusicherung ertheilt, daß Fahr- und Frachtpreise von Minden nach Bremen und umgekehrt um den Betrag des Tarifsatzes von 2 Meilen ermäßigt werden sollten. Die Bedingungen, unter welchen zu diesem Vertrage wie zu dem ganzen Bau der Westbahn die ständische Zustimmung ertheilt wurde, war aber, daß nicht wie es jetzt geschehen, von Rheine aus nach Osnabrück gebaut werden sollte, sondern von Lingen einmal auf Münster zu, sodann auf Osnabrück zu, endlich über Nordhorn zum Anschlusse an eine Bahn durch die niederländische Provinz Oberyssel. Diese ständischen Bedingungen scheiterten aber an dem Widerstande Preußens, und so half die Präcedenz der Westbahn nichts, als die Vorarbeiten weiter fortgeführt wurden. Als man im April 1847 in vertraulicher Sitzung die Frage der Südbahn abermals erörterte, hatte sich die richtigere Ansicht schon durchgearbeitet und während man früher die Bahn nur für räthlich erklärte, sah man jetzt deren Nothwendigkeit ein, um eine Verbindung Hamburgs und Bremens mit Thüringen und Baiern und den Main auf directem Wege herzustellen. Es fehlte aber 1847 an den Geldmitteln. Damals hatte man auch, wie den Ständen mitgetheilt wurde, schon eingesehen, daß man Göttingen nicht zu umgehen brauche, sondern daß sich eine Verbindung nach Münden über Ohlenhusen herstellen lasse.

Der Streit zwischen Regierung und Ständen wegen der Vergütung, welche der Eisenbahnverwaltung für die transitirenden Preußischen und gleichartigen Postsendungen, welche die Post, also die königliche Casse vereinnahmte, gebühre, zog sich auch durch diese Diät, indem Regierung und Stände auf ihren entgegenstehenden Meinungen beharrten. Die Regierung suchte die ständischen Ansprüche, denn sie widersprach schließlich, damit zu beschwichtigen, daß sie versicherte, die Ladung des Preußischen Eisenbahnpostwagens betrage nicht 72 Centner, sondern nur durchschnittlich 18 Centner, die Vergütung von 16 Pf. pro Centner und Meile sei also unbedeutend.

Was die gesetzgeberische Thätigkeit der Stände anbetraf, so beschäftigte man sich zunächst mit der Regierungsvorlage vom 13. Mai 1844, die Revision des Gesetzes über die persönlichen directen Steuern betreffend.

Diese Vorlage enthielt u. a. eine principielle Aenderung, indem die Regierung nicht nur statt der Besoldungssteuer für diejenigen Personen, welche
ohne besoldet zu sein, dieser Steuer bisher unterworfen waren, eine Er-
werbsteuer vorschlug, sondern auch eine Gleichstellung der Besoldungs- und
Einkommensteuer in so fern, daß auch für jene hinfort ein fester Procentsatz
und zwar von nur 1 Procent gegeben werden sollte. Erste Cammer nahm
diesen Vorschlag an, die zweite Cammer wollte aber die steigende Scala
bei der Besoldungssteuer nicht aufgeben, weil sie in ihr allein die Ausführung der verhältnißmäßigen Gleichheit anerkannte von welcher die
Verfassung rede. Das war wenigstens nach langen heftigen Debatten der
Majoritätsbeschluß vom 20. Juli 1846, für welchen stimmten: Abides,
Bedmann, Beißen, Bornemann, Breusing, Bulle, Caulier, Dörrbecker, Droop,
Ehlermann, Friese, Gronewald, Hausmann, v. d. Heyde, Heylens, Heyl,
Hildebrand, Hoppe, Krönike, Lauenstein, Lehzen, Loeders, Mahler, Mantels,
Colon Meyer, Syhl.-R. Meyer, Möllmann, Schulte van Neerlage, Nord-
bed, Reimers, Richter, Rid, Schacht, Schmidt, Schulze, Schulz, Schwers,
Sieling, Siemens, Sostmann, Uhrberg, Wachsmuth, Warnede, Westrum,
Zeddies. — Für den Regierungsentwurf stimmten: Bacmeister, Bar,
Bauer, Bening, Besele, Blumenhagen, Brehl, Dommes, Dürr, Ebell,
Eichhorn, Vollmeier Feuerhade, Friedrichs, Gropp, Haus, Heinichen,
Hoppenstedt, Jäger, Klenze, Krimping, Schatzrath Lang, Lueder, Menger,
Merz, Messerschmidt, Amtsvoigt Meyer, Niemeyer, Nolte, Quaet-Faslem,
Reinecke, Sandvoß, Schwiening, Sermes, Wehner, Wilhelni, Wippern.
Abwesend waren: Brünger, Carlaie, Eggers, Janssen, Meyer, Neubourg,
Wedemeyer, Witte. Die zweite Cammer erhielt auch diesen Beschluß gegen
die erste aufrecht, so daß in der Erwiederung vom 6. Aug. die Beschlüsse
beider Cammern getrennt vorgetragen wurden. Auf die Motive der zwei-
ten Cammer werden wir bei den Verhandlungen von 1859 zurückkommen.*)

Durch Rescript vom 4. August 1846 wurden Stände bis zum 1. November vertagt.

Als dieselben im November wieder zusammengetreten waren, war eine
der ersten Sachen, womit sie sich beschäftigte, die Schleswig-Holsteinische
Frage. Schatzrath Dr. Lang war damals mit der Zeitströmung immer
voran, wenn es einen liberalen oder nationalen Antrag galt, nicht so
wenn es sich um pecuniaire Interessen seiner selbst handelte, (z. B. bei der
Besoldungssteuer) und hatte durch sein oppositionelles Verhalten die Erinnerung an das was 1838—40 geschehen war, ziemlich verwischt und sich
das Vertrauen seiner Bremenser wieder zu verschaffen gewußt. Er war es,
der die Schleswig-Holsteinische Sache hauptsächlich in und außerhalb der
Cammern in Anregung zu bringen wußte. Die erste Cammer sah die Sache
mehr vom aristokratischen als nationalen Gesichtspunkte an, es galt ihr
mehr eine Unterstützung der bekannten und verwandten Schleswig-Holsteinischen
Ritter, als Deutschland gegen Dänemark. Es fehlte eigentlich an einer
passenden Gelegenheit, die Frage in den Ständen zu behandeln, namentlich
einen Antrag an die Regierung zu bringen, allein Lang wußte geschickt
und gewandt das Verhalten der Regierung selbst zum Gegenstand eines

---

*) R. St. VIII. 3. t. S. 1408.

Dankes zu machen, und so gelangte von den Ständen am 26. November folgender gut redigirter Vortrag an die Königliche Regierung, welcher seiner Zeit nicht verfehlte, in ganz Deutschland das größte Aufsehen zu erregen und andere deutsche Stände zur Nachahmung anzuspornen. Der Vortrag lautete: „Die neuerlichen offenkundigen Vorgänge in den mit der Krone Dänemark gegenwärtig vereinigten deutschen Herzogthümern haben, in ihrer bedrohlichen Richtung gegen die staatsrechtliche und nationale Selbstständigkeit dieser Länder und folgeweise auch gegen die Integrität der deutschen Bundesstaaten, wie im ganzen deutschen Vaterlande, bei Fürsten und Völkern, so auch im hiesigen Lande und bei dessen gegenwärtig versammelten Ständen die lebhafteste und stärkste Theilnahme hervorgerufen.

„Dies Mitgefühl für das gefährdete Recht der Bundes = und Stammgenossen mußte bei den Bewohnern des Königreichs Hannover noch erhöhet und gesteigert werden, einerseits durch die Erinnerung an die besonderen Bande, womit das eine jener Herzogthümer früher beinah ein Jahrhundert lang mit Hannover verknüpft war, andererseits durch das Bewußtsein, daß die Gefahr, wenn sie verwirklicht werden sollte, bis unmittelbar an die Grenzen des Königreichs treten würde.

„Stände erkennen es daher mit freudigem Danke an, daß die Königliche Regierung, gleich lebhaft durchdrungen von der hohen Bedeutung der obschwebenden Frage für die Zukunft und Stellung des Gesammtvaterlandes, dem sichern Vernehmen nach, ihrer Seits zur beschleunigten Fassung des in dieser Angelegenheit unterm 17. September d. J. ergangenen Bundestagsbeschlusses kräftig beigetragen hat, welcher — Dank der hohen Bundestagsversammlung! — im Einklang mit der öffentlichen Meinung, die Zurückweisung der besorgten Gefahr in sichere Aussicht gestellt und zur vorläufigen Beruhigung der Gemüther wesentlich beigetragen hat.

„Stände fühlen sich aber zugleich gedrungen, das erhebende Vertrauen und den dringenden Wunsch auszusprechen, daß Königliche Regierung, bei fortwährender sorgfältiger Beachtung des ferneren Verlaufs dieser hochwichtigen Angelegenheit, eben so kräftig fortfahren möge, um auch auf vollständige Ausführung des fraglichen Bundestagsbeschlusses und damit auf die Erhaltung der Selbstständigkeit und der deutschen Nationalität in den erwähnten Ländern und folgeweise der Unverletzlichkeit des gemeinsamen deutschen Vaterlandes mit allen ihr zu Gebote stehenden Mitteln hinzuwirken.

„Das Land und die Stände werden, so viel an ihnen ist, alle in dieser Richtung liegenden Maßregeln der Königlichen Regierung, jederzeit mit Freuden zu unterstützen bereit sein."

Der Entwurf eines Polizeistrafgesetzes befriedigte ein sehr lang erkanntes, von den Ständen mehrfach der Regierung zur Abhülfe empfohlenes Bedürfniß, denn bisher waren eine verworrene Masse von größtentheils veralteten und nicht mehr passenden Strafbestimmungen, welche in den älteren Landesconstitutionen, Polizeiordnungen, Brüchtenordnungen sogenannte Wrugenprincipien versteckt lagen, und welche nicht nur nach Provinzen sondern nach Aemtern und Oertern selbst verschieden waren, die Quellen dieser Polizeistrafen gewesen. Eine einheitliche Gesetzgebung that durchaus Noth und Stände wie Regierung waren mit Recht gegen eine mehrfach empfohlene provinzielle Regelung. Der Gesetzentwurf war ursprünglich vom Hofrath Bergmann in Göttingen bearbeitet, dessen Werk man indeß als unpractisch zurücklegen mußte. Der jetzt vorgelegte Entwurf stammt vom Regierungsrath Bening. Derselbe ging von dem Grundsatze aus, daß die große Mannigfaltigkeit der Fälle und die äußerste Verschiedenheit der Strafbarkeit desselben Vergehens, scharf bestimmte und begrenzte Strafbestimmungen nicht zulasse, sondern daß dem richterlichen Ermessen innerhalb eines überall streng begränzten maximi und eines gar nicht beschränkten minimi der größte Spielraum zu lassen sei. Die Stände erkannten diesen Grundsatz als richtig an, aber auch die Gefährlichkeit eines solchen Systems und prüften daher die einzelnen Bestimmungen des Entwurfes mit um so größerer Sorgfalt, dieselben wo es nöthig war, im liberalen und milderen Sinne modificirend. So wurde der § 6, welcher jede unerlaubte Selbsthülfe mit Strafe bedrohte, gestrichen, die §§, welche von Beleidigung der Amtsehre und Widersetzlichkeit untergeordneter Angestellter handelten, wesentlich modificirt, bei dieser Gelegenheit auch auf eine authentische Declaration des Art. 143 des Criminalgesetzes gedrungen, in dem Sinne, daß nicht jede persönliche Beleidigung eines Beamten unter diesen Begriff falle. Die Strafen wegen Trunkenheit, welche öffentliches Aergerniß erregt, nicht blos auf Gefängniß beschränkt, sondern Geldstrafe zugelassen, da derartige Fälle auch ohne sonderliches Verschulden vorkommen. Der § 97, welcher auch ein vermuthetes Concubinat bestrafen wollte, wurde gestrichen, bei § 99 auch Geldstrafen für zulässig erkannt. Zu § 101 wollten Stände von einer für das Königliche Ministerium des Innern in Anspruch genommenen Befugniß, ausnahmsweise Glückspiele erlauben zu dürfen (etwa um den nobeln Passionen bei dem Wettrennen in Celle volle Befriedigung zu verschaffen) nichts wissen, drangen vielmehr darauf, daß Königliche Regierung bei dem hohen Bunde, ferner auf ein endliches allgemeines Verbot aller Glücksspiele kräftig hinwirken wolle.

Eben so kam man zu § 110 des Entwurfes auf die Nachtheile der Lotterien überhaupt zurück, deren verderblichen Einfluß auf Moralität und Vermögen der Unterthanen noch viel verderblicher sich herausstelle, wie bei Glücksspielen, weil das Lotteriespiel gerade die geringeren Volksclassen (Dienstboten ꝛc.) am Meisten verlocke und erkannten an, daß gründlich nur durch völlige Abschaffung aller Lotterieen geholfen werden könne, hoffte auch hier vom deutschen Bunde, als eine gemeinsame deutsche Maaßregel Abhülfe und ersuchte die Regierung, zu erwägen, ob nicht die Lotterieen ganz aufzuheben seien. Nach solchen Gesichtspuncten, schloß der Vortrag, kann es Ständen keineswegs erwünscht sein, wenn das königliche Finanzministerium es seit 1844 bei der hiesigen Landeslotterie durch Abkürzung der Ziehungszeiten und Reduction der 6 Classen auf 5 bewirkt hat, daß gegenwärtig in jedem Jahre zwei vollständige Ziehungen stattfinden, während sonst nur in 2 Jahren 3 Ziehungen vollendet wurden, wodurch anscheinend der Reiz zum Spielen nur noch verstärkt werden dürfte. Stände ersuchen daher angelegentlichst, keine fernern Erweiterungen der Landeslotterieen eintreten zu lassen und dieselben mindestens auf den Umfang von 1839—40 zu beschränken. Die Regierung ist diesen Anträgen nicht nachgekommen. Die Ueberschüsse der Lotterieen, welche bei der Cassentrennung von 1840 auf

40,000 Thlr. veranschlagt waren, betrugen durch jene Maaßregeln 1843—44, 82,000 Thlr., 1844—45 59,300 Thlr. sanken dann in den folgenden Theurungsjahren 1845—46 auf 54,000 Thlr., 1846—47 auf 41,400 Thlr., stiegen 1847—48 auf 55,400 Thlr., 1848—49 auf 74,000 (durch be= sondere Glücksfälle, da auf die nicht verkauften Loose große Gewinne fielen), und haben sich seitdem auf einer Höhe von 50—70,000 Thlr. erhalten. *)

Von Prügeln als Strafmittel waren die damaligen Stände keine gro= ßen Freunde, und strichen diese Strafe bei Bettlern unter 16 Jahren. Eben so fanden sie die Bestimmung des § 120 wegen Aufnahme von Fremden für die Ausübung der allgemeinen Gastfreiheit zu beschränkend. Bei Gele= genheit der §§ 142—156 wurde eine Revision der principiellen und ört= lichen Feuerordnungen, welche an vielen unzweckmäßigen und verkehrten Bestimmungen leiden sollten, für dringend nothwendig erachtet.

Die Vergehen gegen die Baupolizei fanden gerechte Bedenken, da die Art und Weise, wie dieselbe vieler Orten gehandhabt werde, zu vielfachen Beschwerden über weit gehende Eingriffe in das Privateigenthum und die Dispositionsfreiheit Veranlassung gebe.

Hinsichtlich des Zinswuchers hielten die Stände dafür, daß die beste= henden gesetzlichen Beschränkungen, ohnerachtet der für die Beseitigung spre= chenden theoretischen Gründe, vor der Hand nicht aufgegeben werden könnten. Bei der Verhandlung über diese Frage zeigten sich indeß schon damals eine ziemliche Anzahl Mitglieder, welche der richtigeren volkswirthschaftlicheren Ansicht huldigten. Das Gesetz erlaubte, 6 % jährlich zu nehmen, ohne die Klagbarkeit des 6. Zinsthalers damit zu gewähren. Was aber gewiß den größten Dank verdiente, waren die ständischen Aussprüche und Anträge we= gen Uebertretung der Bücherverbote und Censurvorschriften. In erster Be= ziehung ließ man es bei einer Geldstrafe bewenden und strich die angedrohte Entziehung der Gewerberechte, wollte andere Personen, als Buchhändler und Bücherverleiher überhaupt nur dann bestraft sehen, wenn das Verbot öffent= lich bekannt gemacht sei. Hinsichtlich der Censur aber erlaubten sich die Stände folgenden bemerkenswerthen Antrag: „Der § 66 hat Ständen dringende Veranlassung geben müssen, die so viel besprochene und so höchst unbefrie= digende Lage der Deutschen und insbesondere der vaterländischen Presse in ernstliche Erwägung zu ziehen. Je wohlbegründeter, nach den vor mehr als 30 Jahren bundesverfassungsmäßig gegebenen Zusicherungen, das Ver= langen nach einer auf Preßfreiheit gebauten Preßgesetzgebung erscheinen muß, und je allgemeiner auch die inmittelst gemachten Erfahrungen über die Unhaltbarkeit und die Zweckwidrigkeit des bisherigen Präventivsystems der Censur entschieden haben dürften, desto zuversichtlicher glauben Stände sich der Hoffnung überlassen zu dürfen, daß die Zeit endlich gekommen sei, wo der allgemeine Wunsch in Deutschland nach einer zeitgemäßen Preßgesetz= gebung in Erfüllung gehen werde. Gleichwohl bescheiden sich Stände, daß für jetzt über die einstweilen noch bestehende provisorische Bundespreßgesetz= gebung nicht hinwegzusehen sei, wonach in der Hauptsache für alle Schrif= ten, die in Form täglicher Blätter oder heftweise erscheinen, desgleichen für Schriften unter 20 Bogen, vorgängige Genehmigung der Landesbehörden,

---

*) Letzter Staatshaushalt I. p. 318.

also Cenſur, vorbehalten iſt. Wenn dagegen die hieſige Landesregierung ſeiner Zeit noch über dieſe bundesgeſetzlichen Schranken weit hinausgegangen iſt und, ſtatt dieſe ſchlechthin zum Grunde zu legen, lediglich das, durch augenblickliche eigenthümliche Verhältniſſe hervorgeruſene veraltete und dunkle Cenſuredict vom 6. Mai 1705 unterm 14. October 1819 und 9. September 1824 von Neuem in Kraft geſetzt hat (wonach bei 50 Thaler Straſe kein Unterthan irgend etwas in oder außerhalb Landes ohne Cenſur drucken oder drucken laſſen darf), ſo hat dazu irgend ein genügender formeller oder materieller Grund gewiß nicht vorgelegen, und erſcheint es um ſo mehr endlich an der Zeit, daß dieſe auffallenden und höchſt drückenden Beſchränkungen auf das ohnehin ſchon ſtrenge Maaß der Bundesbeſtimmungen zurückgeführt werden. Nach dieſer Lage der Geſetzgebung haben Stände billig Bedenken tragen müſſen, durch Annahme des § 66 die angezogenen veralteten Beſtimmungen ihrerſeits zu billigen; ſie erſuchen vielmehr die königliche Regierung angelegentlichſt und vertrauensvoll, ſobald als thunlich auf eine zeitgemäße Preßgeſetzgebung Bedacht nehmen, auch bei dem hohen deutſchen Bunde geeignete Schritte thun zu wollen, um die Erſüllung der im Artikel 18 der Bundesacte enthaltenen Zuſicherung herbeizuführen, jedenſalls aber ſofort die Cenſur auf die, nach den bundesgeſetzlichen Beſtimmungen irgend zuläſſigen Grenzen zu beſchränken."

Zu geringen Modificationen gab das Forſtſtraſgeſetz Veranlaſſung. Stände erklärten ſich mit den in der Begründung des Entwurfs dargelegten Anſichten über die Hauptprincipien, namentlich mit dem Grundſatze einer nur polizeilichen Beſtrafung der Forſtvergehen einverſtanden und hat das von Regierungsrath Bening verfaßte Geſetz ſich auch in der Praxis als ein gutes bewährt.

Dagegen befriedigte der Entwurf eines Geſetzes über Beſchränkung des beſreiten Gerichtsſtandes, welcher noch von Jakobi bearbeitet war, nach keiner Seite hin und konnte dies nicht wohl, da nicht Beſchränkung, ſondern nur Aufhebung des Uebels helfen konnte und dieſe Aufhebung wiederum eine gänzliche Umgeſtaltung der Gerichtsorganiſation voraus ſetzte. Der Aufhebung des Uebels ſtand aber der § 36 des Landesverfaſſungsgeſetzes entgegen und dieſer ward wiederum von der Regierung in der beſchränkteſten Weiſe aufgefaßt. Man muß ſich nun aber in den Zuſtand vor dieſer Zeit zurück denken. Die Mittelgerichte, Juſtizcanzleien, waren an ſich mit tüchtigen und fleißigen Leuten beſetzte Gerichte, die ein gutes Recht ſanden. Allein das Recht bei ihnen zu ſuchen, war einmal weitläuſig, der Entfernung wegen, es war ſehr theuer und außerordentlich langſam, in Folge theils der veralteten Canzleiordnungen, theils der Geſchäftsüberhäufung. Keine Exemtion war eigentlich widernatürlicher, als die des beſreiten Gerichtsſtandes, denn wenn das bei Collegialgerichten geſundene Recht wirklich ein beſſeres war, als das bei den Aemtern geſundene, hatten nicht alle Staatsbürger gleiche Rechte auf ein ſolches beſſeres Recht? Welcher vernünftige Grund konnte obwalten, den Adeligen, den Oſſizieren, den Dienern der Adeligen, gewiſſen adeligen Gütern, wenn ſie auch nur aus einem Häuschen mit einem Stückchen Land, von dem einige Gutegroſchen Grundſteuer gegeben wurden, beſtanden, ein Privilegium hinſichtlich des Rechts zu geben?

Keine Exemtion war daher verhaßter, und wenn nun gar die Mitglieder erster Cammer mit ihrer Standesehre kamen, welche ihnen verbiete vor
den Aemtern ihr Recht zu suchen, so mußte das die Bürgerlichen wie die Aemter
empören. Es ist rein unbegreiflich, wie der hannoversche Adel, namentlich die
erste Cammer lange Jahre sich keisen mochten auf dieß Privilegium, statt
vereint mit der zweiten Cammer auf eine bessere Organisation der Gerichte
und Reformation des Processes zu dringen. Die erste Cammer, welche während des ganzen achten Landtages viel aufgeklärtere und liberalere Gesinnungen zeigte, als in den Jahren von 1833 — 37, capricirte sich bei
Berathung dieses Gesetzes einmal wieder so recht in hannoverscher Junkern-
art. Wir müssen deshalb bei den Debatten über diesen Gesetzentwurf
länger verweilen, obgleich derselbe nur theilweise ins Leben getreten ist,
zuvor jedoch zum Verständniß eine kurze Uebersicht über den Inhalt der
Vorlage geben. Das Gesetz wollte den künftigen persönlich und dinglich
befreiten Gerichtsstand bestimmen, und zwar gegen den bisherigen Zustand
beschränken. Der einzige Fortschritt, den es machte, war der, daß der persönlich und dinglich befreite Gerichtsstand in Hypothekensachen aufhören
sollte, was schon durch die beabsichtigte Reform des Hypothekenwesens zur
Nothwendigkeit geworden war, und womit sich die erste Cammer auch schon
1835 einverstanden erklärt hatte. *) Der persönlich befreite Gerichtsstand
einer physischen Person sollte sich nur auf die Ehefrau und auf Kinder erstrecken, nicht auf Angehörige und Dienstboten. Ein Titel ohne Amt sollte
den Gerichtsstand nicht gewähren. Der dinglich befreite Gerichtsstand sollte
sich nur auf dingliche Klagen beziehen, nicht aber wie bisher auf die sämmtlichen Bewohner exemter Grundstücke. Der befreite Gerichtsstand sollte erhalten bleiben bei juristischen Personen: 1) dem Fiscus, 2) den
höheren königlichen, ständischen und standesherrlichen Behörden, 3) den wichtigeren Instituten und Corporationen (Heilpflege, Taubstummenanstalt,
Blindenanstalt u. s. w.); bei physischen Personen sollte derselbe bleiben: 1)
den Mitgliedern auswärtiger souverainer Häuser die sich im Königreiche
aufhalten, und den nicht regierenden Mitgliedern unseres königlichen Hauses,
2) den Mitgliedern des Oberappellationsgerichts, für welche sogar eine
abermalige Exemtion bestehen bleiben sollte, indem sie ihren Gerichtsstand
nur vor dem Oberappellationsgerichte selbst haben sollten, 3) den Besitzern
landtagsfähiger Güter, 4) dem landsässigen Adel, 5) Officieren und uniformirten Militairpersonen mit Officierrange, 6) den höheren königlichen,
ständischen und standesherrlichen Dienern, 7) den Vorständen einer ganzen
Reihe von Verwaltungsinstituten (vom Chef der Oberforstämter an, bis zu
den Directoren der Landeslotterien und Salinedirectoren), 8) den bei den
standesherrlichen Untergerichten angestellten Supernumerairbeamten und den
Landessecretarien bei den Gräfengerichten, dem Stadt- und Stadtgerichtsdirector zu Hannover, den Kloster- und Stiftsbeamten, den Directoren und
Oberinspectoren der königlichen Polizeidirection, 9) den Vorstehern, Vorste-
herinnen, stimmführenden Mitgliedern der Stifter, 10) den ordinirten
Geistlichen.

Bei geistlichen Gerichten sollte der persönlich befreite Gerichtsstand,

---

*) A.-St. V. 3. S. 287.

für juristische Personen bestehen bleiben, im übrigen nur ordinirte Geistliche, die ein Pfarramt oder eine höhere geistliche Würde bekleideten bei den Consistorien, welchen geistliche Civilgerichtsbarkeit zustehe, verklagt werden. Der dinglich befreite Gerichtsstand sollte nur den königlichen Schlössern, Gärten, Gebäuden, Domanialgrundbesitz, Stifts= und Klostergütern, land= tagsfähigen Rittergütern, auch Sattelhöfen und andern Gütern, welche die Landtagsfähigkeit durch Aufnahme in die Matrikel der Ritterschaft erlangt, so lange ihnen diese Landtagsfähigkeit zusteht, bleiben und auf sämmtliche zu den Gütern gehörende Grundstücke ausgedehnt werden, mit Ausschluß derjenigen, welche unter dem Vorbehalte des Obereigenthums nach Meier= erbenzins oder Erbpachtsrecht an Dritte verliehen, wenn nicht etwa das nutzbare Eigenthum die Landtagsfähigkeit begründe; wenn also ein durch Ablösung frei gewordener Bauernhof mit dem landtagsfähigen Gute ver= einigt wurde, so sollte dieser Bauernhof den befreiten Gerichtsstand erhalten. Das waren etwa die hauptsächlichsten Bestimmungen des Gesetzentwurfes.

Als dieser am 2. März 1846 zuerst auf die Tagesordnung zweiter Cammer gelangte, machte Dr. Siemens darauf aufmerksam, daß der höhere allein richtige Standpunkt der Legislation völlige Aufhebung des privilegir= ten Gerichtsstandes, der ohnehin einen wirklichen Vorzug nicht gewähre, erheische, daß dieser Standpunkt aber leider durch § 36 des Landesver= fassungsgesetzes beschränkt sei.

Sofort machte auch der Magistratsdirector Ebell aus Göttingen seinem Mißmuthe Luft: es sei so wenig Plan und Klarheit in dem Entwurfe. daß sie ohne neue Bearbeitung durch eine Commission sich wenig Gedeihliches erwarten lasse. Die Quelle dieses Mißmuths lag klar, sollten doch alle Magistratsdirectoren, wie Stadtgerichtsdirectoren, mit Ausnahme der Resi= denz, nach dem Entwurfe den Vorzug des befreiten Gerichtsstandes nicht genießen, während jedem Supernumerairbeamten mit Stimmrecht, Landsyn= diken und Landessecretairen derselbe gewährt wurde. Schatzrath Lang deutete den richtigen Gesichtspunkt an: der Anfang habe mit einer verbes= serten Organisation der Gerichtsverfassung gemacht werden müssen. Justiz= rath Baemeister, der die Regierung vertrat, war weit entfernt, die höhe= ren Anforderungen der völligen Aufhebung des privilegirten Gerichtsstandes zu verkennen, hier müsse man jedoch lediglich sich auf die Ausführung des Landesverfassungsgesetzes beschränken. Er suchte auszuführen, daß die sorg= fältigste Rücksicht nach allen Seiten genommen sei und wie eine noch größere Strenge gegen die Civildienerschaft, dem unbedingt beizubehaltenden Privi= legium des Adels und der Officiere gegenüber, jene Classe empfindlich herab= drücken werde.

Letzen erkannte in dem privilegirten Gerichtsstande unbedingt ein erheb= liches Uebel und hielt die dem § 36 der Verfassung gegebene Auslegung, als ob allen darin genannten Personen und Sachen unbedingt der bevor= zugte Gerichtsstand zu belassen sei, erheblichen Zweifeln unterworfen. Es verdiene das allgemeine Gebot der Beschränkung das Hauptgewicht und be= zeichneten die ausgenommenen Kategorien nach dem ganzen Zusammenhange nur die äußerste Grenze, bis wie weit der privilegirte Gerichtsstand allen= falls beibehalten werden könne, ohne jedoch einer Erwägung, wie diese Grenze, aus Gründen der Zweckmäßigkeit annoch zu verengen sei, abzuschneiden. Der

Antrag auf eine Commiſſion wurde abgelehnt, und ging die Cammer un= mittelbar an die Berathung. Die Debatte wurde in zweiter und dritter Berathung getragen von Wachsmuth, Sandvoß, Simens, Lehzen, Weſtrum auf der einen, Juſtizrath Baemeiſter, Regierungsrath Bening, Regierungs= rath Heinichen auf der andern Seite. Das Streben der Opposition ging dahin, dem ſtaatsrechtlichen Saße einer regelmäßigen Gleichſtellung aller Landesunterthanen, vor den Gerichten die möglichſte Anerkennung zu ſchaf= fen, indem ſie alle Cremtionen von dem gewöhnlichen Gerichtsſtande, we= gen der damit verbundenen Erſchwerungen und Unſicherheit der Rechtspflege für ein erhebliches Uebel anſah. Sie billigte den von Lehzen ausgeſproche= nen Saß, daß das Gebot der Beſchränkung bei Interpretation des § 36 des Landesverfaſſungsgeſeßes, das Hauptgewicht verdiene, in aller Maaße und hielt ſich nach ihrer Anſicht, von der Verwerflichkeit aller Cremtionen, für berechtigt, die von der Regierung vorgeſchlagene Ausdehnung möglichſt zu beſchränken.

Es wurde deshalb zuerſt auf Wachsmuths Antrag im § 1 reſp. § 17 die Cremtion, wonach den Oberappellationsräthen auch eine Cremtion von dem Gerichtsſtande der Juſtizcanzleien zu Theil werden ſollte, beſeitigt. Zu § 9 wollte man, daß mit dem Aufhören des Amts, auch das Vorrecht aufhöre, man wollte daher nichts davon wiſſen, daß ehrenvoll entlaſſenen Dienern der privilegirte Gerichtsſtand bleibe. Zu den §§ 13 und 14 zählte man die Behörden und Inſtitute, welche man zu den höheren und wichtigeren rechnete, einzeln auf, um den Parteien und Gerichten völlige Gewißheit über den Gerichtsſtand jeder einzelnen Behörde ꝛc. zu geben.

Zu § 20 hielt man den Begriff des landſäſſigen Adels für zu unbe= ſtimmt und ſchwankend, und definirte ihn: „d. h. die adeligen Beſißer land= tagsfähiger Güter", worunter man auch Frauen und Kinder, nicht aber ſonſtige Familienangehörige begriff — während Baemeiſter mit der Regie= rung unter landſäſſigen Adel, den wirklich einheimiſchen Adel, d. h. alle Adeligen, verſtanden wiſſen wollte.

Zu § 21 wollte man weder uniformirten Militairperſonen mit Offi= ciersrang, da dieſe keine Officiere in ſtrengerem Sinne ſeien, noch Officieren der engliſch= deutſchen Legion, da dieſelben als fremde Officiere anzuſehen ſeien, das Privilegium gewähren.

Die §§ 22—25 über den befreiten Gerichtsſtand der höheren könig= lichen, ſtändiſchen, und ſtandesherrlichen Behörden erfuhren mehrfache Be= ſchränkungen namentlich in Beziehung auf die bei den Aemtern angeſtellten Beamten, die man auf gleiche Linie mit den ſtädtiſchen und Patrimonial= Gerichtsbeamten geſtellt wiſſen wollte. Die Bedenken Baemeiſters, Klenze's, Wedemeyers, daß die Beamten ſich dadurch gekränkt ſehen könnten, wurden durch die Argumentationen beſeitigt, daß der höhere Standpunet der Legis= lation auf dergleichen Standesrivalitäten, die doch am Ende auf ein Vor= urtheil hinausliefen, keine Rückſicht nehmen könne.

Zu § 26 ſtrengten ſich Dr. Sermes und Domdechant Merz vergeblich an, jedem Geiſtlichen, der die höheren Weihen empfangen habe, den befrei= ten Gerichtsſtand zuzuwenden. Die Cammer hielt an dem officiell beſtehenden Unterſchied zwiſchen Clerus major und minor feſt. Zu § 27 fand man keinen Grund, Kirchen, Pfarren und Schulen das privilegium fori vor dem Confiſtorio zu erhalten. Der im § 28 gemachte Vorbehalt wegen neuer Ertheilungen eines befreiten Gerichtsſtandes erſchien der Majorität ſo bedenklich, daß der ganze § geſtrichen wurde. Zu § 29 wollte die zweite Cammer, daß was zum Beſtande eines dinglich befreiten Grundſtüds erworben werde, nicht ſo leichten Kaufs unter dieſen Gerichtsſtaud fallen ſollte, als es der Entwurf möglich machte. Auch der dinglich befreite Gerichtsſtand der Kirchen, Pfarren, Schulen, vor den Conſiſtorien fand keine Billigung. Zu § 34 wird hauptſächlich auf Wachsmuths gründliche Motivirung beſchloſſen: Königliche Regierung um Vorlegung eines Geſeßentwurfes, wegen Ueberweiſung der Gerichtsbarkeit der evangeliſchen Conſiſtorien, an die weltlichen Gerichte zu erſuchen. Bei der dritten Berathung bemühte ſich Herr Juſtizrath Bacmeiſter vergeblich, die meiſten dieſer Beſchlüſſe rückgängig zu machen.

Anders war der Gang in erſter Cammer, hier nahm man den Regierungsentwurf mit geringen Modificationen an, und wurde nur dem Wunſche des Abts zu Loccum, um Beibehaltung des bisherigen privilegirten Gerichtsſtandes der Mitglieder des Stifts Loccum vor der Juſtizcanzlei zu Hannover nachgegeben. Es fehlte freilich nicht an Abligen, welche ſich gegen die Aufhebung ſelbſt des dinglich befreiten Gerichtsſtandes in Hypothekenſachen erklärten, ſo der jeßige Juſtizminiſter von Bar. Es verſtand ſich von ſelbſt, daß die erſte Cammer die Worte „landſäſſiger Adel" im weiteſten Sinne erklärt haben wollte und darunter den einheimiſchen Adel überall ohne Ausnahme begriff. Als nun die Beſchlüſſe zweiter Cammer in die erſte kamen, brauchte Herr Juſtizrath von Bar kaum zu einem Feſthalten an den gefaßten Beſchlüſſen und zu einem feſten Auftreten gegen die zweite Cammer zu ermahnen, die Beſchlüſſe der zweiten Cammer wurden mit großer Majorität verworfen.

Die Berathung erſter Cammer war ſchon Anfangs März, die zweiter Cammer Ende März 1846 beendet, die abweichenden Beſchlüſſe erſter Cammer von zweiter Cammer abgelehnt und auf eine Conferenz von drei Mitgliedern gedrungen, zu welcher die zweite Cammer Sandvoß, Lehzen, Wachsmuth wählte. Die Conferenzarbeiten hatten aber Anfangs Juli ihren Anfang noch nicht genommen. Erſt nach der Vertagung trat die Conferenz zuſammen, nach dem Berichte des Generalſyndicus Werner in der Sißung vom 25. Februar 1847 hatte man aber troß einer großen Zahl von Sißungen, es zu einer Einigung nicht bringen können. In die verſtärkte Conferenz von 7 Mitgliedern, wurden nun außer dem obengenannten: Stadtrichter Dr. Fraule, Bürgermeiſter Neubourg, Dr. Droop und Procurator Schulze gewählt. Nach der Relation des Generalſyndicus vom 13. März war aber über die Hauptpunkte keine Einigung erzielt. Man hatte aber über einige practiſche Punkte, die der §§ 5, 7, 8, 10, 11, 29 erſtes a linea, 31, 33 ſich geeinigt, und erklärte man ſich damit einverſtanden, daß darnach zur Beſeitigung mancher beſonders fühlbar gewordener Mißſtände, ſchon vorläufig ein Geſeß erlaſſen werde. Beide Cammern, in denen man ſich von einer feierlichen Schlußconferenz nichts verſprach, nahmen dieſe Propoſitionen an, und gaben in der Erwiderung vom 29. März 1847, im übrigen die Motive ihrer abweichenden Beſchlüſſe an. *) So kam es zu dem

*) St. A. VIII. 3. S. 1628.

Gesetze vom 7. August 1847, die Beschränkung des befreiten Gerichtsstandes betreffend, in welchen wenigstens ausgesprochen wurde, daß ein Titel ohne Amt den befreiten Gerichtsstand nicht gewähre (§ 2); daß die Gerichte ihre Verfügungen den in ihren Gerichtsbezirken befindlichen befreiten Personen unmittelbar zufertigen konnten (§ 3); daß der dinglich befreite Gerichtsstand nur für die Eigenthümer der dinglich befreiten Grundstücke den persönlich befreiten Gerichtsstand mit sich führe, nicht aber für andere Bewohner (§ 4). — So gering dieser Fortschritt war, im Vergleich zu der gerechten Anforderung der gänzlichen Aufhebung des befreiten Gerichtsstandes, so ward er doch mit Freuden im Lande begrüßt und es trug nicht wenig zur Erbitterung gegen die erste Cammer und den Adel überhaupt bei, daß man sich den weitergehenden Beschlüssen zweiter Cammer, in der Weise wie es geschehen war, widersetzte.

Die von den Ständen in den Jahren 1832, 1835, 1842, 1844 wiederholt beantragte schwierige Gesetzgebung über Ent- und Bewässerung war endlich von der Regierung bearbeitet und den Ständen der Entwurf eines Gesetzes vorgelegt, der in seinen Motivirungen klarer war, als in der Ausführung selbst. Der Entwurf war das Werk Lehzen's noch vor seinem Eintritt in das Schatzcollegium, es war der erste Versuch auf einem fast ganz uncultivirtem Felde, und lagen namentlich von anderen Staaten keine Vorbilder vor. Die Stände unterzogen den Entwurf einer commissarischen Prüfung und genehmigten denselben in allen Hauptprincipien, wenn sie gleich eine große Menge Redactionsveränderungen vornahmen und zum § 1 Bedenken hegten, gegen die Ausdehnung der vorgängigen Genehmigung der zuständigen Behörden zu Ent-, Bewässerungs- und Stauanlagen, und daher hier auch eine principielle Aenderung vornahmen. Daß das Gesetz durch diese ständische Berathung gewonnen hätte, kann man nicht sagen, im Gegentheil sind wohl manche Dunkelheiten mehr hineingekommen. Der Kern des Gesetzes lag in dem § 58, welcher die Zulässigkeit der Wasserableitung behuf Bewässerung festsetzte, davon nur im § 59 einige Ausnahmen statuirte, und dadurch das bisherige oft gänzlich unbefugte, aber von den Verwaltungsbehörden regelmäßig in Schutz genommene angebliche Widerspruchsrecht der herrschaftlichen Müller resp. herrschaftlichen Erbenzinsmüller u. s. w. brach. Seit Erlassung des Gesetzes hat denn auch die königliche Domainencammer sich ihrer Mühlen meistens zu entäußern gewußt.

Der Landescreditanstalt wurde abermals eine Erweiterung zu Theil, welcher Stände gern ihre Zustimmung gaben. Nach dem vorgelegten und gebilligten Gesetzentwurfe sollten zu Gunsten politischer Gemeinden, Kirchen und Schulgemeinden und sonstiger dauernder Verbände von Grundeigenthümern, als Deich-, Siehl- und Abwässerungsverbände, in Rücksicht auf die in den regelmäßigen Abgaben der Mitglieder liegende besondere Hypothelbestellung auf den einfachen Betrag des Darlehns (statt des bisher erforderlichen doppelten Betrages) beschränkt und selbst von aller besonderen Hypothelbestellung Abstand alsdann genommen werden, wenn die der Anstalt verhafteten Abgaben die Eigenschaft bevorzugter Grundlasten an sich hätten.

Der schwierigste und den größten Zwiespalt erregende Gegenstand der Gesetzgebung war die Gewerbeordnung. Seit Jahren waren die Stände angegangen und hatten wieder die Regierung angegangen um Erlaß einer Gewerbeordnung. Man hatte dabei aber meistens an eine solche Regelung der Sache gedacht, welche das willkürliche aber für die Verwaltungsbehörden so sehr bequeme Concessionswesen auf dem Lande, aufhebe, oder wesentlich beschränke und unter gesetzliche Normen stelle. Von Concurrenz der Fabriken und dem Uebel der Einmischung des Capitals in das Gewerbwesen litt der damalige Gewerbstand noch wenig, die Zünfte kämpften allein gegen das Concessionswesen. Allein ein Gesetz, das über das ganze Land sich erstrecken sollte, hatte mit der großen Schwierigkeit höchst verschiedener Zustände zu kämpfen. In Calenberg = Grubenhagen, Göttingen, Lüneburg, Hoya und Diepholz galt meistens der Grundsatz: daß Handel und Gewerbe den Städten und in den Städten den Zünften angehörten.

Die Zünfte hatten sich zum Theil größere Befugnisse angemaßt und solche durch unvordentliche Verjährung erlangt, als sie ihnen in ihren Privilegien, Gildebriefen und namentlich in dem allgemeinen Gildereglement von 1692 ertheilt waren. Aehnlich waren die Verhältnisse in Hildesheim und Ostfriesland. In allen diesen Landestheilen war indeß, wie die Regierung das ausdrückte, das Leben stärker gewesen als das Gesetz, d. h. das Gesetz und Herkommen war durch das Concessionswesen durchlöchert. In Bremen und Verden, im Osnabrückischen, galt auf dem Lande in der Regel Gewerbefreiheit, obwohl in den Städten Zünfte in freierer Gestaltung bestanden. In Meppen, Bentheim, Lingen und Emsbühren galt in den Städten und auf dem Lande Gewerbefreiheit. Der Regierungsentwurf, von Bening verfaßt, wollte nun das Unmögliche in sich vereinen, er wollte auf dem be = stehenden Rechte beruhen, das Veraltete den Bedürfnissen der Zeit nicht mehr Entsprechende ausscheiden, Gleichmäßigkeit in den Grundsätzen für das ganze Königreich herstellen und · endlich das Gewerbewesen in allen seinen Theilen durch klare und feste Bestimmungen ordnen. Die Frage, ob Gewerbefreiheit? sollte ganz unerörtert bleiben. In der zweiten Cammer spaltete der Gesetzentwurf die bisherigen Fractionen sehr bald in zwei Parteien, in Stadt und Land. Die Vertreter der Städte forderten einen kräftigeren Schutz der Zunftverfassung und der städtischen Nahrung, sich berufend auf das althistorische und wohlverbriefte Recht der Zünfte und der Städte und, daß unter dem Schutze dieses Rechtes das Gewerbe die Grundlage der Existenz der Städte geworden sei; auf die große Bedeutung der Städte in ihrem Zusammenhange mit der Civilisation, und dem öffentlichen Rechte; auf den Verfall vieler Städte und die blühende Lage der durch die neuere Gesetzgebung so sehr begünstigten Landbewohner. Es waren von Seiten der städtischen Zünfte und Behörden achtzig Vorstellungen und Petitionen eingegangen, welche in dem Entwurfe eine feste gesetzliche Ordnung und einen wirklichen Schutz städtischer Gewerberechte gänzlich vermißten.

Von der andern Seite fand man in einer mäßigen Lösung der bisherigen Fesseln und einer Erweiterung der Concurrenz — und nur diese biete der Entwurf, für die städtischen Gewerbe nur heilsame Folgen, besonders die Belebung eines größeren Wetteifers. Außerdem dränge auch der außerordentliche Umschwung der Verkehrsmittel, so wie die Zunahme handels = politischer Verbindungen zu einem derartigen Fortschritte. Gerade die in der zukunftreichen Kraftentwicklung der landbauenden Classe, in den ge =

steigerten Bedürfnissen und der veränderten Lebensweise derselben, müsse man verstärkte Motive erkennen, dem Lande den natürlichen Anspruch auf den gesetzmäßigen unmittelbaren Besitz der seinen Bedürfnissen entsprechenden Gewerbe nicht länger zu versagen.

Aus diesem Kampfe sich entgegenstehender Richtungen, der sich namentlich bei dem § 67 (freie Einfuhr fremder Gewerbserzeugnisse), § 70 (freie Concurrenz der zünftigen Meister eines andern Zunftortes), § 201 (Gewerbebetrieb auf dem Lande) und § 226 (über den freien Verkauf der Handwerksartikel durch die Kaufleute) am stärksten offenbarte, ging der Regierungsentwurf als Sieger hervor, obgleich diejenigen nicht Unrecht hatten, welche behaupteten, daß das eigentliche Wesen des Zunftzwanges und der Zünfte und damit der fernere Schutz derselben damit über den Haufen geworfen sei.

Obgleich die Stände diejenigen Gewerbe, welche die Regierung der Concession unterworfen wissen wollte, wesentlich beschränkt hatten, überhaupt manche zweckmäßige Vorschläge gemacht hatten, befriedigte der so modificirte Gesetzentwurf nach keiner Seite hin, weder Diejenigen, welche aus Princip die Gewerbefreiheit verfochten (obgleich die Zahl nicht groß war) noch die Zünftler, welche die übertriebensten und unbegründetsten Besorgnisse vor der Inslebenführung des Gesetzes hegten.

Wie die Gewerbeordnung die Handel- und Gewerbetreibenden des ganzen Landes in Bewegung setzte, so der Entwurf einer allgemeinen bürgerlichen Proceßordnung die ganze Juristenwelt. Das Bedürfniß einer solchen stand seit Jahren unzweifelhaft fest — seit 1846 hatte aber Preußen das öffentliche und mündliche Verfahren eingeführt und war von den Advocaten in Stade, Hannover u. s. w. nach öffentlichem und mündlichem Verfahren immer dringender geworden. Der Entwurf, vom Oberappellationsrath Pland verfaßt, später von Bacmeister revidirt, beruhte aber, wie der der Gewerbeordnung, wesentlich auf der Grundlage des bestehenden Rechts, also auf dem Principe der Schriftlichkeit und auf dem Principe der s. g. Verhandlungs- und Eventualmaxime. Er wollte das bestehende Recht fortbilden, und möglichste Sicherheit, Einfachheit und Raschheit des Verfahrens schaffen, was namentlich durch Bestimmungen über kürzere Fristen und Abschneiden vieler Restitutionen, durch die Annahme einer affirmativen Litiscontestation, und vor Allen durch Beschränkung in dem Gebrauche der Rechtsmittel, und Einführung der vorbehaltenen Appellationen erreicht werden sollte.

Wenn der Entwurf nach den Motiven von dem Grundsatze der Mündlichkeit und Oeffentlichkeit einen, wenn auch nur geringen Bestandtheil aufgenommen haben wollte, so hatten Stände in ihrem Erwiederungsschreiben Recht, wenn sie dies als zutreffend nicht gelten lassen wollten und es nur als ein durch Protocollaufnahme vermitteltes schriftliches Verfahren bezeichneten. Preußen war mit dem Uebergange zur Unmittelbarkeit vorangegangen und in, wie außerhalb der Cammern kämpfte eine mächtige Partei in Rede und Schrift für Oeffentlichkeit und Mündlichkeit, indem nur dadurch genügende Rechtssicherheit, Einfachheit und Raschheit erlangt werden könnte. Nur mit wenig Stimmen konnte der Entwurf in zweiter Cammer die Majorität davon tragen, und diese Majorität erlangte er nur dadurch, daß man einentheils glaubte, es müsse der Einführung des Prin-

cips der Unmittelbarkeit eine Sammlung der materiellen Rechtsquellen vor=
angehen, wie eine neue Organisation der Gerichte nöthig sei, andererseits
daß man den damaligen Zustand des processualischen Verfahrens, wie es
in dem Erwiderungsschreiben hieß, für so gesunken hielt und das
Bedürfniß einer Besserung für so dringend, daß man die Ab=
hülfe, welche der Entwurf zu gewähren versprach, nicht abweisen und es
lediglich den ungewissen Ereignissen der Zukunft überlassen mochte, ob und
wann der Uebergang zu einem neuen Systeme und zu völlig veränderten
Grundlagen sich Bahn brechen werde.

Da Stände eine Aenderung der Grundprincipien nicht bewirkten, so
können uns die Modificationen, die sie in das Gesetz brachten, hier um so
weniger interessiren als das Gesetz bekanntlich nicht ins Leben trat.

Der Entwurf des Wegebaugesetzes, der schon 1842 den Ständen vor=
gelegt war, fand zwar die volle Beistimmung erster Cammer, welche mit zu
§ 8 das Princip, daß die s. g. verfassungsmäßigen Rechte der Exemten
geschützt würden, noch unzweifelhafter anerkannt wissen wollte, als es der
Entwurf that, deshalb aber gerade die Mißbilligung der zweiten Cammer.
Diese war klug genug geworden, den Weg nur etwas zu Stande zu brin=
gen, zu verlassen, und verwarf daher lieber das ganze Gesetz, welches
ohnehin wegen zu großer Ausdehnung der Verwaltungsbefugnisse gerechten
Anstoß erregte. Mit Recht wollte sie die Exemtionen in Wegesachen aufge=
hoben wissen. Durch § 8, wonach es bei Anlage und Unterhaltung von
Gemeindewegen bei den bestehenden Grundsätzen und provinziellen Vorschrif=
ten sein Verbleiben behalten sollte, hätte der Fortbestand dieser Exemtionen
aber sogar gesetzlichen Schutz erlangt. Zweite Cammer sprach bei dieser
Gelegenheit ihr Bedauern darüber aus, daß seit dem Schreiben vom 28.
Juni 1840, also seit 7 Jahren, zur Beschleunigung der Verwirklichung der
Aufhebung der Exemtionen noch nichts geschehen sei. *)

Die Stände hatten seit 1817 wiederholt auf eine gesetzliche Regelung
des gesammten Medicinalwesens gedrungen. Es war indeß nichts geschehen,
außer daß man in den verschiedenen Landestheilen eine viel zu große Menge
sehr schlecht besoldeter Landphysici und Landchirurgen angestellt hatte, (es
bestanden 1846 80 Landphysici und 102 Landchirurgen, erstere mit etwa
100 Thlr., letztere mit 40 Thlr. Gehalt, die ganze Budgetsposition betrug
13,434 Thlr.), und daß man 1835 eine Medicinaltare eingeführt. Daneben
bestand die 1819 angeordnete ärztliche Prüfungsbehörde, und ein General=
vaccinationscomittee, aber ohne Zusammenhang mit den Physicis. Die Re=
gierung legte nun durch Schreiben vom 2. März 1846 den Ständen einen
Plan vor, wonach eine Centralbehörde für das Medicinalwesen, aber nur
eine berathende und begutachtende, unter dem Titel Medicinalcollegium er=
richtet und dieser die Functionen der Prüfungsbehörde und der Impfungs=
comittees übertragen werden sollten. Dieses Collegium sollte dem Ministerium
unmittelbar untergeordnet und den Landdrosteien und der Berghauptmannschaft
coordinirt sein, aus 5 Mitgliedern bestehen, von denen jedes 300 Thlr.
Gehalt bezöge, die beiden wechselnden Dirigenten außerdem 200 Thlr., der
Secretair 200 Thlr., so daß die ganze Ausgabesumme 1900 Thlr. betrüge.

---

*) St. A. St. VIII. 2. S. 1684.

Daneben sollte die Zahl der Physicate um 14, die der Landchirurgate um 35 nach und nach verringert werden, die Besoldungen derselben in der Weise erhöht, daß 44 Physici je 200 Thlr., 15 je 250 Thlr. und 7 jeder Landdrostei und der Berghauptmannschaft beigeordneten je 350 Thlr. — 44 Landchirurgen je 60 Thlr., 22 je 80 Thlr. und einer (auf der Insel Borkum) 200 Thlr. Gehalt bezögen. Die Stände bewilligten den Plan der Regierung im Ganzen, nur wollten sie keine drei Abstufungen der Physici, sondern nur zwei, und bewilligten dieselben daher für 59 Landphysici eine Durchschnittsbesoldung von 200 Thlrn. unter Festsetzung eines Minimums von 175 Thlr. und eines Maximums von 250 Thlr. und für die den Landdrosteien beizuordnenden nur 300 Thlr. — Sie bewilligten ferner einen Zuschuß zu der Staatsdienerwittwencasse von jährlich 400 Thlr, da durch die Gehaltserhöhung den Physicis die Theilnahme an jenem Institute möglich gemacht war. Die Stellen der Landchirurgen ersuchen sie, künftig nur an solche, die Wundarzneikunst mit der inneren Heilkunde verbindenden Aerzten zu verleihen, welche zum Physicate befähigt seien. Den bisherigen Mitgliedern der Prüfungsbehörde (Lodemann und Mühry) wurde ihr bisheriges Gehalt als Pension bewilligt; Petitionen verschiedener Aerzte, wegen Mängel und Gebrechen der jetzigen Medicinalverfassung wurden der Regierung übersandt und derselben zur Erwägung verstellt, ob unter Theilnahme eines homöopathischen Arztes, auch eine Prüfung in dieser Heilmethode möglich sei — wobei die Stände von der Voraussetzung ausgingen, daß nach dem Stande dieser Heilmethode bei Errichtung eines Medicinalcollegii auf die Anstellung eines Mitgliedes Bedacht zu nehmen sei, welches befähigt sei, die angehenden homöopathischen Aerzte gehörig zu prüfen. *) Das war ein großer Sieg der Homöopathie, der den Ständen von Seiten der allöopathischen Aerzte manche bittere Nachrede zuzog.

Allein wie in diesem Falle die öffentliche Meinung es war, welche die Abstimmung der Stände bestimmt hatte, so läßt sich noch in einer Menge von Fällen nachweisen, welchen großen Einfluß die öffentliche Meinung auf die Stände, selbst auf die erste Cammer ausübte.

Das trat nirgends schlagender heraus, als wenn die Stände jetzt schon die Gesetzgebung von 1840 und der folgenden Jahre neu interpretirten, monirten, verbesserten, Ansichten aussprachen, von denen damals das Gegentheil als recht, zweckmäßig und gut gegolten. In allen Fällen erwies sich die öffentliche Meinung freilich noch nicht stark genug, namentlich wenn es entweder den nobeln Passionen des Adels oder dessen unmittelbares Interesse galt. So war in zweiter Cammer der Antrag auf völlige Beseitigung des berüchtigten Artikels 22 des Wilddiebstahlsgesetzes von 1840 gestellt, warm vertheidigt und gebilligt. Es wurde geltend gemacht, daß der Artikel 21 schon das vollkommne Selbstvertheidigungsrecht gewähre, daß das Präventionsrecht des Artikels 22 weit über den Zweck und über analogen Schutz anderer weit höherer Rechte hinausgehe, was bei der völligen Schutzlosigkeit, den Verwüstungen des Wildes gegenüber, um so weniger zu rechtfertigen sei, daß das gestattete Schießen auf einen fliehenden Menschen schon an sich etwas Zurückstoßendes habe. Bei den Junkern fand der Artikel aber

*) A. St. VIII. 3. 1. S. 959 und 1391. Lehzen II. S. 375.

dennoch Schutz und fanden sich Scheingründe zu dessen Vertheidigung. Man hob die große Gefährlichkeit eigentlicher Wilddiebe in einigen Gegenden hervor und den vor 1840 angeblich öfter vorgekommenen Fall, daß Jagdofficianten gerade mittelst Fingirung einer Flucht von Seiten des Wilddiebes das Leben verloren. Die in ihrer Dienstpflicht begriffenen Jagdofficianten bedürften eines bedeutenden gesetzlichen Schutzes. Einer der Herren aus erster Cammer war im Stande, einen schriftlichen Bericht mit statistischen Zahlenverhältnissen anzugeben, danach sind vor Erlassung des Gesetzes, nämlich von 1820 bis 1840, von Wilddieben 8 Jagdbediente getödtet, 10 verwundet, dagegen 2 Wilddiebe von Jagdbedienten erschossen. Seit 1840, also etwa während eines Viertheils jenes Zeitraums (vom Herbst 1840 bis gegen Ende 1846) sind 12 Wilddiebe von Jagdbedienten, 4 Jagdbediente von Wilddieben geschossen, von jenen 6 getödtet und 6 verwundet, von letztern 1 getödtet und 3 verwundet. Und aus diesem schreckenvollen Resultat argumentirte der Berichterstatter und mit ihm die erste Cammer, daß das Verhältniß der Tödtungsfälle sich seit 1840 keinesweges vermehrt habe, sondern nur in der Art verändert, daß seitdem mehr Wilddiebe getödtet seien. Kurz, die erste Cammer wollte in den von großer Majorität zweiter Cammer gefaßten Beschluß nicht einwilligen, aber man sah es dem ganzen Widerstande an, wie schwach und bodenlos er war und wie eine Wiederholung des Antrags in nächster Diät zum Zwecke führen müsse. Dagegen war man einverstanden darin, daß die Regierung durch die Ausdehnung, welche sie durch Bekanntmachung vom 8. December 1840 der fraglichen Disposition auf den ganzen Landdrosteibezirk Hildesheim das ganze Fürstenthum Calenberg und das ganze Lüneburgsche gegeben, und durch zu häufige Verleihung der Befugniß des § 22 an Privatjagdberechtigte und ihre Diener, den beschränkenden Bevorwortungen der Stände zuwidergehandelt habe, und ließ in dieser Beziehung die Regierung dringend ersuchen: 1) den Artikel 22 des Gesetzes vom 8. September 1840, so lange dessen Anwendung nicht überhaupt ganz überflüssig werden wird, nur in möglichst wenigen Jagdrevieren, in Koppeljagdrevieren aber gar nicht zur Anwendung gelangen zu lassen; 2) die erweiterten Befugnisse nur durchaus zuverlässigen und besonnenen Personen, Privatforst= und Jagdbedienten aber nur in den äußersten Fällen beizulegen; 3) die größte Vorsicht bei Ausübung dieser Befugnisse den Forst= und Jagdbedienten zur strengsten Pflicht zu machen, jedes pflichtwidrige oder leichtsinnige Verfahren derselben aber zur nachdrücklichen Bestrafung zu bringen; 4) zur Verhütung der Wilddieberei auf thunlichste Einschränkung des Hochwildstandes, so wie auf geeignete polizeiliche Maßregeln Bedacht zu nehmen, — ein Punct, welchen Stände bei ihren Anträgen in Beziehung auf die Wildschadensgesetzgebung, zum gerechten Schutze der gefährdeten landwirthschaftlichen Interessen bereits vielfach geltend gemacht haben, und auch hier nicht dringend genug empfehlen können. *)

Es mag gleich hier erwähnt werden, daß die Stände, durch Petitionen und Beschwerden angeregt, in dieser Diät nicht weniger als fünf Mal auf die schon 1842 und 1844 erbetene Gesetzgebung wegen Wildschäden zurückkamen und damit einen Gegenstand berührten, der in den höchsten Regionen

---

*) St. A. VIII. 3. 2. S. 2005.

höchst misliebig war. Daß man es von Seiten einer Ständeversammlung, welche zum größten Theile aus Beamten bestand, wagte, das Inquisitionsverfahren im Criminalprocesse auf eine Art und Weise zu verdammen, wie es in dem Vortrage vom 19. März 1847 geschah *) war gewiß ein Zeichen der Zeit. Was 1830, als der erste Entwurf einer Criminalproceßordnung den Ständen zuging, nur Vereinzelte denken mochten, was man 1836, als man den Entwurf der Criminalproceßordnung von 1840 zurücksetzte, **) um das Strafgesetzbuch nicht noch länger zu verzögern, noch nicht auszusprechen wagte, obgleich man von mehreren Seiten wohl daran dachte, was man 1840 kaum zu denken wagte, das wurde jetzt klar und bestimmt ausgesprochen. Die Stände erklärten, nachdem sie sich über die Mangelhaftigkeit jenes Gesetzes von 1840 ausgesprochen, daß sie bei der gegenwärtigen Berathung dieser hochwichtigen Angelegenheit zu der einhelligen Ueberzeugung gelangt seien, daß nach der ganzen Art der Gebrechen unseres Criminalprocesses und nach ihrem genauen Zusammenhang mit den wesentlichen Grundsätzen desselben, nicht weiter durch stückweises Bessern, sondern nur durch eine umfassende Reform gründlich und dauernd zu helfen sein werde. Um diese Ueberzeugung zu begründen, weis't jener Vortrag der Stände nur in allgemeinen Umrissen auf diese Gebrechen und ihren Zusammenhang mit den Grundprincipien unseres jetzigen Strafverfahrens — der Inquisitionsmaxime, der unbedingten Schriftlichkeit und der Geheimhaltung — hin. Dahin rechnen Stände denn zuerst die schwierige Stellung des Untersuchungsrichters, der nach der vorschwebenden Idee die Rollen des Anklägers, des Vertheidigers und des leitenden Richters in sich vereinigen soll — eine Aufgabe, welche aus psychologischen Gründen in der Wirklichkeit nur selten befriedigend zu lösen ist, und wobei nach der allgemeinen Schwäche der menschlichen Natur und nach der officiellen Stellung des Beamten die erste Richtung — auf die Anklage — in der Regel überwiegen muß. Das daraus sich ergebende Mißverhältniß zwischen Angriff und Vertheidigung wird aber noch dadurch verschlimmert, daß gleichwohl in Folge jener Fiction das Amt des eigentlichen Defensors erfahrungsmäßig sehr in den Hintergrund tritt, wie denn die gesetzliche Stellung des letztern überhaupt als eine seinem Berufe entsprechende keineswegs anzusehen sein dürfte. Nicht minder der Natur der Sache zuwider ist hiernächst die in diesem Strafverfahren begründete völlige Absonderung des erkennenden Gerichts von dem Angeschuldigten und von den Zeugen und die völlig mangelnde Unmittelbarkeit der Anschauung und der Erkenntniß bei der Urtheilsfällung durch eigenes Sehen und eigenes Hören, da diese Erkenntniß vielmehr lediglich durch ein doppeltes Medium vermittelt wird, zuerst durch die nach individueller Auffassung vom Inquirenten aufgenommenen Protocolle, und dann wieder durch das Bild, welches der Referent, abermals nach seiner individuellen Auffassungsweise, sich aus diesen Protocollen geformt hat. Ein drittes gefährliches Moment des Systems und der Inquisitionsmaxime aber liegt in der fast schrankenlosen, einer Controle fast ganz entbehrenden Gewalt des Inquirenten über den meisten —

*) St. A. VIII. 3. 2. S. 1583.
**) St. A. 5. Landtag, 4. Diät (1836). S. 640.

wenn auch nur „zur Verhütung von Collusionen" — verhafteten Angeklag=
ten, eine Gefahr, die um so größer ist, als einerseits die Criminaluntersu=
chungen, als die lästigten Geschäfte bei den königlichen Aemtern, häufig den
jüngeren Beamten überlassen sind und der Fall der Gegenwart nur ein es
Beamten bei den Verhören nur zu häufig vorkommt, und da andrerseits
selbst eine etwaige Beschwerde des Angeklagten über ungehörige oder harte
Behandlung, durch den, gegen welchen sich gerichtet ist, vermittelt werden
muß. Dazu kommt in weiterer Selbstfolge des Systems die große Unbe=
stimmtheit des Inquisitionsprocesses, nach Richtung, Form und Gegenstand
der Untersuchung, das überwiegende Hinarbeiten des Inquirenten auf das
Geständniß des Angeklagten und die damit verbundene Gefahr der so
vielfach zu Gebote stehenden geistigen und selbst physischen Zwangsmittel,
vor allem das Uebermaß der Schriftlichkeit und die gedoppelte Arbeit des
untersuchenden und des erkennenden Gerichts, sowie das große Uebel der
so langen Dauer der Untersuchungen und Verhaftungen und die
dennoch so häufige Resultatlosigkeit dieser großen Anstrengungen. Wo es
sich — fährt der Vortrag nach weiterer Ausführung über jene Mängel fort
— wie hier, um Leben, Freiheit, Ehre und Vermögen der Staatsbürger
und um die Garantien des verfassungsmäßigen Schutzes dieser Güter han=
delt, wo so tiefe Schäden der ersten und wichtigsten Staatsanstalt in Frage
sind, und wo zugleich mit dem wahren Ansehen des Richterstandes das
Vertrauen und der Glauben des Volks an die Richtigkeit der Rechtspflege
auf dem Spiele stehen — da wird mit gründlichen und umfassenden Ge=
genmaßregeln nicht gezögert werden dürfen; und wenn Stände, ihrem
Berufe gemäß, das Bedürfniß des Landes zur Abhülfe bei königlicher Regie=
rung zur Sprache bringen, so ist zu hoffen, daß die Regierung, die ihr
hohes Interesse an einer festen Begründung einer guten Rechtspflege noch
in neuerer Zeit mehrfach gegen die Stände erklärt hat, die Hand gern dazu
bieten werde. Die Heilung des Uebels selbst anlangend, so ist, nach der
immer entschiedenern Richtung der Theorie wie der Praxis und nach dem
Vorgange anderer deutschen Staaten, von vielen Seiten die Abhülfe gesucht
worden: in der Vertauschung des Inquisitionsprocesses mit dem Anklage=
processe — der Schriftlichkeit des Verfahrens mit der unmittelbaren Erkennt=
niß des entscheidenden Gerichts, endlich in der Einführung der Oeffentlichkeit
des Hauptverfahrens.

Nicht so präcis war der Uebergang zu dem Antrage und letzterer selbst,
welcher lautete: die Regierung wolle in sorgfältige Erwägung nehmen,
durch welche Anordnungen sich bei dem Criminalverfahren ein größerer Schutz
für die Person des Angeklagten und eine Vereinfachung und Abkürzung der
Untersuchung erreichen lasse, und ob nicht dabei namentlich auf Einführung
des Anklageprocesses, sowie auf Unmittelbarkeit und Oeffentlichkeit der
Haupt= und Schlußverhandlungen vor dem erkennenden Gerichte selbst Be=
dacht zu nehmen sei.

Ein fernerer Sieg der öffentlichen Meinung offenbarte sich in den An=
sichten über die den Juden zu gestattenden Rechte. Die jüdischen Gemein=
den beinah des ganzen Landes wandten sich 1846 mit Klagen und Bitten
an die allgemeine Ständeversammlung wegen des ihrer Ansicht nach zu ge=
ringen Maßes von Zugeständnissen und Rechten, welche ihnen das Gesetz

vom 30. September 1842 gewährt habe. Sie klagten namentlich über die in privatrechtlicher Beziehung noch mehrfach bestehenden Abweichungen vom gemeinen Rechte z. B. die neuerlich von den Gerichten ausgesprochene fortwährende Anwendbarkeit des veralteten reichsgesetzlichen Verbots der Cessionen von Juden an Christen, über die Beschränkungen in Erwerb von Grundeigenthum, der Fortentrichtung der Schutzabgaben, der beschränkenden Bestimmungen über den Detailhandel. In letzterer Beziehung glaubten Stände in ihrem Vortrage vom 12. Juli 1846 nun zwar die früheren leitenden Gesichtspuncte nicht aufgeben zu können, allein in den anderen Beziehungen hielten sie sich in Berücksichtigung eines angemessenen Fortschreitens der Gesetzgebung verpflichtet, die Petitionen königlicher Regierung mit dem Ersuchen zu übersenden, die Wünsche und Anträge der Bittsteller in nähere Erwägung zu nehmen, auch die erforderlichen Gesetzesvorlagen unter Berücksichtigung der früheren Verhandlungen baldthunlichst an die Stände gelangen zu lassen. *)

Noch ehe das Jahr zu Ende neigte, wurde bei Veranlassung einer Petition des Dr. jur. Benzen zu Göttingen, welcher das Verbot der Cessionen von Juden an Christen (Augsb. R. A. 1551 §79 Reichs-Poliz.-Ord. 1577 Tit. 20 § 4) behandelte, und die jüngst von einem und dem anderen Gerichte aufgefrischte Praxis, als für den Verkehr und Credit, wie die Moralität der Christen, nicht minder der Juden verderblich darstellte, die Sache nochmals in Erwägung genommen. Jetzt sprachen die Stände jenen Gerichten gegenüber, welche die alte Praxis auf einmal umgestoßen, sich ziemlich scharf dahin aus: „mag auch eine so eigenthümliche Bestimmung in der Zeit ihres Ursprungs und in damaligen einseitigen Begriffen ihre Erklärung finden, so ist doch, nach geläuterten Ansichten der Gesetzgebungspolitik, die fragliche Beschränkung längst als eine entschiedene Verkehrtheit so allgemein anerkannt worden, sie hat als im gänzlichen Widerstreit mit den natürlichen Anforderungen und Bedürfnissen des täglichen Verkehrs und Credits, so durchaus in den Hintergrund und Nichtgebrauch kommen müssen, daß eine Wiederherstellung derselben offenbar nach beiden Seiten hin, die störendsten und verderblichsten Folgen werde äußern müssen, und daß eine schleunige ausdrückliche Beseitigung des Verbots, zu einer wahren legislativen Nothwendigkeit geworden." Es wurde daher am 14. December 1846 beantragt, daß die Regierung die Gesetzvorlagen über Beseitigung der privatrechtlichen Verschiedenheiten der Juden, und Aufhebung dieses Verbots, noch im Laufe der Diät, an die gegenwärtige Ständeversammlung bringe. Die Regierung legte schon am 12. Februar 1847 den fraglichen Gesetzentwurf vor und trug in einer Nachschrift auf Bewilligung von 1144 Thlr. jährlich an, um Königliche Casse für den Wegfall des Schutzgeldes zu befriedigen. Der Entwurf, welcher nur 6 §§ umfaßte, erklärte im § 1, um rückwirkende Kraft eintreten zu lassen, in Form einer authentischen Declaration, die reichsgesetzliche Verordnung, wonach Juden an Christen keine Forderung cediren könnten und wonach Juden Verträge mit Christen nur vor der Obrigkeit der letzten errichten sollten, für unanwendbar. Der § 2 bestimmte, daß das Zeugniß eines Juden, gleiche Kraft mit dem eines Christen haben solle. Der § 3 sicherte

---

*) St. A. VIII. 3. 1. S. 1217.

den Handelsbüchern der Juden (sofern sie in deutscher Sprache geführt) gleiche Glaubwürdigkeit mit denen der Christen. Der § 4 machte im Entwurfe eine Ausnahme, indem es die Juden, welche Rothhandel trieben, von den Rechten der §§ 2 und 3 ausschließen wollte. Stände billigten dies in Beziehung auf § 2 nicht, da sie es für einen am Ende auf den Unterschied zwischen Reich und Arm hinauslaufenden Makel hielten. Nach § 5 sollte es den Juden freistehen, ein Haus mit 1½ Morgen Land zu erwerben. Stände gaben dazu, lediglich um die Erlassung des Gesetzes nicht aufzuhalten, ihre Zustimmung, erklärten aber, daß sie fortwährend der Ansicht seien, daß eine weiter gehende Befugniß zum Erwerbe von Grundeigenthum den Juden schon gegenwärtig ohne Bedenken eingeräumt werden könne, ersuchten daher die Regierung, die in dieser Beziehung zu treffenden Bestimmungen nochmals zu erwägen, und behuf einer ferneren Gesetzgebung seiner Zeit geeignete Vorlagen an die Stände gelangen zu lassen.

Schließlich reservirten Stände den Juden weitergehende Rechte in allen Landestheilen, in welchen gesetzliche Beschränkungen hinsichtlich des Grundeigenthumserwerbes nicht beständen. *) Auch die Beseitigung des Judenschutzgeldes wurde genehmigt, jedoch erkannte die zweite Cammer eine Verpflichtung des Landes, das Königliche Domanium in dieser Beziehung zu entschädigen, nicht an, während die erste Cammer diese Verpflichtung anerkannte. Man kam am Ende überein, unter ausdrücklicher Verwahrung gegen alle Consequenzen für ähnliche Fälle, die Entschädigung für das Domanium und die übrigen Berechtigten zu übernehmen, welchen letzteren der 25fachen Betrag des nach dem Durchschnitte der letzten fünf Jahre zu ermittelnden Jahresertrags, geleistet werden sollte. — Auch hinsichtlich des Deutsch-Katholicismus, welcher im Lande nur in Hildesheim eine Stätte gefunden hatte, schien die Ansicht der Regierung milder geworden, Verbote und Verfolgungen hatten aufgehört, denselben war der Privatgottesdienst gestattet, es war ihnen ein passendes kirchliches Local eingeräumt, wegen Anstellung eines Geistlichen und Unterrichts der Kinder war Einleitung getroffen. Als nun im März und August 1846 Advocat Gottsleben als Vertreter der Bekenner des christlich-apostolisch-katholischen Glaubens um Aufnahme und Anerkennung als kirchliche Gemeinde und deßfallsige Vermittlung der Stände bat, so glaubten Stände, obwohl sie nicht verkannten, daß die in Betracht kommenden Verhältnisse eine vorsichtige Behandlung und sorgfältige Prüfung zu erfordern schienen, bei der unverkennbaren Wichtigkeit des Gegenstandes, die Petitionen zur gefälligen Kenntniß der Königlichen Regierung bringen, und ihr anheimstellen zu müssen, die Wünsche der Bittsteller in geneigte Erwägung nehmen zu wollen. **)

Stände brachten ihren Vortrag vom 2. April 1842 — baldthunlichste Vorlegung eines Gesetzentwurfes, zur Ausführung des § 49 des Landesverfassungsgesetzes, d. h. Beseitigung der persönlichen Exemtionen von den Gemeindelasten, in Erinnerung, und baten um baldthunlichste Vorlegung eines Gesetzentwurfes. Bei Gelegenheit des Polizeistrafgesetzes baten dieselben um die Vorlage eines Gesetzentwurfes, welcher die Befugnisse der

---

*) St. A. VIII. 3. 2. S. 1560, 1595, 1598.
**) Daselbst S. 1207.

Verwaltungsbehörden zur Erlassung baupolizeilicher Vorschriften näher regu=
lire; wie sie bei Gelegenheit der Erwiderung, die Competenz des Crimi=
nalsenats des Oberappellationsgerichts betreffend, es als wünschenswerth
aussprachen, daß neben der Besetzung der Stellen im Oberappellationsge=
richte, aus den Mitgliedern der Obergerichte, auch die Zulassung anderer
ausgezeichneter Persönlichkeiten aus dem Stande der Professoren und Advo=
caten erfolge, *) was bei der früheren principiellen Abneigung erster Cam=
mer gegen den Advocatenstand in der That ein Großes war.

Schon 1840 hatten Stände im Interesse der Beförderung des öffent=
lichen Verkehrs die Beseitigung der Vorschriften, hinsichtlich des Nebenposti=
rens und der Stationsgelder anderweit der Regierung empfohlen, 1847
gingen sie einen Schritt weiter, und empfahlen auf besondere Anregung
des in Postsachen wohlerfahrenen Kaufmann Richter aus Burtehude, unter
Hervorhebung von mancherlei Uebelständen, eine durchgreifende zeitgemäße
Reform der Posteinrichtungen und Postordnungen. **)

In Veranlassung einer ausführlichen Petition des Dr. Freudentheil,
C.=P. Holtermann, Dr. Wynecken, wurde die Regierung gebeten: den Ge=
genstand der Reform des Advocatenstandes in weitere Erwägung zu nehmen
und die etwa erforderliche Vorlage in der Sache, thunlichst bald an Stände
gelangen zu lassen. Ein Vortrag der Stände vom 8. März 1847 sprach
sich über verschiedene Beschwerden der Stadt Stade, über die derselben durch
die revidirte Stadtverfassungsurkunde zugefügten Rechtsbeeinträchtigungen,
so wie über die Anordnung einer Königlichen Polizeidirection daselbst, ent=
schieden aus, indem sie namentlich in letzterer Beziehung darauf antrug:
daß der Stadt Stade die Gründe mitgetheilt werden, aus welchen die Kö=
nigliche Regierung ihr die Polizeiverwaltung entzogen habe und daß wegen
Beibehaltung der Königlichen Polizeiverwaltung eine weitere Verhandlung
mit der Stadt Stade eintreten möge. ***)

In Folge der Mißerndte des Jahrs 1846 war der Preis des Himten
Roggen schon im Januar 1847 auf 2 Thlr. gestiegen und stieg noch fer=
ner. Die Regierung glaubte durch ein Gesetz, welches den Credit der Ge=
meinden, behuf Unterstützung ihrer Angehörigen verstärken sollte, helfen zu
können. Stände lehnten das Gesetz ab, da sie den Zweck des Gesetzes,
eine größere Sicherheit der Gemeinden behuf Wiedererlangung ihrer Vor=
schüsse, nicht vollständig gesichert sahen, und sodann die weiteren Folgen
des Gesetzes in seinen Rückwirkungen auf die Gemeinden, die Darleiher
und älteren Gläubiger mit Recht fürchteten. Dagegen eröffneten dieselben
der Regierung einen Credit von 100,000 Thlr., um den Nothleidenden durch
zweckmäßige Beschäftigung, oder durch Herbeischaffung des nöthigen Brod= und
Saatkorns zu Hülfe zu kommen, welcher im April um 25,000 Thlr. erhöht
wurde, ermächtigte dieselbe auch für den Chaussee= und Landstraßenbau, auch
schon von den für das nächste Jahr bewilligten Geldmitteln, Verwendungen zu
machen. Daneben drangen sie wiederholt auf Freiheit der Mehlausfuhr und
ersuchten die Regierung, die provisorische Vertheilung der zur Verbesserung

---

*) St. A. VIII. J. 2. S. 1993.
**) Daselbst S. 1501.
***) Daselbst S. 1571 — 78.

der Lage der Volksschullehrer und Steuereinnehmer bewilligten Mittel zu beschleunigen. — Eine große Menge Petitionen aus allen Theilen des Landes klagten über den ungleichen Druck und die sonstigen Belästigungen der Naturalbequartierung der Cavallerie, weshalb der die Casernirung der Cavallerie betreffende Inhalt des ständischen Schreibens vom 27. Juni 1841 der Regierung in Erinnerung gebracht wurde.

Man kennt aus den Verhandlungen von 1832 die Abneigung, ja Furcht der ersten Cammer vor Oeffentlichkeit. Sie hatte auch in der Zeit bis 1837 von der nach der Geschäftsordnung erlaubten Oeffentlichkeit nie Gebrauch gemacht, nie Zuhörer zu ihren Sitzungen gelassen, bei der Publication ihrer Verhandlungen die Namen nicht genannt. Die Zeit hatte auch hier die Ansichten geändert, der Adel war 1846 wieder zu der Ansicht gekommen, welche die provisorische Ständeversammlung schon 1818 ausgesprochen hatte, daß Oeffentlichkeit der nothwendige Verbindungspunkt zwischen beiden Cammern sei, und daß das Halbdunkel der halben Oeffentlichkeit, wie solche bisher bestanden, dem Mißtrauen, der Mißdeutung und Entstellung einen gefährlichen Spielraum gewähre. Man fühlte wie allgemein im Volke, so jetzt auch in erster Cammer, daß dem ohnehin so besonnenen, gesunden und gemäßigten Sinne des hannoverschen Volkes, das Zugeständniß einer Herstellung der Oeffentlichkeit ohne Bedenken gemacht werden könne und sprach sich in diesem Sinne in dem ständischen Vortrage vom 14. December 1846 aus, indem die Mißbräuche und Inconvenienzen der Oeffentlichkeit nach Ansicht der Stände ihr Correctiv in dieser selbst fänden. Der Vortrag war sehr gut redigirt, er schmeichelte der Regierung sogar, indem er aussprach, daß gerade von einer so kräftigen, festen und besonnenen Regierung wie die jetzige, die Oeffentlichkeit am leichtesten zu gewähren sein dürfte. Es kam auf diesen Vortrag erst am 21. April 1847 eine Erwiederung, mit dem Vertagungsschreiben, eine Erwiederung so einzig in ihrer Art, daß wir sie in der Anlage XXVI. vollständig abdrucken. Ernst August wies nach reiflicher Prüfung und in gewissenhafter Erwägung der ihm obliegenden landesväterlichen Pflichten, die Bitte gleich der Forderung eines unerzogenen Kindes zurück, indem er erklärte: Wir haben unabänderlich beschlossen, eine Oeffentlichkeir der Sitzungen der Cammern unserer getreuen Landstände **niemals** zu gestatten.

Zwei Könige betonten im Jahre 1847 das Niemals mit einer Entschiedenheit, die an die Schwäche menschlicher Voraussicht mahnt, Friedrich Wilhelm IV. am 11. April, Ernst August am 21. April, — es war noch kein Jahr verflossen, als sie ihr Niemals widerrufen mußten.

Schluß des ersten Bandes.

Anlagen.

I.

Verzeichniß der Mitglieder beider Cammern zu der vierten allgemeinen Ständeversammlung vom Jahre 1832.

A. Erste Cammer.

1) Seine Durchlaucht, der Herr Herzog von Aremberg-Meppen (abwesend). (Seine Durchlaucht, der Herr Herzog von Looz und Corswaaren hat nicht berufen werden können, weil ein Successor noch nicht legitimirt ist.) 2) Seine Durchlaucht, der Herr Fürst von Bentheim (abwesend). 3) Seine Excellenz, der Herr Erbmarschall des Königreichs, Staats- und Cabinetsminister Graf von Münster. 4) Seine Erlaucht, der Herr Graf von Stolberg zu Stolberg (nicht anwesend). 5) Seine Erlaucht, der Herr Generalerbpostmeister, Oberschenk, Graf von Platen-Hallermund. 6) Seine Hochwürden, der Herr Abt von Loccum, Consistorialrath Dr. Rupstein. 7) Seine Excellenz, der Herr Abt zu St. Michaelis in Lüneburg, Landschaftsdirector von Plato (abwesend). 8) Herr Präsident der Bremischen Ritterschaft, von der Decken, als Director des Klosters Neuenwalde. 9) Seine Bischöfliche Hochwürden, der Herr Bischof von Hildesheim. 10) Herr Consistorialrath und Generalsuperintendent Dr. Brandis, als angesehener protestantischer Geistlicher. 11) Herr Premierlieutenant, Graf von Schwicheldt, als Majoratsherr. 12) Herr Präsident des Obersteuer- und Schatzcollegii, Geheimerath von Schele. 13) Herr Schatzrath von Schrader. 14) Herr Land- und Schatzrath, Consistorialdirector von Bar. 15) Herr Land- und Schatzrath, Kammerherr von Reden. 16) Herr Schatzrath, Kammerherr Graf von Jnn- und Knyphausen.

Deputirte. Acht Deputirte der Calenberg-Grubenhagenschen Ritterschaft: 17) Herr Landrath von Adelebsen. 18) Herr Oberhofmarschall von Wangenheim. 19) Herr Justizrath von Wangenheim. 20) Herr Cammerrath von Münchhausen. 21) Herr Oberappellationsrath von Hammerstein. 22) Herr Oberforstmeister von Hake. 23) Herr Kammerjunker, Hauptmann Graf von Kielmansegge. 24) Herr Oberstlieutenant von Hattorf.

Sieben Deputirte der Lüneburgschen Ritterschaft: 25) Herr Drost von Hodenberg. 26) Herr Oberappellationsrath Graf von Kielmansegge. 27) Herr Drost von Honstedt. 28) Herr Geheime Legationsrath, Freiherr Grote. 29) Herr Graf von Bernstorf. 30) Herr Oberst von dem Knesebeck. 31) Herr Drost von der Wense.

Fünf Deputirte der Bremenschen Ritterschaft: 32) Herr Hofgerichtsassessor, Amtsassessor von Borries. 33) Herr Amtsassessor von Marschall. 34) Herr Geheimerath von der Decken. 35) Herr Oberappellationsrath von Werlehe. 36) Herr Hofgerichtsassessor von Lütcken.

Ein Deputirter der Verdenschen Ritterschaft: 37) Herr Kriegsrath von Hattorf.

Drei Deputirte der Hoyaschen und Diepholzschen Ritterschaft: 38) Herr Geheimerath von Münchhausen. 39) Herr Kriegsrath von Bremer. 40) Herr Amtsassessor von Reden.

Vier Deputirte der Osnabrückschen Ritterschaft: 41) Herr Landrath, Regierungsrath von Pestel. 42) Herr Premierlieutenant von Stolzenberg. 43) Herr Canzleiassessor von Bar. 44) Herr Gutsbesitzer Hermann von Hammerstein-Loxten.

Ein Deputirter der Meppenschen, Lingenschen und Emsbührenschen Ritterschaft: 45) Herr Forstjunker von Dinflage.

Vier Deputirte der Hildesheimischen Ritterschaft: 46) Seine Excellenz, der Herr Generalfeldzeugmeister von der Decken. 47) Herr Kammerherr von Wallmoden. 48) Herr Freiherr von Hammerstein-Equord. 49) Herr Rittmeister von Steinberg.

Zwei Deputirte der Ostfriesischen Ritterschaft: 50) der ritterschaftliche Administrator Herr von Frese-Hinte. 51) Herr Graf von Jnn- und Knyphausen-Herrenbehr.

B. Zweite Cammer.

1) Herr Schatzrath Eichhorn. 2) Herr Schatzrath Dr. Stüve. Deputirte: 3) Des Stifts St. Bonifacii zu Hameln, Herr Hofrath Hüpeden. 4) Des Stifts

21

St. Cosmae et Damiani zu Wunstorf, Herr Feldprobst Günkell. 5) Des Stifts St. Alexandri zu Einbeck, Herr Obersteuerrath Dommes. 6) des Stifts Beatae Mariae Virginis zu Einbeck, Herr Obersteuerrath Baring. 7) des Stifts Bardowick, Herr Pastor Meyer. 8) Des Stifts Ramelsloh, Herr Canzleirath Dürr. 9) Der Universität Göttingen, Herr Professor Dahlmann. 10) Des Consistorii zu Hannover, Herr Geheimecabinetsrath Rose. 11) Des Consistorii zu Aurich, Herr Justizrath Kettler I. 12) Der Stadt Hannover, Herr Stadtdirector Rumann. 13) Der Stadt Göttingen, Herr Professor Saalfeld. 14) Der Stadt Northeim, Herr Stadtgerichtsdirector, Ennbieus Ebert. 15) Der Stadt Hameln, Herr Archivrath Dr. Perz. 16) Der Stadt Einbeck, Herr Stadtsyndicus Hübener. 17) Der Stadt Uslar, Herr Superintendent Dr. Crome. 18) Der Stadt Münden, Herr Bürgermeister von Bodungen. 19) Der Stadt Neustadt a. R., Herr Bürgermeister Dr. Behne. 20) Der Städte Clausthal und Zellerfeld, Herr Oberbergrath Albert. 21) Der Grafschaft Hohnstein, Herr Geheimeecanzleirath Bedemeyer. 22) Der Stadt Lüneburg, Herr Dr. jur. Meyer. 23) Der Stadt Uelzen, Herr Senator Keuffel. 24) Der Stadt Celle, Herr Oberappellationsgerichtsrath Dr. Gruner. 25) Der Stadt Harburg, Herr Advocat Frich. 26) Der Stadt Lüchow, Herr Bürgermeister Thorwirth. 27) Der Stadt Walsrode, Herr Bürgermeister Barth. 28) Der Stadt Stade, Herr Canzleiprocurator Dr. jur. Freudentheil. 29) Der Stadt Buxtehude, Herr Stadtsyndicus Oppermann. 30) Der Stadt Verden, Herr Bürgerrepräsentant Weber. 31) Der Stadt Nienburg, Herr Kaufmann Bruns. 32) Der Hoyaischen Flecken, Herr Dr. jur. Christiani. 33) Der Diepholzischen Flecken, Herr Bürgermeister Storkmann. 34) Der Stadt Osnabrück, Herr Kaufmann Breufing. 35) Des Fleckens Melle, Herr Gutsbesitzer Ledebur. 36) Der Stadt Lingen, Herr Bürgermeister Dr. Horkel. 37) Der Stadt Goslar, Herr Stadtsyndicus Dr. Sandvoß. 38) Der Stadt Hildesheim, Herr Stadtsyndicus Dr. Lünzel. 39) Der Stadt Alfeld, Herr Advocat Weinhagen. 40) Der Stadt Sarstedt, Herr Bürgermeister Wiesenhavern. 41) Der Stadt Emden, Herr Kaufmann C. Bode. 42) Der Stadt Liens, (?). 43) Der Stadt Norden, Herr Justizrath Graf von Innh- und Knyphausen. 44) Der Stadt Leer, Herr Kaufmann Wistering. 45) Der Stadt Nordborn, Herr Amtsassessor Bening. Der Calenbergischen Grundbesitzer: 46) Herr Amtsschreiber Stromeyer. Der Göttingschen Grundbesitzer: 47) Herr Bürgermeister Westerhansen. Der Grubenhagenschen Grundbesitzer: 48) Der Oeconom von Zwehl. Der Lüneburgischen Grundbesitzer; 49) Herr Landcommissair von Honstedt. 50) Herr Vollmeier Lübbers. 51) Herr Postverwalter Lübbecke. Der Grundbesitzer in den Bremischen Marschen: 52) Herr Hausmann Beckmann. 53) Herr Landesvorsteher Atides. 54) Herr Hofbesitzer Lange. 55) Herr Grundbesitzer Wicht. 56) Herr Hausmann Harms. Der Grundbesitzer aus den Bremischen Geestdistrieten und dem Herzogthume Verden: 57) Herr Dr. jur. Lang. 58) Herr Halbhöfner Michaelis. Der Hoyaischen und Diepholzischen Freien, welche in der Rittermatrikel stehen: 59) Herr Moorcommissair Wehner. 60) Herr Fleckensyndicus Dr. Nolte. Der andern Hoyaischen und Diepholzischen Grundbesitzer: 61) Herr Lieutenant Köster. Der Osnabrückschen Grundbesitzer: 62) Herr Landesöconomiecommissair Dr. Staffhorst. 63) Herr Hofrath Buch. 64) Herr Colonus Wöllmann. Der Meppenschen und Lingenschen Grundbesitzer: 65) Herr Dr. jur. Sermes. Der Hildesheimischen Grundbesitzer: 66) Herr Dr. jur. Kleuze. 67) Herr Posthalter Böttcher. Des dritten Standes von Ostfriesland: 68) Herr Thedinga. 69) Herr Jansen. 70) Herr . 71) Herr . 72) Herr . Des Landes Hadeln: 73) Herr Schultheiß Schneelke. 74) Herr Amtsassessor Schrader. Der Flecken und Grundbesitzer der Grafschaft Bentheim: 75) Herr Kreiselnnehmer Köhler.

Die von einer Minorität der Wahlmänner beanstandete Vollmacht des Syndicus Dr. Nolte wurde von beiden Cammern für genügend erklärt, wie denn überhaupt sämmtliche Vollmachten für genügend angenommen wurden.

In erster Cammer resignirte der Oberappellationsgerichtsrath von Weisebe und darauf auch dessen Stellvertreter Oberstlieutenant von Holleufer und trat Rittmeister von der Decken genannt von Offen für ihn ein.

In zweiter Cammer resignirte Graf von Knyphausen, ohne daß die Stadt Norden einen neuen Deputirten schickte; ferner resignirte Hofrath Buch, für den Licentiat Heve eintrat, und für den resignirenden Lieutenant Köster Dr. jur. Matthäi aus Verden; für Bürgermeister Westerhausen trat Anfangs October Gutsbesitzer Heppke aus Bühren ein, für den Kreiseinnehmer Köbler der Pastor Sluyter, für den Feldpropst Gündel der Amtsassessor Blumenhagen, für Schultheiß Beckmann Jacob Grotmann zu Schinkel, für Lange der Dr. Donner aus Neuhaus.

II.

Rede Sr. Königlichen Hoheit des Vicekönigs, Herzogs von Cambridge, bei Eröffnung der allgemeinen Ständeversammlung am 30. Mai 1832.

Versammelte würdige Stände des Königreichs!

Die Gegenstände, zu deren Berathung Ich die Stände des Königreichs abermals vor dem Throne des Königs, Meines erhabenen Bruders, um Mich versammelt finde, sind von so wichtiger Art, daß sie die gespannte Erwartung des Landes erregen, und die sorgfältigste Behandlung der Vertreter desselben in Anspruch nehmen. Als die vorige Ständeversammlung die Feststellung der Grundgesetze des Staats als ein Mittel bezeichnete, das Wohl des Vaterlandes zu befördern, ist der König dem geäußerten Wunsche gern entgegen gekommen. Es würde Mir angenehm gewesen sein, die Resultate der zu diesem Zwecke sofort angeordneten Vorarbeiten der nämlichen Ständeversammlung vorzulegen, von welcher der Antrag ausgegangen war. Indessen hat der Umfang und die Wichtigkeit des Gegenstandes, so wie die Sorgfalt, welche die angeordnete Commission der Prüfung des ersten Entwurfs des Staatsgrundgesetzes widmen zu müssen, mit Recht sich verpflichtet hielt, hiezu keine Zeit übrig gelassen. Indem die hieraus erwachsene Arbeit mit den Entschließungen Seiner Majestät des Königs nunmehro Ihnen vorgelegt werden wird, sind Sie, meine Herren, berufen, dasjenige zu beendigen, was Ihre Vorgänger begonnen haben. Die Grundlagen dieser Verfassungsurkunde sind: treue Erfüllung der Verpflichtungen gegen das Deutsche Vaterland; feste Bewahrung der Rechte des Königs, und offene Anerkennung der Rechte und Freiheiten Seiner Unterthanen. Aber selbst auf solchen Grundlagen beruhend, und noch so sorgfältig abgefaßt, reicht ein Staatsgrundgesetz allein nicht aus, eines Landes Glück und Wohlfahrt zu begründen. Das vermag nur der Geist, der das Ganze belebt; die Gerechtigkeit und die Treue, welche über der Ausführung wachen. Diesen Geist zu bewahren, sei daher unser Ziel, damit den künftigen Geschlechtern in des Königs unwandelbarer Liebe zu Seinen Unterthanen, so wie in der Treue, der Ehrfurcht und dem Vertrauen Seines Volks, das theuerste Erbe der Väter und die Bürgschaft glücklicher Tage erhalten werde. Zu den vorzüglichsten Rechten der Unterthanen gehört eine angemessene Wirksamkeit der Stände; um diese zu sichern, hält der König einige Veränderungen in deren Zusammensetzung rathsam. Ein Theil derselben ist im Einverständniß mit der vorigen Ständeversammlung bereits zur Ausführung gelangt. Mit Vergnügen sehe Ich zum ersten Male unter den Ständen des Königreichs Deputirte bisher nicht vertretener Grundbesitzer. Rücksichtlich der von Ihren Vorgängern in Antrag gebrachten Vereinigung der Landesherrlichen und der Landescassen, welche Ihnen die Grundbedingungen vorgelegt werden, unter denen der König, Mein erhabener Bruder, eine solche Vereinigung gestatten will. Zu näherer Beurtheilung der Verhältnisse der Landesherrlichen Cassen wird eine Uebersicht der Einnahmen und Ausgaben derselben damit verbunden werden. Ich empfehle Ihnen dringend die baldige Erledigung dieser wichtigen Angelegenheit, weil von der Entscheidung der Vorfragen die Entschließung über manche wichtige Verhältnisse abhängt. Dieses tritt insonderheit rücksichtlich der Finanzen ein. Der König, von dem Wunsche beseelt, die Lasten Seiner geliebten Unterthanen zu erleichtern, hat in den letzten Jahren durch bedeutende Verminderung der Steuern bereits bewiesen, wie sehr dieser wichtige Gegenstand Ihm am Herzen liegt. Zu gleichem Zweck sind Seine Majestät entschlossen, in allen Theilen der Administration jede irgend zulässige Ersparung ferner eintreten zu lassen. Da aber die nähere Bearbeitung und Ausführung dahin abzweckender Einrichtungen wesentlich durch die Vereinigung der Cassen bedingt wird; so werden für diesen Augenblick nur solche Vorschläge gemacht werden können, welche den Dienst der Landescasse gegen Störungen sichern. Störungen dieser Art sind dadurch herbeigeführt, daß mit den vorhin gedachten Steuererleichterungen auf der einen Seite Ausfälle, und auf der andern Seite Mehrausgaben zusammentrafen, welche die öffentlichen Verhältnisse un-

21*

vermeidlich gemacht haben. Wenn auch in dieser Beziehung das Herannahen einer gefürchteten Krankheit einige Nachtheile herbeigeführt hat; so sind diese doch geringer gewesen, als besorgt werden mußte. Mit gerührtem Herzen danke Ich der göttlichen Vorsehung, daß dieselbe die ungleich größere Gefahr, welche dem Leben Meiner geliebten Mitbürger drohete, — bis auf wenige Opfer — gnädig abgewendet hat. Da die bisherigen Bewilligungen für den Neubau der Chausseen und Landstraßen abgelaufen sind, die Rücksichten auf den innern Verkehr, die Anstrengungen benachbarter Staaten und die übernommenen Verpflichtungen, die Erneuerung dieser Bewilligungen aber dringend rathsam machen, so empfehle Ich diesen wichtigen Gegenstand Ihrer besondern Fürsorge. Von einem ganz vorzüglichen Interesse sind die gesetzlichen Bestimmungen über die Ausführung des im vorigen Jahre bereits erlassenen Gesetzes wegen Ablösbarkeit der Zehnten und gutsherrlichen Gefälle. Ich zweifle daher nicht an Ihrer bereitwilligen Beförderung der dieserhalb vorzulegenden Verordnungsentwürfe. Je wichtiger aber die verschiedenen Gegenstände sind, zu deren Verhandlung der König, Mein erhabener Bruder, die Stände berufen hat, desto mehr rechne Ich darauf, daß dieselben stets eingedenk sein werden, daß das Wohl des Landes nur durch gemäßigte Ansichten, durch Nachgiebigkeit bei widerstreitenden Interessen, durch Gerechtigkeit und Eintracht, so wie durch gegenseitiges Vertrauen, dauerhaft sich begründen läßt. Und dieses Vertrauen nehme Ich auch ferner für Mich in Anspruch. Denn die Zuneigung für das Land Meiner Väter ist seit einer langen Reihe von Jahren Mir zur Gewohnheit, wie zum Bedürfniß geworden, und gern möchte Ich in der Beförderung dessen Glücks einen Lohn finden, der Meinem Herzen theuer ist. Ich erkläre die allgemeine Ständeversammlung für eröffnet.

— —

III.

Adresse der Stände an Se. Königliche Hoheit den Vicekönig, vorgetragen am 16. Juni 1832, in Erwiderung auf die Eröffnungsrede vom 30. des vorigen Monats.

Durchlauchtigster Herzog, Gnädigster Fürst und Vicekönig!

Im ernsten Gefühle der Pflichten, die Ew. Königlichen Hoheit vom Throne Sr. Königlichen Majestät unsers allergnädigsten Königs an Ihre getreuen Stände gesprochenes Wort, die eine nie so hoch gesteigerte Erwartung des Landes auf sie gelegt hat, aber zugleich erfreuet, daß der Zeitpunct gekommen ist, der jede Spannung lösen soll, treten die getreuen Stände des Königreichs vor Ew. Königliche Hoheit, um den tief gefühlten Dank auszusprechen für die neuen Beweise Königlicher Huld, welche, vermittelt durch Ew. Königlichen Hoheit Weisheit und Liebe, dem Namen König Wilhelms IV. ein unvergängliches Denkmal setzen werden. Seitdem im vorigen Jahre nach Noth und Bewegung neue Hoffnungen sich hoben, waren die Blicke aller getreuen Unterthanen auf Ew. Königliche Hoheit und auf den erhabenen Herrscher gerichtet, dessen Weisheit und Kraft auch unserm Lande die beste Bürgschaft einer glücklichen Zukunft geworden ist. Und wenn es sich schwer zeigte, die Hoffnungen zu verwirklichen, wenn unerwartet die Berathungen sich verlängerten, wenn unerwünscht sich Besorgniß an die Stelle hinausgeschobener Hoffnung drängte, so stand nur um desto fester und reiner in allen Gemüthern das Vertrauen auf den König, auf dessen erhabenen Stellvertreter. Jetzt ist die Zeit gekommen, die jene Hoffnungen verwirklichen soll, und wohl erkennen es die getreuen Stände, daß von der Gesinnung, von dem Geiste der Einigkeit und Thätigkeit, mit der sie die Berathung des Grundgesetzes ergreifen, alles Gute abhängt, das von der Zukunft zu erwarten, uns die väterlichen Absichten Sr. Königlichen Majestät berechtigen. Aber einig in der Liebe zu ihrem Könige, zu ihrem Vaterlande, das auf sie blickt, das nur durch Einigkeit besteht, geben sie Zeugniß vor Ew. Königlichen Hoheit, daß sie alle den Willen haben, für das Wohl des Ganzen eigne Opfer nicht zu scheuen. — In dieser Gesinnung denken die getreuen Stände ihre Arbeiten zu beginnen und zu vollenden. Ueberzeugt, daß das Wohl dieses Landes keine festere Stütze habe, als Deutschland, werden sie die Pflichten gegen dieses ihr großes Vaterland desto heiliger achten, je sicherer sie vertrauen, daß Se. Königliche Majestät nie ablassen werde, nach dem ruhmvollen Beispiele Ihrer erhabenen Vorfahren die Begründung deutscher Verfassung, Freiheit und Einheit zu Erreichung der gemeinsamen Interessen, zum ersten Ziele Allerhöchstihres Strebens zu machen. Auf dieser Grundlage ruhen die heiligen Rechte deutscher Fürsten, sie allein sichert Glück, Wohlstand und Freiheit deutscher Unterthanen, und nur was jene wie diese über allen Angriff erhebt, kann dem Ganzen frommen. — Die getreuen Stände dürfen aber desto sicherer vertrauen, daß ihre Arbeit zu diesem Zwecke Frucht tragen werde, da es ihnen vergönnt ist, den Dank des Landes dafür auszusprechen, daß jetzt zum ersten Male auch Abgeordnete des gesammten Bauernstandes zu den Berathungen berufen worden, und also keine Classe der getreuen Unterthanen Sr. Königlichen Majestät mehr der Vertretung ihrer Rechte entbehrt. — Dankbar verehren die getreuen Stände die Großmuth, mit der Se. Königliche Majestät die von der vorigen Ständeversammlung in Antrag gebrachte Vereinigung der landesherrlichen und der Landescassen durch persönliche Opfer zu erleichtern beschlossen; sie erkennen es als heilige Pflicht, mit höchster Sorgfalt und Vorsicht zu erwägen, wie das Beste des Thrones und des Landes in dieser wichtigen Sache am meisten gefördert werde. In diesem Sinne verehren die getreuen Stände vor allem den Entschluß Sr. Königlichen Majestät, jede irgend zulässige Ersparniß in allen Theilen der Verwaltung ferner eintreten zu lassen, und sie glauben nur Sr. Königlichen Majestät und Ew. Königlichen Hoheit väterlichen Gesinnungen zu entsprechen, wenn sie mit aller Kraft vereint dahin streben, daß dieser Königliche Entschluß so bald als irgend möglich Früchte trage. Denn die Störungen des Haushalts, welche mit Ew. Königlichen Hoheit die getreuen Stände beklagen, sie beruhen leider auf einem Verfalle des Wohlstandes, der, herbeigeführt durch tief liegende Ursachen, die höchste Anstrengung aller Thätigkeit dringend erheischt. Die getreuen Stände erkennen es als heilige Pflicht, die Staatslast zu erleichtern, aber sie erkennen auch, daß dieses nicht genüge, und werden ernstliche Prüfung allem demjenigen widmen, was dazu dienen kann, sowohl den Landbau als den nicht minder wichtigen Handel und die des Schutzes bedürftigen Gewerbe des Landes zu beleben. Zu diesem Ende werden sie auch reiflich erwägen, wie das Mittel leichtern Verkehrs, der Bau der Chausseen und Landstraßen, zweckmäßig und mit dem mindesten Drucke der Unterthanen gefördert werde. Mit Verlangen aber sehen sie dem verheißenen Entwurfe der Ablösungsordnung entgegen, für deren Beschleunigung sich die Wünsche aller Betheiligten vereinigen. Der Erfolg dieser Bestrebungen, die Herstellung und Erhaltung des Geistes des Vertrauens, der Einigkeit, der Gerechtigkeit und der Treue, in dem das Glück Aller beruht, sie hängen davon ab, daß die, welche berufen sind zu handeln, mit Offenheit und reiner Absicht einander entgegentreten, daß die, für welche gehandelt wird, von solcher Absicht sich überzeugen. Darum hätten die getreuen Stände gewünscht, daß ihnen schon jetzt vergönnt gewesen wäre, ihr Verfahren offen vor aller Welt zu zeigen, damit die Tausende, die seit länger als einem Jahre zwischen Furcht und Hoffnung geschwankt, unverhohlen erkennen, daß in Regierung und Ständen nichts sei, als der feste Wille, das Heil des Ganzen zu fördern, damit vor allem die Regierung jederzeit Kraft behalte, den festen Gang zu gehen, der allein das Wohl des Ganzen verbürgt. Möge denn Ew. Königlichen Hoheit diese offene Sprache gefallen als ein Beweis des festen unerschütterlichen Vertrauens, das die getreuen Stände des Königreichs in Höchstdero erhabene Gesinnung setzen. Die Liebe, die Ew. Königliche Hoheit diesem Lande stets gewidmet, die Opfer, die Ew. Königliche Hoheit demselben gebracht, die Wohlthaten, die Ew. Königliche Hoheit ihm geschafft haben: sie leben nicht bloß in unseren Herzen. Es ist eine schöne Pflicht, die uns obliegt, zu bezeugen, daß das Volk dieses Landes vom Höchsten bis zum Niedrigsten nächst seinem ruhmvollen Könige keines Menschen Namen so verehrt und liebt, wie den seines erhabenen Vice-Königs.

IV.

Königliches Rescript de dato Windsor-Castle, 11. Mai 1832, das Staatsgrundgesetz betreffend.

Wilhelm der Vierte, von Gottes Gnaden König des vereinigten Reichs Großbritannien und Irland rc., auch König von Hannover, Herzog zu Braunschweig und Lüneburg ꝛc. ꝛc., Unsern geneigten und gnädigsten Willen zuvor, Würdige, Hoch- und Wohlgeborne, Edle und Veste, Ehrenveste, Hoch- auch Ehrbar, Wohlgelahrte, Ehrbare und Ehrsame, liebe Andächtige und Getreue!

Als von der vorigen allgemeinen Ständeversammlung Unserm Cabinetsministerio der Wunsch vorgetragen wurde, daß die Verfassung Unsers Königreichs in ihren wesentlichsten Bestimmungen durch ein Staatsgrundgesetz festgestellt werden möge, welches auf dem Bestehenden beruhe, und diejenigen Verbesserungen berücksichtige, die die Wohlfahrt Unserer getreuen Unterthanen sichern und befördern können*); so haben Wir in dem Betracht, daß es dabei nicht auf die Begründung einer neuen Verfassung, sondern auf die Feststellung der bestehenden, deren Ergänzung und Verbesserung nach Maaßgabe der Bedürfnisse Unseres Königreichs und seiner einzelnen Theile ankam, diesem Wunsche Unserer Seits gern gewillfahrt, weil Wir dadurch eine Uns angenehme Veranlassung erhielten, Unsern geliebten Unterthanen zu beweisen, daß Wir, treu den Gesinnungen Unserer Vorfahren, in der Beförderung alles dessen, was den innern Frieden und die Wohlfahrt Unserer Unterthanen befestigen kann, das schönste Vorrecht Unserer Krone erkennen. Wir haben daher Unser Cabinetsministerium mit denjenigen Vorschriften versehen, nach welchen Unsern Absichten gemäß ein solches Staatsgrundgesetz bearbeitet werden sollte, und demnächst eine, aus von Uns ernannten und von beiden Cammern der vorigen allgemeinen Ständeversammlung erwählten Mitgliedern**) zusammengesetzte Commission angeordnet, um deren Gutachten über den gemachten Entwurf zu vernehmen. Unsere Absicht war dabei dahin gerichtet, nach Beendigung dieser Erwägungen die vorige Ständeversammlung nochmals zusammen zu berufen; allein Wir haben diese Absicht ungern aufgeben müssen, weil die große Wichtigkeit und der Umfang der Arbeiten Unser Cabinetsministerium wie die Commission außer Stand gesetzt haben, das denselben aufgetragene Geschäft so zeitig zu vollenden, wie Wir Anfangs gehofft hatten. Nachdem Uns nunmehr aber das Resultat dieser Vorarbeiten vorgelegt worden ist, welches im Allgemeinen Unsern landesväterlichen Absichten entspricht, so haben Wir Unser Cabinetsministerium beauftragt, der inmittelst neu einberufenen allgemeinen Ständeversammlung den Entwurf des Staatsgrundgesetzes in der Maaße mitzutheilen, wie er nach dem Gutachten der Commission bearbeitet, und mit einigen von Uns für angemessen erachteten Modificationen versehen ist. Wir vertrauen zu Unserer getreuen allgemeinen Ständeversammlung, daß dieselbe dieses Staatsgrundgesetz mit aller der Umsicht berathen wird, welche das Heil Unseres Landes und Unserer geliebten Unterthanen erfordert, theilen derselben aber, damit Unsere landesväterlichen Absichten um so sicherer erfüllt werden, diejenigen Hauptgrundsätze mit, welche Wir bei diesem wichtigen Werke befolgt wissen wollen. Da Wir die innige Ueberzeugung hegen, daß die Wohlfahrt des Deutschen Vaterlandes auf der Einigkeit der dazu gehörigen Staaten, und auf der gewissenhaften Erfüllung derjenigen Verpflichtungen beruht, welche den Deutschen Bundesstaaten als solchen obliegen, so ist es Unser unabänderlicher Wille, daß der Grundsatz ausgesprochen und befolgt werde, daß Unser Königreich als Glied des Deutschen Bundes auch denselben herkömmlichen Verpflichtungen theilt, und der König durch die Verfassung des Landes nie behindert werden darf, dieselben eben so treu und unweigerlich zu erfüllen, wie Unsere Vorfahren ihren Ruhm darin gefunden haben, den Gesetzen des Deutschen Reichs nachzukommen. Da auch der Frieden und das Glück Unserer geliebten Unterthanen erfordert, daß eine kräftige Regierung vorhanden sei, welche, über den Parteien und Leidenschaften des Augenblicks erhaben, jeder Zeit im Stande ist, die Rechte und Freiheiten Aller zu schützen und zu erhalten; so wollen Wir, daß Uns und Unsern dereinstigen Nachfolgern an der Regierung, welche die auf dieselben nach dem Rechte der Erstgeburt und ohne Theilung der Lande zu ererbende Krone zu tragen haben werden, die Uns zustehenden landesherrlichen Rechte gesichert bleiben, vermöge deren Wir die gesammte Staatsgewalt in allen äußern Verhältnissen Unsers Königreichs, wie im Innern desselben, in Uns vereinigen. Zum eignen Besten Unserer Unterthanen aber sind Wir fest entschlossen, nicht zu gestatten, daß Unser Thron mit solchen Staatseinrichtungen umgeben werde, welche nur in Freistaaten passen und mit einer monarchischen Verfassung unvereinbar sind. Gleichwie Wir solchergestalt die Uns und

---

*) Actenstücke der Landtag, Sie Diät von 1831, pag. 530.
**) daselbst pag. 603.

Unsern Nachsolgern an der Regierung zustehenden Rechte gegen Zweifel und Angriff geschützt wissen wollen, also halten Wir auch, Unsern landesväterlichen Absichten entsprechend, die Unsern getreuen Unterthanen zukommenden Rechte und Freiheiten offen anzuerkennen, und durch das Grundgesetz des Königreichs gegen jede Verletzung sicher zu stellen. Dem zufolge wollen Wir, daß Unsern Unterthanen volle Glaubens= und Gewissensfreiheit und ihren Rechten aller erforderliche Schutz, insbesondere auch, so weit es nöthig ist, durch die Landesgerichte gesichert werde. Wir erklären in dieser Hinsicht, daß kein Unterthan seinem ordentlichen Richter entzogen werden soll, außer in den von den Gesetzen in voraus bestimmten Fällen, oder wenn der König, als höchste und einzige Quelle der Gerichtsbarkeit, die Competenz auf ein anderes ordentliches Gericht aus besondern Gründen überträgt; daß Unsern Unterthanen, wenn deren Eigenthum oder Gerechtsame für das Gemeinwesen sollten in Anspruch genommen werden müssen, wegen des Betrages der ihnen zukommenden Entschädigung, oder wenn wohlerworbene Privatrechte von einer Verwaltungsbehörde durch Ueberschreitung ihrer Befugnisse verletzt werden, und diese Ueberschreitung der Art ist, daß sie nach gemeinrechtlichen Grundsätzen eine Entschädigungsverbindlichkeit begründet, wegen der Schadloshaltung, wie auch in allen Privatrechtsverhältnissen des Fiscus der Weg Rechtens bei den Landesgerichten offen stehen soll, und zwar so weit letzteres nach den bisherigen Gesetzen noch nicht der Fall gewesen, rücksichtlich der nach dem Tage der Publikation des Grundgesetzes entstehenden Forderungen. Wir gestatten allen Unsern getreuen Unterthanen, sich mit ihren Bitten und in ihren Angelegenheiten mit ihren Beschwerden, unter Beobachtung der bestehenden oder vorzuschreibenden Formen, an Unsere Allerhöchste Person, wie auch an Unsere Behörden zu wenden; erklären aber, daß durch Verfassung und Gesetze nicht gestattete Vereinigungen zu solchem Zwecke, insbesondere auch unter mehreren Gemeinden nie geduldet werden sollen. Wir bewilligen die Freiheit der Presse, doch unter Beobachtung der gegen deren Mißbrauch zu erlassenden Gesetze und der Bestimmungen des Deutschen Bundes. Endlich wollen wir Unsern getreuen Unterthanen das Recht nicht beschränken, unter Beobachtung der gesetzlichen Vorschriften wegen der Militairpflicht, aus Unserm Königreiche auszuwandern. Dagegen erwarten Wir nicht nur, daß alle Unsere Unterthanen Uns und Unsern Nachsolgern jederzeit die unverbrüchliche Treue und den gebührenden Gehorsam erweisen werden, sondern stellen auch den Grundsatz fest, daß sie alle nach Maaßgabe der solcherhalb bestehenden oder zu erlassenden Gesetze gleichmäßig zum Kriegsdienste und zur Tragung der Lasten des Königreichs verpflichtet sind; wollen aber, daß die hievon bestehenden, auf den Gesetzen des Deutschen Bundes beruhenden, wie auch die zu Gunsten der geistlichen Schul= und Armenanstalten bewilligten Ausnahmen beibehalten werden sollen. Es ist Unser Wille, daß den Städten, Flecken und Landgemeinden in der Verwaltung ihres Vermögens die mit ihrem Wohle vereinbare Selbstständigkeit, und den Mitgliedern der Gemeinden an der Wahl ihrer Gemeindebeamte eine angemessene Theilnahme gesichert werden soll; behalten aber der Regierung die Aufsicht auf das Gemeindewesen, so weit sie zum Heil des Ganzen und zum eignen Besten der Gemeinden erforderlich ist, wie auch die Ausübung der sonstigen Regierungsrechte in den Gemeinden und über dieselben ausdrücklich vor. Da Wir auch die Ueberzeugung hegen, daß durch ein wohlgeordnetes Gemeindewesen die Interessen der verschiedenen Classen Unserer Unterthanen am zweckmäßigsten unter einander ausgeglichen und geschützt werden können; so halten Wir den Bedürfnissen Unsers Königreichs entsprechend, daß überall, wo solches noch nicht der Fall ist, Gemeindeverbände eingerichtet, und solche Besitzungen, die bisher zu keiner Gemeinde gehören, bereits bestehenden Gemeinden beigelegt werden oder besondere Gemeinden bilden, wobei aber Provinzial= und Localverhältnisse, wie auch die bestehenden Rechte der Betheiligten stets zu berücksichtigen sein werden. Hiernächst haben das wichtige Verhältniß und die Rechte der evangelischen und der römisch-katholischen Kirche um so mehr Unsere besondere Aufmerksamkeit in Anspruch genommen, als eine genaue Festkellung derselben uns wesentlich nothwendig scheint, um die Wohlfahrt und das Glück Unserer geliebten Unterthanen, welche zum bei weitem größten Theile zu einer dieser Kirchen sich bekennen, zu befestigen; denn in der Beförderung und Erhaltung der Religiösität und der Sittlichkeit erkennen Wir die wichtigste Grundlage der Gesellschaft. Wir wollen demnach der evangelischen wie der römisch-katholischen Kirche in Unserm Königreiche zur Erfüllung ihres heilsamen Zwecks alle diejenigen Freiheiten gern gestatten, welche mit den unveräußerlichen

Schutz- und Oberaufsichtsrechten der Krone zu vereinigen sind; und wenn gleich Wir in Ansehung der evangelischen Kirche Uns und Unsern Nachkommen, und unter Oberaufsicht des Ministerii den Consistorial- oder Presbyterialbehörden die Ausübung der Kirchengewalt in derselben zum eignen Besten dieser Kirche ausdrücklich vorbehalten, so sollen dennoch neue Kirchenordnungen und allgemeine wichtige Veränderungen der Liturgie niemals ohne Vorrathung mit einer angemessenen Zahl evangelischer Geistlicher erlassen werden. In der römisch-katholischen Kirche sollen die Kirchenobern in der Ausübung der Rechte der Kirchengewalt geschützt, und an der Erlassung allgemeiner Anordnungen in Glaubens- und kirchlichen Lehr- und Disciplinarsachen nie gehindert werden, sobald nur diese für den Staat unnachtheilig befunden sind. Dagegen soll der Regierung stets das Oberaufsichtsrecht gegen das Ausschreiten der Kirchengewalt, wie auch bei Bestätigung und Entlassung der höhern Kirchendiener und bei Verwaltung des Kirchenguts verbleiben, und an der letztern den Kirchengemeinden eine angemessene Theilnahme überall zustehen. Das von den vormaligen Klöstern herrührende, von Unsern Vorfahren an der Regierung zu Zuschüssen zu den Bedürfnissen der Landesuniversität, der Kirchen und Schulen, und zu wohlthätigen Zwecken aller Art vereinigte Vermögen, soll wie bisher, so auch künftig, allein hiezu bestimmt bleiben; wobei Wir bewilligen, daß Unserer getreuen allgemeinen Ständeversammlung jährlich eine Uebersicht der Verwendungen aus demselben mitgetheilt werde. Wenn gleich die gesammte Staatsgewalt in Uns und Unsern Nachfolgern an der Regierung vereinigt bleiben muß, so erkennen Wir gleichwohl darin, daß Unsere getreuen Stände in Beziehung auf dieselbe gewisse Rechte auszuüben haben, eins der wesentlichsten Mittel, die auf die Wohlfahrt der Unterthanen gerichteten Absichten der Regierung zu befördern. Damit aber dieser heilsame Zweck um so sicherer erreicht werde, wollen Wir, daß wie bisher nicht nur eine allgemeine Ständeversammlung des Königreichs, sondern auch Provinziallandschaften bestehen sollen. Es haben zwar diesen letztern bei der durch die Vereinigung aller Unserer Deutschen Lande zu einem unabhängigen Königreiche nothwendig gewordenen Errichtung einer allgemeinen Ständeversammlung mehrere der von ihnen vormals ausgeübten Rechte entzogen und auf diese übertragen werden müssen; indessen finden Wir es dem Besten Unserer geliebten Unterthanen entsprechend, den Provinziallandschaften diejenigen Rechte zu erhalten, welche mit diesen veränderten Verhältnissen vereinbarlich sind. Wir erklären daher, daß denselben, deren innere Einrichtung nur nach vorgängiger Verhandlung mit ihnen abzuändern ist, das Recht des Beiraths bei provinziellen Gesetzen und das Recht der Vorstellung und Beschwerde bei Mängeln der Verwaltung in ihrer Provinz gesichert sein sollen, und halten es angemessen, ihnen das Recht der Bewilligung provincieller Abgaben zu provinciellen Zwecken zuzugestehen. Was aber die von Unsers Höchstseligen Herrn Bruders Majestät zur Bearbeitung der zur ständischen Verhandlung geeigneten, das ganze Königreich angehenden Gegenstände errichtete allgemeine Ständeversammlung anbetrifft; so halten Wir es dem Besten Unsers Landes angemessen, deren durch das Patent vom 7. December 1819[*]) festgesetzten Rechte in Ansehung der Gesetzgebung und der Anordnung der Finanzen zu erweitern. Indessen stehen alle diese Rechte mit einander dergestalt in der genauesten Verbindung, daß eine angemessene Bestimmung jedes einzelnen derselben nur unter beständiger Rücksicht auf alle übrigen getroffen werden kann, und es kommt dabei außerdem die Einrichtung der Versammlung selbst wesentlich in Betracht. Unter dieser Voraussetzung und der Bedingung einer der allgemeinen Ständeversammlung zu ertheilenden, Unsern landesväterlichen Absichten entsprechenden Organisation, erklären Wir über die von derselben künftig auszuübenden Rechte hiemit Folgendes: Wir wollen, daß zur Erlassung neuer, so wie zu Abänderung oder authentischer Interpretation bestehender Gesetze, welche das ganze Königreich oder den Bezirk mehrerer Provinziallandschaften betreffen, die Zustimmung der allgemeinen Ständeversammlung erforderlich sein soll. Beschließen die Stände Abänderungen des Gesetzentwurfs, so kann die Landesregierung ihn ganz zurücknehmen. Das Recht der ständischen Zustimmung soll sich jedoch auf den wesentlichen Inhalt des Gesetzes beschränken, der Landesregierung dagegen überlassen bleiben, dasselbe nach Maaßgabe der beschlossenen Grundsätze näher zu bearbeiten und zu erlassen. Im Eingange der Gesetze soll die erfolgte verfassungsmäßige Zustimmung der Stände

---

*) Aktenstücke der Landtag, 1ste Diät von 1820, pag. 1.

erwähnt werden. Die Mitwirkung der Stände soll nicht eintreten bei denjenigen Verfügungen, welche Wir oder Unsere Nachfolger an der Regierung über das Heer, dessen Formation, Disciplin und den Dienst überhaupt erlassen. Die Militairaushebungsgesetze, so wie die Rechte und Pflichten der übrigen Unterthanen in Beziehung auf das Heer sollen jedoch nur mit Zustimmung der Stände abgeändert werden können. Ueber das zu erlassende Militairstrafgesetzbuch ist mit den Ständen zu berathen. Verordnungen, welche die Ausführung und Handhabung bestehender Gesetze betreffen, werden von Seiten der Landesregierung allein erlassen, ohne daß die Mitwirkung der Stände dazu erforderlich ist. Außerordentliche, ihrer Natur nach der ständischen Zustimmung bedürfende, aber durch das Staatswohl, die Sicherheit des Landes oder die Erhaltung der ernstlich bedrohten Ordnung dringend gebotene gesetzliche Verfügungen, deren Zweck durch die Verzögerung vereitelt werden würde, gehen von der Landesregierung allein aus. Solche eilige Gesetze sollen im Gesammtministerio beschlossen werden, und ist, daß dieses geschehen, in denselben auszudrücken. Auch sollen sie den Ständen bei ihrer nächsten Zusammenkunft zur verfassungsmäßigen Mitwirkung vorgelegt werden. Alle Gesetze und Verordnungen werden von Uns und Unsern Nachfolgern an der Regierung unter Beobachtung der oben bestimmten Formen öffentlich verkündigt, und erhalten dadurch für alle Unterthanen unbedingte Verbindlichkeit. Alle Verwaltungsbehörden und Gerichte haben auf deren Erfüllung zu halten. Sollten Zweifel darüber entstehen, ob bei einem gehörig verkündigten Gesetze die verfassungsmäßige Mitwirkung der Stände hinreichend beobachtet sei, so steht nur diesen zu, Anträge deshalb zu machen. Was die Finanzen des Königreichs anbetrifft, so steht bekanntlich die Disposition über die Einnahmen von den Domainen und Regalien Uns allein, mit Ausschluß der Stände, zu, und es ist davon von jeher, nächst den für den Landesherrn und dessen Familie erforderlichen Verwendungen, bei weitem der größte Theil der Landesverwaltungskosten nach den alleinigen Bestimmungen des Landesherrn bestritten worden. Wenn daher die vorige allgemeine Ständeversammlung daraus angetragen hat, daß Wir Unsere Königlichen Cassen und die Landescasse zu einer einzigen Generalcasse vereinigen möchten, aus einer solchen Vereinigung aber unvertrennbar eine Beschränkung der landesherrlichen Dispositionsrechte hervorgeht; so konnten Wir billig Bedenken tragen, auf dieser Antrag zu genehmigen sei, und müssen Uns jedenfalls bis zu einer Unsern landesväterlichen Absichten entsprechenden Vereinigung alle Unsere desfallsigen Rechte vorbehalten. Da indessen nicht zu verkennen ist, daß durch die bestehende Trennung der Cassen die Einführung zweckmäßiger und für das Land wohlthätiger Einrichtungen häufig gar sehr erschwert, ja ganz unmöglich gemacht wird, und daß besonders bei der Verwaltung nicht diejenigen Ersparungen gemacht werden können, welche zum Besten Unseres Königreichs durchaus erforderlich sind: so ertheilen Wir zu dieser Vereinigung der Cassen, jedoch unter den folgenden, aus alleiniger Rücksicht auf das wahre Beste des Landes hervorgehenden Bedingungen, hiedurch Unsere allerhöchste Zustimmung. Diese Bedingungen bestehen in folgenden: 1) Es sollen Uns und Unsern Nachfolgern an der Regierung an sämmtlichen zu Unserm Domanio gehörenden Gegenständen, namentlich den Schlössern, Gärten, Gütern, Gefällen, Forsten, Bergwerken, Cassen und Activcapitalien, welche das seinem Gesammtbestande nach stets zu erhaltende Krongut ausmachen, alle diejenigen Rechte verbleiben, welche dem Landesherrn bis dahin daran zugestanden haben. 2) Zur Bestreitung der für den Unterhalt und die Hofhaltung des Königs und der Königin, so wie der minderjährigen Prinzen und Prinzessinnen, Söhne und Töchter des Königs, erforderlichen Ausgaben soll eine Krondotation ausgeschieden werden, welche besteht: a. aus den Zinsen eines in den Jahren 1784 bis 1790 in den Englischen dreiprocentigen Stocks belegten, aus Revenüen der Cammer erwachsenen Capitals von £ St. 600,000, welches unveräußerlich und unzertrennlich mit der Krone vereinigt und vererblich sein soll, b. aus einer jährlichen Revenüe von 500,000 Thalern Conventionsmünze, welche aus einem von Uns auszuwählenden Complex, zunächst bestehend aus Grundstücken, Zehnten oder Forsten, erfolgt, welcher Complex zu Unserer und Unserer Nachfolger eigner Administration vorbehalten bleibt. 3) Die letztgedachte Summe kann bei sich vergrößerndem Bedarf mit Zustimmung der allgemeinen Stände des Königreichs erhöht werden. 4) Bei etwaigen Verminderungen des ausgeschiedenen Gütercomplexes durch Veräußerungen oder Capitalablösungen soll zwar das aus der Veräußerung oder Ablösung hervorgegangene Capital jederzeit zur sichern und einträglichen Wiederanlegung der Generalcasse überwiesen werden. Wir wollen aber Uns und Unsern Nachfolgern für immer das Recht vorbehalten, die Dotation nach eigner Wahl durch andere Gegenstände des Kronguts ergänzen zu lassen, oder die Rente des Capitals als Ergänzung der Krondotation zu nehmen. 5) Außerdem sollen Uns und Unsern Nachfolgern an der Regierung Unsere Schlösser und Gärten, die zur Hofhaltung bestimmten Königlichen Gebäude, Ameublements, das Silbergeräth nebst dem Silbercapitale und sonstigen Kostbarkeiten, alle zur Hofhaltung gehörenden Inventarien, die Bibliothek und Unsere Jagden im ganzen Umfange des Königreichs vorbehalten bleiben, wogegen Wir die damit verbundenen Ausgaben übernehmen. 6) Aus der Dotation der Krone sollen bestritten werden die Kosten des Hofstaats und des Marstalls, die Besoldungen und Pensionen der Hofdienerschaft, die Kosten des etwaigen Hoftheaters, die gewöhnliche Unterhaltung der Königlichen Schlösser und Gärten, und die Kosten des Guelphenordens. Dagegen sind unter den Ausgaben der Krondotation nicht begriffen die Kosten der Erbauung oder Acquisition und der ersten Einrichtung Königlicher Schlösser oder ganzer Theile derselben, vielmehr erfordern dergleiche Kosten auf den Antrag des Königs die Bewilligung der allgemeinen Ständeversammlung, welche im Falle des Bedürfnisses nicht verweigert werden darf. 7) Ueber die Verwendung der zur Dotation der Krone ausgesetzten Einnahmen soll den Ständen keine Controle irgend einer Art zustehen. Auch können dieselben rücksichtlich der Verwaltung der zur Krondotation ausgeschiedenen Gegenstände, so wie der Resultate derselben überall keine Einwirkung in Anspruch nehmen oder Nachfrage anstellen. 8) Das Vermögen der jetzigen Chatoullcasse, von welchem Wir jedoch ein im Jahre 1732 von des Königs Georg II. Majestät bei der Cammer belegtes Capital von 1,100,000 Rthlr. Cassenmünze zum Besten des Landes gänzlich erlassen wollen, soll wie bisher getrennt von den Staatscassen und das Einkommen davon zu Unserer und Unserer Nachfolger an der Regierung ausschließlicher Disposition bleiben. 9) Für die in Zukunft nöthig werdenden Apanagen, Witthümer, Einrichtungs- und Ausstattungskosten der Mitglieder der Königlichen Familie muß im Falle des Bedürfnisses auf den Antrag des Königs und mit Bewilligung der allgemeinen Ständeversammlung Sorge getragen werden. Indem Wir diese Bedingungen festsetzen, gehen Wir von der innigen Ueberzeugung aus, daß sie dem eignen Besten des Landes entsprechen, da das Glück der Unterthanen mit der Würde des Herrn in der genauesten Verbindung steht. Gleichwohl ist es Uns nicht entgangen, daß durch die Freigebigkeit, mit welcher Unsere Vorfahren an der Regierung, seit sie den Thron von England bestiegen, auf die Einnahmen aus ihren Deutschen Landen verzichtet und solche zum Besten des Landes verwandt haben, Verhältnisse begründet sind, unter denen die sämmtlichen nach dem Obigen für die Dotation der Krone festgesetzten Einkünfte nicht sofort ausschließlich zu diesem Zwecke bestimmt werden können, ohne daß daraus manche Verlegenheiten für die Landesverwaltung entstehen. Um dieselben zu beseitigen und das Glück und den Wohlstand Unseres Königreichs aus allen Kräften zu befördern, und um Unsern getreuen Unterthanen einen neuen Beweis Unserer landesväterlichen Huld zu ertheilen, wollen Wir, falls Unsere in diesem Rescripte niedergelegten Absichten erreicht werden, so lange Unsere Regierung dauern wird, aus dem Krongute zu Unserer höchststeigenen persönlichen Verfügung ein Mehreres nicht, als £ St. 6000 den Zinsen des in den Englischen dreiprocentigen Stocks belegten Capitals jährlich entnehmen, und außerdem auf diese Zinsen auch die Kosten für die bei Unserer allerhöchsten Person angestellte Deutsche Canzlei, mit Ausnahme der feststehenden Besoldungen, anweisen. Der Ueberschuß der Revenüen der jedenfalls sogleich gänzlich auszuscheidenden Krondotation, den Wir hiemit auf die Summe von 150,000 Rthlr. bestimmen, soll sodann für das erste der Generalcasse überwiesen werden, es sei denn, daß bedeutende Ausfälle an den Einnahmen der Krondotation einträten, oder Unsere Anwesenheit in Unsern Deutschen Landen außerordentliche Ausgaben veranlaßte. Da es aber durchaus erforderlich ist, daß Unser dermaleinstiger Nachfolger gleich bei seinem Antritte der Regierung Unseres Königreichs Hannover über die volle Summe der Einnahmen der Krondotation zu verfügen im Stande sei, und Wir nicht wünschen können, daß daraus eine neue Belastung für Unsere geliebten Unterthanen hervorgehe; so haben Wir Unserm Cabinetsministerio befohlen, unverzüglich den Plan zu einer solchen Vereinfachung der Verwaltung Unsers Königreichs zu bearbeiten, durch welche das Gleichgewicht der Einnahmen und der Ausgaben der Generalcasse so weit hergestellt wird, daß diese jenen Zuschuß zu entbehren im Stande ist. Wir setzen hiezu und zu der Ausführung

dieses Plans einen Zeitraum von drei Jahren von der Vereinigung der Cassen an
fest, und wollen daher auch nur für diesen Zeitraum jenen Zuschuß bewilligen. So=
bald aber der Haushalt der Generalcasse dergestalt regulirt sein wird, daß sie eines
Zuschusses aus den Revenüen der Krondotation nicht weiter bedarf, wollen Wir zwar
die vorerwähnten für Unsere hiesige Deutsche Canzlei erforderlichen außerordentlichen
Kosten ferner aus derselben bestreiten lassen; damit aber Unser vereinstiger Nachfolger
an der Regierung desto mehr gesichert werde, so soll der weitere Ueberschuß während
Unserer Regierungszeit stets zur Vermehrung des Capitalvermögens der Chatoullcasse
verwandt werden. Daneben aber bestimmen Wir für die Zukunft, daß, wenn ein
künftiger König als Inhaber einer andern Krone außerhalb Landes residiren sollte,
neben den auf den Einnahmen der Krondotation ruhenden Ausgaben von diesen Re=
venüen jährlich eine Summe von 150,000 Rthlr. behuf Verwendung zu andern
Staatsausgaben der Generalcasse überwiesen werden soll, wie auch, daß die Kosten
einer etwaigen Stellvertretung des Königs oder einer Regentschaft aus der Kron=
dotation bestritten werden müssen. In Beziehung auf die Kosten der Landesverwal=
tung waren Wir durch die Disposition über die Einnahmen von dem Domanialver=
mögen und den Regalien bisher im Stande, nicht nur den bestehenden festen Fortgang
der Verwaltung zu sichern, sondern auch bei außerordentlicher Veranlassung diejenigen
Mittel herbeizuschaffen, welche zur Deckung der nicht vorherzusehenden Ausgaben
erforderlich werden möchten. Da das Wohl des Landes unumgänglich nothwendig
macht, daß die Regierung auch nach der Vereinigung der Cassen in der Lage bleibe,
in dem Fortgange der Verwaltung nie gehemmt zu werden, sondern auch in außer=
ordentlichen Fällen nicht durch die Vertagung der Stände behindert zu sein, die für
das Wohl des Landes dringend erforderlichen Maaßregeln zur rechten Zeit zu er=
greifen; so finden Wir Uns veranlaßt, dieserhalb Folgendes zu bestimmen: Die Re=
gulirung der Kosten ganzer Dienstzweige, so wie die über Pensionsbewilligungen zu
befolgenden Grundsätze sollen gemeinschaftlich mit den Ständen festgestellt werden.
Nach erfolgter Feststellung sollen dieselben der ständischen Bewilligung zur Norm
dienen, bis ein Anderes zwischen der Regierung und Ständen ausgemacht ist. Aus=
gaben, die auf bestimmten bundes= oder landesgesetzlichen oder auf privatrechtlichen
Verpflichtungen beruhen, so wie die von Seiten des Königs vor Vereinigung der
Cassen festgestellten, oder in Gemäßheit der mit den Ständen vereinbarten Regula=
tive bewilligten Gehalte, Pensionen und Wartegelder dürfen von der allgemeinen
Ständeversammlung nicht verweigert werden. Da Wir nach dem Obigen vorge=
schrieben haben, daß der Plan zur künftigen vereinfachten Landesverwaltung in drei
Jahren ausgearbeitet und ins Leben eingeführt sein soll, während der Uebergangs=
zeit aber Ausgaben für Besoldungen, Pensionen und Wartegelder nach dem Bedürf=
nisse neu angewiesen werden müssen, so behalten Wir hiedurch ausdrücklich vor, daß
bis dahin, daß die neue Regulirung der Kosten ganzer Dienstzweige zu Stande ge=
kommen sein wird, lediglich nach den bisherigen Bestimmungen und Grundsätzen von
Seiten der Verwaltung verfahren werden soll; und die solchergestalt neu angewiesenen
Ausgaben von den Ständen nicht abgelehnt werden dürfen. Ferner bestimmen Wir,
daß die Vertheilung und Verwendung der für jeden Hauptdienstzweig verwilligten
Summen, sofern sie ohne Ueberschreitung des ganzen für denselben bewilligten Credits
und der mit den Ständen vereinbarten Regulative Statt findet, ohne Mitwirkung
der Stände dem betreffenden Ministerialdepartement überlassen sein soll. Ersparungen,
welche an der für das Heer auszusetzenden Summe zu machen sind, werden so lange
baar in dem Schatze niedergelegt werden müssen, bis die gesammten Summen die
Hälfte des ganzen Militairetats erreichen. Sodann halten Wir für nothwendig, daß
für außerordentliche, während der Vertagung der allgemeinen Ständeversammlung
eintretende Landesbedürfnisse, welche bei Feststellung des Budgets nicht berücksichtigt
werden konnten, gleichwohl schleunige Kostenverwendung erfordern, zur Verfügung
des Gesammtministerii ein Reservecredit bestimmt werde, welcher dem zwanzigsten
Theile des ganzen Ausgabebudgets gleich kommt. Endlich wird dem Könige das
Recht vorbehalten bleiben müssen, in den Fällen, wenn entweder die ordentliche Ein=
nahme der Casse so bedeutende Ausfälle erleidet, daß die bewilligten Ausgaben nicht
bestritten werden können, oder schleunige Kriegerüstungen gemacht werden müssen,
die in den Schatz niedergelegten Ersparungen am Militairetat aber sich nicht zu der
oben bestimmten Höhe belaufen, oder endlich der Reservecredit benutzt werden muß,
und dazu die Vorräthe und Einnahmen der Cassen nicht hinreichen, während der

Verlagung der allgemeinen Ständeversammlung auf den Bericht des Gesammtmi=
nisterii und nach Anhörung des Geheimenrathscollegii zu bestimmen, daß zu sol=
chen Zwecken eine Anleihe auf den Credit der Generalcasse bis zu dem Belaufe
von einer Million Thalern gemacht werden darf. Wie es übrigens Unsere Absicht
ist, daß der allgemeinen Ständeversammlung die Rechnungen der nach der Vereinigung
der Cassen aus den Revenüen der Domainen, Regalien, Steuern und sonstigen Ab=
gaben zu bildenden Generalcasse und ihrer Nebencassen zu dem Zwecke vorgelegt
werden sollen, damit dieselbe sich davon überzeuge, daß die Einnahmen gehörig er=
hoben, und zu keinen anderen Zwecken, als den Ausgaben, zu denen sie bestimmt
worden, verwandt sind, so sollen derselben auch von den, während ihrer Vertagung
etwa erforderlich gewordenen außerordentlichen Finanzmaaßregeln bei der nächsten
Wiederversammlung die gehörigen Mittheilungen gemacht werden. Bei dem großen
Umfange der Rechte, welche hiernach der allgemeinen Ständeversammlung zustehen
sollen, ist es dringend erforderlich, daß dieselbe durch ihre innere Einrichtung, wie
durch ihre Zusammensetzung die Sicherheit gewähre, daß das wahre Wohl des Landes
und aller Classen Unserer geliebten Unterthanen zu allen Zeiten der alleinige Zweck
ihrer Arbeiten sei, welchen sie frei von leidenschaftlichen Aufregungen und von Par=
teiungen unverrückt vor Augen behalte. Wie Wir daher bestimmen, daß die allge=
meine Ständeversammlung künftig wie bisher aus zwei Cammern bestehen soll, welche
jedoch nur gemeinschaftlich und nur mit dem Könige, dessen etwaigem Stellvertreter
und dem Ministerio zu communiciren haben, so glauben Wir auch Unsern getreuen
Ständen eine Veränderung der Zusammensetzung dieser Cammern dringend empfehlen
zu müssen. Denn wenn Wir auch gern anerkennen, daß Unsere getreue allgemeine
Ständeversammlung bei ihren Bestrebungen sich stets das Beste des Landes zum
Ziele vorgesteckt habe, so scheint es Uns doch, daß in der gegenwärtigen Art der
Zusammensetzung derselben Schwierigkeiten begründet sind, welche veranlassen, daß
nicht immer in beiden Cammern die Interessen aller Classen Unserer geliebten Unter=
thanen vollständig berücksichtigt werden können. Zur Beseitigung dieser Schwierig=
keiten halten Wir für das Angemessenste, daß die Deputation der Ritterschaften in
die zweite Cammer eintrete, so wie im Einverständnisse mit Unserer getreuen allge=
meinen Ständeversammlung Deputirte des Bauernstandes schon jetzt in dieselbe auf=
genommen sind. Und damit auch dem gelehrten Stande der Eintritt in diese Cammer
gesichert bleibe, so wollen Wir, außer der Deputation Unserer Landesuniversität und
Unserer evangelischen Consistorien, auch das Recht Unserer Mannsstifter, Deputirte
in diese Cammer zu schicken, aufrecht erhalten. Da Uns indeß angezeigt worden ist,
daß die zur Berathung des Entwurfs des Staatsgrundgesetzes angeordnet gewesene
Commission den Wunsch zu erkennen gegeben hat, daß hierin eine Aenderung getroffen
werden möge, so sind Wir für den Fall, daß Unsere getreuen Stände einen solchen
Wunsch ebenfalls hegen sollten, nicht abgeneigt zu genehmigen, daß statt der bis=
herigen sechs Stimmen den Stiftern selbst nur drei verbleiben, welche, nach der von
Uns beabsichtigten Reform dieser Institute, in der Ständeversammlung allein durch
Mitglieder des geistlichen Standes, oder solche Männer, die dem höhern Schulwesen
im Königreiche angehören, geführt werden sollen, daß hingegen die andern drei
Stimmen auf die obere Verwaltung des allgemeinen Klosterfonds übertragen werden.
Endlich haben Wir auch kein Bedenken gefunden, auf den Vorschlag jener Commission
zu genehmigen, daß dem Tomcapitel zu Hildesheim die Absendung eines Deputirten
zu dieser Cammer bewilligt werde. Was aber die erste Cammer anbetrifft, so halten
Wir es für erforderlich, daß sie auf andern Grundlagen beruhe, als die zweite, und
müssen der Meinung sein, daß erblicher Besitz eines umfassenden Grundeigenthums
und lebenslängliche Ernennung sich hiezu um so mehr eignen, als diese neben einer
allseitigen Berathung der vorkommenden Gegenstände zugleich die Festigkeit der Grund=
sätze mehr sichern, als in einer Wahlcammer der Fall sein kann, deren Mitglieder
öfter wechseln. Daher scheint es Uns nothwendig, daß von dem der Krone bereits
zustehenden Rechte der Verleihung eines erblichen Stimmrechts an Majoratsbesitzer
ein ausgedehnterer Gebrauch als bisher gemacht, und deshalb die Summe der erfor=
derlichen Einkünfte von solchen Majoraten auf 4000 Rthlr. jährlich herabgesetzt
werde, wie auch, daß bis dahin, daß Majorate in hinreichender Anzahl gestiftet
und deren Besitzern Virilstimmen ertheilt sein werden, Uns und Unsern Nachfolgern
an der Regierung das Recht zustehe, im Königreiche angesessenen, mit einem umfas=
senden Grundvermögen versehenen Rittergutsbesitzern Virilstimmen zu verleihen, welche

jedoch nur in Folge der Stiftung geeigneter Majorate vererbt werden können. Damit aber auch solche Personen, welche zwar die erforderliche Vermögensqualification nicht besitzen, dennoch aber durch den Umfang ihrer Kenntnisse oder ihren Character besonders geeignet sein können, an den Verhandlungen der ersten Cammer Unserer getreuen allgemeinen Ständeversammlung mit Nutzen Theil zu nehmen, den Eingang in dieselbe finden können, wird Uns und Unsern Nachfolgern das Recht zugestanden werden müssen, eine Anzahl solcher Männer auf ihre Lebenszeit zu Mitgliedern dieser Cammer zu ernennen, und dadurch auch in dieser Cammer sowohl die umfassende Berathung aller vorkommenden Gegenstände zu sichern, als der Gefahr einseitiger Ansichten in derselben vorzubeugen. Da auch die vorige allgemeine Ständeversammlung darauf angetragen hat, daß Wir die Zulassung von Zuhörern zu den ständischen Verhandlungen gestatten möchten, so wollen Wir diesem Wunsche für die Zukunft zwar willfahren, jedoch unter der Voraussetzung, daß durch das ständische Reglement solche Vorschriften getroffen werden, welche Wir für genügend erkennen, um den ruhigen Fortgang der Verhandlungen zu sichern, und jeden Nachtheil, welcher aus deren Oeffentlichkeit für die Verfassung Unsers Königreichs und dessen innern Frieden hervorgehen könnte, vorzubeugen. Wenn gleich die Landesverwaltung in ihrem ganzen Umfange, die Anordnung und Anweisung der dazu erforderlichen Behörden und die Anstellung und Entlassung der Dienerschaft zur immer Uns und Unsern Nachfolgern vorbehalten bleiben muß, so erkennen Wir dennoch die Wichtigkeit der dabei zu befolgenden Grundsätze für das Wohl Unsers Königreichs und Unserer Unterthanen so sehr, daß Wir es angemessen gefunden haben, einige derselben in das Staatsgrundgesetz aufnehmen zu lassen. Es ist nämlich Unser Wille, daß zur Sicherstellung der Verfassung jeder Minister oder Vorstand eines Ministerialdepartements Uns und Unsern Nachfolgern an der Regierung wie dem Lande dafür verantwortlich sein soll, daß keine von ihm unterschriebene oder contrasignirte Verfügung eine absichtliche Verletzung des Staatsgrundgesetzes enthalte, und daß er im Falle einer solchen Verletzung von der allgemeinen Ständeversammlung bei Unserm Oberappellationsgericht belangt werden kann. Alle andern Staatsdiener können dagegen nur für sie von ihnen selbstständig ausgehenden Verfügungen eine solche Verantwortlichkeit tragen, während es die Ordnung des Dienstes unumgänglich erfordert, daß in gehöriger Form erlassene Befehle vorgesetzter Behörden sie von der Verantwortung befreien. Es soll ferner ein Geheimerathscollegium bestehen, welches in wichtigen Landesangelegenheiten sein Gutachten abzugeben hat, und dem Wir die Entscheidung etwaiger Competenzstreitigkeiten zwischen den Verwaltungs- und Justizbehörden in der Maaße übertragen wollen, daß die zu solchen Entscheidungen auszuwählenden Mitglieder des Geheimenrathscollegii in jedem Falle zur Hälfte Mitglieder der höhern Verwaltungs- und zur Hälfte der höhern Justizbehörden sein müssen. Wie es übrigens stets ein unabänderlicher Grundsatz der Regierung Unsers Landes gewesen ist, der Rechtspflege ihren ungehemmten Lauf zu lassen, so wollen Wir auch, daß dieser Grundsatz in dem Gesetze ausgesprochen und zum Heil Unsers Landes zu allen Zeiten befolgt werde. Die bewaffnete Macht und deren Einrichtung, so wie alle sie betreffenden Anstellungen, Anordnungen und Befehle sollen wie bisher, so auch in Zukunft, allein von Uns und Unsern Nachfolgern an der Regierung abhängig sein, und es soll in den rein militairischen Angelegenheiten selbst nicht der Dazwischenkunft des Ministerii bedürfen. Wir erklären ferner, daß bei Besetzung aller Staatsämter, in so fern nicht bei einzelnen Dienststellen eine ausdrückliche geseßlich bestimmte Ausnahme besteht, der Unterschied der Geburt überall kein Vorzugsrecht begründen, sondern lediglich Talent, Kenntnisse, Geschäftserfahrung und unbescholtener Character dabei in Frage kommen sollen. Und da die Erfahrung aller Länder und aller Zeiten auf das Ueberzeugendste bewiesen hat, daß die Güte der Verwaltung und somit das Glück der Unterthanen, mehr noch als von den Vorzügen der Einrichtungen, von dem Geiste abhängig ist, welcher die Dienerschaft beseelt, zu dessen Erhaltung aber unumgänglich erforderlich ist, daß die Männer, welche ihre Kräfte dem Dienste widmen, vor willführlicher Behandlung geschützt werden, auf der andern Seite aber auch nachlässige, unfähige oder aus andern Gründen unbrauchbare Beamte, die sich einer Criminalstrafe zu entziehen wissen, nicht zum Nachtheile des Dienstes in ihren Stellen beibehalten werden dürfen; so haben Wir beschlossen, diejenigen Grundsätze, welche Uns deshalb angemessen scheinen, in das Staatsgrundgesetz aufzunehmen. Da endlich die Verfassung des Königreichs, wie alle menschlichen Einrichtungen, nicht für ewige Zeiten feststehen kann, sondern nach Maaßgabe der wesentlichen Veränderungen, welche die ihr zum Grunde liegenden Verhältnisse des Ganzen oder der einzelnen Theile treffen, im Laufe der Zeiten modificirt werden muß; Abänderungen von Verfassungspuncten aber stets mit der größten Ruhe und Umsicht berathen und beschlossen werden müssen, und wegen ihrer Wichtigkeit einer noch größern Sorgfalt bedürfen, als andere Gesetze; so halten Wir es für nothwendig, daß festgesetzt werde, daß solche Abänderungen nicht nur der gemeinschaftlichen Zustimmungen des Königs und der allgemeinen Ständeversammlung, sondern auch solcher Formen bedürfen sollen, daß alle Theile vor einer Uebereilung vollständig gesichert werden, wobei Wir zugleich bestimmen, daß solche Abänderungen, die eine Schmälerung der verfassungsmäßigen Rechte des Königs enthalten, oder die Einrichtung und die Befugnisse der allgemeinen Ständeversammlung betreffen, immer die Zustimmung des Königs selbst erfordern, nie aber von einem Regenten oder von einem Stellvertreter des Königs vorgenommen, noch gestattet werden sollen. Es wird Unsern getreuen Ständen nicht entgehen, daß mehrere der von Uns entweder bestimmt vorgeschriebenen oder doch für zweckmäßig erachteten Anordnungen, welche der Entwurf des Grundgesetzes enthält, in genauer Verbindung mit einander stehen, und sich gegenseitig bedingen. Sofern ein oder der andere Punct der letztern Art, auf welchen Wir aus landesväterlicher Sorge für das Glück Unserer Unterthanen ein besonderes Gewicht legen, keinen Eingang finden sollte, müssen Wir daher Unsere endliche Entschließung über den Entwurf im Allgemeinen, so wie über einzelne Theile desselben Uns damit ausdrücklich vorbehalten. Wir verbleiben euch mit geneigtem und gnädigsten Willen beigethan.

V.

Aus dem Erwiderungsschreiben an Königliches Cabinetsministerium vom 18. März 1833, den Entwurf des Staatsgrundgesetzes betreffend.

Zu Capitel IV.

Die große Wichtigkeit einer angemessenen Regulirung der Verfassung und Verwaltung in den Stadt- und Landgemeinden hat die sorgsamste Prüfung der im vierten Capitel proponirten Bestimmungen in Anspruch genommen.

Eine größere Selbstständigkeit der Gemeinden und ein geordneter Zustand ihrer inneren Verhältnisse werden wesentlich dazu beitragen, das Vertrauen zur Regierung zu befestigen, und die Maaßregeln zur Ersparung in den Kosten der öffentlichen Verwaltung erleichtern.

Bei der in den verschiedenen Provinzen bestehenden großen Verschiedenheit der Gemeindeverhältnisse haben Stände jedoch nach sorgfältiger Erwägung die Ueberzeugung gewonnen, daß zwar die allgemeinen Grundsätze über die Organisation der Gemeinden im Staatsgrundgesetze ausgesprochen werden müssen, die speciellen Verhältnisse aber nur provinziell geordnet werden können, wenn das zweckmäßig Bestehende nicht ohne Noth unbeachtet bleiben soll.

Gleichergestalt sind Stände zwar mit Königlichem Cabinetsministerio einverstanden, daß der Anschluß der Domainen und Güter an die Landgemeinden in manchen Fällen große Vortheile für die Staats- und Gemeindeverwaltung gewähren könne. Da aber bei den bisher bestandenen abweichenden Verhältnissen und bei den in manchen Provinzen zur Zeit noch anzutreffenden großen Mängeln in der Verfassung und Verwaltung der Landgemeinden, mit einem solchen Anschlusse gleichzeitig die Feststellung des Gemeindebezirks, sowie der Verfassung und Verwaltung der betreffenden Gemeinde angemessen geordnet werden muß, so hat auch in dieser Beziehung eine Berücksichtigung der Provinziellen und Localverhältnisse nothwendig geschienen; wie denn auch die Bildung neuer Gemeindeverbände und die Zusammenlegung oder Abänderung der bestehenden an eine Berücksichtigung jener Verhältnisse, und der besonderen Interessen der betreffenden Gemeinden geknüpft werden mußten.

Unter diesen allgemeinen Rücksichten werden sich Stände zu den einzelnen §§. des Entwurfs.

Im § 1 ist die Beziehung angegeben, in welcher jeder Landeseinwohner einer Gemeinde angehören soll. Um die Bestimmung deutlicher zu machen und, da in einzelnen Provinzen und Landestheilen mehrere Ortsgemeinden mit gutem Erfolge für ihre Verwaltung zu einem gemeinschaftlichen Verbande vereinigt sind, hat es angemessen geschienen, zu bestimmen, daß jeder Landeseinwohner einer Gemeinde oder einem Verbande angehören soll.

Wesentlich nothwendig schien die allgemeine Bestimmung, daß jeder Angehörige einer Gemeinde zu deren Lasten verhältnißmäßig beitragen muß.

Wenn jedoch nicht übersehen werden durfte, daß Ausnahmen von jener allgemeinen Regel in Hinsicht der persönlichen Rechte nothwendig werden können, so hat hier ein Vorbehalt aufgenommen werden müssen, und ersuchen Stände daher, jene Ausnahmen nach Belegenheit der Sache durch provinzielle oder allgemeine Gesetzgebung zu bestimmen.

Als Schlußsatz des § ist der erste Satz aus dem § 2 des Entwurfs aufgenommen, um dadurch der Gemeindeverwaltung eine größere Sicherheit zu geben und der Statistik des Landes eine feste Grundlage zu verschaffen.

Während nun die näheren Bestimmungen über den Anschluß der Domainen, Güter und Besitzungen in dem § 4 zusammengestellt, der letzte Satz des § 2 aber in den § 3 übertragen ist; haben Stände es angemessen gehalten, zuvörderst einen eigenen § über die Exemtionen von Gemeindelasten einzuschalten.

In diesem § 2 schien vor Allem eine positive Vorschrift nothwendig, daß Exemtionen von Gemeindelasten nicht ferner Statt finden dürften.

Weniger positiv mußte dagegen die Bestimmung über Aufhebung der rechtlich bestehenden Exemtionen sein. Wenngleich nämlich die großen Vortheile keineswegs verkannt sind, welche durch eine Vereinigung der Interessen und durch das Hinwegräumen des Haupthindernisses einer einfachen und übersichtlichen Gemeindeverwaltung erreicht werden; so kann doch in manchen Fällen das Maaß der Entschädigung für jene Exemtionen die wahren Interessen einzelner Gemeinden völlig verfehlen, und es würden die beabsichtigten Vortheile durch jenen Nachtheil überwogen werden. Es lag also im Interesse der Gemeinden, zu deren Gunsten die Exemtionen aufgehoben werden sollen, daß ein positiver Zwang vermieden, vielmehr nach den jedesmaligen Verhältnissen verfahren wird. Daß die Entschädigung der Exemten in solchen Fällen vor der Aufhebung auszumitteln, und das gleichzeitig auch das Gemeindewesen in der betreffenden Gemeinde zu reguliren, war andererseits im Interesse der Exemten nothwendig, und glauben Stände hierdurch für beide Theile gesorgt zu haben.

Was die folgende Bestimmung betrifft, so sind Stände der Meinung gewesen, daß die durch Ausbildung polizeilicher Einrichtungen in neuerer Zeit entstandene Vermehrung der Gemeindelasten den bisher Exemten nicht zu vergüten seien.

Da jedoch die Grenze sowohl in der Zeit als in dem Maaße der Vermehrung schwer zu finden ist, so hat man sich hier auf die Bestimmung beschränken müssen, daß bei Ausmittelung der Entschädigung für die rechtlich bestehenden Exemtionen, neben der Beschaffenheit und dem Zwecke der zu übernehmenden Last auf jene Vermehrung zu Gunsten der Verpflichteten billige Rücksicht genommen werden soll. Die Schlußbestimmung im 3ten a linea ist analog dem letzten Satze der Nr. 2 im § 3 des Entwurfs. Da dergleichen Fälle nämlich nicht nur bei neu eintretenden, sondern auch bei den bereits verbundenen Exemten eintreten, so schien es angemessen, jene Bestimmung auch hier aufzunehmen. Im § 9 ist solche noch mehr generalisirt. Bei dieser Gelegenheit ist auch zur Sprache gekommen, in wie weit die Armenlast ohne Entschädigung regulirt werden könne. Eine allgemeine Entscheidung dieser Frage schien den einen oder andern Theil zu verletzen, und müssen Stände sich dieserhalb auf die Ansicht beschränken, daß die Armenlast als eine solche anzusehen sei, die sich zur Entschädigung nicht unbedingt eigene. Es werden hiernach die jedesmaligen Verhältnisse beider Theile, sowohl die bisherigen als die künftigen entscheiden müssen, wobei es namentlich sehr in Betracht kommen wird, in welchem Verband der Exemte eintritt. Die zur weitern Ausbildung der im § 2 enthaltenen Vorschriften erforderlichen Bestimmungen haben Stände geglaubt, der provinziellen Gesetzgebung vorbehalten zu müssen, da bei den abweichenden Verhältnissen in den einzelnen Provinzen von allgemeinen Vorschriften kein practischer Nutzen zu erwarten ist. Ueber die Schlußbestimmung dieses § ist bereits ad § 1 das Erforderliche bemerkt. In dem folgenden § 3 ist die Bestimmung hinzugefügt, daß neben den Provinzial-Verhältnissen auch die besondern Interessen der Betheiligten berücksichtigt und daß diese letzteren vor der Ausführung vernommen werden müssen, welches einer besonderen Rechtfertigung nicht bedürfen wird.

ad § 4. Die Bestimmungen dieses § stimmen im Wesentlichen mit dem ersten Satze des § 2 im Entwurfe überein, jedoch haben Stände für nothwendig gehalten, daß die Provinzial- und Local-Verhältnisse auf angemessene Weise berücksichtigt werden müssen, und daß dagegen Domainen und Güter, deren Lage und Verhältnisse einer zweckmäßigen Vereinigung einer Gemeinde entgegenstehen, eine abgesonderte Gemeinde für sich bilden können. Daß die für die Güter getroffenen Bestimmungen auch auf die Domainen anwendbar sind, und daß die einen wie die anderen in ihren bisherigen Beziehungen zu den Gemeinden bleiben, bis sie mit solchen verbunden sind, liegt zwar in der Natur der Sache, ist jedoch zu mehrerer Deutlichkeit besonders ausgedrückt.

Der § 5 (3) ist in seinen wesentlichen Bestimmungen nach dem Entwurfe angenommen; Stände haben es jedoch nach der jetzigen Stellung der Güter angemessener gehalten, die Leitung bei der Ausführung der Regierungsbehörde oder den von dieser zu ernennenden Commissarien zu übertragen. Das 2te a linea in Nr. 2 enthält einen Zusatz, welcher durch das Mißverhältniß gerechtfertigt wird, welches zwischen Naturalleistungen eintreten muß, wenn solche einerseits persönlich, andererseits aber mit mancherlei ganz unverhältnißmäßigem Kostenaufwande durch dritte Personen verrichtet werden, weshalb die Resultionsbefugniß mit Ausschluß solcher Fälle, wo Gefahr im Verzuge eintritt, gegeben werden mußte. In gleicher Weise wird es in vielen Fällen eine unverhältnißmäßige Belästigung für die Exemten herbeiführen, wenn sie gewisse Natural-Unterhaltungslasten gemeinschaftlich mit den Mitgliedern der Gemeinde ausführen sollen, weshalb Stände dem Königlichen Ministerio eine Bestimmung empfehlen, daß die neu Eintretenden dergleichen Lasten, soweit deren Beschaffenheit solches gestattet, allein tragen oder ableisten; eine Einrichtung, welche sich bekanntlich in vielen Gegenden bei manchen Lasten, namentlich bei Unterhaltung von Deichen, Gräben und Wegen, als practisch bewährt hat, und deshalb als Regel feststehet. Die Rücksichten, welche bei Abmessung des Stimmrechts der Eintretenden zu nehmen, sind hier näher als im Entwurf bezeichnet, wogegen Stände das schriftliche Ausüben des Stimmrechts mit einer guten Gemeinde-Verfassung nicht vereinbar erachten.

Was sodann Nr. 4 des Entwurfs betrifft, so bestehen über die Concurrenz einzelner Grundstücke in den verschiedenen Provinzen und Landestheilen so verschiedene Bestimmungen und Einrichtungen, und diese hängen mit der Verfassung der einzelnen Gemeinden so genau zusammen, daß die proponirte Vorschrift einer umfassenden Regulirung der Verhältnisse in den betreffenden Gemeinden vorgreifen würde, weshalb es angemessen erschien, das 4te a linea ganz zu streichen.

VI.

Patent, die Publication des Grundgesetzes des Königreichs betreffend.

Wilhelm der Vierte, von Gottes Gnaden König des vereinigten Reichs Großbritannien und Irland ꝛc. auch König von Hannover, Herzog zu Braunschweig und Lüneburg ꝛc. ꝛc.

Da durch die Auflösung der vormaligen deutschen Reichsverfassung, durch die Errichtung eines deutschen Bundes und durch die Vereinigung aller sowohl ältern als neu erworbenen deutschen Besitzungen Unsers Königlichen Hauses zu einem unabhängigen Königreiche, in der Verfassung desselben mehrfache wichtige Veränderungen hervorgebracht worden sind, andere Theile der Verfassung aber einer neuen Befestigung oder nähern Bestimmung bedürfen, so haben Wir auf den Antrag Unserer getreuen allgemeinen Ständeversammlung beschlossen, die innern Verhältnisse Unseres Königreichs Hannover durch die Erlassung eines neuen Staatsgrundgesetzes genauer festzustellen, und deshalb in der an Unsere getreue allgemeine Ständeversammlung erlassenen Declaration vom 11. Mai 1832 die Grundsätze zu demselben vorgeschrieben. — Nachdem Uns nunmehr die Resultate der danach Statt gehabten ausführlichen Berathung Unserer getreuen Stände über das Grundgesetz vorgelegt sind, und Wir dann deren Anträge in allen der Zustimmung derselben bedürfenden Punkten zu bestätigen Uns bewogen gefunden haben, solche auch übrigens zum größten Theile den von Uns ertheilten Vorschriften entsprechen, und nur in einigen wenigen Puncten zur Sicherstellung Unserer landesherrlichen Rechte und zum Besten Unserer getreuen Unterthanen von Uns einer Abänderung bedürftig gefunden sind, so sehen Wir Uns veranlaßt, in Beziehung auf die deshalb nothwendig gefundenen Veränderungen des aus den Berathungen Unserer getreuen allgemeinen Ständeversammlung hervorgegangenen Grundgesetzentwurfes, soweit sie nicht bloß Berichtigungen der Wortfassung betreffen, Folgendes zu erklären.

1. So sehr Wir auch durch Unsere Erklärung vom 11. Mai 1832 die Aufrichtigkeit des Wunsches bethätigt haben, die für die Wohlfahrt Unseres Königreichs von Uns für angemessen erachtete Vereinigung unserer landesherrlichen Cassen und der Landescasse zu erleichtern, so ist es Uns gleichwohl nach sorgfältiger Erwägung aller Verhältnisse nicht ausführbar erschienen, den von Uns festgesetzten, auf den nothwendigsten Bedarf bereits beschränkten Betrag der Krondotation noch weiter herabzusetzen und dem dieserhalb gemachten Antrage Unserer getreuen Stände Folge zu geben. Dagegen haben Wir, um das Land gegen Ansprüche zu sichern, welche in Zukunft gemacht werden könnten, wenn in dem Falle des Ueberganges des Landes an die jetzige Herzoglich Braunschweig-Wolfenbüttelsche Linie, den Erben Unseres jetzigen Königlichen Hauses, eine Entschädigung von dem Thronfolger in Gemäßheit der frühern Hausverträge geleistet werden müßte, uns bewogen gefunden, diese eventuelle Entschädigung auf Unsere Schatullcasse zu übernehmen, und die in dieser Beziehung in den Entwurf aufgenommene Bestimmung in dem jetzigen Staatsgrundgesetze weggelassen.

2. Der Antrag Unserer getreuen allgemeinen Ständeversammlung, daß ein Regent, wenn er aus einem fremden deutschen Fürstenhause erwählt werden müßte, mindestens sein fünf und zwanzigstes Jahr zurückgelegt haben soll, findet Unsere volle Genehmigung, weshalb Wir diesen Grundsatz auch für den Fall der Wahl des Regenten durch die allgemeine Ständeversammlung vorzuschreiben für angemessen gefunden haben. Dagegen haben Wir Uns nicht bewogen finden können, die Bestimmung, nach welcher der Regent den ihm obliegenden Eid im versammelten Ministerio abzuleisten hat, abzuändern; und wenngleich Wir geneigt sind, den Regenten in seinen Befugnissen nicht so weit zu beschränken, daß er in der Einrichtung der allgemeinen Ständeversammlung eine Aenderung überall nicht vornehmen noch gestatten dürfte, so müssen Wir doch für nothwendig halten, eine Aenderung des Grundsystems der allgem. inen Ständeversammlung durch einen Regenten gänzlich zu untersagen.

3. Wir verkennen überall nicht, daß die vielfach, insbesondere auch durch die Ablösbarkeit der gutsherrlichen Rechte veränderten Verhältnisse in mehrfacher Beziehung auf das Lehnwesen zurückwirken, und sind um so mehr geneigt, den hierunter bezeigten Wünschen Uns willfährig zu beweisen, als Wir die Opfer nicht übersehen, welche die Besitzer von Lehngütern durch Aufhebung oder Modification bestehender Vorrechte der öffentlichen Wohlfahrt und dem Besten des Landes bereitwillig gebracht haben. Wir werden daher in Gemäßheit des Antrages Unserer getreuen Stände den Entwurf zu einem Gesetze über die Lehnsverhältnisse und deren Ablösbarkeit ausarbeiten und zur verfassungsmäßigen Mitwirkung unverzüglich an dieselben gelangen lassen. Indeß haben Wir, zumal ehe die Folgen alle genau erwogen sind, welche die Aufhebung eines so tief in die öffentlichen Verhältnisse eingreifenden Instituts begleiten müssen, Bedenken getragen, den Grundsatz unbedingt festzustellen, daß der Lehnsnexus in jedem Falle auf den Antrag des Vasallen ablösbar sein soll, und haben nothwendig erachtet, dem von Unserer getreuen allgemeinen Ständeversammlung in Antrag gebrachten Paragraphen eine danach erforderlich gewordene veränderte Fassung geben zu lassen.

4. Da es Uns nicht entgangen war, daß eine zu große Ausdehnung der Befreiungen von der Gerichtsbarkeit der Untergerichte Beschwerden und Nachtheile für Unsere geliebten Unterthanen herbeiführte, so hatten Wir beschlossen, diese Befreiungen thunlichst zu beschränken und die beizubehaltenden Ausnahmen in dem Gesetzentwurfe angeben lassen. Dagegen würde es einer gleichmäßigen Justiz keineswegs förderlich sein, wenn alle Gerichte des Landes ohne Rücksicht auf die besondern Verhältnisse der ihrer Gerichtsbarkeit untervorsenen Personen und Sachen eine gleichmäßige innere Einrichtung erhalten sollten; und wenngleich wir geneigt sind, auch in dieser Hinsicht etwa nicht mehr passende Institutionen zu verbessern und zu beseitigen, konnte es doch nicht Unsere Absicht sein, deren gänzliche Aufhebung durch das Grundgesetz im Voraus zu bestimmen. Wir haben daher, um die dieserhalb vorgekommenen Zweifel zu beseitigen, der in das Grundgesetz aufgenommenen Vorschrift eine solche

22

Faſſung geben laſſen, welche geeignet iſt, irrigen Deutungen vorzubeugen und künfti=
gen zweckmäßigen Anordnungen nicht entgegenſteht.

5. Eben ſo kann es der nothwendigen Unabhängigkeit der Juſtiz nachtheilig
ſein, wenn die Uebertragung der Gerichtsbarkeit von einem ordentlichen Gerichte des
Landes auf ein anderes zu ſehr erſchwert oder gar unmöglich gemacht wird. Wenn
Wir daher auch nichts dagegen zu erinnern finden, daß nach dem Wunſche Unſerer
getreuen allgemeinen Ständeverſammlung die Fälle, wo eine ſolche Uebertragung
ſtattfinden kann, in einem Geſetze näher feſtgeſtellt werden, ſo erklären Wir doch
hiemit ausdrücklich, daß gerade zu dem Zwecke, um die Juſtiz von ſtörenden äußern
Einflüſſen unabhängig zu erhalten, der Grundſatz niemals aufgegeben werden kann
und darf, daß der König als Quelle aller Gerichtsbarkeit unabhängig von den An=
ſichten der Gerichte eine ſolche Uebertragung der Gerichtsbarkeit in einem einzelnen
Falle anzuordnen hat, und daß daher dieſer Grundſatz auch bei einem ſolchen Ge=
ſetze ſtets aufrecht zu erhalten iſt. Damit aber über Unſere Abſicht in dieſer Hin=
ſicht ein Zweifel nicht obwalten könne, haben Wir der in das Geſetz hierüber auf=
genommenen Beſtimmung die geeignete Faſſung geben laſſen.

6. So wenig Wir übrigens den Lauf der Juſtiz, wo er den Geſetzen gemäß
Statt findet, hemmen, oder Unſern Verwaltungsbehörden ſolches zu thun geſtatten
werden, eben ſo wenig können Wir die Ausübung Unſerer Hoheitsrechte jemals den
Urtheilen Unſerer Gerichte unterwerfen, oder die von Unſern Verwaltungsbehörden
innerhalb ihrer Competenz getroffenen Verfügungen der Wiederaufhebung von Seiten
der Gerichte ausſetzen. Wir haben daher hierüber das Nöthige in das Grundgeſetz
aufnehmen laſſen, und übrigens durch die in demſelben getroffenen Beſtimmungen
den Schutz der Gerichte für die wohl erworbenen Rechte Unſerer geliebten Untertha=
nen ſo weit ausgedehnt, als es mit einer wohlgeordneten Verwaltung irgend zu ver=
einbaren iſt.

7. Wenngleich Wir die Freiheit der Preſſe unter Beobachtung der gegen deren
Mißbrauch zu erlaſſenden Geſetze und der Beſtimmungen des deutſchen Bundes ge=
ſtatten wollen, und deshalb einen Geſetzentwurf an Unſere getreuen Stände, deren
Anträge gemäß baldthunlichſt gelangen laſſen werden, wenn nicht zuvor von dem
deutſchen Bunde ein allgemeines Preßgeſetz beſchloſſen werden ſollte; ſo ergiebt doch
der Umſtand, daß die über den Mißbrauch der Preſſen zu erlaſſenden Geſetze mit
Unſern getreuen Ständen noch nicht haben verabredet werden können, bis dahin aber
ein geſetzloſer Zuſtand nicht geduldet werden kann, die Nothwendigkeit des von Uns
angeordneten Zuſatzes, daß bis zur Erlaſſung dieſer Geſetze die bisherigen Vorſchrif=
ten in Kraft bleiben.

8. Indem Wir den Städten, Flecken und Landgemeinden in der Verwaltung
ihres Vermögens die mit ihrem Wohle vereinbare Selbſtſtändigkeit zugeſichert haben,
und deshalb auch die von unſerer getreuen allgemeinen Ständeverſammlung in dieſer
Hinſicht gemachten Anträge beſtätigen und nur beſtimmen, daß das Armenweſen nach
Maßgabe der örtlichen Verhältniſſe eignen Verwaltungen übertragen werden kann,
haben Wir zugleich der Regierung die Aufſicht auf das Gemeindeweſen, ſoweit ſie
zum Heile des Ganzen und zum eignen Beſten der Gemeinden erforderlich iſt, aus=
drücklich vorbehalten. Zu dieſer Aufſicht der Regierung gehört es nothwendig, daß
dieſelbe ſolche Gemeindebeamten, welche ihre Pflichten verſäumen oder verletzen wür=
den, gleich Unſerer übrigen Staatsdienerſchaft, durch Strafen zur Erfüllung deſſen,
was ihnen obliegt, anhalten oder ſelbſt vom Dienſte entfernen kann. Da dieſes in
der landesherrlichen Oberaufſicht weſentlich begründete und zum Beſten der Gemein=
den durchaus nothwendige Recht der Regierung durch den von Unſerer getreuen all=
gemeinen Ständeverſammlung in Antrag gebrachten Vorbehalt einer beſondern Geſetz=
gebung über die Staatsdienſtverhältniſſe der Gemeindebeamten zweifelhaft werden
könnte, ſo haben Wir dieſem Vorbehalte Unſere Genehmigung nicht ertheilt und den=
ſelben in das Grundgeſetz nicht aufnehmen laſſen.

9. Wenn Wir auch kein Bedenken haben, und die Erklärung, daß das Heer, da es
nicht aus geworbener Mannſchaft beſteht, ſondern ſeine Ergänzung in Folge der
allgemeinen Militairpflicht erhält, für ein Unſerm Königreiche fremdes Intereſſe nicht
verwandt werden ſoll, hiemit ausdrücklich zu erneuern, ſo hat doch die Betrachtung,
daß es Fälle geben kann, wo der Grund, auf welchem das Intereſſe beruht, nicht
zu Jedermanns Einſicht vorliegt und auch nicht ſogleich bei den Vorbereitungen zu
einem Kriege oder bei den zu deſſen Abwendung nothwendigen Maßregeln erklärt werden

kann, bei dem Heere selbst aber niemals Zweifel irgend einer Art über dessen Verbindlichkeiten eintreten dürfen, Uns bewogen, daß Wir die von Unserer getreuen allgemeinen Ständeversammlung in Antrag gebrachte Bestimmung über die Verwendung des Heeres in das Grundgesetz nicht haben aufnehmen lassen.

10. Den wegen der innern Organisation sowohl der Provinziallandschaften als der allgemeinen Ständeversammlung gemachten Anträgen haben Wir, wenngleich sie insonderheit in Hinsicht auf die letztere mit Unseren Propositionen nicht übereinstimmten, Unsere landesherrliche Bestätigung nicht versagt, indem Wir die Ueberzeugung hegen, daß das, was höher steht als jede äußere Form, der gute Geist und das Vertrauen, die Stände jederzeit beseelen werden, um Nützliches zu wirken. Dagegen ist die Bestimmung, daß die Regierung das Recht haben soll, wenn sie es nöthig findet, Commissarien zur Theilnahme an den ständischen Verhandlungen abzuordnen, vorzüglich nur aus Rücksicht auf den besondern Antrag der allgemeinen Ständeversammlung in das Grundgesetz aufgenommen worden; Wir halten es aber der Stellung Unserer Regierung durchaus nicht für angemessen, ihr auch damit zugleich, dem Antrage Unserer getreuen Stände gemäß, eine Verpflichtung aufzulegen, auf das Verlangen der Stände solche Commissarien absenden zu müssen. Wir haben daher den dieserhalb in Antrag gebrachten Zusatz nicht genehmigt und behalten vielmehr der Regierung allein vor, zu ermessen, ob und unter welchen Umständen dieselbe gerathen hält, landesherrliche Commissarien an den ständischen Verhandlungen, soweit solches überhaupt zulässig ist, Theil nehmen zu lassen.

11. Da durch die für einen Kronprinzen auszusetzende Apanage für das standesmäßige Auskommen einer verwittweten Kronprinzessin nach Maßgabe des für Unser Königliches Haus zu erlassenden, zur Mitberathung Unserer getreuen Stände baldthunlichst zu bringenden Apanagegesetzes nicht hinreichend gesorgt werden kann, und daher nach Maßgabe der im Grundgesetze enthaltenen Bestimmung für das Auskommen einer verwittweten Kronprinzessin, eben so wie für das Auskommen einer verwittweten Königin, jedesmal besonders gesorgt werden muß, so haben Wir es angemessen gehalten, dies gleich bestimmt auszudrücken.

12. Hiernächst haben Wir bedenklich erachten müssen, den von Unserer getreuen allgemeinen Ständeversammlung in Antrag gebrachten Zusatz, wonach den von den Ständen zur Prüfung der Rechnungen der Generalcasse auf Lebenszeit zu erwählenden Commissarien die Erhaltung einer fortlaufenden Uebersicht über den Gang des Staatshaushalts mit aufgetragen werden solle, in seiner großen Allgemeinheit in das Grundgesetz aufnehmen zu lassen, weil es zuvörderst ein Gegenstand reiflicher Erwägung sein wird, ob und in welcher Maße eine Einrichtung dieser Art getroffen werden kann, ohne zu einer Einmischung in die Verwaltung Veranlassung zu geben, welche, wie von Unserer getreuen allgemeinen Ständeversammlung selbst anerkannt worden, für das allgemeine Beste nur nachtheilig sein würde. Bei dieser Lage der Sache haben wir den hierauf gerichteten Zusatz in das Staatsgrundgesetz nicht aufnehmen lassen können.

13. Wir haben ferner auf den Antrag Unserer getreuen Stände durch das Grundgesetz verordnet, daß der Diensteid der Civilstaatsdienerschaft auf die getreuliche Beobachtung des Grundgesetzes ausgedehnt werde. Da Wir es indeß nicht angemessen finden, Unsere gesammte gegenwärtige Dienerschaft einen Diensteid nochmals ableisten zu lassen, so verweisen Wir dieselbe hiemit auf den von ihr bereits geleisteten Diensteid, und erklären, daß sie in jedem Betracht so angesehen werden soll, als wäre sie auf die treue Beobachtung des Grundgesetzes ausdrücklich eidlich verpflichtet.

14. Endlich haben Wir es für angemessen erachtet, unter die im Grundgesetze angeführten Gründe, weshalb einer Unserer Civilstaatsdiener zur Strafe gezogen, oder selbst vom Dienste entlassen werden kann, auch grobes öffentliches Aergerniß aufnehmen zu lassen, indem hiedurch das nothwendige Ansehen der Staatsdienerschaft wie der öffentliche Dienst mehr als durch sonstige Vernachlässigungen oder Vergehen benachtheiligt werden kann.

Nachdem hienach die von uns nothwendig erachteten Veränderungen des von Unserer getreuen allgemeinen Ständeversammlung vorgelegten Gesetzentwurfes gemacht worden sind, so ertheilen Wir demselben nunmehr Unsere landesherrliche Bestätigung und befehlen, daß das auf solche Weise zu Stande gebrachte Grundgesetz Unseres Königreichs Hannover, vom Tage der Verkündigung an, und zwar so weit es dabei auf eine Abänderung verfassungsmäßig bestehender organischer Einrichtungen ankommt, nach Maßgabe der nach den Vorschriften des gegenwärtigen Grundgesetzes weiter zu treffenden Anordnungen und zu erlassenden gesetzlichen Vorschriften für alle Theile Unseres Königreichs in Kraft treten soll. Was aber die Finanzen anbetrifft, so sollen die dieserhalb vorgeschriebenen Grundsätze von dem Eintritte des neuen Rechnungsjahrs, mithin vom 1. Julius 1834 an in Kraft treten, und die förmliche Vereinigung Unserer landesherrlichen und der Landescasse zu einer einzigen General-casse von eben diesem Zeitpunkte an Statt finden. Uebrigens verordnen Wir, um jede Ungewißheit über den bestehenden Rechtszustand zu vermeiden, hiemit noch ausdrücklich, daß die bisher bestehenden Gesetze, Anordnungen und Verfügungen der Behörden deßhalb, weil die nunmehr vorgeschriebenen Formen bei denselben etwa nicht beobachtet sind, ihre Gültigkeit nicht verlieren sollen, sondern daß die Gültigkeit lediglich danach zu ermessen ist, was zu der Zeit ihrer Erlassung der Verfassung oder dem Herkommen gemäß war.

Gegeben Windsor-Castle, den 26. September des 1833sten Jahres, Unseres Reichs im Vierten.

William R.

L. v. Ompteda.

VII.
Staatsgrundgesetz für das Königreich Hannover. 1833.

Wilhelm der Vierte, von Gottes Gnaden König des vereinigten Reichs Großbritannien und Irland ꝛc., auch König von Hannover, Herzog zu Braunschweig und Lüneburg ꝛc. ꝛc.

Unter Bezugnahme auf Unser unter dem heutigen Tage erlassenes Patent wegen Publication eines Grundgesetzes für Unser Königreich Hannover bringen Wir dieses Gesetz hiemit zur öffentlichen Kunde.

Erstes Capitel.
Allgemeine Bestimmungen.

§ 1. Das Königreich Hannover bildet unter der Souverainität des Königs ein in allen seinen Bestandtheilen durch dasselbe Grundgesetz verbundenes Ganzes. Bestandtheile des Königreichs können nur unter Zustimmung der allgemeinen Stände abgetreten werden. Friedensschlüsse und Berichtigungen streitiger Grenzen begründen hievon eine Ausnahme.

§ 2. Das Königreich theilt in seiner Eigenschaft als Glied des deutschen Bundes alle aus diesem herfließenden Rechte und Verpflichtungen. Die Beschlüsse der Bundesversammlung werden für das Königreich verbindlich, sobald sie vom Könige verkündigt sind. Die Mittel zur Erfüllung der hiedurch begründeten Verbindlichkeiten werden unter verfassungsmäßiger Mitwirkung der Stände bestimmt.

§ 3. Die Regierungsform des Königreichs ist die erblich-monarchische. Der König ertheilt dem Lande die feierliche Zusicherung, in der Ausübung Seiner königlichen Rechte die Rechte Seiner Unterthanen, die Rechte der Gemeinden und Körperschaften im Königreiche, die Rechte der Kirchen, die Rechte der Provinziallandschaften und der allgemeinen Ständeversammlung nach Maßgabe des gegenwärtigen Grundgesetzes ungeschmälert aufrecht zu erhalten und gegen alle Eingriffe zu schützen; die Anordnung der Finanzen des Königreichs und seiner einzelnen Provinzen nicht ohne die verfassungsmäßige Mitwirkung der Stände zu treffen; und bei der Einrichtung der Landesbehörden, so wie bei der Bestallung der Staatsdienerschaft dahin zu sehen, daß der öffentliche Dienst in allen Zweigen jederzeit verfassungsmäßig verwaltet wird, und seinen ungehinderten Fortgang zum Besten des Landes hat.

§ 4. Der Sitz der obersten, dem Könige unmittelbar untergeordneten Regierungsbehörde kann nicht außerhalb des Königreichs verlegt werden, bringende Nothfälle ausgenommen.

§ 5. Der König hat das Recht, bei längerer Abwesenheit eine Stellvertretung anzuordnen und deren Befugnisse zu bestimmen. Würde die Stellvertretung Einer Person anvertraut, so kann dieselbe nur aus der Zahl der Agnaten gewählt werden. Es können jedoch keinem Stellvertreter ausgedehntere Rechte übertragen werden, als einem Regenten nach den Bestimmungen dieser Verfassungsurkunde zustehen.

Zweites Capitel.
Vom Könige, von der Thronfolge und der Regentschaft.

§ 6. Der König als Oberhaupt des Staats vereinigt in sich die gesammte Staatsgewalt und übt sie auf verfassungsmäßige Weise aus. Die Person des Königs ist heilig und unverletzlich.

§ 7. Der König vertritt das Königreich in allen Beziehungen zu dem deutschen Bunde, zu den einzelnen Bundesstaaten und in allen auswärtigen Verhältnissen. Er ordnet die Gesandtschaften und sonstigen Missionen an, schließt mit andern Mächten Verträge und erwirbt dadurch Rechte für das Königreich, so wie Er dasselbe auch zur Erfüllung der vertragsmäßigen Verbindlichkeiten, und zwar für die Cap. VI. § 92 bezeichneten Fälle nach Maßgabe der daselbst getroffenen Bestimmungen verpflichtet.

§ 8. Ebenmäßig geht auch im Innern alle Regierungsgewalt von dem Könige aus und wird durch die Landesbehörden, diese mögen unmittelbar bestellt sein oder nicht, vermöge der vom Könige verliehenen Gewalt ausgeübt. Kein Landesgesetz tritt in Gültigkeit, bevor es vom Könige verkündigt ist. Dem Könige steht vermöge der Staatsgewalt die Kirchenhoheit zu. (Siehe Cap. III. § 30. und Cap. V.) Die bewaffnete Macht und deren Einrichtung, so wie alle sie betreffenden Anstellungen, Anordnungen und Befehle sind allein vom Könige abhängig.

§ 9. Die Gerichtsbarkeit geht vom Könige aus und wird durch die ordentlichen Gerichte des Landes geübt, über welche Demselben die Aufsicht zusteht. Der König verspricht, den Lauf der Rechtspflege nicht zu hemmen und Straferkenntnisse nicht zu schärfen, hat aber das Recht, Straferkenntnisse im Wege der Gnade aufzuheben oder zu mildern, auch das Verfahren gegen den Beschuldigten einzustellen und niederzuschlagen.

§ 10. Der König verleiht Rang, Titel und Würden, und hat das Recht, Standeserhöhungen vorzunehmen.

§ 11. Die Krone des Königreichs Hannover vererbt ohne Theilung der Lande. Sie gebührt zunächst dem Mannsstamme des Königlichen Hauses aus rechtmäßiger, ebenbürtiger und bausgesetzlicher Ehe. Die Ordnung der Thronfolge wird durch die Lincealerbfolge nach dem Rechte der Erstgeburt bestimmt. Erlischt der Mannsstamm der jetzigen Königlichen Linie, so geht die Thronfolge nach Maaßgabe der Hausgesetze auf den Mannsstamm der jetzigen Herzoglich Braunschweig-Wolfenbüttelschen Linie, und nach dessen Erlöschen auf die weibliche Linie über.

§ 12. Der König ist volljährig, sobald Er sein achtzehntes Lebensjahr vollendet hat.

§ 13. Der König wird den Antritt seiner Regierung durch ein Patent zur öffentlichen Kunde bringen, worauf nach den von Ihm für das ganze Land gleichmäßig zu ertheilenden Vorschriften die Huldigung erfolgt. Im Patente, welches in Urschrift unter des Königs Hand und Siegel demnächst im ständischen Archive niederzulegen ist, verslchert der König bei Seinem Königlichen Worte die unverbrüchliche Festhaltung der Landesverfassung.

§ 14. Eine Regentschaft tritt ein, wenn der König entweder minderjährig oder sonst an der eigenen Ausübung der Regierung verhindert ist.

§ 15. Die Regentschaft gebührt nach der Reihe des Erbfolgerechts zunächst stehenden Agnaten, welcher das 18te Lebensjahr vollendet hat. Sollte ein fähiger Agnat nicht vorhanden sein, so geht die Regentschaft auf die Königin, Gemahlin des Königs, nach dieser auf die Mutter und endlich auf die Großmutter väterlicher Seite über; anderweite Vermählungen schließen dieselben jedoch von der Regentschaft aus.

§ 16. Wird die Regentschaft vom Könige selbst angeordnet, so steht dem Könige zu, einen regierungsfähigen Agnaten, und wenn deren nicht vorhanden sein sollten, oder wenn der König Gründe hätte, von den Seinen Agnaten gebührenden Vorzuge abzuweichen, einen nicht regierenden Prinzen aus den zum deutschen Bunde gehörenden Fürstenhäusern zum Regenten zu ernennen, welcher Letztere wenigstens das 25. Lebensjahr vollendet haben muß.

§ 17. Der König bestellt die Regentschaft entweder für Seine Person oder für den Thronfolger, auf den Fall, daß dieser zur Zeit des Anfalls der Krone minderjährig oder sonst verhindert wäre.

§ 18. Ermangelt es an einer solchen Anordnung, so tritt im Falle der Minderjährigkeit die gesetzliche Regentschaft von selbst ein. Bei anderer Verhinderung ist das Ministerium verpflichtet, entweder auf eignen Beschluß oder auf einen Antrag ter versammelten allgemeinen Stände des Königreichs, eine Zusammenkunft der Agnaten zu veranlassen. Zu dieser sind alle volljährigen Agnaten zu berufen, um, wenn mindestens drei derselben in Person, oder durch gehörig Bevollmächtigte erschienen sind, innerhalb drei Monaten auf erstattetes Gutachten des Ministerii nach absoluter Stimmenmehrheit einen Beschluß darüber zu fassen, ob eine Regentschaft nothwendig sei. Das zur Regentschaft stehende Mitglied des Hauses und die weder in Person noch durch Bevollmächtigte erschienenen Agnaten haben keine Stimme.

§ 19. Ueberzeugt sich die Versammlung der Agnaten von der Nothwendigkeit einer Regentschaft, so wird dieser Beschluß durch das Ministerium den allgemeinen Ständen des Königreichs, welche von demselben außerordentlich berufen werden müssen, insofern sie nicht bereits versammelt sind, mitgetheilt, um ihre Zustimmung zu erklären.

§ 20. Sind keine Agnaten vorhanden oder erscheinen dieselben nicht in gesetzlicher Zahl, so richtet das Ministerium nach vorgängiger Untersuchung und Berichterstattung an die Königinn, einen Antrag an die allgemeinen Stände des Königreichs. Die Regentschaft tritt ein, wenn in Gemäßheit dieses Antrages die Stände die Nothwendigkeit derselben anerkennen.

§ 21. Ist in diesem Falle keine zur Regentschaft berechtigte Person vorhanden; so bestimmen die allgemeinen Stände des Königreichs auf den Vorschlag des Ministerii unter den nicht regierenden Prinzen aus den zum deutschen Bunde gehörenden Fürstenhäusern den Regenten. Derselbe muß wenigstens das 25. Lebensjahr vollendet haben, und seinen Aufenthalt im Königreiche nehmen.

§ 22. Der Regent leistet bei Uebernahme der Regentschaft im versammelten Ministerio in Gegenwart des Erblandmarschalls, der Präsidenten und Vicepräsidenten der allgemeinen Ständeversammlung, einen Eid auf die Aufrechthaltung der Verfassung und bringt hierauf den Eintritt der Regentschaft zur öffentlichen Kunde.

§ 23. Der Regent übt im Namen des Königs die volle Staatsgewalt, wie sie dem Könige selbst verfassungsmäßig zusteht. Der Regent darf jedoch eine Schmälerung der verfassungsmäßigen Rechte des Königs, so wie eine Aenderung in dem Grundsysteme und in den verfassungsmäßigen Rechten der allgemeinen Ständeversammlung überall nicht vornehmen noch gestatten. Auch darf der Regent keine Standeserhöhungen vornehmen.

§ 24. Die Regentschaft hört auf, sobald der König das Alter der Volljährigkeit erreicht hat, oder das anderweite Hinderniß der eigenen Verwaltung der Regierung gehoben ist.

§ 25. Die Erziehung des minderjährigen Königs gebührt, wenn der vorhergehende König deshalb keine andere Verfügung getroffen hat, der Mutter und nach dieser der Großmutter von väterlicher Seite, sofern diese nicht anderweit vermählt sind, und in Ermangelung auch dieser dem Regenten unter Beirath des Ministerii. Auf gleiche Weise steht der Regent den zur Erziehung berechtigten Personen zur Seite, und hat, wenn deren Ansichten über die Wahl der Erzieher oder über den Erziehungsplan von den seinigen abweichen, die Entscheidung. Die Aufsicht über die Person des durch Krankheit an der Ausübung der Regierung verhinderten Königs und die Sorge für denselben darf der Regent niemals übernehmen.

§ 26. Die inneren Verhältnisse des Königlichen Hauses werden vom Könige als Oberhaupte der Familie durch Hausgesetze bestimmt. Es soll jedoch das vom Könige zu erlassende und den allgemeinen Ständen mitzutheilende Hausgesetz, insoweit dasselbe die Erbfolge angeht, nicht ohne Zustimmung der Stände abgeändert werden.

Drittes Capitel.

Von den Rechten und Pflichten der Unterthanen im allgemeinen.

§ 27. Den vollen Genuß aller politischen und bürgerlichen Rechte im Königreiche kann nur ein Hannoverscher Unterthan haben. Die Eigenschaft eines Hannoverschen Unterthans wird nach Maßgabe der Gesetze durch Geburt oder Aufnahme erworben, und dauert so lange, bis sie auf rechtliche Weise verloren wird. Die mit dieser Eigenschaft verbundenen Rechte können durch ein Straferkenntniß beschränkt werden.

§ 28. Alle Landeseinwohner sind gleichmäßig zum Kriegsdienste und zu Tragung der allgemeinen Staatslasten verpflichtet. Zu diesen von allen Unterthanen nach gleichmäßigen Grundsätzen zu tragenden allgemeinen Staatslasten gehört auch die Unterhaltung des Heers ohne irgend eine hinsichtlich der Cavallerie oder anderer Waffengattungen Statt findende Ausnahme, einschließlich der Kriegsfuhren. Für die bisherigen Befreiungen von dieser Staatslast erfolgt eine Entschädigung nicht. Jedoch verbleibt denjenigen, welchen nach dem an die allgemeine Ständeversammlung erlassenen Königlichen Reskripte vom 18. Januar 1822 die Befreiung von der Einquartierung und Verpflegung zugesichert ist, welche aber nunmehr nach obigem Grundsatze zu dieser allgemeinen Staatslast gleichmäßig beizutragen haben, die Befugniß der Nichtannahme der ordinairen Naturaleinquartierung. Ebenso soll es auch mit der Naturalleistung der ordinairen Kriegerfuhren gehalten werden. Die nach dem eben genannten Reskripte außerdem noch bestehenden Realexemtionen von allgemeinen Staatslasten sollen zwar ebenfalls wegfallen, jedoch verbleibt den bisher Exemten das Recht, sie künftig auf sie fallenden Naturalleistungen durch billige Geldbeiträge zu reluiren. Die Vorrechte und Befreiungen von allgemeinen Staatslasten, welche den Mitgliedern der Königlichen Familie und den Standesherren zustehen, so wie die Ausnahmen, welche zu Gunsten der Königlichen und standesherrlichen Schlösser und Gärten und in Ansehung der Güter der Kirchen, Pfarren, Pfarrwithwenthümer, Schulen und Armenstiftungen bewilligt worden, sollen in der bisherigen Maße und wie sie durch die betreffenden Gesetze bestimmt sind, bestehen bleiben. Die Befreiungen vom Militairdienste sind von den Bestimmungen der Militairgesetze abhängig.

§ 29. Ueber die Lehnsverhältnisse und die zu gestattende Ablösbarkeit derselben soll ein besonderes Gesetz erlassen werden. Durch dies Gesetz soll zugleich für eine zweckmäßige Erhaltung der größeren Güter bei den Vasallenfamilien, so wie für Erleichterung der Stiftung von Majoraten und Fideicommissen gesorgt, auch über die Rechte der Agnaten und Expectivirten und über die dem Heimfall nahe stehenden Lehne Bestimmung getroffen werden.

§ 30. Allen Landeseinwohnern gebührt völlige Glaubens- und Gewissensfreiheit. Daher ist auch Jeder zu Religionsübungen mit den Seinigen in seinem Hause berechtigt. Die Mitglieder der evangelischen und der römisch-katholischen Kirche genießen gleiche bürgerliche und politische Rechte im Staate. Vergl. Cap. V. § 57. Dem Könige gebührt das Recht, auch andere christliche Confessionen und Secten anzuerkennen. Den Anhängern solcher anerkannten christlichen Confessionen und Secten wird der Genuß bürgerlicher Rechte und der Privatgottesdienst gestattet. Ihre politischen Religions-Rechte hangen jederzeit von einem besondern Gesetze ab; zur öffentlichen Religions-übung ist die besondere Bewilligung des Königs erforderlich. Die Rechtsverhältnisse der im Königreiche wohnhaften jüdischen Glaubensgenossen sollen durch ein besonderes Gesetz bestimmt werden.

§ 31. Die Gerichte erster Instanz sind für alle Landeseinwohner dieselben. Die von dieser Regel bestehenden Ausnahmen sollen durch ein baldigst zu erlassendes Gesetz, hinsichtlich des persönlich befreiten Gerichtsstandes auf die höheren Königlichen Behörden, die Besitzer landtagsfähiger Rittergüter, den landsässigen Adel, die höheren Staatsdiener, die höhere Geistlichkeit, so wie die jetzt canzleifässigen Magistrate und Städte, und die Officiere, hinsichtlich des dinglichen Gerichtsstandes über auf landtagsfähige Güter und die zu ihnen gehörenden Grundstücke, beschränkt, und alle übrigen Ausnahmen aufgehoben werden. Bis zu erfolgter Publication dieses Gesetzes besteht jedoch die jetzige Competenz der Gerichte ungeändert. Auch die Aufhebung der verbleibenden Ausnahmen soll bei künftiger, derselben entsprechender Ver-änderung der Gerichtsverfassung erfolgen. Bis zu anderweiter Bestimmung bleiben die für gewisse Sachen oder Classen von Unterthanen angeordneten Gerichte in ihrer bisherigen Wirksamkeit, und die Gerichte überhaupt in ihrer bisherigen Verfassung. Wegen der Gerichtsbarkeit über die nicht regierenden Mitglieder des Königlichen Hauses werden durch ein Königliches Familienstatut die erforderlichen Bestimmungen getroffen.

§ 32. Die besonderen Rechte der Standesherren, namentlich des Herzogs von Arenberg, des Herzogs von Looz-Corswaaren, des Fürsten von Bentheim, so wie der Grafen zu Stolberg-Wernigerode und Stolberg, sind durch Verordnungen und landesherrliche Zusicherungen festgestellt.

§ 33. Die Freiheit der Person und des Eigenthums unterliegt keiner andern Beschränkung, als welche das Recht und die Gesetze bestimmen. Allgemeine Confiscation des Vermögens ist unzulässig.

§ 34. Niemand darf verfolgt und verhaftet werden, als in den durch das Gesetz bestimmten Fällen und in der gesetzlichen Form. Bis zur Erlassung der desfallfigen Gefetze behält es bei den bisherigen Vorschriften sein Bewenden. Der Verhaftete muß binnen 24 Stunden verhört und über die Ursache seiner Verhaftung im allgemeinen in Kenntniß gesetzt werden. Kein Unterthan darf seinem ordentlichen Richter entzogen werden, außer in den von den Gesetzen im Voraus bestimmten Fällen, oder wenn der König aus besonderen Gründen, auf den Bericht des Gesammt-ministerii, die Competenz auf eine andere ordentliche Gerichtsbehörde zu übertragen nöthig findet. Das Verfahren bei Störung der öffentlichen Ruhe soll durch ein besonderes Gesetz bestimmt werden.

§ 35. Die Staatsverwaltung hat keinen Anspruch an das Eigenthum und die Gerechtsame von Einzelnen oder Corporationen, als aus allgemeinen Gesetzen oder besonderen Privatrechtstiteln. Ausnahmsweise kann dieselbe jedoch gegen vorhergehende vollständige Entschädigung die Abtretung von Eigenthum oder Gerechtsamen zu Staats- oder anderen öffentlichen Zwecken verlangen, wenn entweder eine dringende Nothwendigkeit solches erheischt, oder wenn ausdrückliche Gesetze zu Zwecken des gemeinen Nutzens ihr dazu die Befugniß geben.

§ 36. Die Frage, ob die Abtretung geschehen soll, wird nach vorgängiger Vernehmung aller Betheiligten von der betreffenden obern Verwaltungsbehörde entschieden. Den Betheiligten steht jedoch wider die Entscheidung binnen gesetzlicher, oder in deren Ermangelung achtwöchiger Frist der Recurs an das Ministerium zu, welches über denselben unter Zuziehung des Geheimrathscollegii entscheidet. Der Betrag der Entschädigung wird unter Beobachtung der gesetzlichen Vorschriften über dessen Bestimmung von der Verwaltungsbehörde festgesetzt. Will sich der Betheiligte bei deren Beschlüssen nicht beruhigen, und kann eine Vereinbarung nicht bewirkt werden, so ist die Sache im ordentlichen Rechtswege zu erledigen; es kann aber der zur Entschädigung Berechtigte bei Abtretung des Seinigen sofort die Ueberweisung der von der Verwaltungsbehörde ausgemittelten Entschädigung fordern. Ist aber unwiederbringlicher Nachtheil mit dem Verzuge verbunden, so entscheidet die höchste zur Stelle befindliche Verwaltungsbehörde über die Abtretung. In diesem Falle hält der Recurs das Verfahren nicht auf und folgt die Entschädigung ausnahmsweise innerhalb möglichst kurzer Frist nach.

§ 37. Jedem, der sich von einer Verwaltungsbehörde durch Ueberschreitung ihrer Befugnisse in seinem wohlerworbenen Rechte verletzt erachtet, steht nach den nachfolgenden Bestimmungen der ordentliche Gerichtsgang offen. Ist die Verletzung durch einen Staatsvertrag oder durch ein verfassungsmäßig erlassenes Gesetz bewirkt, so kann dieselbe nicht zum Gegenstande eines Rechtsanspruches gegen den Staat oder gegen Verwaltungsbehörden gemacht werden. Vielmehr kann nur die unrichtige oder unbefugte Anwendung von Staatsverträgen oder Gesetzen einen Rechtsanspruch begründen, sobald in einer Ueberschreitung der Befugnisse der Behörden außerdem die Erfordernisse einer Entschädigungsverbindlichkeit nach gemeinrechtlichen Grundsätzen anzutreffen sind. Die Gerichte können in solchen Fällen die einstweilige Ausführung von Verfügungen der Verwaltungsbehörden nicht hemmen, und dürfen eine gegen solche Verfügungen gerichtete Klage nur dann annehmen, wenn von dem Kläger zuvor nachgewiesen ist, daß er bei der vorgesetzten höhern oder höchsten Verwaltungsbehörde bereits Hülfe gesucht, und solche innerhalb eines angemessenen Zeitraums nicht gefunden habe. Wiederaufhebung von Verfügungen der Verwaltungsbehörden durch richterlichen Spruch kann nur in dem Falle Statt finden, wenn auf verfassungsmäßigem Wege (s. Cap. VIII. § 156) entschieden ist, daß eine in Frage befangene Angelegenheit zur Competenz der Verwaltungsbehörde nicht erwachsen gewesen sei.

§ 38. Wenn Ansprüche aus einem wohlerworbenen Privatrechte gegen den Fiscus, sowohl des Königs als des Staats, oder von demselben geltend gemacht werden sollen, gehört die Verhandlung und Entscheidung der hieraus entstehenden Rechtsstreitigkeiten auf gleiche Weise, wie andere Privatrechtssachen zur Competenz der ordentlichen Gerichte, und zwar, soweit dies nach bisherigen Gesetzen noch nicht der Fall gewesen, rücksichtlich der nach dem Tage der Publication des Staatsgrundgesetzes entstehenden Forderungen. Die Vollziehung des gerichtlichen Erkenntnisses findet gegen die in demselben bezeichnete Behörde oder Casse Statt.

§ 39. Den Unterthanen steht das Recht zu, in angemessener Form und auf gesetzliche Weise Bitten an den König, an die allgemeine Ständeversammlung, so wie an die Landesbehörden zu bringen. Auch hat Jeder das Recht, in seiner Angelegenheit über gesetz- und ordnungswidriges Verfahren einer Behörde oder über verzögerte

Entscheidung bei der unmittelbar vorgesetzten Behörde Beschwerde zu führen und diese bis zur höchsten Behörde zu verfolgen. Mehrere Gemeinden oder Corporationen dürfen über Angelegenheiten, in Ansehung deren sie nicht ohnehin in einem verfassungsmäßigen Verbande mit einander stehen, keine gemeinschaftlichen Gesuche übergeben.

§ 40. Die Freiheit der Presse soll unter Beobachtung der gegen deren Mißbrauch zu erlassenden Gesetze und der Bestimmungen des deutschen Bundes Statt finden. Bis zur Erlassung dieser Gesetze bleiben die bisherigen Vorschriften in Kraft.

§ 41. Jedem Landeseinwohner steht das Recht zu, unter Beobachtung der gesetzlichen Vorschriften über die Militairpflicht auszuwandern.

Viertes Capitel.
Von den Gemeinden und Körperschaften.

§ 42. Jeder Landeseinwohner muß in Beziehung auf die öffentlichen Verhältnisse einer Gemeinde oder einem Verbande mehrerer Gemeinden des Königreichs angehören und zu deren Lasten, bis auf die unten vorbehaltenen persönlichen Ausnahmen, verhältnißmäßig beitragen. Nicht minder soll jedes Gut, Haus oder Grundstück einer Gemeinde zugerechnet werden.

§ 43. Exemtionen von Gemeindelasten sollen nicht ferner Statt finden. Rechtlich bestehende Exemtionen können gegen vorgängig auszumittelnde Entschädigung aufgehoben werden. Gleichzeitig mit Aufhebung der Exemtionen ist auch die derselben entsprechende Regulirung des Gemeindewesens in den betreffenden Gemeinden vorzunehmen. Bei Ausmittelung der Entschädigung soll zu Gunsten der zu deren Leistung Verpflichteten auf die Beschaffenheit und den Zweck der zu übernehmenden Last, so wie auf deren in neuerer Zeit durch polizeiliche Einrichtungen etwa eingetretene Vermehrung billige Rücksicht genommen werden. Auch sind dabei die von dem Bestreiten zu Gunsten der Gemeinde getragenen Lasten nebst den in Rücksicht auf eine getragene Last von den dazu Verpflichteten genossenen Vortheilen zur Ausgleichung zu bringen. Die zu weiterer Ausbildung dieser Vorschriften erforderlichen Bestimmungen über die Grundsätze und das Maß der Entschädigung, so wie über diejenigen Verhältnisse, bei welchen ausnahmsweise eine Exemtion auch ohne Entschädigung abgestellt werden kann, bleiben der provinziellen Gesetzgebung vorbehalten. Imgleichen sollen diejenigen Fälle, in denen ein persönliches Recht auf Befreiung von Gemeindelasten aufrecht zu erhalten sein möchte, gesetzlich bestimmt werden.

§ 44. Die Bildung neuer Gemeindeverbände, so wie die Zusammenlegung oder Abänderung bestehender, kann, nach vorgängiger Vernehmung der Betheiligten, unter steter Berücksichtigung ihrer besondern Interessen und der Provinzialverhältnisse erfolgen.

§ 45. Die bisher keiner Gemeinde angehörigen Domainen, Güter und Besitzungen sollen auf eine dem Provinzial- und Localverhältnissen angemessene Weise in einen bereits vorhandenen oder neu zu bildenden Gemeindeverband eingeschlossen werden. Bis ein solcher Anschluß erfolgt ist, wird in deren Beziehungen zu den Gemeinden, durch vorstehende Bestimmung nichts verändert. Insofern Lage und Verhältnisse die Vereinigung einer Domaine oder eines Guts mit einer Gemeinde nicht angemessen erscheinen lassen, kann eine solche Domaine oder ein solches Gut eine abgesonderte Gemeinde bilden.

§ 46. Die Art und Weise, wie die in einen Gemeindeverband eintretenden Grundbesitzer an den Gemeindeangelegenheiten Theil zu nehmen und zu den Gemeindelasten beizutragen haben, so wie die vorgängige angemessene Entschädigung der von solchen Lasten bisher rechtlich befreit Gewesenen, soll durch gütliche Vereinbarung zwischen den Gemeinden und den neu Eintretenden, unter Leitung der Regierungsbehörde oder der von ihr zu ernennenden Commissarien, in Ermangelung einer solchen Uebereinkunft aber, unter Berücksichtigung der gegenseitigen Verhältnisse nach folgenden Grundsätzen festgesetzt werden: 1) Die Vereinigung soll sich allein auf die öffentlichen, nicht aber auf die privatrechtlichen Verhältnisse der Gemeinde beziehen, sofern nicht von beiden Theilen eine Vereinigung auch in der letztern Rücksicht gewünscht wird. 2) Das Beitragsverhältniß der Eintretenden zu den Gemeindelasten, soll nach Maßgabe des, den Eintretenden zu Statten kommenden Antheils an den diesen Lasten zum Grunde liegenden Zwecken festgestellt werden. Die Naturalleistungen der neu Eintretenden können mit Geld reluirt werden, mit Ausnahme der Fälle, wo Gefahr im Verzuge ist, und der Lasten, welche von den Eintretenden schon vorher in natura zu leisten waren. Liegen den Eintretenden Lasten ob, welche zum Nutzen der Gemeinden gereichen, in welche sie eintreten, so ist rücksichtlich solcher Lasten eine Ausgleichung zu bewirken. 3) Den Eintretenden soll ein der Concurrenz zu den Lasten der Gemeinden, ihrem Interesse an den Gemeindeangelegenheiten, und ihren Verhältnissen zu anderen Mitgliedern der Gemeinden entsprechendes Stimmrecht beigelegt werden. Auch sollen die Besitzer ganzer Güter befugt sein, solches durch Bevollmächtigte auszuüben.

§ 47. Die Aufnahme neuer Mitglieder in eine Gemeinde, welche nicht aus einem in den bestehenden oder noch zu erlassenden Gesetzen bestimmten Grunde ein Recht darauf haben, so wie die Zulassung neuer An= und Abbauer, hangt, unter Vorbehalt des Recurses an die vorgesetzte Regierungsbehörde, von der Gemeinde, in welche sie eintreten sollen, ab.

§ 48. Das Vermögen und Einkommen der Gemeinden und ihrer Anstalten, so wie der Corporationen darf nie als Staatsvermögen behandelt oder zu den Staatseinnahmen geschlagen werden, so wie auch ihre Verbindlichkeiten den Staat nicht verpflichten.

§ 49. Keine Gemeinde kann mit Leistungen oder Ausgaben beschwert werden, wozu sie nicht durch Gesetze oder andere Rechtstitel verbunden ist. Dasselbe gilt von mehreren in einem Verbande stehenden Gemeinden.

§ 50. Ausgaben und Lasten, welche für die Zwecke und Bedürfnisse von Gemeinden oder Verbänden mehrerer Gemeinden erforderlich sind, müssen von den Mitgliedern der Gemeinden oder Verbände verhältnißmäßig getragen werden, und sollen daher, wenn Einzelne zur Bestreitung einer solchen Ausgabe oder Last nach besonderen Rechtsverhältnissen bisher allein oder vorzugsweise verbunden waren, auf deren Antrag, insoweit die Verhältnisse nach dem Urtheile der vorgesetzten Regierungsbehörde solches gestatten, gegen eine von ihnen zu leistende angemessene Entschädigung abgenommen oder bei Uebernahme anderer Gemeindelasten angerechnet werden.

§ 51. Die Oberaufsicht der Regierungsbehörde auf die Vermögensverwaltung aller Gemeinden, so wie auf die Vertheilung und Verwendung der Gemeindeabgaben darf sich nicht weiter erstrecken, als dahin, daß das Vermögen erhalten, dessen Einkünfte ihrer Bestimmung gemäß verwandt und bei Anordnung und Vertheilung der Gemeindeabgaben angemessene, auch die Rechte der übrigen Landesbewohner und das allgemeine Wohl nicht verletzende Grundsätze befolgt werden. Auch steht der Regierungsbehörde die Entscheidung von Beschwerden zu, die gegen die Gemeindeverwaltung erhoben werden möchten.

§ 52. Den städtischen Obrigkeiten und deren Mitgliedern, wie auch den Beamten der Landgemeinden, liegt außer der Verwaltung der Gemeindesachen, auch die Besorgung der ihnen durch Gesetz, Verfassung oder Herkommen, oder von den höheren Behörden übertragenen Landesangelegenheiten in ihrer Gemeinde ob.

§ 53. Die Verfassung und Verwaltung in den Städten des Königreichs soll nach vorgängiger Verhandlung mit denselben durch öffentlich bekannt zu machende, vom Könige oder dessen Stellvertreter zu vollziehende Urkunden geordnet werden. Bei diesen Urkunden sollen folgende Grundsätze zur Anwendung kommen: 1) Die Bürgerschaften ernennen durch freie Wahl ihre Vertreter, welche nicht auf Lebenszeit gewählt werden können. Die Städte haben das Recht, ihre Magistrate und übrigen Gemeindebeamten selbst zu wählen. An den Wahlen nehmen die Bürgerschaften, mit den Magistraten, erstere durch ihre Vertreter Theil. 2) Die höhere Bestätigung ist nur bei den Wahlen der stimmführenden Mitglieder des Magistrats und des Stadtgerichts erforderlich. 3) Die Vertreter der Bürgerschaften nehmen Theil an den Angelegenheiten, welche das Gemeinwesen der Stadt, deren Vermögen, Rechte und Verbindlichkeiten betreffen, namentlich auch an der Veranlagung und Vertheilung der Communalabgaben, Lasten und Leistungen. 4) Die Verwaltung des städtischen Vermögens und die Rechnungsablage über dieselbe ist ihrer Controle unterworfen. 5) Gemeinschaftliche Beschlüsse des Magistrats und der Vertreter der Bürgerschaft über die Verwendung der laufenden Einnahme des Gemeindevermögens bedürfen der höhern Genehmigung nicht; jedoch hat der Magistrat zu Anfang eines jeden Rechnungsjahrs einen von den Vertretern der Bürgerschaft genehmigten Haushaltsplan, so wie nach Ablauf des Rechnungsjahrs einen Auszug der von den Vertretern der Bürgerschaft abgenommenen städtischen Rechnungen der Bürgerschaft bekannt zu machen, und der die Oberaufsicht führenden Regierungsbehörde einzusenden, welche die Vorlegung der vollständigen Rechnungen verfügen kann. 6) Der Magistrat ist in allen städtischen Gemeindeangelegenheiten die einzige ausführende und verwaltende Behörde; inzwischen hat, was die Ausübung der Polizei betrifft, die Regierung das Recht, unter den Mitgliedern des Magistrats die Person zu bezeichnen, welche die städtische Polizei zu besorgen hat, auch wo besondere Umstände solches erforderlich machen, eine eigene Polizeibehörde anzuordnen. Das Armenwesen kann nach Maßgabe der örtlichen Verhältnisse einer eigenen Verwaltung übertragen werden. Es soll jedoch in den Fällen, wo die Verwaltung der Polizei nicht dem gesammten Magistrate verbleibt oder übertragen wird, der Geschäftskreis der städtischen Polizei in den einzelnen Städten durch Verhandlung mit denselben genau festgestellt, und dabei der Grundsatz befolgt werden, daß dem Magistrate die Besorgung alles desjenigen verbleibt, was die Gewerbsverhältnisse, die Einrichtung, Verwaltung und Beaufsichtigung der städtischen Güter und Anstalten, so wie der für gemeinsame städtische Zwecke bestimmten Privatanstalten zum Gegenstande hat. Schon bestehende Verfassungsurkunden einzelner Städte, welche den Befugnissen der Bürgerschaft, ihrer Vertreter und Obrigkeit engere Grenzen setzen, sollen revidirt und unter Berücksichtigung der Localverhältnisse, so wie unter Zuziehung von Vertretern der Bürgerschaft mit den vorstehenden allgemeinen Grundsätzen in Uebereinstimmung gebracht werden. Diese Grundsätze finden auch auf die Verfassung der Flecken unter den, durch die Verhältnisse gebotenen Beschränkungen und Ausnahmen ihre Anwendung.

§ 54. Den Landgemeinden steht unter obrigkeitlicher Aufsicht (vergl. § 51) die eigene Verwaltung ihres Vermögens, die Regulirung ihrer übrigen inneren Gemeindeverhältnisse und der ihnen obliegenden Gemeindeabgaben und Leistungen, so wie eine Theilnahme an der Handhabung ihrer Flur- und Feldmarkspolizei zu. Das Recht der Wahl ihrer Vertreter steht den Gemeinden jederzeit zu, jedoch sind selbige nicht auf Lebenszeit zu wählen. Auch sollen die Landgemeinden in der Regel das Recht haben, ihre Gemeindebeamte, unter Vorbehalt obrigkeitlicher Bestätigung zu wählen. Ausnahmen von dieser Regel können sowohl auf den Grund bestehender Berechtigungen als besonderer Verhältnisse in den Gemeinden Statt finden.

§ 55. In den Fällen, wo Ausgaben verfassungsmäßig von einem Verbande mehrerer Gemeinden gemeinschaftlich getragen und aufgebracht werden müssen, sollen zur Prüfung der Ausgaben selbst, so wie zur Feststellung der Repartition derselben gewählte, oder sonst berechtigte Mitglieder des Verbandes zugezogen, und diesen demnächst auch über die Aufbringung und Verwendung Rechnung abgelegt werden. Die nähere Einrichtung dieser Verbände soll nach Verschiedenheit der Provinzen gesetzlich regulirt werden.

§ 56. Die in den verschiedenen Provinzen des Königreichs bestehenden ritterschaftlichen Corporationen behalten ihre statutenmäßigen Rechte, sofern letztere nicht durch das gegenwärtige Grundgesetz aufgehoben werden. Namentlich bleibt ihnen die Befugniß, provinzielle Vereine, behuf Erhaltung ihrer Güter zu errichten.

Fünftes Capitel.
Von den Verhältnissen der evangelischen und der römisch-katholischen Kirche zum Staate, von den Unterrichtsanstalten, so wie von den zu wohlthätigen Zwecken bestimmten Fonds.

§ 57. Den Mitgliedern der evangelischen und der römisch-katholischen Kirche wird freie öffentliche Religionsübung zugesichert.

§ 58. Dem Könige gebührt über beide Kirchen das in der Kirchenhoheit begriffene Schutz- und Oberaufsichtsrecht.

§ 59. Die Anordnung der innern geistlichen Angelegenheiten bleibt der in der Verfassung jeder dieser Kirchen gegründeten Kirchengewalt überlassen.

§ 60. In der evangelischen Kirche werden die Rechte der Kirchengewalt vom Könige, und zwar durch Consistorial- oder Presbyterialbehörden, zusammengesetzt aus evangelischen Geistlichen und weltlichen Personen, unter der Aufsicht des Ministeri, so wie unter Aufrechterhaltung der den Gemeinden und Einzelnen zustehenden Rechte ausgeübt. Sollen für das Königreich oder ganze Landestheile neue Kirchenordnungen erlassen, oder in wesentlichen Grundsätzen derselben und namentlich der Liturgie Veränderungen gemacht werden, so ist darüber mit einer vom Könige zusammen zu berufenden Versammlung von geistlichen und weltlichen Personen, welche theils vom Könige bestimmt, theils von den Geistlichen und Gemeinden in den betreffenden Landestheilen auf die sodann gesetzlich anzuordnende Weise gewählt werten, zu berathen. Die künftige Einrichtung und der Geschäftskreis der Consistorial- und Presbyterialbehörden, der Umfang der Aufsichterechte des Ministerii, die Einführung und Ausbildung von Synoden und Kirchenvorständen, so wie die Art der Ausübung der den Gemeinden und Einzelnen zustehenden Rechte bleibt weiteren Bestimmungen vorbehalten, und sollen bei Bestimmung des künftigen Geschäftskreises der Consistorialbehörden zugleich in Rücksicht der Ueberweisung der von ihnen bisher ausgeübten streitigen und freiwilligen Gerichtsbarkeit an die weltlichen Gerichte die erforderlichen Anordnungen erfolgen.

§ 61. Sollte der Fall eintreten, daß der König oder der Regent sich nicht zur evangelischen Kirche bekennt, so geht die Ausübung der Rechte der Kirchengewalt einstweilen auf die evangelischen Mitglieder des Gesammtministerii über, und soll zur Sicherstellung des Rechtszustandes der evangelischen Kirche über die Art und Weise der Ausübung der Kirchengewalt in derselben mit Zustimmung der allgemeinen Ständeversammlung das Nöthige verordnet werden.

§ 62. In der römisch-katholischen Kirche gebührt den Bischöfen oder Administratoren der Diöcesen Hildesheim und Osnabrück die Ausübung der Rechte der Kirchengewalt, gemäß der Verfassung dieser Kirche. Die Rechte der Kirchenhoheit, zu denen auch die Oberaufsicht über die zunächst unter dem Bischofe oder den Diöcesanadministratoren stehende, und nach den Bestimmungen des § 69 anzuübende Verwaltung des Vermögens der römisch-katholischen Kirchen und kirchlichen Stiftungen gehört, werden vom Könige oder dessen Ministerio unmittelbar oder durch die römisch-katholischen Consistorien ausgeübt.

§ 63. Alle allgemeinen Anordnungen der römisch-katholischen Kirchenbehörden bedürfen der Einsicht des Ministerii und sollen ohne dessen Genehmigung nicht verkündigt oder vollzogen werden. Betreffen sie reine Glaubens- oder kirchliche Lehr- und Disciplinarsachen, so soll deren Bekanntmachung nicht gehindert werden, sobald nur das Ministerium durch genommene Einsicht sich davon überzeugt hat, daß deren Inhalt für den Staat unnachtheilig ist.

§ 64. Alle amtlichen Communicationen mit dem päpstlichen Stuhle, mit auswärtigen Kirchenversammlungen oder Kirchenobern müssen dem Ministerio zur Einsicht vorgelegt werden, und deren Beschlüsse, Erlasse, Bullen, Breven, Rescripte und sonstigen Schreiben an die römisch-katholische Kirche im Königreiche, an ganze Gemeinden oder einzelne Landeseinwohner, bedürfen vor ihrer Verkündigung oder Insinuation des landesherrlichen Placet. Dieses soll nicht verweigert werden, wenn sie von der am Schlusse des vorhergehenden Paragraphen angegebenen Beschaffenheit sind. Ausgenommen von der Bestimmung dieses § sind allein die Communicationen in Gewissenssachen einzelner Personen.

§ 65. Das Ministerium ist verpflichtet, Mißbräuche oder Ueberschreitungen der Kirchengewalt zu verhüten, und dieselben von Amtswegen oder auf an dasselbe eingegangene Recurse abzustellen. Beschwerden gegen untergeordnete Kirchendiener müssen jedoch zunächst an die Kirchenobern im Königreiche gebracht werden, können aber, wenn keine Abhülfe erfolgt, an das Ministerium gelangen.

§ 66. Die Prediger und anderen höheren Kirchendiener der evangelischen wie der römisch-katholischen Kirche, deren Ernennung vom Könige oder dessen Behörden nicht unmittelbar erfolgt, sondern welche von Dritten ernannt oder präsentirt werden, bedürfen der Bestätigung des Königs oder der dazu bestimmten Behörden desselben und können, so lange sie diese nicht erhalten haben, weder die Amtsgeschäfte ausüben, noch haben sie ein Recht auf die Amtseinkünfte. Die Entscheidung über die canonischen Eigenschaften des zu Bestätigenden gebührt allein der geistlichen Behörde. Die Bestätigung darf ohne erhebliche Gründe nicht verweigert werden. Sämmtliche Kirchendiener sind in ihren bürgerlichen Beziehungen und Handlungen, wie auch in Rücksicht ihres Vermögens, den Gesetzen des Staats unterworfen. Der Staat gewährt ihnen jede zur ordnungsmäßigen Verwaltung und Erfüllung ihrer Amtsobliegenheiten erforderliche Unterstützung, und schützt sie in der ihnen zukommenden Amtswürde.

§ 67. Die Entlassung der Kirchendiener von ihrem Amte und die Suspension vom Amte und zugleich vom Gehalte kann im Disciplinarverfahren nur geschehen, nachdem die kirchliche Behörde eine gehörige Untersuchung angestellt und den Kirchendiener mit seiner Vertheidigung hinreichend gehört hat. Sie bedarf in Ansehung der Prediger und übrigen höhern Geistlichkeit der Bestätigung des Ministerii.

§ 68. Das jetzige und künftige Vermögen der einzelnen Kirchen, Kirchenämter, geistlichen und andern milden Stiftungen, Damenstifter und Klöster, Schulen und Armenanstalten, darf unter keinem Vorwande zum Staatsvermögen gezogen oder zu andern, als den gesetz- oder stiftungsmäßigen Zwecken verwandt werden. Eine Ab-änderung der Stiftung kann von der Staatsgewalt nur nach vorgängiger Verneh-mung der zur Verwaltung und Aufsicht etwa Berechtigten und nur dann vorgenom-men werden, wenn der Zweck der Stiftung auf die vorgeschriebene Weise nicht mehr zu erreichen ist. Jedoch muß das Vermögen unter thunlichster Berücksichtigung der Wünsche der zur Verwaltung und Aufsicht etwa Berechtigten zu gleichen oder mög-lichst ähnlichen Zwecken wieder verwandt werden. Dabei bleiben jedoch die Bestim-mungen des § 35 des Reichsdeputationshauptschlusses vom 25. Februar 1803 in Ansehung der in demselben bezeichneten Güter, insofern darüber eine endliche Ver-fügung noch nicht getroffen ist, ausdrücklich vorbehalten.

§ 69. Insofern die Verwalter des Vermögens der einzelnen Kirchen und der dazu gehörenden Stiftungen und Armenanstalten den bestehenden Einrichtungen ge-mäß nicht von der Kirchengemeinde gewählt werden, und diese an der Verwaltung einen größern Antheil nicht gehabt, sollen den Verwaltern dieses Vermögens in jeder Kirchengemeinde nach den darüber zu erlassenden besonderen Verfügungen einige von der Kirchengemeinde zu erwählende Vorsteher unter Mitwirkung der Pfarrgeistlichen zur Seite stehen, welche zu allen wichtigen auf die Verwaltung sich beziehenden Maßregeln, bei Veräußerungen einzelner Theile dieses Vermögens, wie auch der zur Dotation der Kirchenämter und der zu Pfarrwittwenthümern gehörenden Grund-stücke oder Gerechtsame, ferner bei Werken, die zu kirchlichen oder geistlichen Zwe-cken unternommen, nicht weniger bei Leistungen, die zu solchen Zwecken ausgeschrie-ben werden, und endlich zu der Rechnungsablage zugezogen werden müssen. In den-jenigen Fällen, in welchen der Kirchenpatron die Ausgaben ausschließlich bestreitet, tritt die Bestimmung dieses § nicht ein.

§ 70. Für die Erhaltung und Vervollkommnung der Landesuniversität und der übrigen öffentlichen Universitätsanstalten jeder Art soll stets nach Kräften gesorgt werden. Der Unterricht in den Volksschulen bleibt zunächst der Aufsicht der Prediger anvertraut.

§ 71. Das von den vormaligen Klöstern und andern ähnlichen Stiftungen in verschiedenen Theilen des Königreichs herrührende zu einem abgesonderten Fonds vereinigte Vermögen soll für immer von allen anderen Staatscassen völlig getrennt bleiben, und allein zu den erforderlichen Zuschüssen behuf der Bedürfnisse der Lan-desuniversität, der Kirchen und Schulen und zu wohlthätigen Zwecken aller Art ver-wandt werden. Die Verwaltung dieses Vermögens steht unter Leitung des Mini-sterii, jedoch soll der allgemeinen Ständeversammlung jährlich eine Uebersicht der Verwendungen aus demselben mitgetheilt werden. In Rücksicht der Veräußerungen einzelner Theile dieses Vermögens finden alle diejenigen Vorschriften ihre volle An-wendung, die bei Veräußerungen von Domanialvermögen in der gegenwärtigen Ver-fassungsurkunde vorgeschrieben sind.

Sechstes Capitel.
Von den Landständen.

§ 72. Für die einzelnen Provinzen des Königreichs sollen Provinziallandschaf-ten, für das ganze Königreich aber eine allgemeine Ständeversammlung bestehen.

Erster Abschnitt.
Von den Provinziallandschaften.

§ 73. Provinziallandschaften sollen bestehen 1) für die Fürstenthümer Calen-berg, Göttingen und Grubenhagen nebst den vormals Heßischen Aemtern im Für-stenthum Göttingen und dem diesseitigen Eichsfelde, 2) für das Fürstenthum Lüne-burg, mit Einschluß der diesseitigen Theile des Herzogthums Sachsen-Lauenburg, 3) für die Grafschaften Hoya und Diepholz, mit den vormals Heßischen Aemtern in diesen Provinzen, 4) für die Herzogthümer Bremen und Verden, mit dem Lande Hadeln, 5) für das Fürstenthum Osnabrück, 6) für das Fürstenthum Hildesheim nebst der Stadt Goslar, 7) für das Fürstenthum Ostfriesland und das Harlin-gerland.

§ 74. Wegen Einführung provinziallandschaftlicher Einrichtungen in denjenigen Landestheilen, wo solche noch nicht bestehen, so wie wegen angemessener Verbindung bisher getrennter Provinziallandschaften sollen unter Mitwirkung von Abgeordneten der betreffenden Landestheile (Einleitungen getroffen werden.

§ 75. In sämmtlichen Provinziallandschaften sollen zwei Curien eingeführt werden, welchen gleiche Rechte und Befugnisse zustehen. Die erste Curie soll bestehen aus den Prälaten, wo diesen eine Theilnahme an den Provinziallandtagen zusteht, und aus den Mitgliedern der Ritterschaft, deren Statuten revidirt und mit derselben festgestellt werden sollen. Die zweite Curie soll in einem näher zu bestimmenden angemessenen Verhältnisse bestehen aus den Deputirten der mit Stimmrecht versehenen oder zu versehenden Städte und Flecken und der nicht zur Ritterschaft gehörigen Grundbesitzer. In denjenigen Provinzen jedoch, wo die Städte in einer zweiten und die nicht zur Ritterschaft gehörigen Grundbesitzer in einer dritten Curie vertreten sind, sollen drei Curien fortbestehen, insofern nicht ein Anderes durch vorgängige Verhandlungen zwischen der Regierung und der betreffenden Landschaft festgesetzt wird.

§ 76. Auf den Provinziallandtagen sollen die vorkommenden Angelegenheiten und die zu machenden Anträge in voller Versammlung aller Stände vorgetragen und berathen, sodann aber, soll ohne eine nochmalige Berathung in den Curien auszuschließen, nach Curien abgestimmt und beschlossen werden.

§ 77. Die fernere innere Organisation der Provinziallandschaften und insbesondere der Curien soll binnen drei Jahren in Gemäßheit obiger Grundsätze auf verfassungsmäßigem Wege näher festgestellt, und zu dem Ende soll zwischen der Regierung und den einzelnen Landschaften weitere Verhandlung zugelegt werden. Sobald diese Organisation bewirkt ist, soll allen Provinziallandschaften das Recht der Zustimmung in der Art zustehen, wie solches im § 79 festgesetzt ist. Bis zum Ablauf jener drei Jahre, insofern die Organisation nicht schon früher eingetreten sein sollte, verbleiben einer jeden Landschaft in dieser Beziehung diejenigen Rechte, welche ihr bisher zustanden, in so weit solche mit dem gegenwärtigen Staatsgrundgesetze vereinbar sind. Nach beendigter Organisation der Provinziallandschaften ist zu einer Abänderung der Verfassung und Rechte derselben die Zustimmung der betreffenden Landschaft erforderlich.

§ 78. Den Provinziallandschaften verbleiben diejenigen ständischen Rechte, welche nicht auf die allgemeine Ständeversammlung übergegangen sind, und in so weit solche Rechte den Principien des gegenwärtigen Staatsgrundgesetzes nicht entgegen stehen.

§ 79. Die Zustimmung der Provinziallandschaften soll erforderlich sein zu allen provinziellen Abgaben und Leistungen und zu dem wesentlichen Inhalte aller lediglich die speciellen Verhältnisse der Provinz betreffenden Provinzialgesetze, in so weit solche nicht allein die Ausführung und Handhabung bestehender Gesetze oder die Erlassung vorübergehender Verfügungen bezwecken, oder in Anordnungen der Sicherheits- oder Gesundheitspolizei bestehen. Bei der Verkündigung solcher Provinzialgesetze ist die Zustimmung der Provinziallandschaft zu erwähnen. Diejenigen bestehenden Provinzialgesetze, zu deren Erlassung die Zustimmung der Landschaften erforderlich sein würde, können nur mit Zustimmung der betreffenden Landschaft aufgehoben, abgeändert oder authentisch interpretirt werden, in so fern deren Aufhebung oder Abänderung nicht Folge verfassungsmäßig erlassener allgemeiner Landesgesetze ist.

§ 80. Die Anträge und Beschlüsse der Provinziallandschaften dürfen niemals die Ausführung der für das ganze Königreich bestehenden Gesetze hindern.

§ 81. Falls Abgaben zu provinziellen Zwecken zu veranlagen sind, so soll der desfallsige Beschluß der Provinziallandschaft zuvörderst durch das Ministerium zur Kenntniß der allgemeinen Ständeversammlung gebracht werden, damit diese im Stande ist, darüber zu wachen, daß durch dergleichen provinzielle Abgaben dem allgemeinen Abgabe- und Finanzsysteme des Königreichs kein Eintrag geschehe. Die Art der Erhebung, Verwendung und Rechnungsführung wird mit der Provinziallandschaft regulirt.

§ 82. Wenigstens alle drei Jahre soll ein Provinziallandtag in jeder Provinz Statt finden.

Zweiter Abschnitt.
Von der allgemeinen Ständeversammlung.

§ 83. Die allgemeine Ständeversammlung ist berufen, die grundgesetzlichen Rechte des Landes zu vertreten und dessen dauerndes Wohl möglichst zu befördern.

§ 84. Ueber das ganze Königreich oder den Bezirk mehrerer Provinziallandschschaften gemeinschaftlich und nicht lediglich specielle Verhältnisse der Provinzen betreffenden, zur ständischen Berathung gehörenden Gegenstände wird nur mit der allgemeinen Ständeversammlung des Königreichs verhandelt.

§ 85. Gesetze, welche das ganze Königreich oder den Bezirk mehrerer Provinziallandschaften betreffen, ohne sich lediglich auf specielle Verhältnisse der Provinzen zu beschränken, können nur mit Zustimmung der allgemeinen Ständeversammlung erlassen, aufgehoben, abgeändert oder authentisch interpretirt werden. Beschließen die Stände Abänderungen des ihnen vorgelegten Gesetzentwurfs, so kann die Landesregierung denselben ganz zurücknehmen. Das Recht der ständischen Zustimmung bezieht sich auf den ganzen wesentlichen Inhalt des Gesetzes; dagegen bleibt der Landesregierung überlassen, dasselbe in Uebereinstimmung mit den beschlossenen Grundsätzen näher zu bearbeiten und zu erlassen. Im Eingange des Gesetzes ist die erfolgte verfassungsmäßige Zustimmung der Stände zu erwähnen.

§ 86. Die Mitwirkung der Stände ist nicht erforderlich zu denjenigen Verfügungen, welche der König über das Heer, dessen Formation, Disciplin und den Dienst überhaupt erläßt. Die Militairaushebungsgesetze, so wie die Rechte und Pflichten der übrigen Unterthanen in Beziehung auf das Heer und die auf dessen bürgerliche Verhältnisse bezüglichen Gesetze können jedoch nur mit Zustimmung der Stände abgeändert und festgestellt werden. Militairstrafgesetze sind mit den Ständen zu berathen.

§ 87. Verordnungen, welche zur Vollziehung oder Handhabung bestehender Gesetze erforderlich sind, werden von der Landesregierung ohne Mitwirkung der Stände erlassen. Außerordentliche, ihrer Natur nach der ständischen Zustimmung bedürfende, aber durch das Staatswohl, die Sicherheit des Landes oder die Erhaltung der ernstlich bedrohten Ordnung dringend gebotene gesetzliche Verfügungen, deren Zweck durch die Verzögerung vereitelt werden würde, gehen von der Landesregierung allein aus. Solche eilige gesetzliche Verfügungen, welche jedoch eine Abänderung im Staatsgrundgesetze nicht enthalten dürfen, müssen im Gesammtministerio beschlossen werden, und ist, daß dieses geschehen, in denselben auszudrücken. Auch sind solche den Ständen zur Mitwirkung bei ihrer nächsten Zusammenkunft vorzulegen, und, falls während derselben bei verfassungsmäßige Zustimmung nicht erfolgt, wieder aufzuheben.

§ 88. Gesetzentwürfe gelangen von Seiten der Regierung an die Stände; jedoch haben auch diese das Recht, auf Erlassung neuer oder abändernder Gesetze sowohl überhaupt anzutragen, als zu dem Ende Gesetzentwürfe vorzulegen.

§ 89. Alle Gesetze und Verordnungen werden vom Könige unter Beobachtung der in gegenwärtiger Verfassungsurkunde vorgeschriebenen Form öffentlich verkündigt und erhalten dadurch für alle Unterthanen unbedingte Verbindlichkeit. Alle Verwaltungsbehörden und Gerichte haben auf deren Erfüllung zu halten. Sollten Zweifel darüber entstehen, ob bei einem gehörig verkündigten Gesetze die verfassungsmäßige Mitwirkung der Stände hinreichend beobachtet sei, so steht es nur diesen zu, Anträge deshalb zu machen.

§ 90. Die allgemeine Ständeversammlung hat das Recht, in Beziehung auf alle Landesangelegenheiten, insbesondere auf etwaige Mängel oder Mißbräuche in der Verwaltung oder der Rechtspflege ihre Wünsche, Vorstellungen und Beschwerden dem Könige oder dem Ministerio vorzutragen. Ein weiteres Eingreifen in die Verwaltung steht derselben nicht zu.

§ 91. Die Rechte der allgemeinen Ständeversammlung in Beziehung auf den Staatshaushalt sind im folgenden Capitel näher bestimmt.

§ 92. Die allgemeine Ständeversammlung wird von den Verträgen, die der König mit andern Mächten schließt, in Kenntniß gesetzt, sobald es die Umstände erlauben. Erfordert die Ausführung der Verträge die Bewilligung von Geldmitteln, oder sollen dieselben eine Einwirkung auf die innere Gesetzgebung des Königreichs hervorbringen; so bedarf es deßhalb der verfassungsmäßigen Mitwirkung der Stände.

§ 93. Die allgemeine Ständeversammlung besteht aus zwei Cammern, die sich in ihren Rechten und Befugnissen gleich sind.

§ 94. Die erste Cammer soll bestehen aus: 1) den Königlichen Prinzen, Söhnen des Königs, und den Häuptern der Nebenlinien der Königlichen Familie; 2) dem Herzoge von Arenberg, dem Herzoge von Looz-Corswaaren und dem Fürsten von Bentheim, so lange sie im Besitze ihrer Mediatterritorien bleiben; 3) dem Erblandmarschall des Königreichs; 4) den Grafen zu Stolberg-Wernigerode und zu Stolberg=Stolberg wegen der Grafschaft Hohnstein; 5) dem Generalerbpostmeister Grafen von Platen=Hallermund; 6) dem Abte zu Loccum; 7) dem Abte von St. Michaelis zu Lüneburg; 8) dem Präsidenten der Bremischen Ritterschaft als Director des Klosters Reuenwalde; 9) dem oder den katholischen Bischöfen des Königreichs; 10) zwei auf die Dauer des Landtags zu ernennenden angesehenen evangelischen Geistlichen; 11) den von der Landesoberrichaft mit einem persönlichen erblichen Stimmrechte verliehenen Majoratsherren; 12) den auf die Dauer eines jeden Landtags zu erwählenden Deputirten der Ritterschaften, nämlich: von der Calenberg=Grubenhagenschen Ritterschaft acht, von der Lüneburgischen sieben, von der Bremen= und Verdenschen sechs, von der Hoya= und Diepholzischen drei, von der Osnabrückschen Ritterschaft, incl. Meppen und Lingen, fünf, von der Hildesheimischen Ritterschaft vier, von der Ostfriesischen (unter Vorbehalt einer Vermehrung der Zahl, wenn eine verhältnißmäßige Vermehrung der Mitglieder der Ritterschaft sich ergeben sollte) zwei; 13) vier Mitgliedern, welche der König ernennt. Eins dieser Mitglieder wird auf Lebenszeit, die drei andern aber werden auf die Dauer des Landtags ernannt.

§ 95. Ein persönliches erbliches Stimmrecht wird der König nur solchen Majoratsherren verleihen, die ein Majorat errichtet haben, welches aus einem im Königreiche belegenen Rittersitze nebst anderm ebenfalls im Lande belegenen Grundvermögen besteht, und nach Abzug der Zinsen der auf demselben etwa haftenden hypothekarischen Schulden und der sonstigen fortwährenden Lasten, wenigstens 6000 Rthlr. reiner jährlicher Einkünfte gewährt. Sobald eine stärkere Beschwerung des Majorats eintritt, ruht einstweilen das erbliche Stimmrecht des Besitzers.

§ 96. Das Recht der Beilegung einer erblichen Virilstimme steht unter den verfassungsmäßigen Bedingungen dem Könige ohne Rücksicht auf die Zahl der bereits vorhandenen und abgesehen von einer sich ereignenden Erledigung zu jeder Zeit zu. Die Errichtung des Majorats giebt kein Recht auf die Beilegung einer Virilstimme, sondern ist lediglich die Bedingung, ohne deren Erfüllung die Beilegung eines erblichen Stimmrechts nicht Statt finden kann. Uebrigens soll behuf Erleichterung der Stiftung von Majoraten die Untheilbarkeit und die Erbfolge nach dem Rechte der Erstgeburt bei Verleihung von eröffneten Lehnen festgesetzt und bei bereits verliehenen Lehnen auf den Antrag der Vasallen genehmigt werden, soweit nicht bereits erworbene Rechte dritter Personen entgegen stehen.

§ 97. Bei der Auswahl der § 94 Nr. 13 bezeichneten, von dem Könige zu ernennenden Mitglieder tritt zwar keine Beschränkung durch Rang, Geburt und Vermögen ein. Sie müssen jedoch die in den §§ 102—105 vorgeschriebenen Qualificationen besitzen.

§ 98. Die zweite Cammer soll bestehen aus folgenden auf die Dauer des Landtags zu erwählenden Deputirten: 1) drei Deputirten der Stifter St. Bonifacii zu Hameln, Cosmae et Damiani zu Wunstorf, St. Alexandri zu Einbeck, Beatae Mariae Virginis daselbst, des Stifts Bardowiek und des Stifts Rameloloh, welche von diesen Stiftern unter Zuziehung von höhern Geistlichen und Predigern aus der Zahl der protestantischen Geistlichen oder solcher Männer, welche dem höhern Schulwesen im Königreiche angehören, in der Maße zu erwählen sind, daß sich wenigstens zwei ordinirte protestantische Geistliche unter denselben befinden; 2) drei Mitglieder, welche der König wegen des allgemeinen Klosterfonds ernennt; 3) einem Deputirten der Universität Göttingen; 4) zwei von den evangelischen Königlichen Consistorien zu erwählenden Deputirten; 5) einem Deputirten des Domcapitels zu Hildesheim; 6) aus sieben und dreißig Deputirten nachfolgender Städte und Flecken, nämlich: zwei Deputirten der Residenzstadt Hannover, einem Deputirten der Stadt Göttingen, einem Deputirten der Stadt Northeim, einem Deputirten der Stadt Hameln, einem Deputirten der Stadt Einbeck, einem Deputirten der Stadt Osterode, einem Deputirten der Stadt Duderstadt, einem Deputirten der Städte Moringen, Uslar, Hardegsen, Dransfeld und Hedemünden, einem Deputirten der Stadt Münden, einem Deputirten der Städte Münder, Pattensen, Neustadt am Rübenberge, Springe, Wunstorf, Elbagsen, Bodenwerder und Rehburg, einem Deputirten der Städte Clausthal und Zellerfeld, einem Deputirten der übrigen fünf Bergstädte, einschließlich Herzberg, Elbingerode und Lauterberg, einem Deputirten der Stadt Lüneburg, einem Deputirten der Stadt Uelzen, einem Deputirten der Stadt Celle, einem Deputirten der Stadt Harburg, einem Deputirten der Städte Lüchow, Dannenberg und Hitzacker, einem Deputirten der Städte Soltau, Walsrode, Burgdorf und

Gifhorn, einem Deputirten der Stadt Stade, einem Deputirten der Stadt Buxtehude, einem Deputirten der Stadt Werden, einem Deputirten der Stadt Rienburg, einem Deputirten der Hoyaischen Flecken, einem Deputirten der Diepholz'schen Flecken, einem Deputirten der Stadt Osnabrück, einem Deputirten der Städte Quakenbrück und Fürstenau und des Fleckens Melle, einem Deputirten der Städte Meppen, Lingen und Haselünne, einem Deputirten der Stadt Goslar, einem Deputirten der Stadt Hildesheim, einem Deputirten der Städte Alfeld, Peine und Bockenem, einem Deputirten der Städte Elze, Gronau Sarstedt und Dassel, einem Deputirten der Stadt Emden, einem Deputirten der Städte Aurich und Esens, einem Deputirten der Stadt Norden, einem Deputirten der Stadt Leer, einem Deputirten der Städte Schüttorf, Rordhorn und Reuenhaus und des Fleckens Bentheim; 7) aus acht und dreißig Deputirten der sämmtlichen Grundbesitzer aus den unter Nr. 6 nicht aufgeführten Städten und Flecken, aus den Freien und aus dem Bauernstande, nämlich: von den Fürstenthümern Calenberg, Göttingen und Grubenhagen fünf, von der Grafschaft Hohnstein einem, von dem Fürstenthume Lüneburg fünf, von den Bremischen Marschen fünf, von der Bremischen Geest und dem Herzogthume Verden drei, vom Lande Hadeln mit Einschluß der Stadt Otterndorf zwei, von den Grafschaften Hoya und Diepholz drei, von dem Fürstenthume Osnabrück drei, von dem Herzogthume Arenberg-Meppen und der Niedergrafschaft Lingen zwei, von dem Fürstenthume Hildesheim drei, von dem Fürstenthume Ostfriesland fünf, von der Grafschaft Bentheim einem.

§ 99. Sowohl die von den Ritterschaften, als die von den übrigen Grundbesitzern zu wählenden Deputirten müssen selbst Grundbesitzer in der Provinz sein, aus welcher sie gewählt werden. Dagegen sind die übrigen Corporationen in der Wahl ihrer Deputirten nicht auf Mitglieder aus ihrer Mitte beschränkt.

§ 100. Die Deputirten der Ritterschaften müssen aus im Königreiche belegenem Grundvermögen ein reines Einkommen besitzen, welches nach Abzug der Zinsen der auf demselben etwa haftenden hypothekarischen Schulden und der sonstigen fortwährenden Lasten jährlich sechshundert Thaler beträgt. Bei den Deputirten den übrigen Grundbesitzer ist ein solches reines Einkommen von 300 Rthlr. erforderlich, welches entweder ererbt, oder aber mindestens Ein Jahr vor der Wahl erworben sein muß. Die übrigen Deputirten müssen entweder ein solches reines Einkommen von dreihundert Thalern, sei es von ländlichem und städtischem Grundbesitze oder im Lande radicirten Capitalien haben, oder eine jährliche Diensteinnahme von 800 Rthlr. oder als Gemeindebeamte von 400 Rthlr. genießen, oder aus ihrer Wissenschaft, ihrer Kunst oder ihrem Gewerbe ein jährliches Einkommen von 1000 Rthlr. beziehen, und solches schon drei Jahre vor ihrem Eintritte in die allgemeine Ständeversammlung genossen haben.

§ 101. Die Wahl der städtischen Deputirten geschieht nach absoluter Stimmenmehrheit gemeinschaftlich durch die Magistratsmitglieder, Bürgervorsteher und Wahlmänner, die hiezu nach Maßgabe der Verfassung jeder Stadt aus den zu Bürgervorstehern qualificirten Bürgern besonders erwählt werden. Mehrere Städte, welche zusammen einen Deputirten absenden, wählen gleichfalls nach absoluter Stimmenmehrheit entweder nach einem turnus, wenn nicht mehr als drei concurriren, oder gemeinschaftlich nach einem Regulative. Die Wahl der Deputirten der nicht zu den Ritterschaften gehörenden Grundbesitzer geschieht durch absolute Stimmenmehrheit von Wahlmännern, welche durch die Bevollmächtigten der Gemeinden gewählt werden. Die nähern Bestimmungen über diese Wahlen und die Wahlen der übrigen Corporationen sollen mit Rücksicht auf die verschiedenen provinziellen Verhältnisse, unter Mitwirkung der Stände, durch ein Gesetz festgestellt werden.

§ 102. Die Mitglieder beider Cammern müssen einer der im Königreiche anerkannten christlichen Kirchen zugethan sein und das 25ste Lebensjahr zurückgelegt haben.

§ 103. Wer wegen eines Criminalverbrechens entweder bestraft ist oder vor Gericht gestanden hat, ohne daß er von der Beschuldigung völlig losgesprochen worden, kann nicht Mitglied der Ständeversammlung sein. Ausnahmsweise kann der Landesherr bei nicht entehrenden Verbrechen die dergestalt verlorne Fähigkeit, Mitglied letzterer zu sein, wiederherstellen.

§ 104. Personen, über deren Vermögen unter ihrer Verwaltung ein Concurs ausgebrochen ist, können vor Befriedigung ihrer Gläubiger weder zu Mitgliedern der

Ständeversammlung gewählt werden, noch wenn sie zur Zeit des Ausbruchs des Concurses Mitglieder sind, in derselben verbleiben. Diejenigen Grundeigenthümer aber, welche dem Concurs von ihren Vorfahren überkommen haben, können insofern als Mitglieder der allgemeinen Ständeversammlung zugelassen werden, als sie übrigens dazu qualifizirt sind, und namentlich das vorbestimmte Einkommen besitzen, wozu auch die von ihnen zu beziehende Competenz gerechnet werden soll.

§ 105. Mitglieder der allgemeinen Ständeversammlung können nur solche Personen sein, welche ihren Wohnsitz im Königreiche haben und sich nicht im aktiven Dienste eines fremden Landesherrn befinden. Ausgenommen hiervon sind 1) die Prinzen des Königlichen Hauses und die Standesherren, 2) diejenigen, welche in den Herzoglich Braunschweig-Wolfenbüttelschen Landen ihren Wohnsitz haben und daselbst in Staatsdiensten stehen, so lange hierunter das Reciprocum beobachtet wird.

§ 106. Die Wahlcorporationen haben sich von dem Vorhandensein der in den §§ 99, 100 und 102 bis incl. 105 vorgeschriebenen Cualificationen bei den zu erwählenden Deputirten gebührend zu überzeugen.

§ 107. Sämmtliche Mitglieder der Ständeversammlung haben sich als Repräsentanten des ganzen Königreichs anzusehen, und dürfen sich nicht durch eine bestimmte Instruction des Standes oder der Gemeinde, von denen sie gewählt sind, binden lassen.

§ 108. Jedes Mitglied hat das Recht, für seine Person eine vollgültige Stimme abzugeben, kann solche aber nicht auf ein anderes Mitglied übertragen. Die § 94 unter No. 2 und 4 aufgeführten Mitglieder der ersten Cammer können sich durch dazu von ihnen bevollmächtigte Agnaten ihres Hauses, der Erblandmarschall des Königreichs, der Generalerbpostmeister Graf von Platen-Hallermund und die Majoratsherren durch ihre volljährigen ältesten Söhne, die nach § 94 No. 10 vom Landesherrn zu ernennenden angesehenen Geistlichen durch gleichzeitig zu bezeichnende Substituten und die katholischen Bischöfe des Königreichs im Falle der Behinderung durch ein Mitglied ihres Domcapitels vertreten lassen. Jedoch kann der Erblandmarschall die ihm in dieser Eigenschaft zustehenden Functionen auf keinen Andern übertragen. Im Falle der Minderjährigkeit werden die hier benannten erblichen Mitglieder der ersten Cammer durch ihre Vormünder vertreten, sofern die Letztern dem Mannsstamme der Familie angehören.

§ 109. Jede Aeußerung eines Mitgliedes in der Versammlung über ständische Angelegenheiten soll immer die günstigste Auslegung erhalten.

§ 110. Kein Mitglied soll wegen einer in der Versammlung geschehenen Aeußerung gerichtlich in Anspruch genommen werden, vielmehr die Cammer der alleinige Richter über die Aeußerungen der Mitglieder sein. Ausgenommen ist jedoch der Fall, wenn ein Mitglied sich Aeußerungen erlauben sollte, welche hochverrätherischen Inhalts sind. Außerdem versteht es sich von selbst, daß, wenn beleidigende Aeußerungen oder schwere Beschuldigungen gegen irgend ein Individuum vorgebracht werden sollten, dem Beleidigten der Weg Rechtens nicht versperrt werden kann.

§ 111. Kein Mitglied soll während der Dauer der Landtagsversammlung mit persönlichem Arrest belegt werden, es sei denn, daß die Gerichte in dem Falle eines schweren Criminalverbrechens eine schleunige Verhaftung nothwendig finden sollten, welcher Fall jedoch den Cammern vom Aufschub anzuzeigen ist.

§ 112. Die Ständeversammlung steht mit Ausnahme des im § 152 des achten Capitels erwähnten Falles mit keiner anderen Landesbehörde als dem Ministerio in unmittelbarer Geschäftsverbindung, und kann Erwiederungen und Anträge nur an den König, an dessen Stellvertreter oder an das Ministerium gelangen lassen und auch nur an diese Deputationen absenden. Jedoch hat die Ständeversammlung das Recht, auf an sie gerichtete Vorstellungen Beschlüsse zu fassen und den Bittstellern von solchen Beschlüssen durch Protocollauszug Kenntniß zu geben.

§ 113. Alle Anträge, welche vom Könige oder dem Ministerio an die Stände ergehen, sollen jederzeit an die gesammte allgemeine Ständeversammlung gerichtet werden, so wie auch umgekehrte Erwiederungen und Anträge nur von beiden Cammern gemeinschaftlich ausgehen können.

§ 114. Die Landesregierung hat das Recht, Commissarien abzuordnen, welche den Sitzungen der Ständeversammlung, jedoch als solche ohne Stimmrecht, beiwohnen und an den Berathschlagungen Theil nehmen können.

§ 115. Die Cammern haben das Recht, unter dem im Reglement enthaltenen Bestimmungen und Ausnahmen zu ihren Sitzungen und Verhandlungen Zuhörer zuzulassen.

§ 116. Die Dauer eines Landtags ist auf sechs Jahre festgesetzt. Jedoch hängt es von dem Könige ab, die Versammlung auch früher zu jeder Zeit aufzulösen und eine neue anzusetzen, auch zum Behufe derselben neue Wahlen von Deputirten auszuschreiben.

§ 117. Die mit dem Schlusse des Landtags abtretenden Deputirten können wieder gewählt werden.

§ 118. Jedes Jahr soll eine Versammlung der allgemeinen Stände gehalten werden.

§ 119. Der König oder in dessen Auftrage das Ministerium können die Ständeversammlung zu jeder Zeit vertagen. Jede Cammer derselben kann sich vertagen, jedoch auf mehr als drei Tage nur unter Genehmigung des Ministeri.

§ 120. Der Anfang und der Schluß der Sitzungen jedes Jahrs wird von dem Könige, oder in dessen Auftrage von dem Ministerio, verfügt.

§ 121. Die übrigen Verhältnisse der allgemeinen Ständeversammlung und der Mitglieder derselben, des Erblandmarschalls, der Präsidenten, Generalsyndiken und der Generalsecretarien, die Vorschriften über das Verfahren in den Sitzungen der Versammlung und die Verhandlung der zur Deliberation kommenden Gegenstände sind in einem besondern Reglement festgesetzt.

Siebentes Capitel.
Von den Finanzen.

§ 122. Sämmtliche zu dem Königlichen Domanio gehörenden Gegenstände, namentlich Schlösser, Gärten, Güter, Gefälle, Forsten, Bergwerke, Salinen und Activcapitalien machen das seinem Gesammtbestande nach stets zu erhaltende Krongut aus. Dem Könige und dessen Nachfolgern an der Regierung verbleiben unter den nachfolgenden Bestimmungen alle diejenigen Rechte, welche dem Landesherrn daran bis dahin zugestanden haben.

§ 123. Das Krongut kann ohne Zustimmung der Stände rechtsgültig nicht verpfändet werden, mit Ausnahme des im § 147 bezeichneten Falles einer außerordentlichen Anleihe. Veräußerungen der Substanz können nur in Folge gesetzlicher Bestimmungen oder wegen ihrer Nützlichkeit eintreten. Das Aequivalent soll mit dem Krongute wiederum vereinigt und dessen Anlegung oder Verwendung, welche jedoch für die Dauer im Königreiche geschehen muß, auf eine sichere und einträgliche Art sofort beschafft werden. Ueber Veränderungen dieser Art soll der allgemeinen Ständeversammlung jährlich eine Nachweisung mitgetheilt werden. Freiwillige Veräußerungen ganzer Domanialgüter oder bedeutender Forsten dürfen nicht ohne vorgängige Einwilligung der allgemeinen Ständeversammlung geschehen, und es sind sofort gleich einträgliche Gegenstände, vorzugsweise Landgüter oder Forsten, an deren Stelle zu setzen.

§ 124. Die Aufkünfte des gesammten Kronguts sollen ohne Ausnahme zum Besten des Landes verwandt werden, und zwar zunächst zur Bezahlung der Zinsen der auf dem Domanio haftenden Schulden und zum allmäligen Abtrage der Passivcapitalien; ferner zum Unterhalte und der Hofhaltung des Königs, der Königin, so wie der minderjährigen Prinzen und Prinzessinnen, Söhne und Töchter des Königs; sodann zu dem standesmäßigen Auskommen der verwittweten Königin und der verwittweten Kronprinzessin, zu den Apanagen und Ausstattungskosten für die Prinzen und Prinzessinnen des Königlichen Hauses, so wie auch zu dem standesmäßigen Auskommen der Wittwen der Prinzen des Königlichen Hauses; (vergl. §§ 134 und 135.) endlich aber der Ueberrest, so wie die bisher mit der Domanialverwaltung vereinigt gewesenen Revenüen der Regalien zur Bestreitung anderweiter Staatsausgaben.

§ 125. Zur Deckung der für den Unterhalt und die Hofhaltung des Königs, der Königin, so wie der minderjährigen Prinzen und Prinzessinnen, Söhne und Töchter des Königs, erforderlichen Ausgaben dienen 1) die Zinsen eines in den Jahren 1784 bis 1790 in den Englischen dreiproeentigen Stocks belegten, aus Revenüen der Königlichen Cammer erwachsenen Capitals von £ St. 600,000, welches Capital unveräußerlich und unzertrennlich mit der Krone vereinigt und vererblich sein soll; 2) die Domanialgüter, so wie die zu dem Domanio gehörenden Zehnten und Forsten bis zu dem Belaufe eines Nettoertrages von 500,000 Rthlr. Conventionsmünze. Diese Summe kann bei sich vergrößerndem Bedarf mit Zustimmung der allgemeinen Stände des Königreichs erhöht werden.

23*

§ 126. Zu jenem Zwecke wird von dem im § 122 bezeichneten Krongute ein vom Könige auszuwählender Complex, zunächst bestehend aus Grundstücken, Zehnten oder Forsten, deren im Einverständnisse mit den Ständen auszumittelnder Ertrag nach Abzug aller darauf haftenden Ausgaben und Lasten 500,000 Rthlr. beträgt, ausgeschieden und der selbsteigenen Administration vorbehalten. Dem Könige bleibt bei der Ausscheidung der Krondotation das Recht vorbehalten, einen Theil derselben in Renten oder Baarzahlungen der Cassen zu bestimmen.

§ 127. Sollte der solchergestalt festgestellte Gütercomplex durch Veräußerungen oder Capitalablösungen demnächst vermindert werden, so muß das aus der Veräußerung oder Ablösung hervorgegangene Capital jederzeit behuf Wiederanlegung desselben nach Vorschrift des § 123 der Generalcasse überwiesen werden, und der König behält das Recht, die Dotation nach Seiner Wahl durch andere Gegenstände des Kronguts unter Beobachtung der Bestimmungen des § 126 ergänzen zu lassen, oder aber die Rente des Capitals als Ergänzung der Krondotation zu nehmen.

§ 128. Außerdem bleiben dem Könige und seinen Nachfolgern in der Regierung die Königlichen Schlösser und Gärten, die zur Hofhaltung bestimmten Königlichen Gebäude, Ameublements, das Silbergeräth nebst dem Silbercapitale und sonstigen Kostbarkeiten, alle zur Hofhaltung gehörenden Inventarien, die Bibliothek und die Königlichen Jagden im ganzen Umfange des Königreichs vorbehalten, wogegen Derselbe die damit verbundenen Ausgaben übernimmt.

§ 129. Die zur Dotation der Krone ausgeschiedenen Theile des Kronguts dürfen niemals verpfändet und nur unter Contrasignatur eines verantwortlichen Ministers und unter Beobachtung der im § 123 enthaltenen Bestimmungen veräußert werden.

§ 130. Die aus der Dotation der Krone zu bestreitenden Ausgaben sind die Kosten der Hofstats, des Marstalls, die Besoldungen und Pensionen der Hofdienerschaft, die Kosten des Hoftheaters, die gewöhnliche Unterhaltung der Königlichen Schlösser und Gärten und die Kosten des Königlichen Guelphenordens. Dagegen sind unter den Ausgaben der Krondotation nicht begriffen die Kosten der Erbauung oder Aequisition und der ersten Einrichtung Königlicher Schlösser oder ganzer Abtheilungen derselben, vielmehr erfordern dergleichen Kosten, im Fall des Bedürfnisses, auf den Antrag des Königs die Bewilligung der allgemeinen Ständeversammlung.

§ 131. Sollte ein künftiger König als Inhaber einer andern Krone außer Landes residiren, so wird neben der nach dem vorstehenden Paragraphen auf der Einnahme der Krondotation liegenden Ausgabe von den Revenüen derselben jährlich eine Summe von 150,000 Rthlr. behuf der Verwendung zu anderweiten Staatsausgaben der Generalcasse überwiesen.

§ 132. Tritt eine Regentschaft ein, so müssen die mit derselben verbundenen Kosten aus der Krondotation bestritten werden. Dasselbe findet wegen der Kosten einer etwaigen Stellvertretung des Königs Statt.

§ 133. Alle aus dem Krongute und aus den Regalien aufkommenden Einnahmen, mit alleiniger Ausnahme der, der unmittelbaren Administration des Königlichen Hauses vorbehaltenen Güter, sollen mit den Landesabgaben, Chausseegeldern und Sporteln in eine einzige Generalcasse fließen, aus welcher Casse alle Ausgaben bestritten werden, sofern dieselben nicht auf der Krondotation ruhen.

§ 134. Für die Erhaltung der Prinzen und Prinzessinnen des Königlichen Hauses aus ebenbürtiger, hausgesetzlicher Ehe werden, wenn es demnächst das Bedürfniß erfordert, namentlich bei eigener Etablirung und Vermählung, besondere Apanagen, Einrichtungs- und Ausstattungskosten ausgesetzt, deren Betrag auf den Antrag des Königs von der allgemeinen Ständeversammlung für einzelne Fälle bewilligt oder durch ein allgemeines Regulativ festgestellt wird. Ueber die Art der Vererbung der Apanagen auf die Nachkommen der Berechtigten wird das zu erlassende Hausgesetz die näheren, unter Beirath der Stände zu treffenden Bestimmungen enthalten.

§ 135. Für das standesmäßige Auskommen der verwittweten Königin und der verwittweten Kronprinzessin muß auf den Antrag des Königs und mit Bewilligung der allgemeinen Ständeversammlung Sorge getragen werden. Dasselbe soll geschehen bei den Wittwen der Prinzen des Königlichen Hauses, wenn die bewilligten Apanagen zu deren standesmäßigem Unterhalte nicht hinreichen.

§ 136. Das Privatvermögen des Königs, der Königin, der Prinzen und Prinzerfinnen, wohin namentlich auch dasjenige gehört, was aus den ihnen zustehenden Revenüen acquirirt worden, verbleibt nach Maßgabe der Hausgesetze, oder soweit diese darüber nicht entscheiden, der Landesgesetze, der völlig freien Disposition der Berechtigten.

§ 137. Ueber die Verwendung der zur Dotation der Krone, zu Apanagen oder Wittthümern der Mitglieder der Königlichen Familie ausgesetzten Einnahmen steht den Ständen keine Controle irgend einer Art zu. Auch können dieselben rücksichtlich der Verwaltung der zur Krondotation ausgeschiedenen Gegenstände, so wie der Resultate dieser Verwaltung keine Controle noch Einwirkung in Anspruch nehmen.

§ 138. Das Vermögen der jetzigen Schatulleasse bleibt getrennt von den Staatscassen und zur ausschließlichen Disposition des Königs.

§ 139. Ueber die Ausgaben, welche die Verwaltung des Landes und dessen sonstige aus der Generalcasse zu bestreitenden Bedürfnisse erforderlich machen, soll der allgemeinen Ständeversammlung jährlich ein nach den Hauptausgabezweigen aufgestelltes Budget vorgelegt, und mit den nöthigen auf Antrag der Stände zu vervollständigenden Etats und Erläuterungen begleitet werden.

§ 140. Die allgemeine Ständeversammlung hat die Verpflichtung, für die Deckung der für den öffentlichen Dienst nothwendigen Ausgaben in so weit zu sorgen, als sie aus den Einkünften des Kronguts und der Regalien nicht bestritten werden können. Dagegen steht ihr das Recht zu, das Budget zu prüfen und zu bewilligen. Der Bedarf für den Militairetat, bei welchem die Bestimmungen des § 152 eintreten, und die Grundsätze, welche bei Bewilligung der in den übrigen Hauptausgabezweigen begriffenen Gehalte und Pensionen zu befolgen sind, sollen durch Regulative gemeinschaftlich mit den Ständen festgestellt werden. Diese Regulative dienen bis dahin, daß ein Anderes zwischen König und Ständen ausgemacht ist, der ständischen Bewilligung zur Norm, müssen jedoch auf Antrag der allgemeinen Ständeversammlung jederzeit einer Revision unterzogen werden. Ausgaben, welche auf bestimmten bundes= oder landesgesetzlichen oder auf privatrechtlichen Verpflichtungen beruhen, darf die allgemeine Ständeversammlung nicht verweigern. Zu solchen Ausgaben werden namentlich auch diejenigen Gehalte, Pensionen und Wartegelder, welche der König bereits bewilligt hat, oder einstweilen nach den bisherigen Grundsätzen, demnächst aber nach den mit den Ständen zu vereinbarenden Regulativen bewilligen wird.

§ 141. Die Anschläge für die einzelnen Hauptdienstzweige werden dergestalt als ein Ganzes betrachtet, daß die Verwendung und Vertheilung der für jeden Hauptdienstzweig im Ganzen bewilligten Summen der Bestimmung des betreffenden Ministerialdepartements überlassen wird, insofern die Verwendung nur für diesen Hauptdienstzweig und ohne Ueberschreitung des ganzen Credits in Gemäßheit der mit den Ständen vereinbarten Regulative (vergl. § 140) Statt findet.

§ 142. Die Ersparungen, welche bei dem Ausgabeetat des Kriegsministerii gemacht werden, sollen so lange baar in den Schatz niedergelegt werden, bis die gesammelten Summen die Hälfte des ganzen Militäretats erreichen. Uebersteigt die Ersparung diesen Betrag, so soll über den weitern Ueberschuß mit Einwilligung der Ständeversammlung anderweit disponirt werden. Die Vorräthe dieses Kriegsschatzes sind für die Ausgaben des Kriegsministerii zu verwenden, sobald letztere die ordentlichen Mittel übersteigen.

§ 143. Für außerordentliche, während der Vertagung der allgemeinen Ständeversammlung eintretende Landesbedürfnisse, welche bei Feststellung des Budgets nicht berücksichtigt werden konnten, und welche gleichwohl (namentlich im Falle eintretender Landescalamitäten, Kriegsrüstungen oder innerer Unruhen) schleunige Maßregeln und Kostenverwendungen erfordern, soll ein in dem jährlichen Budget nicht besonders aufzuführender Reservecredit bestehen, welcher fünf Procent des ganzen Ausgabebudgets ausmacht. Die Disposition über diesen Reservecredit steht dem Gesammtministerio zur seiner Verantwortung zu, die Verwendung aber soll der allgemeinen Ständeversammlung bei ihrer nächsten Zusammenkunft nachgewiesen werden.

§ 144. Gleichzeitig mit dem Anschlage der Ausgaben soll der allgemeinen Ständeversammlung ein Anschlag der zu deren Bestreitung erforderlichen Einnahmen vorgelegt werden, welche alle oben (§ 133) bezeichneten Einnahmen umfaßt.

§ 145. Die zur Bestreitung der Landesausgaben außer der Einnahme von dem Krongut und den Regalien erforderlichen Steuern und Abgaben bedürfen der jährli=

den Bewilligung der allgemeinen Ständerversammlung. In dem jährlich erforderlichen Ausschreiben soll der ständischen Bewilligung besonders erwähnt werden. Die Bewilligung der Steuern darf an keine Bedingung geknüpft werden, die nicht deren Wesen oder Verwendung unmittelbar trifft.

§ 146. Sollten die von der Landesregierung in Antrag gebrachten, zu den Bedürfnissen des Landes erforderlichen Steuern und Abgaben bei Auflösung einer Ständeversammlung nicht bewilligt sein, so können die bestehenden Steuern und Abgaben, so weit sie nicht zu einem vorübergehenden bereits erreichten Zwecke ausgeschrieben worden, noch 6 Monate vom Ablauf der letzten Bewilligungszeit an unverändert fort erhoben und zu dem Ende in Beziehung auf diesen Paragraphen ausgeschrieben werden.

§ 147. Anleihen behuf der aus der Generalcasse zu bestreitenden Ausgaben können nur nach erfolgter Bewilligung der allgemeinen Ständeversammlung gemacht werden. Sollte jedoch wegen außerordentlicher Umstände die ordentliche Einnahme der Casse so bedeutende Ausfälle erleiden, daß die bewilligten Ausgaben nicht bestritten werden könnten, oder sollten schleunige Kriegsrüstungen nothwendig werden, der § 142 festgesetzte Kriegsschatz aber in der erforderlichen Größe nicht vorhanden sein, oder sollte der oben, § 143 bestimmte Reservecredit benutzt werden müssen und dazu die Vorräthe und Einnahmen der Cassen nicht hinreichen: so hat der König, wenn die Stände nicht versammelt sind, das Recht, auf den Bericht des ganzen Ministerii und nach Anhörung des Geheimenrathscollegii zu bestimmen, daß eine Anleihe auf den Credit der Generalcasse zur Deckung der bewilligten oder aus dem Kriegsschatze zu bestreitenden, oder auf den Reservecredit anzuweisenden Ausgaben, höchstens bis zu dem Belaufe von einer Million Thaler gemacht werden darf. Insofern Anleihen für Kriegsrüstungen nöthig werden, ist der jedesmalige Bestand des Kriegsschatzes davon in Abzug zu bringen. Die Verhandlungen über solche außerordentliche Anleihen sollen jedoch der allgemeinen Ständeversammlung bei ihrer nächsten Zusammenkunft vorgelegt und derselben nachgewiesen werden, daß die gemachte Anleihe nothwendig gewesen und zum Besten des Landes verwandt ist, und soll der Betrag in die Landesschuldenetats aufgenommen werden.

§ 148. Die Verwendung der zur Tilgung der Landesschulden ausgesetzten Summen soll unter Mitwirkung von Commissarien der allgemeinen Ständeversammlung geschehen. Auch sollen diese Commissarien bei Ausstellung von Obligationen über Landesschulden zu dem Zwecke zugezogen werden, um zu constatiren, daß bei Eingehung der Anleihe, deren vollständige Bedingungen ihnen mitzutheilen sind, die verfassungsmäßigen Zuständigkeiten nicht überschritten worden.

§ 149. Die Rechnungen der Generalcasse und aller dazu gehörenden Nebencassen sollen der allgemeinen Ständeversammlung zur Einsicht vorgelegt werden. Diese hat alsdann aus ihrer Mitte eine Commission zu erwählen, welche diese Rechnungen zu prüfen und der allgemeinen Ständeversammlung darüber Bericht zu erstatten hat, ob die Einnahmen gehörig erhoben und zu keinen anderen Zwecken, als den Ausgaben, zu denen sie bestimmt worden, verwandt sind. Zu diesem Zwecke sollen der Commission die etwa erforderlichen Erläuterungen und die Belege auf Begehren mitgetheilt werden. Auch hat die allgemeine Ständeversammlung das Recht, zur Prüfung der Rechnungen Commissarien auf Lebenszeit zu ernennen, die sodann als solche in der Cammer, welche sie erwählt hat, Sitz und Stimme haben. Ausgaben zu geheimen Verhandlungen, rücksichtlich deren eine Nachforschung von Seiten der Stände nicht Statt finden darf, können nicht anders in Rechnung gebracht werden, als wenn diese Ausgaben durch eine von dem Könige und sämmtlichen Mitgliedern des Ministerii zu unterzeichnende Verfügung als zu Landeszwecken nothwendig bezeichnet werden.

Achtes Capitel.
Von den oberen Landesbehörden und der Staatsdienerschaft.

§ 150. Die oberste Leitung der Regierung unter dem Könige und dessen etwaigem Stellvertreter wird von dem Ministerio wahrgenommen, dessen Mitglieder der König nach eigener Wahl ernennt und nach Gefallen entlassen kann. Für die einzelnen Verwaltungszweige bestehen Ministerialdepartements.

§ 151. Alle vom Könige, oder dessen Stellvertreter ausgehenden Verfügungen bedürfen zu ihrer Gültigkeit der Contrasignatur des Ministers oder Vorstandes des betreffenden Ministerialdepartements. Jeder Minister oder Vorstand eines Ministerrialdepartements ist aber dem Könige und dem Lande dafür verantwortlich, daß keine von ihm contrasignirte, ausgegangene oder unterschriebene Verfügung eine Verletzung des Staatsgrundgesetzes enthalte. Die allgemeine Ständeversammlung ist befugt, diese Verantwortlichkeit durch Beschwerde, außerdem aber wegen absichtlicher Verletzung des Staatsgrundgesetzes mittelst einer förmlichen Anklage gegen den Minister oder Vorstand eines Ministerialdepartements geltend zu machen.

§ 152. Zur Untersuchung und Entscheidung über eine solche förmliche Anklage ist ausschließlich das Oberappellationsgericht in Plenarversammlung competent. Die Ständeversammlung muß dem Könige vier Wochen vor Anstellung der Anklage von derselben Anzeige machen. Die Anklage selbst wird von Seiten der Stände unmittelbar an das Gericht gebracht. Der König verspricht, eine von der Ständeversammlung beschlossene Anklage nie zu hindern. Die Entscheidung des Gerichts kann nur dahin gehen, daß der Angeschuldigte der absichtlichen Verletzung des Staatsgrundgesetzes, deren er angeklagt worden, schuldig sei oder nicht. Im ersteren Falle ist er durch den Ausspruch des Gerichts von selbst seiner Stelle verlustig, und kann auch in einem anderen Amte nicht wieder angestellt werden. Gegen die Entscheidung des Gerichts in solchen Fällen finden überall keine Rechtsmittel Statt; auch sind die Abolition und die Begnadigung gänzlich ausgeschlossen. Die Urtheile über solche Anklagen werden mit ihren Entscheidungsgründen durch den Druck öffentlich bekannt gemacht. Hinsichtlich der gemeinrechtlichen Folgen behält es bei der ordentlichen Rechts- und Gerichtsverfassung sein Bewenden.

§ 153. Alle in Abwesenheit des Königs, so wie des Stellvertreters Desselben im Namen und Auftrage des Königs von den anwesenden Mitgliedern des Ministerii unterzeichneten Ausfertigungen haben die Kraft der vom Könige selbst vollzogenen Verfügungen.

§ 154. Zur Berathung wichtiger Landesangelegenheiten, insbesondere der zu erlassenden Gesetze und Verordnungen wie auch der Entlassung von Civilstaatsdienern, nach Maßgabe der Bestimmungen des § 163 soll ein Geheimerathscollegium bestehen, welches aus den Mitgliedern des Ministerii und andern dazu berufenen Personen zusammen gesetzt ist. Dasselbe hat in der Regel eine bloß berathende Stimme. Eine Entscheidung steht demselben nur dann zu, wenn eine Competenzstreitigkeit zwischen den Verwaltungsbehörden und Gerichten (§ 156) vorliegt. Die Eröffnung der Entscheidung erfolgt durch das Ministerium.

§ 155. Die rein militairischen Angelegenheiten, insbesondere die innere Organisation der Armee und die Anstellung und Entlassung der Officiere gehen vom Könige aus, ohne daß es dabei der Dazwischenkunft des Ministerii bedarf. Bei Rekrutirung der Armee und bei Translocationen der Officiere finden die Bestimmungen des § 162 Anwendung. Zur Aufrechterhaltung der inneren Ruhe und Sicherheit, so wie zur Vollziehung und Aufrechterhaltung der von den Civilbehörden ergangenen Verfügungen kann die Militairgewalt nur auf ausdrückliche Requisition der competenten Civilbehörde einschreiten. Die von diesem Grundsatze eintretenden gesetzlichen Ausnahmen sollen in dem, nach Capitel III. § 34 über das Verfahren bei Störung der öffentlichen Ruhe zu erlassenden Gesetze näher bestimmt werden; bis zu dessen Erscheinen es bei den bisherigen Bestimmungen sein Bewenden behält.

§ 156. Die Gerichte sind in den Grenzen ihrer Competenz unabhängig. Entstehen Zweifel darüber, ob eine Sache zur gerichtlichen Entscheidung geeignet sei, oder zur Competenz der Verwaltungsbehörde gehöre, und können sich diese mit den Gerichten nicht darüber vereinigen; so sollen diese Zweifel, nachdem die Gründe der Gerichte und der Verwaltungsbehörden gehörig dargelegt worden, durch eine zu diesem Zwecke besonders zu bildende Section des Geheimerathscollegii discutirt und entschieden werden. Diese Section soll aus einer unveränderlichen Anzahl dauernd, und zwar zur Hälfte aus den höhern Justizcollegien zu ernennender Mitglieder bestehen.

§ 157. Die Ernennung und Entlassung der Staatsbeamten gehört, unter Vorbehalt der verfassungsmäßigen Bestimmungen, zu den Rechten des Königs, und wird entweder von Demselben unmittelbar oder durch die landesherrlichen Behörden ausgeübt. Die Rechte einzelner Berechtigten oder Corporationen auf Ernennung oder Präsentation von Beamten werden hierdurch nicht geändert.

§ 158. Bei Besetzung aller Staatsämter soll, insofern nicht bei einzelnen Dienststellen eine ausdrückliche gesetzlich bestimmte Ausnahme besteht, der Unterschied der Geburt überall kein Recht auf Vorzüge irgend einer Art begründen.

§ 159. Der König wird bei den von Ihm unmittelbar ausgehenden Ernennungen von Civilstaatsdienern zuvor das Gutachten des Ministerii oder des Departementschefs vernehmen. Bei Ernennung von Ministern oder Vorständen von Ministerialdepartements ist dies jedoch nicht erforderlich.

§ 160. Anwartschaften auf bestimmte Dienststellen sollen nicht ertheilt werden, es sei denn, daß Gehülfen altersschwacher oder sonst an der gehörigen Wahrnehmung ihres Dienstes verhinderter Staatsdiener die künftige selbstständige Anstellung nach Maßgabe der von ihnen bewiesenen Thätigkeit zugesichert würde.

§ 161. Alle Civilstaatsdiener, mögen sie vom Könige oder dessen Behörden ernannt, oder von einzelnen Berechtigten und Corporationen erwählt, präsentirt oder ernannt sein, sind durch ihren, auf die getreuliche Beobachtung des Staatsgrundgesetzes auszudehnenden Diensteid verpflichtet, bei allen von ihnen ausgehenden Verfügungen dahin zu sehen, daß sie keine Verletzung der Verfassung enthalten. In gehöriger Form erlassene Befehle vorgesetzter Behörden befreien sie von der Verantwortung und übertragen dieselbe an den Befehlenden.

§ 162. Bei nothwendigen Translocationen hat der Staatsdiener ein Recht auf seinen bisherigen Rang und Gehalt. Macht eine Veränderung der Organisation Dienstentlassungen nothwendig, so hat der außer Thätigkeit gesetzte Staatsdiener Anspruch auf ein seinen bisherigen Verhältnissen angemessenes Wartegeld oder eine billige Entschädigung.

§ 163. Kein Civilstaatsdiener (vergl. § 161) kann seiner Stelle willkührlich entsetzt werden. Wer seinen Dienst vernachlässigt, und sich Erinnerungen und Disciplinarstrafen seiner vorgesetzten Behörde nicht zur Besserung dienen läßt, wer sich Dienstverletzungen oder Dienstwidrigkeiten zu Schulden kommen läßt, wer grobes öffentliches Aergerniß giebt, oder von der Gerichtsbehörde wegen eines gemeinen Verbrechens mit einer Criminalstrafe belegt ist, kann nach genauer Erwägung des gehörig in Gewißheit gesetzten Verschuldens nach dem Gutachten des Geheimenrathscollegii dem Befinden der Umstände nach auf eine andere geringer dotirte Stelle versetzt, vom Dienste und der Diensteinnahme auf längere Zeit suspendirt, oder ganz aus dem Dienste entlassen werden. Die völlige Entlassung vom Richteramte kann nur durch Urtheil und Recht verfügt werden. In Hinsicht auf die untere Staatsdienerschaft kann bei deren Anstellung eine Kündigung des Dienstes vorbehalten, solche aber nie anders als vom Ministerio angewandt werden. Suspension vom Dienste und von der Besoldung auf höchstens einen Monat und Disciplinarstrafen, die diese Grenzen nicht überschreiten, können von den höhern Verwaltungsbehörden gegen die ihnen untergebene Staatsdienerschaft verfügt werden.

§ 164. Diejenigen Staatsdiener, welche wegen Altersschwäche oder wegen anderer Gebrechen ihre Berufsobliegenheiten nicht mehr erfüllen können, und daher in den Ruhestand versetzt werden, sollen eine angemessene Pension nach Maßgabe ihrer Dienstjahre und ihrer Diensteinnahme erhalten.

§ 165. Keinem Civilstaatsdiener kann die nachgesuchte Entlassung versagt werden; jedoch muß er sich vor seinem wirklichen Austritte aus dem Dienste auf Verlangen seiner vorgesetzten Behörde aller ihm deßhalb obliegenden Verbindlichkeiten vollständig entledigen.

Schluß.

Alle dem gegenwärtigen Staatsgrundgesetze entgegenstehenden Gesetze und Einrichtungen werden hiemit aufgehoben und außer Kraft gesetzt, und es soll dagegen dieß Gesetz überall zur Anwendung kommen. Abänderungen desselben können nur in Uebereinstimmung des Königs und der allgemeinen Ständeversammlung des Königreichs getroffen und nur in Folge eines, auf zwei nach einander folgenden Diäten gefaßten gleichmäßigen Beschlusses angeordnet werden. Auch ist zu solchen Veränderungen, mögen sie von der Regierung oder von den Ständen in Antrag gebracht werden, jederzeit erforderlich, daß in jeder Cammer der Ständeversammlung wenigstens die Anzahl von drei Viertel der zum regelmäßigen Erscheinen verpflichteten Mitglieder anwesend ist, und wenigstens zwei Drittel der Anwesenden für die Veränderung stimmen.

Vorstehendes Grundgesetz soll durch die erste Abtheilung der Gesetzsammlung bekannt gemacht werden.

Gegeben Windsor-Castle, den 26. September des 1833sten Jahres, Unsers Reichs im Vierten.

William R.

L. v. Ompteda.

X. *)

Verzeichniß der Mitglieder der auf den 5. December 1833 einberufenen allgemeinen Ständeverſammlung.

Erſte Cammer.

1), 2) und 3) Häupter der Nebenlinien der Königlichen Familie; deren Erſcheinen iſt noch nicht entſchieden. 4) Herzog von Arenberg. 5) Herzog von Looz-Corswaaren; — hat nicht berufen werden können, weil ein Succeſſor noch nicht legitimirt iſt. 6) Fürſt von Bentheim. 7) Erblandmarſchall des Königreichs, Staats- und Cabinetsminiſter Graf von Münſter. 8) Graf zu Stolberg-Wernigerode. 9) Graf zu Stolberg-Stolberg. 10) Generalerbpoſtmeiſter, Graf von Platen-Hallermund. 11) Abt zu Loccum, Conſiſtorialrath Dr. Rupſtein. 12) Abt von St. Michaelis zu Lüneburg, Landſchaftsdirector von Plato. 1836 †; Landſchaftsdirector v. d. Wenſe. 13) Präſident der Bremiſchen Ritterſchaft v. d. Decken, als Director des Kloſters Neuenwalde. 14) Biſchof von Hildesheim, vertreten durch den Domcapitular Merz. 15) Conſiſtorialrath Dr. Brandis, 16) Conſiſtorialrath und Generalſuperintendent Bauer aus Elze, beide als angeſehene evangeliſche Geiſtliche. 17) Premierlieutenant Graf von Schwichelt, als Majoratsherr.

Acht Deputirte der Calenberg-Grubenhagenſchen Ritterſchaft: 18) Landrath v. Adelebſen. 19) Oberhofmarſchall v. Wangenheim. 20) Juſtizrath v. Wangenheim. 1836 Oberforſtmeiſter v. Hacke zu Haßperh. 21) Cammerrath v. Münchhauſen. 22) Oberappellationsrath v. Hammerſtein. 23) Oberſt v. Uslar-Gleichen. 24) Oberſtlieutenant v. Hotterf. 25) Major v. Holle.

Eleven Deputirte der Lüneburgſchen Ritterſchaft: 26) Canzleidirector Graf v. Kielmansegge. 27) Droſt v. Hodenberg. 28) Oberſt v. d. Kneſebeck. 29) Landesöconomierath, Droſt v. d. Wenſe. 1834 Amtsaſſeſſor v. Lüneburg zu Uehe. 30) Droſt v. Honſtedt. 31) Schahrath v. Schrader. 32) Droſt v. d. Wenſe; für denſelben iſt 1834 eingetreten der Geheime Legationsrath Freiherr Grote.

Sechs Deputirte der Bremen- und Verdenſchen Ritterſchaft: 33) Canzleiaſſeſſor v. Düring. 34) Hofgerichtsaſſeſſor, Gräfe v. Lütcken. 35) Hofgerichts- und Amtsaſſeſſor v. Borries. 1837 Geheime Rath v. d. Decken zu Rieder-Ochtenhauſen. 36) Landrath v. d. Decken II. 37) Regierungsrath v. Gruben. 38) Kriegsrath v. Hotterf (Verden).

Drei Deputirte der Hoya- und Diepholzſchen Ritterſchaft: 39) Kriegsrath v. Bremer. 40) Mooreommiſſair Wehner. 41) Cammer-, auch Kloſter- und Landrath v. Voß.

Fünf Deputirte der Osnabrückſchen Ritterſchaft incl. Meppen und Lingen: 42) Regierungs- auch Landrath v. Peſtel. 1835 †; 1836 Major v. Schele. 43) Canzleiaſſeſſor v. Bar. 44) Premierlieutenant, Cammerjunker v. Stolzenberg. 1836 Amtsaſſeſſor Carl v. Bar zu Osnabrück. 45) Gutsbeſitzer H. v. Hammerſtein. 46) Forſtjunker v. Dinklage (Meppen und Lingen).

Vier Deputirte der Hildesheimſchen Ritterſchaft: 47) Generalfeldzeugmeiſter

---

*) Da wegen Raumerſparung Nr. **VI. das Votum Chriſtiani**, **nicht** zum Abdruck gelangt, ſtatt deſſen auf Portfolio II., Seite 353 verwieſen wird, und da ferner aus gleicher Urſache Nr. **VII. das Budget von 18**³⁵⁄₃₆ ceſſirt, ſo hat ſich beim Druck der entſchuldbare Fehler eingeſchlichen, daß das Publicationspatent vom 26. September 1836 und das Staatsgrundgeſetz ſtatt mit **VIII.** und **IX.**, mit VI. reſp. VII. vorgezeichnet ſind. Für die Nr. VIII. im Hauptwerke iſt deshalb in den Beilagen die Nr. VI. und für die allegirt werdende Nr. IX. in den Beilagen die Nr. VII. zu ſubſtituiren. Behuf Herſtellung der nöthigen Uebereinſtimmung mit dem Texte wird deshalb unter Weglaſſung von VIII. und IX. in den Beilagen mit Nr. X. hier weiter gegangen.

Graf v. d. Decken; 1835 Rittmeister v. Steinberg. In Folge Verleihung einer erb=
lichen Virilstimme wiederum erwählt.   48) Cammerherr v. Reden.   49) Cammer
herr v. Wallmoden 1836 †; Justizrath v. Koenig zu Bienenburg.   50) Major v.
Rössing.
      Zwei Deputirte der Ostfriesischen Ritterschaft: 51) Graf Thido v. Knyphau=
sen — Herrenbeer.   52) Ritterschaftlicher Administrator v. Frese zu Hinte. 1837 †;
Graf v. Wedel=Jesse zu Aurich.
      Vier Mitglieder, welche der König ernannt hat: 53) Geheime Rath v. Schele —
auf Lebenszeit.   54) Geheime Cabinetsrath Freiherr v. Falde.   55) Landdrost Meyer.
56) Generalmajor v. d. Decken.
                              Zweite Cammer.
      Drei Deputirte der sechs Stifter, nämlich: 1) St. Bonifacii zu Hameln und
St. Cosmae et Damiani zu Bunstorf, Senior Sievers hieselbst.   1835 Pastor
Dürr hieselbst. 1837 Pastor Knauer zu Celle.   2) St. Alexandri und St. Beatae
Mariae Virginis zu Einbeck, Pastor Schwiening zu Großenrehe.   3) Barbewick
und Ramelsloh, Pastor Meyer hieselbst.
      Drei wegen des allgemeinen Klosterfonds vom Könige ernannte Mitglieder: 4)
Obersteuerrath Tommes hieselbst.   5) Hofrath Hüpeden hieselbst.   6) Geheime Canz-
leisecretair Albrecht hieselbst.
      Deputirte: 7) Der Universität Göttingen, Geheime Cabinetsrath Rose hieselbst.
8) Des Consistorii zu Hannover, Schatzrath Eichhorn.   9) Des Consistorii zu Stade,
Geh. Canz.=Rath Wedemeyer.   10) Des Domcapitels zu Hildesheim, Domsyndicus,
Amtsassessor Werner zu Hildesheim.   11), 12) Der Residenzstadt Hannover, Stadt-
birector Rumann und Hoffabrikant Hausmann.   13) Der Stadt Göttingen, Magistratsdirector Ebell daselbst.   14) Der Stadt Nordheim, Syndicus Ebert daselbst.
15) Der Stadt Hameln, Syndicus Koller daselbst.   16) Der Stadt Einbeck, Syn-
dicus Hübener daselbst.   17) Der Stadt Osterode, Fabrikant Biberit.   18) Der
Stadt Duderstadt, Amtmann Hauß.   19) Der Städte Moringen, Uslar, Hardegsen,
Dransfeld und Hedemünden, Superintendent König zu Dransfeld.   20) Der Stadt
Münden, Bürgermeister Lobungen daselbst.   21) Der Städte Münder, Pattensen,
Neustadt a. R., Springe, Wunstorf, Elbragsen, Bodenwerder und Rehburg, Amts-
assessor Heine zu Springe. 1836 Bürgermeister Wahlmann zu Pattensen.   22) Der
Städte Clausthal und Zellerfeld, Bergrath Zugler hieselbst.   23) Der übrigen 5
Bergstädte, einschließlich Herzberg, Elbingerode und Lauterberg, Zehntner Schwacke
zu Claussthal.   24) Der Stadt Lüneburg, Dr. jur. Meyer daselbst.   25) Der Stadt
Uelzen, Senator Keuffel.   26) Der Stadt Celle, Syndicus Schwarz daher.   27) Der
Stadt Harburg, Vanrath Meßengel hieselbst.   28) Der Städte Lüchow, Tannen-
berg und Hitzader, Bürgermeister Thorwirth zu Lüchow.   29) Der Städte Soltau,
Walsrode, Burgdorf und Gifhorn, Canzleirath Dürr hieselbst.   30) Der Stadt
Stade, Canzleiprocurator Dr. Freudentheil daselbst.   31) Der Stadt Burtehude,
Syndicus Oppermann daselbst. 1837 Kaufmann Richter zu Buxtehude.   32) Der
Stadt Verden, Syndicus Lang daselbst.   33) Der Stadt Nienburg, Cammerconsul.
Kienne zu Hildesheim.   34) Der Hoyaschen Flecken, Justizrath Wiesen hieselbst.
35) Der Tierholzschen Flecken, Generalauditer Reinecke hieselbst.   36) Der Stadt
Osnabrück, Bürgermeister und Schatzrath Dr. Stüve daselbst.   37) Der Städte
Quackenbrück und Fürstenau und des Fleckens Melle, Kaufmann Kramer zu Qua-
denbrück. 1834 an dessen Stelle Dr. Christiani zu Lüneburg.   38) Der Städte
Meppen, Lingen und Haselünne, Regierungsrath Heyl zu Meppen.   39) Der Stadt
Goslar, Syndicus Landvoß daselbst.   40) Der Stadt Hildesheim, Syndicus Lünzel
daselbst.   41) Der Städte Alfeld, Peine und Bockenem, Oberjustizrath Jacobi hieselbst.
42) Der Städte Elze, Gronau, Sarstett und Dassel, Bürgermeister Wiesenhavern
zu Sarstett.   43) Der Stadt Emden, Senator Wetger daselbst. 1836 Particulier
Sax zu Emden.   44) Der Städte Aurich und Esens, für dasmal Aurich. 1834
Justizrath August Beninga=Kettler.   45) Der Stadt Norden, 1834 Amtmann Bley
zu Aurich.   46) Der Stadt Leer, Advocat Franzius daselbst.   NB. ist nicht eingetreten. 1834 Amtsassessor Krimping.   47) Der Städte Schüttorf, Nordhorn und
Nenenhaus und des Fleckens Bentheim, Amtsassessor Berning hieselbst.
      Deputirte der nicht zur Ritterschaft gehörenden Grundbesitzer.   Der Calen-
bergschen: 48) Im 1. Wahldistrict, Amtmann Wedemeyer zu Bissendorf.   49) Im
2. Wahldistrict, Amtsassessor Reinecke hieselbst.   50) Im 3. Wahldistrict, Oeconom

Schaaf zu Warpen. 51) Der Göttingenschen, Amtsassessor Dietrichs zu Moringen.
52) Der Grubenhagenschen, Amtsschreiber Stromeyer zu Förste. 53) Der Grafschaft
Hohnstein, Canzleirath Wilhelmi zu Neustadt u. H. Der Lüneburgschen: 54) Im
1. Wahldistrict, Landcommissair v. Honstedt zu Gilte. 55) Im 2. Wahldistrict,
Oeconom v. Strombeck zu Kl. Eicklingen. 1835 Gastwirth Lübbecke zu Gamsen,
Amts Gifhorn. 56) Im 3. Wahldistrict, Vollhöfner Möller zu Golste. 57) Im
4. Wahldistrict, Vollhöfner Weltmann zu Obermaischacht. 58) Im 5. Wahldistrict,
Vollhöfner Schulz zu Küsten. Der Bremischen Marschen: 59) Landesdeputirte
Garsten Ehlers zum Esch. 60) Gerd Harms zu Königreich. 1836 Landesdeputirte
Johann Schacht zu Steinkirchen. 61) Johann Martin Hennen zu Schwegen. 62)
Landesvorsteher Abickes zu Niblum. 63) Gutsbesitzer Georg Heinrich Kröncke zu
Altendorf. Der Bremenschen Geest und dem Herzogthum Verden: 64) Dr. jur.
Lang zu Achim. 65) Grundbesitzer Conrad Schröder zu Scharmbeck. 66) Grund-
besitzer Harm Schrüfer zu Ebersdorf. Des Landes Hadeln mit Einschluß der Stadt
Otterndorf: 67) Bürgermeister Dr. Götze aus Otterndorf. 1837 Schultheiß Schmeelke
aus Westerende-Otterndorf. 68) 1834 Amtsassessor Schrader. Der Grafschaften
Hoya und Diepholz: 69) Im 1. Wahldistrict, Dr. jur. Matthäi zu Verden. 70)
Im 2. Wahldistrict, Amtsassessor, Landcommissair v. Trampe zu Ehrenburg. 71)
Vollmeier Christian Stubbe zu Denktorf (Diepholz.) Der Osnabrückschen: 72)
Colon Möllmann zu Kl. Wimmelage. 73) Dr. Buddenberg zu Bersenbrück. 1834 †;
1835 Advocat Buddenberg. 74) Kaufmann Richard zu Laar. Des Herzogthums
Arenberg-Meppen und der Niedergrafschaft Lingen: 75) Hoheitscommissair Dr. Ser-
mes zu Meppen. 76) Richter Bueren zu Papenburg. Der Hilbesheimschen: 77)
Klosterrath v. Lochausen hieselbst. 78) Justizrath Lünkel zu Hildesheim. 1836
Regierungsrath Heinichen zu Hildesheim. 79) Oeconom Heinemann zu Himmelsthür.
1837 Bergrath v. Unger zu Salzgitter. Der Ostfriesischen: 80) 1834 Amtmann
Suur aus Norden. 81) Amtmann Telting aus Lehe. 82) Gutsbesitzer Joh. Heinr.
Blei aus Horsten. 83) Amtsassessor Groß aus Emken. 84) Landschaftlicher
Ordinairdeputirter, Gutsbesitzer Janssen aus Jübberde. Der Bentheimschen: 85)
Senator Nordbeck zu Schüttorf.

XI.

Dankadresse an des Königs Majestät, de dato 17. December 1833, in Beziehung auf das erlassene Staatsgrundgesetz.

Allerdurchlauchtigster Großmächtigster König,
Allergnädigster König und Herr!

Gewohnt, in der festen und väterlichen Gesinnung Ew. Königlichen Majestät
die sicherste Bürgschaft für Alles zu finden, was dem Wohle des Vaterlandes frommen kann, fühlen die getreuen Stände des Königreichs auch jetzt die heilige Verpflichtung, Ew. Königlichen Majestät den Dank darzubringen, welcher die Herzen Allerhöchst
Ihrer getreuen Unterthanen erfüllt, bei dem neuen Beweise Königlicher Huld, den
die Verkündigung des von Ew. Königlichen Majestät am 26. September d. J. vollzogenen Staatsgrundgesetzes ihnen gegeben hat. Ehrfurchtsvoll und dankbar haben
die getreuen Stände jenes wichtige inhaltschwere Gesetz empfangen, durch welches sie
selbst zum erstenmale hier versammelt sind. Rechte, die so alt sind wie das Land,
das Ew. Königliche Majestät erhabenes Haus und die getreuen Bewohner dieses Landes vereinigt, Rechte, unter deren Schutz Fürsten und Völker in guten und bösen
Tagen treu zusammengehalten, sind durch dasselbe neu begründet und aus dem Schwanken
der letzten Jahrzehnte ist durch Ew. Königliche Majestät eine feste Verfassung hervorgerufen. — Sind auch nicht alle von den Vertretern des Landes ausgesprochenen
Wünsche erfüllt; das Land und die getreuen Stände schätzen darum diejenigen Wohlthaten nicht minder, welche sie allein der rühmwürdigen Festigkeit verdanken, mit der
Ew. Königliche Majestät das gegebene Wort gelöset. Unerschütterlich bauend auf Ew.
Königlichen Majestät Entschluß, die ertheilten Zusagen offen und redlich zu erfüllen,
nehmen auch die getreuen Stände dieses Staatsgrundgesetz, wie solches von Ew. Kö-

niglichen Majestät publicirt worden, an als Grundlage des Staats, und werden nichts versäumen, was demselben festen Bestand sichern kann. In dieser Gesinnung frohen Dankes erkennen die getreuen Stände aber zugleich die Verpflichtung, einträchtig und kräftig zu allem demjenigen mitzuwirken, was dem Staatsgrundgesetze dauernde Kraft und Leben verleihen kann, und so wagen sie den ehrfurchtsvollen Wunsch auszusprechen, daß es Ew. Königlichen Majestät gelingen möge, durch weise Gesetzgebung im Geiste des Staatsgrundgesetzes in diesem Lande den Segen dauerhaft zu begründen, der gesetzliche Ordnung den Völkern gewährt; und in der Blüthe des Landes und der Liebe seiner Bewohner das herrlichste und unvergänglichste Denkmal Allerhöchst Ihrer väterlichen Regierung zu begründen.

In tiefster Unterthänigkeit ersterben ꝛc.

XII.

Patent, das Ableben Sr. Majestät des Königs Wilhelm des Vierten und den Antritt der Regierung Sr. Majestät des Königs Ernst August betreffend.

Ernst August, von Gottes Gnaden König von Hannover, Königlicher Prinz von Großbritannien und Irland, Herzog von Cumberland, Herzog zu Braunschweig und Lüneburg ꝛc. ꝛc.

Dem Allmächtigen hat es gefallen, Unsers im Leben hochverehrten Herrn Bruders Majestät, den weiland Allerdurchlauchtigsten, Großmächtigsten Fürsten und Herrn, Herrn Wilhelm den Vierten, König des vereinigten Reichs Großbritannien und Irland ꝛc., auch König von Hannover und Lüneburg ꝛc. am 20. vorigen Monats aus dieser Zeitlichkeit abzurufen, und dadurch Uns, Unser Königliches Haus und alle getreuen Unterthanen in die tiefste Trauer zu versetzen.

Wie nun, Kraft des in Unserm Königlichen Hause bestehenden Erstgeburtsrechtes, Uns die Nachfolge in der Regierung Unsers Königreichs Hannover angefallen ist, und Wir solche durch Zueignung aller damit verbundenen Uns angestammten Rechte und Zuständigkeiten auch bereits angetreten haben: So geben Wir solches hierdurch gnädigst zu erkennen, und vertrauen mit voller Zuversicht zu allen Unseren Königlichen, geistlichen und weltlichen Dienern, Vasallen, Laudsassen und Unterthanen, daß sie Uns die schuldige Dienstpflicht, Treue und Gehorsam leisten, und mit anhänglicher Liebe Uns jederzeit ergeben sein werden.

Dahingegen versichern Wir sie insgesammt Unserer Königlichen Huld und Gnade und Unseres Landesherrlichen Schutzes, und werden stets es des Ziel Unserer angelegentlichsten Wünsche und Bestrebungen sein lassen, das Glück und die Wohlfahrt der von der göttlichen Vorsehung Uns anvertrauten Unterthanen auf jede mögliche Weise landesväterlich zu fördern.

Indem dieses das Ziel Unserer Bestrebungen ist, haben Wir die Ueberzeugung gewinnen müssen, daß in vielen Puncten das Staatsgrundgesetz Unseren nur auf die Förderung des Wohls Unserer getreuen Unterthanen gerichteten Wünschen nicht entspreche. Entschlossen, Unserem getreuen Volke Unsere Ansichten über diesen hochwichtigen Gegenstand sofort offen darzulegen, stehen Wir nicht an, zu erklären, daß Wir in dem, weder in formeller, noch materieller Hinsicht Uns bindenden Staatsgrundgesetze eine hinreichende Gewähr für das dauernde Glück Unserer getreuen Unterthanen, deren Wohl, nach den von der göttlichen Vorsehung Uns dazu auferlegten Pflichten, möglichst zu fördern, Unser unablässiges Bestreben sein wird, nicht finden können. Inzwischen ist es fern von Uns, Unsere Königliche Entschließung über diesen hochwichtigen Gegenstand, vor der sorgfältigsten Prüfung aller dabei in Betracht zu ziehenden Verhältnisse, zu fassen.

Es ist vielmehr Unser Königlicher Wille, der Frage, ob, und in wie fern, eine Abänderung oder Modification des Staatsgrundgesetzes werde eintreten müssen, oder ob die Verfassung auf diejenige, die bis zur Erlassung des Staatsgrundgesetzes bestanden, zurückzuführen sei, die sorgfältigste Erwägung widmen zu lassen, worauf Wir die allgemeinen Stände berufen werden, um ihnen Unsere Königliche Entschließung zu eröffnen. Unsere getreuen Unterthanen haben in den Verhältnissen der alten angeerbten Landesverfassung ehemals ihr Glück und ihre Zufriedenheit gefunden; ein von Generation zu Generation fortgeerbtes Band der Ergebenheit und Treue und des Zutrauens zu ihrem Landesherrn beförderte das Glück des Regenten, wie das Wohl der Unterthanen. Wir wünschen sehnlichst, ein solches glückliches Verhältniß zu begründen.

Wir haben von Unserem auf das Staatsgrundgesetz verpflichteten Staats- und Cabinetsminister die Contrasignatur des gegenwärtigen Regierungsantrittspatents nicht verlangt, sondern dasselbe nur von Unserm Staats- und Cabinetsminister von Schele, welcher von Uns, mit Weglassung der Verpflichtung auf das Staatsgrundgesetz, in Eid und Pflicht genommen worden, contrasigniren lassen. Wir vertrauen zur alten Liebe und Treue des Hannoverschen Volkes zu seinem Regenten, daß alle Unsere geliebten Unterthanen mit Ruhe und mit vollem Zutrauen zu Unseren wohlmeinenden Absichten Unsere Prüfung des obgedachten Gegenstandes erwarten und sich überzeugt halten werden, daß Wir ihre Wohlfahrt auch in dieser Unserer Prüfung suchen.

Wir wollen zugleich, daß bis zu Unserer weiteren Verordnung Alles in Unserm Königreiche Hannover in dem bisherigen Gange verbleibe und befehlen, daß diese Unsere Proclamation an allen öffentlichen Orten angeschlagen werde und zwei Monate hindurch affigirt bleibe, sodann aber, nach erfolgter Refizion, unter hinzugefügter Bescheinigung ihrer auf vorstehende Art geschehenen Publication, an Unser Cabinets-Ministerium wieder eingesandt werde.

Hannover, den 5. Julius 1837.

(L. S.)   E r n s t   A u g u s t.

                                   G. v. Schele.

XIII.
Königliches Patent vom 1. November 1837.

Ernst August rc.   Wir haben durch Unser Regierungsantritts-Patent vom 5. Julius d. J. Unsern getreuen Unterthanen Unsern Königl. Willen dahin zu erkennen gegeben, daß Wir der Frage: ob und inwiefern Abänderungen des Staatsgrundgesetzes vom 26. September 1833 würden eintreten müssen, oder ob die Verfassung auf die vor dem gedachten Jahre bestandene zurückzuführen sei? die sorgfältigste Untersuchung und Prüfung würden widmen lassen. Unsere getreuen Unterthanen können sich davon überzeugt halten, daß Wir die Erfüllung einer heiligen, Unserm landesväterlichen Herzen theuern Pflicht darin gesucht haben, bei dieser Prüfung alle in Betracht zu ziehenden Verhältnisse auf das sorgfältigste zu berücksichtigen, und daß Unsere Wünsche dabei stets auf das Glück und die Zufriedenheit Unsres treuen Volkes gerichtet gewesen sind. Nach Vollendung jener Prüfung beeilen Wir Uns, Unsern getreuen Unterthanen Unsere Entschließungen zu eröffnen. Das Staatsgrundgesetz vom 26. September 1833 können Wir als ein Uns verbindendes Gesetz nicht betrachten, da es auf eine völlig ungültige Weise errichtet worden ist. Die allgemeine, durch das Patent vom 7. December 1819 entstandene Ständeversammlung sprach, wie sie in ihrem Schreiben vom 30. April 1831 an das Cabinetsministerium die Errichtung eines Staatsgrundgesetzes beantragte, den Grundsatz aus: daß ein solches hochwichtiges Werk nur durch einhelliges Zusammenwirken des Königs und der Stände zu Stande gebracht werden könne. Die Regierung nahm diesen Grundsatz an, und mithin war nicht von einer, dem Lande vom Könige zu gebenden, sondern von einer, vertragsmäßig zwischen dem Regenten und seinen Ständen zu errichtenden Verfassung die Rede. Allein, der Grundsatz der vertragsmäßigen Errichtung ist auf mehrfache Weise verletzt worden. Denn, mehrere der von der allgemeinen Ständeversammlung in Beziehung auf das neue Staatsgrundgesetz gemachten Anträge erhielten nicht die Genehmigung der Königl. Regierung, sondern es wurde dasselbe mit den, von dieser für nothwendig oder nützlich gehaltenen Abänderungen am 26. September 1833 vom Könige verkündigt, ohne daß diese zuvor den allgemeinen Ständen mitgetheilt und von ihnen wären genehmigt worden. Offenbar fehlt es also an dem einhelligen Zusammenwirken des Regenten und seiner Stände in Hinsicht der, in dem Staatsgrundgesetze enthaltenen Bestimmungen, wodurch die bis dahin in anerkannter Wirksamkeit gestandene Verfassung vom Jahre 1819 aufgehoben werden sollte. Offenbar enthält diese Errichtungsart des Staatsgrundgesetzes eine wirkliche Verletzung der bestimmten Vorschrift des Artikels 56 der Wiener Schlußacte vom Jahre 1820. Allein nicht nur ungültig und folglich für Uns unverbindlich ist überhaupt das Staatsgrund= gesetz, wenn man dessen Entstehung betrachtet, sondern es enthält dasselbe auch mehrere Vorschriften und Beültimmungen, welche sich als vollkommen ungültig und für Uns unverbindlich aus dem Grunde darstellen, weil sie Unsere agnatiſchen Rechte tief kränken und selbst Unsere Regierungsrechte wesentlich verletzen. Der dem Staatsgrundgesetze anklebende Fehler der Ungültigkeit ist aber auch durch eine von Unserer Seite erfolgte Anerkennung nicht gehoben worden. Denn Wir ha= ben offen Unsern Widerspruch wider das Staatsgrundgesetz zu erkennen gegeben und Unsere Unterschrift zu wiederholten Malen verweigert. Da Wir nun das Staats= grundgesetz als gültig und für Uns verbindlich nicht betrachten, so können Wir auch mit den durch dieses Gesetz hervorgerufenen Ständen über eine von Neuem zu errichtende Verfassungsurkunde auf keine Weise unterhandeln. Unter diesen Umständen haben Wir Uns am 30. October d. J. verpflichtet gehalten: die von Uns unterm 29. Junius d. J. vertagte allgemeine Ständeversammlung aufzu= lösen, und erklären nunmehr hiemit: „daß die verbindliche Kraft des Staats= grundgesetzes vom 26. September 1833 von jetzt an erloschen sei." Von dem Auf= hören des gedachten Staatsgrundgesetzes ist eine natürliche Folge, daß die bis zu dessen Verkündigung gegoltene Landes= und landständische Verfassung wieder in Wirksamkeit trete. Um indessen allen daraus auf irgend eine Weise entstehenden nachtheiligen Folgen vorzubeugen, finden Wir Uns aus Liebe zu Unsern getreuen Unterthanen bewogen, hiemit zu erklären: daß die Aufhebung des Staatsgrund= gesetzes ohne allen Einfluß auf die Rechtsbeständigkeit der seit dessen Publication ver= kündigten Gesetze und erlassenen Verordnungen sein soll, „daß vielmehr diese Gesetze und Verordnungen bis dahin, daß deren Aufhebung auf gesetzlichem Wege erfolgen möchte, in voller Kraft und Gültigkeit verbleiben." Nicht weniger soll der bisherige Gang der Landesverwaltung bis dahin völlig unverändert bleiben, daß Wir darin Abänderungen für nothwendig oder zweckmäßig erachten werden. Ist nun das bis= herige Staatsgrundgesetz von Uns für aufgehoben erklärt, so ergiebt sich daraus von selbst, daß die sämmtlichen Königl. Diener, von welchen Wir übrigens die pünct= lichste Befolgung Unserer Befehle mit völliger Zuversicht erwarten, ihrer auf das Staatsgrundgesetz ausgedehnten eidlichen Verpflichtung vollkommen enthoben sind. Gleichwohl erklären wir noch ausdrücklich, daß Wir dieselben von diesem Theile ihres geleisteten Diensteides hiemit entbunden haben wollen.

Wenn nun gleich Wir das Staatsgrundgesetz vom Jahre 1833 nicht anerkennen können, so sind Wir doch gern geneigt, durch neue Bestimmungen die bis zum Jahre 1833 bestandene Verfassung in verschiedenen Puncten zu ergänzen und genauer fest= zustellen. Um aber diesen wichtigen, Unserm Herzen so theuern Zweck auf eine gültige Weise zu erreichen, haben Wir beschlossen: „die in dem Königl. Patente vom 7. December 1819 angeordneten allgemeinen Stände, welche bis zur Entstehung des von Uns jetzt aufgehobenen Staatsgrundgesetzes in voller Wirksamkeit waren, unver= züglich zusammen zu berufen und ihnen Unsere Anträge mittheilen zu lassen." Von dem lebhaften Wunsche beseelt, so viel als möglich alle Zweifel schon gegenwärtig zu beseitigen, welche deßfalls entstehen könnten, wollen Wir Unsern getreuen Unter= thanen nur einige Züge aus diesen den allgemeinen Ständen von 1819 unmittelbar nach ihrer Zusammenberufung zur Berathung und Annahme vorzulegenden Anträgen mittheilen:

1) Aus den Einkünften Unserer Domainen, deren rechtliches Verhältniß durch Hausgesetze und Herkommen fest begründet ist, wollen Wir nach den demnächst zu treffenden Anordnungen solche Zuschüsse zu den Staatsbedürfnissen leisten, welche Unserm getreuen Volke die Ueberzeugung gewähren sollen, daß Wir, wie dieses ohnehin der von Uns beabsichtigte Steuererlaß auf die unzweideutigste Weise beur= det, nicht gemeint sind, die Lasten Unserer geliebten Unterthanen zu vermehren. Wir werden Unsere weiteren deßfälligen Entschließungen Unsern zu berufenden ge= treuen Ständen eröffnen.

2) Um die jährlichen, durch die Länge ihrer Dauer die Regierung in der That lähmenden Versammlungen der allgemeinen Stände zu vermeiden, werden Wir dar=

auf antragen, daß sie nur alle drei Jahre zusammen berufen werden, und daß alsdann deren Sitzungen der Regel nach nicht über drei Monate dauern. Indeß hängt es von Unserm Ermessen ab, auch während des dreijährigen Zeitraums eine außerordentliche Zusammenberufung der allgemeinen Stände anzuordnen.

3) Den Provinzialständen sollen nach Unserer jedesmaligen Bestimmung die geeigneten Gegenstände in größerer Maße, als dieses bisher der Fall war, vorgelegt werden. Indeß gehören Gesetze, welche Steuern und Abgaben des Königreichs oder solche Gegenstände betreffen, die in Gemäßheit Unserer Entscheidung allgemeiner gesetzlicher Bestimmungen bedürfen und der provinciellen Gesetzgebung nicht überlassen werden können, zum Wirkungskreise der allgemeinen Ständeversammlung. Dieses wird zur Abkürzung der Sitzungen der allgemeinen Stände gleichfalls wesentlich beitragen und dadurch das wahre Wohl Unserer getreuen Unterthanen befördert werden. Wir überlassen Uns der Hoffnung, daß Unsere getreuen Unterthanen schon in diesen wenigen ausgehobenen Grundzügen der künftigen Staatsverfassung Unser ernstliches Bestreben entdecken werden, alle Hemmungen möglichst zu entfernen, welche durch das Staatsgrundgesetz vom 26. September 1833 für die Regierung und Verwaltung entstanden sind und nothwendig entstehen mußten. Werden in der neuen Verfassung die Rechte des Königs und der Stände auf eine angemessene Weise festgesetzt, und wird auf diese Art die Grundlage der ächten deutschen monarchischen Verfassung befestigt, so muß dadurch die Wohlfahrt Unserer getreuen Unterthanen nothwendig befördert werden. Da Unserm väterlichen Herzen nichts so wohl thut, als die Lasten Unserer geliebten Unterthanen möglichst zu vermindern, so gewährt es Uns eine ganz besondere Freude, daß der Zustand der Finanzen des Königreichs es gestatten will, schon mit dem nächsten Jahre eine Verminderung der Steuerlast eintreten zu lassen. Wir eröffnen daher Unseren getreuen Unterthanen, daß Wir beschlossen haben: „ihnen vom 1. Julius 1838 an zu rechnen, jährlich die Summe von „Hunderttausend Thalern an der Personen- und Gewerbesteuer zu erlassen.“ Das Weitere werden Wir darüber Unsern getreuen Ständen mittheilen. Da Wir auf die Liebe, das Vertrauen und die Ergebenheit Unserer geliebten Unterthanen einen sehr hohen Werth legen, so haben die vielfachen Beweise, welche Wir davon seit Unserer Thronbesteigung erhielten, Uns mit lebhafter Freude erfüllt, und Wir bezeugen gern dafür Unserm treuen Volke Unsern vollen Dank. In allen Theilen Unseres Königreichs, die Wir bisher zu berühren Gelegenheit hatten, erhielten Wir Beweise von Biedersinn und Zuneigung, und fanden diejenige Unterthanentreue, welche seit unvordenklicher Zeit die Hannoveraner ihren Regenten erhalten, und die sie während der französischen Occupation in so hohem Grade bewährt haben. Dieses hat auf Unser Gemüth einen tiefen Eindruck gemacht, der nie daraus verschwinden wird, und Unsere treuen Unterthanen mögen dagegen versichert sein, daß Unsere Gefühle für sie die eines Vaters für seine Kinder sind, und daß Wir den unwandelbaren Entschluß gefaßt haben, Alles zu thun, was die Landesverfassung auf eine solche Art begründen kann, daß das ursprüngliche Zutrauen zwischen dem Regenten und Seinem Volke bewahrt und immer mehr befestigt werde, welches Uebelgesinnte in den letzteren Jahren versucht haben zu vernichten: aber Wir haben, Dank dem Allmächtigen, aus den Gesinnungen, die Uns seit Unserm Regierungsantritte dargelegt worden, die Ueberzeugung gewonnen, daß Wir das Zutrauen Unserer Unterthanen besitzen, welche glücklich zu machen Unser stetes und eifrigstes Bestreben sein wird. Hoffentlich werden Uebelgesinnte, welche nur selbstsüchtige Zwecke verfolgen, ohne das wahre Beste des Volkes zu berücksichtigen, durch ihre Handlungen Uns nie in die traurige Nothwendigkeit setzen, die ganze Strenge der Gesetze wider sie zur Anwendung bringen zu lassen.

Gegeben in Unserer Residenzstadt Hannover, den Ersten November des Achtzehnhundert Sieben und Dreißigsten Jahres Unseres Reiches im Ersten.

Ernst August.   Gesehen: G. v. Schele.

XIV.
Königliche Cabinetsverordnung, das Cabinet und die Departements-Ministerien betreffend.

Ernst August, von Gottes Gnaden König von Hannover, Königlicher Prinz von

Großbritannien und Irland, Herzog von Cumberland, Herzog zu Braunschweig und Lüneburg ꝛc. ꝛc.

Nachdem Wir durch Unser Patent vom 31. October d. J. das Cabinets-Ministerium aufgehoben haben, und dadurch es nothwendig geworden ist, in Hinsicht der Geschäftsordnung für Unser Cabinet und die verschiedenen Ministerialbe-partements weitere Verfügungen zu treffen, so verordnen Wir, wie folgt:

§ 1. Unser Staats- und Cabinetsminister ist Unser einziger Rath in Unserm Cabinete. Derselbe hält Uns über die an Unser Cabinet gehörenden Gegenstände (§ 8) die erforderlichen Vorträge. Davon sind nur die Militair- und Justiz-jachen ausgenommen. Erstere soll Uns Unser Staats- und Kriegsminister, letztere Unser Staats- und Justizminister vortragen, welcher in den wichtigeren Fällen auch jedesmal einen schriftlichen Bericht Uns zu erstatten hat. Von Unsern Befehlen soll es indeß abhängen, ob Unsere Staats- und Departementsminister des Innern und der Finanzen über die Gegenstände ihrer Berichte Uns noch einen mündlichen Vortrag halten sollen. Den Vorträgen Unserer Staats- und Departementsminister, mit Ausnahme der des Staats- und Kriegsministers, wohnt Unser Staats- und Cabinetsminister jedesmal bei. Gedachter Minister ist befugt, von den verschiede-nen Ministerialdepartements die ihm zu seinen, Uns zu erstattenden, Vorträgen nöthig scheinenden Acten zu fordern. Derselbe kann von den Ministerialdepartements über jeden Gegenstand Auskunft und Rechenschaft verlangen, auch die von ihnen ge-troffenen Maßregeln und Anordnungen in der Absicht suspendiren, um darüber Unsere Befehle sofort einzuholen Die Behörden müssen alsdann dessen Anordnun-gen, wofür er Uns verantwortlich ist, unweigerlich befolgen. Alle an Unser Cabinet eingehenden Schreiben sollen an Unsern Staats- und Cabinetsminister zur Selbst-eröffnung gebracht werden.

§ 2. Folgende Geschäfte übertragen Wir sofort noch besonders Unserm Staats- und Cabinetsminister: 1) die Angelegenheiten Unsers Königlichen Hauses; 2) die Leitung der Verhandlungen mit der allgemeinen Ständeversammlung und den Provinziallandschaften. Das Landesarchiv soll von jetzt an Unserm Staats- und Cabinetsminister unmittelbar untergeordnet sein. In der Folge sollen auf Unsere weitere Verfügung zu dem Wirkungskreise Unseres Staats- und Cabinets-ministers gleichfalls gehören: 1) die Angelegenheiten, welche die Verhältnisse zum Deutschen Bundestage betreffen, und 2) die auswärtigen Angelegen-heiten.

§ 3. Die bisher bestandenen Ministerialdepartements bleiben mit dem, einem jeden beigelegten, Wirkungskreise vorerst im Ganzen unverändert; nur wollen Wir, daß schon von jetzt an folgende Veränderungen eintreten: 1) Die Angelegenheiten der allgemeinen Ständeversammlung und der Provinziallandschaften sollen nicht ferner zu dem Wirkungskreise des Finanzdepartements gehören, sondern von Unserm Staats- und Cabinetsminister besorgt werden (§ 2). 2) Die Landdrosteien sollen zu dem Wirkungskreise des Ministeriums des Innern gehören. 3) Dasselbe soll gleichfalls die Vorschläge zur Besetzung derjenigen Stellen auf Unsern Aemtern machen, welche unmittelbar von Uns verliehen werden, und die übrigen Stellen auf denselben besetzen (§ 8). Der Staats- und Minister des Innern ist aber verbunden, in gedachten Besetzungsfällen zuvor die zuständige Landdrostei mit ihrem Berichte zu hören. 4) Die Oberaufsicht über die Königliche Bibliothek in Hannover und die Gesetzsammlungscommission soll von dem Ministerialdepartement der Geistlichen- und Unterrichtsangelegenheiten geführt werden.

§ 4. Die Staats- und Departementsminister führen die ihnen von Uns anver-traute Verwaltung selbstständig, unter unmittelbarer Verantwortlichkeit gegen Uns Allerhöchst selbst. Wird ein Staats- und Departementsminister durch Krankheit oder Abwesenheit verhindert, die Verwaltung zu führen, so werden Wir, auf die Uns gemachte Anzeige, einen der übrigen Staats- und Departementsminister damit so-gleich beauftragen. Die Ministerialdepartements haben in den ihnen angewiesenen Wirkungskreisen: die Vorbereitung und Ausführung der dahin einschlagenden Ge-setze, Verordnungen und Instructionen; die Besorgung alles Dessen, was auf An-stellung, Suspendirung, Entlassung, Pensionirung und Unterstützung des denselben untergeordneten Personals, wie auch auf die Bestätigung der von Corporationen oder von einem Einzelnen Präsentirten, sich bezieht; die Entscheidung der vor die-selben gehörenden Gegenstände; Alles jedoch unter Beobachtung der im § 8 in

Hinsicht der an Unser Cabinet gehörenden Gegenstände enthaltenen Bestimmungen. Die aus den Ministerialdepartements erfolgenden Ausfertigungen werden nur allein von den Staats- und Departementsministerien, welche Uns dafür verantwortlich sind, unterzeichnet. Rescripte mit der Bezeichnung: „Kraft besonderer Königlicher Vollmacht" dürfen von den Staats- und Departementsministern nicht erlassen werden.

§ 5. Die Staats- und Departementsminister haben die von ihnen zu erstattenden Berichte an Uns zu richten, und sie sollen die darauf von Uns zu ertheilenden Befehle unmittelbar von Uns, oder in Unserm Namen durch Unsern Staats- und Cabinetsminister erhalten. Jeder Staats- und Departementsminister ist schuldig, jährlich am Ende des Monats Februar eine möglichst genaue und vollständige Darstellung seiner gesammten Verwaltung in dem abgelaufenen Jahre Uns vorzulegen und am Schlusse derselben die vorzunehmenden Verbesserungen und Abänderungen anzuzeigen. Der Staats- und Finanzminister hat Uns monatlich einen Hauptcassenextract zu übergeben. Jeder Staats- und Departementsminister muß, in so fern ein Gegenstand seines Wirkungskreises in den eines anderen Ministerialdepartements einschlägt, mit dem zuständigen Minister Rücksprache nehmen und mit ihm gemeinschaftlich handeln. Können sie sich nicht vereinigen, so haben sie darüber an Uns abgesondert oder gemeinschaftlich zu berichten.

§ 6. Die bisherigen Geheimen Cabinetsräthe verrichten, wie die bereits angestellten Generalsecretaire, die Geschäfte der Generalsecretaire in den betreffenden Ministerialdepartements. Die Generalsecretaire führen die Oberaufsicht über die Registratur und die Geschäftsverwaltung des Canzleipersonals ihres Departements. Die bei einem Ministerialdepartement angestellten Referenten sind nur für dasselbe bestimmt und stehen mit den übrigen Ministerialdepartements überall in keiner Verbindung, da, nach Unserem Willen, jedes Departement ein geschlossenes Ganzes ausmachen muß. Auf gleiche Weise soll jedes Ministerialdepartement sein abgesondertes Canzleipersonal haben. Die Staats- und Departementsminister haben daher dafür Sorge zu tragen, daß sowohl letztere, als die unmittelbar vorhergehende Vorschrift nach und nach zur Ausführung gebracht werde.

§ 7. Die an ein Ministerialdepartement eingehenden Schreiben sollen an den Staats- und Departementsminister zur Selbsteröffnung und Vertheilung an die verschiedenen Referenten seines Departements gebracht werden. Hierauf ist sodann deren Eintragung in das Protuctenbuch zu besorgen.

§ 8. Die an Unser Cabinet gehörenden Gegenstände sind folgende: 1) Alle Gesetze, Verordnungen und allgemeinen Verwaltungsmaßregeln, es mag auf neue, oder auf Aufhebung und Abänderung, oder auf authentische Erklärung der vorhandenen ankommen. Wird dazu der Antrag von einem Unserer Staats- und Departementsminister gemacht, so werden Wir, Falls Wir denselben genehmigen, den, Uns mittelst Berichtes vorgelegten, Entwurf zur Berathung Unserm Staatsrathe, über dessen Anordnung und Einrichtung Wir Unsere Entschließung nächstens eröffnen wollen, durch Unsern Staats- und Cabinetsminister zustellen lassen. Auf den von Unserm Staatsrathe gemachten Antrag werden Wir Unsere Entschließung abgeben. Sollten Wir aber Abänderungen in der Gesetzgebung für nöthig oder nützlich halten, in Beziehung auf welche Unsere Staats- und Departementsminister Uns keine Anträge gemacht haben, so soll der Gegenstand dem zuständigen Ministerialdepartement zur Bearbeitung und Abfassung eines Gesetz- oder Verordnungsentwurfes zugefertiget werden, worauf Wir sodann auf die vorhin bemerkte Weise verfahren werden. 2) Die Budgets der verschiedenen Ministerialdepartements vor dem Anfange eines jeden Rechnungsjahres. Sollten besondere Umstände eine Ueberschreitung des Budgets von einiger Erheblichkeit nothwendig machen, so ist dazu jedesmal Unsere Genehmigung erforderlich 3) Wichtige außerordentliche Finanzmaßregeln. 4) Die Prüfung der jährlichen Verwaltungsdarstellungen Unserer Staats- und Departementsminister und der monatlichen Hauptcassenextracte Unsers Staats- und Finanzministers (§ 5). 5) Die Ernennungen: a) der Gesandten, Residenten, Geschäftsträger, Legationssecretaire, Generalconsuln und Consuln; b) der Referenten in den Ministerialdepartements und der Mitglieder aller Landescollegien, zu welchen letztern aber nicht die dabei angestellten Secretaire zu rechnen sind; c) der Oberforstmeister, Forstmeister und Forstjunker; d) der ersten und zweiten Beamten auf Unsern Aemtern; e) der Präsidenten der verschiedenen Provinziallandschaften und Ritterschaften; der Präsidenten und Vicepräsidenten der allgemeinen Ständeversammlung; f) der Professoren

24

bei der Universität Göttingen; des Historiographen und der Archivare; g) des Stadtdirectors und Stadtgerichtsdirectors Unserer Residenzstadt. 6) Die Ernennung und Bestätigung der evangelischen und römisch-katholischen Geistlichen, welche im Range höher stehen, als Pfarrer und Prediger. 7) Die Ernennung zu den Dignitäten in den männlichen und weiblichen Stiftern und Klöstern, wie auch die Verleihung von Canonicat- und Vicarienpräbenden und Anwartschaften in den männlichen und weiblichen Stiftern und Klöstern 8) Neue Besoldungen und Besoldungszulagen, in so fern letztere nicht bereits etatsmäßig sind. 9) Ertheilung von Titeln, welche den Charakter von Rath oder einen noch höheren verleihen. Dasselbe gilt von Rangertheilungen. 10) Bewilligungen lebenslänglicher Pensionen. 11) Gnadengeschenke, Remunerationen und außerordentliche Unterstützungen, in so fern die, in den Budgets der Ministerialdepartements dazu ausgesetzten Fonds nicht hinreichen. 12) Entlassung vom Dienste im Disciplinarwege solcher öffentlichen Diener, welche nicht lediglich zur Classe der Richter gehören, auch nicht auf Kündigung stehen, nach Anhörung des darüber von Unserm Staatsrathe Uns zu erstattenden Gutachtens. 13) Die Bestätigung der Criminalurtheile, wodurch auf Todesstrafe oder auf lebenslängliche öffentliche Arbeitsstrafe erkannt worden ist, ohne Unterschied, ob zugleich ein Antrag auf Begnadigung gemacht wurde oder nicht. 14) Die Begnadigung der, zur Strafe des Todes oder zu einer mehr als fünfjährigen öffentlichen Arbeitsstrafe verurtheilten Verbrecher. 15) Abolitionen crimineller Untersuchungen. 16) Uebertragung der Zuständigkeit eines Gerichtes auf eine andere ordentliche Gerichtsbehörde, nachdem Wir darüber das Gutachten Unsers Staatsrathes vernommen haben. 17) Stiftung von Fideicommissen und Majoraten, wie auch Ertheilung der Lehnbriefe über fürstliche und gräfliche Lehne. 18) Standeserhöhungen und Verleihungen von Virilstimmen in der ersten Cammer der allgemeinen Ständeversammlung. 19) Ertheilung der Erlaubniß zur Tragung fremder Orden und Ehrenzeichen. 20) Veräußerungen oder Belastungen Unserer Domainen, wovon jedoch diejenigen ausgenommen sind, welche in Folge der unterm 23. Juli 1833 verkündigten Ablösungsordnung Statt finden. 21) Die Stadtverfassungsurkunden und die Bestätigung wichtiger öffentlicher Anstalten. 22) Alle wichtigern Sachen, welche die Verhältnisse zum Deutschen Bundestage betreffen oder in den Auswärtigen Angelegenheiten vorkommen, vorzüglich wenn es auf Abschließung von Verträgen ankommt. 23) Entscheidung der unter den Ministerialdepartements über ihre Wirkungskreise obwaltenden Streitigkeiten, nachdem Wir das Gutachten Unsers Staatsrathes darüber eingezogen haben. 24) Beschwerden über die von Unsern Ministerialdepartements begangen sein sollenden Geschäftsverzögerungen.

Diese Verordnung soll durch die erste Abtheilung der Gesetzsammlung zur allgemeinen Kenntniß gebracht werden.

Hannover, den 14. November 1837.

Ernst August.

Gesehen: G. von Schele.

XV.

Proclamation, betreffend die Verfassungsangelegenheit des Königreichs.

Ernst August, von Gottes Gnaden König von Hannover, Königlicher Prinz von Großbritannien und Irland, Herzog von Cumberland, Herzog zu Braunschweig und Lüneburg ꝛc. ꝛc.

Um Unsere getreuen Unterthanen über die Beweggründe Unserer Allerhöchsten Entschließungen wegen der Verfassungsangelegenheit Unseres Königreichs nicht in Zweifel und Ungewißheit zu belassen, haben Wir Uns zu der nachstehenden öffentlichen Bekanntmachung in Gnaden bewogen gefunden. Die rechtmäßige landständische Verfassung Unseres Königreiches war durch das Königliche Patent vom 7. December 1819 geordnet und am 29. desselben Monats in das Leben getreten. Die Wiener Schlußacte vom 15. Mai 1820, ein organisches Gesetz des Deutschen Bundes, diente dieser Verfassung zur Schutzwehr; denn dieses Gesetz bestimmt, daß die in anerkannter Wirksamkeit bestehenden landständischen Verfassungen nur auf verfassungsmäßigem Wege abgeändert werden

können. Die landſtändiſche Verfaſſung vom 7. December 1819 hat im Laufe der
Zeit und bis zum Jahre 1833 auf verfaſſungsmäßigen Wege einige Abänderungen
erlitten. Der Umgeſtaltung vom 26. September 1833 aber ermangelte
die verfaſſungsmäßige Form. Vorbereitet war dieſe Umwandlung zwiſchen
der Königlichen Regierung und den Ständen des Königreichs im ordnungsmäßigen Wege des Vertrages, in Folge ausdrücklicher Erklärung und thatſächlichen
Einverſtändniſſes beider Theile. Zuerſt in einer gemiſchten Commiſſion, dann in der
Ständeverſammlung vom Jahre 1832 bis 1833. Die vertragsmäßige Verhandlung
erſtreckte ſich bis zu dem ſtändiſchen Schreiben vom 18. März 1833. Neben dieſem
ward der landesherrliche Verfaſſungsentwurf mit Abänderungen zurückgereicht. Das
Schreiben beantragte die Erlaſſung des neuen Grundgeſetzes, aber unter der ausdrücklich beigefügten Vorausſetzung, daß die beſchloſſenen Abänderungen
des Königs Genehmigung fänden. Die Stände waren damals entfernt, für
den entgegengeſetzten Fall auf das ihnen gebührende weitere Gehör zu verzichten, wie ſolches in einem ähnlichen Falle durch den Beſchluß vom 30. April
1819 geſchehen war. Nunmehr verließ die Regierung den verfaſſungsmäßigen Weg. Sie verwarf einſeitig Anträge der Stände und berief nicht weiter die landſtändiſche Verſammlung, mit der allein dieſe Verhandlung zum verfaſſungsmäßigen Ergebniſſe kommen konnte. Das Königliche Patent vom 26. September 1833 promulgirte die neue Verfaſſung. Dieſe Verfaſſung begriff in ſich zwölf,
in dem Patente b.rührte, mehr oder minder bedeutende Anordnungen, über die
eine Vereinbarung mit den Ständen nicht Statt gefunden hatte. Einer
dieſer Puncte (Nr. 12 des Patents, § 149 des Grundgeſetzes) enthielt eine den
Anträgen der Stände nicht entſprechende Beſtimmung über die verfaſſungsmäßige Mitwirkung der Landſtände bei der Finanzverwaltung. Die bisherige Intenſive Kraft der Stände hinſichtlich dieſes Rechtes ward durch dieſe Beſtimmung geſchmälert, und die angeſprochene Befugniß fortlaufender Beaufſichtigung
hatten ſie nicht erlangt. Der frühere Rechtszuſtand war durch Uebereinkommen zwiſchen Herrn und Ständen geregelt. In ihm lag ein weſentlicher Theil der landſtändiſchen Befugniſſe. Nach unzweifelhaftem altem Verfaſſungsrechte Unſerer Staaten konnte das Beſtehende in dieſer Hinſicht auf gültige Weiſe nur durch beider-
ſeitige vollſtändige Zuſtimmung anders geordnet werden. Eine bundesge-
ſetzmäßige Abänderung der landſtändiſchen Verfaſſung des Königreichs iſt daher
im Jahre 1833 nicht erfolgt. Die neue Verfaſſung und die nach ſolcher berufene allgemeine Ständeverſammlung ſtand nicht auf geſetzlichem Boden. Allerdings
iſt von dieſer Verſammlung am 17. December 1833 eine Dankadreſſe in Beziehung
auf das Staatsgrundgeſetz vom 26. September deſſelben Jahres votirt worden.
Dieſe Verſammlung aber hatte nicht die Gewalt, eine Nichtigkeit zu heilen, der ſie
ſelbſt unterlag. Wie groß oder gering die Verſchiedenheit der Individuen und der
Bedeutung zwiſchen der vorigen und dieſer Verſammlung geweſen, war ohne Gewicht. Der Rechtsbeſtand der Corporation als ſolcher war durch den Rechtsbeſtand
ihres Entſtehungsgrundes bedingt. Einer Verſammlung, die einer nichtigen Verfaſſung ihr Daſein verdankt, vermag nicht die Kraft beizuwohnen, jene nichtige Verfaſſung zu einer rechtsbeſtändigen zu erheben. Die Zuſtimmung der früheren, damals nicht mehr vorhandenen, Verſammlung allein konnte geeignet ſein, dem Ver-
faſſungswerke rechtlichen Halt zu geben. So lange es an dieſer Zuſtimmung ermangelte, fehlte dem neuen Entwurfe in ſeinem ganzen Umfange für Herrn und Stände
die rechtsverbindliche Geltung. Die ſelbſtſtändige Befugniß einſeitiger
Lossagung iſt von dem Begriffe abſoluter Richtigkeit nicht zu trennen. Parteirechte ſind hier außer Frage. Es handelt ſich nicht um einen Streit
über die Grenzen des Rechtes der Krone und der Stände. Wir vereinigen in Uns
vermöge erblichen Rechtes und nach Maßgabe des Art. 57 der Wiener Schlußacte
die geſammte Staatsgewalt. Wir ſind entfernt von jeder Abſicht, wohlerworbenen
ſtändiſchen Befugniſſen zu nahe zu treten. Aber es iſt Unſer erhabener Beruf, den
Rechtszuſtand Unſeres Königreiches zu überwachen und zu begründen. Eine im Principe ihrer Entſtehung nichtige Verfaſſung konnte Unſeren getreuen Unterthanen das
zu ihrem dauernden Wohle unerläßliche Erforderniß der Rechtsſicherheit niemals
gewähren. Die Rückkehr zu den landſtändiſchen Verfaſſungsnormen,
die Wir allein als auf geſetzlicher Grundlage beruhend, anzuerkennen vermocht, mußte daher Unſer wichtigſtes Geſchäft ſein, nachdem

die Göttliche Vorsehung die Regierung des Landes Unsern Händen anvertraut hatte. Wir haben hierdurch eigenes Recht und eigene Pflicht geübt. Neben diesem formellen Grunde der Nichtigkeit haben Wir in dem Inhalte der von
Uns außer Kraft gesetzten Verfassung materielle Mängel angetroffen, die für
sich allein Uns zur Abhülfe nicht minder berechtigten und verpflichteten. Diese
waren unzulässige Beeinträchtigungen Unserer agnatischen Rechte und
Verletzungen des bundesgesetzlich ausgesprochenen Princips der Untheilbarkeit der höchsten Staatsgewalt. Die Unveräußerlichkeit der
Rechte Unseres Durchlauchtigsten Hauses an dem Cammergute beruhet
seit einer langen Reihe von Jahren auf der Autonomie der regierenden Häuser. Sie
erstreckt sich namentlich auf spätern Erwerb. In dem Testamente Unseres Durchlauchtigsten Ahnherrn, des Kurfürsten Ernst August, vom 29. October 1688 ist, in
Uebereinstimmung mit einer großen Anzahl älterer Familienrecesse, das Cammergut
als immerwährendes Familienfideicommiß des Hauses bezeichnet. Jede
Veräußerung von Cammergütern und Gerechtsamen erklärt solches für nichtig, ungültig und kraftlos, es sei die Einwilligung der Landstände hinzugetreten oder nicht.
Eine solche Veräußerung, heißt es daselbst, solle ohne rechtliche Wirkung bleiben,
und den Regierungsnachfolger weder in absteigender noch in der Sei-
tenlinie im Geringsten verbinden. Der Ständeversammlung Unseres Königreiches ist bis zu dem Jahre 1833 kein unmittelbarer Einfluß auf die Substanz und
die Verwaltung des Cammergutes, noch ein Verfügungsrecht über dessen Aufkünfte,
eingeräumt gewesen. Die Verfassungsurkunde vom Jahre 1833 verletzte diesen Rechtszustand in mehr wie einer Hinsicht. Das gesammte Cammergut wurde in die Cate-
gorie von Staatsgut gestellt und einer umfassenden Controle der Ständeversammlung unterworfen. Das agnatische Eigenthum an dem vorhandenen bedeutenden Familiengute wurde in der That Unserm Königlichen Hause entzogen und auf den Staat übertragen. Die Verwendung der Aufkünfte des
Cammergutes zu Staatszwecken wurde dem Bewilligungsrechte der Ständeversammlung überwiesen. Dem Landesherrn verblieb statt der Disposi-
tionsbefugniß über den Inbegriff der Cammerrevenüen lediglich eine
solche über einen bestimmten Theil, eine Art Civilliste. Es ist nicht Unsere Absicht,
der Landesverwaltung Summen zu entziehen, die, nach Bestreitung des standesmäßigen Bedarfs Unseres Königlichen Hauses und Hofes, aus den Domanialeinkünf-
ten zu solchen Zwecken verwendet werden können. Wir haben den ernsten Willen,
die Last der öffentlichen Abgaben, so weit es thunlich ist, zu erleichtern, nicht aber
diese zu vermehren. Diesen Willen haben Wir öffentlich ausgesprochen und durch
die That bewiesen. Unserm Rechte und Unserm Gefühle aber würde es widerstreiten
Und zum dauernden Heile Unserer Unterthanen nicht gereichen, wenn Uns über die
Cammereinkünfte die Verfügungsbefugnisse entzogen wären, die Uns nach altherge-
brachtem Rechte nicht bestritten werden konnten, wenn Unserm Ermessen über die
wohlthätigste Art der Verwendung der Ueberschüsse zum Besten des Landes willkürliche Grenzen vorgezeichnet werden sollten, wenn endlich der Landesherr dem landes-
ständischen Zugeständnisse einen beliebigen Theil von Einnahmen zu verdanken hätte,
deren Gesammtheit, dem wahren Rechtsverhältnisse gemäß, nicht in den Bereich ständischer Bewilligungen gehörte. Die Nichtigkeit solcher Veräußerungen agnatischer Rechte für alle zukünftigen Zeiten liegt am Tage. Eine staatsrechtliche
Theorien einschlagende genaue Darlegung aller Bestimmungen des Grundgesetzes von
1833, die der monarchischen Gewalt Eintrag thaten, wollen Wir hier umgehen und nur Einiges berühren. Der schon erwähnte Art. 57. der Wiener Schlußacte enthält diese bundesgesetzliche Norm: „die gesammte Staatsgewalt soll in
„dem Oberhaupte des Staats vereinigt bleiben und der Souverain kann durch
„eine landständische Verfassung nur in der Ausübung bestimmter Rechte an die Mit-
„wirkung der Stände gebunden werden." Gegen diesen Grundsatz stritt nach Unserer Ueberzeugung der § 13 jener Verfassung, der die Deutung zuließ, daß das
auf Geburt und Erbfolge beruhende Regierungsrecht des Landesherrn an eine fremde Bedingung geknüpft sein solle; die §§ 85 und 92, die den
Landständen eine in dem bestehenden Rechte nicht begründete übermäßige Theilnahme an der allgemeinen Landesgesetzgebung beilegten; der § 140, dessen zweiter Satz in seiner unbestimmten Fassung den Landständen die Mittel darbot,
auf die Organisation und auf das Personal der Königlichen Diener-

schaft, mithin auf Hoheits- und Verwaltungsrechte, einen verderblichen Einfluß zu gewinnen; der § 151, der eine mit dem monarchischen Prinzipe
nicht vereinbare Spaltung der höchsten Staatsgewalt zwischen dem Landesherrn und seinen Ministern begründete. Endlich der § 163, der die Unabhängigkeit des Richterstandes in Unserm Königreiche auf die Mehrzahl der Königlichen Verwaltungsbeamten erstreckte, und demnach eine Lähmung der Kraft der
Landesverwaltung mit sich führte. Wie in der Verletzung Unserer agnatischen
Rechte hinsichtlich des Cammergutes, so in den Zersplitterungen der monarchischen
Gewalt, haben Wir nicht Gegenstände einer Unterhandlung zu erkennen vermocht,
über die ein theilweises Nachgeben von beiden Seiten zu einer gedeihlichen Ausgleichung führen könne. Ein großer Theil jener Bestimmungen gestattete dergleichen nicht.
Das Landes- und das Bundesstaatsrecht erlaubte Uns diese nur aus dem Gesichtspunkte materieller Richtigkeit aufzufassen. Hätte die Richtigkeit der Form
nicht schon den ganzen Inbegriff der Verfassung vom 26. September 1833 umgestoßen; so würde auch in jeder andern Beziehung die Geschichte der Entstehung
jenes Werkes die rechtliche Möglichkeit einer theilweisen Beibehaltung
ausgeschlossen haben. Am wenigsten wäre es zu rechtfertigen gewesen, die der
Regierung anstößigen Bestimmungen einseitig auszuscheiden und den übrig bleibenden
Rest als gegenseitig verbindliche Norm beizubehalten. Die gesammten Verhandlungen,
die der Publication des Grundgesetzes vorausgegangen, sowohl in der vorgängigen
gemischten Commission der Jahre 1831 und 1832 als in der darauf folgenden Ständeversammlung, bieten eine solche Verkettung von gegenseitigen Anforderungen, Ab-
lehnungen und Zugeständnissen, von Bedingungen und Folgerungen, von Vorbehalten und Verzichten unter beiden Cammern, wie unter den Organen der Regierung
und den Wortführern der Volkspartei dar, daß die Verfassung, die aus diesen Verhandlungen hervorgegangen, nicht anders, als wie ein untrennbares Ganzes angesehen werden konnte. Auf solche Weise ist sie bei ihrer Errichtung von der Regierung
wie von den Ständen betrachtet und behandelt worden. Den Beweis enthält, so viel
die Regierung betrifft, das Königliche Rescript vom 11. Mai 1832 in den Worten:
„Es wird den Ständen nicht entgehen, daß mehrere der von Uns bestimmt vorge-
„schriebenen oder doch für zweckmäßig erachteten Anordnungen in genauer Ver-
„bindung mit einander stehen und sich gegenseitig bedingen. Sofern ein
„oder der andere Punkt der letztern Art, auf welchen Wir ein besonderes Ge-
„wicht legen, keinen Eingang finden sollte, müssen Wir also Unsere endliche
„Entschließung im allgemeinen wie über einzelne Theile desselben damit aus-
„drücklich vorbehalten." Und von den Ständen ist im Einverständnisse beider Cammern die Sache also behandelt, daß die Abstimmungen über die einzelnen
Theile und Capitel nicht als verbindliche Beschlüsse angesehen wurden, bevor am
Ende der Berathung die Abstimmung über das Ganze eingetreten war. Auch sind
bei der Letzteren Erklärungen zu Protecoll gegeben worden, des Inhaltes, daß man
lediglich den Vortheilen, die das Ganze darbiete, entschiedene und nicht erledigte
Dissense im Einzelnen zum Opfer bringen wolle. Ein auf diese Weise errichtetes
Verfassungsgesetz ließ im guten Glauben keine Zerstückelung zu. Es galt daher
nicht, zu prüfen, ob und in wie weit der Inhalt eine Ausscheidung des Richtigen
gestatte. Aber auch hier wäre man auf unübersteigliche Schwierigkeiten gestoßen.
Mit dem Hinwegfallen einer oder der anderen irgend erheblichen Disposition wurde
einer Reihe anderer die vertragsmäßige Grundlage entzogen. So war namentlich
auf die Bestimmung der s. g. Krondotation oder Civilliste, auf die Ueberweisung
der sämmtlichen anderweiten Einkünfte des Kammergutes zu der Bewilligung der
Stände, das ganze, mit den Ständen ractirte, Finanzsystem gebaut. Die Richtigkeit dieser Anordnung beraubte das System selbst der Bedeutung und des festen Bestandes. Den nothwendigen Fall nichtiger Stützen konnte das Verfassungswerk nicht
überdauern. Regierungshandlungen, die in sich nichtig sind, verbinden
keinen Nachfolger in der Herrschaft. Persönlich übernommene Verpflichtung
allein vermag das Recht der Abhülfe zu beschränken. Ein Retenfionsact zu der Verfassung Unsers Königreiches vom 26. September 1833 ist aber jederzeit von Uns abgelehnt worden. Von dieser Seite in der Aufrechthaltung des älteren Rechtes gegen dessen Verletzung, die Wir als nichtig anerkannt, durch Nichts gehemmt,
konnte nur der Weg hiezu Gegenstand Unserer landesväterlichen Erwägung sein.
Unzulässig war jeder Versuch, die in der ungültigen Verfassung vor-

geschriebene Form dazu zu benutzen, den wahren Rechtszustand herzustellen. Denn durch Nichtiges kann etwas Gültiges und zu Recht Beständiges nicht erzielt werden. Jede wirksame vertragsmäßige Verhandlung setzt vollgültige Legitimation der verhandelnden Theile voraus. Hier aber ermangelte es an einer auf gesetzlichem Grunde beruhenden Ständeversammlung. Sie hätte ihre Competenz aus dem Rechtsbestande einer nichtigen Verfassung ableiten müssen. Der richtige staatsrechtliche Gesichtspunkt bot demnach ein unübersteigliches Hinderniß dar. Es kam wenig in Betracht, daß die Wiederherstellung der verletzten monarchischen Integrität durch Nichts gesichert war, einer ständischen Versammlung gegenüber, deren Vertretungsbefugniß auf der Bedingung der vorgängig von Uns erfolgten Anerkennung des Rechtsbestandes jener Verletzungen nothwendig beruhet hätte. Die Möglichkeit der günstigsten Vereinbarung blieb ohne erheblichen Werth, denn der ursprüngliche Fehler der ständischen Competenz trug in sich den Mangel jeder sicheren Garantie für zukünftige Zeiten. Eine solche konnte nur die einfache Rückkehr zu dem auf bundesgesetzliche Weise nie aufgebobenen Rechte gewähren. Zu einer landesherrlichen Aufforderung der Dazwischenkunft des Deutschen Bundes fehlte das Rechtsfundament. Schon in den Staatsverhandlungen des Jahrs 1819 hatte sich die Absicht ausgesprochen, der Einwirkung des Bundes auf Abänderung der landständischen Verfassungen im Einzelnen vorzubeugen. So wenig die Bundesacte, wie die Wiener Schlußacte bietet eine gesetzliche Bestimmung dar, auf die ein solcher Antrag hätte gestützt werden mögen. Die Art. 60 und 61 der Schlußacte schließen die Vermittlung des Bundes hier völlig aus. Der Art. 55 aber überläßt die Anordnung der landständischen Verfassungen, als eine innere Angelegenheit, im Allgemeinen den souverainen Fürsten der Bundesstaaten, unter Berücksichtigung sowohl der früherhin bestandenen ständischen Rechte, als der gegenwärtigen obwaltenden Verhältnisse. Ueber die Mittel der Wiederherstellung der auf nichtige und bundesgesetzwidrige Weise unterbrochenen Wirksamkeit einer landständischen Verfassung, die unter dem Schutze der Wiener Schlußacte bestanden hat, schweigt die Gesetzgebung. In einem nichtigen Verfassungswerke würde man solche Mittel, wie wir eben bemerkt, vergeblich suchen. Eine Selbstfolge solcher Nichtigkeit ist die Rückkehr zum alten Rechte. Wir haben demnach in Folge reifer Erwägung keinen Anstand nehmen dürfen, die nach Unserer gewissenhaften Ueberzeugung unerläßliche Maßregel vermöge Eigener Allerhöchster Machtvollkommenheit zu ergreifen. Dies sind die Thatsachen und Rechtsansichten, die der Erlassung Unseres Patentes vom 1. November 1837 zum Grunde gelegen haben. Indem Wir solche hierdurch zur öffentlichen Kunde gelangen lassen, fügen Wir den unter dem heutigen Tage von Uns vollzogenen Erlaß an die allgemeine Ständeversammlung bei, damit Unseren getreuen Unterthanen allenthalben offen vor Augen liege, worauf Unsere landesväterlichen Absichten gerichtet sind.

Diese Unsere Proclamation soll in die erste Abtheilung der Gesetzsammlung aufgenommen werden.

Gegeben Hannover, den 15. Februar 1839.

Ernst August.

G. v. Schele.

XVI.

Aus Raumersparniß nicht abgedruckt.

Vergleiche Ständische Actenstücke VI. 2. Seite 14.

XVII.

Resignationserklärung des Dr. Lang.

„Dem königlichen Cabinete sehe ich mich gezwungen, hiermit meine Resignation als Mitglied zweiter Cammer unterthänigst zu überreichen. Wenn ich mir erlaube,

die Gründe hinzuzufügen, welche mich zu diesem Schritte bewogen, so gebe ich mich
der Hoffnung hin, daß dies Billigung finden wird, da mir daran gelegen sein muß,
diesem Schritte die richtige Deutung zu sichern. Meine Ansicht, daß die Regierung
Er. königl. Majestät nicht befugt war, das Staatsgrundgesetz einseitig in der Art aufzuheben, wie dies in dem Patente vom 1. November 1837 geschah, habe ich, wo sich
die Gelegenheit dazu fand, offen zu erkennen gegeben. Es beruht diese Ansicht auf
dem einfachen, durch alle Erörterungen unwiderlegt gebliebenen Grunde, daß das
Staatsgrundgesetz unleugbar in anerkannter Wirksamkeit stand und daher nur unter
Beobachtung der in der Wiener Schlußacte Art. 56 garantirten Formen des Staatsgrundgesetzes aufgehoben werden durfte, ohne daß die Art seiner Entstehung oder
sein Inhalt die Regierung zu einer einseitigen Aufhebung berechtigen konnte. Hätte
es sich also in der gegenwärtigen Ständeversammlung darum handeln können, die
Rechte des Landes zu reclamiren, so wäre der Gang, welchen die Repräsentation des
Landes pflichtmäßig nehmen mußte, nicht zweifelhaft gewesen. Allein bei dem von Er.
königl. Majestät allerhöchst ausgesprochenen festen Willen würde nur eine Reclama-
tion an den durchlauchtigsten deutschen Bund übrig geblieben sein, zu welchem
Schritte nur eine nach den Formen des Staatsgrundgesetzes berufene Ständeversammlung befugt erachtet werden kann. Se. königl. Majestät hatten indessen allergnädigst geruht, eine möglichst nach dem Patente vom 7. December 1819 und nach
dessen verfassungsmäßigen, damit in Verbindung stehenden Aenderungen componirte
Ständeversammlung zu berufen, die, obwohl sie des fehlenden Schatzcollegiums
wegen eine Ständeversammlung nach der Verfassung von 1819 nicht sein konnte,
dennoch, wenn auch ihre Legitimation, wie im Schreiben vom 16. März v. J. (Nr. 83
v. J.) ausgesprochen ist, zweifelhaft war, sich für verpflichtet erachten mußte, den
Hauptzweck, zu welchem sie berufen und gewählt wurde, zu erfüllen, nämlich auf dem
Wege der Vereinbarung eine neue Grundlage des öffentlichen Rechtes zu Stande zu
bringen, um so die durch Aufhebung der Verfassung von 1833 entstandene Rechtsverletzung vergleichsweise zu beseitigen. Daß man bei diesem Verfahren, um spätern
Schwankungen vorzubeugen, auf Garantien Bedacht zu nehmen hatte, dies ließ sich
nicht verkennen; allein die specielle Gewährleistung des durchlauchtigsten deutschen
Bundes, die auch in dem vorgelegten Verfassungsentwurf angeboten wurde, und die
förmliche Einwilligung der bestehenden zweifellos verfassungsmäßigen Organe des
Landes, nämlich der Provinziallandschaften, konnte diese geben und würden, wie ich
nicht zweifele, sie genügend gegeben haben, zumal wenn die Anerkennung der später
nach dem neuen Verfassungsentwurfe zu berufenden Stände hinzugetreten wäre. In
diesem Sinne habe ich zur Vereinbarung mitgewirkt, so lange sich dieselbe bieten
ließ, und ich würde auch dann die Hoffnung auf ein Zustandekommen nicht aufgegeben, vielmehr im verstärkten Maße gehegt haben, wenn der vielfachen Bedenken
unterworfene Verfassungsentwurf zurückgenommen und eine Vereinbarung auf ein-
facheren Grundlagen gesucht worden wäre. Nachdem aber die Allerhöchste Proclamation vom 15. Februar d. J. und die dabei sich befindenden Anlagen den Weg des
Vergleiches verließen und die vorzugsweise zur Beförderung einer Vereinbarung berufene Ständeversammlung, nach geschehener Zurücknahme des Verfassungsentwurfs,
nur dazu bestehen soll, die Verfassung von 1819 anzuerkennen und ihr insoweit Wirksamkeit zu geben, als es möglich ist, einen einmal antiquirten Zustand wiederherzu-
stellen, so darf meines Erachtens kein Deputirter glauben, dem Vertrauen länger
Genüge leisten zu können, welches ihn in die Stände berief, da das gegenwärtige
Verfahren mit der Berufung vom 7. Januar 1838 im offenen Widerspruche steht.
Ich sehe mich daher gezwungen, durch gegenwärtige Verzichtleistung auszusprechen,
daß ich unfähig bin, durch fernere Theilnahme an den Verhandlungen das Vertrauen
zu täuschen, welches mich zu den Ständen berufen hat, wie schmerzlich es mir auch
wird, eine Stellung zu verlassen, in welcher lange Jahre nach Kräften und mit Vor-
liebe gewirkt zu haben, ich mir das Zeugniß geben darf, und in welche nur treue
Anhänglichkeit an König und Vaterland, der ich jede Rücksicht bereitwillig nachsetzte,
mich hineinbrachte." In diesem Sinne, fügt dann Herr Dr. Lang am Schlusse seiner
Vertheidigung in der Bremer Zeitung hinzu, habe ich seit Eröffnung der Stände
gehandelt, zu der Adresse an Se. königliche Majestät, zu dem sogenannten Competenzschreiben, zu dem Conrabi'schen Antrage, zu der frühern Protestation beim Bundestage, sodann zu dem Antrage der bremen-verdenschen Provinzialadresse mitgewirkt,
und bin endlich in diesem Sinn ausgeschieden, nachdem ich zuvor der Beschwerde an

den Bundestag sowohl als auch der durch 27 Deputirte abgegebenen Protestation beigetreten war, wobei ich mündlich die Verschiedenheit meiner Stellung zu Protocoll offen aussprach und erläuterte. Ich werde fortfahren, in der Angelegenheit des Vaterlandes lediglich meinem Gewissen und dem Selbstgefühle zu folgen, da ich, um mir eine würdige Stellung zu erhalten, weder der Parteien noch der Regierung bedarf.

XVIII.
Proclamation, die Wiederberufung der allgemeinen Ständeversammlung betreffend.

Ernst August, von Gottes Gnaden König von Hannover, Königlicher Prinz von Großbritannien und Irland, Herzog von Cumberland, Herzog zu Braunschweig und Lüneburg ꝛc. ꝛc.

Demnach Wir beschlossen haben, die unterm 2. März d. J. vertagte allgemeine Ständeversammlung des Königreichs auf den 28. d. M. wieder berufen zu lassen, so thun Wir dies hierdurch kund, und zwar mit dem Ansinnen an sämmtliche Mitglieder beider Cammern, daß sie so zeitig in Unserer Residenz eintreffen, daß gedachten Tags die ständischen Verhandlungen beginnen können.

Wir finden Uns bewogen, Unsern gnädigsten Willen dahin auszusprechen, daß die bevorstehende Sitzung nur von kurzer Dauer sein soll, indem Wir die zur Berathung vorzulegenden Gegenstände außer dem Antrage auf die erforderliche Steuerbewilligung und auf einen dem vorigjährigen gleichen Steuererlaß für das bevorstehende Rechnungsjahr thunlichst beschränken werden, und da Wir es für angemessen erachten, daß für den Fall, daß, wie Wir vermuthen müssen, Unsere getreue allgemeine Ständeversammlung eine Commission zur Prüfung Unserer Vorlagen vom 15. Februar d. J., die Cassentrennung und die Wiederherstellung des Schatzcollegii betreffend, niederzetzen sollte, diese während einer Vertagung in den Sommermonaten ihre Arbeit erledige.

Zugleich eröffnen Wir Unsere Willensmeinung über einen hochwichtigen Gegenstand, der mit der vorbemerkten Berathung im engsten Zusammenhange steht.

Es ist Uns nämlich nicht unbekannt geblieben, daß von einem großen Theile Unserer getreuen Unterthanen die in dem Königlichen Patente vom 7. December 1819 enthaltenen Bestimmungen für ausreichend nicht gehalten werden, und es ist Uns die Rathsamkeit einer weiteren Ausführung und Ergänzung der in jenem Patente enthaltenen Verfassungsgrundsätze wiederholt vorgetragen.

Unsere hierauf schon früher gerichtete Absicht wurde verkannt, und die in Unserm Erlasse vom 15. Februar d. J. enthaltenen Gründe mußten Uns zu dem Entschlusse bewegen, von ihrer Verfolgung einstweilen zurückzutreten.

Nachdem nun der Wunsch nach solcher weitern Ausführung und Ergänzung der in dem Königlichen Patente vom 7. December 1819 enthaltenen Bestimmungen in neuerer Zeit von mehreren Seiten wiederholt worden ist, so kann Uns dies freilich nur in Unserer Ueberzeugung von der Richtigkeit Unserer ursprünglichen Absicht bestärken, allein doch keineswegs die Gründe Unseres am 15. Februar d. J. ausgesprochenen Entschlusses beseitigen.

Sollte aber die allgemeine Ständeversammlung diesen Wunsch als den Unserer vielgeliebten Unterthanen aussprechen und Anträge an Uns richten, welche Uns die Hoffnung geben, daß der ernste Wille in beiden Cammern der allgemeinen Stände versammlung herrsche, durch besonnene fortwungsmäßige Berathung zu einer Vereinbarung in solcher Beziehung zum Heile Unseres Landes mitzuwirken, so werden Wir eine desfallsige Erklärung gern berücksichtigen.

Bei der Wichtigkeit des Gegenstandes und bei der Uns beiwohnenden Gewißheit, wie sehr einzelne Wahlcorporationen über Unsere wahren landesväterlichen Absichten getäuscht und zu ihnen nachtheiligen Handlungen verleitet werden, soll diese Proclamation in die erste Abtheilung Unserer Gesetzsammlung aufgenommen werden.

Gegeben Hannover, den 3. Mai 1839.

(gez.)   Ernst August.

               (gez.)   G. Frh. v. Schele.

XIX.
Erklärung der Königlich Hannoverschen Regierung vom 27. Juni 1839 bei dem Bundestage.

§ 2.
Allgemeine Ansicht Seiner Majestät des jetzt regierenden Königs über das Grundgesetz. Prüfung des letztern und deren Resultate.

Seine Majestät der jetzt regierende König, von der aufrichtigsten Liebe für das Land Ihrer Väter durchdrungen, aber außer aller Verbindung mit der damaligen Regierung, nahmen diese neuen Erscheinungen mit inniger Betrübniß wahr. Nachdenken und die Schule politischer Erfahrung hatten Sie vor dem modernen Wahne der Volksbeglückung durch das Umgeben der Throne mit s. g. liberalen Institutionen stets bewahrt. Schmerzhaft mußte es Sie berühren, das unter dem Scepter Ihrer erhabenen Vorgänger auf dem Throne bis dahin glückliche, ruhige und zufriedene Volk durch das verbrecherische Treiben einiger Unruhestifter in den constitutionellen Schwindel der heutigen Zeit fortgerissen zu sehen. Nicht ohne ernste Besorgniß erwarteten Sie den Ihrer Einwirkung entzogenen Erfolg. Die Thatsachen, aus denen des Königs Mißbilligung in jener Zeit genugsam abzunehmen war, sollen, um Wiederholung zu vermeiden, demnächst erörtert werden (vergl. § 9 und 10). Am 20. Juni 1837 durch die göttliche Vorsehung zur Regierung berufen, ward es Seiner Majestät Pflicht, von dem Verfassungszustande des Königreichs genaue Kenntniß zu nehmen. Der König stand nicht an, dieser Pflicht mit landesväterlicher Sorge zu genügen. Das Resultat Seiner sorgsamen Prüfung bewahrheitete die gehegte trübe Voraussicht. Er fand in dem vormaligen Grundgesetze unverkennbare Spuren des ohne Noth aber nicht ohne Gefahr an dem Bestehenden rüttelnden Geistes der Zeit. Er bemerkte in ihm Bestimmungen, welche die Integrität der monarchischen Regierungsgewalt zu untergraben geeignet waren. Er stieß auf Verletzungen unstreitiger angeerbter agnatischer Rechte des Hauses. Er konnte sich endlich nicht verhehlen, daß die Form der Errichtung der neuen Verfassung mit den Vorschriften der Grundgesetze des deutschen Bundes nicht im Einklang gestanden habe. Diese verschiedenen Kategorien der Mängel jener Verfassung bedürfen hier einer, wenn auch nur übersichtlichen, Erwähnung.

§ 3.
Bestimmungen, die der allgemeinen politischen Ansicht Sr. Majestät nicht entsprechen

Zu den Verfassungsbestimmungen, deren allgemeine Richtung der politischen Ansicht des Königs nicht entsprach, sind die Nachstehenden zu rechnen. Der Schluß des § 26, sofern sich daraus annehmen ließ, daß dem jedesmal regierenden Herrn die Befugniß zugestanden wurde, unter Mitwirkung der Stände die auf angeerbtem Rechte beruhende Ordnung der Thronfolge abzuändern. Der vierte und fünfte Satz des § 28, die durch zweideutige Fassung zu Eingriffen in Privatrechte und zu Mißverständnissen führen könnten. Der vierte Satz des § 30, weil Seine Majestät keinen Grund absahen, weshalb hinsichtlich des staatsrechtlichen Zustandes der Juden der in dem § 16 der Bundesacte verheißenen allgemeinen Gesetzgebung vorgegriffen werden sollte. Der vierte Satz des § 31, der eine völlige Beseitigung des privilegirten Gerichtsstandes in Aussicht stellte. Der § 33, weil es einer neuen Gesetzgebung zur Sicherstellung der Freiheit der Person und des Eigenthums im Königreiche nicht bedurfte, der Satz aber, so wie er lautete, zu Auflehnungen und Widersetzlichkeiten gegen Verwaltungsmaaßregeln, die auf dem Grund des ungeschriebenen Rechtes beruhen, Anlaß geben konnte. Die Beseitigung aller Confiscationen des Vermögens gehörte eher in das Criminalgesetzbuch, als in die Landesverfassung. Der § 40, in dem, wenn auch unter gewissen Modificationen, das Princip der freien Presse zugestanden war. Das ganze vierte Capitel „von den Gemeinden und Körperschaften", weil es auf der einen Seite Privatrecht verletzte, Unbestimmtheiten und Dunkelheiten enthielt, und auf der anderen die Vermögensverwaltung der städtischen Corporationen zu deren eigenem Verderben der heilsamen Aufsicht der oberen Behörden entzog. Der § 83, weil derselbe durchaus, dem Wesen deutscher Landstände entgegen, denen nach Maaßgabe des Artikels 57 der Wiener Schlußacte lediglich eine Mitwirkung bei Ausübung bestimmter Rechte der

Regierung zustehen soll, der Ständeversammlung ein allgemeiner Repräsentativcharakter beigelegt worden war. Die Paragraphen 84 und 85, weil durch sie provinzielle Interessen, so fern sie mehr wie eine Provinz betreffen, möglicher Weise zu großem Nachtheile der Provinzen, ausschließlich der Entschließung der allgemeinen Stände anheim gegeben wurden. Der § 89, soweit derselbe den Ständen die Befugniß beilegte, die Initiative in der Gesetzgebung zu nehmen und Gesetzentwürfe zu bearbeiten, — ein Geschäft, das an sich für die Regierung gehört, auch in zahlreichen Versammlungen nur mit übermäßigem Zeitverluste und niemals zweckmäßig betrieben werden kann. Der § 115, der die Oeffentlichkeit der ständischen Verhandlungen gestattete. Der § 118, der die alljährliche Wiederkehr der Versammlung der allgemeinen Stände anordnete. Die in dem § 151 sanctionirte Verantwortlichkeit der Minister gegen die Stände und die Anklagebefugniß der Letzteren. Der § 159, der dem Könige untersagt, Civilstaatsdiener anzustellen, ohne zuvor das Gutachten seiner Minister eingeholt zu haben.

XX.

Königliches Schreiben vom 1. August 1840, die Verfassungsurkunde für das Königreich Hannover betreffend.

Ernst August, von Gottes Gnaden König von Hannover, Königlicher Prinz von Großbritannien und Irland, Herzog von Cumberland, Herzog zu Braunschweig und Lüneburg re. re.

Unsere Gnade, auch geneigten und gnädigsten Willen zuvor, Durchlauchtig-Hochgeborner Fürst, Hoch- und Wohlgeborne, Edle und Veste, Würdige, Ehrenveste, Ehrbar- Hoch- und Wohlgelahrte, Ehrsam- Fürsichtige, Räthe, liebe Andächtige und Getreue!

Die Uns von den getreuen Ständen in ihrer Erwiderung vom 28. v. M. vorgelegten Ergebnisse ihrer ausführlichen Berathungen über den ihnen mitgetheilten Entwurf einer Verfassungsurkunde für das Königreich, und die darin enthaltenen Anträge, sind von Uns einer reiflichen Prüfung unterzogen. Nachdem gegenwärtig auch diejenigen Punkte, worüber Wir vor endlicher Entschließung zuvörderst eine weitere Erklärung von Seiten Unserer getreuen Stände erwarten mußten, in Folge ihrer ferneren Erwiderung vom gestrigen Tage als erledigt zu betrachten sind; so eröffnen Wir nunmehr Unseren getreuen Ständen das Folgende: Es gereicht Uns zur wahren Freude, den sämmtlichen Anträgen auf Abänderungen des Entwurfs der Verfassungsurkunde Unsere Genehmigung ertheilen zu können. Nach sorgfältiger Erwägung der Sache haben Wir Uns nicht weniger veranlaßt gefunden, auch den Anträgen zu dem Gesetze über die Wahlen der Deputirten zur allgemeinen Ständeversammlung so wie zur Geschäftsordnung für die allgemeine Ständeversammlung des Königreichs, so weit sie die Gesetzentwürfe selbst betreffen, Unsere Zustimmung in Gnaden zu geben. Indem Wir nur in Beziehung auf die Verfassungsurkunde selbst für nöthig erachten, einige Anträge und Wünsche der allgemeinen Ständeversammlung im Einzelnen hervorzuheben, halten Wir es für erforderlich, im allgemeinen zu bevorworten, daß es eben so wenig Unsere Absicht sein kann, auf die Motive einzugehen, von denen die getreuen Stände bei ihren vielfachen und zum Theil sehr umfassenden Anträgen geleitet sind, als durch die Uebergehung jener Motive die Richtigkeit derselben durchgehends anerkennen oder Unser landesherrliches Anerkenntniß ihrer Richtigkeit in allen Stücken daraus folgern lassen zu wollen.

Nach dieser Erklärung wenden Wir Uns zu den einzelnen Puncten selbst.

1) zum § 33. Wir sind der Ansicht, daß wohlerworbene Rechte Einzelner ihnen nicht anders als gegen eine gebührende Entschädigung zum allgemeinen Besten entzogen werden dürfen, und können demzufolge auch die Aufhebung der nach dem Königlichen Rescripte vom 18. Januar 1822 noch bestehenden Realexemtionen von allgemeinen Staatslasten, ohne eine den Berechtigten dafür zu gewährende Entschädigung, dem Grundsatze nach, nicht billigen. Inzwischen verkennen Wir nicht, daß theils die Eigenthümlichkeit der hier in Frage kommenden an sich nicht erheblichen Exemtionen und andrentheils der Umstand, daß die Ermittelung ihres Werthes sehr schwierig, wenn nicht unausführbar, sich darstellt, wesentlich dazu beigetragen haben werden, die in Ansehung dieses Opfers von der allgemeinen Ständeversammlung ge-

faßten Beschlüsse für gerechtfertigt zu erachten. Indem Uns nun ferner nicht entgangen ist, daß die Resolutionsbefugniß der Exemten, wie sie vor den Ständen beantragt worden, wohl dazu geeignet ist, die Ausführung selbst zu mildern, so haben
wir dem Antrage nachgegeben und erklären Uns auch damit einverstanden, daß die
von den bisher Exemten statt der auf sie fallenden Naturalprästationen zu leistenden
Geldbeiträge, nach den Normalpreisen der Dienste, bei den Ablösungen festgestellt
werden.

2) zum § 35. Indem Wir mit den getreuen Ständen dafür halten, daß bei
einer demnächstigen Regulirung der Gerichtsstandesverhältnisse der Güter und Höfe
in deren Landtagsfähigkeit ein angemessener Anhaltspunct für die Beschränkung des
dinglich befreieten Gerichtsstandes wohl gefunden werden könne, werden Wir auch
den Grundsatz: „daß Sattelhöfe und sonstige Güter, welche die Landtagsfähigkeit
durch Aufnahme in die Matrikel der Ritterschaft bereits erlangt haben oder erlangen werden, den landtagsfähigen Rittergütern gleich erachtet werden sollen," zu seiner
Zeit einer sorgfältigen Erwägung unterziehen lassen.

3) zum § 35a. Wir haben keinen Anstand genommen, den im § 23 des Gesetzes über die verbesserte Verfassung der Patrimonialgerichte vom 13. März 1821
festgestellten Grundsatz, „einer Trennung der gesammten Criminalgerichtsbarkeit von
allen Patrimonialgerichten der Geistlichkeit und Gutsbesitzer" in die Verfassungsurkunde aufzunehmen.

4) zum § 158. Was die Anträge wegen der Einrichtung des Staatsraths zu
dem Zwecke der Entscheidung von Competenzconflicten zwischen Justiz und Verwaltungsbehörden anlangt, so haben wir hierauf zuvörderst zu erkennen zu geben, daß
es sich hier um ein landesherrliches Recht handelt, bei dessen Ausübung Unsere Vorfahren in der Regierung gleich Uns an keine bestimmte Formen gebunden waren.
Wenn Wir Uns dessen ungeachtet aus eigenem Antriebe bewogen gefunden haben,
durch Unsere Cabinetsverordnung vom 21. Januar 1839 eine sorgfältige Bearbeitung und eine partheiloße Entscheidung solcher Conflicte dem Staatsrathe zu überweisen, so hat damit keinesweges ein wesentlicher Bestandtheil Unserer Regierungsgewalt aufgegeben werden sollen; es wird vielmehr sowohl die Ligarisation der Behörde als die Ernennung ihrer Mitglieder stets ein Ausfluß Unserer Regierungsrechte
verbleiben müssen, in welche ein Eingriff von Seiten der Stände von Uns nicht zugelassen werden kann. Da wir inzwischen nach den von Unserer getreuen allgemeinen
Ständeversammlung hierüber an Uns gebrachten näheren Erklärungen Uns versichert
halten dürfen, daß ein Eingriff in jene Unsere landesherrlichen Prärogative von ihnen
keineswegs bezweckt gewesen sei, sondern die Absicht lediglich dahin gegangen ist,
die zu treffende Anordnung in Unserem Allerhöchsten Ermessen zu verstellen, so haben
Wir uns gnädigst bewogen gefunden, dem Antrage in Beziehung auf den § 158 der
Verfassungsurkunde Folge zu geben. Wir behalten Uns indessen ausdrücklich Unsere
unzweifelhaften und von den Ständen anerkannten Befugnisse hinsichtlich der Besetzung Unseres Staatsraths bevor.

5) zum § 164. Dem Wunsche der allgemeinen Ständeversammlung, daß in
den im § 164 der Verfassungsurkunde gedachten Fällen Mitglieder aus der Section der Justiz an der Vorbereitung des Gutachtens des Staatsraths einen wesentlichen Theil nehmen, werden Wir gern die geeignete Berücksichtigung zu Theil werden lassen und eine dem entsprechende Anordnung treffen.

Was insbesondere das Sechste Capitel von den Finanzen betrifft, so
haben die getreuen Stände sich im Allgemeinen mit Unseren Anträgen auf Trennung
der Cassen und dasjenige, was jeder von den Cassen auferlegt werden soll, einverstanden erklärt, wenngleich im Einzelnen mehrfache wichtige Abweichungen von Unseren Vorschlägen gemacht sind. In der Ueberzeugung, daß die Stände des Königreichs auch in Zukunft ihre Verpflichtungen in Beziehung auf die von ihnen zu leistenden Beiträge zu den Kosten der Landesverwaltung nie verkennen werden, haben
Wir Uns zwar bewogen gefunden, den von Unseren getreuen Ständen in Antrag
gebrachten Abweichungen von Unseren Propositionen Unsere Allerhöchste Genehmigung
nicht zu versagen, ertheilen solche vielmehr hiemit zu sämmtlichen ständischen Vorschlägen über das Finanzwesen, ohne jedoch auch in dieser Beziehung die aufgestellten Grundsätze ohne Unterschied und unbedingt als richtig anzuerkennen. Wir haben im Einzelnen nur folgende Bemerkungen heraus: Zunächst finden Wir Uns
zwar veranlaßt, diejenige Abrechnung, welche Unsere getreue allgemeine Ständever-

sammlung zwischen der Königlichen Casse und der Landescasse in Beziehung auf die Einnahmen und Ausgaben aus der Zeit der Cassenvereinigung bis zum 1. Julius 1839 zugelegt hat, nach welcher Unserer Casse von dem Gesammtüberschusse die Summe von 1,241,942 Thlr. 9 Ggr. 4 Pf. und nach Abzug der darauf verwiesenen außerordentlichen Ausgaben zu dem Betrage von 715,066 Thlr. 16 Ggr. noch die Summe von 526,875 Thlr. 17 Ggr. 4 Pf. zukommen soll, in diesem ihrem Endergebnisse hiemit in Gnaden zu bestätigen und uns damit einverstanden zu erklären, daß der nach Abzug eines Betriebscapitals von = 400,000 Thlr. davon bleibende Ueberschuß zu = 126,875 Thlr. 17 Ggr. 4 Pf. auf die Schulden Unserer Casse angerechnet werde. Hiernächst wollen Wir, dem Antrage Unserer getreuen Stände gemäß, den Unserer Casse zur Last fallenden Theil der gesammten Schuldenmasse, der nach der aufgestellten Berechnung am 1. Julius 1839 sich im Ganzen auf die Summe von = 3,980,150 Thlr. 21 Ggr. 4 Pf Courant = belaufen hat, auf Unsere Casse wiederum übernehmen und der Landescasse wegen desjenigen Theils dieser Schuld, welcher während der Cassenvereinigung aus ständischen Mitteln abgetragen oder mit neuen Verbriefungen versehen und dadurch in die Landesschuld übergegangen ist, und welcher am 1. Julius 1839 = 1,380,391 Thlr. 17 Ggr. 3 Pf. = betragen hat, Uns hierdurch für verpflichtet erkennen, auch wegen Tilgung dieses Theils der Schuld hiemit bestimmen, daß Unsere Casse nicht nur den Anfangs festzusetzenden Betrag der Zinsen bis zur gänzlichen Tilgung der Schuld stets unverändert fortbezahle, sondern daneben auch zu dem Zuschusse der Landescasse zur Schuldentilgungscasse einen Theil beitrage, welcher für jetzt auf jährlich = 20,000 Thlr. festgelegt wird, dessen Erhöhung Wir Uns aber in so weit vorbehalten, als Unsere Casse bei Abtragung des noch übrigen Theils der Anleihe von = 1,100,000 Thlr. Gold an Zinsen gewinnen wird. Dabei genehmigen Wir, daß über die Schuld Unserer Casse an die Landescasse jährlich abgerechnet werde, nehmen das Anerbieten der Stände, eine Kündigung der ganzen Schuld oder eines Theils derselben nicht eintreten zu lassen, hiemit an und wollen nunmehr gestatten, daß die Hypothek, welche durch die während der Cassenvereinigung ausgestellten Verbriefungen über Landesschulden auf Unsere landesherrlichen Einkünfte übernommen ist, bis zu der im Laufe der Zeit erfolgenden Einlösung oder Umschreibung dieser Verbriefungen fortbestehe. Ferner genehmigen Wir, daß dasjenige Capital, welches Uns die Landescasse als Entschädigung für die weggefallene Grundsteuerfreiheit Unserer Domainen hätte vergüten müssen, zu der Summe von 505,000 Thlr. angenommen, statt dessen aber eine unablösbare Rente von jährlich 17,675 Thlr. von der Landescasse an Unsere Casse gezahlt, darüber auch eine Verbriesung ausgestellt werde. Indem Wir sodann diejenige Erklärung hiemit annehmen, welche Unsere getreuen Stände in Beziehung auf diejenigen Zuschüsse der Landescasse abgegeben haben, die zu den auf Unsere Casse ruhenden Regierungsausgaben im Falle von Apanagen, Witthümern und dergleichen zu leisten sind, finden Wir auf den Antrag Unserer getreuen Stände kein Bedenken, hiermit zu erklären, daß ein Ueberschuß, der sich etwa am Schlusse eines Landtags in Unserer Casse finden möchte, zur Erstattung solcher Zuschüsse verwandt werden soll. Die künftige Einrichtung des Schatzcollegii anlangend, so finden Wir kein Bedenken, zu den Anträgen der Stände in Beziehung auf die Wahl der künftigen landschaftlichen Schatzräthe und die Art ihrer Erwählung, den Betrag des einem jeden der ordentlichen Schatzräthe beizulegenden Gehalts und die temporairen Vergütungen für die außerordentlichen Mitglieder Unsere Genehmigung zu ertheilen. Die desfallsigen übrigen Anträge der Stände werden in weitere Erwägung genommen und es wird namentlich über die zu ertheilende Geschäftsordnung den getreuen Ständen des Königreichs zu seiner Zeit die erforderliche Mittheilung gemacht werden. Schließlich bedarf es kaum der Bevorwortung, daß durch die Bestimmungen der Verfassungsurkunde und deren Verkündigung als Landesverfassungsgesetz kein Hinderniß eintrete, die mit der gegenwärtigen getreuen allgemeinen Ständeversammlung bereits berathenen und Unserer Regierung zur Zeit ihrer Berathung noch vorliegenden Gesetze, nach Maßgabe der in Kraft gewesenen staatsrechtlichen Verhältnisse, zur Publication zu bringen, je nachdem die hierzu noch erforderlichen weiteren Vorbereitungen vollendet sein werden. Somit ist der von den einzelnen Ständen Uns vorgetragene Wunsch des Landes, die Aufrichtung einer Verfassungsurkunde im Wege einer freien Vereinbarung zwischen König und Ständen, vollständig erreicht. Die Grundlage dieser Verfassung ist Erhaltung und Befestigung wohlbegründeten gegenseitigen Rechtes. Mit landesväterlicher Genugthuung versichern Wir den versammelten getreuen Ständen des Königreichs Unsere gnädigste Zufriedenheit mit ihren dabei bewiesenen aufrichtigen und eifrigen Bestrebungen für das Wohl Unsers vielgeliebten Landes. Wir sehen darin den wahren Ausdruck der Gesinnungen Unserer von der göttlichen Vorsehung Uns anvertrauten Unterthanen, wie sie für Unser Königliches Haus seit den ältesten Zeiten gehegt, in vertrauensvoller Liebe erhalten und mit unerschütterlicher Treue zu jeder Zeit bewährt gefunden sind. Wir dürfen fest auf die Fortdauer solcher angeerbten Gesinnungen hoffen und halten Uns berechtigt, zu jeder Zeit und unter allen Umständen offenes und volles Vertrauen in Anspruch zu nehmen. Nur dadurch ist das heilige Band dauernd und glücklich zu erhalten und immer mehr zu befestigen, welches eine höhere Hand zwischen Uns und Unseren Unterthanen geknüpft hat. Wir übergeben damit Unserer getreuen allgemeinen Ständeversammlung eine Originalausfertigung der Verfassungsurkunde und mit ihr verbunden eine von Unserem vielgeliebten Sohne, des Kronprinzen Königlicher Hoheit, ausgestellte Beitrittsurkunde. Wir vermögen einen kräftigeren Beweis Unserer landesväterlichen Gesinnungen für das wahre Wohl derselben nicht zu geben, als hiedurch, und indem Wir diese Urkunde als das Landesverfassungsgesetz verkündigen zu lassen verheißen. Wir bezweifeln nicht, daß die getreuen Stände, welche dieses Werk beförderten, in der gerechten Anerkennung des heilsamen Erfolges ihrer Bestrebungen den Lohn für ihr Verdienst um König und Vaterland finden mögen, und so wenig Wir bezweifeln, daß sie damit ferner in ihrer Heimath fortfahren werden, mit denselben Gesinnungen zum allgemeinen Besten zu wirken, so dürfen Wir Uns zugleich mit Grund der Hoffnung überlassen, daß ihre Nachfolger unter dem Segen des Höchsten in gleich redlichem Sinne handeln werden.

Wir verbleiben Denselben mit Unserer Königlichen Gnade und allem Guten, wie auch mit gnädigstem Willen stets beigethan.

Hannover, den 1. August 1840.

Ernst August.

G. Frh. v. Schele.

XXI.
Verzeichniß der wirklich berufenen Mitglieder der sechsten allgemeinen Ständeversammlung.

A. Erste Cammer.

1) Seine Durchlaucht, der Herr Herzog v. Arenberg-Meppen. 2) Seine Durchlaucht, der Herr Herzog v. Looz-Corswaaren, — hat nicht berufen werden können. 3) Seine Durchlaucht, der Herr Fürst v. Bentheim. 4) Der Herr Erblandmarschall des Königreichs. 5) Seine Erlaucht, der Herr Graf zu Stolberg-Wernigerode. 6) Seine Erlaucht, der Herr Graf zu Stolberg-Stolberg. 7) Seine Erlaucht, der Herr Geheimerath, Generalerbpostmeister, Graf v. Platen-Hallermunt. 8) Seine Hochwürden, der Herr Abt zu Loccum, Consistorialrath Dr. Rupstein. 9) Seine Excellenz, der Herr Abt zu St. Michaelis zu Lüneburg, Landschaftsdirector v. d. Wense. 10) Herr Präsident der Bremenschen Ritterschaft, Schatzrath v. d. Decken, als Director des Klosters Reuenwalde. 11) Seine Bischöfliche Hochwürden, der Herr Bischof von Hildesheim. 12) Herr Consistorialrath Dr. Brandis. 13) Herr Cammerherr, Graf v. Schwicheldt, als Majoratsherr. 14) Herr Geheimerath und Schatzrath Graf v. Inn- und Knyphausen-Lütetsburg, als Majoratsherr. 15) Seine Excellenz, der Herr Generalfeldzeugmeister Graf v. d. Decken, als Majoratsherr. 16) Herr Cammerherr, Oberstlieutenant Graf v. Wedel auf Evenburg, als Majoratsherr.

Deputirte. Acht Deputirte der Calenberg-Grubenhagenschen Ritterschaft: 17) Herr Landrath v. Adelebsen. 18) Herr Generalmajor v. Hattorf. 19) Herr Justizrath v. Wangenheim. 20) Herr Oberforstmeister v. Hake. 21) Herr Rittmeister v. Münchhausen. 22) Herr Cammerherr v. Knigge. 23) Herr Major v. Holle. 24) Herr Oberst v. Uslar-Gleichen.

Sieben Deputirte der Lüneburgischen Ritterschaft: 25) Herr Landrath Droft v. Hodenberg. 26) Herr Major v. Spörken. 27) Herr Graf v. Bernstorf. 28) Herr

Amtsassessor v. Lüneburg. 29) Herr Oberst v. Estorf. 30) Herr Schatzrath v. Schraber. 31) Herr Legationsrath v. Daunenberg.

Sechs Deputirte der Bremen- und Verdenschen Ritterschaft: 32) Herr Oberst v. Marschald. 33) Herr Cabinetsrath v. Lütcken 34) Herr Landrath v. b. Decken. 35) Herr Landrath v. Wöller. 36) Herr Landrath v. Plate. 37) Herr Jagdjunker v. d. Decken.

Drei Deputirte der Hoyaschen und Diepholzschen Ritterschaft: 38) Herr Kriegsrath Graf v. Bremer. 39) Herr Landrath v. Trampe. 40) Herr Landrath v. Trebber

Fünf Deputirte der Osnabrückschen Ritterschaft incl. Weppen und Lingen: 41) Herr Landrath, Frhr. v. Schele. 42) Herr Generallieutenant v. Vincke. 43) Herr v. Etterde. 44) Herr Hauptmann v. Ledebur. 45) Herr Gutsbesitzer v. d. Bussche-Hünefeld.

Vier Deputirte der Hildesheimschen Ritterschaft: 46) Herr Geheimerath Graf v. Stolberg. 47) Herr Cammerherr, Land- und Schatzrath v. Reden. 48) Herr Landrath v. Cramm. 49) Herr Justizrath v. König.

Zwei Deputirte der Ostfriesischen Ritterschaft: 50) Herr Oberstlieutenant und Districtscommissair, Graf v. Wedel-Nesse. 51) Herr Districtscommissair und ritterschaftlicher Administrator v. Frese-Ulte-sterwehr.

B. Zweite Cammer.

1) Ein Deputirter des Stifts St. Bonifacii zu Hameln, Herr Hofrath Hüpeden. 2) Des Stifts St. Cosmae et Damiani zu Wunstorf, Herr Amtmann Dr. ph Blumenhagen. 3) Des Stifts St Alexandri zu Einbeck, Herr Cammerrath Bar. 4) Des Stifts Beatae Mariae Virginis zu Einbeck, Herr Regierungsrath Heiniden. 5) Des Stifts Bardowlef, Herr Regierungsrath Hagemann (Lüneburg). 6) Des Stifts Ramelslohe, Herr Hofrath Dürr. 7) Der Universität Göttingen, Herr Justizrath v. Bothmer, nach dessen Resignation Professor Dr. Welche aus Göttingen. 8) Vom Consistorio zu Hannover, Herr Schatz- und Consistorialrath Eichhorn. 9) Vom Consistorio zu Stade, Herr Oberjustizrath Jakobi. 10) Ein Deputirter der Residenzstadt Hannover; unvertreten. 11) Der Stadt Göttingen, Herr Consistoriatscerrtair Dr. Wachsmuth. 12) Der Stadt Northeim, Herr Amtsassessor Grimsehl. 13) Der Stadt Hameln, Herr . . . . 14) Der Städte Einbeck und Osterode. Für das Mal Osterode, Herr Bürgermeister, Kreischunchmer Dr. Jenisch. 15) Der Stadt Duderstadt, abwechselnd mit den kleinen Göttingenschen Städten. Für das Mal Duderstadt, Herr Amtsassessor v. Seebach. 16) Der Stadt Münden, Herr . . . . 17) Der kleinen Calenbergschen Städte abwechselnd. Für das Mal Springe, Herr Amtmann Wiesen. 18) Der Städte Clausthal und Zellerfeld, Herr Generalzolldirector Dommes. 19) Der Grafschaft Hohnstein, Herr Amtmann Hauß. 20) Der Stadt Lüneburg, Herr Cammerarius a. D. Albers aus Lüneburg. 21) Der Stadt Uelzen, Herr Gerichtshalter Lobstöter aus Uelzen, nach dessen Resignation Amtsassessor Weber. 22) Der Stadt Celle, Herr . . . . 23) Der Stadt Harburg, Herr . . . . 24) Der Städte Lüchow, Dannenberg und Hizader. Für das Mal Dannenberg, Herr Bürgermeister Ludowieg. 25) Der Städte Soltau, Walsrode, Burgdorf und Elshorn. Für das Mal Burgdorf, Herr Senator Hilmer. 26) Der Stadt Stade, Herr . . . . 27) Der Stadt Buxtehude, Herr . . . . 28) Der Stadt Verden, Herr Zolldirector Niemeyer. 29) Der Stadt Nienburg, Herr Hofrath Dr. Klenze. 30) Der Hoyaschen Flecken, Herr Bürgermeister Schwarze aus Hoya. 31) Der Diepholzischen Flecken, Herr Amtsassessor Unger hieselbst. 32) Der Stadt Osnabrück, Herr . . . . 33) Der Städte Quackenbrück, Fürstenau und Melle. Für das Mal Fürstenau, Herr . . . . 34) Der Städte Weppen, Lingen und Haselünne. Für das Mal Haselünne, Herr Advocat Wöbker. 35) Der Stadt Goslar, Herr Oberbergfactor Cramer v. Clausbruch. 36) Der Stadt Hildesheim, Herr . . . . 37) Der Städte Alfeld, Peine und Bockenem. Für das Mal Peine, Herr Amtsassessor v. Trampe. 38) Der Städte Elze, Gronau, Sarstedt und Dassel. Für das Mal Dassel, Herr Bürgermeister Merkel. 39) Der Stadt Emden, Herr . . . . 40) Der Städte Aurich und Esens. Für das Mal Aurich, Herr Amtsassessor und Garnisonauditeur Gropp. 41) Der Stadt Norden, Herr . . . . 42) Der Stadt Leer, Herr . . . . 43) Der Bentheimschen Städte, abwechselnd. Für das Mal Schüttorf, Herr . . . .

Drei Deputirte der Grundbesitzer in den Fürstenthümern Calenberg, Göttingen und Grubenhagen: 44) Herr Cammercommissair Lueber. 45) Herr Amtschreiber Brömeyer. 46) Herr Oeconom Rehse.

Drei Deputirte der Lüneburgschen Grundbesitzer: 47) 1. Wahldistrict: Herr Cantor Rieckelmann. 48) 2. Wahldistrict: Herr Amtsvogt Helmrich. 49) 3. Wahldistrict: Herr Postverwalter Wohlfeld.

Fünf Deputirte der Grundbesitzer in den Bremischen Marschen: 50) Herr . . . . 51) Herr . . . . 52) Herr . . . . 53) Herr . . . . 54) Herr . . . .

Zwei Deputirte der Bremischen Geest und der Grundbesitzer im Herzogthume Verden: 55) Herr Grundbesitzer Holst. 56) Herr Lieutenant Müller.

Zwei Deputirte der Freien in den Grafschaften Hoya und Diepholz: 57) Herr Cammerdirector, auch Landrath v. Voß. 58) Regierungsrath Webner aus Hildesheim.

Ein Deputirter der übrigen Grundbesitzer in den Grafschaften Hoya und Diepholz: 59) Herr Vollmeier Stubbe.

Drei Deputirte der Grundbesitzer im Fürstenthume Osnabrück: 60) Herr . . . . 61) Herr . . . . 62) Herr . . . .

Ein Deputirter der Grundbesitzer in Arenberg-Meppen, Lingen und Emsbühren: 63) Herr Hofrath Dr. Sermes.

Zwei Deputirte der Hildesheimschen Grundbesitzer: 64) Herr Consistorialrath Werner. 65) Herr Bergrath v. Unger.

Fünf Deputirte des dritten Ostfriesischen Standes: 66) Herr Landesadministrator Besecke. 67) Herr Grundbesitzer Janßen. 68) Herr Grundbesitzer Bleu. 69) Herr Grundbesitzer Kriegsmann. 70) Herr Geometer Blarks.

Zwei Deputirte des Landes Hadeln: 71) Herr . . . . 72) Herr . . . .

Ein Deputirter der Grundbesitzer in der Grafschaft Bentheim: 73) Herr . . . .

XXII.

Wird in den Anlagen des zweiten Bandes geliefert;

zu besserer Vergleichung mit dem Gesetze vom 5. September 1848.

XXIII.

Verzeichniß der wirklich berufenen Mitglieder der siebenten allgemeinen Ständeversammlung.

A. Erste Cammer.

1) Seine Königliche Hoheit, der Kronprinz. 2) Seine Durchlaucht, der Herr Herzog von Arenberg. 3) Seine Durchlaucht, der Herr Herzog von Looz-Corswaaren, wegen noch mangelnder Legitimation nicht berufen. 4) Seine Durchlaucht, der Herr Fürst von Bentheim. 5) Der Herr Erblandmarschall des Königreichs. 6) Seine Erlaucht, der Herr Graf zu Stolberg-Wernigerode, für denselben dessen Bevollmächtigter, Herr Geheimerath, Graf von Stolberg zu Söder. 7) Seine Erlaucht, der Herr Graf zu Stolberg-Stolberg. 8) Seine Erlaucht, der Herr Geheimerath, Generalerbpostmeister, Graf von Platen-Hallermund. 9) Seine Hochwürden, der Herr Abt zu Loccum, Consistorialrath Dr. Rupstein. 10) Seine Excellenz, der Herr Landschaftsdirector von der Wense, als Abt zu St. Michaelis zu Lüneburg. 11) Der Präsident der Bremenschen Ritterschaft, als Director des Klosters Neuenwalde Herr Ritterschaftspräsident von der Decken, Vicepräsident erster Cammer. 12) Seine Bischöfliche Hochwürden, der Herr Bischof von Hildesheim. 13) Herr Consistorialrath Dr. Brandis, als angesehener evangelischer Geistlicher. 14) Herr Cammerherr, Graf von Schwicheldt, als Majoratsherr. 15) Herr Geheimerath Graf zu Inn- und Knuphausen-Lütetsburg, als Majoratsherr. 16) Herr Cammerherr und Legationsrath, Graf von der Decken, als Majoratsherr. 17) Herr Cammerherr, Graf von Wedel-Gödens auf Evenburg, als Majoratsherr. 18) Herr Cammerherr und Landrath, Graf Grote auf Breze, als Majoratsherr. 19) Herr Graf B. von Bernstorff-Gartow, als Majoratsherr. 20) Der Director der Königlichen Domainencammer, Herr Cammerdirector von Voß. 21) Der Präsident des Obersteuer- und Schatzcollegii. 22) Herr Schatzrath, Graf von Bennigsen. 23) Herr Schatzrath von Bothmer. 24) Herr Schatzrath und Amtsassessor von Welping. 25) Herr Schatzrath von König.

Acht Deputirte der Calenberg-Grubenhagenschen Ritterschaft: 26) Herr Ritt-meister a. D. von Münchhausen zu Bolbagsen. 27) Herr Major a. D. v. Holle. 28) Herr Amtsassessor von Wengersbhausen. 29) Herr Landrath, Amtsassessor von Klencke. 30) Herr Oberforstmeister a. D. von Hake. 31) Herr Generalmajor von Hattori. 32) Herr Premierlieutenant von Jeinsen auf Gestorf. 33) Gutsbesitzer Georges von Bremer.

Sieben Deputirte der Lüneburgischen Ritterschaft: 34) Herr Landrath, Droft von Hodenberg, Präsident erster Cammer. 35) Herr Hofrath von Lüneburg. 36) Herr Droft von der Wense. 37) Herr Schatzrath von Schrader. 38) Herr Amtsassessor von Tornev. 39) Herr Oberst von Estorff. 40) Herr Oberhofmarschall von Warenholz.

Sechs Deputirte der Bremen- und Verdenschen Ritterschaft: 41) Herr Oberst von Marschalck. 42) Herr Major A von der Decken. 43) Herr Landrath von der Decken. 44) Herr Landrath von Plate. 45) Herr Jagdjunker von der Decken. 46) Herr Landrath von Wölfer.

Drei Deputirte der Hovaschen und Diepholzschen Ritterschaft: 47) Herr Land-rath von Trebber. 48) Herr Landrath von Trampe. 49) Herr Amtsassessor von der Decken.

Fünf Deputirte der Osnabrückschen Ritterschaft incl. Meppen und Lingen: 50) Herr Landrath, Freiherr von Schele. 51) Herr Freiherr von Ketteler. 52) Herr Graf von Lorff-Schmiesing. 53) Herr Gutsbesitzer von Erterbe. 54) Herr Guts-besitzer von Dinclage-Schulenburg.

Vier Deputirte der Hildesheimschen Ritterschaft: 55) Herr Cammerherr, Land- und Schatzrath von Reden. 56) Herr Oberstlieutenant von Rössing. 57) Herr Land-rath von Cramm. 58) Herr Rittmeister von Bock.

Zwei Deputirte der Ostfriesischen Ritterschaft: 59) Herr Oberstlieutenant Graf von Wedel-Nesse. 60) Herr Landschaftlicher Administrator von Freje-Uhterstewebr.

Ein vom Könige ernanntes Mitglied: 61) Herr Cabinetsrath von Lütcken.

B. Zweite Cammer.

I. In den Provinziallandschaften erwählte Mitglieder des Schatzcollegii, welche nicht adeligen Standes sind: 1) Von der Bremen-Verdenschen Landschaft, Herr Schatzrath Dr. Lang. 2) Von der Osnabrückschen Landschaft, ist noch nicht ernannt. 3) Von der Ostfriesischen Landschaft, Herr Schatzrath, Amtsassessor Krimping extr.

II. Drei Mitglieder, welche der König wegen des allgemeinen Klosterfonds ernannt hat: 4) Herr Geheime Canzleirath Wedemeyer. 5) Herr Canzleirath Be-ning. 6) Herr Canzleirath Albrecht.

III. Drei Deputirte der Stifter: 7) St Bonifacii zu Hameln und St. Cos-mae et Damiani zu Wunstorf, Herr Consistorialrath Dr. Bauer. 8) St. Alexandri zu Einbeck und St. Beatae Mariae Virginis daselbst, Herr Pastor prim. Schwie-ning. 9) Des Stifts Bardowick und des Stifts Ramelslohe, Herr Pastor prim. Rolte.

IV. Ein Deputirter der Universität Göttingen: 10) Herr Canzleirath Hoppenstedt.

V. Zwei von den evangelischen Königlichen Consistorien erwählte Deputirte: 11) Von dem Königlichen Consistorio zu Hannover, Herr Schatz- und Consistorial-rath Eichhorn. 12) Von dem Königlichen Consistorio zu Stade, Herr Oberjustizrath Jacobi.

VI. Ein Deputirter des Domcapitels zu Hildesheim: Herr Domcapitular und Gymnasialdirector Renke.

VII. Sechs und dreißig Deputirte nachfolgender Städte und Flecken: 14) Ein Deputirter der Residenzstadt Hannover, Herr Stadtgerichtsdirector Heiliger. 15) Ein Deputirter der Stadt Göttingen, Herr Magistratsdirector Dr. Ebell. 16) Ein De-putirter der Stadt Nortbeim, Herr Director Friese. 17) Ein Deputirter der Stadt Hameln, Herr Dr. jur. Christiani. 18) Ein Deputirter der Stadt Einbeck, Herr Dr. jur. Bussenius. 19) Ein Deputirter der Stadt Osterode, Herr Polizeicommis-sair Peinemann. 20) Ein Deputirter der Stadt Duderstadt, Herr Amtmann Hauß. 21) Ein Deputirter der Städte Moringen, Uslar, Hardegsen, Dransfeld und Hede-münden, Herr Amtmann Dr. ph. Blumenbagen. 22) Ein Deputirter der Stadt Münden, Herr Dr. jur. Retzmann. 23) Ein Deputirter der Städte Münder, Pat-tensen, Neustadt a. R., Springe, Wunstorf, Elbagsen, Bodenwerder und Rehburg. 24) Ein Deputirter der Städte Clausthal und Zellerfeld, Herr Generaldirector Dom med. 25) Ein Deputirter der übrigen fünf Bergstädte, mit Einschluß von Oserberg, Elbingerode und Lauterberg, Herr Hofrath Hüpeden. 26) Ein Deputirter der Stadt

Lüneburg, Herr Senator Dr. jur. Meyer. 27) Ein Deputirter der Stadt Uelzen, Herr Dr. jur. Hoefft. 28) Ein Deputirter der Stadt Celle, Herr Ober-Appellationsgerichts-Procurator Wolte. 29) Ein Deputirter der Stadt Harburg, Herr Magistratsassessor Francke. 30) Ein Deputirter der Städte Lüchow, Dannenberg und Hitzacker, Herr Major Lindemann. 31) Ein Deputirter der Städte Soltau, Walsrode, Burgdorf und Gifhorn, Herr Hofrath Dürr. 32) Ein Deputirter der Stadt Stade, Herr Canzleiprocurator Holtermann. 33) Ein Deputirter der Stadt Buxtehude, Herr Kaufmann Richter. 34) Ein Deputirter der Stadt Verden, Herr Kaufmann Schöttler. 35) Ein Deputirter der Stadt Nienburg, Herr Ob.-Commerz.-Comm. Quaet Faslem. 36) Ein Deputirter der Hoyaschen Flecken, Herr Dr. jur. Messerschmidt. 37) Ein Deputirter der Diepholzischen Flecken, Herr Bürgermeister Storkmann. 38) Ein Deputirter der Stadt Osnabrück 39) Ein Deputirter der Städte Quakenbrück, Fürstenau und des Fleckens Melle, Herr Bürgermeister a. D. Bückendorf. 40) Ein Deputirter der Städte Meppen, Lingen und Haselünne, Herr Senator Zum Sande. 41) Ein Deputirter der Stadt Goslar, Herr Stadtsyndicus Neuburg. 42) Ein Deputirter der Stadt Hildesheim, Herr Advocat Westrum. 43) Ein Deputirter der Städte Alfeld, Peine und Bockenem, Herr Hofrath Dr. Klenze. 44) Ein Deputirter der Städte Elze, Gronau, Sarstedt und Dassel, Herr Bürgermeister Gostmann. 45) Ein Deputirter der Stadt Emden, Herr Senator Saz. 46) Ein Deputirter der Städte Aurich und Esens, Herr Bürgermeister Wekefind. 47) Ein Deputirter der Stadt Norden, Herr Dr. med. Pauls. 48) Ein Deputirter der Stadt Leer, Herr Stadtgerichtssecretair Dr. Siemens. 49) Ein Deputirter der Städte Schüttorf, Nordhorn und Neuenhaus, wie auch des Fleckens Bentheim, Herr Amtmann Bening.

VIII. Neun und dreißig Deputirte der sämmtlichen Grundbesitzer aus den unter VII. nicht aufgeführten Städten und Flecken, aus den Freien und dem Bauernstande, nämlich: 50) Herr Oeconom Helnichen, 51) Herr Hofbesitzer Battermann, 52) Herr Hofbesitzer Raaphe, von dem Fürstenthume Calenberg. 53) Herr Obercommissair Lueder von dem Fürstenthume Göttingen. 54) Herr Amtsauditor Dr. Beyen von dem Fürstenthume Grubenhagen.

55) Herr Canzleirath Wilhelmi von der Grafschaft Hohnstein.

Von dem Fürstenthume Lün-burg: 56) 1. Wahlbezirk, Herr Oeconom Schmidt, 57) 2. Wahlbezirk, Herr Hofbesitzer Schulze, 58) 3. Wahlbezirk, Herr Postverwalter Lübbecke, 59) 4. Wahlbezirk, Herr Cantor Riechelmann, 60) 5. Wahlbezirk, Herr Hofbesitzer Lübbecke.

Von den Bremenschen Marschen: 61) Vom Altenlande, Herr Landesdeputirter Schacht. 62) Vom Lande Kehdingen, Herr Gutsbesitzer Schmoldt. 63) Von Neuhaus-Osten, Herr Gutsbesitzer Kröncke. 64) Von Lehe-Hagen, Herr Advocat Dr. jur. Joppert. 65) Vom Lande Wursten, Herr Gutsbesitzer Abichs.

66) Herr Vollhöfner Breuer, 67) Herr Hofbesitzer Finke, 68) Herr Hauptmann Böse von der Bremenschen Geest und dem Herzogthume Verden.

69) Herr Schultheiß Schmeelke, 70) Herr Gutsbesitzer Segelke, von dem Lande Hadeln, mit Einschluß der Stadt Otterndorf.

71) Herr Amtmann Rienleyer, 72) Herr Amtmann Friedrichs von den in der Ritterschaftsmatrikel stehenden Freien der Grafschaften Hoya und Diepholz, und 73) Herr Halbmeier Brede, 74) Herr Vollmeier Stubbe von den übrigen Grundbesitzern derselben Grafschaften.

75) Herr Advocat Buddenberg, 76) Herr Colon Möllmann, 77) Herr Colon Uhrberg von dem Fürstenthume Osnabrück.

78) Herr Hofrath Dr. Sermes, 79) Herr Oeconom Menger von dem Herzogthume Arenberg-Meppen und der Niedergrafschaft Lingen.

80) Herr Oeconom Heinemann, 81) Herr Hofbesitzer Ehlers, 82) Herr . . . von dem Fürstenthume Hildesheim.

83) Herr Platzbesitzer Kriegsmann, 84) Herr Oeconom Reimer, 85) Herr Gutsbesitzer Gröneveld, 86) Herr Ordinairdeputirter Cankena. 87) Herr Landesadministrator Hillings von dem Fürstenthume Ostfriesland.

88) Herr Ober-Kirchenraths-Director, Amtmann Hoogklimmer von der Grafschaft Bentheim.

25

XXIV.
Königliche Proclamation vom 14. Juli 1841.

Ernst August, von Gottes Gnaden König von Hannover, Königlicher Prinz von Großbritannien und Irland, Herzog von Cumberland, Herzog zu Braunschweig und Lüneburg ꝛc. ꝛc.

Am 30. des vorigen Monats haben Wir Uns ungern genöthigt gesehen, die am 14. April d. J. berufene, am 2. Juni zusammengetretene allgemeine Ständeversammlung Unseres Königreichs aufzulösen, weil die Mehrheit der zweiten Cammer durch ihr seitheriges Verhalten sich zur Erfüllung der ihr obliegenden Pflichten als unfähig bezeigt hatte. Wir fühlen Uns gedrungen, Uns öffentlich über die Thatsachen auszusprechen, aus denen die Nothwendigkeit dieses Schrittes hervorgegangen war. Durch Unsere Proclamation vom 15. Februar 1839 haben Wir Unseren getreuen und geliebten Unterthanen die Gründe vollständig bekannt gemacht, auf denen Unsere unerschütterliche Ueberzeugung beruht, daß eine bundesgesetzmäßige Abänderung der landständischen Verfassung, wie solche am 7. December 1819 angeordnet worden, im Jahre 1833 nicht Statt gefunden hat; eine Ueberzeugung, die von Uns bereits vor dem Antritte Unserer Regierung bestimmt und unverholen erklärt worden ist. Dieser Unserer wohlgeprüften, niemals wankend gewordenen Rechtsansicht zufolge stand beim Antritte Unserer Regierung die landständische Verfassung des Jahres 1819 allein, und keine Andere, im Königreiche Hannover unter dem Schutze des 56. Artikels der Wiener Schlußacte. Eine landständische Verfassung soll nach Maßgabe des Art. 13 der Deutschen Bundesacte in jedem Bundesstaate bestehen. Die Einführung einer geschriebenen Landesverfassung, eines geschriebenen inneren Staatsrechtes der Bundesstaaten, ist nicht Vorschrift der föderativen Gesetzgebung, auch haben Wir wiederholt die Ansicht zu erkennen gegeben, daß geschriebene Landesverfassungen nicht unter allen Umständen Bedürfniß der Staaten sind, ja daß deren Errichtung manche Bedenken entgegenstehen. Dennoch hatten Wir, durch die besonderen Verhältnisse Unseres Königreiches und durch schon damals zu Unserer Kenntniß gediehene Wünsche Unserer Unterthanen veranlaßt, am 18. Februar 1838 der auf den Grund des Patents vom 9. December 1819 berufenen Ständeversammlung einen Verfassungsentwurf zur Berathung vorgelegt. Der unangemessene Gang dieser Berathung bewog Uns, wie bekannt, die Cammern am 27. Juni 1838 zu vertagen und nachmals den Entwurf ausdrücklich zurückzunehmen.

Die wiederberufene Ständeversammlung ließ am 15. Juni 1839 durch eine Adresse den unterthänigsten Antrag an Uns gelangen, wegen Wiederaufnahme der Verfassungsangelegenheit auf andere geeignete Weise die nöthigen Anordnungen zu treffen. Zugleich sprachen die Stände die feste Ueberzeugung aus, nur eine vertragsmäßige Erledigung der Verfassungsangelegenheit könne zu einem gedeihlichen Ziele führen. Sie fügten hinzu, der Wunsch des Landes sei fortwährend dahin gerichtet, und sie erachteten sich berufen und zuständig zu Errichtung dieses Ziels nach Kräften zu wirken. Diesem, von vielen Seiten dringend unterstützten Antrage Statt gebend, ernannten wir sofort samt eine Commission, der Wir die Pflicht auflegten, eine Landesverfassung auszuarbeiten, gleichmäßig unparteiisch entsprechend den wirklich bestehenden Rechten der Krone und der Landstände des Königreiches. Nach Vollendung des Entwurfes ward solcher von Uns Allerhöchstselbst, unter fortwährender Theilnahme Unseres vielgeliebten Herrn Sohnes, des Kronprinzen Königl. Hoheit und Liebden, in zahlreichen Conferenzen Punct für Punct der sorgfältigsten Prüfung unterzogen. Wir haben auch dabei von dem dienstpflichtigen Verhalten und von den patriotischen Gesinnungen Unserer Rathgeber Uns völlig überzeugt. Die Befugniß der von Uns berufenen, damals vertagten, Ständeversammlung, mit Uns eine vertragsmäßige Vereinbarung über das Verfassungswerk zu treffen, konnte an sich keinen Zweifel leiden. Diese Rechtsansicht über die Competenz der damaligen Stände fand eine Bestätigung in dem Beschlusse des Deutschen Bundes vom 5. September 1839, eine Bestätigung, die dazu gereichen mußte, alle ersinnliche grundlose Bedenken zu beseitigen, und somit die Ständeversammlung selbst gegen solche Irrthümer sicher zu stellen. Am 19. März 1840 haben Wir den Verfassungsentwurf der wiederberufenen allgemeinen Ständeversammlung zur freien Berathung vorgelegt. Diese Berathung hat mit redlicher Absicht, mit ernstem Streben und mit gewissenhafter Beachtung aller wirklich bestehenden Rechte Statt gefunden. Wenn mehrere wahlberechtigte

Corporationen von der Theilnahme an solcher durch ihre Deputirten aus freien Willen sich fern gehalten, so haben Wir das um ihres eigenen Interesses und ihrer eigenen Beruhigung willen nur beklagen können; es zu verhindern lag außer Unserer Gewalt. Aus den ordnungsmäßigen Verhandlungen mit der Ständeversammlung ist die am 1. August 1840 von Uns genehmigte Vereinbarung über die Landesverfassung hervorgegangen, die Wir am 6. August als Gesetz verkündigt haben. Diese Verfassung ist ohne Mängel der Form und keiner rechtlichen Anfechtung bloßgestellt, denn sie ging hervor aus freiem Uebereinkommen zwischen Herrn und Ständen. Sie verletzt nicht die wohlbegründeten Rechte Unseres Königlichen Hauses an dem Cammergute. Sie sichert dessen Beistand. Sie zerstört nicht die nach alter Landesverfassung unantastbaren Hoheitsrechte der Krone. Sie dient zu fester Begründung aller wohlerworbenen Rechte der allgemeinen wie der provinziellen Stände des Königreichs. Sie erstreckt die Rechte der Ersteren auf den Schutz der Verfassung selbst. Sie beschützt die Rechte der Corporationen. Sie sichert das Wohl der Gesammtheit wie die Rechte der Einzelnen. Sie verordnet gleichmäßige Tragung der Staatslasten von allen Unterthanen. Sie bestätigt die Unabhängigkeit der richterlichen Gewalt innerhalb ihrer Zuständigkeit. Sie erhält daneben die für den Bestand der Staaten und für das Gemeinwohl gleich unerläßliche Unabhängigkeit der, unter steter landesherrlicher Aufsicht mit eben der Unparteilichkeit und Gewissenhaftigkeit wie die Justiz zu handhabenden Verwaltung, so weit diese Unabhängigkeit den Staatszwecken entspricht. Sie hat das Recht der Krone, die Scheidung der Justiz von der Verwaltung im einzelnen Zweifelsfalle zu ordnen, dem unabhängigen Urtheile einer Behörde übertragen, die Wir, vermöge der von der landesherrlichen Gewalt nicht zu trennenden Verfügung über die Dienerschaft, aus der Zahl der achtbarsten Männer Unseres Königreiches dauernd gebildet haben. Die Dauer und Unverletzlichkeit des Verfassungsrechts ist für die Zukunft gesichert; „durch die Grundlage des alten Rechtes der Krone und der Landstände, auf der sie beruht, durch die Grundprincipe der Gesetzgebung des Deutschen Bundes, denen ihr Inhalt in allen Punkten gemäß ist, durch den Bundesbeschluß vom 5. September 1839, durch Unser Königliches Wort, durch die Zustimmung Seiner Königlichen Hoheit des Kronprinzen, Unseres vielgeliebten Herrn Sohnes, durch das vertragsmäßig erklärte vollständige Einverständniß der Stände Unseres Königreiches, durch das in dem § 181 des Verfassungsgesetzes selbst der allgemeinen Ständeversammlung, und in deren Abwesenheit dem Schatzcollegio, verliehene Recht zu Anrufung des Deutschen Bundes. So lange es der göttlichen Vorsehung gefällt, Uns das Leben zu erhalten, werden Wir niemals den mindesten Zweifel gegen den Rechtsbestand dieser Verfassung weder in der Form noch im Wesen dulden. Unser vielgeliebter Herr Sohn, des Kronprinzen Königliche Hoheit und Liebden, hat für Seine Zukunft diesen entschiedenen Willen in der ersten Cammer der Ständeversammlung laut und deutlich ausgesprochen." Nachdem solchergestalt es Uns unter dem Beistande der göttlichen Vorsehung gelungen, den Rechtszustand Unseres Königreiches für jetzt und für ferne Jahre festzustellen, haben Wir am 14. April d. J. die jetzt aufgelösete Ständeversammlung zu Ausübung ihrer verfassungsmäßigen Rechte berufen. Je lauter bei Verkündigung der neuen Verfassung von allen Seiten die Dank und die Freude Unserer Unterthanen, namentlich auch durch das Organ mehrerer hochachtbaren Provinziallandschaften und von Unserm höchsten Landesgerichte, an Unseren Thron gelangt waren, über die glückliche und befriedigende Beendigung der, theilweise durch Verdrehung von Rechtsbegriffen absichtlich hervorgerufen, theilweise aus Mißverständnissen über allerdings schwierige Lehren des Staatsrechtes entstandenen Wirren und Zerwürfnisse, um so weniger konnten wir für nöthig erachten, eine besondere Aufsicht darüber anzuordnen, daß bei den bevorstehenden Wahlen kein moralischer Zwang angewendet werde, daß nicht bei ihnen die bisher hie und da von Uns mit Betrübniß und Unwillen wahrgenommene Volksverführung von Neuem beginne. Zu diesem Zwecke hat regierungsseitig keine Vorkehrung Statt gefunden, mit Ausnahme der von Uns für nöthig erachteten Fortdauer einer polizeilichen Ueberwachung, die, vermöge der zum Zwecke der Erhaltung der Staaten von der Regierung unzertrennlichen vorliegenden Sicherheitspolizeigewalt, früher von Uns angeordnet war. Sie hatte zwei noch gegenwärtig wegen politischer Vergehen in peinlicher Untersuchung befangene Individuen betroffen, deren absichtliche Verhinderung und Erschwerung der von Uns bezielten Feststellung des Rechtszustandes im Königreiche moralisch überzeugend vorlag, von denen mithin die öffentliche Ruhe und Ordnung mit einer Gefahr bedroht erschien, die durch leichtere Mittel mit Sicherheit nicht abgewendet werden konnte. Vorausschungen, unter denen nach Maßgabe des nach landständischer Berathung am 27. Juni 1838 erlassenen Gesetzes polizeiliche Haft hätte verhängt werden mögen, wie solches in Zukunft bei erneuertem staatsgefährlichen Treiben in Folge Unseres bereits erlassenen Allerhöchsten Befehle unfehlbar geschehen soll. Bald gelangte indeß zu Unserer Kunde, daß die verderbliche Geschäftigkeit der Widersacher Unserer Regierung abermals am Werke sei, daß der, nach und nach besserer Ueberzeugung weichende, neuerlich aber wieder angefachte Wahn gekränkter Rechte Unserer Unterthanen, daß endlich wahrheitswidrige Vorspiegelungen von beabsichtigten Erhöhungen der Landeslasten, namentlich der Grundsteuer, dazu benutzt wurden, den Samen des Mißtrauens auszustreuen, die Deputirtenwahlen aber, auf jene Rathgeber selbst, und von solchen Männern abzuwenden, deren getreue und pflichtmäßige Anhänglichkeit an den bestehenden Rechtszustand man voraussetzen durfte. Nicht ohne Befremden mußten Wir erfahren, daß Verleitungen dieser Art selbst in Communen nicht ohne Erfolg geblieben seien, deren eigene Interessen Unsere Königliche Gnade vorzugsweise in Anspruch nehmen. Von dem Bewußtsein Unserer Gerechtigkeit, Unserer nie ermüdenden, alle Schwierigkeiten überwindenden gewissenhaften Fürsorge für das Wohl Unseres Königreichs durchdrungen, hielten Wir inzwischen gern das Vertrauen fest auf die unerschütterliche Ergebenheit und die dankbare Anerkennung Unserer Unterthanen, ein Vertrauen, dessen Bewahrung uns stets am Herzen liegt. Am 2. Juni d. J. versammelte sich neben der ersten eine zahlreiche zweite Cammer der Landstände. Das innere Verhältniß der letzteren hat sich nach unzweideutiger Wahrnehmung ungefähr also gestaltet: Etwa 36 Deputirte waren Männer, die ihrem Berufe als Vertreter der verfassungsmäßigen Rechte der Landstände des Königreichs getreu, der Wahrnehmung dieser Rechte mit Ernst und unnachlässig sich gewidmet, daneben aber bewiesen haben, daß ihnen das Wohl des Landes und die solches bedingende Aufrechthaltung der Verfassung in jeder Beziehung gleichmäßig am Herzen liege. Etwa 12 Deputirte haben sich von Anfang als die Führer einer Unserer Regierung feindlichen Partei kund gegeben. Ihr unnachlässiges Bestreben war dahin gerichtet, den erledigten Verfassungsstreit zum Verderben des Landes von Neuem ins Leben zu rufen, einem jeden, dem Wohle Unserer Unterthanen gewidmeten, Anträge aber hartnäckig entgegen zu treten. Eine Anzahl von etwa 30 Mitgliedern endlich bestand aus Deputirten, die durch ihre bürgerlichen Verhältnisse, durch den Beruf ihres Lebens und durch ihre tägliche Beschäftigung wissenschaftlichen Studien fernstehend, geneigt, solchen Mitgliedern der zweiten Kategorie sich anzuschließen, deren Bemühungen es gelungen war, entweder durch Erregung eines falschen und mißverstandenen Rechtsgefühles oder durch geschäftliche und gesellige Verbindungen des Privatlebens sich ihres Vertrauens zu bemeistern, diesen willenlos anheimfielen. Das Ergebniß war eine Unserer Regierung feindliche Mehrheit, zwar gering, aber durch sectenartiges Zusammenhalten immerhin stark genug, um die Ausführung Unserer landesväterlichen Absichten, so weit solche landständischer Mitwirkung bedarf, unter dem Schutze der reglementarischen Vorschriften zu lähmen. Die also zusammengesetzte zweite Cammer hat dann in ihren Verhandlungen dem Auge des parteilosen Beobachters das schmachvolle Schauspiel dargeboten, daß schlichte, biedere und in ihren Privatverhältnissen jeder Achtung würdige Landleute, dem gesunden Urtheile über Gegenstände ihres Berufes und ihrer materiellen Interessen Glauben und Vertrauen zu schenken Wir jederzeit gern geneigt sind, durch unwahre Vorstellungen von gekränkten Rechten verleitet, während es sich bei Uns nur um Erhaltung und Wiederherstellung des wahren und wirklichen Rechtes gehandelt hat, daß, sagen Wir, solche Landleute zu rein mechanischen Werkzeugen der gefährlichsten und rücksichtslosesten Despotie, nämlich der der heutigen sogenannten liberalen Partei herabgesunken waren, einer Partei, die kein öffentliches noch Privatrecht achtet, der jedes Mittel willkommen ist, wenn es gilt, auf Kosten der Regierungen oder der Unterthanen ihren staatsgefährlichen Lehren Opfer darzubringen. In der That war, wie Wir vernommen, diese Tyrannei in der beendigten Sitzung zu einer solchen Gewalt gediehen, daß Mitglieder der Mehrheit, in denen zuletzt das Gefühl der schweren Verantwortung gegen das Land rege geworden, sich entschlossen haben, die Versammlung zu verlassen, weil sie, von ihrem Gewissen gehindert den Parteiführern ferner beizustimmen, dennoch glaubten es nicht wagen zu dürfen, sich der entgegenstehenden besseren Meinung offen anzuschließen. Wir hätten allerdings erwarten mögen, daß der irregeleitete Theil der zweiten Cammer, statt theoretischen Rechtsverdrehungen Gehör zu geben, der altgewohnten treuen Anhänglichkeit an das Königliche Haus und des wahren Wohles ihrer Mitbürger eingedenk, das Vertrauen auf die Richtigkeit Unserer Rechtsansichten, und auf Unsere allerhöchste landesväterliche Gesinnung ganz vorzugsweise unerschütterlich festgehalten hätte. Unsere bisherigen Regierungsverhandlungen, Unser landesväterliches Bestreben, die auf dem Landmanne ruhenden Lasten zu mindern, die Beseitigung des Häuslingsschutzgeldes, die Aufhebung der Chausseedienste, waren Thatsachen, wohl dazu geeignet, im dankbaren Gemüthe den Worten der Verführung die Kraft zu entziehen. Die erste öffentliche Handlung der zweiten Cammer trug den Character feindseliger Gesinnung an der Stirn. Die Wahlen für die Präsidentenstelle trafen ein Mitglied, von dessen Bemühen, die untheilbare landesherrliche Gewalt unter ein Mitregiment der Stände zu beugen, die, während der Regierung Seiner Majestät, Unsers in Gott ruhenden Herrn Bruders, veröffentlichten ständischen Verhandlungen den Beweis enthalten, ein Zweites, dessen am 13. März 1833 in der damaligen Ständeversammlung abgegebene Erklärung über das Verfassungswerk unter Anderem dahin lautete: „er habe nie ein Staatsgrundgesetz gewollt, das auf dem bestehenden Rechte beruhen solle", ein Drittes, dessen Nichtzulässigkeit zu der Stelle eines Schatzrathes Wir notorischer Maßen ausgesprochen hatten. Diese drei Mitglieder erhielten in erster Abstimmung die absolute Stimmenmehrheit, ein Ereigniß, das gleich von Anfang zu dem Schlusse auf das Vorhandensein einer innig verbundenen, nach voraus verabredetem Plane Unserer Regierung entgegentretenden Partei berechtigte. Durch unabänderliche Verhältnisse an einer früheren Berufung der Versammlung behindert, war es Unsere landesväterliche Absicht, in einer Jahrszeit, die dem Grundbesitzer eine dauernde Abwesenheit vom Grundeigenthume nicht wohl gestattet, den Ständen nur ein kurzes Beisammensein anzusinnen. Der dringendste Gegenstand ihrer Beschäftigung war das landständische Budget. Außerdem gelangten gleich anfangs an die Stände Gesetzesentwürfe, betreffend eine Beschränkung der Gerichtsbarkeit Unserer Domainencammer in Meiersachen, die Bestätigung der Contracte unter Landleuten und die bürgerlichen Verhältnisse der Juden. Im Laufe der Sitzung wurden die Vorarbeiten für ein Verkoppelungsgesetz und für die erforderlichen Einrichtungen zu Anlagen von Eisenbahnen vollendet. Der allgemein in Unserem Königreiche laut gewordene Wunsch der baldigen Erlassung des Ersteren und die Gefahr des Verzuges, so wie wesentliche finanzielle und commerzielle Rücksichten in letzterer Hinsicht, entschieden Uns, beide hochwichtige Gegenstände, sobald es geschehen konnte, zur landständischen Berathung zu bringen. Die erste Cammer, deren reinste, ruhige, dem Wohle des Vaterlandes entsprechende Haltung Unsere offene Anerkennung verdient, traf eine sorgfältige und geeignete Wahl von Mitgliedern für die gemeinschaftliche Finanzcommission. In zweiter Cammer befanden sich unter der achtungswerthen und verdienstlichen Minderzahl Mitglieder von bekannten und erprobten finanziellen Kenntnissen. Dieselbe Mehrzahl, die sich durch die Präsidentenwahl kenntlich gemacht, wählte indeß für die Finanzcommission Mitglieder, von denen nur das gewiß war, daß ihnen alle Erfahrung in landständischer Behandlung der Finanzen ermangelte. Von den Mitgliedern der Commission aus erster Cammer geschah Alles, die Sache zu fördern. Durch Hinausschiebung der Arbeit aus ungehörigen, dem längst erledigten Verfassungsstreit bezüglichen Gründen von Seiten der Mitglieder aus zweiter Cammer wurde die erste gezwungen, aus der gemeinschaftlichen Commission zu scheiden, um ihrer Seits ihrer Pflicht Genüge zu leisten. Von dem lebhaften Wunsche beseelt, im Einverständniß mit den Ständen den landständischen Finanzhaushalt zu regeln, erließen Wir am 25. Juni die Aufforderung, zu einem Ausschreiben behuf Erhebung der Steuern ohne ferneren Aufschub beizustimmen. Die erste Cammer bejahete sofort den Antrag in dreimaliger Berathung und Abstimmung. Die Mehrzahl der zweiten Cammer verzögerte, aller lobenswerthen Bemühungen der Minderzahl unerachtet, jede Entscheidung, bald behauptend, es sei genügende Zeit vorhanden, den erforderlichen Beschluß zu fassen, und endlich erklärend, die Zeit reiche hierzu nicht mehr aus. Also war der Ablauf des Finanzjahres herangekommen, und mit diesem eine thatsächliche ständische Verweigerung des Staatsbedarfs, wenn gleich nur von wenigen Mitgliedern der zweiten Cammer herbeigeführt. Es lag Uns daher ob, den Letzteren durch die verfassungsmäßige Maßregel zu sichern. Dieser aber mußte nach

Maßgabe des 155. Paragraphen des Landesverfassungsgesetzes die Auflösung der Ständeversammlung vorausgehen. Auch abgesehen von diesem Grunde der Nothwendigkeit würden Wir veranlaßt gewesen sein, der Ständeversammlung ein Ziel zu setzen, da in zweiter Cammer es den Führern der Mehrheit gelungen war, die Verhandlungen zu einem nutzlosen Spiele herabzuwürdigen. Die Ansichten und Meinungen einer an sich unbedeutenden Mehrheit der zweiten Cammer, die, gebunden durch factiose Vorbeschlüsse vorbereitender Privatversammlungen, freilich Nichts zu schaffen, wohl aber das Gute zu hemmen und die Landescasse mit unnützen Reisekosten und Diäten zu belästigen vermochte, — diese Meinungen und Ansichten die Stimme des Volkes zu nennen, war eine verwerfliche Anmaßung. Denn schon in der Versammlung selbst stand eine weit überwiegende, die höchste Achtung gebietende Mehrzahl, in dem Inbegriffe der gesammten ersten Cammer vereint mit dem nicht jener Faction angehörenden Theile der zweiten Cammer, gegenüber. Uebermüthige Verachtung einer früheren Cammer galt der Partei als ein Verdienst. Man vergaß freventlich, daß eben diese Cammer mit gutem Rechte gewählt, verfassungsmäßig eidlich verpflichtet gewesen, daß sie ihre Verpflichtung heilig gehalten hatte. Einseitiges, leckes und grundloses Absprechen über die Gränzen Unserer Regierungsgewalt war an der Tagesordnung. Der aus jener Mehrzahl hervorgegangene Präsident hat seine Befangenheit in Parteiansichten, seine Geringschätzung der materiellen Interessen des Königreiches, seine Trugschlüsse über die Wahrheitsliebe, die Redlichkeit und die Geschäftstreue Unserer Rathgeber in die Protecolle der zweiten Cammer niedergelegt. Von Uns mit einer Unterredung begnadigt, hat er sich nicht gescheuet, in den Sitzungen der Cammer aus Unseren Königlichen Worten Schlüsse zu ziehen, zu denen sie weder Grund noch Veranlassung darbieten konnten. Vergeblich wäre das Bemühen, die absichtliche Verwirrung und Verdunkelung der Begriffe der Oppositionspartei aufzustellen. Gewählt und berufen nach dem Wahlgesetze vom 6. November 1840, in Folge dieser Berufung erschienen auf den Grund von Vollmachten, die ausdrückliche Beziehung auf das Landesverfassungsgesetz enthielten, unter Anrufung des göttlichen Namens vereidet zu Abgebung der ihnen vermöge des Landesverfassungsgesetzes übertragenen Stimmen, hatte diese Partei durch offenkundige Handlungen unzweideutig auf den Boden der Verfassung von 1840 gestellt. Dennoch war ihr Benehmen derselben entgegen. Während ihre landständische Wirksamkeit lediglich auf dieser Verfassung beruhete, hatte sie sich bestrebt und es erreicht, der ihr ergebenen Mehrzahl den Glauben einzuflößen, daß es wichtige staatsrechtliche Früchte tragen könne, wenn sie ihre Erklärung in letzter und entscheidender Abstimmung gegen jedes Gesetz und gegen jede Verwilligung richtete. Zeugniß hievon liefert ein Beschluß zweiter Cammer vom 23. Juni, gefaßt von 43 gegen 35 Stimmen, und dahin lautend, Unserm Cabinette zu erklären: „Stände können es nicht verhehlen, daß nach den, bei Berathung der Adresse auf die Thronrede in zweiter Cammer bezeugten Zweifeln des Landes, über die Competenz den gegenwärtigen Ständeversammlung, ihre Mitwirkung zur Gesetzgebung schwerlich eintreten werde, wenn nicht Stände zuvor darüber Gewißheit erlangt haben werden, daß aus der Thätigkeit der Stände ein Anerkenntniß der Wirksamkeit des Landesverfassungsgesetzes vom 1.—6. August nicht gefolgert und der Verfassungsfrage dadurch nicht solle präjudicirt werden." Der Sinn einer solchen Richtung ist kaum zu erklären. Ging dieser Sinn dahin, daß eine Anzahl von Personen, denen die Eigenschaft landständischer Deputirten in keiner anderen Beziehung beiwohnte, noch zugestanden werden konnte, als in Folge ihrer Erwählung auf den Grund der Verfassung von 1840, die zu landständischen Handlungen irgend einer Art mithin keine andere Befugniß hatten, als die aus jener Verfassung, daß eben diese Personen sich eingebildet haben, keine landständische Wirksamkeit auszuüben, wenn sie diese Wirksamkeit, die sich ihrer Natur nach hauptsächlich in der Annahme oder in der Beseitigung von Anträgen der Regierung zu äußern hat, hartnäckig zu Thathandlungen der letzteren Art verwendeten; — so mußte die Gehaltlosigkeit einer solchen Voraussetzung sich dem gesunden Menschenverstande nothwendig von selbst aufdringen. War aber die Absicht gar die, unbekümmert um jede Art der vernünftigen Deutung ihrer Handlungsweise, solche lediglich auf das Ziel zu richten, den Gang der Regierung auf dem Wege einer Verfassung zu hindern, die freilich dem constitutionellen Schwindel der neueren Zeiten in manchen Beziehungen einen heilsamen Damm entgegensetzt, hat man versuchen wollen, hiedurch im Volke den Wahn zu verbreiten, daß diese Verfassung nicht geeignet sei, das Wohl des Landes zu befördern, wollte man auf diesem Wege eine geheime Unzufriedenheit mit dem Bestehenden erregen, und das Verlangen nach einem andern Zustande, den man den Unterthanen als den eigentlich richtigen fälschlich vorzuspiegeln strebte, hervorrufen und nähren; so konnte der böse staatsgefährliche Wille jener Mehrheit nicht ferner zweifelhaft sein. Ein sicheres Ergebniß war immer die Ueberzeugung von der Nutzlosigkeit, ja der Gefährlichkeit der Fortsetzung solcher Verhandlungen, von denen Wir fortlaufend Kenntniß genommen haben, mit Einschluß der projectirten Adresse, die bekanntlich von erster Cammer einstimmig verworfen und von einem großen Theile der zweiten entschieden mißbilligt wurde. Bei der großen, dem leeren politischen Treiben fremd gebliebenen Mehrheit Unserer Unterthanen aber mußte solches Verfahren tiefen Unwillen gegen eine hemmende Mehrheit der zweiten Cammer erregen, die das Land aller Erfolge Unserer landesväterlichen Bemühungen zu berauben getrachtet hat. Wir wollen Uns dem Gedanken nicht hingeben, als könne dieses Benehmen beruhen auf einer freventlichen Berechnung der Benutzung zukünftiger Ereignisse und sich an solche knüpfender möglicher Staatserschütterungen. Die Aufdeckung verbrecherischer Pläne dieser Art wäre nur dazu geeignet, mit Abscheu und Verachtung ihre Urheber zu belasten, die Uns und Unseres vielgeliebten Herrn Sohnes, des Kronprinzen Königliche Hoheit und Liebden unverbrüchliche Treue und Gehorsam geschworen haben.

Wir wenden uns mit Abscheu von solcher Vermuthung hinweg. Mit Widerwillen haben wir noch des verbrauchten aber von der oft tadelnd erwähnten Mehrheit der zweiten Cammer nicht unversucht gelassenen wahrhaft aufrührerischen Behelfes zu gedenken, unter Betheuerungen der Treue, Liebe und Verehrung für Unsere Allerhöchste Person, sich in Schmähungen gegen Unsere vertrauten Diener zu ergießen. In allen wichtigen Staats- und Regierungsangelegenheiten sind Unsere getreuen Rathgeber die Vollzieher Unseres Königlichen Willens. Schmähungen gegen diesen gewagt aber ahnden die Gerichte nach den Gesetzen. Wir werden innerhalb der bestimmten Frist eine anderweite allgemeine Ständeversammlung nach Maßgabe des Verfassungsgesetzes vom 6. August 1840 berufen, in der Wir beabsichtigen, auch Unsere jetzt unerledigt gebliebenen Anträge wieder aufnehmen zu lassen. Gern geben wir Uns der Erwartung hin, daß warnende Beispiel der schweren Verirrungen der Mehrheit der zweiten Cammer der jetzt aufgelös'ten Versammlung werde nicht ohne heilsame Wirkung für die Zusammensetzung der nächstfolgenden sein. Zur Sicherung des regelmäßigen Finanzbedarfes Unserer Regierung, so wie des Fortganges des Dienstes bedürfen Wir verfassungsmäßig nicht nothwendig der Theilnahme der allgemeinen Stände. Wir bedürfen dieser Theilnahme aber, um durch fortschreitende Gesetzgebung und sonstige Anträge Unseren getreuen Unterthanen die Wohlthaten verleihen zu können, die das Ziel Unserer landesväterlichen Fürsorge ausmachen. Wir achten und ehren ein ernstes Bestreben ständischer Versammlungen für die Erhaltung wahrhaft begründeter landständischer Rechte. Nie werden wir Uns der jetzt fühlen durch reine sorgsame und gewissenhafte landständische Prüfung der Anträge und Maßregeln Unserer Regierung, so weit die Ausübung bestimmter Rechte verfassungsmäßig an die Mitwirkung der Stände gebunden ist. Wir erkennen vielmehr hierin die pflichtmäßige Erfüllung des ehrenvollen und nützlichen Berufes Deutscher landständischer Corporationen. Auf einem Untrüglichkeitswahne beruhender, blinder Parteigeist aber allein mag es verhehlen, gewissenloser Leichtsinn allein mag es gering achten, daß ein Verbleiben auf dem von jener Mehrheit der zweiten Cammer betretenen Wege binnen nicht langer Frist das Glück und den Wohlstand des Vaterlandes vernichten müßte.

Diese Unsere Proclamation soll in die erste Abtheilung der Gesetzsammlung aufgenommen werden.

Gegeben Hannover, am 14. Julius des 1841. Jahres, Unseres Reiches im Fünften.

Ernst August. **G. Frhr. v. Schele.**

XXV.

Verzeichniß der Mitglieder der achten allgemeinen Ständeversammlung.

A. Erste Cammer.

1) Seine Königliche Hoheit, der Kronprinz. 2) Seine Durchlaucht, der Herzog von Arenberg. 3) Seine Durchlaucht, der Herzog von Looz-Corswaaren, we

gen noch mangelnder Legitimation nicht berufen. 4) Seine Durchlaucht, der Fürst von Bentheim. 5) Der Herr Erblandmarschall des Königreichs. 6) Seine Erlaucht, der Herr Graf zu Stolberg-Wernigerode, für denselben dessen Bevollmächtigter, Herr Geheimerath, Graf v. Stolberg zu Söder. 7) Seine Erlaucht, der Herr Graf zu Stolberg-Stolberg. 8) Seine Erlaucht, der Herr Geheimerath. Generalerbpostmeister, Graf v. Platen-Hallermund. 9) Seine Hochwürden, der Herr Abt zu Loccum, Consistorialrath Dr. Rupstein. 10) Seine Excellenz, der Herr Landschaftsdirector v. d. Wense, als Abt zu St. Michaelis zu Lüneburg 11) Der Präsident der Bremenschen Ritterschaft, als Director des Klosters Reuenwalde, Herr Ritterschaftspräsident v. d. Decken. 12) Seine Bischöfliche Hochwürden, der Herr Bischof von Hildesheim. 13) Herr Consistorialrath Dr. Brandis, als angesehener evangelischer Geistlicher. 14) Herr Cammerherr Graf v. Schwichelt, Majoratsherr. 15) Herr Geheimerath und Präsident des Obersteuer- und Schatzcollegii, Graf zu Inn- und Knyphausen-Lütetsburg, Majoratsherr. 16) Herr Cammerherr, Graf v Wedel-Jödens auf Evenburg, Majoratsherr. 17) Herr Cammerherr und Legationsrath, Graf v. d. Decken, Majoratsherr. 18) Herr Cammerherr und Landrath, Graf Grote auf Brese, Majoratsherr. 19) Herr Graf B. v. Bernstorf-Gartow, Majoratsherr. 20) Der Director der Königlichen Domainencammer, Herr Cammerdirector v. Boß. 21) Der Präsident des Obersteuer- und Schatzcollegii — vide oben Nr. 15. 22) Herr Schatzrath, Graf v. Bennigsen. 23) Herr Schatzrath v. Bothmer. 24) Herr Schatzrath und Amtsassessor v. Welzing aus Lüchow. 25) Herr Schatzrath v. König aus Bienenburg.

Deputirte. Acht Deputirte der Calenberg-Grubenhagenschen Ritterschaft: 26) Herr Rittmeister v. Münchhausen aus Bolbagsen. 27) Herr Landrath v. Klencke aus Langenhagen. 28) Herr Major v. Holle aus Eckerde. 29) Herr Lieutenant v. Mengersen aus Aurich. 30) Herr Oberforstmeister v. Hake aus Hagperde. 31) Herr Landrath und Oberforstmeister v. Reden aus Franzburg. 32) Herr Generalmajor v. Hattorf hieselbst. 33) Herr Gutsbesitzer v. Jeinsen aus Gestorf.

Sieben Deputirte der Lüneburgschen Ritterschaft: 34) Herr Landrath, Droß v. Hodenberg, Präsident erster Cammer, aus Harburg. 35) Herr Hofrath v. Lüneburg aus Uelze. 36) Herr Hofrath v. Torney zu Coppenbrügge. 37) Herr Oberhofmarschall Freiherr v. Marenholz zu Gr. Schwülper. 38) Herr Amtsassessor v. Bothmer aus Bennigsen. 39) Herr Amtsassessor v. Estorff aus Wustrow, nach dessen Resignation eingetreten Hauptmann Freiherr Grote hieselbst. 40) Herr Amtsassessor v. Weyhe zu Hildesheim.

Sechs Deputirte der Bremen- und Verdenschen Ritterschaft: 41) Herr Oberst v. Marschalck aus Geesthof. 42) Herr Amtsassessor v. d. Decken aus Verden. 43) Herr Landrath v. d. Decken auf Wiepenbusch. 44) Herr Landrath v. Plate aus Hörne. 45) Herr Hauptmann v. Marschalck aus Ovelgönne. 46) Herr Kriegsrath v. Hattorf hieselbst.

Drei Deputirte der Hoyaschen und Diepholzeschen Ritterschaft: 47) Herr Landrath v. Drebber aus Drackenburg. 48) Herr Landrath v. Trampe, Generalsyndicus erster Cammer, aus Ehrenburg. 49) Herr Amtsassessor v. Münchhausen hieselbst.

Fünf Deputirte der Osnabrückschen Ritterschaft incl. Meppen und Lingen: 50) Herr Landrath, Freiherr v. Schele aus Osnabrück. 51) Herr Gutsbesitzer v. d. Bussche-Hünefeld zu Wittlage. 52) Herr Graf v. Münster-Langelage zu Langelage. 53) Herr Gutsbesitzer v. Dincklage-Schulenburg aus Schulenburg, nach dessen Resignation Frhr. v. Ketteler zu Gut Bollen. 54) Herr Gutsbesitzer v. Exterte aus Haselünne.

Vier Deputirte der Hildesheimschen Ritterschaft: 55) Herr Cammerherr, Land- und Schatzrath v. Reden hieselbst. 56) Herr Landrath v. Cramm aus Bockenem. 57) Herr Oberstlieutenant v. Rössing aus Rössing. 58) Herr Rittmeister Bock v. Wülfingen aus Osnabrück.

Zwei Deputirte der Ostfriesischen Ritterschaft: 59) Herr Landschaftlicher Administrator v. Frese-Uitterstewehr aus Hinte. 60) Herr Rittmeister a. D. Graf v. Wedel-Neße aus Loga bei Leer.

Ein vom Könige ernanntes Mitglied: 61) Herr Generalmajor und Generaladjutant v. Linsingen hieselbst.

B. Zweite Cammer.

I. In den Provinziallandschaften erwählte Mitglieder des Schatzcollegii, welche nicht adeligen Standes sind: 1) Von der Bremen-Verdenschen Landschaft, Herr Schatzrath Dr. Lang. 2) Von der Osnabrückschen Landschaft: Schatzrath Letzen. 3) Von der Ostfriesischen Landschaft, Herr Schatzrath extr., Amtsassessor Krimping aus Aurich.

II. Drei Mitglieder, welche der König wegen des allgemeinen Klosterfonds ernannt hat: 4) Herr Geheime Canzleirath Wedemeyer, Präsident zweiter Cammer. 5) Herr Obersteuerrath Dr. Klenze. 6) Herr Major Lindemann.

III. Drei Deputirte der Stifter: 7) St. Bonifacii zu Hameln und St. Cosmae et Damiani zu Wunstorf, Herr Consistorialrath Dr. Bauer zu Elze. 8) St. Alexandri zu Einbeck und St. Beatae Mariae Virginis daselbst, Herr Pastor Ueltzen aus Salzbemmendorf, nach dessen Resignation Pastor prim. Schwiening aus Springe. 9) Des Stifts Barbewiek und des Stifts Ramelslohe, Herr Pastor prim. Rolte aus Barbewiek.

IV. Ein Deputirter der Universität Göttingen: 10) Herr Canzleirath Hoppenstedt, Generalsyndicus zweiter Cammer.

V. Zwei von den evangelischen Königlichen Consistorien erwählte Deputirte: 11) Von dem Königlichen Consistorio zu Hannover, Herr Schatz- und Consistorialrath Eichhorn. 12) Von dem Königlichen Consistorio zu Osnabrück, Herr Oberjustizrath Jacobi.

VI. Ein Deputirter des Domcapitels zu Hildesheim: 13) Herr Domdechant Merz aus Hildesheim.

VII. Sechs und Dreißig Deputirte nachfolgender Städte und Flecken: 14) Ein Deputirter der Residenzstadt Hannover, Herr Hoffabrikant Hausmann. 15) Ein Deputirter der Stadt Göttingen, Herr Magistratsdirector Dr. Ebell aus Göttingen. 16) Ein Deputirter der Stadt Northeim, Herr Senator Friese aus Northeim. 17) Ein Deputirter der Stadt Hameln, Herr Oeconom Zebbies aus Hameln. 18) Ein Deputirter der Stadt Einbeck, Herr Regierungsrath Heinicken aus Hildesheim. 19) Ein Deputirter der Stadt Osterode, Herr Bürgermeister Brehl aus Osterode. 20) Ein Deputirter der Stadt Duderstadt, Herr Oberamtmann Hauß aus Duderstadt. 21) Ein Deputirter der Städte Moringen, Uslar, Harbergsen, Dransfeld und Hedemünden, Herr Amtmann Dr. ph. Blumenhagen aus Münden. 22) Ein Deputirter der Stadt Münden, Herr Kaufmann Hildebrand aus Münden. 23) Ein Deputirter der Städte Münder, Pattensen, Neustadt a. R., Springe, Wunstorf, Elbagsen, Bodenwerder und Rehburg, Herr Cammerrath Bar. 24) Ein Deputirter der Städte Clausthal und Zellerfeld, Herr Oberbergrath Jugler, nach dessen Resignation Herr Generaldirektor Dommes. 25) Ein Deputirter der übrigen fünf Bergstädte, mit Einschluß von Herzberg, Elbingerode und Lauterberg, Herr Hofrath Hüpeden, nach dessen Resignation Herr Canzleirath Starcke. 26) Ein Deputirter der Stadt Lüneburg, Herr Senator Warnecke aus Lüneburg. 27) Ein Deputirter der Stadt Uelzen, Herr Advocat und Procurator Schulz aus Uelzen. 28) Ein Deputirter der Stadt Celle, Herr Kaufmann Schulz aus Celle. 29) Ein Deputirter der Stadt Harburg, Herr Bürgerrepräsentant Bornemann aus Harburg. 30) Ein Deputirter der Städte Lüchow, Dannenberg und Hitzacker, für das Mal Lüchow, Herr Bürgervorsteher Brünger aus Lüchow. 31) Ein Deputirter der Städte Soltau, Walsrode, Burgdorf und Gifhorn, Herr Hofrath Dürr. 32) Ein Deputirter der Stadt Stade, Herr Canzleiprocurator Holtermann aus Stade. 33) Ein Deputirter der Stadt Buxtehude, Herr Kaufmann Richter aus Buxtehude. 34) Ein Deputirter der Stadt Verden, Herr Zolldirector Niemeyer aus Verden. 35) Ein Deputirter der Stadt Nienburg, Herr Baurath Quaet-Faslem aus Nienburg. 36) Ein Deputirter der Hoyaischen Flecken, Herr Dr. jur. Messerschmidt aus Loccum. 37) Ein Deputirter der Diepholzschen Flecken, Herr Generalauditeur Reinecke. 38) Ein Deputirter der Stadt Osnabrück, Herr Dr. jur. Droop aus Osnabrück. 39) Ein Deputirter der Städte Quakenbrück, Fürstenau und des Fleckens Melle, für das Mal Quakenbrück, Herr Aeltermann Breusing aus Osnabrück. 40) Ein Deputirter der Städte Meppen, Lingen und Haselünne, für das Mal Haselünne, Herr Kaufmann Heyl aus Haselünne. 41) Ein Deputirter der Stadt Goslar, Herr Mag.-Tlr. Dr. Sandvoß aus Goslar. 42) Ein Deputirter der Stadt Hildesheim, Herr Advocat und Notar Westrum aus Hildesheim. 43) Ein Deputirter der Städte Alfeld,

25**

Beine und Bockenem, für das Mal Alfeld, Herr Bürgermeister Eggers aus Alfeld. 44) Ein Deputirter der Städte Elze, Gronau, Sarstedt und Dassel, Herr Bürgermeister Eostmann aus Elze. 45) Ein Deputirter der Stadt Emden, Herr Consistorialsecretair Dr. Wachsmuth hieselbst. 46) Ein Deputirter der Städte Aurich und Esens, für das Mal Aurich, Herr Hauptmann v. Sudow aus Aurich. 47) Ein Deputirter der Stadt Norden, Herr Kaufmann Schweers aus Leer. 48) Ein Deputirter der Stadt Leer, Herr Stadtgerichtssecretair Dr. Siemens. 49) Ein Deputirter der Städte Schüttorf, Nordhorn und Neuenhaus, wie auch des Fleckens Bentheim, Herr Bürgermeister Dr. Norkbed aus Schüttorf.

VIII. Neun und Dreißig Deputirte der sämmtlichen Grundbesitzer aus den unter VII nicht aufgeführten Städten und Flecken, aus den Freien und dem Bauernstande, nämlich: Fünf von den Fürstenthümern Calenberg, Göttingen und Grubenhagen: 50) Fürstenthums Calenberg, Herr Amtmann Reinecke hieselbst. 51) Herr Bauermeister Riemeyer aus Linden. 52) Herr Lieutenant a. D. Lauenstein aus Griesen bei Aerzen. 53) Fürstenthums Göttingen, Herr Obercommissair Lueder aus Nellehausen. 54) Fürstenthums Grubenhagen, Herr Dr. jur. Beißen aus Lindau.

Einer von der Grafschaft Hohnstein: 55) Herr Canzleirath Wilhelmi aus Neustadt u. d. Hohnstein.

Fünf von dem Fürstenthume Lüneburg: 56) 1ster Wahlbezirk, Herr Oeconom Schmidt aus Fallingbostel. 57) 2ter Wahlbezirk, Herr Major a. D. Fischer aus Ahnsen. 58) 3ter Wahlbezirk, Herr Vollhöfner Rick aus Radegast. 59) 4ter Wahlbezirk, Herr Rittmeister Jäger aus Harburg. 60) 5ter Wahlbezirk, Herr Schulze Lobbers aus Brisser.

Fünf von den Bremenschen Marschen: 61) vom Altenlande, Herr Landesdeputirter Schacht aus Steinkirchen. 62) vom Lande Kehdingen, Herr Gutsbesitzer Schmelt, nach dessen Resignation Herr Gutsbesitzer Grethmann aus Allvörden. 63) von Neuhaus-Osten, Herr Gutsbesitzer Kröncke aus Altendorf. 64) von Lehe-Hagen, Herr Gutsbesitzer Reiners aus Uthlede. 65) vom Lande Warsten, Herr Gutsbesitzer Abides aus Heuhausen.

Drei von der Bremenschen Geest und dem Herzogthume Verden: 66) Herr Kaufmann Ehlermann aus Rotenburg. 67) Herr Commissairassistent Cauller aus Harsefeld. 68) Herr Grundbesitzer Holst, nach dessen Resignation Herr Postverwalter Corlies aus Horneburg.

Zwei von dem Lande Hadeln mit Einschluß der Stadt Otterndorf: 69) Herr Schultheiß Hincke aus Altenbruch. 70) Herr Schultheiß Mohr aus Osterende-Otterndorf.

Vier von den Grafschaften Hoya und Diepholz, und zwar von den in der Ritterschaftsmatrikel stehenden Freien Zwei: 71) Herr Amtmann Friedrichs aus Lehe. 72) Herr Gutsbesitzer Dörtbecker aus Hoya, und von den übrigen Grundbesitzern Zwei: 73) Herr Hofbesitzer Sielling aus Landesbergen. 74) Herr Amtsvogt Meyer aus Scharringhausen.

Drei von dem Fürstenthume Osnabrück: 75) Herr Colon Möllmann in Al. Mimmelage. 76) Herr Colon Uhrberg aus Eentrup, Amts Iburg. 77) Herr Dr. jur. Meyer aus Essen.

Zwei von dem Herzogthume Arenberg-Meppen und der Niedergrafschaft Lingen: 78) Herr Hofrath Dr. Eermes aus Meppen. 79) Herr Oeconom Wenger aus Larten bei Lingen.

Drei von dem Fürstenthume Hildesheim: 80) Herr Consistorialrath Werner aus Hildesheim. 81) Herr Gutsbesitzer Mejer aus Trißpenstedt. 82) Herr Amtsassessor Wippern aus Hoheneggelsen.

Fünf von dem Fürstenthume Ostfriesland: 83) Herr Landesadministrator Hilling, nach dessen Resignation, Herr Auctionator v. d. Heyde aus Potshausen. 84) Herr Oeconom Kriegsmann, NB. nicht eingetreten, Oeconom Janßen aus Jübberde. 85) Herr Gutsbesitzer Gröneweld aus Großmiblum. 86) Herr Ordinairdeputirter Eenkena, NB. nicht eingetreten, Syphrichter Meyer aus Greetsyhl. 87) Herr Landesadministrator Beseke aus Upgart.

Einer von der Grafschaft Bentheim: 88) Herr Erbschulze Schulte van Neerlage aus Neerlage.

XXVI.

Königliches Schreiben vom 21. April 1847, die von Ständen in Antrag gebrachte Oeffentlichkeit ihrer Verhandlungen betreffend.

Ernst August, von Gottes Gnaden König von Hannover, Königlicher Prinz von Großbritannien und Irland, Herzog von Cumberland, Herzog zu Braunschweig und Lüneburg 2c. 2c.

Unsern geneigten und gnädigsten Willen zuvor, Hoch- und Wohlgeborne, Edle und Beste, Würdige, Ehrenveste, Ehrbar, Hoch- und Wohlgelahrte, Ehrsam, Fürsichtige, Räthe, liebe Andächtige und Getreue!

Wir hegen die, auf langjähriger Eigener Erfahrung und auf fortwährender Wahrnehmung beruhende Ueberzeugung: daß von der Nützlichkeit öffentlicher ständischer oder parlamentarischer Verhandlungen nur in s. g. constitutionellen Staaten die Rede sein kann, in denen den Organen des Volkes eine wesentliche Theilnahme an der Regierung eingeräumt wird, in denen die monarchische Gewalt durch Verantwortlichkeit der Minister gegen die Stände eine Theilung erlitten hat, in denen endlich das Regierungssystem von den wechselnden Majoritäten der Kammern abhängig ist, ein Zustand, der den Grundgesetzen des deutschen Bundes nicht entspricht, und in dem Wir jede Garantie des dauernden Glückes der Völker vermissen. Daß dagegen diese Oeffentlichkeit offenbar nicht geeignet ist für die Landstände Unsers Königreiches, deren, auf den Grund des Art. 57 der Wiener Schlußacte vom 15. Mai 1820 verfassungsmäßig geregelte Befugniß, unter Festhaltung der Einheit der landesherrlichen Staatsgewalt, sich auf die zuständige Mitwirkung an der Ausübung bestimmter Rechte beschränkt, deren Mitglieder weder von ihren Wählern Instructionen annehmen dürfen, noch ihnen für ihre ständische Thätigkeit verantwortlich sind, denen mithin der Charakter einer die vorbemerkten positiven Grenzen überschreitenden allgemeinen Volksvertretung nicht beigelegt ist. Daß der von öffentlichen Discussionen nicht zu trennende vergrößerte Zeitaufwand die, durch bisherige langwierige Commissions- und Sitzungsverhandlungen ohnehin schon auf Unsern Unterthanen lastenden erheblichen Kosten, ohne allen wahren Nutzen bedeutend vermehren würde. Daß diese Oeffentlichkeit, auf der einen Seite dazu geeignet die heilsame Mitwirkung wohldenkender und erfahrener, aber der Rede minder mächtiger Mitglieder zu lähmen, auf der andern Seite verderblich dazu gemißbraucht werden kann, unter dem Schutze der landständischen Unantastbarkeit achtbare Stellungen und Persönlichkeiten böswillig herabzuwürdigen, unerreichbare Wünsche zu erwecken, durch unstatthafte Anforderungen das Vertrauen in Unsere Regierung zu untergraben, eine erkünstelte öffentliche Meinung zu bilden, den Samen der Unruhe und der Unzufriedenheit mit dem Bestehenden im Volke auszustreuen, mit einem Worte die Massen aufzuregen und zu verblenden, — Uebel, die eine gediegene Berichtigung von Irrthümern durch Organe der Regierung wohl bis zu einem gewissen Grade mildern kann, aber welche zu tilgen sie in dem Kampfe mit den Leidenschaften sicherlich nicht vermag. Daß endlich eben diese Oeffentlichkeit den Keim der, Unsere Unterthanen bedrohenden schweren Gefahr einer Erschütterung und Zerrüttung des zwischen Unserer Regierung und Unsern getreuen Landständen rechtlich bestehenden Verhältnisses unfehlbar in sich tragen würde. Wir haben demnach, nach reiflicher Prüfung und in gewissenhafter Erwägung der Uns obliegenden landesväterlichen Pflichten, unabänderlich beschlossen, eine Oeffentlichkeit der Sitzungen der Kammern Unserer getreuen Landstände niemals zu gestatten.

Indem Wir das Vorstehende Unsern getreuen Ständen in Beziehung auf den Vortrag vom 14. December v. J. zu erkennen geben, verbleiben Wir denselben mit geneigtem und gnädigstem Willen stets beigethan.

Hannover, den 21. April 1847.

Ernst August.

v. Falcke.

Druck der Beichel'schen Buchdruckerei in Nienburg an der Weser.